도 서 관 론

(개정판)

도 서 관 론

(개정판)

남 태 우(南台祐) 저

개정판 서문

파피루스 두루마리를 든 주술사 겸 사제가 도서관 사서의 역할을 담당하던 시절은 영원히 지나갔다. 또한, 송아지 가죽에 필사된 성서와 주석에 골몰하던 수도사도, 천장 꼭대기까지 들어찬 서고에서 사다리 위에 서서 책에 탐닉하던 서적 수집가도, 도서관 열람실의 정적 속에서 조심스레 사무를 보던 중년 여인도 이미 현재 사서의 모습은 아니다. 이들은 과거 사회적 요구나 문화 환경에 부응하여 나름대로 등장하게 됐다. 그러므로 같은 이유에서 오늘날의 사서 역시 어떤 소임을 담당하고 있든지 간에 훌륭한 교육을 통해 유능한 직업인으로 성장하여 현대 세계의 커뮤니케이션 과정에서 막중한 역할을 수행할 수 있도록 높은 자질을 갖춰야 할 것이다. 즉 '훌륭한 사서 없이는 위대한 도서관은 존재할 수 없다.'라는 것이다.

도서관문화사적 측면에서 인간의 문명과 기록에서 17세기 초 위대한 '도서관사상가'이자 '사서의 사서'이고 '라이브러리언십의 아버지'로 불려진 위대한 '학자사서'였던 Gabriel Naudé(1600~1653)는 "도서관을 세우는 사람들은 죽음에 저항한다. 그래서 그들은 그들 자신 속에서 가장 고귀했던 것의 생생한 초상화를 우리에게 전달해 준다."[1]라고 도서관 탄생의 운명론을 기술하고 있다. 도서관의 탄생을 운명과 맞바꾼 이러한 현상에 대해 Francis Bacon(1561~1626)은 자신이 신성한 장소라고 생각하는 고상한 도서관에 대해 느끼는 존경심을 이렇게 표현한 적이 있다. "도서관은 진실한 미덕으로 가득 차 있으며, 망상이나 기만(欺瞞)이 없는 모든 성자의 유골이 보존된 성지와도 같다."[2]라고 하였으며, 프랑스 철학자 Jean Antonie Condorcet(1743~1794)[3]

1) Gabriel Naudé. *Advice on Establishing a Library.* With an Introduction by Archer Tayler. Berkeley, University of California Press, 1950. p.5

2) Stuart A. P. Murray. *The Library; An Illustrated History.* Introduction by Donald G. Davis, Jr., Forewords by Nicholas A. Basbanes. Chicago, ALA., 2009. p.128.

3) 프랑스의 계몽주의 철학자, 교육개혁 옹호자이다. 인류가 무한히 완전해질 수 있는 능력을 가지

도 도서관을 "사람들이 홀로 조용히 자유롭게 책에서 받은 가르침이 무엇인가에 대해 서로 다른 의견들로 싸우는 아주 정치적인 전쟁터이다."라고 인식하였다. 여기에서 '성자의 유골이 보존된 성지'와 '정치적인 전쟁터'로 비유한 것이 바로 도서관 설립에 자기 운명에 저항하는 행태를 일컫는 것으로 이해할 수 있다. 도서관 가치성의 진수를 인식할 수 있게 한다. 즉 도서관은 자기 운명과 맞바꿀 수 있는 가치 체계임을 분명하게 논한 것이다.

학자들이 도서관 설립에 대해 왜 이토록 '운명론적'으로 기술하고 있는지는 다음의 문장에서도 알 수 있게 한다. 코펜하겐 대학교의 해부학 교수이자 애서광이며 지독한 문학광이었던 A. Bartholini(1597~1643)는 "책이 없으면 신은 침묵하고, 정의는 잠자며, 과학은 정체되고, 철학은 불구가 되며, 문학은 벙어리가 된다. 결국 책과 관련된 모든 것이 어둠속에 잠긴다"[4]라고 하였다. 책은 모든 것의 시작이자 마지막을 장식하는 힘을 가진 가장 강력한 '정신적 무기'라는 것이다. Bartholini가 인식한 대로 되면 도서관은 창출되지도 못한다. 또한, 이 어둠 속에서 지식의 광명을 찾게 하는 고독한 지적 작업을 '사서들은 운명처럼 한다.'라는 의미도 함축된 것으로 해석할 수도 있다. 미국의 전 대통령 Johnson은 도서관 장서의 중요성을 강조하면서 "도서관에 생기를 불어넣는 책이 없다면 도서관 건물을 건설하는 것은 의미 없는 일이다."라고 강조한 바가 있다.

상기의 Bartholini의 책에 대한 인문학적 관점은 20세기 후반에 미국에서 르네상스처럼 되살아나고 있음을 볼 수 있다. 역사학자로서 국제적인 명성을 쌓고, 두 번의 퓰리처상을 수상한 바 있는 Babara Tuchman(1912~1989)은 사망 9년 전인 1980년 〈미의회도서관〉에서 했던 한 연설에서 책에 대한 휴머니스트들의 생각을 이렇게 묘사하였다.

고 있다는 진보 이념을 내세운 주요혁명가 중 한 사람이다. 1769년 과학 아카데미의 회원이 되었고 거기에서 수학 및 기타 주제에 관한 논문을 발표했다.

4) Stuart A. P. Murray. *The Library; An Illustrated History.* Introduction by Donald G. Davis, Jr., Forewords by Nicholas A. Basbanes. Chicago, ALA., 2009. p.81(Without books, God is silent, justice dormant, natural science at the stand, philosophy lame, letters dumb, and all things involved in darkness).

> 책들은 문명의 전달자이다. 책이 없다면 역사는 침묵할 것이고, 문학은 벙어리가 될 것이고, 과학은 불구가 될 것이고, 사상과 사색은 정지될 것이다. 책들이 없었다면 문명의 발달은 불가능했을 것이다. 책들은 변화의 엔진이고, 세상에 달린 창문이며, 시간의 바다에 세워진 등대이다. 책들은 동료이자 스승이며, 마술사이고, 정신의 보물을 보관하고 있는 은행가이다. 책들은 인쇄된 인간성이다. 이러하듯 책은 단순히 인간 지성의 집적된 기록물로서만 정의되지 않는다.[5]

이 연설은 Bartholini가 16세기에 인식한 바의 외연을 확장시킨 것으로 이해할 수 있다. 인류는 책 또는 책의 정수를 인간의 형상으로 의인화해 온 것 같다. 책이 살아 있는 존재라는 신화적인 관점이 풍부하게 널리 퍼져 있다는 것에 동의한다. 책들은 절대로 죽은 것이 아니다. 그 안에 잠재된 생명력을 가지고 있어서 후손들의 영혼이 그들만큼 활력을 가질 수 있게 해 준다고 믿은 것이다. 고대 도서관의 '영혼을 치유하는 집'으로 상정한 것이 바로 그것이다.

이러한 의미에서 P. Butler도 "도서는 종족의 기억을 보존하기 위한 사회적 메커니즘이며, 도서관은 이를 현존하는 개인의 의식에 전달하기 위한 사회적 기구"[6]로 인식하였다. 책과 도서관의 내용은 그 사회의 사회적 문화적 요구를 반영하고 다른 문화와 시대를 가로지르는 형식의 유사성은 특정 발전 단계에서 비슷한 사회시설, 사회적 양식, 문명을 만들어 내는 인간의 정신적인 성향을 반영한 것이다. 책들은 타고난 활력에 덧붙여 사회에 활기를 불어넣고 도서관은 우리 삶을 구체화하고 의미를 부여하는 이야기들을 집적시킨다. 그래서 S. R, Ranganathan은 "도서관은 성장하는 유기체"[7]로 인식하고 강조한 것이다.

도서관처럼 닮은 천국을 동경하면서 "천국은 틀림없이 도서관처럼 생겼을 것이다. 새들이 없는 세상을 상상할 수 있다. 물이 없는 세상도 상상할 수 있다. 그러나 책이 없는 세상은 상상할 수 없다."라고 강조한 인물은 라틴 문학의 거장 아르헨티나의 맹인 사서이자 국립도서관장을 역임한 작가였던 Jorge Luis Borges(1899~1986)이다. 노벨재단에서 문학상을 수여하지 못한 것에 대해 두고두고 아쉬움을 남긴

---

5) Barbara W. Tuchman. *The Book. A Lecture Presented at the Library of Congress.* Washington, DC., LC., 1980.

6) P. Butler. *An Introduction to Library Science.* Chicago, The University of Chicago Press, 1933. p.xi

7) S. R. Ranganathan, *The Five Laws of Library Science,* 2nd ed, Bombay. Asia publishing house, 1957. p.326.

이 작가는 1941년에 발표한 『바벨의 도서관(La Biblioteca di Babele)』에서 이렇게 읊고 있다. "인류는 소멸해 가고 있는 것 같은 생각이 든다. 그러나 '도서관'은 영원히 지속되리라. 불을 밝히고, 고독하고, 무한하고, 부동적으로, 고귀한 책들로 무장하고, 쓸모없고, 부식하지 않고, 비밀스러운 모습으로." 그러나 Borges는 동시에 "무질서의 반복인 신적인 질서"를 발견할 영원한 순례자를 기대하고 있다. 그 순례자는 다름 아닌 도서관을 운명처럼 여기는 사서들을 형상화한 것이리라. 그도 도서관을 이상론적으로 이상화시킨 대표군에 위치시킬 수 있다.

이 말은 바로크 시대 네덜란드의 대학 도시 Leiden에서 그려진 책 정물화를 연상시키고 있다. 〈책 정물〉(1628)은 얀 다비츠 드 헤엠(Jan Davidsz de Heem, 1606-1683)이 Leiden에 머물렀던 1626~36년 시기에 그린 정물화의 특징적인 작품이다. 그곳의 유서 깊은 Leiden 대학이 17세기부터 대규모 도서관을 갖추었다는 점과 무관하지 않을 듯하다. Vincent Willem van Gogh는 책이 있는 정물에 대해서 "책은 지상의 학식을 나타낸다. 여러 권의 책은 많은 학식을 쌓았다는 뜻이다. 세상의 지식이 구원의 길을 가는데 쓸모없는 것처럼 〈책 정물〉도 마찬가지로 세상만사가 허망하다는 뜻을 담고 있다."라고 한 적이 있다.

(출처; http://commons.wikimedia.org/wiki/File:Jan_Davidszoon_de_Heem_Still-Life_of_Books.JPG)
〈얀 다비츠 드 헤엠의 〈책 정물〉

이 그림은 거대하고 영원한 '자연의 책' 앞에서는 인간의 책이 보잘 것 없고 시간과 함께 허물어진다는 것을, 그래도 인간의 수명보다는 길게 남으며 '자연의 책'을 해독하려는 후대의 인간들에게 희미한 빛이 돼 준다는 것을 암시하고 있다. 그래서 거대한 『바벨의 도서관』, 즉 자연 혹은 우주 속에서 그 비밀을 알려고 몸부림치는 인간의 순례는 계속될 수밖에 없는 것이다.

금세기의 구조주의 철학의 창시자이며 과학 철학자이자 문명비평가로 소르본 대학의 교수였던 Gaston Bachelard(1884~1962)는 인류 문명과 정신문화의 축적을 이야기할 때 도서관을 빼놓을 수 없다고 하였는데, 도서관이 지닌 마력에 심취한 Bachelard는 그도 "천국이 있다면 도서관 같은 곳일 것"이라 한 바 있다. "저 높은 하늘에 있는 천당은 하나의 거대한 도서관이 아닐까?" 영국의 평론가 Thomas Carlyle(1795~1881)은 "모든 과거의 영혼은 책 속에 잠들어 있다. 오늘의 참다운 대학은 도서관이다."라고 하였다. 운명처럼 도서관을 사랑할 수밖에 없는 사연을 최인훈은 그의 『화두』(1994년)를 통해 다음과 같이 생생하게 전달해 주고 있다.

> 도서관은 큰 책이다. 너무 커서 들고 다닐 수 없기 때문에 한 곳에 놓아두고 있는 큰 책이다. 도서관 지붕은 책의 등이고, 도서관 벽은 책의 겉장이고, 도서관 문은 이 큰 책의 안(속) 표지이고, 목록은 이 책의 목차다. 이 집은 아기집(胎)이다. 이 속에서 사람은 사람이 된다. 이 집과 열람자를 닮아서 이윽고 만들게 되는 것이 우주선과 그 안에 타고 있는 사람이다. 우주선과 타고 있는 사람은 열람실과 그 안에서 읽고 있는 사람이다. 지구 본부는 책을 저장한 곳과 그것을 관리하는 사서(司書)들이다. '책-도서관-우주선 - 지구기지 - 아기집(胎)'. 이들은 모두 같은 것들이다. 아기집(胎)에도 〈어머니〉라는 서고(書庫)가 연결되어 있어서 거기서 아기는 DNA라는 책을 빌려다가 열 달 동안의 독서 계획에 따라 읽으면서 자기를 조립해 나간다. 그런데 책읽기에 재미를 붙인 〈인류〉는 이 독서만으로는 부족해서 어머니의 아기집을 떠나서도 겉모습만은 어엿한 어른이 되고서도 〈의붓 아기집〉인을 책을 만들어서 읽게 되었고 낱 책 권만으로는 모자라기 때문에 도서관이라는 큰 책을 만들게 되었고 그래서 도서관은 아기집이다. 사람은 그래도 모자라서 더 큰 아기집인 우주선을 만들어야 했고 그 아기집을 타고 가면서 〈우주〉라는 책을 읽어 가는 중이다.[8)]

---

8) 최인훈. 화두: 제1부. 서울, 민음사. 1994. pp.45-46.

책은 소 우주이며, 도서관은 대 우주이다. 그래서 우주 없는 인간의 삶은 상상할 수 없는 것이다. 한국의 도서관문화가 이렇게 되기를 고대한다. 도서관을 운명처럼 사랑한다면 이렇게 될 것이라는 확신 속에서 『도서관론』 개정판 서문을 쓰고 있다.

내가 너무 오래 삶의 길에서 머뭇거리면 이런 일(죽음)이 생길 것이라는 걸 내가 알고 있었지(I know if I stayed around long enough, something like this would happen)라고 죽을 때까지도 유머를 구사하였고, 본인의 묘비명을 "내, 우물쭈물하다가 이렇게 될 줄 알았다."라고 쓴 영국의 극작가 Bernard Shaw는 그의 희극 『Caesar And Cleopatra』(1945)에서 〈Bibliotheca Alexandrina〉을 언급하면서 이 도서관은 '인류의 기억'이라고 했다. 책이란 바로 이런 것이며, 나아가서는 상상력이기도 하다. 왜냐하면 우리의 과거란 일련의 꿈이 아니라면 무엇이겠는가? 꿈을 기억해 내는 것과 과거를 기억해 내는 것과 무슨 차이가 있겠는가? 이것이 바로 책의 기능이다. Oswald Spengler도 그의 『서구의 몰락(Der Untergang des Abendlandes)』(1918-1922)에서 책에 대한 귀중한 고찰을 하고 있다. 지구가 몰락하여도 도서관만 멸망하지 않는다면 역사는 지속되리라는 것이다. 그래서 도서관을 천국처럼 묘사하는 것일 것이다. 천국은 영생불멸의 장소이기 때문이다.

2011년에 『도서관론』을 발행하면서 자매편으로 『문헌정보학사』도 같이 출판하였다. 『도서관론』이란 서명으로 국내에서는 저술된 적도 출판된 적이 없었던 책이다. 그래서인지 2012년도에 운 좋게 〈2012년 문화체육관광부 우수학술도서〉로 선정되었다. 차제에 오자, 탈자를 바로잡으려고 개정판에 대한 욕심을 내다가 부분적으로 부족한 내용을 증삭하게 되어 이번에 개정판을 상재하게 되었다. 학부생들에게는 도서관에 대한 길라잡이로 일반인에게는 도서관에 대한 이해를 높이는데 조금이라도 기여하였으면 하는 욕심을 갖는다.

2013년 염천의 계절에

懶齋堂에서 쓰다

머리말

한 국가의 과거를 보려면 박물관을 가라, 현재를 보려면 시장을 가라, 그리고 미래를 보려면 도서관을 가라는 말이 있다. 여기에서 도서관이란 한 국가의 지식의 총체를 의미한 것으로 그 지식자원이 국가발전의 원동력이 된다는 것을 의미한다. 또한 훌륭한 박물관과 시장(도서 시장)이 없다면 훌륭한 도서관이 성립될 수 없음을 가르키는 명제이기도 하다. 그래서 도서관은 일면적으로는 '국가의 역사이며', '국민의 심장이며', '시민의 대학'이다.

도서관은 사회적 기관이다. 사회적이란 의미의 'Social'은 '지역사회나 집단 속에서 같이 지내다.'란 뜻을 가지고 있다. '사회적'이란 사회 안에서의 삶의 질과 개인, 집단, 사회 전체간의 사회 내적인 관계를 뜻한다. 여기서 '사회 내적인 관계'란 개인의 정신세계나 국제관계와 같은 사회 외적인 관계를 제외한 개인 대 개인, 개인 대 집단, 개인 대 전체사회, 집단 대 집단, 집단 대 전체사회의 비이기적인 상호관계를 의미한다. 따라서 이때의 '사회적'이란 의미는 물질적이거나 영리적인 요소보다는 비영리적이며, 이타적 속성의 공동체적 삶의 요소에 관심을 기울이는 것이라고 하겠다.

도서관은 사회를 결합시키며, 한 문화가 창조되고 유지되는 전체 커뮤니케이션 시스템의 한 요소이다. 그러나 커뮤니케이션 시스템, 그 안에 도서관의 역할을 이해하는 것은, 커뮤니케이션 시스템이 무엇인지, 커뮤니케이션 시스템이 운영되는 방법에 대해 아는 것을 의미하는 것인데, 왜냐면 사회는 개인들이 모여 구성되기 때문이다.

그러므로 도서관의 사회적 토대를 이해하기 위해서 커뮤니케이션 과정과 개인과 관련된 커뮤니케이션 과정의 방법들에 대한 기본적인 고려사항과 특징을 알아야만 한다. 인간이 지식 언어의 속성을 습득하는 특징 그리고 커뮤니케이션 매개체로써 상징주의 형식을 성취하는 수단으로써 신경물리학적 기능에 대해 어느 정도는 생각해보는 것 없이 커뮤니케이션의 속성을 조사하기는 힘들 것이다.

인간이 그가 알고 있는 것을 어떻게 알았으며, 그리고 사회적 구조를 통해서 의사소통 된 지식이 사회의 공통적인 소유가 되는 방식 그리고 문화의 구조는 도서관(문헌정보학)이 무엇인지를 이해하는데 필수적인 것이다. 문화를 규정하는 기능에서 기본적인 것은 사회 조직이고, 두 번째는 문화의 세 가지 요소(물질적 문화, 사회적 문화, 그리고 정신적 문화)이다.

이러한 측면에서 P. Butler는 도서관에서 '문화의 전달'이라는 뛰어난 출발점을 구하고 있다. 그는 '도서관의 문화적 기능'에서 도서관을 문화의 영역에서 가치를 높게 부여하고, '인간의 의식에서 불변의 외형에 투영한 관념의 체계'라고 인식하고, 모든 인간의 의식에 균등하고 강렬하게 영향력을 갖는다고 주장하였다. 도서는 혼돈된 우주이지만, 도서관은 이것을 평가하여 정리하고 그래서 '도서 우주의 성좌표'로서 문화의 유지발전에 공헌한다고 하였다. 도서는 종족의 기억을 보존하기 위한 사회적 메커니즘이며, 도서관은 이를 현존하는 개개인의 의식으로 전달하기 위한 '사회적 기구(social apparatus)'이다.

J. H. Shera도 도서관과 개인, 도서관과 사회, 도서관과 지식을 연관시켜 볼 때 개인과 사회, 사회와 사회조직, 사회조직으로서의 도서관은 사회적 기억(일종의 사회적 정신력)과 불가분의 관계를 가지고 있다고 보았다. 개인적 기억은 어느 곳 어느 때나 연상이 될 수는 있지만, 계속성이 없고, 정확성이 항상 문제가 되어 만인의 공유가 어렵지만, 이에 비해서 사회적 기억은 그것이 정확하게 기록되어져 수집되고 체계적으로 조직화하였을 때 훌륭한 사회적 유산으로서 개인의 학습을 돕고 사회발전의 원동력이 된다고 보았다. 따라서 도서관은 '인간의 기록지식을 사회적 기억으로서 체계 있게 조직하여 제공하는 사회기관이다.' 즉 도서관을 사회제도가 아닌 '사회기관(social institution)'으로 인식하였다.

도서관은 근대 문명의 실제적 요청에 의하여 창설된 것이다. 현재에 있어서 그것은 사회조직상 하나의 불가피한 구성단위가 되고 있다. 문화는 개체를 초월하지 않으면 안 되는 것인데 그것은 문화란 것은 본질적으로 '잠재적으로 소유하는 경험의 사회적 축적'이다. 그래서 그는 '도서는 종족의 기억을 보존하기 위한 하나의 사회적 메커니즘이며, 도서관은 이를 현존하는 개인의 의식에 전달하기 위한 하나의 사회적 기구이다.' 하고 주장한 것이다.

도서관은 그것을 세우는 공동체에 관해 중요한 어떤 것을 대변하며, 인간의 존재가 가상공간 속으로 영원히 사라질 때까지 이러한 역할은 계속 남아 있게 될 것이다. 정보를 선택하고, 수집하고, 조직하고, 저장하고, 이용할 수 있도록 만드는 '정보기반 조직'이 바로 도서관이라는 사회적 문화적 기관이다. 이러한 측면에서 도서관의 실체를 이론화하기 위해 노력하였지만, 만족할 만한 결과를 얻지 못한 채 하나의 시론(試論)으로서 『도서관론』을 출판하게 되었다.

세상은 넓지만 도서관은 더 넓다. 그렇지만 카오스적 세상이 아닌 정리된 지식세계를 보여주는 꿈의 궁전이다. 그 세계의 꿈은 꿈 꾼자의 넓은 세계일 뿐이다.

따라서 본서의 내용은 다음과 같이 구성하였다. 제1편은 사회기관으로서의 도서관론, 제2편은 미래도서관론, 제3편은 동·서양의 도서관문화사, 그리고 마지막 제4편은 정보자료와 학술정보 편으로 구성하였다. 그래서 장의 구성은 12장으로 편성하였다.

본래 저술의 의도는 문헌정보학사의 전편으로 구상하였는데 원고 과정에서 그 내용이 방대하여 한 권으로 소화시키기에는 역부족이었다. 그 결과 의도하지 않게 『도서관론』과 『문헌정보학사』로 나누어 출판하게 되었다. 의도하지 않았던 결과로 내용이 정치하지 못하고 전후관계가 상통되지 못한 부분은 이러한 결과일 것이다. 차후 보완할 것을 약속드린다. 끝으로 이 저서의 출판을 맡은 태일사 가족 여러분에게 심심한 사의를 표합니다.

2011. 8.

흑석동 懶濟堂에서

목 차

제3편 동·서양의 도서관문화사

제4편 정보자료와 학술커뮤니케이션론

부 록

그림 목차

표 목차

제 1 편

사회기관으로서 도서관론

제1편 사회기관으로서 도서관론

도서관은 인류의 지적 소산물을 1차적으로 수집, 정리, 이용 그리고 축적하는 '사회기관(social institutions)'이다. 이를 바탕으로 지식을 확대 재생산하는 곳이기도 하다. P. Butler는 과학의 본질을 설명하면서 근대 도서관을 하나의 중요한 '사회기관'으로 보았으며, 그것에 적합한 정신과 방법을 갖고 연구하여야 한다고 기술하였다. '사회기관'에 대한 Ranganathan의 인식은 '도서관은 성장하고 있는 유기체(organism)이다.'라는 도서관학 5법칙 중 마지막 법칙과 맥락을 같이한다.

Butler도 또한 "도서관은 근대 문명의 요청에 의하여 창설되었다. 현재에 있어서 그것은 사회조직상의 하나의 불가피한 구성단위가 되고 있다. 도서는 종족의 기억을 보존하기 위한 사회적 메커니즘이며, 도서관은 현존하는 개개인의 삶의 의식으로 전달하기 위한 사회적 기구"[1]로 인식하였다.

J. H. Shera도 도서관을 '문화기관'으로서 그리고 '사회적 기관'으로 인식하였다. 두 학자 모두 '문화'라는 개념의 출발점으로 도서관을 인식하였다.[2] 이처럼 도서관을 사회기관이면서 문화기관으로서 인식하고 있다. 이러한 점에서 도서관을 하나의 '대상물(things)'이 아니고 '개념적(conceptual)'으로 접근한 Shera의 관점은 탁월하다고 볼 수 있다.[3]

도서관과 관련된 사상은 진공속에서 발전하지 않는다. 모든 것은 원인을 가진다. 그리고 어떤 것도 다른 사건이나 상황과 무관하게 발생하지는 않는다. 모든 분야의 저자들은 '그들의 전임자들의 어깨 위에 서 있는 것이다.'

---

1) P. Butler. *An Introduction to Library Science*. The University of Chicago Press, 1933. p.xi.

2) J. H. Shera. *Introduction to Library Science; Basic Elements of Library Service*. Littleton, Libraries Unlimited Inc., 1976. p.45.

3) 남태우, 김상미 공편. 문헌정보학의 철학과 사상; 세라(J. H. Shera)의 사상을 중심으로. 서울, 한국도서관협회, 2001. p.2.

문헌정보학은 원래 도서관학이라는 명칭을 가지고 있던 사서양성 교육과정에 대한 논의로부터 출발하고 있으며, 현재에도 '도서관'이라는 물리적 구조를 내재적으로 안고 있다. 따라서 문헌정보학의 이론이 무엇 때문에 근저에 '도서관'이 포함되어 있는 것인지, 또는 '도서관'이란 무엇인가를 설명해야 한다. 구미(歐美)에서는 '도큐멘테이션'으로부터 발전하여 '정보학'으로 불리고 있는 영역도 문헌정보학에 포함하고 있다.

그렇기 때문에 문헌정보학을 이해하기 위해서는 '도서관'이 어떠한 기관이며, 현대의 이른바 지식정보사회에 있어서 어떠한 의의가 있고, 어떠한 기능을 하는지를 우선적으로 이해해야 한다. '기관'이나 '대상'으로서 도서관의 이해가 아닌 개념적 측면에서 이해되어야 한다.

도서관은 언제나 인류을 위한 일종의 기억소이다. 인류가 지식을 수집하고 조직하지 않았다면 인류는 역사를 영원히 잃어버리게 될 것이다. 3천 년 이상 동안 훌륭한 도서관은 진보된 국가나 도시의 기본적인 구성요소이자 표상이었다. 또한 도서관은 언제나 국가 정체성의 초점이었다. 도서관은 언어에 있어서 다음(多音)의 소리부를 제공한다. 여기에서 문화는 과거의 리듬과 현재의 울림 속에서 생존한다. 여기에서 우리는 미래의 멜로디를 느낄 수 있다.

제1장 도서관의 본질

인간 노동현장의 패러다임 변화는 산업기술의 근간이 인간의 근육을 확대한 것으로 본다면, 힘의 동력인 '근육(힘) 노동'에서 동력이 기계의 축으로 옮긴 '기계노동'으로, 그리고 현재는 인간두뇌의 확장으로 인해 '지식노동'으로 발전하고 있다. 이처럼 〈근육노동 → 기계노동 → 지식노동〉으로 노동의 패러다임이 변화한 것은 지식정보사회의 발전상이기도 하지만, 지식의 가치성이 증대된 현상이기도 하다.

즉 지식노동에서 중요한 것은 노동의 핵이 '지식'이라는 것이다. 따라서 지식정보사회의 인프라가 되는 대표적 기관이 도서관이라는 관점에서 지식가치의 변화과정을 우선적으로 이해하여야 한다. 이러한 변화 현상을 Peter F. Drucker는 다음과 같이 전개하고 있다. 1960년대 중반에 그의 저서 『단절의 시대(The Age of Discontinuity: Guidelines to Our Changing Society)』[4]에서 '지식기술'과 '지식경제' 그리고 '지식사회'라는 일련의 개념을 중심으로 현대 산업사회의 전환기적 특성을 분석하였다.

그는 경영학뿐 만 아니라 인접 학문에서도 탁월한 재능을 발휘했는데, 오늘날 지식정보사회가 도래할 사회변동의 일면을 일찍이 예견한 학자이다. 그의 기술관에 따르면, 산업사회에서 지속하여 오던 기술발전의 누적을 바탕으로 1913년대 중반까지의 반세기 동안 그 여파에 따라 산업구조의 안정세가 정착하는데, 이 과정을 '지속의 시대(The Age of Continuity)'로 표현하였다.

---

4) Peter F. Drucker. *The Age of Discontinuity: Guidelines to Our Changing Society*. New York, Harper & Row, 1992.

그러나 1960년대 중반 이후, 세계는 경제와 기술면에서 지난날의 지속적인 발전적 과정과는 완연히 다른 '단절의 시대'를 맞이했다. 그는 이 단절적 관점의 배경을 이룬 주요 원인으로 지식기술의 부각과 이에 따른 경제, 경영구조의 변화를 지적하고 있다.

Drucker가 강조하는 '단절'의 개념은 경제발전이다. 기술개발의 후퇴를 의미하는 것이 아니다. 그가 의미하는 '단절'은 과학 기술적 인간의 사고와 논리가 그 이전과는 근본적으로 다르고, 그로 인한 지식근로자 위주의 노동력 변화와 조직의 경영방식 및 일상생활의 영위에서 새로운 인식적 변화가 요구되는 상황적 전환을 내포한다. 그는 이러한 단절의 시대를 그 당시 서서히 일고 있던 '지식사회'를 중심으로 상세히 전개하였다.

Drucker의 〈지식경영론〉은 그 보다 먼저 논의되었던 Bell의 〈후기 산업사회론〉과 Machlup의 〈지식산업론〉에 깊은 영향을 받았다. 그러나 Drucker의 논리는 지식을 중심으로 가시화되고 있는 기술 및 경제, 경영의 변화를 위주로 입증하였다는 차이가 있다. 그는 선진국 사회는 '상품경제'에서 '지식경제'로 옮아가고 있다는 것을 가장 먼저 개념적으로 포착하였다. 그의 주장 가운데 경영자들이 종업원의 손과 육체가 아니라 머리와 마음에 신경을 써야 한다는 대목도 이러한 사회변동의 감지에서 비롯된다.

지식은 정보 또는 데이터의 개념보다 우선한다. 지식이 경제성에 관계된다는 뜻은 새로운 지식 또는 새로운 정보를 말하는 것이 아니다. 오래된 지식이라 해도 첨단의 기술개발에 응용시킬 수 있다. 따라서 전략이나 화폐처럼 지식도 경제활동에서는 일종의 에너지로서 필수적으로 작용한다. 그러므로 전문직의 부각으로 근로직이 소멸한다든지 수작업에 의한 숙련공이 쇠퇴한다는 주장은 지식에 대한 경제적 개념을 잘못 이해한 것이다. 오히려 기존의 산업 전반에 걸쳐 발전적 바탕을 이루는 불가분한 요인이 지식이다.

Drucker는 지식에 대한 자원적 가치를 확신하고 지식산업은 오히려 과거의 농업 위주인 1차 산업과 그 성격을 같이한다고 간주한다. 경제사적으로 지식사회의 본말은 서비스산업의 확대라기보다는 농업으로부터 지식으로 이전된 1차 산업의 연장으로 해석될 수 있다는 것이다.

지식기술의 급격한 발전은 미국과 유럽 선진국가들 간에 '기술격차'가 형성되는 계기가 되었다. 즉, 미국은 적극적인 연구개발과 전문 과학기술 인력의 흡수를 통해 지식기술의 수용에 매진함으로써 2차 세계대전 이후 국제 정치력을 주도한 것이다. 이러한 배경을 지적하면서 Drucker는 앞으로도 한 국가의 국제 경쟁력을 결정하는 핵심자원은 곧 '지식'이라고 결론을 맺고 있다. 그는 국가의 진짜 재산은 천연자원이 아니라 교육을 잘 받은 인력이며 정부의 역할도 사양산업을 일으키는 것이 아니라 국가의 지식을 잘 축적하는 것으로 규정하고 있다.[5]

이처럼 1960년대에 '지식작업'과 '지식근로자'라는 말을 초기에 사용하였던 Drucker는 "동서양을 막론하고 지식은 항상 어떤 존재하는 사물에 대해 적용되는 것으로 모두 생각하였다. 그것이 어느 순간 행동에 적용되었다. 지식 그 자체가 자원이 되고 효용이 되고 말았다."[6]고 이야기하면서 〈지식이전의 단계론(steps of knowledge transformation)〉에서 지식이 미친 영향에 대해 극명한 논리를 전개하고 있다.

> 지식의 의미변화의 첫 번째 국면(1870년)은 첫 100년 동안 지식은 '작업도구'와 '제조공정' 그리고 '제품'에 적용되었다. 이것이 '산업혁명(industrial revolution)'을 일으켰다. 그러나 이것은 K. Marx가 말하는 소외(疏外 alienation)와 새로운 계급과 계급투쟁 그리고 궁극적으로는 공산주의를 잉태하였던 것이다.
> 두 번째 국면은 1880년경부터 시작하여 제2차 세계대전 무렵 최고 절정기에 이른 것으로 새로운 의미의 지식이 '작업 그 자체'에 적용된 시기이다. 이것은 '생산성혁명(productivity revolution)'으로 연결되었고, 그 후 75년 만에 생산성 혁명은 프롤레타리아들로 하여금 소득이 거의 상위 계층과 맞먹는 중산층 부르주아지(Bourgeoisie)로 바꾸어 놓았다. 이리하여 생산성 혁명은 계급투쟁과 공산주의를 패배시켰던 것이다.
> 마지막 국면은 제2차 세계 대전 후에 시작되었다. '지식이 지식에 응용되는 시기'로서, 이것은 '경영혁명(management revolution; 이 경영혁명은 J. Burnahm의 경영자 혁명(Managerial Revolution, 1941)과는 무관한 개념이다)'을 가져오게 하였다.[7]

---

5) P. F. Drucker. *The New Realities.* New York, Harper & Row, 1989.
6) Peter F. Drucker. *Post-Capitalist Society.* New York, Harper Business, 1993. p.19.
7) ibid. pp.19-20.

이러한 혁명은 노동자의 패러다임 변화를 불러왔는데 〈근육노동자 → 기계노동자 → 지식노동자〉로의 변화과정을 그려볼 수 있다. 즉, 지식 이전의 3단계인 '산업혁명', '생산성혁명' 그리고 '경영혁명'의 기저에 깔려있는 것은 지식의 적용과 응용 그리고 생성에 대한 근본적 변화를 가리킨 것이다. 인류는 지식에서 지식으로 이동해온 것이다. 지식은 지금 빠른 속도로 자본이나 노동과 나란히 하나의 생산수단이 되고 있다. 그래서 우리가 살고 있는 사회를 '지식사회(knowledge society)'라고 부르고 있다. 이것은 '지식경제(knowledge economy)'에서 한 걸음 진보된 개념이다.

지식이 지식에 응용된 사회가 바로 오늘날의 '지식정보사회'를 의미한다. 지식정보화사회의 기반이 되는 도서관에서 지식업무처리를 수행하고 있는 사서직은 '지식노동자'이다.

또한 『지식사회(Knowledge Societies)』를 저술한 Nico Stehr도 근대사회에서 지식이 3단계를 거치면서 진화한 것으로 인식하였다. 첫 번째 단계는 '의미의 단계'로 세상에 대한 더 좋은 이해를 추구했던 계몽사조의 시기에 해당되고, 두 번째 단계는 '생산의 단계'로 지식이 산업에 응용되기 시작한 19세기이고, 세 번째 단계는 현재의 '실행의 단계'로, 지식이 기계에 포함되어 모든 활동을 수행하는 단계이다.[8] Stehr의 저작은 Drucker 보다 1년 뒤에 출판된 것인데, 지식의 적용과정의 패러다임을 그대로 수용한 것으로 보인다. 그에 따르면 정보사회에서 지식사회로 전환되어 감에 따라 지식의 경제성, 효용성이 전환의 주체가 되고 있다는 것이다. 그리고 이들을 대상으로 연구, 응용 그리고 처리하는 대상들을 '지식노동자'로 인식한 것은 Drucker의 인식과 동일하다.

지식은 지금 빠른 속도로 자본이나 노동과 나란히 하나의 생산수단이 되고 있다. 이를 '지식사회'라고 할 수 있으며, '지식경제'라고도 할 수 있다. 상기 두 학자 공히 '지식이전의 3단계론'을 전개시키고 있는데, 지식의 경제적 활용측면에서 분석한 것으로 평가된다. 이러한 환경 속에서 사회조직체로서 '도서관'과 정보전문직의 명칭 문제와 이러한 지식을 통정할 수 있는 그 영역은 매우 복잡할 것이다.

이 지식정보를 통괄하고, 특히 정보의 전달과정에서 핵심적인 역할을 수행한 사회, 문화기관이 바로 도서관이다. 문헌정보학의 기저에 '도서관'은 기본 전제인데, 이를 어떻게 인식하고 해석하느냐에 따라 '기술이냐 과학이냐', '기관론 대 탈기관

---

8) Nico Stehr. *Knowledge Societies*. Chicago, University of Chicago Press, 1994.

론', '전문직 대 일반직'이라는 2구분적인 논리에서 벗어날 수 있다.

도서관을 정보전달의 '기계론적 정보론'으로 해석한다면 '기관론'에서 벗어날 수 없다. '생태론적 정보론'으로 접근한다면 '탈기관론'적 시각에서 이론을 전개시킬 수 있다. 즉, '도서관은 성장하고 하고 있는 기관'인 것이다. 또한 도서관은 정보뿐만 아니라 지식에 대한 접근의 도구이기 때문에 지식론이나 지식경영과 밀접한 관계를 가지고 있다.

문명사에 있어 날줄과 씨줄인 문화적 동향은 도서관, 그 기록물(장서)의 본질, 그 기록물이 조직되고 관리되는 방식, 그리고 도서관이 수행했던 서비스 등을 구체화하는데 있어서 결정적인 요인이 된다.

Sumer와 Assyria의 수도 Nineveh의 점토판과 고대 이집트의 파피루스로부터 중세 수도원의 빈약한 설비와 초기 학교의 교본들로 이루어진 장서를 거쳐 현대의 자유롭게 이용 가능한 공공도서관에 이르기까지, 도서관은 연속적으로 변모를 견디어 내었고, 그 각각은 동시대의 사회적 필요성에 의해 결정되었다.

사회적 전형(典型)에 있어 모든 주요 변화는 도서관의 변화를 초래하였다. 그러나 이러한 변화에도 불구하고 불변의 요소로 존재하는 것은 본질적으로 변하지 않는 도서관이 갖고 있는 '제도적 일관성(institutional coherence)'이다. 본장에서는 도서관의 본질에 대해 살펴보고자 한다.

1.1 도서관의 어원 및 정의

1.1.1 도서관의 어원

현재 우리들이 사용하고 있는 '도서관(圖書館)'이라는 용어는 영어의 'library', 독일어의 'bibliothek', 불어의 'bibliothèue' 등의 번역어다.

먼저 영어 'library' 어원은 라틴어 'liber + -ary'에서 기원한다. 어근의 'liber'는 '수피(樹皮)'에서 유래된 것으로 이 수피를 건조하여 필사에 사용했기 때문에 이것이 '책'을 의미하게 되었고, 어미의 '-ary'는 그 '책을 보존하는 곳'인 'librarium'의 의미이고, 또한 책에 관계하는 사람이나 서적상, 서고 등은 'librarie'라고 하였다. 14세기 이후부터는 도서관을 'library'로 호칭하게 되었다. 불어에서 책을 의미하는

'livre'도 이 라틴어에서 온 것이다.

독일어의 'Bibliothek'는 그리스어의 '도서'를 의미하는 'biblo'에 '놓는 장소', '놓아 두는 곳'의 의미인 '-theca'가 결합되어 '책을 놓아 집적해 두는 곳', 즉 '도서관'을 의미하게 된 것이다. '책'을 뜻하는 그리스어 'biblion'은 'papyrus'라는 뜻을 지닌 'biblos'에서 파생된 단어이다.

Papyrus는 그리스어 'papŷros(papūros)'에서 유래된 말인데, '나일강가에서 자란', 또는 '나일강에 속한 것' 또는 'Pharaoh에 속한 것'을 의미하였다.[9] 전자의 두 의미는 서사재료가 자란 곳을 의미한 것이고, 후자는 그것을 사용하는 계층을 의미하고 있다. 한편, 그리스어 khărtēs로 이것은 papyrus의 '엽(leaf)'을 의미하며, 라틴어 'chrta'이며, 영어로 'cartaceous', 'charter', 'chart', 'chartered', 또는 'card' 등을 의미한다.[10]

페니키아(Phoenicia) 사람들은 그리스로부터 papyrus를 수입하여 가공처리를 하여 그리스로 역수출하였는데 수출항이 Byblos항구였다. 그리스 사람들은 Byblos항구에서 온 것이라고 하여 papyrus를 biblos라고 한데서 기인한다. 현재 영어의 paper의 어원이나 Bible의 어원도 이들로부터 유래한 것이다. 종이를 뜻하는 "영어의 '페이퍼(paper)', 독일어의 '파피르(papier)', 프랑스어의 '파피에(papier)', 러시아어의 '파프카(papka)', 폴란드어 '파피에(papier)' 등은 모두 이 papyrus에서 그 어원이 유래된 것이다.[11]

영어사전에 의하면 '책', '서적', '서지(書誌)', '성서'에 해당되는 'biblio-'가 어간으로 된 단어가 26개 이상 설명되어 있다. biblioclasm(libricide, 서적파괴, 책말살, 서적파괴주의), biblioclast(서적 파손자, 焚書者), bibliog(서지, 서지가), bibliogony(출판기술, 서적 제작술), bibliognost(서적 전문가, 서적에 대해 깊은 지식을 가진 사람), bibliographer(서지학자, 목록편찬자, 서적 해제자), bibliography(서지, 서지학, 목록, 인용문헌), biblioklept(책 도둑), bibliokleptomania(도서벽), bibliolater(서적 숭배자, 성경 광신자), bibliolatry(서적 숭배, 특히 성서에 대한 광신 및 숭배), bibliology(도서학, 서지학), bibliomancy(서적 점, 성경점 특히 성서를 펼쳐서 나오는 글자를 보고 치는 점), bibliomania(장서벽, 서적광), bibliopegy(제본술),

9) David Diringer. *The Book Before Printing; Ancient, Medieval and Oriental.* New York, Dover Publications, Inc., 1982. p.125.

10) loc. cit.

11) loc. cit.

bibliophile(애서가, 서적 수집가, 장서가), bibliophilism, bibliophily(서적 애호, 장서벽), bibliophilist(애서가, 서적 수집가), bibliophobe(서적혐오, 서적불신, 서적공포자), bibliophobe(서적 증오자, 서적 불신), bibliopole(서점 주인, 서적상, 특히 고서), bibliopoly(서적 판매, 특히 진본 판매), bibliotapy(장서가, 서적 수집가), bibliotheca(장서, 서재, 서적목록), bibliotherapy(독서치료법, 독서요법), bibliotics(필적 감정학), biblist(성격 신앙자〈성경만을 신앙의 유일한 근거로 삼는 사람〉) 등이 저록어로 채택되어 있는데, 모두 '책'과 관련된 용어임을 알 수 있다.

불어 'Bibliothèque'는 그리스어 'bibliothêkê'에서 유래된 것으로, 'biblio'는 책을 의미하며 -thêkê는 점토판 또는 두루마리(papyrus)를 보관하는 '항아리'란 뜻이다. 고대 세계의 도서관에서 책이란 papyrus를 의미했고, 이것은 항아리에 보관되었다. 항아리에 상응하는 불어 'thèque'는 그리스어 'thêkê'에서 온 것이다. 이것은 '보관 장소'라는 의미로 오늘날에도 광범위하게 사용 중이다.

예컨대 médiathèques(미디어 도서관), vidéothèque(비디오 아카이브), cinémathèque(시네마테크), discothèque(방송국의 레코드실), Photothèque(사진 아카이브), vinotheque(와인 전시장 겸 와인샵) 등에서도 모두 'thèque'는 '모아두는 장소'를 의미하고 있다.

이와 같이 서양에서는 도서를 의미하는 어원에서 이것을 모아 놓는 장소를 나타내는 말이 첨가되어 '도서관'으로 정착된 것이다. 그러나 어근은 도서라는 정신적 내용물을 의미하는데, '모아두는 장소'만을 강조하다 보니 그 객체인 콘텐츠 자체는 함몰된 것으로 인식한 것이다.

한편, 동양에서는 '도서(圖書)'라는 말은 '하도낙서(河圖洛書)'에서 기원한다. 『주역(周易)』〈系辭上〉에 河가 圖를 내고, 洛이 書를 내서 성인은 이를 본받았다.[12] 한대의 유흠(劉歆)은 하도와 낙서로서 『주역(周易)』 팔괘와 『홍범(洪範)』의 유래를 해석하였다. 그는 복희(伏義)가 왕이 되었을 때 하늘이 하도를 하사하였고 복희가 하도에 근거하여 팔괘를 그려 내었다고 하였다. 대우(大禹)가 물을 다스렸을 때 하늘이 낙서를 하사하였고, 대우가 낙서에 근거하여 『홍범(洪範)』을 서술하였다는 것이다.

또한 『晉書天文志』에 '天下圖書之秘府也'라 하여 천하의 '도서'를 〈비부〉에 소장하였다에서도 '도서'가 출현하고 있다. 중국에 있어서는 도서를 소장하는 장소를 나타내는 말로서 〈石室, 閣, 觀, 樓, 庫, 堂, 室, 亭〉 등에 각각 고유명사를 붙여

12) 河出圖, 洛出書, 聖人則之.

사용하였다. 또한, 동물명을 사용하여 〈白虎觀, 麒麟閣〉 등으로도 사용하였다. 황실에서는 〈秘府, 書府, 册府〉 등의 제 명칭을 사용하였다. 그렇지만 중국에서 오늘날의 도서관의 명칭을 사용한 것은 광서 31년(1905)에 호남에 공립도서관을 설립하면서 시작되었다.

이렇듯 'library'는 동서양을 불문하고 '도서의 집서체', 즉 '모아놓은 도서들'을 의미한 것이었다. 그런데 도서를 보관하는 장소로서만 인식하는 것이 보통이고, 도서관의 유기적인 활동면에서는 고찰이 되지 못하고 있다. 이러한 면에서 'library'를 '문헌'이라는 해석은 오역된 것이 아니다.

예컨대 'dictionary'가 '말'의 뜻인 'diction'과 '집합체'의 뜻인 '-ary'가 합성되어 낱말을 모아놓은 집합체인 '사전'을 가리키고, '용어해석'을 뜻하는 'glossary'는 'gloss'에 '-ary'가 덧붙어 '용어 해설집'을 가리키는 것과 같이 원래 'library'란 낱말에는 말의 구조상 건물이나 방이나 시설을 가리키는 요소는 초기에는 없었다.[13)] 그렇다면 'library'를 '문헌'으로 인식하고 해석하는 것은 극히 자연스럽다.

일반적으로 유럽 제국은 그리스어계의 영향이 강하고, 영미계에서는 라틴어어계의 영향을 강하게 받았다. 이 두 낱말은 종교개혁시대까지는 병용되었으나, 그 후에 독일어, 불어계에서는 'bibliothek'라는 말을 사용하고 영 · 미어계에서는 'library'로 통용되고 있다. 이는 사용된 상황에 따라 '문헌', 이들의 집합체인 '도서관'을 의미할 수도 있다. 즉, 도서관을 '대상'으로 보는 견해와 '개념'으로 보는 관점으로 구분할 수 있는데, 전자는 도서관으로 후자는 지식이나 정보로 인식하는 것으로 해석이 가능하다.

1.1.2 도서관의 정의

'도서관'이라는 단어는 일반적으로 기록물의 물리적인 저장소뿐만 아니라 기록물의 조직과 내용, 그리고 이용자들을 포함한다. 기록된 메시지들(현대 학술적 명칭은 '지식정보')은 기록행위를 통한 의사소통(written communication)의 시작에서부터 문명의 중심에 있었고, 이는 도서관 존재의 이유였다.

---

13) 李載喆. 文獻情報學의 學名에 대한 考察. In 韓國 文獻情報學의 문제들. 서울, 구미무역(주), 1994. p.26.

본 절에서는 상기와 같은 의미를 가진 도서관에 대한 문헌정보학적 정의를 살펴보고자 한다. W. Crawford와 M. Gorman은 도서관의 존재 이유를 "도서관은 모든 형태의 지식과 정보 전달매체를 수집하고 그에 대한 접근을 제공하며, 이를 보호하기 위해 존재한다. 그리고 이용자들이 접근하는 장서의 이용방법에 대해서 교육을 하고, 이용자들을 돕기 위해서 존재한다. 즉, 도서관은 지식의 진보와 문화의 보존에 있어서 시간과 공간을 극복하려고 하는 인간의 지속적인 노력에 의미를 부여하기 위해 존재하는 것이다."[14] 이 정의는 인류의 커뮤니케이션 연장 측면에서 도서관의 존재이유를 규정하고 있다.

『ALA 문헌정보학용어사전』에서는 도서관(Library)을 다음과 같이 정의하고 있다.

> 1) 도서관이란 서비스 대상 집단에 물리적, 서지적 그리고 지적 접근을 제공하기 위해 조직화된 자료의 집합체로 해당 집단의 정보요구에 관해 서비스나 프로그램을 제공하는데 훈련된 스텝을 갖고 있는 곳, 2) 컴퓨터과학에서 기계 사용자가 활용할 수 있도록 컴퓨터 프로그램의 조직화된 컬렉션으로 정의하고 있다.[15]

1)의 내용은 도서관적 측면을 정의한 것으로 물리적 실체로서 장소와 지적 접근의 자료, 그리고 서비스를 하는 직원인 사서 등 도서관 인식의 3요소를 강조한 정의라고 할 수 있다. 2)는 지식정보처리에 있어서의 컴퓨터의 응용력을 말하고 있다. 전자는 도서관학적 성격이 강하고 후자는 정보학적 성격이 강한 정의로 볼 수 있다. 한편 『Harrod's Librarians' Glossary』에서는 도서관을 5개 항목으로 나누어 정의하고 있다.

> 1) 독서, 연구 그리고 상담을 하기 위해 도서의 집서나 기타 문헌적 자료군, 2) 장서의 유지 및 이용과는 별도로 장소, 건물 또는 실, 3) 'Loeb Classical Library'와 같은 포괄적 서명하에 그리고 항상 주제, 제본 또는 타이포그래피 같은 일반적인 특성을 가지고 한 발행자에 의해 간행된 도서군, 4) 필름, 사진 그리고 기타 비도서자료들, 플라스틱 또는 금속 테이프나 디스크, 컴퓨터 테이프, 디스크 그리고 프로그램의 컬렉션, 인쇄 또는 필사본과 같이 이러한 모든 것들은 하나의 대도서관의 한 부서에서 또는 그들의 컬렉션 중 한 형식의 자료로 엄격하게 구분하

---

14) Walt Crawford & Michael Gorman. *Future Libraries: Dreams, Madness, & Reality.* Chicago, ALA., 1995. p.3.

15) H. Young, editor. *The ALA Glossary of Library and Information Science.* Chicago, ALA., 1983.

여 제공할 수 있을 것이다. 5) 컴퓨터 프로그래밍 등으로 정의하고 있다.[16)]

이 정의 또한 ALA의 정의 범주에서 크게 벗어나지 못하고 대동소이한 성격으로 보고 있다. 일본 도서관협회의 『圖書館 ハンドブック』에서는 "도서관은 기록된 지적 문화재를 수집, 조직, 보존하여 이용에 이바지하는 사회기관"[17)]으로 정의하고 있다. 또한 중화서국 편집부의 『圖書館學要旨』에서는 "도서관은 인류의 모든 사상과 활동의 기록을 찾는 것을 목적으로, 가장 과학적이요 가장 경제적인 방법에 의해서 그 기록을 보존하고, 정리하여 사회의 모든 사람에게 편리하게 사용할 수 있도록 하는 기관"[18)]으로 정의하고 있다.

이 정의는 ALA의 정의하는 달리 과학적이며 경제적인 방법에 의한 이용의 편의를 강조한 점에서 특성이 있으며, 보다 발전적인 정의라고 볼 수 있다. 그러나 이 정의도 현대적인 도서관의 의의를 만족하게 반영시키지는 못한 것이라고 생각된다.

우리나라의 『문헌정보학용어사전』에서는 도서관(bibliotheca, library)을 "정보자료와 정보서비스의 집합체로서, 이용을 위해 정보를 조직하고 공공, 기관, 혹은 개인에 의해 유지되는 기관"[19)]으로 정의하고 있다. 이 정의에서는 도서관을 정보자료의 수집기관, 정보의 서비스기관, 정보의 조직기관, 그리고 관종별 기관으로 설명하고 있다.

그러나 도서관법(2009년 개정판) 법률 제09528호 제2조 1항에서는 "도서관이라 함은 도서관자료를 수집 · 정리 · 분석 · 보존하여 공중에게 제공함으로써 정보이용 · 조사 · 연구 · 학습 · 교양 · 평생교육 등에 이바지하는 시설을 말한다."라고 정의하고 있다. 이처럼 법과 용어집에서의 정의가 각각 다르게 나타나고 있다. 전자의 정의는 현대적 관점에서 정의한 것이라고 한다면, 후자의 정의는 도서관의 본질론적 측면에서 정의한 것으로 해석된다.

이처럼 도서관의 정의는 '정보자료'를 중심으로 하는 정의와 '시설'을 강조하는 정의로 대별되는데, 정리하면 크게 4가지로 요약된다.

---

16) Ray Prytherch compiled. *Harrod's Librarianss' Glossary and Reference Book*. 10th ed. Aldershot, Ashgate Publishing Lim., 2005.

17) 日本圖書館協會論 圖書館ハンドブック 改訂版. 東京, 同協會, 1960. p.17.

18) 中華書局編輯部. 圖書館學要旨. 臺北, 中華書局, 1958. p.5.

19) 문헌정보학용어사전 편찬위원회 편. 문헌정보학용어사전, 개정판. 서울, 한국도서관협회, 2010.

1) 자료의 수집과 보존 및 축적의 대상은 모든 정보자료
2) 자료의 축적은 공중에게 이용을 제공하기 위한 목적
3) 이용의 목적 내용은 열람, 조사, 연구, 평생교육 등
4) 이상의 활동을 행하기 위해 필요한 시설 및 직원

이상의 내용에서 1)은 자료에 관한 규정에 해당되며, 2)는 이용에 관한 내용으로 이용자의 존재를 인식하는 것이며, 3)은 이용자의 목적을 인식하는 것이며, 4)는 이들을 아우를 수 있는 시설을 강조하고 있다. 그래서 도서관은 자료, 시설, 직원과 이들을 이용할 수 있는 이용자와 밀접하게 연관되어 있다. 도서관을 시설이나 장소로만 인식한다면 협의의 관점이라고 할 수밖에 없다. 그것은 대상물이 아니고 개념적이라고 강조하면서 사회문화기관으로 인식한 Shera나 Butler의 관점에서도 모순된 것이기 때문이다.

따라서 도서관이란 인류 지적 활동의 레코드들을 이용자들의 정보욕구를 충족시켜주기 위해 수집, 정리, 축적 및 이용케 하는 사회기관으로 정의할 수 있다. 상기에서 정의한 것들을 표로 요약하면 〈표 1-1〉과 같다.

〈표 1-1〉 도서관 정의 분석

區分 / 定義體	存在意義	方法論 (基本概念)	對象		樣 相	活動原則	相点
			實體的 對象	機能的 對象			
Butler	種族의 記憶保存	個人의 意識化					사회적 기구 사회적 수단
쉬 예	大衆의 知識熱望				수 집		경제적, 자유롭게 사용시간절약
千惠鳳					수집, 정리, 보존	봉 사	
鄭駜謨	學術과 文化의 發展	條件造成				봉 사	기 관
ALA			圖書 및 類似資料	정 리 관 리	讀書, 調査, 研究		자료의 집서, 건물
JLA			紀錄된 知的資料	수집, 조직, 보존			사회기관
중화민국			人類의 모든 思想 활동의 기록	보존정리		과학적 경제적	기 관
KLA				수집, 정리, 보관	讀書, 調査, 研究參考, 취미, 오락		조직, 운영의 시설
Britannica			書寫된 資料사진	film조직	研究, 調査		수 집 처

(출처: 도서관학의 학문적 성격과 체계화에 관한 연구/ 김정소. 1978. p.8)

상기와 같이 분석된 정의들은 도서관 대상의 영역에서는 거의 일치를 보이지만 존재의의와 방법론에 대해서는 많은 정의들에서는 무관심 상태이다. 그리고 이 정의의 분석에서 두드러진 것은 도서관을 사회적 기관으로 인식하고 있다는 점이다. 그것도 도서관을 하나의 조직체 혹은 기관으로 보고 있다는 점이다. 그리고 도서관이 사회와 인간에 대해 갖는 중요성은 종족의 기억, 학습과 문화의 발전, 대중의 지식열망 등의 개념으로 나타났다.

그렇지만 ALA정의는 도서관을 건물로 인식하여 기관론적인 측면을 강조하고 있다. 도서관 인식을 기관 대 탈기관으로 구분할 수 있다.

1.2 도서관의 인식단위

지식기반의 인프라가 되는 도서관을 바라보는 시각은 일반적으로 존재가 의식에 의하여 규정되는 '이상론적(idealism)' 시각과 의식이 존재에 의하여 규정되는 '실체론적(institution)' 시각의 두 양식으로 구분할 수 있다. 전자는 '개념론적(conceptualism)' 인식이고, 후자는 '물리적 대상물적(things)' 인식이다.

도서관(圖書館)이란 '물 자체'(physical itself: 물리적 공간으로서의 건물)를 의식 대상으로 한정시킨다면 후자가 일견 타당한 것으로 인식될 수 있는데, 이는 '전제 · 군주형태'에 해당된다. 예컨대 점토판의 사용은 '성직과 종교'를 강조한 사원의 지배적인 역할을 예상케 한다. Babylon과 Nineveh에서 도서관은 '군주제의 권력을 강화'하기 위해 건립되었다. 파피루스와 알파벳을 쓴 간소화 된 형태는 그리스의 민주적 조직, 문학, 그리고 철학의 성장을 지원하였다. 알렉산더대왕 이후 제정(帝政)이 소생하여 알렉산드리아와 다른 지역이 중심지가 되었고 도서관은 군주제를 강화하는 원천으로서 지속되었다.

Hellenism 시대의 대형 도서관들은 독서를 위한 도서관은 아니었다. 도서관은 권력을 장악한 왕조(이집트의 Ptolemaeos(BC. 305-30) 왕조, Pergamon의 Attalus 왕조)의 위대성을 과시하기 위한 것이었으며, 또한 일단의 학자, 문인을 위한 작업장이었고, 기구였다.

요컨대 기술적으로는 독서를 위해 만들어진 것이면서도 책은 실제로 읽혀지기보다는 오히려 '축적(stock)'된 데에 지나지 않았다. 고대에도 매우 한정된 수의 교사, 학생, 신봉자를 위해 학문이나 철학의 유파에 관련된 책을 모아두곤 했는데, 이것이 참고해야 할 모델로서 Hellenism 시대의 도서관에도 계속 영향을 주었다.

Hellenism 시대의 모델을 본받은 로마의 도서관들은 주로 정원을 낀 주랑 건물에 들어서 있는데, 처음에는 폐쇄된 배타적인 공간이었다가 차츰 생활공간으로 변화되었다. 문고로서의 도서관은 봉건 영주나 왕후 귀족의 사유도서관에 전형적으로 나타난 도서관으로서 그것을 또한 〈돔(dome)의 도서관〉이라고 명칭하고 있다. 고대 도서관의 경우 도서관의 위엄과 존엄을 나타내기 위해서 돔형식의 건축물을 사용한 데서부터 기원한다.

이 시대의 도서관은 이용의 기능은 거의 없고 단지 도서를 수집, 보관 및 후세에 전승한 것만을 제1의 임무로 생각한 것이다. 즉, Ranganathan의 제1법칙인 '도서는 이용하기 위해 있다(Books are for use)'라는 전제의 역 패러다임인 '도서관은 도서를 보존하기 위해 존재하는 기관'으로 인식한 것이다. 지식은 위험한 것으로 인식하여 통치자의 전유물로만 생각하였다.

반면에 도서관을 물 자체가 아닌 유기적 생명체로 강조하는 논리가 후자이다. Ranganathan의 제5법칙인 '도서관은 성장하고 있는 유기체이다(A Library is a growing organism)'에 해당된다. 유기체는 생물, 즉 생명이 있는 것을 지칭한다. 도서관이 생명력을 지니고 있다는 관점이다. 도서관을 하나의 '대상(thing)'이 아닌 '개념(concept)'으로 인식한 것이다.

도서는 본질적으로 기억을 보존하기 위한 수단으로서 장치이다. 사서직의 구두적 대리인들로써 방랑 음유시인 전통에 관심을 가진다. 그는 그리스어 'mnemon(기억소, 뇌신경계 기능의 최소단위)'[20]을 기술하면서 이렇게 묘사한다. '기억하는 사람이

20) 므네모쉬네 (Mnemosyne); 그리스 신화는 '기억'을 이렇게 설명한다. 하늘의 신 우라노스(Uranu)와 땅의 여신 가이아(Gaea) 사이에서 모두 12남매가 태어났다. 대양(Ocean)의 신 오케아노스(Oceanos), 태양의 신과 달의 여신의 아버지가 되는 휘페리온(Hyperion), 프로메케우스의 아버지가 되는 이아페토스, 제우스의 아버지가 되는 크로노스(Cronus)는 그 아들들이다. 딸들 중에는 이치를 주관하는 여신 테미스와 기억의 여신 므네모쉬네가 있다. 므네모쉬네의 이름은 '연상 기호코드(mnemonic code)', '기억소(mnemon)'등 컴퓨터 용어에 남아있다. 제우스는 거인들과의 전쟁에서 승리한 직후, 승리의 축가를 짓기 위해 전황과 그 결과를 소상하게 기억하고 있는 므네모쉬네 여신과 동침하였다. 아흐레 동안 동침하여, 태어난 아홉 자매가

여, 당신의 기능은 일과 업무를 기억하는 것이다. 그리하여 문서와 관련된 서비스를 수행하는 것이다.'

이상향으로서의 도서관을 꿈꾸는 형태가 여기에 속할 것이다. 예컨대 Umberto Eco의 『장미의 이름(Il nome della rosa)』,[21] 아르헨티나의 사서이자 작가였던 Jorge L. Borges의 『바벨의 도서관(The Library of Babel)』[22]에서 천국형태의 도서관을 이상화 한 것이 여기에 속한다. 천국을 도서관이라고 보거나 우주를 한 권의 책으로 상정한 것이다. 책은 곧 과거와 현재를 연결시켜 주는 커뮤니케이션 도구라는 것이다.

또한 도서관의 정의에 있어서도 전자의 경우는 정의에 '기관'이라는 도서관을 포함시키려는 집단들이며, 후자의 경우에는 포함시키지 않으려는 집단들이다. '기관론 대 탈기관론의' 이념론적 구분이며, '대상과 개념론적' 시각이기도 하다.

Butler도 도서관에서 '문화의 전달'이라는 뛰어난 출발점을 구하고 있다. 그는 도서관의 문화적 기능에 가치를 높게 부여하고, '인간의 의식에서 불변의 외형에 투영한 관념의 체계'라고 인식하고, 모든 인간의 의식에 균등하고 강렬하게 영향력을 갖는다고 주장하였다. 도서는 혼돈된 우주이지만, 도서관은 이것을 평가하여 정리하고 그래서 '도서 우주의 성좌표'로서 문화의 유지발전에 공헌한다고 하였다. 도서는 종족의 기억을 보존하기 위한 사회적 메커니즘이며, 도서관은 이를 현존하는 개개인의 의식으로 전달하기 위한 사회적 기구(social apparatus)로 인식하였다.[23]

도서관을 사회적 지식체계(또는 사회지식체계)로 정의한 것은 도서관을 단순히 정보의 수집, 조직, 배포, 이용만을 다루는 사회기관으로 보지 않고, 지식의 사회적 축적과 배포 나아가 새로운 사회적 지식을 형성해 나가는 데 필요한 사회구조로서

바로 무사이(Mousai) 신녀들이다. 영어는 이들을 '뮤즈(muse)', 이들이 사는 집을 '뮤지엄(museum)'이라 부른다. 그리스의 리바디아라는 곳에는 '레테의 샘물(Water of Forgetfulness)', 즉 '망각의 샘물'이 흐른다고 한다. 리바디아로부터 얼마 떨어지지 않은 아폴론의 신전을 세운 토로포니오스라는 사람의 신탁을 받으려면 이 '레테의 샘물'을 마셔야 한다고 하는데, 이 샘물의 다른 줄기에는 '므네모쉬네의 샘물(Water of Remembrance)', 즉 '기억의 샘물' 또한 흐르고 있으며 망각의 샘물과 함께 이 기억의 샘물도 함께 마셔야 한다고 한다. 망각의 샘물과 기억의 샘물은 결국 합류하면서 시내가 되고 시내는 강으로, 그 강은 결국 바다로 흐르는데, 그곳에 사는 그리스인들은 망각의 샘물과 기억의 샘물이 합류하는 시내를 '인생(Life)'이라 부른다.

21) Umberto Eco. *Il nome della rosa.* Bompiani, Milano, 1999.

22) Jorge Luis Borges. *La Biblioteca de Babel*(1941), in Ficciones. Madrid: Alianza, 1971; English translation, The Library of Babel, in Borges, Labyrinths. Harmondsworth: Penguin, 1970.

23) P. Butler. Introduction to Library Science. Chicago, The Univ. of Chicago Press, 1933. p.xi.

파악한 것이다. 결국, 도서관 봉사의 핵심은 단순한 정보봉사의 차원이기보다는 개인이나 사회가 도서관이 소장하고 있는 정보와 사상을 자신의 지식으로 전환하는데 도와주며, 나아가 새로운 지식의 창출을 유도하는 데 있다는 것이다. Bob Usherwood가 공공도서관을 공공지식(public knowledge)으로 파악한 것도 이와 동일한 맥락이라고 할 수 있다.[24)]

지식과 관련된 도서관의 역할은 Crawford와 Gorman의 다음과 같은 인식에서도 잘 나타나고 있다. "도서관은 정보에 관한 것만을 전적으로 다루지 않는다. 도서관은 어떤 형식이든지 간에 문헌의 형태로 나타나는 기록된 지식을 보존하고, 배포하고 이용하는 것을 다룬다. 그래서 인간으로 하여금 보다 지적으로 되도록 하며, 지식을 통해 이해에 도달하도록 하며, 종국에 이르러 지혜를 얻게 하는 것이다."[25)]

그러나 전자만의 도서관도 후자만의 인식만으로는 도서관은 존재할 수가 없다. 오늘날의 관점에서 보면 '아날로그형'과 '디지털형'의 조화가 정보인프라가 되는 것과 같은 논리이다.[26)]

도서관을 바라보는 시각의 '이상론'과 '실체론'적 발상은 '사회인식론'과 '지식사회학'의 관계를 동전의 양면과 같은 것으로 평가하는 것과 동일하다. 지식사회학은 사상 또는 지식에 대해서 사회조직이 부여하는 영향을 논하는 것이고, 그래서 문화 인류학자가 주목하는데 반하여, 사회적 인식론은 지식에 미치는 사회의 영향이 아니고, 지식이 사회에 미치는 영향을 연구하는 것이다.

이러한 이념형적인 구분이나 논리는 차치하고 도서관의 어원과 정의에서 4가지 핵심적인 용어의 추출이 가능하다. 도서관의 기본적 인식단위로서 '건물, 직원, 자료 그리고 이용자'이다. 즉, 도서관은 공간과 장비 그리고 저장매체 등의 '물리적 구성요소(physical componet)', 어떤 자료를 소장할 것인가를 결정하는 자료수집정책과 정보자료를 어떤 방법으로 검색할 수 있도록 할 것인가를 결정짓는 자료구성체계(organizational scheme) 등의 '지적 구성요소(intellectual component)', 그리고 이러한 물질적 구성요소 및 지적 구성요소들을 관리하고 이용자들의 정보문제를 해결해 줄

---

24) Bob Usherwood, *The public library as a public knowledge*. London, Library Association Publishing Ltd., 1989.
25) Walt Crawford & M. Gorman, *Future Libraries: Dreams, Madness & Reality*. Chicago, ALA., 1995. p.5.
26) 남태우. 기관과 제도로서의 도서관 이미지론. 도서관계, vol.152(2008. 05). pp.18-21.

'전문인력(professional man power component)'으로서 전문직 '사서집단'을 의미한다. 즉, 도서관에서 수집 대상으로서 자료군, 이와 같은 서비스를 제공하는 전문 직원인 사서의 배치, 그리고 도서관 시설이나 설비 등을 도서관 인식의 3요소로 칭하고 여기에 도서관 서비스 대상으로서 이용자 집단(user group component)을 더하여 도서관을 구성하는 4가지 인식단위라고 한다.[27)]

도서관의 시설적인 측면에서 보면 디지털과 아날로그가 적절하게 어우러져 경쟁력을 갖춘 새로운 모습으로 재창출되어 컨버전스(convergence)화를 지향하고 있다. 자료형태의 다양화, 멀티미디어화에 따라 인쇄자료 중심의 전통적인 도서관과 IT를 기반으로 하는 디지털도서관의 기능이 통합되면서 나타난 융합이라는 새로운 환경은 이용자가 각종 자료에 용이하게 접근하고 이용하는데 도움을 주고 있다.

자료의 측면에서는 소장(ownership)으로부터 접근(access)으로 패러다임이 전환되고 있다. 장서 중심에서 콘텐츠 중심으로의 전환은 인터넷과 네트워크의 상호연결 공동체를 형성하여 시간, 공간, 거리의 전통적 개념을 소멸시키고 상호작용적 기능을 실현시켰다. 인적자원 측면에서의 변화는 특히 중요한 요소이다. 모든 조직은 사람에 의해 운영된다. 상기의 두 요소의 변화에 따른 적극적 대응이 요구된다.

도서관의 전통적인 측면에서는 '보존 · 보관(preservation)'을 위주로 하였기 때문에 '이용자(user)'는 전혀 고려대상이 되지 않았는데, 개념론적인 측면에서 도서관을 인식하는 면에서는 도서관 4요소 중 가장 중요한 '이용자'를 제1의 요소로 간주한다. 그래서 이용자 지향적인 정보환경을 구축하려는 노력이 정책의 우선순이다. 이러한 관점에서 발전된 도서관이 바로 이용자 중심의 디지털도서관이다.

사회를 구성하고 있는 개개 구성원들처럼 도서관을 포함한 사회기관들 역시 수행해야 할 역할이 있으며, 그 경계선은 문화나 그것이 구성되어 있는 제도에 의해 설정된다. 커뮤니케이션 시스템의 일부분으로써 전통적인 도서관의 역할은 기본적으로 '문화유산을 보존하고 전달'하는데 있다. 물론 도서관이 다른 문화체제의 가치들도 전달할 수 있으며 실제로도 마땅히 해야 하지만, 만일 그 자체 문화의 가치체계와 행태가 지나치게 거리가 있을 경우 문제가 발생하게 된다.

---

27) B. C. Vickery. *On Retrieval System Theory.* London, Butterworth, 1965. pp.1-2.

도서관법(2009년, 법률 제09528호) 제5조(도서관의 시설 및 자료)에 의하면 1) 도서관은 자료의 보존 · 정리와 이용자의 편의를 위하여 적합한 시설 및 자료를 갖추어야 한다고 규정하고 있다. 이 항목에서 '장서, 시설, 이용자'의 인식단위가 언급되고 있음을 알 수 있으며, 동법 제6조(사서직원 등)에서는 1) 도서관은 대통령이 정하는 바에 따라 도서관 운영에 필요한 사서직원, 『초 · 중등교육법』 21조 제2항의 규정에 따른 사서교사 및 실기교사를 두어야 하며 도서관 운영에 필요한 전산직원 등을 둘 수 있다고 규정하고 있다. 학교도서관의 특성에 따라 사서직의 기능에 따라 배치할 수 있도록 하였으며, 사서직은 관종별 불문하고 배치할 수 있도록 규정하고 있다. 이상 제5-6조에서는 도서관의 인식단위요소라고 할 수 있는 '시설, 직원, 장서' 그리고 '이용자'를 모두 언급하고 있다.

이상의 도서관 인식의 기본단위 또는 도서관을 구성하는 4요소를 수행하는 업무의 양을 그림으로 나타내면 다음과 같다.

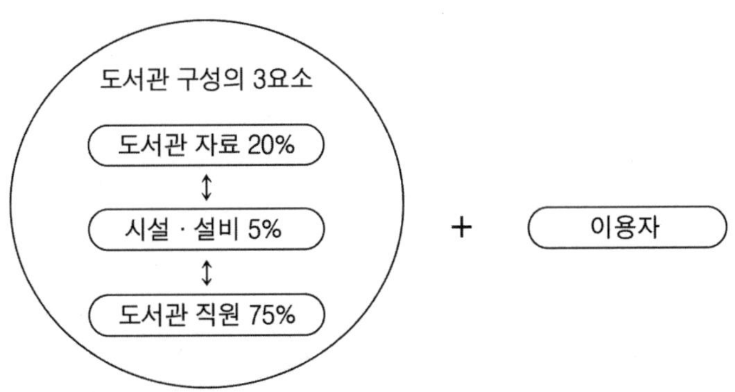

(그림 1-1) 도서관 인식의 4요소

(출처: 圖書館情報學入門/ 藤野幸雄, 荒岡興太郎, 山本順一. 2005. p.8)

상기 (그림 1-1)에서 도서관 인식의 3요소의 공헌도에 대해 장서구성이 20%, 장소로서 물리적 구성요소가 5%, 인적 구성요소가 75%의 기능성을 대비시키고 있다. 워싱턴 도서관의 Heat도 현대 도서관을 평가하면서 건물이 5%, 도서관 자료가 25%, 도서관 직원이 70% 기여한다고[28] 하였다. 3요소 중에서는 현대 도서관경영에서 전문 인력인 사서가 차지하는 비중이 어느 정도인가를 짐작할 수 있다.

28) 梁泰鎭. 圖書館 機能의 能率 極大化. 도협월보, 제16권 제3호(1975.3). p.5.

그런데 도서관 인식단위 3요소의 모든 것을 더한 것과 같은 비율로 이용자를 설정하고 있음을 볼 수 있다. 이는 이용자의 중요성을 증명하고 있는 것이며 도서관 존재의 본질이 이용자 측면에서 재정의 되어야 함을 암시하고 있다. 3요소가 지닌 공헌도의 모두를 아우르는 이용자 없이는 도서관의 존재가치가 창고에 불과하다는 논리이다. 이처럼 이용자의 몫은 인식의 3요소를 뛰어넘는 중요성을 지니고 있다.

제2장 사회와 도서관의 제관계

도서관의 기원은 언어나 문자의 기원과 마찬가지로 미지의 영역이다. 그러나 문자로 기록을 보존하면서 역사시대를 시작하게 되었으므로 도서관의 기원은 선사시대 말기 이후로 추정된다.[29] 초기 도서관은 흔히 종교적인 건물과 관련되었지만 사원 도서관만이 가장 중요한 도서관의 초기 형태라고 생각할 수는 없다.

사실상 그림으로 기록한 수집물들을 보관한 초기형태의 도서관은 최소한 몇 가지가 있다. 그 첫 번째가 '사원장서(temple collection)'이고, 두 번째가 '정부문서(governmental archive)', 세 번째가 '정리된 상업기록물(organized business records)', 그리고 네 번째는 '한 가문의 문고(collection of family)' 혹은 '족보문고'이다.[30] 종교와 속세를 동일인이 지배하는 경우 사원장서와 정부문서가 보통 같이 보관되었으며, 가문과 상업기록물들이 함께 나온 곳에서는 이 두 가지가 밀접한 연관성을 지니고 있다. 어느 경우에서도 사실이나 정보를 수록한 문서는 이용을 위해 보존되었으며, 문서의 수가 많아지면 논리적 배열이 필요하게 되었다.

---

29) Michael H. *Harries, History of Libraries in the Western World.* 3rd Edition. Metuchen, N. J., Scarecrow Press, Inc., 1984(전명숙, 정연경 공역. 西洋圖書館史. 서울, 지문사, 1991. p.12).
30) ibid. p.12.

2.1 도서관 발전요인

도서관 발생에 기여한 사회적 조건을 검토하기 위해 16세기 말엽 Justus Lipsius가 『서양도서관 약사(A Brief Outline of the History of Libraries)』[31]를 저술한 이후 현대 학자들의 저술에 이르기까지, 도서관 사학자들은 도서관이 사회에 미친 영향이나 도서관 발전을 촉진시키거나 저지하고 때로는 그 발전방향을 결정지은 사회의 다양한 요인을 발견하기 위하여 노력해 왔다. 대부분의 사학자들이 동의한 도서관 성장의 주요한 선행조건은 다음과 같이 몇 개의 주제로 나눌 수 있다.[32]

1) **사회적 조건:** 이 주제하에서는 복잡한 정보체계를 필요로 하며, 많은 기록물을 생산하고 다양한 활동이 이루어지는 대도시의 발생과 같은 도서관 발전을 위한 긍정적인 요인을 들 수 있다. 이것은 자연스럽게 도서관 또는 문서국의 발달을 촉진하였다. 이외에 중요한 사회적 조건은 교육이다. 공식적인 교육제도는 기록과 기록보존 뿐만 아니라 교육방법을 뒷받침해 줄 도서관 시설을 필요로 하였다. 그리고 글을 읽고 쓸 수 있는 능력은 물론 가정생활의 안정 정도, 여가시간의 이용, 가족 수나 전체 인구 수 등과 같은 사회적인 다양한 조건도 도서관 발전에 영향을 주었다.

2) **경제적 조건:** 큰 규모의 도서관 발전은 국가 전체의 경제적 풍요로움과 번영에 직접으로 관계되는 것이 분명하다. 일반적으로 부가 축적된 후에 도서관 발전에 필요한 기금이 모아지게 되며, 발달되고 번창하는 경제체제는 복잡한 기록 보존제도에 기초를 두게된다. 도서관은 상업기록을 위한 보존소는 물론 미래의 기술 및 상업 발전을 촉진시키게 될 연구기관으로서 경제의 필수적인 '수단'이 되었다.

또한 많은 사학자들의 중요한 경제적 요소로서 글을 쓰거나 인쇄할 수 있는 서사자료가 발달되어야 하고, 그 비용이 저렴하여 쉽게 이용할 수 있는 것을 대규모 도서관 발달의 필수적인 전제조건으로 들고 있다. 마지막으로 도서가 폭넓게 이용

31) Justus Lipsius. *A Brief Outline of the History of Libraries.* chicago, A. C. Mc Curg & co., 1907.
32) Michael H. Harries. *History of Libraries in the Western World.* 3rd Edition. Metuchen, N. J., Scarecrow Press, Inc., 1984(전명숙, 정연경 공역. 西洋圖書館史. 서울, 지문사, 1991. pp.13-15).

될 수 있고, 그 가격이 저렴할 때, 즉 도서 유통구조가 확립되었을 때 도서관은 급속하게 발전하게 된다.

3) **정치적 조건:** 도서관은 전쟁과 혼란의 시기에는 심각한 위기에 처한다. 사회적으로 안정된 시기는 폭넓은 도서관 성장에 도움이 된다. 그리고 정부기관이 도서관의 성장을 격려할 때 더 빨리 그리고 튼튼하게 발전된다. 반면에 능률적인 정부는 아주 일찍부터 도서관이 수집하고 정리해 온 많은 양의 국내외 정보에 접근을 필요로 한다.

Josefa Sabor가 주장하듯 대부분의 국가는 "한 나라의 미래는 교육에 관한 우리의 자세에 달려있다."[33]고 오랫동안 믿어 왔다. 그러나 교육문제의 일부는 도서관을 건립하고 발전시킴으로써 해결할 수 있다는 것이 최근의 견해이다. 어떤 국가이든 정치 · 사회적 발전을 이루기 위해서는 정보와 교육이라는 두 가지 기반을 필요로 한다. 1960년대와 1970년대 초반의 경제적, 사회적, 인구증가 형태는 국가적, 세계적 차원에서 도서관과 정보서비스의 관한 계획 · 수립을 강조할 필요가 있음을 보여주었다.

개발도상국 중에는 인구가 지속적으로 증가하거나 문맹이 매우 높은 국가들이 있다. Bangladesh, Ethiopia, Mali(아프리카 서부의 공화국으로써 수도는 바마코(Bamako)), Togo(서아프리카의 공화국), Paraguay 같은 국가의 경우, 비록 추정치이기는 하지만 전체 인구 중 문자 해독률이 10-20%에 불과하다.[34] 반면에 Argentina의 경우 성인의 문자 해독률이 90%에 이르고 있으며, Chile 역시 전체인구의 90%가 문자를 해독할 수 있고, 도시지역은 수치가 더 높다고 밝히고 있다. Brazil은 1980년까지 문맹을 완전히 없애고자 하는 반면, Algeria는 취학연령의 아동 중 40%가 아직 학교에 가지 못한 상태이다. 아프리카의 Nigeria와 Egypt는 무료로 초등학교까지 의무교육을 실시하고 있으며, 특히 Nigeria는 이러한 제도를 1975년부터 시작하였다.

---

33) Josefa Emilia Sabor. International Cooperation in the Training of Librarians. *Unesco Bulletin for Libraries,* XIX No.6(November-December, 1965). p.285.

34) The sources consulted for figures on literacy were Europa Year Book, 1974(London: Europa Publications, 1974), Vol.II; The Middle East and North Africa, 1974-75, 21st ed. (London: Europa Publications, 1974). The figures for literacy/illiteracy among the various national populations are, for the most part, based on local government figures for the mid-1960s or for 1970-71.

문맹률이 높은 몇몇 나라에서는 성인의 문맹퇴치를 위해 군대나 정부기관을 동원하여 대대적인 캠페인을 벌이고 있다. India와 Moroco에서는 문맹퇴치와 교육적 차원에서 라디오를 대대적으로 사용하고 있으며, 초보자가 꾸준히 읽기, 쓰기 학습을 할 수 있도록 특별히 쉬운 말로 쓴 신문을 제작하고 있다. 인도는 이러한 강력한 문맹퇴치 캠페인에도 불구하고, 1971년 인구조사결과 총인구의 29%만이 문자를 해독할 수 있을 뿐이다.

이는 전 세계인구의 상당수가 문자 정보를 이용할 수 없음을 의미한다. 문맹률이 높은 지역의 "문자 해독자"로 구분된 사람 중 상당수는 겨우 초등학교 4-6학년 수준에 불과하다고 생각할 수 있다. 만약 독서와 토론을 통한 꾸준한 학습이 이뤄지지 않는다면, 기껏해야 단순히 문자를 아는 수준에 머무를 것이다.

이처럼 문명률 수준이 낮기 때문에, 대부분의 개발도상국은 전통적인 도서관 서비스에 대한 경험이 상당히 부족하다. 개발도상국들은 문맹퇴치 캠페인과 더불어, 선진국이 향유하고 있는 기술 및 산업발전을 이룩하기 위한 캠페인도 시작하였다. 모든 사회분야를 위해 정보를 수집, 조직, 그리고 배포를 수행하는 연구소로서 역할을 할 수 있는 도서관의 기능을 그들이 인식함에 따라 도서관 서비스가 이미 존재하므로서(물론 대학교에나, 일반적으로 주요 도시 중심에 존재하지만, 시골에도 존재할 수 있다) 재고나 확장하는데 필요한 것이 될 것이다.

연구의 확장, 교육적인 기준의 변화를 요구하는 보다 발전된 도전적인 세계의 부분에서는 도서관과 도큐멘테이션 서비스를 보다 체계적으로 기술할 필요가 있다. 가난하든 부자이든 차치하고, 모든 국가는 각국의 목표를 실현시키는 방향으로 움직임에 따라 경제적, 환경적인 양면성의 압력에서 영향력이 증가되므로서, 쓸데없는 고가 서비스의 중복으로 인한 손실을 줄이기 위해 정보를 체계적으로 다룰 필요성도 깨닫게 되었다. 그래서 1971년 OECD에서 준비한 보고서[35] 도입부에서는 정보서비스의 효과적인 이용과 관련하여 다음과 같이 언급하고 있다.

---

35) Ad Hoc Group on Scientific and Technical Information, *Information for a Changing Society: Some Policy Considerations*(Paris: Organisation for Economic Co-operation and Development, 1971). p.17.

> 현자(wise man)는 자신의 행동결과를 예측할 수 있을 때만 행동한다. 만약 기술이 인류를 위해 해가 아닌 혜택을 줄 것인지, 현대 사회에서는 신중하게 행동해야 한다. 정보는 우리의 미래를 현명히 관리할 수 있는 열쇠이다.
>
> ....
>
> 정보를 체계적으로 처리하고 교환하는 일은 전문직 전문화 업무 중에서 가장 지적 교양의 절정에 도달한 분야이다. 학문의 논리구조와 기본적인 언어는 기술정보의 조직화와 창조적인 이용을 촉진하기 위해 만들어졌다. 이러한 방향에서 위대한 진전은 사회과학 분야에서도 마찬가지이다. 정보관리를 위한 최신 기술 덕택에 전문가 집단간에 정보를 효과적으로 저장, 검색, 교환할 수 있게 되었다. 그러나 현대 사회의 도전은 이들 사회의 운명을 안내하는 데 그러한 전문화된 정보의 효율적인 이용에 있다.

라이브러리언십이 직면하거나 그로 인해 그것이 국가발전에 영향을 미치게 되는 문제점들은 개발도상국이나 선진국이 모두 다르긴 하지만, 국제간 정보자료의 교환이 빈번해지고 있으므로, 병렬적으로 비교 · 조사해 볼 필요가 있다. 정부, 국제적 기구, 그리고 연구소와 같은 국제적인 국경을 초월하여 모든 유형의 정보 자료들이 교환되고 있는데, 책, 필사본, 사회과학과 기술과학에서의 서베이나 실험적 데이터(어떤 것들은 가공된 데이터이거나 원 자료), 학술잡지, 기술 보고서, 그리고 부분적으로 처리된 통계자료 형식의 과학연구 정보 등이 그것이다.

이상을 요약하면 도서관은 일반적으로 경제가 발전되고 민중들이 문명화 되고, 생활이 안정되고, 정부가 도서관의 성장을 격려하며, 대도시가 발달되고, 도서 유통구조가 확립된 사회에서 발전하게 된다. 그러나 인간 역사를 통하여 보면 이러한 '좋은 조건'하에서도 도서관이 발전하지 못한 경우가 있다.

2.2 도서관의 당면 문제

도서관의 당면문제는 2.1항의 도서관의 발전요인과는 동전의 양면과 같은 인과성을 지닌다. Rubin은 도서관 발전을 저해하는 문제점들을 분석하였는데,[36] 발전요인들과는 상호연관성을 지니고 있으면서도 대칭적 관계에 놓여 있다. 그는 발전상에서의 당면문제를 다음과 같이 몇 가지로 요인으로 보고 있다.

1) **정치 정세이다.** 도서관에서 정치적인 성향은 종종 간과되거나 매우 과소평가되어왔지만, 그것은 공공도서관의 생존을 위해서는 중요한 부분이다. 그렇지만 정치적 사상이 열렬한 지지자일 필요는 없다. 종종 그들은 공공도서관 관리자가 당파심이 없는 사람임을 유지하려고 하고, 효과적인 다양한 정치적인 파와 직업상의 관계를 지속하기를 시도하는 입장과 상당히 상반되는 측면에 있다. 공공도서관이 도서관 운영의 자금을 조달하는데 거의 대부분을 공공의 재정에 의지하면서 정치적 성격은 한층 더 강요되고, 도서관 위원들은 종종 지역의 정치 세력에 의해서 임명되기도 한다. 여러 가지 정치적 이해관계의 균형은 복잡하고 도전적인 일이다. 기업공동체, 정부기관, 그리고 입법부, 학교와 다른 교육기관들, 종교적인 단체나 클럽들, 시민단체, 그리고 부모들 등 공공도서관의 자료와 관련된 다양한 이해관계를 고려해 보라. 이 각각의 단체의 기대치는 서로 다르다. 증가하는 재정적인 부담과 일반적으로 공공기관과 종종 대립하는 사회적 분위기와 연관되는 이 요소들은 공공도서관 운영에 있어 상당한 정치적 복잡성을 초래할 수 있다.

2) **재정적 압박이다.** 공공도서관의 생존을 어렵게 만드는 여러 가지의 복합적인 요소들이 있다. 대부분의 공공기관을 위한 공적인 지원이 감소하는 것은 분명한 문제이다. 지역이나 주 수준의 공공자금 제공은 고정된 채 남아있거나 심지어 가까운 미래에 하락할 것으로 예상된다고 연방정부는 예측하고 있다. 재정적인 압박을 주는 다른 요소는 특히 정기간행물 같은 전통적인 도서관 자원의 가격 상승과 새 정보기술의 이용으로 인해 초래되는 추가 비용이다. CD-ROM의 예약과 컴퓨터

36) Richard E. Rubin. *Foundations of Library and Information Science.* New York, Neal-Schuman Publishers, Inc., 2000. pp.309-319.

소프트웨어, 그리고 하드웨어의 비용도 상당하다. 고정된 예산과 결부해서 이러한 비용들은 공공도서관 서비스에 거대한 부담을 준다. 예산을 절약하고 운영의 효율성을 증진시키기 위한 시도는 개인 업자에게 공공도서관 '아웃소싱'의 첫 번째 본보기가 되고 있다.

3) **새로운 정보기술의 도입이다.** 새로운 정보기술의 도입은 재정상의 어려움보다 더 새로운 사태를 야기 시킨다. 공공도서관 서비스, 물리적 구조 그리고 구성도 모두는 한 지역의, 한 지방의, 한 국가의, 전 세계 규모에서 정보에 접근하는 전혀 새로운 방법을 가능케 하는 정보기술로 재설계되고 있다. CD-ROM은 도서관의 활동을 전통적인 색인 탐색을 자료의 전문을 이용하는 것을 포함한 훨씬 더 포괄적인 활동으로 변화시켰다. 그러한 기술을 이용하는 것은 비용이 매우 많이 소요될 뿐만 아니라, 직원과 이용자의 교육도 필요로 하고, 자료에 대해 상당히 증가된 수요로 귀착될 수 있다. 국가의 정보조직(NII)의 발달도 협동 계약을 통해서 도서관에 거대한 양의 정보를 열어준다. 이것이 장서개발이나 자료선정, 보수구조, 그리고 접근점 논쟁에 어떻게 영향을 미칠지는 아직 단정할 수 없다. 시민들은 공공도서관이 그들의 서비스를 전자기술로 통합하기를 기대한다는 근거가 증가하고 있다.

장비와 전문적 기술 공히 모두의 비용이 공공도서관에게는 중요한 일이다. 이 목적을 위해 Microsoft사는 ALA와 협력하여 공공도서관에게 인터넷의 이용을 제공하여 원조해주는 데에 발걸음을 내딛었다. 1995년에 Microsoft사는 공공도서관이 디지털정보에 접근을 할 수 있도록 의도된 〈Libraries Online〉으로 알려진 예비 프로그램을 시작했다. 이것은 기술교육을 제공하는 것에 더하여, 필수적인 정보기술을 획득하기 위한 기금의 기부로써 달성되었다. 이 프로그램은 미국 도처의 200개가 넘는 도서관에 배포되었다.

1997년에 이 개념은 Microsoft사의 설립자인 Bill Gates와 그의 부인 Melinda French Gates에 의해서 확대되었다. 그들은 공공도서관의 증진을 의도한 미국과 캐나다의 모든 시민을 위한 중요한 접근점으로서 〈게이츠 도서관재단(Gates Library Foundation)〉을 설립했다. 이 재단을 위해 두 가지의 이니셔티브를 갖는 5년 동안의 사명이 확립되었다. 1) 지역사회가 디지털정보에 접근하게 하기 위해 필요로 하는 하드웨어와 소프트웨어를 제공하여, 저임금 영역 내의 서비스가 충분하지 못한 공공도서관과 함께 활동한다. 2) 도서관 직원이 디지털정보에 접근하여 정보를 처리하고, 그들의 고객과 지역사회가 요구하는 만큼 시스템을 운영하고 확장하도록 지원하고 교육한다.[37]

4) **검열(censorship)의 문제이다.** 자료를 제적하거나 이용에 제한을 두는 것은 공공도서관에서는 전혀 새로운 일이 아니다. 그러나 현대에 와서, 사회 풍토는 시민들이 공공도서관의 자료나 서비스의 이용에 대한 모니터링에 이전보다 훨씬 활동적으로 되어 가는 분위기다. 재미있는 것은, 이러한 도전들이 각각의 항목들뿐만 아니라, 선택되고 보류되어진 논쟁적인 항목들을 허용하는 도서관의 정책들까지도 포함한다는 것이다. 도서관의 지적 자유 정책에 불만족하는 사람을 수용하려는 시도는 일부 사서가 자료에 대한 접근을 제한하거나 자료를 제거함으로서 타협하게 만들었다. 그 문제는 공공도서관에서 인터넷이나 NII에 대한 접근이 흔하게 되면서 더 악화될 가능성이 있다. 이러한 이슈들은 끊임없는 도서관의 문제들이 될 것이다.

5) **질 대 수요 문제이다.** 공공도서관의 사명은 어떻게 그 임무를 완수해야 하는가 하는 것을 어렵게 만든다. 의사 결정의 중요한 부분은 선정과 수집의 과정이다. 그리고 특히 어떤 한 논쟁은 자주 혹은 이따금 강한 토론을 불러 일으킨다. 이것은 도서관측에서 지속적이고 교육적인 가치를 지니는 자료들보다(비록 거의 도움이 되지 않을 지라도) 한정되고 수명이 짧은 가치를 가진 자료들을 더 많이 구입하는 것까지도 포함한다. 인기있는 자료의 가장 전형적인 예는 대중 소설과 연애 소설의 구입이다. 이 논쟁은 가치와 수요의 논쟁으로 흔히 언급되곤 한다. 이것은 단순히 흑백논쟁이 아니다. 공공도서관들은 인기있는 자료들과 조금 덜 인기 있을지라도 더욱 장기적인 가치를 많이 지니고 있는 자료들 모두를 많이 구입하고자 한다. 하지만 그럼에도 불구하고 매우 많은 예산이 인기있는, 혹은 수명이 짧은 자료들에 소비된다. 그리고 도서관이 어느 한쪽의 면을 더 강조하는 것은 충분히 자원의 배정에 영향을 미칠 수 있다.

---

37) Gates Foundation to Invest $400 Million in Libraries. *American Libraries,* 28(August, 1999). p.1.

인기있는 자료들을 많이 구입하는 것을 후원하는 것에 대한 중요한 논쟁의 일부는 이러한 것들이다. (1) 이러한 자료들이 매우 많이 이용되면, 도서관이 그 지역사회의 요구를 충족시키고 있다는 것을 의미한다. (2) 이러한 자료들은 기분전환과 여흥을 제공하는데, 이것은 공공도서관의 목적에 비추어 볼 때 타당하고도 유용하다. (3) 높은 대출빈도는 도서관 성공의 중요한 지표이다. (4) 그리고 이러한 높은 대출률은 도서관이 대중적인 정치적 지원을 얻는데 도움이 된다.

반면에 교육적이고 좀 더 수명이 긴 자료들의 구입을 강조하는 논쟁은 다음과 같은 것들이다.

① 도서관은 오락기관이 아니라 근본적으로 교육적인 기관이라는 점이다. 그러므로 장서들은 지속적인 교육적 가치를 지닌 자료들을 강조해야 한다는 것이다.
② 높은 수요는 대중 출판 시장에 의해 인위적으로 창출되는 것이므로 도서관은 대중 출판사의 기본적인 마케팅 캠페인에 현혹되어서는 안 된다.
③ 도서관은 대중 시장의 욕구가 아니라 개인의 취향을 충족시켜 줄 의무를 지니고 있다.
④ 단명하는 대중적 자료를 구입하는 것을 조장하는 대출통계를 현재 너무 중요시하고 있다. 자주 무시되기는 하지만 교육적 자료나 참고자료를 관내에서 이용하는 것과 같이 교육적 자료선택을 지지하는 다른 중요한 도서관 이용도 있다.
⑤ 대중시장의 자료들은 공공의 지성을 떨어뜨리는 효과를 가지고 있다.[38]

6) 다문화 인구집단에 대한 서비스이다. 어느 국가나 인구가 민족적, 인종적으로 점점 혼성화 될수록, 사람들은 공공도서관의 서비스를 다양화시킬 것을 강하게 요구하고 있다. 다양한 민족과 인종의 집단들은 독특한 정보요구를 가지고 있으며, 이러한 요구들을 충족시키기 위하여 특별한 서비스나 접근이 필요하다는 것은 명백하다. 공공도서관의 역사는 이러한 집단들을 위한 서비스를 하는데 있어서 그

---

38) Murray C. Bob. The Case for Quality Book Selection. *Library Journal,* 107(Sept., 15, 1982). pp.1707-1710. Nora Rawlinson. Give 'Em What They Want. *Library Journal,* Nov. 15(1981). pp.77-79.

리 평탄하지만은 않았다. 게다가 일부 공공도서관들은 이것을 받아들이지 않기도 한다. 그들은 Harris가 지적한 바처럼 냉담하고, 권위주의적인 기관이었다.[39] 반면에 세기말에 이르러 공공도서관들은 다양한 이주자, 인종, 그리고 민족 집단을 위하여 독특한 프로그램을 발전시켰다. 소수의, 그리고 소수 민족의 요구에 대응한 공공도서관의 변화는 많은 장벽들과 직면한다. DuMont, Buttlar, 그리고 Caynon은 복합 문화적 서비스를 수행하는 데 있어 다양한 장벽들이 존재함을 확인하였다.[40]

자원의 부족, 다문화적 직원의 부족, 직원 대 민족 및 인종 집단의 회원들 간의 긴장, 다른 문화의 이해부족, 민족 및 인종 집단간의 경쟁적인 수요, 새 프로그램의 개설에 대한 직원들의 적의, 도서관의 고객정보의 부족, 그리고 시간부족이 그것이다. 이러한 장벽들에 대한 해답은 소수민족 도서관 직원들의 채용 증가, 다양한 인종 및 민족집단에 대한 서비스에 있어서의 직원양성과 발전, 향상된 수요 평가, 도서관 서비스의 촉진 및 마케팅 타겟 선정, 민족 및 인종 집단들에 대한 서비스 연구의 지원, 그리고 도서관 서비스의 계획과 실행에 있어 소수와 소수 민족들의 이해에서 찾을 수 있다.

7) **어린이와 청소년 서비스이다.** 공공도서관 서비스를 향한 굉장히 커다란 것 중 하나는 청소년들에게 서비스를 제공하는 것이다. 대중은 공공도서관 서비스처럼 대단히 큰 후원자 중 하나이다.

8) **인구 통계학적 변화들이다.** 공공도서관들은 그들의 지역사회를 위하여 봉사한다. 그리고 시간이 지나면서, 이러한 지역사회들의 인구통계는 변해왔다. 그 중에서도 매우 뚜렷한 것은, 인종적으로 그리고 민족적으로 다양해져 왔다는 것이다. 가족형태의 다양화로 인하여 도서관 서비스행태도 변해야 한다. 어린이 서비스, 도서수집, 그리고 프로그램들이 이러한 변화들에 민감하게 반응해주기를 기대하게 된다. 어린이 서비스의 관점에서 볼 때, 이것은 장서와 서비스들이 어린이들 스스로 양자택일의 가정구조를 대하고 곰곰이 생각해볼 수 있는 인종 및 민족적인

---

39) Michael Harries. The Propose of the American Public Library. *Library Journal*(Sept. 15, 1973). pp.2509-2513.

40) R. R. DuMont, Lois Buttlar and W. Caynon. Multiculturalism in Public Libraries. In *Multiculturalism in libraries.* Westport, Conn., Greenwood, 1994. pp.37-51.

현실성을 반영하는 것을 의미한다. 그 효과는 책의 수집 안에서만 존재하는 것이 아니라 도서관 프로그램에서도 존재한다. 맞벌이 부부의 어린이들과 위험에 처해 있는 어린이들을 위한 프로그램의 강조는 점점 더 일반화되었다.

9) **어린이와 청소년 자료들의 다양한 품질 내에서의 증가이다.** 어린이와 청소년들의 신간 구입의 제공은 공공도서관을 향한 중요한 도전이 되었다. 어린이 도서 출판이 출판 시장에서 건전한 시장 중의 하나라는 것에 대한 반론은 얼마 없을 것이다. 그리고 그 결과는 어린이와 청소년 자료의 수와 질의 증가로 이어지게 되었다. 오늘날, 시장 세분화는 매우 커져서 많은 수의 소매상들, 특히 어린이 및 청소년 자료만을 취급하는 소매상들이 생겨났다. 유사하게, 다양한 주제영역, 그리고 그것의 폭과 깊이 또한 지속적으로 증가해왔다. 이런 많은 책들은, 특별히 어린이들을 위한 것들로써, 어린이들의 눈요기를 목적으로, 인쇄기술을 이용, 화려한 삽화를 넣는다. 게다가 소설은 마약오용, 자살, 그리고 이혼을 포함한 어려운 상황에 직면하는, 깊이 있는 주제를 다루게 되었다. 놀랍게도 이러한 주제들은 어느 정도 나이가 든 어린이들만을 위한 것이 아니라 그보다 어린 아이들을 위해서도 마찬가지로 작성된 것이었다.

10) **어린이 봉사를 위한 홍보이다.** 어린이와 청소년을 위한 도서관의 필요성은 사서들 입장에서 보면 명백한 것이지만 유감스럽게도 다른 사람들에게는 그렇게 보이지 않는 것 같다. 이런 이유로 해서 미국도서관협회(1996)는 〈Library Advocacy Now〉 프로그램을 개발했는데, 이는 어린이 봉사를 지지하는 적극적인 입장을 주장하는 프로그램이다. 사서의 의무사항을 보면 더 많은 지원과 도서관 봉사를 제공하는 것, 도서관이 어린이에게 주는 이익에 대해 학부모들을 교육시키는 것, 그리고 모든 도서관이 정보고속도로에 접근할 수 있도록 해준다는 점을 확신시켜 주는 것 등이 포함되어 있다.

11) **특수 집단, 미취학 및 재택학생들에 대한 봉사 증가이다.** 도서관은 유아를 위한 특별 프로그램(무릎에 앉혀 하는 프로그램), 걸음마 단계의 어린이, 미취학 아동, 초등학생, 청소년들을 위한 특별 프로그램들을 개발하고 있다. 이러한 프로그램은 재택학생의 경우에서처럼 공공도서관을 "학교" 도서관처럼 이용하고자 하는 학생

들을 위한 프로그램과 같은 대안 교육프로그램으로 확대되기도 한다. 재택공부를 하는 집단은 공공도서관에 많이 의존하고 있기 때문에 어린이를 위한 자료가 이 모든 집단의 요구를 잘 나타내줄 수 있도록 균형을 이루어야 한다. 어린이 도서관은 이들을 돌보는 이나 부모에게도 교육을 시키고 자원을 제공하기도 한다. 그러면 이들은 자신의 아이들에게 더욱 유용한 도서관 자원들을 채택할 수 있게 되는 것이다. 궁극적으로 도서관은 일년 내내 하루 종일 우리 사회의 다양한 본질들을 모두 수용할 수 있기 위해 다양한 프로그램들을 개발하고자 엄청난 양의 에너지를 쏟아 부어야만 한다. 이 모든 기능은 비용도 많이 들고 시간도 많이 든다.

12) **어린이를 위한 전자 자료의 증가이다.** 넘쳐나는 자료의 양 이외에, 어린이나 청소년의 이용을 위해 개발된 자료의 형태도 다양하게 증가되었다. 가장 주목할 만한 것은 전자정보 기술측면에서의 발전이다. 컴퓨터는 어린이들이 매일같이 경험하는 일상의 일부가 되었다. CD-ROM 기술은 어린이를 위한 전자 사전이라든가 기타 참고자료, 성공적인 아동도서를 본떠 만든 교육용 오락게임 등의 정보 제품을 다양하게 생산해 왔다. 이런 저작물들은 상호운용이 가능하고, 소리와 동영상을 제공하고 있다. 어린이들을 끌어당기는 이들의 매력은 결국 도서관이 이들을 구매하고 이용을 증진시키도록 만드는 상당한 자극제가 되어준다. 게다가 유감스럽게도 이들은 매우 가격이 높다. 가격에는 소프트웨어 뿐만 아니라 컴퓨터 하드웨어, 여타 주변기기, 가구나 작업대가 포함된다. 그리고 점점 더 많은 수의 이런 자료들이 인터넷을 통해 이용 가능해지고 있다. 따라서 사서는 이런 인터넷 사이트를 확인하고 이를 알려 어린이들이 이용할 수 있도록 해야 하는 완전히 새로운 상황에 직면하게 되었다. 공공도서관은 이러한 새로운 발전을 수용할 수 있는 재정적 자원 및 물리적 자원을 찾아내야 하는 압력하에 놓여 있으며, 직원들을 최신 환경에 맞춰 교육시켜야 하는 현실에 직면하고 있다.

13) **관외서비스이다(Outreach).** 가족 구조의 변화는 사서들로 하여금 대안적인 도서관 봉사를 제공하기 위해 도서관 건물의 네 벽면을 벗어나는 것에 대해 고려해 보도록 부추겨왔다. 예를 들어, 양쪽 부모가 모두 일을 하는 가족의 수가 늘어나면서 어린이를 돌보는 프로그램이나 미취학 아동을 위한 프로그램이 양산되었다.

일부 도서관은 도서관내 전문가들을 이들 기관에 보내어 예전 같으면 도서관내에서만 제공하던 프로그램들을 서비스해 주고 있다. 마찬가지로 일부 도서관은 멀리 떨어진 곳에 있는 여러 어린이 봉사기관들이 빌려 볼 수 있도록 만들어진 인쇄자료 및 AV자료들을 준비하고 있다. 이런 유형의 틀 깨기는 분명 중요하지만 역시 인력과 시간면에서 비용이 드는 일이다. 그럼에도 불구하고 도서관 자료를 원하는 어린이들의 요구는 결정적으로 중요하다. 어린이들이 도서관으로 올 수 없다면 사서가 자료를 갖고 그들에게로 봉사하러 찾아가는 것이다. 즉 관리서비스의 확장이다.

14) **지적 자유이다.** 검열 및 지적 자유의 문제는 항상 어린이와 청소년에 대한 도서관 봉사에서 첨예한 문제로 대두되었으며, 이 문제는 특히 인터넷이라고 하는 전자 네트워크의 이용 증가와 더불어 더욱 가속화되었다. 그렇지만 염두에 두어야 할 점은 지적 자유라는 말에 있어 공공도서관은 학교도서관미디어센터와는 적어도 두 가지 중요한 점에서 근본적으로 차이를 보이고 있다는 점이다. ① 공공도서관은 부모를 대신하는 봉사를 하지는 않는다. ② 공공도서관은 주로 성인을 위해 출판되거나 제작된 자료들을 갖고 있다.

15) **공공도서관과 학교도서관미디어센터간의 협력이다.** 도서관 봉사를 다양한 커뮤니티와 가정에 제공하는 활동들이 진행되면서, 공공도서관과 학교간의 공조가 훨씬 더 중요해졌다. 공조 프로그램에는 학교사서가 학급을 방문하는 것이라든가, 교사들에게 대출을 확대시켜주는 것, 교과과정에 공공도서관 자료 이용을 접목시키는 것, 공공도서관 사서가 학생에게 도서관 교육 및 도서관 탐방의 기회를 제공해 주는 것, 그리고 교육 관련 위원회에 공공도서관 사서 및 학교도서관 사서가 참석하는 것 등이 포함될 수 있다. 공공도서관과 학교도서관의 공조를 통한 이점에도 불구하고 이런 공조를 방해하는 요인들도 있다.[41]

(1) 학교도서관과 공공도서관은 별개의 정치적 하부기관이기 때문에 공조를 위해서는 공동의 노력이 이루어져야 한다.

---

41) Richard E. Rubin. *Foundations of Library and Information Science.* New York, Neal-Schuman Publishers, Inc., 2000. p.319.

(2) 공조를 위한 행정적 지원이 별로 혹은 전혀 없다.
(3) 학교도서관과 공공도서관은 인력이 부족하다. 교사와 사서들은 주로 자기 기관 내의 일상적인 업무에 시간과 관심을 쏟게 된다.
(4) 제한된 재정적 자원은 공조에 필요한 시간과 직원을 감소시킨다.
(5) 공공도서관 사서는 이런 공조가 실제로는 학교 예산의 부적절한 보조금으로 이용되는 건 아닌지 의혹을 품는 경우도 있다.
(6) 효과적인 공조를 개발할 수 있는 전문가가 부족하다.

2.3 사회와 도서관과의 제관계

사회적 기관으로써, 도서관의 개념은 19세기 공공도서관 운동 및 공공도서관의 설립과 함께 인식되었다. 또한 현대의 도서관들은 협동과 공유된 서비스 공급으로 자원공유의 현상에 의해 특성화되어 있다. 이것은 다수의 사회적·경제적·기술적인 압력과 발달 때문에 가능했다.

도서관은 문명 역사의 한 구성 성분으로 일컬어지며, 그 역사는 그것이 봉사한 모든 국민의 역사 속에 얽혀 있다. 따라서 다채롭지만 우연으로 지배된 도서관사(史)의 전 페이지 중에서 보편적인 도서관의 속성을 추출하는 것은 거의 불가능에 가깝다. 왜냐하면 도서관의 형태와 성격, 목적 및 서비스라는 것은 다양한 형태의 지적 기록재를 개발하고 이용한 사람들의 요구에 따라 정해져 왔기 때문이다.

또한 도서관에 부여된 사회적 요구는 그를 통해 만들어진 조건에 따라 다양한 변화, 번영과 쇠퇴를 보여주고 있다. 그러나 도서관의 역사에서 반복적으로 인정되는 일종의 요구에는 분명히 기본적, 일반적, 혹은 계속적인 것으로써 충분히 동일화 될 수 있는 가능성도 인정된다.

L. Martin은 "도서관이 지역사회의 환경에 대해 어떤 봉사를 해야 하는가"를 조사하기 위한 항목을 설정하였는데 이 중 중요한 목적을 지닌 7개 항목은 다음과 같다.

1) 도서관의 선택과 지점 및 설계를 선택하는데 참고되도록 작성할 것
2) 도서선택의 방침을 확정하는데 참고되도록 작성할 것

3) 사서를 선택하는데 참고되도록 할 것
4) 모든 지역내의 민중들에 대하여 도서관 봉사를 전개하는데 참고되도록 할 것
5) 도서관과 해당지역 기관단체의 유관활동의 계획을 결정하는데 참고되도록 할 것
6) 신임 관원의 지역사회의 환경을 이해시키고 증진시키는데 참고되도록 할 것
7) 사회 인사들이 해당지역의 환경을 이해시킴을 증진키 위하여 참고되도록 할 것

도서관은 민중생활과 직접적인 관계가 있다. 그러므로 지역사회 속에 문화 중심을 이루어 그 경영관리가 다음에 열거한 요구에 부합되지 않으면 안 된다. 첫째, 당해지 민중 수요의 도서자료를 적합하게 선택하고 조직함으로서 지역사회내의 단체와 개별 독자의 이용에 편의를 두고자 하는데 있다. 둘째, 기타 도서관과의 공동수집과 상호대차제도를 수립하여 사회 민중에 대한 완전한 봉사를 시도하는데 있다. 셋째, 해당지역의 학교, 사회단체, 사회교육기구, 박물관 등 교육시설과의 연관을 지속하고 밀접한 합작으로 당해지 문화교육의 발전을 촉진하는데 있다.[42] 이는 사회에서의 도서관의 역할을 강조한 것으로 볼 수 있다.

일본의 이시즈카(石塚正成)는 그의 『圖書館通論』의 〈사회와 도서관〉 장에서 '사회와 도서관'의 관계성에 대해 8가지 기초적 제요구들을 전개시키고 있다.[43] 여기에서는 Gates의 10가지 학설을 참고[44]로 이러한 종류의 '요구'에 대해 유형화하였다.

1) **정치 · 행정적 요구**: 이러한 요구의 실례로는 고대 수메르에 생겨난 것인데, 이는 최근대화에 있어서 의회기록이 요구되는 것과 그 축을 같이 하고 있다. 역사를 통관하자면 이러한 종류의 요구에 부합하는 것으로는 〈문서관(Archives)〉이라 불리는 도서관의 일종이 있는데, 의회기록의 보존에 관해서는 미국 〈의회도서관〉이나 일본 〈국립국회도서관〉 및 〈지방의회도서실〉이 있다. 또한 중앙 및 지방의 공문서류를 수집하고 보관하는 기관으로서는 〈국립공문서관〉을 비롯하여 〈도 · 군립도서관〉도 출현하고 있다. 그러나 국가나 지방의 역사적 문헌과 행정자료를 수집 보관하여 학술이나 문화의 요구에 부응한다는 〈공공도서관〉의 역할도 잊지 말아야 한다.

42) 中國圖書館學會 編, 沈嗎俊 譯. 圖書館學과 情報科學. 서울, 정일출판사, 1993. pp.61-62.
43) 石塚正成. 圖書館通論, 改訂增補. 東京, 明治書院, 1970. pp.32-37.
44) Jean K. Gates. *Introduction to Librarianship,* 2nd ed. New York, McGraw-Hill Book Company, 1968. pp.5-6.

2) **종교 · 도덕적 요구**: 고대 이집트나 이스라엘 유다 등의 사람들이 특히 중요시한 종교적 혹은 도덕적인 교육을 위한 도서관 설치는 모든 창설기 문명의 특징이기도 하다. 그 이유는 도서관의 대부분이 시설적으로도 경영적으로도 사원과 연관되어 있기 때문이다. 중세의 수도원 도서관은 주로 이러한 요구에 근거하여 세워졌는데, 근대의 교회, 일요학교, 교회당 등의 도서관도 그 전통을 잇는 것으로 볼 수 있다.

3) **교육 · 학문적 요구**: 유럽에 있어서 학교(school)의 기원은 상세하진 않으나 로마 제국시대의 공공도서관으로 그곳은 사본을 조사하러 오는 학식자들의 집합소였다. Franks 왕국(486-987)의 Great Carl에 의해 영국에서 초대되어 궁정학교의 지도를 맡은 Alcuin은 퇴임 후 St. Martin of Tours 사원의 장이 되어 그곳에 도서관과 학교의 기능을 갖춘 센터를 건립하였다.

그는 도서관을 8, 9세기의 학교에서 빼놓을 수 없는 존재라 하였는데, 동시에 이 기능이 이후에 학교 및 학술도서관의 기본 목적이 되었다. 이후 계몽기에 들어서자 학술적 연구와 새로운 지식 분야의 개발에 대한 필요는 연구용 자료의 방대한 컬렉션을 가진 국립과 사립도서관 창설을 요구하게 되었다. 그리고 미국 식민지에서는 William Byrd II, James Logan과 그 외의 여러 사람들에 의해서 수집된 가치있는 학문적 자료를 소장하는 〈사립도서관〉이 나타난다.

진지한 학문적 연구에 관한 자료와 시설을 만들려는 노력들이 가속화되는 상태는 지금까지도 이어지고 있어서, 전 세계의 국립도서관, 대학이나 독립 연구기관 및 대규모 공공도서관 조직으로 계승되고 있다. 또한 시대와 장소를 불문하고 독서를 사랑하는 교양있는 사람들은 교육적인 발전과 문화적인 달성을 촉진시키기 위해서 도서관이 이러한 활동들의 원천이 되고 중심이 되도록 노력하고 있다.

4) **공공이용에 대한 요구**: 현대 도서관의 '원형'이라고 여겨지는 고대 이집트, 그리스의 〈왕실문고〉나 〈개인문고〉에 관한 도서관 역사에 관한 자료에서 보면, 그것들이 왕이나 귀족들의 전유물이었지만 희망자에게는 '공개 이용'을 하게 했다는 보고도 전해지고 있다. 유럽에서 공개 도서관사상이 피어난 것은 17세기 이후이다. 민중들의 요구가 커져서 오늘날과 같은 '공개 = 무료제도'인 근대 공공도서관

사상이 정립된 것은 프랑스 대혁명을 기반으로 하는 시민사회의 성숙, 문헌의 대량생산화, 국민교육의 보급 등과 함께, 도서관의 사회적 사명을 자각하고 민중에 대한 서비스를 최우선으로 하는 사서가 배출된 이후이다.

5) **자기교육에 대한 요구:** 자기개선과 자기교육의 욕구는 사회도서관(social libraries)의 창설을 재촉했다. 이른바 〈견습도서관(mechanics apprentices' libraries)〉 및 〈기업도서관(mercantile libraries)〉이라고 불린 것으로, 직공 견습이나 기업, 상점의 도제들을 대상으로 기획된 것이다. 이는 오늘날 미국의 공공도서관 프로그램 중에서 '자기교육과 자기개선' 기능으로서 불가결한 부분을 차지하고는 있지만 선구적인 것이라고도 할 수 있다. 오늘날에서는 요람에서 무덤까지의 생애교육이나 평생교육이 여기에 해당된다. 즉, 도서관의 교육적 기능에 속한다.

6) **레크레이션의 요구:** 대다수의 공공도서관은 레크레이션을 위한 독서자료를 소장하고 있는데, 적어도 한 가지 형태의 도서관이 이러한 목적에 부응하기 위해서 만들어졌다. 그것이 〈대출도서관〉이다. 이용자들의 가벼운 독서에 대한 요구에 대응하기 위해서 18세기 후기에 생겨난 것으로 오늘날도 〈대출(lending 또는 rental) 도서관〉이라고 불리면서 남아있으며, 저렴한 금액(또는 회비)으로 오락용 뿐만 아니고 문화나 교육면에서 자기교육에 도움이 되는 자료를 갖추고 있는 곳도 있다. 이렇듯 관내 열람서비스를 하지 않고 대출만을 행하는 도서관으로 주로 상업적 〈대본도서관〉을 일컫는데 사용된다.

7) **기증의 요구:** 이집트의 Rameses 대제 시대부터 오늘날에 이르기까지, 도서관은 도서관 소유자의 자랑과 만족을 가져오는 것이어서 르네상스 시대에는 휴머니스트인 수집가들에게 정신적 또는 지적인 원천이 되었다. 원래는 개인적으로 수집한 보물의 대부분이 도서관의 귀중한 컬렉션이 되어서 그것들이 학자에게는 너무나도 소중한 자료원이 되고, 일반 사람들에게도 심미적인 즐거움을 주게 되었다. 게다가 '도서관발전을 위한 가치있는 계획이나 서비스를 원조할 뿐만 아니고, 건물이나 자료의 정비에까지 도움을 주고 있다'. Andrew Carnegie(1835-1919)처럼 영국과 미국 두 나라에 도서관사업에 대규모의 재단조직을 만들어서 대대적으로

원조를 주었던 예도 있다.

8) 보존을 위한 요구: 도서의 기증도 도서관 자료의 영구적인 보존 요구의 하나로 나타나는데, 이러한 요구는 모든 종류의 도서관이 비록 정도의 차이는 있지만, 가장 중요한 것이라고 생각해도 좋다. 즉, 끝없이 존재하는 자료(정보원) - 개인이 보존하면 사라질 우려가 있는 - 중에서 다음 세대에 전달할 가치가 있는 것을 선별해서 보존함으로써, 사회적 전달을 시공간적인 단절 없이 이루어 가는 것이 도서관 고유의 사명이다. 또, 이러한 의미있는 보존기능이 끊임없는 이용 현상을 만들어가는 전제조건이기도 하다.

하지만, 최근의 도서관에서는 '보존'같은 것은 염두에 두지 않고 '이용'에만 전념해야 한다는 잘못된 요구들이 발생하고 있다. 2차 세계대전 전의 도서관이 '책 보관자'에 지나지 않았다는 악평에 대해서 적극적, 능동적으로 도서의 이용을 촉진시켜야 한다는 것으로, 도서관내 서비스 조건은 출입하기 쉽고, 읽기 쉬운 것을 목표로 해서 개가방식의 채용, 도서관외 서비스 조건으로서는 도서의 대출증진을 위해서 노력하는 것에 힘쓰는 것을 강조하였다. 여기까지는 이론의 여지가 거의 없다. 하지만, 그러한 자세나 방법을 실현하기 위해서, 보존기능은 두 번째, 세 번째 차원의 것으로, 특히 마을의 〈작은도서관〉에서는 그다지 중시되지 않아도 된다는 것이다.

이것은 방법론으로서는 생각할 수 있는 것이지만, 본질론처럼 제시되고 있는 점에 문제가 있다고 생각된다. 이용자 중심의 경영을 해야 한다는 것에는 이론의 여지가 없지만, 그렇다고 해서 보존은 신경쓰지 않아도 되는 것은 아니고, 보존이라는 뒷받침이 있고서야 비로서 진정한 이용도 성립하는 것이다. 즉, 보존과 이용은 서로 대립하는 것이 아니고 밀접한 상보성관계에 있다. 따라서 보존을 등한시하는 이용론이라는 것은 존재할 수 없다.

그러나 도서관에 대한 사회의 기본적인 요구 중 하나인 보존기능과 넓은 뜻의 이용활동을 어떻게 조절할 것인지는 현실적으로 해결하지 않으면 안되는 긴급한 과제이다. 도서관 관계자는 이용되지 않는 컬렉션에 대한, 통절하고 자학적일 정도의 강한 반성을 해야 한다고 생각되기 때문이다. 하지만 '보존'은 어느 도서의 자료적 가치는 반드시 눈앞에 보이는 '이용 빈'도에만 관련된 것은 아니라고 생각된다.

2.4 도서관의 사회적 의의

경제학적으로 지식정보란 '재화(goods)'나 '용역(service)'으로 분류되는 경제재로 간주하여 경제 가치부여의 대상으로 인정하지 않았다. 즉, 전통적 경제학에서는 지식정보를 무상으로 입수 · 배포하는 자유재로 국한시켜 지식의 가치성을 인정하지 않았다.

그러나 정보기술의 발달에 따라 지식정보는 다른 경제재와 같이 그 생산과정이나 서비스 관점에서 인간의 생산성 행위에 수반되는 것으로 그 의미가 강화되고 있다. 따라서 무형의 지식정보를 '정보재(information goods)'로 그 경제가치를 인정하고 있다. 이것은 Machlup 등을 비롯한 정보경제적인 관점의 반영이다.

정보재로 인정받는 지식정보를 수집 · 가공 · 서비스 · 축적하는 대표적 사회적 문화기관이 도서관이다. Gottfried W. Leibniz는 '도서관은 전 시민을 위한 것이어야 한다고 믿었으나, 그는 단지 모두에게 편리한 사회교육기관이나 단순한 독서시설이 아니라 '대중을 위한 백과사전', '과학지식의 보고', '인류의 영적 경험을 모은 보고', '각 시대의 위인들과 대화하는 광장'[45]이어야 한다고 주장하였다.

Butler도 도서관에서 '문화의 전달'이라는 뛰어난 출발점을 구하고 있다. 그는 『도서관의 문화적 기능(The Cultural Function of Library)』에서 도서관을 문화의 영역에서 가치를 높게 부여하고, '인간의 의식에서 불변의 외형에 투영한 관념의 체계'라고 인식하고, 모든 인간의 의식에 균등하고 강렬하게 영향력을 갖는다고 주장하였다. 도서는 혼돈된 우주이지만, 도서관은 이것을 평가하여 정리하고 그래서 '도서 우주의 성좌표'로서 문화의 유지발전에 공헌한다고 하였다. 도서는 종족의 기억을 보존하기 위한 사회적 메커니즘이며, 도서관은 이를 현존하는 개개인의 의식으로 전달하기 위한 '사회적 도구(social apparatus)'로 인식한 것이다.[46]

Shera는 도서관과 개인, 도서관과 사회, 도서관과 지식을 연관시켜 볼 때 개인과 사회, 사회와 사회조직, 사회조직으로서의 도서관은 사회적 기억(일종의 사회적 정신력)과 불가분의 관계를 가지고 있다고 보았다. 개인적 기억은 어느곳 어느 때나 연상이 될 수는 있지만, 계속성이 없고, 정확성이 항상 문제가 되어 만인의 공유가

---

45) 椎名六郎. ライフニッツの圖書館活動. 圖書館界, vol.12, no.2(1960). pp.42-44.
46) P. Butler. *Introduction to Library Science.* Chicago, The Univ. of Chicago Press, 1933. p.xi

어렵지만, 이에 비해서 사회적 기억은 정확하게 기록되어져 수집되고 체계적으로 조직화되었을 때 훌륭한 사회적 유산으로서 개인의 학습을 돕고 사회발전의 원동력이 된다고 보았다. 따라서 도서관은 '인간의 기록지식을 사회적 기억으로서 체계있게 조직하여 제공하는 사회기관이다'. 즉, 도서관을 사회제도가 아닌 '사회기관(social institution)'으로 인식하였다.[47)]

Shera는 사회적 도구로서 도서관은 그것이 세워진 사회와 문화로부터 그 형태와 목적을 갖게 된다고 주장한 바가 있다. 도서관을 '사회적 도구'로 규정한 것은 대부분의 사회 구성원들이 생각하는 도서관의 관심사항인 기록자료를 보존, 정리, 배포함으로써, 과거나 현재에 있어 한 사회의 커뮤니케이션 양식의 일부분임을 의미하는 것이다.

한편 Wilson은 도서관을 우리 사회에서 '서지부문(bibliographic sector)'의 영역으로 인식하고 있다. 이 부문은 "총체적으로 출판업계의 산물을 수집하여 공공이용을 쉽게 접근이 가능하도록 만드는 조직과 기구의 집합이다.[48)] 이 집합의 구성원들은 도서관 뿐만 아니라 출판업자, 자료 도소매상, 네트워크 및 색인과 초록서비스 등을 포함한다. 이 부문의 목적은 정보에 대한 지적이면서 물리적인 접근을 둘 다 제공하는 것이다. 물론 도서관은 이 두 가지 서비스를 모두 제공하고 있지만, 이들과 경쟁하는 다른 조직들이 있으며, 그 경쟁은 갈수록 거세지고 있다. 이 주장도 결국 사회적 기관으로 인식한 것과 같다. 그것은 서지통정이란 커뮤니케이션 도구의 일종이기 때문이다.

도서관은 많은 측면에서 위협받고 있다. 재정적 압박과 정치적인 지원이 부족하며 도서관이 제공하는 자료와 서비스에서 기인하는 사회적인 논쟁들이 존재한다. 또한 정보 경쟁자들, 정보를 생산하고 공급하는 방법의 변화, 법적인 위협과 속박, 인사문제, 전통적, 비전통적 자료와 서비스를 고집하며 부당한 요구를 하는 대중, 그리고 도서관의 기능과 구조를 바꾸는 기술적인 변화들도 존재한다.

---

47) J. H. Shera. *Introduction to Library Science; Basic Elements of Library Service.* Littleton, Colorado, Libraries Unlimited, Inc., 1976. pp.42-46.

48) Patrick Wilson. Bibliographical R&D. In *The Study of Information: Interdisciplinary Messages.* Edited by F. Machlup and Una Mansfield. New York, Wiley, 1984. p.389.

도서관은 근대문명의 실제적 요청에 의하여 창설된 기관이다. 현재에 있어서 그것은 사회조직상 하나의 불가피한 구성단위가 되고 있다. 문화는 개체를 초월하지 않으면 안되는 것인데, 문화란 것은 본질적으로 '잠재적으로 소유하는 경험의 사회적 축적'이다. 그래서 Butler는 "도서는 종족의 기억을 보존하기 위한 하나의 사회적 메커니즘이며, 도서관은 이를 현존하는 개인의 의식에 전달하기 위한 하나의 '사회적 기구(social apparatus)'이다."라고 주장한 것이다. Shera의 '사회기관'으로서의 도서관 관(觀)과 Butler의 '사회적 기구'로서의 도서관, 그리고 William의 서지통정 등은 동일한 의미선상에서 해석된다.

도서관은 사회, 경제, 문화 및 교육적 환경과 밀접한 환경하에서 발전되고 심지어는 정치적 상황과도 무관하지 않다. J. K. Gates에 의하면 도서관이 성공하기 위해서는 다음과 같은 8가지 사회적 조건이 필수불가결한 것으로 보고 있다.

1) 지식의 보존, 전달, 그리고 확충의 필요성을 인식한 정치 사회적으로 성숙도가 된 사회,
2) 개인들이 문화와 지적 활동을 계획하고 추구하는데 여유와 시간을 가질 수 있는 안정의 기간이 있어야 하며,
3) 거대하고 다양한 자료군을 공부나 연구하는데 필요로 하는 지적창조 활동과 학술활동이 활발한 사회,
4) 자기 수양과 지적 수준이 높은 시민이 중시된 사회,
5) 필사자료(graphic materials)의 축적과 자료의 접근에 의한 학습활동이 중시된 사회,
6) 도서관을 재정적으로 유지하고, 그 이용을 촉진하도록 문화적으로 지적인 관심을 가진 사람들이 많이 거주하고 있는 지역사회,
7) 경제적으로 번영하고 있는 사회로서 개인과 법인 모두가 사회공헌을 행할 수 있는 여유가 있는 사회,
8) 정치나 경제가 정보와 지식의 광범한 유통과 이용에 의존하고 있다고 생각되는 사회(지식정보사회를 구현하고 있는 사회를 말한다).[49]

---

49) J. K. Gates. *Introduction to Librarianship.* 3rd ed. New York, Neal-Schuman Publishers, 1990. pp.5-6.

이것은 도서관이 1) 시민사회에서의 필수적 요소라는 것, 2) 도서관은 시민사회에 그들의 형식, 목적, 기능, 프로그램 및 서비스를 결정하는 요구들을 충족시켜주는 곳으로 인식, 3) 어떤 조건, 즉 경제적, 기술적, 과학적, 지리적, 문화적, 또는 사회적으로 그들의 발전으로 조장시키는 곳으로 인식되는 곳이어야 하는데 이러한 조건들이 극복되지 못할 경우에는 도서관이 쇠퇴하거나 사라질 수도 있다는 것을 의미한다.[50]

한편 M. Harries와 E. D. Johnson은 모든 사회가 도서관을 가질 수는 없다. 도서관이 발전하기 위해서는 적어도 다음과 같은 세 가지 조건을 들고 있다.[51] 먼저 도서관은 중앙 집중화를 요구한다. 도서관은 안정되지 않은 상황에서는 발전되지 않는다. 두 번째는 경제적 성장이다. 도서관은 지역사회의 주요한 에너지와 자원이 풍부하지 못한 곳에서는 발전할 수 없다. 도서관은 부와 시간을 요구한다. 마지막으로는 정치적 안정성을 요구한다. 정치적으로 불안정한 사회에서는 도서관은 발전할 수가 없다. 폭동과 정치적 혼란 속에서는 도서관은 파괴되기 마련이고 역사는 제국이 무너질 때 대부분의 도서관이 파괴되는 것을 목격해 왔다.

Gates는 도서관이나 도서관 문화가 성숙되기 위한 8가지 조건을 열거하였고, Harries 등은 3가지 조건을 요구하고 있다. Harries의 요구조건은 Gates의 요구조건보다 광의적인 입장에서 접근한 것으로 이해할 수 있으며, 3가지 절대적인 명제가 선행되어야 나머지 문화적 요소도 갖추어지는 것으로 보았다. 결국 도서관의 사회적 의의는 사회성숙도와 밀접한 연관성에서 기술될 수밖에 없다. 도서관의 발전은 사회발전의 산물이다.

---

50) J. K. Gates. *Introduction to Librarianship*. New York, McGraw-Hill Book Co., 1968. p.7.

51) M. Harries and E. D. Johnson. *History of Libraries in the Western World*. Metuchen, N. J., Scarecrow, 1984.

제3장 도서관의 사명

본 장에서는 도서관의 최초 발생 배경부터 현대의 미국도서관의 발전과정을 살펴봄으로써 미래의 도서관의 사명 및 가치들에 대해 살펴보고자 한다. 즉, 최초의 문자기록은 BC 3000년경 Mesopotamia Sumer 신전 도서관에서 발견되었으며, 도서관 설립 요인에는 문자의 발명과 상업문명을 들 수 있다.

도서관의 역할을 역사적으로 살펴보면, 최초의 도서관은 기록보관소, 종교적이고 실용적인 역할을 수행하였고, 중세에는 종교적, 대성당과 대학도서관 역할, 그리고 17세기 이후에는 학문과 교육의 역할, 개인과 공공을 위한 도서관, 국가적 도서관 역할 등으로 종합할 수 있다.

17세기 이후 미국의 현대 도서관의 사명은 자기개발의 임무, 대중 흥미의 임무, 상업적 이익을 위한 도서관, 교수와 연구를 지원하는 임무, 학교 교과과정을 지원하는 임무, 공공에게 서비스하는 임무 등으로 확대되었다.

미래를 위해 정부기관, 교육, 사회 그룹들, 독서, 문학, 테크놀러지에 대한 현대 미국도서관의 입장을 살펴보고, 도서관이 미래를 형성하는 원동력이 되는 첫 번째 가치, 서비스의 가치에서는 Ranganathan의 5법칙을 현대적인 시각에서 조망하며, 두 번째 가치는 독서와 책의 중요성, 도서관이 제공한 진리에 대한 가치, 관용, 공공의 선, 정의, 미학에 대한 가치들에 대해 살펴보고자 한다.

도서관들이 나타났던 역사적인 배경을 이해하기 위해서는 이들 질문에 답하기 위해 필요로 하는 전후관계를 준비하고, 미래에 우리의 진행을 안내하기 위한 유용한 키를 제공해야 한다. 이러한 이유 때문에, 도서관이 책임을 맡았던 다양한 임무를 정의하고자, 몇몇 주요 역사적 발전을 확인하기 위한 과거로의 짧은 여행을 할 것이다. 이것은 현재의 도서관과 미래의 도서관들의 임무를 이해하기 위한 기본 배경으로 제공하게 될 것이다.

도서관의 사명(Library Mission)은 도서관의 발전과정과 밀접한 연관성에서 이해할 수 있다. 여기에서는 James Thompson이 천명한 원리와 Richard E. Rubin이 재정립한 도서관의 사명을 중심으로 살펴보고자 한다. 두 학자의 논리전개는 근대와 현대의 성격을 동시에 비교 분석할 수 있다.

3.1 Thompson의 도서관 원리 규명

Thompson은 그의 『라이브러리언십의 원리(A history of the Principles of Librarianship)』의 제9장에서 도서관의 〈원리 규명(The Principles revealed)〉을 밝히고 있다.[52] Thompson은 역사적인 사실(史實)을 바탕으로 17개 항에 이르는 '도서관의 원리'를 구체적으로 도출함으로써 도서관의 문명사적 이해에 많은 시사점을 제시하고 있다.

1) **라이브러리언십**(librarianship)**의 제 1원리:** 〈도서관은 사회적 창조물이다〉. 도서관을 그 기원으로부터 오늘에 이르기까지 역사적으로 조명해 보면, 도서관은 언제나 도서관이 속한 사회와 운명을 같이해 왔다는 것이 명백하게 드러난다. 〈Nineveh의 도서관〉은 Ashurbanipal의 지배와 밀접하게 연관되어 있다. Ashurbanipal은 Nineveh를 수도로 정하고 그곳에 도서관을 세웠다. 이 도서관은 당시 사회의 모든 지식을 저장하고 보급하는 곳이었다.

Alexandria 도서관은 헬레니즘의 지식과 문화 전파를 위하여 설립된 곳이다. Alexandria는 BC. 331년에 Alexander 대왕이 세운 도시로서 그는 특히 그가 정복하는 곳마다 그리스의 언어와 문화를 전파하려 하였다. 그의 이러한 의도는 그의 부하인 Ptolemy Soter때 결실을 맺었다. Soter는 BC. 323-285년에 이집트를 정복하여 BC. 300-290년 사이에 대 Alexandria 도서관을 설립했다.

---

52) James Thompson. *A History of the Principles of Librarianship.* London, Clive Bingley, 1977. pp.204-225.

고대 로마의 도서관들은 로마의 문명을 집약시켰다. 중세의 도서관들은 당시의 지배세력인 교회의 창조물이다. 19세기 이후에는 민주주의와 대중교육의 확대로 공공도서관이 출현하였다. 민주사회의 도서관은 더 이상 엘리트만을 위한 보존 장소가 아니며, 대중교육이 필요로 하는 지적 영양을 서비스하는 곳으로 변화되었다.

2) **라이브러리언십의 제 2원리:** 1원리의 결과로 〈도서관은 사회에 의해 보전된다〉. 자료는 자료 자체의 소멸 가능성, 이용자의 부주의, 일반적 무관심, 고의적인 손상, 환경조건, 책벌레 및 해충으로 악화되고 소멸된다. 그러나 사서의 도서관 관리자로서의 노력에도 불구하고 책과 도서관에 가장 해를 끼치는 것은 외부적인 재난이나 전쟁 등 사회적인 분쟁이다.

BC. 221년에 중국의 진시황은 농업, 점술, 의학에 관한 책 이외의 모든 책을 없애라고 명령했다. 이른바 '분서갱유' 사건을 일으켜 사상적 이념을 다루는 책을 모두 불 사르고 유학자들을 생매장시켰다. 그리스도 시대에도 St. Paul의 설교에 따라 에베소 인(Ephesians)들은 이단의 서적들을 가져다가 불태웠다. 알렉산드리아 도서관은 BC. 48년 Caesar의 Alexander 전쟁에서 화재로 소실되었고, 서기 640년 회교 교주인 Caliph Omar의 사주를 받은 사라센 인들이 다시 불태웠다. 영국의 앵글로색슨 시대에는 수도원 도서관들이 계속적으로 약탈, 파괴되었다.

1537-9년 Henry 8세에 의한 수도원의 해산, 1525년 독일의 농민전쟁(Peasants War), 1561과 1589년 사이 프랑스의 위그노전쟁(Huguenot wars), 모두가 도서관을 심하게 파괴하였다. 20세기에 와서도 1933년 Hitler 독재하의 도서관들은 수난을 당하였다.

반대로 사회가 도서관을 안전하게 지키려고 했을 때 도서관은 잘 보전되었다. 고대의 도서관들은 궁궐이나 사원의 안전한 곳에 위치하였다. 시민혁명이 도서관의 안전에 상당한 관심을 보였다는 것은 특기할 만한 사실이다. 프랑스 혁명시기에 모든 〈종교도서관〉들은 국가재산으로 선언되어 그 속의 모든 책과 원고를 국가에 귀속시켰다. 이와 비슷하게 러시아혁명 직후 1918년에서 1923년에 수많은 책과 도서관들이 〈Lenin 도서관〉으로 옮겨졌다. 역사적으로 볼 때 도서관의 가장 강력한 적은 관리자로서의 사서의 통제를 벗어나 있다는 것이 분명하다. 사회가 도서관을 창조한 것과 마찬가지로 사회는 도서관을 보전하는 것이다.

3) **라이브러리언십의 제3원리:** 〈도서관은 지식의 축적과 전달을 위해 존재한다〉. Ashurbanipal 왕이 〈Nineveh에 도서관〉을 세운 것은 그 당시 알려진 전 세계의 종교, 역사, 지리, 법률, 과학지식을 수집하고 나아가 이러한 지식을 백성들에게 이용시키려는 의도에서였다. 알렉산드리아 도서관 역시 궁극적으로는 당시에 존재했던 모든 지식의 보유를 목적으로 한 세계적인 도서관이었다.

이는 그 도서관 최초의 관장이었던 Demetrios가 공식적으로 선언한 목적이었다. 중세 때에는 지식의 전파보다 보존을 중시하는 경향을 띠었으나 동일한 원리가 유지되었다. 당시에 책이 없는 수도원이나 수녀원은 없었으며, 이러한 신념은 '도서관이 없는 수도원은 무기고 없는 성과 같다(a monastery without a library is like a castle without an armoury)'는 중세 때의 경구에 잘 나타나 있다.

지식의 저장과 전파에 대한 원리는 근세로 이어져 왔다. 18세기 중엽의 〈대영박물관도서관〉은 그 거대한 지식의 저장고를 세상에 개방하였으며, 그 결과 그곳의 지식을 활용할 수 있었던 사람들의 노력으로 세계의 지식은 더욱 풍요롭게 되었다.

4) **라이브러리언십의 제4원리:** 〈도서관은 힘의 센터이다〉. 17세기 초에 Francis Bacon은 '지식은 힘이다(Knowledge is power)'라고 하였다. 도서관은 지식을 소장하고 있으므로 당연히 힘의 센터(centers of power)가 되는 것이다. 이러한 두 가지 사실은 도서관사에서 여러 가지 방식으로 나타나고 있다.

초기의 도서관들은 정신적 세속적 권력의 중심지인 사원이나 궁전에 위치하고 있었다. 당시의 사서들은 상류계급 출신이거나 높은 정치적 종교적 지위를 가진 사람들이었다. 중세 때에 도서관들은 교회의 권력을 과시하는 중요한 부분이었다. 도서관이 권력의 중심이라는 것은 수세기에 걸쳐 이어져 온 웅장한 건물에서 더욱 두드러지게 나타나고 있는데, 르네상스 시대의 〈메디치가 도서관(Medicean Library)〉이나 스페인의 〈엘에스꼬리얼 도서관(ElEscorial library)〉으로부터 1720년 Charles VI세가 비엔나에 건립한 거대한 국립도서관과 1780년에 Frederick 대제가 세운 〈베를린 도서관〉을 꼽을 수 있다.

도서관과 권력의 연계는 우리시대에 와서도 분명하게 남아 있다. 1897년까지 미 의회도서관은 국회의사당 안에 위치하였는데 그곳이야말로 세계에서 가장 강력한 국가의 통치 장소인 것이다.

5) **라이브러리언십의 제5원리:** 〈도서관은 모든 사람을 위해 존재한다〉. 일반 대중이 도서관을 이용했던 증거는 도서관사의 초기부터 나타난다. 기원전 17세기에 Ashurbanipal의 거대한 점토판 장서들은 신하들의 교육을 위해서 마련된 것이며 공중의 이용을 위하여 궁전의 중심에 위치하였다. 도서관 역사가인 Edward Edwards는 이를 〈점토판 공공도서관(public library in clay)〉이라고 기술한 바가 있다.

그리고 〈알렉산드리아 도서관〉의 최초의 관장이었던 Demetrios는 기본적으로 장서 수집가였으나 그의 후임자인 Zenodotus는 그 유명한 도서관을 일반 대중이 자유롭게 접근하여 이용할 수 있도록 최대의 노력을 기울였다.

중세 도서관의 위대한 역사가인 John W. Clark는 모든 도서관은 실질적으로는 공공도서관이라고 주장하였는데, 〈수도원 도서관〉들은 중세의 공공도서관이었다는 것이다. 그러나 근대적 공공도서관 사상은 17세기 Gabriel Naudé와 John Durie의 저술에서 명백하게 나타났다. Naudé는 그의 도서관을 전 세계에 예외 없이 공개한다고 선언하였다. Durie는 도서관은 공공의 이용이 활성화되지 않는 한 죽은 실체에 불과하다고 기록하고 있다.

그러나 도서관이 만인을 위한 것이라는 원칙이 충분히 실현된 것은 19세기에 영국과 미국에서 공공도서관 운동이 일어난 이후의 일이다. 이 원리는 이제 전 세계에 전파되어 모든 도서관의 시스템 및 설계에 실질적으로 반영되고 있다.

6) **라이브러리언십의 제6원리:** 〈도서관은 반드시 성장한다〉. 이 원리는 Ranganathan의 도서관학 5법칙 중 다섯 번째인 '도서관은 성장하는 유기체이다.'와 동일하다. 중세 때 조차도 초창기에 도서관이 설립될 때에는 불과 수백 권의 장서를 한 두 개의 책상자 속에 넣어 수도원의 한 모퉁이에 보관하였지만, 그러한 환경에서도 도서관은 성장하였다.

도서관들은 첫째로 이용자들이 적정하다고 생각하기 이전에 어떤 규모를 달성해야만 하는 규칙이 있었다. 예를 들면 〈베네딕트회의 규칙(Benedictine rule)〉에는 최소한 사제 1인당 1권을 확보해야 한다고 규정되어 있었다. 둘째로는 다른 어느 시대의 도서관들과 마찬가지로 중세의 도서관들도 지식의 성장에 보조를 맞추어야 했다. 중세 말인 14세기와 15세기에는 주요 수도원이나 성당의 장서수가 수백에서 수천으로 증가하였다. 배움의 등불은 고대 도서관들의 멸망 이후 르네상스와 인쇄술의 전파로 부흥하기까지의 중세 암흑기에도 희미하게나마 타오르고 있었던 것이다.

인쇄시대 특히 19세기 윤전기의 발명으로 책의 대량 생산 시대가 도래하였다. 따라서 도서관은 단순히 성장하는 정도가 아니라 기하급수적으로 성장하였다. 유럽 도서관들의 구조는 장서수에 맞추어 급격히 변화되었다. 벽 선반에 책을 진열했던 단칸방의 도서관 시대는 곧 막을 내리게 되었다.

1800년에 설립된 〈미의회도서관〉을 예로 들면 1807년까지 장서는 약 3,000권이었다. 그 후 1814년 영국군에 의해 파괴되었으나 이듬해에 Thomas Jefferson 전 대통령의 장서 6,487권을 구입하여 재건하였다. 그리하여 1836년에는 24,000권으로 증가하였다. 1851년에 화재로 부분 소실되었으나 1863년에는 장서수가 79,214권에 이르렀다. 그로부터 100년 후인 1970년에는 16,000,000권의 장서와 30,000,000권의 원고본, 그리고 축음기 레코드, 필름, 사진, 지도 등 비도서자료를 합하여 총 64,000,000점을 소장하게 되었다. 현재는 2억 5천 만 권의 장서가 소장되어 있다.

이와 같은 수치로 볼 때 도서관은 반드시 성장한다는 원리를 부인할 수 없다. 세계의 도서관계는 모든 유형의 도서관에서 무한정으로 성장하는 도서관의 문제를 해결할 수 있는 후속 원리의 출현을 기다리고 있는 중이다. 그러나 그러한 원리가 출현한다 해도 도서관의 역사는 그러한 기대가 아직은 시기상조임을 보여주고 있다. 도서관은 성장은 하지만 영원히 존속되는 것은 아니다. 〈알렉산드리아대 도서관〉은 결국 사라져 갔다. 영국에 있던 800개 이상의 중세 종교도서관들은 모두 없어졌다. 또한 점토판, 파피루스, 양피지, 코덱스는 모두 다른 매체로 대체되었다. 따라서 인쇄된 책이 이처럼 다른 매체로 대체되지 말라는 역사적인 이유는 없는 것이다. 이미 현실이다.

7) **라이브러리언십의 제7원리:** 〈국가도서관은 모든 국가적 문헌과 다른 나라의 대표적 문헌을 소장해야 한다〉. 이는 국가도서관은 국내외의 모든 문헌을 망라적으로 수집, 소장하여야 한다는 천명이다.

〈Nineveh 도서관〉에서 Ashurbanipal 왕은 모든 Assyria 문헌을 수집하였다. 그 중에는 종교서, 기도문, 주술문, 종교의식에 관한 책, 마법서, 역사자료, 정부, 지리, 법률서적, 전설, 신화, 천문학, 점성술, 생물학, 수학, 의학, 자연사 등과 대사(大使)간에 오고간 외교문서를 비롯한 정부 간행물들이 포함되었다.

또한 Assyria 문헌과 더불어 다른 나라의 문헌과 번역물도 있었는데, Sumeria와 Babylonia의 대표적인 옛 문헌들이 포함되어 있었다. 〈알렉산드리아 도서관〉 최초의 관장인 Demetrios의 수서정책은 전 세계의 모든 문헌을 수집하는 것이었다. 〈알렉산드리아 도서관〉은 헬레니즘 문헌을 완벽하게 구비하는데 목적을 두었으며 나아가 히브류 성경이나 고대 이집트의 서적, 페르시아 및 라틴의 문헌 등 다른 나라들의 대표적인 문헌들도 수집하는데 목적을 두었다.

근대에 이르러서도 동일한 원리가 유지되었다. 〈대영박물관도서관〉의 국가문헌 수집정책은 19세기 위대한 사서 A. Panizzi가 분명하게 기술하고 있다. 그는 '영국의 도서관은 영국의 문헌과 대영제국에 관련되는 모든 문헌, 예컨대 종교서, 정치, 문학, 과학서, 법률, 제도, 상업, 예술 등 모든 문헌을 수집해야 한다.'고 기록하고 있다. 더욱이 '값비싼 희귀서일 수록 이를 구하기 위하여 더욱 노력하여야 한다.'고 강조하였다.

8) 라이브러리언십의 제8원리: 〈모든 책은 이용하기 위한 것이다〉. 이 원리를 뒷받침하는 것으로는 2가지 증거가 있다. 첫째는 어떤 책임있는 사서나 학자라도 지난 3,000년 동안 일어났던 수많은 재난으로 인해 손실되지 않고 남아있는 단 한 권의 책이라도 대단히 소중한 것이라고 기록하고 있다는 것이다. Assyria를 연구하는 학자들(Assyriologists)은 Nineveh에 남아있는 점토판을 대단히 소중하게 여긴다. 학자들은 〈알렉산드리아 도서관〉에 있던 어떤 책이라도 발견한다면 대단히 기뻐할 것이다.

두 번째의 증거는 과거 수세기 동안 사서들이 남긴 기록에서 찾을 수 있다. Naudé는 '어떠한 책이든지 어느 누군가는 찾게 된다'는 유명한 말을 남겼다. Edwards는 국가도서관의 기능에 대하여 다음과 같이 기록하고 있다. 즉, 국가도서관은 '백과사전적인 저장고가 되어야 하며 기념비적인 문헌뿐 아니라 하찮은 자료도 구비하여야 한다'고 강조하였다.

William Blade는 '고서를 보유한다는 것은 신성한 것이다'라는 열정적인 말을 남겼다. 즉, '고서는 어떤 주제나 내용에 관계없이 국가의 진실한 역사의 일부이다. 우리들은 그것을 모방하고 복사할 수 있다. 그러나 우리는 결코 그것을 정확하게 재생할 수는 없다. 역사자료는 잘 보존되어야 한다' 최근의 저자들은 이 원리를 더욱 발전시켰다.

Ernest A. Savage는 '비록 그 문헌이 당장은 소용이 없다고 하더라도' 모든 종류의 책들을 입수 보존하여 온 초기의 사서들을 칭송하고 있다. Fermont Rider는 연구도서관의 장서 증가문제와 관련하여 '모든 것은 어디엔가는 보존할 필요가 있다.' 그럼에도 불구하고 그것은 최소 형태로 어디서든 무엇이든 접근할 수 있도록 유지되어야 한다.

9) **라이브러리언십의 제9원리:** 〈사서는 교육을 받은 자라야 한다〉. 고대 이집트의 사서들은 높은 수준의 교육을 받은 사람들이었다. 고대 Babylonia와 Assyria의 사서들도 마찬가지다. 〈알렉산드리아 도서관〉 최초의 관장인 Demetrios는 철학자로서 아테네 최고의 교양을 갖춘 문인이었다. 이는 학자사서의 지적 전통을 낳게 하였다. 그 후 그를 계승한 수많은 사서들도 모두 유명한 학자였다. 그들 중 가장 뛰어난 인물은 Cyrene의 Callimachus인데 그는 당대의 위대한 학자로서 서지학의 창시자이며 훌륭한 애서가였다.

고대 로마에서는 도서를 담당하는 대리인들이 수많은 공공도서관을 황제의 이름으로 관리하였으며 그들의 보직에는 일반적으로 잘 알려진 유명한 학자들이 임명되었다. 여기에서도 학자사서의 전통이 계속되었다. 동양에서 최초의 학자사서는 노자를, 서양에서는 Aristotle을 들고 있는 것도 이런 맥락에서이다.

도서관의 역사를 통시적으로 살펴보면 모든 유명한 사서들은 교육을 받은 사람이라는 것을 확인할 수 있다. 근대에는 특히 세 사람의 위대한 사서로 E. Edwards와 A. Panizzi, M. Dewey를 꼽을 수 있다. 이들의 전기에서도 이 원칙의 유효성을 발견할 수 있다. Edwards는 열성적인 독서가였고 평생 학자였으며 수많은 학문적 업적을 남겼다. Panizzi는 17세 때에 〈Parma College〉에 입학하여 4년 뒤 법학사 학위를 취득하였다. 그는 생애를 통해서 〈대영박물관도서관〉의 인쇄본 관리인으로서의 업적을 남겼다. Dewey는 생의 출발부터 꾸준히 공부하고 독서하였다. 그는 〈Amherst College〉를 졸업하였으며 위대한 DDC를 창안해 내었던 학자였다.

10) 라이브러리언십의 제10원리: 〈사서는 교육자이다〉. 이 원리는 17세기에 Durie가 그의 저서 『도서관 관리자의 개혁(The reformed library keeper)』에서 가장 명백하게 선언하였다. Durie는 도서관직을 '안이한 생계'의 수단으로 여기는 사서들을 경멸하였다. 그리고 그는 다음과 같은 도서관 철학을 피력하였다. '만일 도서관 관리자가 자기 업무의 본질을 이해한다면 그들은 공공에 유익하도록 역할을 수행하면서 세계적, 보편적 학문의 진보를 위한 대리인의 역할을 하여야 할 것이다.'

Edwards는 그의 도서관에 관한 기록에서 사서직의 의무를 정의하였다. 그는 사서직이란 결코 부나 명예와는 무관하며 오히려 사회적 무관심과 오해에 노출되어 있다고 지적하였다. 그럼에도 불구하고 '사서는 계몽적이고 열정적인 기능을 수행함으로써 그 속에서 작품이 이루어지고 그가 생의 마감에 이르는 긴 여정에서 정신적인 수확의 건강한 씨앗들이 싹트게 된다'.

Edwards는 확고한 원칙을 가지고 살았다. 청년시절 이후 그는 교육의 증진을 위해서 여러 가지 활동에 자발적으로 참여하였다. 예를 들면, 그는 중앙 교육협의회와 런던 예술연합에 관여하였다. Manchester 도서관 사서로서 어려운 기간에도 그는 공립학교 연합에 지원을 아끼지 않았고 1870년 교육법을 마련하는데 기여하였다.

Panizzi가 정치적인 이유로 이탈리아를 떠나 영국에서 처음으로 한 일은 교사직이었다. 가르치는 직업은 그가 1828년 런던대학교 이탈리아어과 학과장을 맡으면서 최고조에 달하였다. 그 후 〈대영 도서관〉의 사서가 되었다.

Dewey는 17세 때의 일기에서 다음과 같이 기록하였다. '나는 내 생애를 교육에 바치겠다고 마음먹었다. 나는 대중을 위하여 고등교육에 종사하기를 바라고 있다'. 그가 비록 청년시절에 교사 자격증을 취득하였지만, 그는 결국 교육자의 길을 실현하는 방법으로 사서직을 선택하였다. 이러한 그의 희망은 그가 콜럼비아에 세운 최초의 도서관학교에서 결실을 맺었다.

11) 라이브러리언십의 제11원리: 〈사서의 역할은 정치적 사회적 시스템 속에 통합되어야만 그 중요성을 발휘한다〉. 도서관이 권력의 중심이라고 하는 원리는 그 자체가 사서의 역할을 중요한 것으로 본 것이다.

고대 이집트의 사서의 역할은 높은 정치적 지위와 연관되어 있었으므로 대단히 중요하였다. 고대 Babylonia와 Assyria에서도 마찬가지여서 〈사원도서관〉의 사서들은 높은 성직자였고 〈궁중도서관〉의 사서는 고위 공무원이었다.

Demetrios는 〈알렉산드리아 도서관〉의 사서가 되기 이전에 10년 동안 아테네의 통치자였다. Soter에게 알렉산드리아에 박물관 및 도서관 건립을 제의한 것도 바로 Demetrios였다. 그의 이러한 지위는 사서로서의 그의 역할을 높여 주었다. 〈알렉산드리아 도서관〉의 성공은 정치적인 지원과 전문적 기술이 결합되어 이루어진 것이다.

도서관과 사서들은 결코 내부지향적이어서는 안된다. 19세기에 Edwards는 영국 전역에 무료 도서관 사상을 이끌어 냈다. 그의 첫 성과는 1850년 〈공공도서관법〉을 통과시킨 것이다. 그러나 그는 계속하여 〈직업전문도서관〉, 〈무역도서관〉, 〈노동자 도서관〉 등 교육을 받지 못한 사람들이나 교육수준이 낮은 사람들에게 도움이 되는 도서관, 나아가서 성직자, 상인, 정치인, 전문 학자들에게도 도움을 줄 수 있는, 모든 인구에 봉사할 수 있는 보편적인 도서관들을 세우기 위하여 계속 투쟁하였다.

Panizzi 역시 외부지향적 인물이었으며, 〈대영박물관도서관〉을 영국의 사회시스템 속으로 통합하는데 열성적인 노력을 기울였다. Dewey는 사실상 미국에서 사서직을 창설한 사람으로서, 사서직을 사회에 봉사할 수 있는 좋은 기회로 여겼다. 그는 사서직을 활동적이고 능동적인, 활기찬 직업으로서 사회 정치적으로 충분히 통합되어야 함을 강조하였다.

12) **라이브러리언십의 제12원리**: 〈사서는 훈련과 실습을 필요로 하는 전문직이다〉. Nineveh의 〈Ashurbanipal 도서관〉 이전에도 1천년 동안이나 지속된 Babylonia와 Assyria의 도서관 사서들은 〈점토판 사람(Man of written tablets)〉이라는 호칭을 가지고 있었다. 이들은 잘 훈련되어 있었다. 그들은 필경사 학교를 졸업하였고, 그들이 보존해야 할 기록문헌들에 대하여 소상히 알고 있었다.

이러한 최초의 직업교육을 이수한 다음에 그들은 도서관에서 수년 동안 도제식 훈련을 받으면서 동시에 여러 외국어를 공부하였다. 사서들이 교육 훈련을 받아야 한다는 원리는 19세기에 와서야 다시금 완전한 형태로 나타나게 되었다.

그러한 계기가 된 것은 Dewey가 1887년에 콜럼비아 대학에 도서관학교를 설립하면서 부터이다. 그 후 90년 동안 도서관학교들은 급격히 증가되었다. 영국 최초의 전일제 도서관학교는 런던대학에 설치되었는데, 이 학교는 카네기 재단으로부터 5년간 재정지원을 받았다. 전문교육의 필요성은 이제 보편적으로 인정되고 있으며 숙련된 사서를 양성하기 위하여 견습교육과 실무교육을 아울러 실시하고, 실무경험도 필수적으로 습득하도록 하고 있다.

Panizzi는 소년시절에 이미 레고(Reggio)에 있는 자치도서관 담당관이었던 수사학자 G. Fantuzzi에 의해 책의 세계로 안내되었다. 〈Parma University〉에 근무하는 동안 그는 〈Parmense 도서관〉의 학자사서인 Angelo Pezzana와 친하게 되었다. Panizzi가 전문 사서의 아이디어와 목표를 터득한 것은 이들의 영향이었을 것으로 추측된다. Dewey는 〈Amherst College 도서관〉에서 견습생으로 근무하였다. 전문교육에 관해서는 그가 미국에 처음으로 도서관학교를 설립했기 때문에 학생으로서 보다는 주체자로서 터득하였다.

13) **라이브러리언십의 제13원리:** 〈도서관 장서개발과 확충은 사서의 의무이다〉. 역사가인 Josephus는 "〈알렉산드리아 도서관〉의 최초의 관장인 Demetrios는 가능한 한 전 세계의 모든 책을 수집하고자 하였으며, 그가 듣거나 보았던 모든 가치 있다고 여겨지는 자료들을 구입하고자 하였다."고 기록하고 있다.

〈알렉산드리아 도서관〉의 수서정책은 놀라울 정도로 무자비하였다. Demetrios는 12년도 채 되기 전에 200,000권의 파피루스 두루마리를 수집하였다. Ptolemy Philadelphus와 그의 후계자 Ptolemy Euergetes는 외국인에 의해서 이집트로 들어오는 모든 책들을 가로채 필사한 다음 소유주에게는 사본을 전달하고 원본은 도서관에 보관하였다. Euergetes는 또 아테네의 Sophocles, Euripides, Aeschylus의 작품들을 빌려다가 사본만을 돌려주었다.

Ashurbanipal 역시 도서관 장서를 확충하는 것은 사서의 의무라는 원칙을 따랐다. 그는 전국 각처 및 외국에 특사를 보내 모든 종류 모든 주제의 기록물을 수집하도록 하여 마침내 Nineveh 도서관에 30,000장의 점토판 장서를 축적하였다. 장서의 확충이 어려웠던 중세 때에도 동일한 원리가 지배하였다. 중세의 한 도서관 규정에는 '사서의 첫 번째 의무는 재임 중 그에게 위임된 도서관에 가능한 한 많은 장서를 확충하도록 노력해야 한다'고 명문 규정을 두었다.

근대에 와서도 모든 대형 도서관들은 사서들에게 수세기 동안 부과된 이러한 원칙을 유지하였다. 〈미의회도서관〉을 1억 2,000만 권의 장서를 보유하고 있으며 이러한 장서는 의회도서관의 최초의 사서였던 A. R. Spofford와 같은 위대한 사서들의 노력에 힘입은 것이다. 장서 수집가로 알려진 Edwards와 Dewey도 사서의 의무는 자기 도서관의 장서를 확충하는 것이라는 원리를 준수하였다.

14) **라이브러리언십의 제14원리:** 〈도서관은 어떤 질서체계(분류)에 따라 자료를 정리하고 그 내용에 대한 목록을 제공하여야 한다〉. 17세기에 Gabriel Naudé는 '도서관에 50,000권의 장서가 있다고 해도 정리되지 않는 한은 적절한 지휘 체계하에 정예화 되지 않은 5,000명의 군 병력이 있는 것과 다름이 없다'고 기술하고 있다.

이것은 초기 도서관사로부터 정확하게 지켜져 내려온 원리 중 한 가지이다. 고대 Babylonia와 Assyria 도서관의 점토판들은 체계적으로 그룹을 나누었다. Nineveh의 〈Ashurbanipal 도서관〉은 정리계획에 따라서 궁중의 자료실을 분명하게 구분하였다. 〈알렉산드리아 도서관〉은 수많은 특수 자료실로 나누어져 있었다.

초기 대학도서관들은 교육과정에 따라서 정리되었다. 근대에는 공식적인 분류법이 적용되었다. 도서관의 내용목록이 제공되어야 한다는 이 원리의 두 번째 부분은 3천년 동안 한결같이 유지되어 왔다.

Babylonia와 Assyria 도서관의 수천 개의 점토판들도 Ashurbanipal 도서관의 점토판과 마찬가지로 목록이 작성되었다. 〈알렉산드리아 도서관〉은 Callimachus가 『Pinakes』라고 호칭되는 분류목록을 만들었는데 거기에는 파피루스 두루마리의 라벨을 정확하게 알려주는 타이틀을 간략하게 기록하고 있다.

중세 도서관의 목록은 초기부터 만들어졌는데, 8세기부터의 목록의 사례들이 남아 있다. 근대에 와서는 목록의 개발이 1605년의 〈보들레이언도서관(Bodleian Library)〉의 인쇄목록으로부터 오늘날의 컴퓨터 목록시스템에 이르기까지 장족의 발전을 이룩하였다.

15) **라이브러리언십의 제15원리:** 〈도서관은 지식의 저장고이므로 주제에 따라 정리하여야 한다〉. 이 원리는 자명하다. 또한 역사적으로도 그 가치가 입증된다. 모든 현대 도서관의 도서관분류법 - DDC, UDC, LCC - 들은 모두 주제에 따라 설계된 것이다. 현대 이전에도 비록 복잡한 형태이긴 했지만 주제별 정리규칙이 적용되었다. 〈Ashurbanipal 도서관〉 자료실은 주제에 따라 정해져 있었다. 즉, 역사와 정부 간행물 자료실, 전설 및 신화에 관한 자료실 등이다. 〈알렉산드리아 도서관〉의 10개의 자료실은 분과 학문주제별로 구분되었다. 중세 때에도, 예를 들면, 일반 도서는 문법 부문과 산술 부문으로 구분되었다. 전자는 문법, 논리학, 수사학 등이고 후자는 산술, 기하학, 음악, 천문학 등이다.

16) **라이브러리언십의 제16원리:** 〈도서관에서의 주제별 그룹화는 실제적인 이용편의를 고려해야 한다〉. 〈Ashurbanipal 도서관〉과 〈알렉산드리아 도서관〉은 지식의 철학적 분류에 따르기보다는 실제적인 이용편의를 위해서 정리되었다. 이것은 또한 근대에 와서도 적용되었는데, 예를 들면, Konrad Gesner는 이미 언급한 중세의 학습 일람표(문법 부문과 산술 부문)에 기초하여 분류함으로써 대학 교육과정의 질서를 따라 실제 이용의 편리를 도모하였다.

1602년에 개설한 〈Bodleian 도서관〉의 분류원칙은 4가지 주제로 나누어졌다. 즉, 신학, 법률학, 의학, 예술 등이다. 그 후 같은 세기에 Naudé는 '도서관분류목록'을 출판하였는데, 그는 여기서 그가 이용한 분류는 실용성을 우선하여 '대학에서의 신학, 물리학, 법학, 수학, 인문학, 기타'로 나누었다. 현대의 도서관 분류는 두 가지 체계로 구분되는데, DDC(여기서 파생된 UDC)체계와 LCC로 나뉘어진다. 이 들 분류체계의 공통된 특징은 실용성이다.

17) **라이브러리언십의 제17원리:** 〈도서관은 주제별 목록을 갖추어야 한다〉. 이 원리는 도서관이 주제별로 정리된 지식의 저장고라는 사실과 관련된 이전의 원리들의 논리적 연장선상에서 천명된 원리이다. 도서관사는 하나의 논리를 가지고 있다. 초기의 도서관 목록은 '주제목록'이었다.

전술한 바와 같이 Callimachus의 『Pinakes』는 분류목록의 형식을 갖추었다. 중세 때의 목록은 주제별로 정리된 간략 서명목록이었다. 주제분류의 명성은 인쇄시대로 이어졌다. 18세기와 19세기에 저자목록이 출현하였지만, 그 이후의 세기에 조차도 1849년 공공도서관 위원회는 '지금까지 나타난 요구로 볼 때 도서관 목록은 주제에 따라서 저자명 알파벳순으로 분류하는 것이 최선'이라는 결론을 내렸다.

사실 영국에서는 1800-1850년에 복합적인 분류목록을 만들었지만 주제분류가 너무 인위적이고 그 질서가 체계적이지 못하였다. 결과적으로 그 후반세기 만에 그 분류에 대한 부정적 반응이 나타났고, 사전체 목록이 소개되어 그 반응을 해소하게 되었다.

Crestadoro의 색인 목록은 이러한 사전체 형태의 조잡한 목록이었으나 미국의 Cutter는 1876년에 『사전체 목록규칙』을 편찬하였다. 그 후 세기가 바뀌어 카드목록이 일반화될 때까지 사전체 목록이 지배하였으며, 그 후로 카드형 목록은 20세기의 주요 도서관에서 주제목록을 제공하였다. 검색에서 주제명이 80%이상 사용되고 있음은 주지의 사실이다.

Thompson의 이론의 가치는 사서직의 특성(도서관이나 사서직과 관련된 종류에서는 타 도서관과 공유될 수 있는 특질이나 도서관 외의 기관과는 구별되는 특질)에 대해 기술했다는 것이다. 이런 의미에서, Thompson의 17개의 원칙은 Ranganathan의 제 5법칙과 유사하다. 그러나 Harris에 의하면 그들의 대부분은 '원칙'이 아니다. "실무, 기능, 목적의 단순한 뒤범벅이며 도서관 본질에 관한 의심스러운 견해이며 이 원칙들은 결코 명확한 사서직 철학의 구성요소가 되지 못된다."[53]고 비평적 관점에서 논하고 있다.

이러한 관점은 '규범적 접근(Prescriptive Approach)' 분석방법이라고 할 수 있다. 사서직 철학의 기초를 다지기 위해서 Thompson과 같은 사서는 사서직이라는 개념 안에 구체화 된, 그리고 학문발전의 변화를 유발시킨 실제적 힘으로 작용하는 특정 원칙을 해석함으로써 도서관 역사를 해석하고자 하였다.

Thompson은 '사서직의 본질적 원칙은 명백하게 그리고 논쟁의 여지가 없듯 우리의 긴 역사에서 출현했다.'라고 주장한다. 또한 그는 D. M. Norris가 말한 '역사는 진화론적이고 점진적인 발전을 한다고 하더라도 편목의 역사는 이와 관련이 없다.'라는 말을 인용하였다. 고대 편목자들은 오늘날 편목자 만큼 숙달되어 있었다. 단지

---

53) M. H. Harris. Journal of Library History, vol.35, no.3(June 1978). pp.231-232.

그들이 사용하는 도구에 차이만이 있었다. 요컨대 Norris는 오늘날의 편목자와 과거의 편목자는 같은 편목규칙을 단지 다르게 해석하고 있을 뿐이라고 말하고 있다.

Thompson은 E. A. Savage의 〈엄폐(occultation) 이론〉을 인용하였다. 즉, 개방서가, 분류목록, 주제분류와 같은 사서직의 다수의 원칙들은 그 옛날에 효력을 발휘하였다. 이런 원칙들은 사서직의 기본 원칙으로써 숨겨지거나 인식되지 못하고 있다가 시간이 흐른 후에 다시 재발견되어 진다.

이런 접근방식은 생물학의 〈선점(preformism) 가설〉과 유사하다. 이 가설은 유기체의 유전적 특성은 이미 그들의 세포내에 포함되어 있다는 것이다. 유기체는 이미 세포 내에 존재하는 형질을 이용함으로써 자질 등을 계발한다. 즉, 오크나무 씨앗이 오크나무로 성장하는 것과 같다. 유추해 보건대, 사서직의 역사는 사서직의 시발점에서 이미 존재했던 원칙을 단지 펼쳐 놓는 것이다. Thompson은 17개의 원칙을 제시하였다. Thompson에 대한 비평적 관점에서 보면, 그가 제시한 모든 원칙은 다음과 같다.

1) 자명한 이치('도서관은 사회에 의해 창조된다.' - 다른 모든 사회기관 역시 사회에 의해서 창조된다)이며,
2) 역사적으로 부정한 진술('도서관은 모두를 위한 것이다.' - 모든 도서관은 모든 사람들이 접근했거나 접근하고 있지 않다)이며,
3) 부정확한 요구('사서는 교육과 수습기간이 필요하다.' - 어떤 종류의 교육과 실습인가?)이며, 또한
4) 학문의 존재에 대한 충분하지만 그러나 불필요한 이유와 관련된 원칙들이다(도서관은 지식의 저장과 전달을 위한 것이다).

3.2 Rubin의 도서관 사명

도서관문화사 또는 발전사 측면에서 접근한다면 Rubin의 논리를 적용할 수 있다.[54] 그는 도서관의 사명을 다음과 같이 10가지로 정리하였다.

첫째, 〈기록물의 유지관리가 최초의 사명이라고 할 수 있다〉. 최초의 도서관이 언제 세워졌는지는 밝혀지지 않았지만, 적어도 두 가지 요인이 도서관 발전에 자극을 주었다. '문자의 발명'과 '상업적 문화의 등장'이 그것이다. 최초의 성문화된 기록은 기원전 3000년경의 메소포타미아 문명권의 수메리아의 사원도서관에서 발견되었다. 이 도서관은 상업적 문서보관소였다. 이러한 정보를 기록하기 위한 필사의 형태는 설형문자(楔形文字; cuneiform script)였다. 그것은 네모지거나 세모난 끝으로 된 첨필(尖筆; stylus)을 점토판(粘土板; clay tablet)에 눌러쓰는 것이었다.

Harries와 Johnson은 이러한 기록의 복잡성과 필요한 점토판의 양 때문에 이 자료들을 위한 조직적 배열법이 틀림없이 있었을 것이라고 시사하였다. 수메르인은 잘 교육받은 필사자 혹은 필사자에 의하여 훈련된 〈책의 장인(Master of the Books)〉이나 〈서판의 관리자(Keepers of the Tablet)〉를 두고 있었다. 때로는 성직자들이 이러한 자격으로 일하기도 하였다. 설형문자를 첨필로 쓰고, 서사자료는 점토판이었으며, 이를 관리하는 사람들인 〈책의 장인〉 또는 〈서판의 관리자〉를 두고 있는 문서보관소가 존재하였음을 알 수 있다.

둘째, 〈이집트 도서관의 종교적 및 실제적 사명이다〉. 수메르에서 초기 도서관의 발전과 유사하게 이집트 문화 또한 필사기록을 생산하였다. 이집트인들이 사용한 필사의 형태는 회화적 특성을 지닌 '상형문자(象形文字; hieroglyphics)'이다. 필사재료는 평평하고 둘둘 말려서 두루마리 형태로 저장된 파피루스이고 그것은 나일강변의 무성한 수초인 갈대로부터 만들어졌다.

최초의 이집트 도서관은 기원전 2400년경에 출현하였다. 〈수메르 도서관〉 처럼 이집트 도서관은 종교적, 문화적 중심이었던 이집트 사원과 관련된 경우가 많았다. 도서관은 식량을 저장하고, 필사자료를 교육하고, 법을 시행하고, 역사적 문서보관소로서의 역할뿐만 아니라 실용적, 영적, 의학적 기술을 배우기 위한 실용도서관의 역할을 수행하였다.

54) Richard E. Rubin. *Foundations of Library and Information Science*. 2nd ed. New York, Neal-Schuman Publishers, Inc., 2004. pp.250-317.

〈파피루스의 집(House of Papyrus)〉이라고 알려진 Edfu에 위치하였던 초기 도서관은 행정, 마술, 천문학, 점성술, 의학에 관한 기술을 배우기 위한 실용적이고 영적인 자료들의 문서들을 갖고 있었다. 가장 유명한 이집트 왕실도서관은 기원전 1200-1300년에 Thebes에 있던 파라오 Ramses 2세의 도서관으로 알려졌다.

이 도서관은 20,000개나 되는 두루마리 자료를 소장하였던 것으로 전해지고 있다. 전설에 의하면 이 도서관의 입구에는 〈영혼의 치유자(Healers of the Soul)〉라는 말이 새겨져 있었다. 이 의미는 도서관에 소장된 자료의 성격을 의미한 것으로, 영적 및 의학적 자료 또는 소장자료의 모두가 영혼을 치료해 주는 주술적 역할을 한 것으로 인식한 것이다. 이집트 사서들은 주로 고위관료나 성직자였던 필사자였다. 글을 읽고 쓰는 능력은 아주 희소하였기 때문에 높은 존경을 받았다.

셋째, 〈학문의 연구와 사명이다〉. 고대 도서관에서 먼저 〈Ashurbanipal 도서관〉의 사명을 고찰할 수 있다.

1) 도서관의 사명은 기원전 8세기경에 메소포타미아 지역의 Assyrian 사람들에 의해 확장되었다. Assyria 왕 Ashurbanipal은 그의 증조부 Sargon II세가 Nineveh의 왕궁에서 시작했던 도서관을 확장하였다. Ashurbanipal은 도서관이 과거의 문서기록을 유지하는 것뿐만 아니라 참고자료의 최신 공급처 역할을 하고 미래 세대의 교육에 이바지하여야 한다고 믿었다.[55] 이를 위해 사서를 가르키는 '책 관리자(keeper of the books)'를 두었다.[56]
2) Alexandria 도서관이다. 도서관 역사에 있어서 그리스 사람들이 크게 기여한 것들 중에 하나는 도서관의 학문적 사명을 진전시키는 일이었다. 두 가지 요인들이 이러한 영향에 기여하였다. 하나는 기원전 5세기경에 그리스 사회는 모두 기록문화가 구전문화였다. 따라서 도서관에 대한 요구가 미미하였다. 그러나 Socrates, Plato, Aristotle 등이 가르침과 그들이 세운 학파와 더불어 독서와 필사기록이 보편화되었다. 둘째는 독서와 학문의 가치는 Alexander 대왕 자신이 도서관 건립에 직접적 책임을 갖고 있는 것이 아니더라도 Alexander 대왕의 정복을 통하여 각 지역으로 확산되었다. Alexandria 도서관에서는 학자 사서를 두었는데, 이는 사서직의 전문성을 이집트로부터 물려받은 전통이었다.

---

55) Leslie W. Dunlap. *Reading in Library History.* New York, R. R. Bowker, 1972.
56) Sydney L. Jackson. *Libraries and Librarianship in the West; A Brief History.* New York, McGraw-Hill, 1974.

Aristotle의 도서관 이야기는 Strabo가 언급한 바대로 고대 세계의 도서관 영욕의 좋은 예이다. Aristotle 서거 후 그의 장서는 그의 제자 Theophrastus에게 전해졌고, 그는 35년간 책임자로서 그의 스승의 〈소요학파(Peripatetic school)〉를 이끌었다. 기원전 287년 Theophrastus가 죽자, 그 장서는 그의 제자 Nileus에게 전해졌고, 그는 그 책들이 Pergamum의 도서관으로 반출되는 것을 막기 위해 지하실에 은닉하였다. 그곳에서 장서는 150년 이상 습기와 벌레 속에 남아 있었고, 이후 기원전 100년 아테네의 거부 Apellicon of Teos에게 팔렸다.

새 주인은 오랜 세월 지하실에서 손상된 책들을 복구하도록 하였으나, Apellicon의 사망 직후, 아테네가 Sulla 장군에게 함락되자 곧 로마의 황궁으로 반출되었다. Cicero의 동료 학자 Tyrannio와 Andronicus of Rhodes 두 사서가 지속적으로 그 필사본을 복원하였고 주제에 따라 논리적으로 배열하여 정리하였다. Strabo가 Tyrannio의 제자라는 사실은 이 이야기의 근거가 확실하다는 것을 나타낸다.

Palto는 간혹 Aristotle가 〈아카데미〉에 지각을 할 때면 출석할 때까지 "정신이 결여되어 있다. 청중은 귀머거리다."라고 하면서 강의를 시작하지 않았으며, 그가 출석해야 비로소 시작하였다고 한다. 그는 돈을 아끼지 않고 많은 책을 수집하여 〈개인 도서관〉을 만들었고, 도서 분류법도 창안하였다. 그는 '책벌레'라고 불리울 정도로 독서에 열중했기 때문에 심지어 그의 스승은 Aristotle에게는 고삐가 필요하다고까지 말했다 한다. 그는 명실공히 〈아카데미아〉 제1의 독서가였다. 그래서 "그를 '독서하는 사람', '정신(the mind)' 등으로 칭했다.[57] 심지어는 책으로 가득찬 Aristotle의 거처를 〈독서가의 집〉이라고 부르기도 하였다. '졸음이 오면 손에 청동구(靑銅球)를 들고 밑에 그릇을 놓아두어 공이 그릇에 떨어질 때 그 소리에 졸음이 깨도록 하면서까지 공부를 했다고 한다.

그의 남다른 노력과 뛰어난 재능은 점차로 그 자신의 철학적 입장을 개척하기 시작하였으며, 이와 더불어 중요한 철학적 문제에 대하여 점차로 스승의 학설을 비판하게 되었는데, 이로 인하여 Plato는 "어미 젖을 다 빨아먹고 발로 걷어찬 망아지 같다."고 그를 비난하였다. 또는 그에게 '자갈을 필요로 하는 준마'라고 하였고, 크세노크라테스를 '박차가 필요한 당나귀'라고 하였다.[58]

---

57) Colin A. Ronan. *Science: Its History and Development Among the World's Cultures.* 김동광, 권복규 공역. 세계과학문명사 I. 서울, 한길사, 1997. p.184.

넷째, 〈로마의 도서관에서의 개인적 위상과 공공이용의 사명이다〉. 로마인들은 역사 초기에는 소수의 도서관만을 갖고 있었다. 그러나 그리스 정복에 이어 그리스 도서관의 장서를 약탈하였고, 개인이 도서관을 갖는다는 것은 많은 장군과 귀족계급에 있어서는 자랑거리일 뿐만 아니라 신분과 계급의 상징이 되었다. 1세기경까지는 로마에서는 다수의 책들과 개인 도서관이 있었으며, 로마의 대지주의 저택에는 개인 도서관이 많았다. 아리스토텔레스의 도서관은 1세기에 로마의 장군 Sulla에 의해 로마로 옮겨졌으며,[59] Cicero는 자기 도서관을 '저택의 중심(the heart of his home)'으로 삼았으며 그의 별장 여러 곳에 도서관을 갖고 있었다.[60] 개인 도서관과 공공도서관에 소장된 자료들은 시민들에게 대출과 이용이 가능하였다.

다섯째, 〈비잔틴과 이슬람 도서관에서 학문적 사명의 재출현이다〉. Constantinople과 Byzantine 문화는 교육과 글쓰기를 중시하였고 이로 인해 제국 도서관이 353년에 건립되었다. Constantinople에는 제국 도서관 뿐만 아니라 큰 대학도서관과 동방교회 지도자인 교황의 도서관이 있었다. 이 도서관들의 사명은 학문적이고 종교적이었으며, 이러한 사명은 서방 사회의 유지에 매우 귀중한 역할을 하였다. Harries가 지적한 바와 같이 "오늘날 알려진 그리스 고전들 가운데 적어도 75%가 Byzantine 사본들을 통해서 알려진 것이다."[61] 이같은 자료의 보존 없이는 르네상스는 불가능하였을 것이다. 7세기 중엽까지 번성하여 1,000년경까지 지속되었던 이슬람 제국의 업적도 마찬가지이다. 이 문화에서 독서와 학문을 존중하였기 때문에 이슬람 세계를 통하여 도서관은 개인 주택, 왕실 궁전 및 대학에 보편적인 것이 되었다.

여섯째, 〈중세 수도원의 종교적 사명감이다〉. 로마 제국의 멸망과 함께 정치, 사회적 혼란은 서유럽 전체를 경제적 불안으로 몰아갔고, 필연적으로 도서관의 쇠퇴가 뒤따랐다. 그러나 유일하게 수도원 도서관만은 유지되었고 발전을 유지하였다. 수도원은 500-550년경까지 잘 확립되었는데, 이때 수도원 도서관의 사명은 세 가지였다. "정신적 명상을 위한 장소를 제공하고, 종교적 문서를 보존하고, 종교적

---

58) 정진일 저. 서양의 지혜, 중판. 서울, 양영각, 1995. pp.36-37.
59) James W. Thompson. *Ancient Libraries.* Hamden, Conn. Archon, 1962.
60) Alfred Hessel. *A History of Libraries.* New Brunswick, N.J. Scarecrow, 1955. p.6.
61) M. Harries and E. D. Johnson. *History of Libraries in the Western World.* Metuchen, N.J., Scarecrow, 1984. p.83.

인 그리고 때로는 비종교적인 문서를 복제하는 것이었다."[62] 책을 읽고 필사하는 것의 목적이 배우기 위한 것이든 영감을 불러일으키기 위한 것이든 금욕적 삶을 달성하기 위한 것이든, 이 기간 동안에 많은 책들이 지켜지고 필사되어서 고대의 저술들이 보존되었다는 것이다.

그리고 도미니크 수도원의 수도회의 규칙들에서 문헌정보학의 사상들을 엿볼 수 있다. 그 규칙들 중에는 좋은 도서관 위치의 설정, 적절한 서가의 제공, 도서관의 주제별 조직, 서배 서명, 장서의 개발과 폐기, 운영시간의 수립 및 중복 도서의 판매 등이 규정되어 있다.[63]

일곱째, 〈후기 중세의 성당 및 대학도서관의 교육적 사명이다〉. 교육하려는 서구 도서관의 사명은 후기 중세(800-1200)에 다시 등장하였다. 도시와 마을이 성장하고 무역 및 경제, 사회적 상태가 호전됨에 따라 지적인 분위가 되살아났다. 학문에 대한 존경심이 증대됨으로써 도서관을 위하여 다시 풍요로운 환경이 조성되었다. 특히 볼로냐, 파리, 옥스퍼드에 많은 학술센터가 설립 되었다. 이 기관들은 신학 뿐만 아니라 법률, 의학 및 철학의 고전적, 전문적 교육을 지원하였다. 최초의 대학도서관은 13세기 중엽에 파리대학에 이어 옥스퍼드와 케임브리지에 등장하기 시작하였다.

여덟째, 〈인문주의적 사명과 신분을 위한 도서관의 재등장이다〉. 이 시대의 학문의 발전에 기여한 요인들에는 세속적인 군주제의 상승, 민족주의 의식의 증대, 교회세력의 쇠퇴, 글을 읽고 쓰는 능력의 향상, 자연과학에 대한 관심 부상, 세속적 정치에 대한 관심의 확대 및 고대 문명에 대한 관심, 특히 그리스와 로마 사상가들의 철학적 전통에 대한 재 각성 등을 포함하였다. 영적 계몽보다 고대의 지식 및 새로운 세속적 지식에 대한 이 열정은 르네상스 인본주의라고 불리는 것의 대부분을 설명해 주고 있다.

아홉째, 〈국가적 자부심의 촉진으로 국립도서관의 사명이다〉. 세속적 군주와 민족주의 성장은 특별한 사명을 띤 새로운 형태의 도서관, 즉 국립도서관의 출현과 때를 같이 하였다. 이러한 예로 17세기의 영국, 프랑스, 독일, 덴마크 그리고

62) Richard E. Rubin. *Foundations of Library and Information Science.* 2nd ed. New York, Neal-Schuman Publishers, Inc., 2004. p.267.

63) Michael Clanchy. *From Memory to Written Record.* Cambridge, Mass., Harvard University Press, 1979.

오스트리아, 이탈리아, 스웨덴, 노르웨이, 그리스, 스페인 등에서 국립도서관들이 설립되었다. 이들 국립도서관의 특별한 사명은 단순히 대규모의 장서가 아니라 그들 국가의 문화적 유산을 보존한다는 것이었다. 이 사명을 충족시키기 위해 독특한 장서 개발책인 '납본권'의 창안이 채택되었다.

열 번째, 〈현대적 사명을 가능하게 하는 인쇄술의 등장이다〉 도서관 장서에 깊은 영향을 미친 한 가지 역사적 발전을 든다면 그것은 1464년 독일의 Mainz에서 인쇄기가 발명된 것일 것이다. Eisenstein은 인쇄기 발명의 영향에 대해 다음과 같이 논하였다.

1) 권위있는 판을 만들어 내는 능력,
2) 보다 많은 책들과 사본들을 생산할 수 있는 능력,
3) 더 많은 주제를 포괄할 수 있는 능력,
4) 출판된 자료를 조직하는 새로운 기술의 개발,
5) 일반 대중을 위한 문자 해독능력과 교육의 자극 등이다.[64]

이상과 같이 Rubin은 10가지의 도서관의 사명을 열거하였다. 그렇지만 현재와 같은 도서관 환경에서는 아날로그적 형태로만 그 사명감을 논하기에는 부족하다. 디지털환경에 맞는 도서관의 사명감을 전개할 수밖에 없다. 그것은 바로 '디지털도서관의 발전으로 지식정보화사회의 사명'이라고 하겠다.

도서관의 발전 및 문헌정보학의 발전에 기여도가 높은 미국에서의 도서관의 새로운 사명에 대해 Rubin은 다음과 같이 열거하고 있다.

1) 자아향상의 사명으로 18세기 회원제 도서관의 출현,
2) 대중에게 호소하는 사명으로 대출도서관의 출현,
3) 상업적 이윤을 지지하는 도서관으로서 기업과 산업을 위한 특수 도서관의 증가,
4) 교수와 연구를 지원하는 사명으로 미국의 학술도서관의 등장으로 ① 교육과정 본질의 변화, ② 연구 모델의 진보, ③ 1862년의 모릴(Morrill) 토지증여법의 통과(이 법의 통과로 주요 사립대학들이 설립되었다),
5) 학교 교육과정의 지원으로서의 학교도서관의 사명,

---

64) E. L. Eisenstein. *The Printing Press as an Agent of Change: Communications and Cultural Transformations in Early Modern Europe.* Cambridge, Cambridge University Press, 1979.

6) 일반 대중에게 봉사하는 사명으로서 미국의 공공도서관의 확충, 그리고 현대 미국 도서관의 사명으로서
7) 미래를 위한 힘: 태도, 여기에는 ① 정부에 대한 태도 ② 교육에 대한 태도, ③ 사회 모든 부분에 봉사하는 것에 대한 태도, ④ 독서의 중요성에 대한 태도, ⑤ 문학에 대한 태도 ⑥ 기술에 대한 태도 등이 포함된다.
8) 미래를 형성하는 힘: 가치이다. 여기에는 ① 서비스에 대한 가치, ② 독서와 책은 중요하다는 가치, ③ 진리와 진리탐구에 대한 존중, ④ 관용의 가치, ⑤ 공익의 가치, ⑥ 정의의 가치, ⑦ 미의 가치이다.[65)]

이상과 같이 미국의 도서관 사명은 전반부에는 실용적인 측면을 강조하였지만, 후반부에서는 인간 내면의 정신적 향상에 초점을 맞춘 사명을 부여하고 있다. Thompson의 17개의 원리나 Rubin의 10가지의 사명 모두 도서관의 본질적인 성격과 역사적 사명을 논한 것으로 강조한 내용은 모두 동일한 것으로 이해할 수 있다.

---

65) Richard E. Rubin. *Foundations of Library and Information Science*. 2nd ed. New York, Neal-Schuman Publishers, Inc., 2004. pp.273-317.

제4장 도서관의 기능

일반적으로 도서관을 '정보전달기관'이라고 보는 견해가 많다. 그러나 앞에서 설명한 바와 같이 기록정보 또는 정보자료의 특성과 그 전달 구조를 분석해 볼 때, 도서관은 직접 정보를 전달하는 기관이라기보다는 정보전달에 대비해서 정보자료의 효과적인 이용을 조장하는 기관이라고 보는 것이 타당할 것이다.

여기에서는 도서관의 범주에는 도서실이나 자료실 또는 정보센터 그리고 정보자료의 수집 및 서비스의 기능을 수행하고 있는 유사기관 등도 포함시켰다. 현대에는 도서관의 종류가 많고 그 기능과 규모에 따라서 그 명칭도 다양하기 때문이다. 도서관의 규모가 작은 것은 도서실 또는 자료실이라고 하며, 보다 특정한 기능을 가지고 있는 것은 정보센터, 또는 교육자료센터 등으로 불리고 있다. 그리하여 여기에서는 그 명칭에는 구애됨이 없이 이들을 모두 도서관의 범주에 포함시켰다.

정보자료의 생산자와 그 전달기관에 의해서 생산되고 전달되는 정보자료는 점차 증대하여 홍수처럼 범람하고 있다. 현대와 같이 정보가 범람하기 이전에도 인간은 정보의 유통사회에서 생존하고 있었기 때문에 각각 필요한 정보를 파악하고, 그것을 생활에 보람되게 이용하려고 강구했던 것이다.

다시 말하면, 인간은 일찍이 국가나 공공단체에서 또는 사적으로 정보자료를 수집, 조직, 관리하는 기관을 설치하고 여기에서 각각 필요한 정보자료를 수집하고, 그것을 검색하기에 용이하도록 조직하여 이용의 편의를 제공하게 되었던 것이다. 따라서 도서관은 사회에 있어서 정보자료의 효과적인 이용을 위한 최선의 조건조성의 기능을 하고 있는 것이다.[66]

66) 정필모. 문헌정보학원론, 제4판. 서울, 구미무역(주), 1999. p.61.

그러나 도서관의 기능은 모든 관종에 공통하는 기본적인 기능이 있는 한편, 각 관종에 따라서 기능발휘의 범위, 대상, 방법 등이 다른 점이 있다. 여기에서는 도서관의 우선적으로 기본적인 일반적 기능을 설명하고자 한다.

1) 도서관은 정보자료의 생산자와 유통구조(출판사, 인쇄소, 학술기관 등)를 조사하고, 자료에 대한 정보(출판안내, 목록, 서지, 색인 등)를 조사하여 그 도서관의 특수한 기능과 목적에 따라 이를 수집한다.
2) 수집된 자료가 편리하게 이용될 수 있도록 이를 체계적으로 조직하기 위해서 분류배열하고 목록, 색인 등을 작성한다.
3) 이용자들이 신속하고 정확하고 편리하게 이용할 수 있도록 도서관 및 문헌이용법을 지도하고 안내한다.
4) 정보자료의 교환, 기증, 상호대차 등을 실시하여 효과적인 이용에 봉사한다.
5) 이용자의 요구에 따라 자료를 복사하거나 번역하거나 주해한다.

이상의 기능을 발휘하기 위해서 중요한 것은 도서관이라고 하는 기구가 있어야 하고, 자료를 운영 관리해야 하며, 도서관 전문직원이 헌신적으로 봉사해야 하는 것이다. 결국 도서관의 목적은 기술한 바처럼 도서관 인식의 4요소를 충족시키는 데에 귀결된다.

한편 도서관은 사회의 공적인 기관이기 때문에 이를 공정하고 합리적으로 운영하기 위해서는 '관리'가 필요한 것이다. 최근의 운영 또는 경영은 철저한 관리가 이루어져야만 하기 때문에 '관리'의 개념이 각광을 받게 된 것이다. 관리란 말은 사무를 기획하고 관장한다는 의미로서 지배, 지휘, 감독, 주제 등의 개념을 가지는 말이다. 최근 경영학의 발전으로 인하여 '관리'라는 말은 경영학상 중요한 의미를 가지게 되었다.

한편, 도서관이 이상에서 설명한 기능을 발휘하기 위해서 운영 관리하는데 있어서 가장 중요한 것은 이용자에 대한 봉사정신이다. 봉사란 말은 영어 service의 역어로서 성신(聖神)이나 권력자에 대해서 몸과 마음을 바치는 것을 의미한다. 그리하여 도서관의 봉사활동을 이용자가 필요한 정보를 신속하고 정확하고 편리하게 얻을 수 있도록 성심성의를 다하여 협조하는 것을 의미한다. 다시 말하면, 도서관의 봉사는 어떤 이해관계나 보수를 받기 위해서가 아니라 인도주의적 차원에서 헌신하는 것을 의미한다.

도서관이 이와 같은 '봉사기관'이라고 하는 것을 인식하게 된 것은 근대사회에 이르러서 비롯한 것이다. 과거의 도서관은 그 이용이 특수계급에 한정되었을 뿐만 아니라 이용자에 대한 서비스도 극히 사무적이었다. 그리고 자유 민주사회에 이르러서도 특히 미국에서는 도서관 이용에 있어서도 인종차별이 심했다. 그러나 그 후에 Dewey를 비롯한 선구자들이 사회봉사의 이념을 확대하여 도서관에 적용시키고 이를 실천하고자 했던 것이다.[67] 이러한 지도이념에 따라 도서관의 봉사활동은 도서관 직원 고유의 직능으로 인식하게 되었다.

도서관 봉사는 대인관계에 있어서 넓은 의미의 인도주의나 종교적인 신념을 가지지 못하면 이용자의 지지를 받을 수 없고, 도서관 이용이 원활하게 이루어질 수 없는 것이다. 그러므로 도서관 직원은 이용자가 구하는 모든 정보자료를 자유롭게 선택하여 효과적으로 목적을 달성할 수 있도록 헌신적으로 모든 편의를 제공해야만 하게 되었다.

그러나 여기에서 주의해야 할 것은 봉사의 정신을 오인하여 과잉 봉사를 해서는 아니된다. 도서관 봉사는 이용자가 당연히 해야 할 일까지도 직원이 대행한다는 것을 의미하는 것은 아니다. 이것은 민주적, 자주적으로 문제를 해결하는 현대사회의 인간형성을 해치는 것이 된다. 이러한 일은 학교도서관이나 공공도서관에서 발생하기 쉬운 문제이다. 올바른 도서관 봉사는 이용자의 자주성을 존중하고 자유스럽고 쾌적하게 이용할 수 있는 태세를 확립하고 원활하게 이용 목적을 달성할 수 있도록 환경과 설비를 갖추고, 자료를 풍부하게 보유하고, 필요한 직원을 배치하고 언제나 이용할 수 있도록 이용자에게 친절하게 편의를 제공하는 것이다.

그 반면에, 도서관의 규범을 문란시키는 일은 배제시켜야만 한다. 자료의 이용에 있어서 자유와 권리를 보장하는 동시에 공공시설의 질서를 지키고 자료를 애호하는 의무를 요구해야만 한다. 이것이 민주적인 사회를 형성하는 원칙인 것이다.

도서관의 목적은 항상 긴밀하게도 시기상의 사회적, 문화적 요구들을 반영한다. 아래의 〈표 4-1〉은 도서관의 목적과 그것의 이행의 혁신 정도를 요약하고 있으며 이에 대한 사회의 반응을 나타낸다.

---

67) Sidney Dozion. *Arsenal of Democratic Culture*. Chicago, 1947. pp.100-109.

〈표 4-1〉 변화하는 도서관의 목적

구 분	17-18세기	18-19세기	19-20세기
목 표	독서	교육	중개
정 보 정 책	이용도	유용성	다양한 목적을 충족하기 위한 이용도 & 유용성
주 요 행 위	저장	내부적 조직	도서관간의 협력
이용자의 태도	도서관 묵인	도서관 수용	도서관이 하는 행위에 관여
도서관에 대한 인식	장식	유용성	도구(커뮤니케이션)

도서관 목적의 전체적 유형은 전근대적 시기에 물리적 기록물들, 즉 도서를 중심으로 출현했다. 사서직의 범위는 전체적으로 사회에 봉사하는 문화적 단위인 도서관을 위한 교육적, 중개적 역할로 점진성을 갖고 확대되었다.

문화적 계몽기에 그 사회 당면 이슈 속에 도서관이 처한 곤경은 사욕을 위해 독서의 가치를 강조해오면서 시작되었다. 그것은 개인 이용자들의 자아발전이라는 인간적 관념으로 확대되었고 이는 차례로 사회 전반의 의지를 강화시키게 되었다. 도서관의 목적은 독서, 특히 '좋은' 도서를 읽고 장려하는 것이다.

도서관의 기술적 변화들은 과학과 기술문명에 대한 신뢰를 기반으로 하는 산업혁명의 철학을 반영한다. 사회적 질병에 대한 치료제로서의 독서에 대한 지속적인 초점은 재확인되었으며 이는 모든 사회문제들은 자연법칙의 폭력성에 의해 초래된 것이라는 의견에 기초한다. 도서관은 그 이용자들의 필요에 가장 적합한 도서를 선택해 줌으로서 이용자들을 교육시키게 되었다.

민주적 시스템 속에서 다양한 문화주의를 가진 동시대의 선입견은 도서관의 정치적, 철학적인 모든 측면에서의 상대주의를 설명한다. 이는 이익단체들 사이에서의 계속되는 분쟁을 최소화 하는데 도움을 주고자 하는 완전한 사회기관으로서의 도서관과 이와 관련한 모든 관계를 요구한다. 도서관내 장서들의 균형적 운영 및 관리를 통하여 그 이용자들의 상호 부조화적 관점들을 조절하는 것이다.

4.1 도서관의 일반적 기능

도서관은 기본적으로 적시(요구시간)에 적서(요구정보)를 적자(이용자)에게 제공해 주는 정보자원을 관리하는 서지통정부문의 사회조직기관이다. 이 말은 France. K. W. Dury가 제시한 "to provide the right book for the right reader at the right time"[68]의 원리에 기반한 이념이다. 이러한 이념을 수행하기 위해 도서관에서는 정보를 수집, 가공, 서비스 및 축적하는 것을 기본으로 한다. 그래서 도서관의 일반적인 기능을 크게 5가지로 종합할 수 있다.

1) 도서관의 정보관리기능
2) 도서관의 조사 · 연구기능
3) 도서관의 교육적 기능
4) 도서관의 커뮤니케이션 기능
5) 도서관의 축적 · 보존기능[69]

한편 Rubin은 조직이 어떤 형태를 취하든 도서관은 기본적인 기능을 수행하도록 설계되어야 한다고 강조하면서 1) 자료선택과 장서개발, 2) 자료 주문과 수집, 3) 문헌제공, 정보의 전자적 전달 및 정보접근 매커니즘을 제공하여 정보를 이용할 수 있게 하는 것, 4) 자료를 보존하고 보호하는 것, 5) 정보접근에서 서지적 및 기타 형태의 교육을 포함하는 프로그램 계획[70] 등을 기본적 기능으로 보고 있다. 다카야마(高山正也) 등의 기능과는 대동소이하다. 결국 이용자 기반 도서관 기능을 구현하는 것을 목적으로 한 것이다.

1) 도서관의 정보관리기능

정보관리는 도서관 자료의 수집에서부터 축적, 이용에 이르기까지의 서지통정 기능을 말한다. 도서관의 정보관리기능에는 4가지 업무영역이 포함된다. (1) 정보

---

68) France. K. W. Dury. *The Selection and Acquisition of Books for Libraries,* Chicago, ALA., 1928. p.1.

69) 高山正也, 岩猿敏生, 石塚榮二 共著. 圖書館概論. 東京, 丸山閣出版, 1991. pp.25-40.

70) Richard E. Rubin. *Foundations of Library and Information Science,* 2nd ed. New York, Naeal-Schuman Publishers Inc., 2004. p.362.

의 수집기능, (2) 정보의 조직화기능, (3) 정보의 제공기능, (4) 정보의 축적 · 보존기능이다. 이상의 4가지 기능을 총칭해서 도서관에 있어서 정보관리기능이라고 하지만, 도서관에서는 전통적으로 이 정보관리기능 중의 (1)과 (2)를 기술적 서비스(technical service)로 내적 정보처리의 과정이며, (3)과 (4)를 공공서비스(public service)로 외적 정보서비스 기능으로 이용자에 대한 정보서비스를 의미한다.

2) 도서관의 조사 · 연구기능

도서관은 그 역사 속에서 항상 조사 · 연구 활동과는 불가분의 관계성을 가지고 있다. 훌륭한 학술연구 활동은 훌륭한 도서관을 기반으로 수행되고, 훌륭한 학술연구 활동은 훌륭한 도서관 발전을 촉진시킨다. 도서관의 사명에서 설명한 바처럼 관종별 도서관을 불문하고 근본적인 목적은 학문을 연구하는 기능을 가장 중요하게 인식하였다. 모든 학술연구 활동은 도서관을 기반으로 하였고 그러므로 인해 도서관의 발전을 촉진시켰다. 〈알렉산드리아 대도서관〉의 사서들은 학자사서라는 데서도 도서관에서의 학술 활동의 중요성을 알 수 있다. 도서관의 자료 수집대상은 주로 학술자료이다. 학술 활동의 시작과 종료는 도서관이다.

3) 도서관의 교육적 기능

"도서관은 시민대학이다." 이것은 도서관의 교육기능을 단적으로 나타낸 말이다. 도서관 이용자가 지식획득을 위해 도서관을 이용하는 것은 도서관의 교육적 기능이 있기 때문이다. 대학도서관이나 학교도서관은 그 명칭이나 환경으로부터 교육적 기능을 구하는 것은 분명하지만, 공공도서관에서의 교육적 기능은 그보다 덜하다고 하겠다.

도서관이 시민대학이라는 개념은 아마도 M. Dewey로부터 기원한 것으로 생각된다. Dewey에 있어서 도서관 사상의 근원은 교육을 두 개의 측면으로 보고 그 중 한 개의 면에 자기 자신의 진로를 정하였다. 이는 1920년 Dewey가 자기 생애를 회고하면서 "교육은 두 가지 부분으로 존재한다는 생각을 깊이 갖게 되었다."[71] 고 기술한 점에서도 엿볼 수 있다.

---

71) Melvil Dewey. Decimal classification beginnings. *Library Journal,* vol.45, no.4(1920. Feb.15). p.151.

교육의 두 개의 부분 가운데 그 하나는 보통 유치원에서부터 대학까지의 학교 교육으로 정규 교육과정을 일컬으며, 다른 하나는 Dewey 자신이 "가정교육(home education)"이라고 부르는 것으로 가정내에 있어서의 생활, 환경, 부모, 형제 등을 통하여 광범위한 영향을 받은 것을 내용으로 하고 있는 가정교육을 말한다.

Dewey에 의하면 이것은 수년간에 끝나지 않고 생애를 통하여 특정 기관이나 시설에 한정되지 않고 가정생활 뿐만 아니라 직장생활을 함에 있어서도 이 교육은 중요하다는 것이다. 그래서 Dewey는 자신의 교육실천의 중점은 '가정교육'에 있다고 하였다. 따라서 이 말 자체의 뜻은 일반 사회인을 대상으로 한다는 점에서는 '민중교육'이며 또 인종, 연령, 성별, 신앙, 직업, 빈부에 관계없이 널리 포함된다는 의미에서는 '보편교육'이 될 것이다.

Dewey에 있어서 이 세 가지 교육(가정교육, 민중교육, 보편교육)은 그때그때의 상황에 따라 사용되었다고 볼 수 있다. Dewey가 의도했던 교육이란 오늘날 평생교육, 즉 성인교육(adult education)을 말하는 것으로 생각된다. 도서관을 통한 가정교육, 도서관을 통한 민중교육, 도서관을 통한 보편교육 그리고 도서관을 통한 성인교육을 주창한 것으로 한마디로 요람에서 무덤까지의 생애교육의 장을 도서관에서 이루어져야 한다고 인식한 것이다.

Dewey가 말하는 가정교육의 전 영역은 가정교육을 위해 구성된 것으로 그가 가정교육 그룹이라는 명칭으로 부르는 도서관, 박물관, 연구진, 교외수업, 시험과 검정을 의미한다.72) 이러한 구상이 Dewey의 독창적인 것인지 아니면 그전부터 있던 것을 체계화한 것인지는 분명하지 않으나 적어도 도서관을 통한 '민중교육(popular education)'이라는 문제가 19세기 중엽부터 식자들 사이에 점차로 커다란 관심을 일으키게 했다는 점에서 주목을 끌고 있다.

미국에서 학교교육에 대한 성인교육의 장으로서 공공도서관으로 인식한 것은 M. Dewey의 도서관사상에서 공공도서관의 사회교육기관으로 인식한 것이 크게 영향을 미친 것이다.73) 이러한 사상은 기본적으로 현재까지 영향을 미치고 있다.

---

72) loc. cit.

73) 小倉親雄. アメリカ圖書館思想の研究. 東京, 日本圖書館協會, 1977. p.29.

4) 도서관의 커뮤니케이션 기능

도서관은 사회적 필요성에 부응하기 위해 창조되었으며, 그것의 발전이 지식의 역사뿐만 아니라 문화를 지탱해 주는 가치체계 및 조직구조에 있어서의 변화와도 밀접한 관련이 있다는 사실은 하찮은 기록물을 읽을 때 조차도 명백하게 밝혀지고 있다.

시공간을 초월해서 인류의 기록된 커뮤니케이션은 인류의 정신과 각 개인의 정신을 구체화 시켜왔다. 책이 발전됨에 따라 "훌륭한 책은 위대한 정신의 소중한 삶의 피이다."[74]라고 생각하게 되었다. 도서관과 도서관이 소장한 책의 저자들에 대해 그들은 불멸의 영혼이 바로 이 장소에서 이야기하고 있다라는 이야기가 있다.

도서관은 시공간을 극복하고자 하는 커뮤니케이션을 다루고 있으며, 또한 커뮤니케이션을 전달하고 보존하는 방법의 차원을 뛰어넘어 정신적인 특성과 최우선적인 문화적 가치를 지니고 있다. 그 문화적이고 정신적 특성들은 보다 친숙하고 영구적인 방법을 통해서는 더 쉽고 이해되겠지만, 어떤 지식의 전달매체 또는 커뮤니케이션의 방법내에 본래부터 내재되어 있는 것이다.

19세기 중반 공공도서관 운동의 선도자들은 자신들이 인간사에 있어서 가장 중대한 조직적 변화 중의 하나—그들이 살고 있는 정치 및 경제적 체제하에서 전체 인구가 참여할 수 있는 권한을 주려는 시도—를 실행하고 있다는 것을 잘 알고 있었다. 그 당시 사회적 기관으로써 도서관이 항상 그래왔듯이 그것이 기능하고 있는 사회적 환경에 의해 통정되고 형성되었다는 것은 자명하다.

사회는 도서관의 수탁자(trustee)이므로, 도서관은 사회의 요구에 부응하고 사회에 대하여 책임을 다해야 한다. 따라서 도서관이 어떤 모습이며, 또 어떻게 되어야 하는지를 이해하기 위해서 먼저 그 사회 자체의 본질과 그 안에서 작용하고 있는 문화 및 가치 체계를 살펴볼 필요가 있다.

문화의 본질은 (그림 4-1)과 같이 삼각형 도해로 나타내면 가장 잘 이해될 수 있다. 왼쪽 면은 작업이 진행되는데 필수적인 도구 및 기타 장치들인 〈물리적 설비〉를 나타낸다. 그러한 설비는 돌도끼와 원시인의 창끝에서부터 가장 정교한 오늘날의 과학자나 엔지니어의 디지털장치까지 전반적인 인간의 경험을 모두 포함

---

74) John Milton. *Areopagitica.* Santa Barbara, Bandanna Press. 1990.

한다. 실제로 문화의 발달 정도는 얼마만큼은 그 문화의 물리적 설비의 정교성 정도로 측정된다.

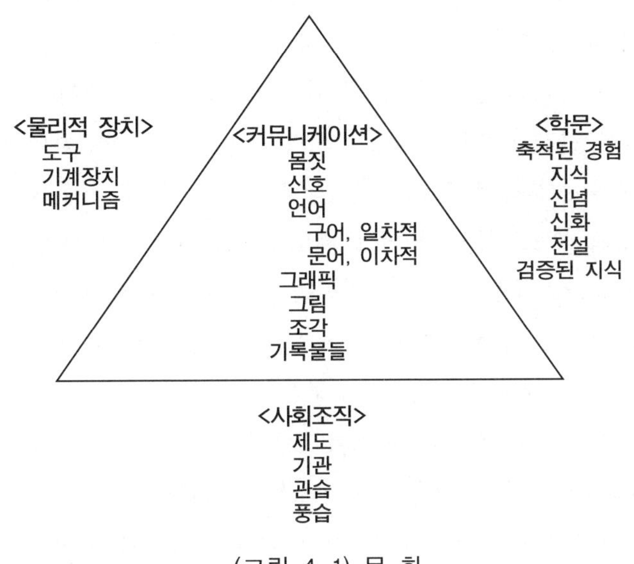

(그림 4-1) 문 화

(출처: Introduction to Library Science/ J. H. Shera. 1976. p.44)

그러나 이러한 설비는 삼각형의 다른 두 면의 도움없이 발전될 수 없다. 그것은 사회의 요구에 따르지만, 도구의 발달 또한 그것들의 사용에 있어서 기술혁신을 자극하므로 다소 상호작용적인 관계가 있다. 흔히 도구의 효용성은 부적절한 상황에서 그 사용에 활기를 띠게 한다. 잘 만들어진 기계는 과도하게 또는 부적절하게 사용되는 상황을 초래할 정도로 매력을 지니고 있다.

A. Kaplan이 "도구의 법칙(The Law of the Instrument)"[75]이라고 부른 것이 그러한 물리적 설비의 오용의 좋은 예가 된다. 간단히 말해 소위 그 법칙은 인간은 문제 해결시에 그 무엇이 당장 꼭 필요한 것처럼 보이게 하는 그러한 방법으로 자신의 문제를 합리화시키는 경향이 있다고 주장하는 것이다.[76]

75) Abraham Kaplan. *The Conduct of Inquiry: Methodology for Behavioral Science.* San Francisco: Chandler Publishing Co., 1964. p.28.

76) Abraham Kaplan. The Age of the Symbol. *Library Quarterly* 34(October 1964). p.303.

매체는 우리가 생각하는 것보다 더 많은 점에서 메시지이다. 그러므로 우리는 우리의 과도함을 조절하기 위해 두 번째인 삼각형의 오른쪽으로 가야 한다. 이 면은 문화에서 〈학문(scholarship)〉이라고 불려질 수 있는 것을 나타낸다. 즉 증명된 지식체, 이론, 신념, 경험, 신화, 전설 및 상상적 창조물 등과 같은 그 구성원들에 의해 축적된 모든 지식의 총체이다. 이 학문으로부터 철학체계나 구조를 도출해 내고, 인간이 다른 인간과 관련된 것, 그리고 그가 자신을 발견하며 만족스러운 지적, 정신적 조화를 이룩해야 하는 우주 전체와 관련된 것 모두를 창출해낸다.

사회적 관습(mores)으로 성문화 되어서, 제도(institution)나 그에 따른 기관(agencies) 또는 대행기관(instrumentality)을 통하여 확립되는 이러한 학문은 행위나 사회적 행동의 규범을 설정하게 된다. 어떤 특별한 순간에도 학문은 물리적 장치에 대한 범위를 정하고 사회조직에 경계를 그어준다. 도구는 설계나 제작에 대한 지식이 없으면 발명될 수 없으며, 인간은 사회의 이해와 인간의 심리적 행동양식을 넘어선 복잡한 관계와 권한을 가지고는 사회구조를 수립할 수 없다. 만일 그가 그러한 사회양식을 정했다면 그들이 자신의 목표를 성취 할 기회는 적어진다.

삼각형의 밑면은 문화에 실체를 부여하고 '추진하는' 정부기관이나 제도인 〈사회조직〉을 나타낸다. 하나의 문화가 문화로서 자격을 갖추기 위해서는 조직과 체계를 가져야 한다. 원시사회에서 조차도 역할이 전문화되어 있을 수 있기는 하지만, 오늘날 서구 문명에서 조직은 복잡하고 매우 전문화되어 있다. 이러한 역할의 다양성과 특성은 대체로 문화의 복잡성 정도로 결정되는데, 물론 한 개인이 부모, 교사, 근로소득자 및 지역사회 활동의 참가자 등과 같은 다양한 역할을 할 수도 있다. 물론 흔히 사용하는 용어인 '전문화 또는 분업'은 그 역할을 표현하는 말이다.

한 문화가 존속되려면 이러한 〈물리적 장치, 학문, 사회조직〉 등 세 측면이 합리적인 조화를 유지해야 한다. 어떤 하나가 다른 것에 비해 지나치게 지진하거나 너무 빨리 선진적이 되어 간다면 그 문화는 왜곡되게 된다. 많은 사람들은 기술이 그것을 통제하는 지적 자원을 능가한다고 믿고 있다. 이러한 조정 불량은 초기 문화를 붕괴시키고, 소멸시킬 수도 있다.

이러한 삼각형의 중심에 〈커뮤니케이션〉이 위치해 있어야 하는데, 왜냐하면 문화란 사고의 전달을 위해서는 매체가 필요하기 때문이다. 인간의 사고는 개인적일 뿐만 아니라 사회적이며, 커뮤니케이션은 그 문화를 하나의 결집체로 묶어주기도

하고, 사회 내에서 그것이 발휘하는 통제를 가능하게 하기도 한다. 문화와 마찬가지로 커뮤니케이션 시스템을 통하여 우리를 하나로 묶어 주기도 하고 개별화시키기도 한다. 실제로 'communication'이란 단어는 공유(share)를 의미하며, 둘 혹은 그 이상의 사람들이 커뮤니케이션 할 때 그들은 하나의 공유체가 된다. 이때의 문화란 관습, 행동 및 신념을 공유하면서 전달하고 있는 사람으로 간주될 수 있다.

사회구조, 사회조직, 사회활동에 있어서 뿐만 아니라 개인에 있어서도 커뮤니케이션을 중요시하기 때문에, 라이브러리언십의 연구는 중요하다. 이때 도서관은 사회적, 문화적 현상 혹은 대행기관일 뿐만 아니라 커뮤니케이션 네트워크의 중요한 한 부분이며, 그 네트워크에 대한 이해가 사서에게는 필수적인 것이 된다.

다카야마(高山正也) 등은 도서관은 소장된 기록물을 매개로해서 정보를 제공하는 기능을 발휘함에 따라 그 정보를 발신자와 수신자와 간의 커뮤니케이션 기관으로서 역할을 하게 된다고 하였다. 이 경우 발신자는 도서관 이용자가 되며, 수신자는 정보를 기록한 사람 즉 저자이다. 도서관은 독자와 저자간의 커뮤니케이션은 다음과 같은 3가지 종류의 거리를 극복케 하는 정보전달의 의미가 있다.[77] (1) 물리적 거리, (2) 시간적 거리, (3) 사회적 · 심리적 거리를 단축시키는 효과가 있다.

특히 정보기술의 발달로 디지털도서관 또는 인터넷과 커뮤니케이션 패러다임에서는 1) 물리적 시공간에서 가상의 네트워크로, 2) 일방적 전달에서 상호과정적 과정으로, 3) 선형적 흐름에서 비선형적 하이퍼텍스트로, 4) 단일 미디어에서 통합미디어로, 5) 소비자에서 생산소비자[78]로의 커뮤니케이션이 변형이 일어나고 있다. 도서관도 이러한 커뮤니케이션의 변형에서 예외가 될 수는 없다.

5) 도서관의 축적 · 보존기능

도서관의 축적 보존기능은 1)항의 정보관리기능에서도 언급한바 처럼 도서관의 기본적 기능에 속한다. 보존의 궁극적 목적은 '보전성과 이용성'을 강화하는데 있다. 특히 국가 도서관에서는 이 기능이 무엇보다 우선되는 중요한 항목이다.

---

77) 高山正也, 岩猿 敏生, 石塚 榮二 共著. 圖書館概論. 東京, 雄山閣出版, 1991. p.36.
78) 성동규, 라도삼 공저. 인터넷과 커뮤니케이션. 서울, 한울, 2000. pp.66-83.

도서관의 본질적 기능은 이용자의 정보요구에 부응하는 자료를 수집, 정리, 축적하고 이를 필요로 하는 이용자에게 신속하게 제공하는 것이며 이러한 기능을 효율적으로 수행하기 위해서는 자료의 선택과 수집만큼 수집된 자료를 보존하는 일 또한 매우 중요하다. 자료보존에는 자료의 보관과 관리, 자료보존을 위한 환경조성 및 안전대책, 그리고 자료의 보존처리(탈산처리, 제본 및 수선, 매체변환) 등이 포함된다.[79)]

그러나 도서관 환경이 네트워크 환경으로 급변함에 따라 '장서관리에서 내용관리(collection management to content management)'로 장서개발정책 패러다임이 변화되면서 '접근 대 소장(access verse ownership)'이 화두로 회자되고 있다. 네트워크 환경에서 '아날로그 대 디지털자료', '이용자요구 대 기관적 요구' 혹은 '무료 대 유료' 등 이분법적인 패러다임 논의의 경향이 심화되고 있다.

이 중 특히 '소장 대 접근'이라는 문제는 네트워크화 된 도서관 환경의 장서개발 업무수행에 있어서 직면하게 되는 중요한 문제들을 인식시켜 주는 요소이다. 미래의 장서개발에서 '구입과 소장'이라는 기존의 방법만으로는 이용자의 욕구를 충족시켜 주기 어렵다. 더구나 네트워크 환경으로 접어들면서 다양한 디지털자원에 대한 이용자요구는 급증하고 있다. 이에 대한 대안적 장서개발 패러다임이 요구되는 시점이다. 그것은 '적시성 대 적황성(just-in-time verse just-in-case theory)' 논리이다.

도서관이 지향하는 목표가 '자료를 소유하는 개념으로부터 접근하는 개념'으로 바뀌어 가고 있다. 이러한 현상을 '물리적인 도서관으로부터 논리적인 도서관으로'라고 표현하였으며, J. Michalko도 연구 도서관이 "주로 자료를 소유하던 모델로부터 접근과 전달이 핵심 역할을 하는 모델로 무리없이 변모해야 한다."[80)]고 강조하고 있다.

이러한 내용들은 이미 도서관계의 저명한 학자들에 의해서 다양한 형태로 발표된바가 있다. D. W. Penniman은 도서관이 수동적이 아니라 능동적이어야 하고 정보를 축적하기보다는 전달해야 한다고 강조하고 있다.[81)] M. B. Line도 또한 도

79) 송영희, 노진영, 권은경, 윤혜영 공저. 디지털시대의 장서관리. 서울, 한국도서관협회, 2005. p.345.

80) J. Michalko. Foreword. In: Dougherty, R. M. and Hughes, C. *Preferred Futures for Libraries.* Mountain View, CA, Reserch Libraries Group, 1991.

81) D. W. Penniman. Shaping the future for libraries through leadership and reserch. In: *Libraries and the Future: Essays on the Library in the Twenty-first Century,* ed. by F. W. Lancaster. New York, Haworth Press, 1993.

서관이 소장자료 보다는 그들이 제공하는 정보서비스 측면에서 평가되어야 한다고 주장하였고,[82] K. E. Dowlin은 도서관이 '요새'로부터 정보의 '파이프 라인'으로 탈바꿈해야 한다고 역설하였다.[83] E. Hitchingham은 특정한 장소로서의 도서관이 아니라 "여러 장소로서의 도서관"[84]으로 변모하여야 한다고 하였다.

그러나 도서관 환경이 질·양적으로 변화된 현재의 시점에서 『도서관을 다시 정의한다. 영국 도서관의 전략: 그 행동강령 2007/08』[85]은 매우 의미가 있다. 도서관은 전통적으로 1) 정보를 수집하고 조직하기 위해, 2) 지식을 한층 더 민주적으로 접근할 수 있게 하기 위해, 3) 다음 세대를 위한 지혜의 기록을 보존하기 위해 존재해 왔다. 이제 정보는 언제 어디에서나 있는 유비쿼터스이며, 단지 키보드에 손만 갖다 대도 수십억의 웹 페이지에 접속해 많은 정보를 얻을 수 있다. 영국 도서관은 새 세상의 변화에 대해 연구해 왔고 특히 도서관 직원이 일하는 방법에 큰 영향을 줄 기술적, 경제적, 사회적 압력에 대해 평가해 왔다. 그리하여 가까운 미래를 위해 그들의 미션과 비전, 우선 순위를 확인하였다.

제1 우선 순위 전략: 이용자의 경험을 풍요롭게 하라
제2 우선 순위 전략: 디지털 연구 환경을 만들어라
제3 우선 순위 전략: 검색과 네비게이션을 바꿔라
제4 우선 순위 전략: 국내 출판물 장서를 늘리고 관리하라
제5 우선 순위 전략: 도서관 인재를 개발하라
제6 우선 순위 전략: 재정의 지속성을 보장하라

또한 영국 도서관의 미션을 사람들의 풍요로운 삶을 위해 지식 향상을 돕는다. 그리고 영국 도서관의 비전을 1) 우리는 변화하는 정보연구 세계에서 선도적인 역할을 한다. 2) 우리는 학문, 개인적, 업무적인 목적으로 연구하고자 하는 사람들을

---

82) M. B. Line. Libraries and information services in 25 years' time: a British perspective. *Libraries and the Future: Essays on the Library in the Twenty-first Century,* ed. by F. W. Lancaster. New York, Haworth Press, 1993.

83) K. E. Dowlin. *The Electronic Library; The Promise and the Process.* New York, Neal-Schuman Publishers, Inc., 1984.

84) E. Hitchingham. Collection management in light of electronic publishing. *Information Technology and Libraries,* vol.15(1996).

85) http://www.bl.uk/about/strategic/pdf/blstrategy20052008.pdf. British Library, Redefining the Library : Overview of the British Library's stratege 2005-2008.

위해 존재한다. 3) 우리는 시간과 장소의 제약을 줄인 통합된 서비스를 통해 도서관 소장 자료와 전문적 지식에의 신속한 접근을 증진한다. 4) 우리는 소장 자료와 다른 분야의 전문적 지식을 연결하고, 도서관 이용자의 요구를 충족시키기 위해 일한다. 차치하고 소장되지 않는 정보서비스는 존재할 수 없으므로 소장이 먼저이고 서비스는 그 다음이다. 그러므로 축적은 서비스의 기본이다.

4.2 관종별 도서관의 기능

정보서비스 제공과 검색수단과 기술을 이용한다는 측면에서 도서관의 유관기관으로는 1) 문서관(Archives): 도서관과 똑같이 정보의 문자에 의한 기록을 수집하지만 문서관에서 수집대상으로 삼은 것은 문서이다. 2) 박물관(Museum): 역사적으로 도서관과 밀접한 관련성을 가지고 있다. 3) 정보센터(Information Center): 정보센터라는 명칭을 가진 기관이 많다. 예컨대 도로교통 정보센터, 우주정보센터, 기상정보센터 등이다. 4) 레코드센터(Record Center): 레코드 관리의 일환으로 업무용 기록물을 집중적으로 보관 관리하는 기관 등이 존재한다.

그런데 도서관의 유형별 구분은 구분원리를 어디에 두느냐에 따라 다양하게 구분할 수 있다. 설치자별로는 국립, 시립, 사립도서관 등으로 구분이 가능하며, 이용 대상별로는 한다면 부인, 아동도서관으로, 전문 주제별로는 법률, 의학, 농학도서관 등으로 구분할 수 있다. 또는 공개, 비공개를 기본으로 할 수 있으며, 참고도서관, 보통 도서관으로도 구분할 수 있다. 그러나 본 절에서는 봉사대상의 상위를 구분원리로 삼을 경우 관종별로 나눌 수 있다. 이를 기본으로 하여 관종별로 구분하였다.

도서관을 포함한 유관기관들은 그 존재가 조직의 효율적인 내부 운영에만 전적으로 의존하는 독립적이고 자족적인 존재로 볼 수는 없다. 도서관은 모든 유기체들이 그렇듯이 그 목적이 계속적으로 변화하는 환경에 적응하는 유기체라고 생각되어야만 한다. 다음 〈표 4-2〉는 관종별 도서관의 통계이다.

〈표 4-2〉 관종별 도서관 수

관종별 명	관(수)	장서수(권)	예산(천원)
국가도서관	4	8,618,889	137,155,684
공공도서관	607	54,630,136	505,880,461
대학도서관	235	109,297,580	247,567,728
학교도서관	10,442	90,439,971	74,847,618
전문도서관	663	14,614,464	49,384,559
합계	11,951	277,601,040	1,011,836,050

* 국가도서관은 2008년부터 국립중앙도서관, 국립어린이청소년도서관, 국회도서관, 법원도서관 등 4개관 (출처: 2008 한국도서관연감)

4.2.1 국립중앙도서관의 기능

국립중앙도서관은 국가에 따라서 그 성격과 기능이 다소 다르다. 예를 들면, 우리나라의 경우는 국립중앙도서관이 있고 국립국회도서관이 독립적으로 존재하고 있어서 이 양자가 거의 유사한 기능을 수행하고 있으며, 다만 국회도서관은 국회에 대하여 입법자료 도서관으로서의 기능을 한 가지 더 발휘한다는 것뿐이다. 더구나 국립에 해당되는 도서관이 〈표 4-2〉에 나타난 바처럼 4개관이나 된다. 국가를 대표하는 국립중앙도서관은 하나이어야 한다. 그러나 입법, 사법, 행정 3분권의 논리에 따라 주제별로 설립된 '국립도서관'은 다양할수록 문화 서진국이라고 할 수 있다.

그리고 미국이나 일본의 경우는 국회도서관이 국립중앙도서관의 기능을 가지며, 프랑스나 자유 중국의 경우는 국립중앙도서관이 있고, 영국의 경우도 국립중앙도서관이 있다. 여기서는 국가의 중앙도서관으로서의 보편적인 기능을 설명하기로 한다. 1963년 영국 Bangor에서 개최되었던 국립중앙도서관에 관한 회의에서 Magnussen은 그 기능을 다음과 같이 전개시켰다.[86]

86) The Library Association. *University and Research Section Conference.* Bangor, Apr., 1963. National Libraries, London, 1963. p.11.

1) 국가 문헌의 수집
2) 외국 문헌의 수집
3) 도서박물관센터로서의 봉사
4) 일반 시민의 장서이용
5) 정보봉사 및 서지작성 활동
6) 사서교육센터
7) 국가 도서관계획의 참여

또한 K. W. Humphreys는 1960년대의 4개 선진국 국립도서관(영국의 대영박물관도서관, 미의회도서관, 프랑스의 국립도서관, 소련의 레닌 도서관) 기능을 분석하고 국립도서관의 기능을 기본적인 기능과 요망되는 기능, 부수적인 기능으로 구분하여 설명하고 있다.[87]

1) 기본적 기능
① 국가 문헌의 수집
② 납본
③ 외국 문헌의 수집
④ 국가 서지의 발행
⑤ 국가 서지정보센터
⑥ 장서목록의 발행
⑦ 전시

2) 요망되는 기능
① 도서관 상호대차
② 필사본 보존
③ 도서관 기술에 대한 연구
④ 전문직 훈련
⑤ 국가적 도서관계획

87) K. W. Humphreys. National Library Functions. *Unesco Bulletin for Libraries,* vol.20, no.4 (1966. 7-8). pp.158-159.

3) 부수적 기능
① 국제교류
② 복본의 배포

이상과 같이 국립도서관이 수행하여야 할 기능을 14개 항목에 이른다. 이는 한 국가의 도서관정책을 수립하고 수행하는 대표 도서관이기 때문에 기능해야 할 아젠다가 복잡하고 다양할 수박에 없는 것이다.

한편 우리나라 도서관법(2009.3.25 공포) 제19조 ①항에 국립중앙도서관은 다음 각 호의 업무를 수행한다고 규정하고 있다.

1. 종합계획에 따른 관련 시책의 시행
2. 국내외 도서관자료의 수집 · 제공 · 보존관리
3. 국가서지 작성 및 표준화
4. 정보화를 통한 국가 문헌정보체계 구축
5. 도서관 직원의 교육훈련 및 국내 도서관에 대한 지도 · 지원 및 협력
6. 외국 도서관과의 교류 및 협력
7. 도서관발전을 위한 정책개발 및 조사 · 연구
8. 「독서문화진흥법」에 따른 독서진흥활동을 위한 지원 및 협력
9. 그 밖의 국가 대표도서관으로서 기능을 수행하는데 필요한 업무

1은 대통령 소속 도서관정보정책위원회에서 수립한 도서관발전계획을 시행하는 주체를 강조하고 있으며, 2, 3, 4는 국가도서관의 서지통정에 대한 기능을 규정하고 있다. 5, 6, 7, 8은 업무 내용에 대한 국가 대표도서관의 협력사항을 규정하고 있다. 이를 종합해 보면 1) 국내외 정보자료의 수집과 보존기능, 2) 서지정보의 통정기능, 3) 국가정보시스템의 센터기능, 4) 국가정보시스템의 참여기능, 5) 공공도서관의 기능으로 구분이 가능하다. 이러한 기능을 충분히 발휘하기 위해서는 우선적으로 '납본제도'의 확립이 매우 중요하다.

국가 중앙도서관의 기본적인 기능은 ① 입법, 사법 및 각 행정기관의 직무수행을 위한 자료를 수집, 조직, 보존하여 그 이용에 봉사하는 것이며, ② 일반 국민들이 정보자료를 효과적으로 이용할 수 있도록 봉사하는 것이다.

우선 입법부에 대해서 말하자면, 국회의원이 입법의 직무를 수행하는데 있어서 정부의 각 부처에서 제출한 의안을 심의할 경우 충분한 참고자료를 가지고 심의하는 것이 당연한 일이다. 물론 행정부에서 제출한 의안도 각 부처에 소장하고 있는 자료를 참고로 하여 입안되지만, 입법자료를 분석하고 검토할 필요가 있는 것이다.

그리하여 이에 대처하기 위해서 입법 조사자료를 대비해야 하며, 또한 의원이 자주적으로 입법하는 경우에도 필요한 입법조사자료 또는 의안을 기초하기 위한 조사 자료로서 참고하도록 하는 것이다. 따라서 국립중앙도서관은 납본제도에 의해서 국내에서 생산되는 자료를 모두를 보존하는 동시에 외국의 자료를 구입, 교환, 기증 등에 의해서 축적하는 것이다.

사법부와 각 행정부처에 대한 봉사에 관해 말하자면, 각 부처에는 각기 부속도서관이 있어서 이것은 원칙적으로 국립중앙도서관의 분관으로서의 관계를 가지는데, 본관은 각 분관의 종합목록이나 서지의 작성, 운용방법 및 제도의 규정, 기술지도나 연락조정 등을 실시해야 한다. 따라서 각 분관은 자료를 자유롭게 상호대차하고 교환하고, 또한 그 자료는 본관을 통하여 국민에게 널리 이용하게 할 수 있다. 이와 같이 본관은 분관과의 교류를 통해서 국회의원이나 국민이나 각 지부관에서 요구하는 reference 또는 각 지부 상호간의 reference를 신속하고 원활하게 수행할 수 있기 때문에 자료의 이용상 획기적인 효과와 능률을 올릴 수 있게 되는 것이다.

국민에 대한 봉사에 관해서 말하자면, 국민은 누구나 직접 이용할 수 있도록 봉사하며, 간접적으로는 공공도서관이나 대학도서관이나 기타의 도서관을 통해서 의원이나 관료의 이용에 지장을 주지 않는 한, 최대한으로 이용할 수 있도록 자료의 공급이나 제도적인 면에서 봉사하게 되는 것이다. 또한 국내외의 도서관이나 학술기관과의 상호대차, 복사 등의 봉사는 물론 자료조사(reference service)를 실시한다. 기타에도 출판물의 유료 또는 무료의 배포, 국내 출판물의 종합목록이나 색인 등을 작성하여 정보자료를 편리하게 참조할 수 있도록 봉사하여야 한다. 기타에도 국가의 중앙도서관은 다음과 같은 세 가지의 독자적인 기능을 가지고 있다.

① 국내의 모든 자료를 수집하여 이들을 국가의 문화재로서 영원히 보존하는 기능을 가지고 있다.
② 국가의 대표도서관으로서 국내의 모든 도서관이나 세계 각국의 도서관 및 문화기관과의 긴밀한 연락과 협력에 노력하는 기능을 가진다.
③ 현대의 문헌정보학의 선진적인 이론을 실천하는 동시에 그 실천을 통해서 도서관의 수준을 향상시키는 기능을 가지고 있다.

우리나라에서는 현재 국가도서관은 국립중앙도서관, 국회도서관, 법원도서관 등이 이 유형에 해당된다.

장서의 보관과 보존에 대한 문제는 국립도서관의 기능 중에서 매우 중요하다. 다음 세대를 위해서 국가서지를 보존하는 것이 핵심적인 책무이기 때문이다. 요약하면 국립도서관은 매체와 내용은 차치하고 현재를 초월하며 확보하고 있는 요소를 통해서 과거에 다다르고, 인류의 지식을 미래 세대에 전승함으로서 미래로 나아가는 문화적 환경을 제공하여야 한다.

4.2.2 공공도서관의 기능

공공도서관이란 "공중의 정보이용 · 문화활동 · 독서활동 및 평생교육을 위하여 국가 또는 지방자치단체가 설립 · 운영하는 도서관(공립공공도서관) 또는 법인, 단체 및 개인이 설립 · 운영하는 도서관(사립공공도서관)을 말한다.[88] 여기에 작은 도서관, 장애인도서관, 병원도서관, 병영도서관, 교도소도서관, 어린이 도서관 등을 포함시키고 있다. 그런데 포함시키고 있는 도서관들은 공공도서관이 아니라 특수 도서관에 해당된다.

문헌정보학용어사전에 의하면 "경비의 전액 또는 일부를 공공재정으로 유지하며 지역의 특정 계층에 제한을 두지 않고 누구나 무료로 이용할 수 있는 도서관으로서, 공중의 정보이용, 문화활동 및 평생교육을 증진함을 주된 목적으로 하는 도서관. 이는 설립자에 따라 국립공공도서관, 공립공공도서관, 사립공공도서관으로 구분된다.[89] 상이 법률적 해석과 용어정의에서의 정의가 상치되고 있음을 알 수 있다.

88) 도서관법(법률 제09528호 2009.9.26 공포) 제4조.
89) 사공철 등편. 문헌정보학용어사전. 서울, 한국도서관협회, 1996.

공공도서관은 대개 그 시작부터 독특한 조직체로서의 특성을 가지고 있다. 비록 이 특성들은 본래 그리고 그 자체로 고유하지는 않지만 총체적으로 봤을 때 이 특별한 조직적 특성을 정의한다. 조직으로서 공공도서관은 다음과 같은 특성을 가진다.

1) 공공도서관은 권능을 부여하는 법률 제정과 지방 법규를 통해서 공법에 의해 탄생되었다.
2) 공공도서관은 정부의 다른 기관들과 독립적이고, 전체 지역사회를 위해 봉사하도록 선출되거나 임명된 위원회에 의해 운영된다.
3) 공공도서관은 자발적인 기관이다.
4) 공공도서관은 모두에게 개방된다.
5) 공공도서관은 대개 공공 재정지원, 보통 재산세나 소득세로 지원을 받는다. 오늘날은 재정적 비율이 가장 큰 것은 지방세(약 80%)에서 나오고, 다음으로는 주(15%)예산이며, 그리고 마지막으로는 소액의 양이 연방 정부로부터 지원을 받고 있다. 예외적으로 오하이오 주의 경우 기금의 가장 큰 비율이 주의 소득세로부터 나온다. 하지만 이는 매우 드문 경우이다.
6) 공공도서관은 개개인에 대한 서비스에 중점을 둔다.[90)]

이러한 공공도서관의 조직으로서 특성은 우리나라도 예외는 아니다. 공공도서관의 '정보이용 · 문화활동 · 독서활동 및 평생교육'을 주요 기능으로 보고, 설립 · 운영하는 주체에 따라 공사립도서관으로 구분하고 있다. 즉 공공도서관은 도립, 시립, 구립, 군립 및 사립의 도서관이 있으며, 그 기능은 대체로 동일하다. 또한 경비의 전액 또는 일부를 공공재정으로 유지하기 때문에 도서관을 이용하는 것, 정보를 이용하는 것은 무료로 한정하고 있다.

Unesco는 1972년을 〈도서의 해(International Book Year)〉를 선포하면서 1949년에 채택된 〈공공도서관의 선언(Public Library Manifesto)〉을 통해 공공도서관의 본질적 역할과 목적, 운영의 원칙을 표명하였다. 이 헌장은 그 후 공공도서관의 관내외적인 환경의 변화와 이용자중심 서비스가 발전함에 따라 1972년과 1994년에 각각 개정되었다. 여기에서 공공도서관의 성격을 논하고 그 사명을 천명하고 있는데 사명은 바로 공공도서관이 수행하여야 기능으로 볼 수 있다.

---

90) Richard E. Rubin. *Foundations of Library and Information Science*. New York, Neal-Schuman Publishera, Inc., 2000. p.307.

> 공공도서관은 그 이용자가 다양한 유형의 지식과 정보를 용이하게 이용할 수 있도록 하는 지역의 정보센터이다. 공공도서관의 서비스는 연령, 인종, 성별, 종교, 국적, 언어 또는 사회적 신분을 불문하고 모든 이용자가 평등 접근의 원칙하에 제공한다. 이유를 불문하고 일반적인 서비스나 자료를 이용하지 못한 사람들 예컨대 소수 언어족, 장애자, 병원의 입원환자나 수형자에게는 특정 서비스나 자료를 제공해 주어야 한다.
> 모든 연령층의 집단에게 그들의 요구에 응하여 자료를 찾아 주어야 한다. 장서나 서비스는 전통적인 자료는 물론 모든 유형의 적합한 미디어와 현대기술이 포함되어야 한다. 질이 높고, 지역적 요구나 조건에 응하는 것이 기본이다. 자료는 인류의 노력과 상상력의 기억은 물론 현재의 경향이나 사회의 발전을 반영하여야 한다. 장서나 서비스는 어떤 종류의 사상적, 정치·종교적 검열에도 또는 상업적 압력에도 굴하지 않아야 한다.[91]

한편 〈공공도서관의 사명(Missions of the Public Library)〉에서는 "정보, 문해, 교육 및 문화와 관련된 다음의 주요한 사명은 공공도서관 서비스의 핵이다라고 전제하고 12개 항목을 열거하고 있다.

1) 어린 시기부터 자녀들에게 독서습관을 육성하고 강조한다.
2) 모든 수준에서 정규 교육은 물론 개인 및 자주적 교육을 지원한다.
3) 개인의 창조적 개발을 위한 기화를 제공한다.
4) 어린이나 청소년의 상상력이나 창의성을 자극시킨다.
5) 문화유산의 인식, 예술, 과학적 성취나 혁신의 이해를 촉진시킨다.
6) 모든 공연예술의 문화적 표현에 대한 접근을 제공한다.
7) 이문화간의 교류를 조장하고 다양한 문화가 존재할 수 있도록 한다.
8) 구술 전승의 지원 기능이다.
9) 다양한 유형의 지역정보를 시민들에게 접근할 수 있도록 한다.
10) 지역의 기업, 협회 및 이익단체에 대해 적합한 정보제공을 수행한다.
11) 정보와 컴퓨터 문해기술 개발을 촉진시킨다.
12) 모든 연령층을 위한 문해활동과 그 계획을 원조하고, 참가하고 필요시에는 그러한 활동을 촉진 시킨다.[92]

---

91) www.unesco.org/.../manifestos/libraman.html(2010.12.15)
92) www.unesco.org/.../manifestos/libraman.html(2010.12.15)

〈미국 공공도서관협회(PLA)〉는 공공도서관이 그들의 목표에 매진할 수 있도록 공공도서관 기획과정을 통해 도와주기 위한 시도를 했다. PLA는 도서관이 8개의 가능 중에서 단지 몇 개의 기본적인 역할만 선택하도록 권하고 있다. 이러한 방법으로 도서관들은 그들의 자원과 에너지에 초점을 두는 수단을 가질 수 있다. 이 역할들은 다음과 같은 사항들이 포함된다.

1) 지역활동센터(Community-Activities Center): 도서관은 지역활동, 만남, 서비스를 위한 중추적인 중심 요소이다.
2) 지역정보센터(Community-Information Center): 도서관은 지역사회의 기구, 이슈, 그리고 서비스에 대한 최신의 정보를 위한 정보센터이다.
3) 공식 교육지원센터(Formal Education-Support Center): 도서관은 그들의 공식적 학습기간 동안에 수립된 교육적인 목적과 접하도록 모든 연령의 학생들을 돕는다.
4) 자율학습센터(Independent-Learning Center): 도서관은 독립적인 원칙 위에서 교육의 지속적인 프로그램을 얻고자 하는 모든 연령의 개개인을 지원한다.
5) 대중자료 도서관(Popular-Materials Library): 도서관은 최근의, 높은 수요의, 긴요한 자료를 모든 연령의 사람들을 위한 조직의 다양성을 특색으로 한다.
6) 미취학아동의 학습창구(Preschooler's Door to Learning): 도서관은 어린 아동들이 아이들과 아이의 부모나 아이를 돌보는 사람을 위한 서비스를 통하여 읽고 배우는 것에 흥미를 증진시킬 수 있게 장려한다.
7) 참고도서관센터(Referencr Center): 도서관은 적시에 정확한, 그리고 유용한 정보를 적극적으로 지역사회 주민을 위해 제공한다.
8) 연구센터(Research Center): 도서관은 깊이 있는 학문을 연구하고, 지식의 특정 영역을 연구하고, 그리고 새로운 지식을 창조하는 학자들과 연구자들을 지원한다.

분명히, 도서관이 선택하는 사명이나 임무의 집단들은 도서관이 편의를 제공하는 지역사회의 특징을 반영할 것이다. 이러한 이유로 연구의 사명은 이들 유형의 자원을 정기적으로 사용할 비즈니스, 기술, 학술 및 과학 기반구조가 있는 가장 큰 공공도서관에 의해서만 선택된다는 것을 발견할 가능이 높다. 교외의 도서관이나 소도시나 마을에 소재한 도서관은 지역사회를 위한 대중자료나 젊은이의 교육을 지원할 자료들을 중요시 하기 쉽다. 그렇지만, 이러한 일반성은 아주 명확한 규칙은 아니고, 분명히 도서관은 다수의 사명을 지킬 수 있다.

상기와 같은 공공도서관의 다양한 사명들을 종합하면 다음과 같이 정리된다.

첫째 공중의 교양을 위해서 지역사회와 사회교육기관 또는 평생교육기관으로서의 기능을 가진다. 현대는 지식사회로서 교육이 학교교육으로 끝나는 것이 아니라 평생 동안 문헌을 통한 자율적인 자기교육으로서 교양을 넓히고 새로운 지식을 얻어서 문화시민으로서의 자질을 갖추도록 봉사하는 것이다.

둘째, 조사연구기관으로서 그 지역사회의 발전과 학술의 발전에 기여하도록 학술적인 자료를 수집하고 조직하여 조사연구에 봉사하는 것이다.

셋째, 지역사회에 있어서 문화센터 또는 정보센터로서의 기능을 가진다. 오락적인 도서도 구비하고 음악 감상실 또는 영화감상실 등을 구비하여 지역사회의 시민에게 오락적 봉사를 하는 동시에 새로운 생활정보나 시사적 및 학술적인 정보를 제공하게 된다.

이상과 같은 공공도서관의 기능에서 문제가 되고 있는 것은 학교교육과의 관계다. 공공도서관은 일반적으로 학교교육에 협조하게 되어 있으나, 우리나라의 경우 현재 공공도서관의 이용자 가운데 학생들이 80% 이상을 차지하고 있기 때문에 공공도서관이 학교도서관과 같은 인상을 가진다. 그러나 이 학생 이용자도 그 지역사회 주민의 가족이기 때문에 입관을 불허할 수는 없다. 그러므로 이에 대한 어떤 해결책을 강구해야 할 것이다.

또한 우리나라에 있어서의 공공도서관은 제도상에 몇 가지 문제가 있다. 그 첫째는 행정체계의 일원화 문제와, 둘째는 공공도서관의 설치와 운영에 있어서의 재정문제이다. 우리나라의 공공도서관은 그 행정체계가 어떤 것은 시나 도의 교육위원회 산하에 있고, 어떤 것은 문화체육관광부 산하에 있으며, 또 다른 경우는 내무부 산하, 도는 지자체에 이르기까지 소속이 다양하여 그 운영과 관리가 일원화되지 못하고 있다.

2008년 12월 현재 공공도서관은 총 644개관으로 공공도서관 1관당 봉사 인구수는 76,900여명, 국민1인당 장서수는 1.18권에 달하는 것으로 나타나 주민 삶의 질 향상을 위한 도서관 인프라는 점차 개선되고 있는 것으로 나타났다. 공공도서관 시설 및 서비스는 전년도에 비해 전반적으로 향상되고 있으나, 주요 선진국과 비교하면 아직도 많은 면에서 개선이 필요한 실정이다. 이용자는 꾸준히 증가하고 있는 양상을 보여주고 있으나, 정부조직개편 지침에 의해 공공도서관 운영에 있어서 민간위탁으로 운영될 것에 많은 우려를 낳고 있다.

이외에도 「도서관법」에 따른 지역 대표도서관 제1호관으로 제주특별자치도 한라도서관 건립, 경기도의 도서관정보서비스위원회가 구성되었다. 또한 장애인, 소외계층, 다문화 가정을 위한 도서관서비스 및 각종 프로그램을 활발하게 운영하는 등으로 정보격차 해소에 지속적인 노력을 기울이고 있다.

도서관정보정책위원회에서 2008년 8월에 『도서관발전종합계획(2009~2013)』을 발표하여 2013년까지 우리나라 공공도서관을 900개관으로 확충하여 1관당 봉사대상 인구수를 5만명 수준으로 끌어올릴 계획을 제시하였다. 또한 공공도서관 분야 국가도서관 통계시스템이 완료되어 시설 · 자료 및 운영의 보다 정확한 파악이 가능해졌다. 다음 〈표 4-3〉은 현재 우리나라 공공도서관 현황에 대한 설명이다.

〈표 4-3〉 공공도서관 현황

구 분	시·도	교육청	사 립	계
도서관수(개)	394	229	21	644
직원수(명)	2,979	3,399	46	6,424
장서수(책)	29,676,803	25,774,135	487,155	55,941,093
연간이용자수(명)	121,393,995	84,316,000	1,188,522	206,898,517
연간이용책수(책)	1,346,366	36,413,057	84,241,547	122,000,970
예산(천원)	304,851,475	219,028,482	2,424,374	526,904,031

(출처: 2008 한국도서관연감)

4.2.3 대학도서관의 기능

학술도서관은 학문 커뮤니티에게는 집이다. 20세기 이후로 학술도서관은 학문 연구를 위한 환경을 제공해 오고 있다. 지역, 게다가 시대를 초월하여 국경을 넘어선 수업과 연구를 위한 중심센터로서 우뚝 서 있다. 이것이 바로 대학도서관이다. 연구나 조사에 의하여 지식을 개발할 목적으로 인류가 가지고 있는 기관가운데서도 대학은 가장 세련된 곳이다. 한 세대로부터 다음 세대로 지식의 전승에 있어서 대학은 매우 중요한 역할을 수행하고 있다. 또한 현대사회의 제문제 해결에 지식을 활용하는데 있어서도 대학의 중요성은 더욱 증가하고 있다.[93] 연구와 조사

93) James A. Perkins. *The University in Transition*. Princeton, Princeton University Press, 1970(대학의 미래. 한기언 역. 서울, 중앙일보사, 1978. p.12).

그리고 지식의 계승과 이를 바탕으로 제문제의 해결을 대학의 사명으로 삼고 있다. 이는 대학과 대학도서관의 공동의 사명에 해당된다.

문자가 씌어지는 사회에서는 지식과 학문, 그리고 그것을 갖춘 학식자(學識者)가 존재했다. 학식자는 문화 즉 학문 · 예술 · 종교를 포함한 인간의 상징세계를 창출하고 전달하고 보존하는데 기능하는 시설을 낳기에 이르렀다.[94] 그 시절은 대학이라는 교육기관과 이를 돕는 시스템인 대학도서관을 지칭한다. 대학의 이념을 성취하는데 지식을 보존하는 기능을 하는 대학도서관은 그 대학의 심장이다. 그래서 대학도서관에 관한지속적인 메티포로 '대학의 심장'이라고 한다.

대학도서관이란 『문헌정보학용어사전』에 의하면 "교육법에 의하여 설립된 대학(교육대학, 사범대학, 방송통신대학, 개방대학, 전문대학 및 이에 준하는 각종 학교) 및 다른 법률의 규정에 의하여 설립된 대학교육과정 이상의 교육기관에서 교수와 학생의 연구 및 교육을 지원함을 주된 목적으로 하는 도서관, 이는 설립자에 따라 국립, 공립, 사립대학도서관, 학제에 따라 4년제 대학도서관(college and university library), 전문대학 등 2년제 대학도서관(junior college library) 등으로 구분되며, 자료의 성격과 주된 이용대상 계층에 따라 학부생도서관(undergraduate library)과 학술 · 연구도서관 성격을 지닌 종합도서관(general library: 대학도서관 시스템의 중앙관)으로 구분해 놓기도 하고, 학과도서관(department library) 등으로 분산된 시스템을 구성하기도 한다.[95]

도서관법 제5장 대학도서관 제34조에는 〈고등교육법〉 제2조에 따른 대학 및 다른 법률의 규정에 따라 설립된 대학교육과정 이상의 교육기관에는 대학도서관을 설치하여야 한다라고 규정하고 제35조에서는 대학도서관은 교수와 학생의 연구 및 교육활동과 교직원 등의 지식정보 함양에 필요한 다음 각 항의 업무를 수행한다라고 규정하고 있다.

1) 대학교육에 필요한 각종 정보자료의 수집 · 정리 · 보존 및 서비스 제공
2) 효율적인 교육과정의 수행을 위한 지원
3) 다른 도서관 및 관련 기관과의 상호협력과 서비스 제공
4) 그 밖의 대학도서관으로서의 기능수행에 필요한 업무[96]

---

94) 이광주. 大學史: 이념 · 제도 · 구조. 서울, 민음사, 1997. p.15.
95) 사공철 등편. 문헌정보학용어사전. 서울, 한국도서관협회, 1996.
96) 도서관법 법률09528(2009.9.26)

대학도서관의 기본적인 기능은 대학의 학습활동을 돕는데 있다. 그러므로 훌륭한 대학도서관의 첫 번째 목표는 그것이 대학과 완전히 조화를 이루는 것이다. 대학도서관이 수행한 일에 대하여 받을 평점도 바로 그것이 대학의 목적 성취를 얼마나 도왔느냐의 정도로 결정되는 것이다.

대학의 주요한 기능과 목적은 인적자원을 개발하는 것이며, 지식을 전수하고 연구해서 발전시키는 것이다. 대학도서관은 대학의 이러한 기능과 목적을 수행하기 위한 지적 자원으로서 이에 대한 정보자료를 수집하고 조직해서 이를 교육과 연구에 효과적으로 지원하는 필수불가결한 기관인 것이다.

대학도서관은 연구 또는 교육기관의 영혼으로 간주된다. 이러한 측면에서의 Paul Buck 여사는 다음과 같은 명귀를 제시해 주고 있다. 1) 도서관은 지식의 심장부이다. 2) 질적으로 우수한 교수는 질이 높은 도서관이 없이는 불가능하다. 3) 질 높은 교육은 질적 도서관이 없이는 불가능하다. 4) 도서관은 우리들의 지적자원으로서 고유적 탐구에 없어서는 안 된다. 5) 도서관은 아이디어에 대해 자유롭게 접근할 수 있도록 유지하고 자유로운 마음의 기능화가 그 본체이다(Dongerkery 1973, 20)라고 설명해 주고 있다.

전 세계 유수의 대학들은 그 사명을 위해 훌륭한 도서관을 갖추어 연구조사에 기여하고 있다. 미국의 예일대학교 도서관 정문 입구에는 '도서관은 대학의 심장이다(The library is the heart of the University)'라고 새겨져 있다. 이는 심장이 멈추면 인간의 생명이 끊어지듯이 도서관 없이는 대학교육의 기능을 수행하지 못하게 된다는 의미이다. 선진국에서는 대학의 연구경쟁력 강화와 대학도서관의 발전이 동전의 양면과 같다는 기본적인 인식을 유지·발전시켜 왔다. 이는 미국 하버드대 총장을 지냈던 C. W. Eliot가 '대학도서관은 대학의 심장이다(University library is the heart of the University)'[97]라고 천명한 글귀에서 여실히 나타나고 있다. 미국 작가 Shelby Foote는 대학교는 도서관을 중심으로 한 일련의 건물들(A university is just a group of buildings gathered around a library)이라는 말이 아니더라도 대학에서 도서관은 심장이며 영혼의 역할을 하는 대표적 존재이다.

---

97) P. Brophy. *The library in the twenty - first century: new services for the imformation age.* London, Library Association Publishing, 2001. p.21.

미국에서 지난 1965년에 제정된 〈고등교육법(Higher Education Act)〉의 2장에서는 특히 대학도서관의 중요성을 언급하면서 연구중심의 도서관에 필요한 자료들을 소장하고 관리에 필요한 인력의 확충 등을 지원하도록 규정하고 있다. 특히 당시 미국의 대통령이던 존슨 대통령은 도서관 장서의 중요성을 강조하며서 "도서관에 생기를 불어넣는 책이 없다면 도서관 건물을 건설하는 것은 의미없는 일이다."라고까지 말했다(To construct a library building is meaningless unless there are books to bring life to the library). 그런 노력 덕분에 지금 미국 대학의 도서관들이 존재할 수 있는 것이다.

지식정보사회에서는 새로운 지식정보를 생산하고, 가공할 수 있는 창의적이고 자기주 도적인 인재가 미래 국가 경쟁력의 핵심으로 떠오르면서 세계 국가들은 미래 인재양성을 위하여 심혈을 기울이고 있다. 이처럼 치열한 글로벌 경쟁 속에서 세계 각국은 자국의 인적자원개발 인프라를 구축하기 위하여 국가 핵심 기반시설로서 대학도서관을 앞 다투어 육성시키고 있다. 그렇지 않으면 국가의 지식정보가 선진국에 식민지화 된다는데 그 논리의 기반을 두고 있다. 이런 까닭에 우리나라도 한정된 예산을 효율적으로 투자하면서 동시에 지식정보 주권을 수호해야 한다는 두 가지 측면에서 하루빨리 대학도서관 육성을 위한 중·장기 발전계획을 수립·시행해야 한다. 정부가 이 두 가지 현안을 해결하기 위한 첫 단계로서 〈대학도서관진흥법〉 제정을 서두르는 것은 시대적 사명이라고 할 수 있다.

매년 발표되는 전 세계의 대학 순위에서 우리나라는 100위 안에 드는 대학이 전무한 실정이다. 대학의 순위가 대학도서관의 순위와 거의 일치한다는 점에서 한국 대학도서관의 실상을 재점검해 보아야 한다. 세계 최상위의 하버드대학교나 예일대학교를 비롯해 많은 대학들은 약 15~30개의 건실한 주제별 도서관을 설치·운영하고 있다. 심지어 하버드대학교 내에서 작은 규모에 속하는 '동아시아 도서관'도 한국인 7명을 포함해 38명의 직원이 근무하고 있다는 점은 그 기본이 얼마나 건실한지를 보여준다. 물론 도서관의 규모가 질을 의미한 것은 아니다.

한편 우리나라 대학도서관의 현실은 종합대학임에도 불구하고 도서관에 근무하는 전체 직원 수가 10명에도 미치지 못하는 곳이 부지기수이다. 또한 대학 전체 예산에서 대학도서관이 차지하는 예산비율은 선진국의 경우 3~6%에 달하지만, 우리는 기껏 0.5~1.5%에 불과하다. 정부차원에서 적극적인 정책수립과 시행, 그리고 지원이 없으면 세계 선진 대학도서관들과의 격차는 더욱 커질 수밖에 없다.

이제 우리 대학도서관 문제는 일개 대학이나 기관의 문제라기보다는 국가차원의 문제로 인식해야 할 시점이다. 하루 속히 연구경쟁력을 강화하고 지식정보의 주권을 수호한다는 차원에서 도서관의 법적 기반 구축과 지원이 있어야 할 것이다. 다음 〈표 4-4〉는 대학도서관의 현황을 나타낸 것이다.

〈표 4-4〉 대학도서관 시 · 도별 현황

지 역		서울	부산	대구	인천	광주	대전	울산	경기	강원	충북	충남	전북	전남	경북	경남	제주	계
국공립 대학	도서관수	9	5	2	2	2	7	-	2	4	5	3	4	4	3	6	2	60
	학 교 수	8	5	2	2	2	6	-	2	3	5	3	3	4	3	6	1	55
사립 대학	도서관수	55	13	5	4	7	9	1	39	7	7	19	8	8	16	4	1	203
	학 교 수	52	12	3	4	7	9	1	38	7	7	18	8	8	16	4	1	195
전문 대학	도서관수	14	10	7	5	7	5	2	34	6	6	8	10	10	18	10	3	158
	학 교 수	14	10	7	5	7	4	2	34	6	6	8	10	10	18	10	3	157
기타 학교	도서관수	2	-	-	1	-	3	-	5	1	1	2	1	2	-	3	-	20
	학 교 수	2	-	-	1	-	3	-	5	1	1	2	1	2	-	3	-	20
계	도서관수	80	28	14	12	16	24	3	80	20	19	32	23	24	37	23	6	441
	학 교 수	76	27	12	12	16	22	3	79	19	19	31	22	24	37	23	5	427

※본교와 분교의 소재지가 시 · 도를 달리할 경우 별개의 대학으로 계상함.
(출처: 2008년도 교육과학기술부 내부자료)

4.2.4 학교도서관의 기능

학교도서관은 교육환경과 교수매체의 발전과 변화에 따라 명칭이 다양하게 불러지고 있다. 전통적인 학교도서관이란 명칭에서부터 〈학교도서관매체센터〉라는 전향적인 명칭에 이르기까지 다양하게 전개되고 있다. 이는 학교도서관의 기능변화에서 오는 결과로 보인다. 단순히 자료의 보관에서부터 창의적인 학습자원 지원센터로까지 그 개념이 확장되면서 일어난 일련의 현상들로 볼 수 있다.

학교도서관이란 문헌정보학용어사전에 의하면 "초등학교, 중학교, 고등학교(및 이에 준하는 각종학교)에 설치된 도서관으로서 교원과 학생의 교수 · 학습활동을 지원함을 주된 목적으로 하는 도서관 또는 독서실, 미국에서는 school media center라는 명칭이 일반적으로 사용되고 있다.[98]라고 정의하고 있다. 한편 ALA용어사전에서는 학교도서관매체센터(school library media center)란 "모든 형태의 매체로 구성되어 있는 장서, 관련 시설, 매체 전문가에 의한 서비스가 학생이나 교사, 교직원에게 제공될 수 있는 초등학교, 중등학교, 그 외 학교에 설치되어 있는 공간이나 시스템"[99]이라고 정의하고 있다.

여기에서 설치 기관과 목적을 밝히고 있다. 그런데 '교원과 학생의 교수 · 학습활동을 지원함을 주된 목적'으로 함은 광의적이라 그것을 좀 더 구체화 시킨다면 1) 독서활동의 장(reading center), 2) 학습활동의 장(study center), 3) 자료제공의 장(material center), 4) 정보제공의 장(information center), 5) 레크레이션의 장(recreation center) 등으로 요약할 수 있다.

1998년 8월 암스테르담에서 IFLA/UNESCO 학교도서관 자원센터부회(School Libraries and Resource Centers Section)에서 〈학교도서관 선언문(School Library Manifesto)〉을 채택하였다.[100] 이 선언문에는 학교도서관의 임무, 예산확보를 위한 입법조치와 네트워크, 학교도서관의 목적, 직원, 학교도서관의 운영 및 관리, 선언문의 구현 등을 담고 있다. 여기에서는 학교도서관의 임무와 학교도서관의 목적을 살펴보면 다음과 같다.

〈만인을 위한 교수-학습의 학교도서관(The School Library in Teaching and Learning for All)〉에서는 전문의 형식을 "학교도서관은 현대의 지식정보사회에서 성공적인 삶을 영위하는데 기초가 되는 지식과 정보를 제공한다. 학교도서관은 학생들에게 평생학습 능력을 습득케 하고, 상상력을 개발하며, 책임있는 시민으로 살아갈 수 있도록 한다."라고 전제하고 있다. 학습자에게는 학교도서관은 바로 'DNA'와도 같은 것이다.

그리고 〈학교도서관의 임무(The Mission of the School Library)〉를 다음과 같이 설정하고 있다.

- 학교도서관은 학교 공동체의 모든 구성원들이 비판적으로 생각하고, 모든 형식의 정보 매체를 효과적으로 이용할 수 있도록 학습활동을 지원하고, 도서 및 각종 정보자료를 제공해야 한다.

---

98) 사공철 등편. 문헌정보학용어사전. 서울, 한국도서관협회, 1996.
99) H. Young, *The ALA Glossary of Library and Information Science.* Chicago, ALA., 1983.
100) www.ifla.org/VII/s11/pubs/manifest.htm(cited. 2010.12.18)

- 학교도서관은 〈유네스코 공공도서관 선언〉의 원칙에 따라서 여타의 도서관과 정보네트워크를 구축해야 한다.
- 학교도서관의 직원은 도서 및 그 이외의 정보자료, 소설과 비소설류, 인쇄자료와 전자자료 그리고 소장 자료는 물론 학교도서관 이외의 정보자료에 접근할 수 있도록 해야 한다.
- 사서교사와 일반 교과담당 교사가 공동으로 협력할 때 학생들의 읽고 쓰는 능력, 독서, 학습, 문제해결 그리고 정보통신 기술 능력의 수준이 보다 향상될 수 있음이 증명되고 있다.
- 학교도서관의 서비스는 연령, 인종, 성별, 종교, 국가, 언어, 직업 및 사회적 지위에 따른 차별 없이 학교 공동체의 모든 구성원들에게 공평하게 제공되어야 한다. 학교도서관에서는 일반적인 서비스나 자료를 이용하는데 장애가 있는 사람들을 위해서 특수한 자료나 특정 서비스를 제공해야 한다.
- 학교도서관의 정보자료와 서비스에 대한 접근은 국제연합(UN)의 인권 및 자유선언에 기초하여, 특정 이념이나 정치, 종교적 검열 혹은 상업적인 압력을 받아 안 된다.[101)]

〈학교도서관의 목적(Goals of the school library)〉에서는 "학교도서관은 교육의 과정에 있어서 핵심적인 부분이다. 학교도서관이 문맹교육은 물론 정보소양, 교수-학습, 문화개발 등의 역할을 수행하기 위해서는 다음과 같은 핵심적인 서비스를 제공해야 한다."라고 규정하고 목적을 천명하고 있다.

1) 학교도서관은 학교의 목적과 교육과정에 기여함으로써 궁극적으로 교육목적을 달성하고 향상시켜야 한다.
2) 학교도서관은 학생들에게 독서와 학습의 즐거움 그리고 평생 동안 도서관을 이용하는 습관과 태도를 길러주어야 한다.
3) 학교도서관은 지식, 이해, 상상 그리고 오락을 위해 정보를 이용하고 창출할 수 있는 경험을 제공해야 한다.
4) 학교도서관은 모든 학생들의 학습활동을 지원하고, 일상적인 커뮤니케이션 방식은 물론 모든 매체의 형식이나 형태에 관계없이 정보를 평가하고 활용할 수 있는 기능을 길러 주어야 한다.
5) 학교도서관은 지방, 지역, 국가 그리고 범세계적인 정보자원에 접근할 수 있도록 하고, 학생들이 다양한 지식과 경험 그리고 견해를 체험할 수 있는 기회를

---

101) www.ifla.org/VII/s11/pubs/manifest.htm(cited. 2010.12.18)

제공해야 한다.

6) 학교도서관은 문화적, 사회적 인식과 자각을 발휘할 수 있는 활동(프로그램)을 조직해야 한다.
7) 학교도서관은 학교교육의 목표를 달성하기 위해서 학생, 교사, 행정가 그리고 학부모와 협력해야 하다.
8) 학교도서관은 지적 자유와 정보접근은 민주사회에 참여하고, 책임 있는 시민 의식을 고취시키는 데 핵심적인 개념임을 견지해야 한다.
9) 학교도서관의 정보자원 및 서비스는 학교는 물론 학교 이외의 지역사회에 제공되어야 하며, 독서를 장려해야 한다.[102]

상기의 목적을 달성하기 위해서 학교도서관은 정책과 서비스를 개발하고, 정보자료를 선정하고 수집하며, 적합한 정보자료에 지적 · 물리적으로 접근할 수 있도록 하며, 교수-학습 시설 그리고 전문직원을 채용해야 한다.[103]

한편 도서관법 제6장 학교도서관 제38조에서 학교도서관은 학생 및 교원 등의 교수, 학습활동을 지원하기 위하여 다음 각 호의 업무를 수행하도록 규정하고 있다.

1. 학교교육에 필요한 도서관자료의 수집 · 정리 · 보존 및 이용서비스 제공
2. 학교 소장 교육 자료의 통합관리 및 이용 제공
3. 시청각 자료 및 멀티미디어 자료의 개발 · 제작 및 이용 제공
4. 정보관리시스템과 통신망을 이용한 정보 공유체제의 구축 및 이용 제공
5. 도서관 이용의 지도 및 독서교육, 협동수업 등을 통한 정보 활용의 교육
6. 그 밖의 학교도서관으로서 해야 할 기능수행에 필요한 업무

2008년 학교도서관에는 전국적으로 109명의 신규 사서교사가 임용 · 배치되었고, 퇴보된 진흥법이라는 도서관계의 논란에도 불구하고 2007년 제정된 〈학교도서관진흥법〉이 시행되었다. 또한 이에 따른 〈학교도서관진흥법〉 시행령이 제정되었다.

〈학교도서관진흥법 시행령〉은 학교도서관의 진흥과 효율적인 운영을 위하여 각 학교에 학교도서관을 설치하도록 하고, 교육과학기술부 장관과 교육감은 각각 학교도서관 진흥 기본계획 및 시행계획을 수립 · 시행하며, 학교도서관에 사서교사 · 실기교사나 사서직원을 둘 수 있게 하는 등의 내용으로 이루어져 있다. 이처

102) www.ifla.org/VII/s11/pubs/manifest.htm(cited. 2010.12.18)
103) www.ifla.org/VII/s11/pubs/manifest.htm(cited. 2010.12.18)

럼 학교도서관의 진흥을 위한 법이 만들어진 것은 반가운 일이지만 제정된 진흥법 내용을 살펴보면 과연 진흥법인가 하는 우려를 안고 있다.

우선 '학생 1,500명당 1명'이라는 서서교사 배치 기준의 경우 교육적 혜택이 적은 농어촌 지역의 학교에 불리하도록 되어 있어 교육의 형평성에 어긋난다. 또한 학교도서관 운영인력 조항의 경우 '학교도서관에는 사서교사 · 실기교사나 사서직원을 둘 수 있다.'는 임의 조항으로 되어 있다. 이전에는 없던 사서직원을 추가하여, 기존 사서교사 및 실기교사와 자격과 직무가 다를 수밖에 없는 데도 이를 모호하게 학교도서관을 담당할 수 있는 사람으로 한꺼번에 포함시키고 배치 의무규정도 임의로 변경함으로써 〈학교도서관진흥법〉이 진정 학교도서관의 진흥 발전에 기여할 수 있을지 깊은 우려를 하지 않을 수 없다.

게다가 학교도서관 시설 · 자료기준에서는 100m^2 이상의 면적과 도서 1,000종 이상, 연간 100종 이상 추가 확보된 학교도서관을 갖춘 것으로 간주하고 있다. 이러한 시설 · 자료기준은 웬만한 학교들도 다 갖추고 있는 양으로 너무 낮게 설정됐다는 지적이 있다. 오히려 학교도서관의 진흥을 위해서는 기준을 높여 그만큼 지원을 늘려야 할 것이다.

2003년~2007년 학교도서관 활성화 종합방안을 수립하여 4대 중점과제를 추진함으로써 학교도서관에 대한 관심이 커지고 학교도서관을 구축, 리모델링하는 등의 도서관 활성화를 위한 시설적 기반이 많이 조성되었으나 여전히 부족한 전문인력으로 인해 학교도서관 운영이 제대로 이루어지고 있는지 의심스러운 형편이다. 앞으로 2단계 학교도서관 활성화사업은 1단계 활성화사업에서 드러난 문제점(시설, 장서량 등 외형적 부분에 치중)을 해결하고 개선해가며 내실있게 학교도서관 본연의 업무를 지원할 수 있도록 이루어져야 할 것이다.

교육과학기술부에서 학교도서관 기준을 최소 교실 빈칸(33m^2)으로 조사한 통계자료이므로 실제 설치된 도서관으로서의 면모를 갖춘 도서관 수는 이보다 낮은 수치로 파악해야 한다. 다음 〈표 4-5〉는 현재 우리나라 학교도서관에 대한 설명이다.

〈표 4-5〉 학교도서관 현황

구 분	합 계	초등학교		중학교		고등학교	
		도서관	도서실	도서관	도서실	도서관	도서실
도서관수	10,262	394	4,870	267	2,599	441	1,691
직원수	3,191	179	1,587	118	692	182	433
좌석수	596,223	25,928	243,940	19,616	139,796	54,518	112,425
장서수	90,439,671	5,633,691	44,978,198	2,271,692	18,994,076	4,859,692	13,702,322
연간이용자	107,177,143	5,413,891	61,291,263	2,158,341	21,037,022	5,290,946	11,985,680
연간이용책	137,133,521	8,181,272	85,778,312	2,066,902	25,497,441	4,293,181	11,316,413
예산액	74,847,618	2,781,743	37,104,550	2,018,508	16,242,237	3,835,216	12,865,364

(출처: 2008 한국도서관연감)

4.2.5 전문도서관의 기능

『문헌정보학용어사전』에 전문도서관(research library)이란 "그 설립기관 · 단체의 소속원 또는 공중에게 특정 분야에 관한 전문적인 도서관 봉사를 제공함을 주된 목적으로 하는 도서관. 전문적인 연구를 수행하는데 필요한 전문주제의 지식정보를 정확히 파악하고, 깊이 있는 자료를 수집, 정리, 축적하여 이를 연구자에게 신속히 제공하는 기능을 가진 조직이다. 예를 들면 연구소, 기업체, 공장, 조사기관, 입법 · 사법 · 행정의 정부기관, 특수 법인조직, 지방자치단체, 대학의 부설연구기관 등에 소속된 도서관이 전문도서관의 기능을 수행하고 있다. 특수 도서관과 명확하게 구별되지 않아 하나의 범주에 넣어 전문 · 특수 도서관이라고 칭하기도 한다.[104]

전문도서관이란 이해하는 관점에 따라 그 정의를 달리 할 수 있다. 전문도서관은 설립의 주체보다는 도서관이 다루고 있는 주제나 그 도서관을 이용하는 이용자의 관점에서 규정하고 있다. 외연적으로 전문도서관이란 전문적인 연구를 수행하는데 필요한 전문자료와 전문사서 그리고 시설을 갖춘 도서관을 의미한다.

104) 사공철 등편. 문헌정보학용어사전. 서울, 한국도서관협회, 1996.

즉 전문도서관은 특정한 전문분야에 한정된 주제의 정보자료를 수집, 조사, 축적하여 각각의 주제사항에 관한 전문가에게 봉사하는 기관이다. 특정한 연구소나 시험소, 학회를 비롯해서 각 기업체나 회사, 은행, 병원, 신문사, 방송국 등에 부설된 도서실 또는 관공서에 부속된 도서관 등이 전문도서관에 속한다. 사회의 모든 활동에 분화되고 전문화됨에 따라 이러한 전문도서관은 더욱 증가되고 비약적으로 발전될 것이다. 〈도서관법〉 제7장 전문도서관 제41조에 그 업무를 다음과 같이 규정하고 있다.

1) 전문적인 학술 및 연구 활동에 필요한 도서관자료의 수집 · 정리 · 보존 및 이용서비스 제공
2) 학술 및 연구활동에 대한 신속하고 효율적인 지원
3) 다른 도서관과의 도서관자료 공유를 비롯한 다양한 협력활동
4) 그 밖의 전문도서관으로서의 기능수행에 필요한 업무[105)]

전문도서관은 각각의 전문분야의 정보자료를 수집, 조직, 축적하여 당해 전문가들에게 그러한 자료가 신속하고 정확하게 이용될 수 있도록 봉사하는 기능을 가진다. 그러나 이러한 도서관은 모두가 각각 다른 목적을 가지고 그 활동도 천차만별하며, 도서관마다 주제가 다른 자료를 수집하여 축적하고 있다.

이러한 전문도서관은 정보센터로서 정보자료를 제공하는데 있어서 여타의 도서관에 비하여 더욱 신속성과 정확성을 요한다. 특히 국, 공, 사립의 조사연구기관에서는 정보를 신속하고 정확히 입수하는 것이 생명이다. 시시각각으로 변화하는 사회의 동향이나 과학기술의 발전, 이러한 급진적인 시대의 유동 속에서 발생하는 정보를 신속하고 정확하게 파악하여 새로운 조사연구에 이용되도록 봉사하는 것이 전문도서관의 기능인 동시에 목적이므로 이러한 정보를 신속히 수집하고 처리하여 이를 전문가나 연구자들에게 배포하고 제공하는 것이 요망된다. 다음 〈표 4-6〉은 전문도서관 현황이다.

따라서 이미 설명한 바와 같은 정보센터로서의 기능을 전면적으로 발휘해야만 한다. 그리하여 어떤 부문에서는 각종의 정보처리기계를 사용하여 그 능률을 높이고 있는 것이다. 이러한 의미에서 전문도서관이 정보자료의 처리기술에 있어서 가장 발전하고 있다고 말할 수 있다.

---

105) 도서관법 법률09528(2009.9.26)

〈표 4-6〉 전문도서관 연도별 현황

연도	도서관수	직원수	좌석수	연간 증가책수	장서수	연간 이용책수	연간 이용자수	예산 (단위:천원)
2004	548	2,293	17,495	722,197	12,209,266	6,857,496	4,261,011	76,023,302
2005	570	2,317	17,628	831,350	13,091,793	6,505,415	4,746,553	81,589,993
2006	589	2,502	19,516	799,561	14,564,383	7,499,498	5,651,056	80,791,527
2007	663	2,270	17,575	996,625	14,614,464	6,874,412	6,821,048	88,463,228
2008	619	1,494	14,882	588,510	9,228,259	2,964,023	2,179,231	49,384,559
2009	590	2,418	12,746	920,424	12,239,030	2,227,414	782,121	51,955,556

(출처: 2008 한국도서관연감)

4.2.6 특수 도서관의 기능

『ALA 문헌정보학용어사전』에 의하면 특수 도서관(special library)을 "조직의 목적을 추구하는데 구성원들의 정보요구를 충족시키기 위해 회사, 사단법인, 협회, 정부기관 또는 기타 이익집단에 의해 설립, 지원 관리되는 도서관을 말한다. 장서와 서비스의 범위는 사용주체나 모기관의 관심주제에 국한된다.[106]라고 정의되어 있다.

즉, 특수 도서관이란 특수한 환경에 처해있는 시민에게 봉사하는 도서관을 의미한다. 전문도서관도 어떤 특수한 주제를 중심으로 자료를 축적하고, 그것이 설치된 기관에 속해 있는 특수한 사람들에게 정보를 제공하는 도서관이므로, 특수 도서관의 영역에 속한다고 볼 수 있으나 봉사대상자가 특수한 집단이라는 데 차이가 있다. 전문도서관과의 차별성이라고 한다면 4가지 측면으로 구분이 가능하다. 첫째, 특수 도서관은 봉사 대상자의 특수층(특정 계층), 둘째, 봉사 대상자료의 특수성(형태나 내용면에서 특수자료), 셋째, 자료이용의 특수성(기기를 이용되는 경우가 있음), 넷째, 소재지의 특수성도 고려대상이라고 할 수 있다.

그러나 전문도서관은 주제가 한정된 전문가나 연구자들에게 봉사하는 것이며, 특수 도서관은 일반 시민으로서 다만 특정한 조건이나 환경에 처해있는 시민을 봉사의 대상으로 한다는 점에서 뚜렷한 차이가 있는 것이다. 일반적으로 특수 도서

106) H. Young. *The ALA Glossary of Library and Information Science.* Chicago, ALA., 1983.

관은 다음의 3가지 유형으로 구분할 수 있다.

1) 특수 도서관은 기업체, 비영리단체, 관공서 등에서 설치하여 자체의 직원에게 봉사한다.
2) 공공도서관의 특수관, 특수한 직업층을 위하여 봉사한다.
3) 특수 주제도서관은 특수한 주제자료를 소장하여 그 주제에 관계있는 이용자들을 위해 봉사한다. 이 유형의 도서관에는 전문도서관도 포함될 수 있다.

예컨대 특수 도서관은 '교회도서관', 맹인들을 위한 '점자도서관(libraries for the blind)', 환자들을 위한 '병원도서관(hospital libraries)', 죄수들을 위한 '교도소도서관(prison libraries)' 등이 이에 속한다. 그러나 우리나라에서는 이러한 특수 도서관이 극히 적은 셈이다. 도서관법 법률 09528(2009.9.26)호에 의하면 특수 도서관을 공공도서관의 유형에 포함시키고 있다.

4.3 도서관의 발전적 패러다임

사회기관으로서 도서관의 기능과 그 기능을 위해 구축된 역할들은 1) 내재적으로는 도서관의 역사적 발전과 도서관이 존재한 이래 수행해야 했던 역할의 분석, 2) 외부적으로는, 사회 속의 도서관의 기능에 대한 공식적인 이론의 형성이라는 두 가지 측면에서 찾아질 수 있다. 이것은 때로 일치하겠지만, 다시 양극단으로 분기할 것이다. 그것들은 부분적으로는 거의 보편적으로 인정받기도 하겠지만, 때로는 매우 제한된 소수의 이론에 그칠 수도 있다. 그러나 그것이 크거나 작거나, 혹은 중요하거나 미미하거나, 핵심적이거나 주변적이거나, 본질적이거나 부수적이던 간에 도서관의 역할은 사회적으로 결정된다.[107)]

도서관은 성숙된 문화의 산물이다.[108)] 특정 사회가 유목생활을 청산하고 도시

107) John M. Christ는 사회 속의 도서관 역할을 이해하기 최상의 방법으로서 기능적 접근을 이용할 것을 주장한다. Functional Analysis and Library Science. *College and Research Libraries,* vol.30(May 1969). pp.242-46.

108) Jesse H. Shera. *The Sociological Foundations of Librarianship.* Bombay. Asia Publishing House, 1970.

화되는 과정에서 또한 문자기록이 조직적인 인간관계의 효과적 작용에 중대한 영향을 미치게 되면서 도서관이 등장하게 된다. 언제 어떻게 도서관이 생겨났는지에 대한 기록은 찾아볼 수 없지만, 산재해 있는 여러 부분 증거를 살펴볼 때 초기의 도서관이 본질적으로 서고의 역할을 담당했다고 추측할 수 있다.

당시 도서관은 사업이나 상업거래, 국가 행정과 다음 세대를 위한 신념의 전수를 목적으로 여러 기록을 보관하기 위한 장소라 할 수 있다. 다시 말하자면 도서관은 문자의 수명을 연장시키기 위해 건립된 시설에 지나지 않았던 것이다. 그러므로 시초부터 도서관은 사회 조직의 산물이자 학문의 시녀 역할을 수행했으며 지식이 극히 개인적인 수준에 머물던 수세기 동안 철학자와 문학자, 미지의 세계를 탐구하던 학자에게 유일무이한 근거지가 되었다.

그야말로 도서관은 엘리트 계급속에서 엘리트 계급에 의해, 엘리트 계급을 위하여 존재하였던 것이다. 이러한 경향은 19세기에 접어들어 비로소 일반 대중을 어느 정도 인식하게 되면서 달라지기 시작한다. 이전까지 도서관의 문고는 철저히 보안되는데 이는 당시 소장 문서가 희귀한 탓도 있었지만, 보관 정보가 국가적으로 중차대한 내용을 담고 있었으므로 무분별하게 개방할 수 없었기 때문이기도 했다.

엘리트 계급과의 밀접한 관계를 토대로 도서관의 권위가 부여됐으며 당시 도서관을 소유하거나 후원하는 행위가 사회적 신분과 부를 상징하기도 했다. Ptolemaeos, Charlemagne나 Mazarin 추기경처럼 사회에서 권력과 영향력을 행사하는 지배층은 도서관 설립에 착수했다. 이들은 문학과 학문의 후원자로서 각자의 도서관에서 문헌을 수집, 정리하고 소수의 도서관 이용객을 위해 열람 편의를 도모하도록 여러 학자를 초빙했는데 여기에는 Demetrius of Pharlelum, Richard de Bury, Gabriel Naudé가 포함됐다. 이러한 도서관의 이용객과 관리자의 관계는 지극히 개인적인 성격을 띄고 있었다. 도서관 출입이 관리자의 개인적 기분에 좌우되는 상황에서 지배계급의 권위는 학문의 흐름 자체를 철저히 통제할 수 있었다. 천부의 권리 대신 특권만이 존재하던 시절이었기 때문이다.

스콜라철학의 대두, 수도원과 성당 부속학교의 출현, 대단위 대학의 건립 및 문예부흥과 종교개혁으로 인해 도서관의 문호는 좀 더 개방되었지만 여전히 도서관의 역할은 엘리트 계급을 위한 서비스 제공에 머물러 있었다.

다만 인쇄술의 발명과 계몽주의로 인한 성문 정보량의 폭증 이후에 이러한 초기 도서관의 폐쇄성이 점진적이고 지속적인 변화를 맞이하게 되었다. 그리고 서서히 도서관업무에 대한 이론서들이 출현하게 되는데 1345년 Richard de Bury의 『Philobiblion』을 선두로 하여 1627년 Naudé의 보다 중요한 저서 『도서관 설립에 대한 권고』가 첫 출간됐으며 1661년에는 저명한 일기 작가인 John Evelyn에 의해 영역되기도 했다.[109)]

그러나 커뮤니케이션 과정의 수단으로 또한 학문의 일부분으로 서지학(bibliography)의 중요성은 좀 더 앞서 인식되기 시작했다. 13세기 후반 프란체스코(Franciscan) 수도회가 『Registrum librorum Angliae』인 최초의 종합목록을 편찬했고 15세기 초반에 John Boston de Bury는 영국 전체 수도원 부속 도서관에 소장된 필사본을 『Catalogus scriptorum ecclesiae』라는 표제로 묶어 출간하기도 했다. 보다 중요한 간행물로는 1494년 Johann Tritheim(1462-1516)의 『Liber de scriptoribus ecclesiasticis』이 있으며 약 천 명에 이르는 저자의 주로 종교적 저술을 담은 연대기라 하겠다. 또한 다음 해 Mainz에서 Tritheim에 의해 『Catalogus illustrium virorum Germaniae』이 간행됐는데 300명 이상의 작가가 저술한 2천 여 작품을 연대기 순으로 기록한 색인 목록이다.

필사본이 통용되던 과거에는 문서의 수가 너무 적은 탓에 찾고 있는 표제의 필사본 소재를 아는 것이 학자에게 매우 중요한 관건이었다. 그러나 대체로 이러한 정보교환은 개인간에 오가는 수준에 그쳤으므로 학문을 하는 데에 큰 비중을 차지하게 됐다. 따라서 당시 편찬된 서지(書誌)의 수는 미미한 수준에 그치고 있었는데 이러한 현상은 인쇄술의 발명으로 인간의 기억력만으로 감당하기 어려울 만큼 정보량이 증대되면서 변화하게 된다. 1450년에서 1500년까지 출간된 고판본의 수가 약 1,3000편에 이르렀다. 1545년에 『Bibliotheca universalis』를 편찬한 Konrad Gesner에게는 세계 '서지의 아버지(the father of universal bibliography)'라는 명성을 얻게 된다. 당시 Gesner의 업적은 1,300페이지 분량에 약 12,000편의 저서를 기술하면서 자신이 알고 있는 범위 내의 모든 라틴어, 그리스어, 히브리어 서적을 망라하고 있다는 데에 그 의미가 남다르다.[110)]

---

109) Richard de Bury. *Philobiblion,* intro. Archer Taylor. Berkeley. University of California Press. 1948. *Gabriel Naudé Advice on Establishing a Library,* intro. Archer Taylor. Berkeley. University of California Press, 1950.

110) 3년 후 Gesner는 Bandectarum sive partitonum universalium을 출간하였는데, 계속되는 편집으

따라서 16세기 말경에 이르자 성문화된 지식의 분량이 너무 방대해지자 학계에선 이 문제를 해결하기 위해 체계화를 도입하려 했다. 문헌목록의 조직화는 일반 저서에 버금가는 문제점을 안고 있으며, 커뮤니케이션 체계의 수단으로서 서지학도 출판의 양적, 방법적 측면에서의 변모 속에서 더욱 중요해졌다. 도서관과 마찬가지로 서지학도 더욱 다양한 사회 구성원에게 문화 속의 학문을 접할 수 있는 폭넓은 기회를 제공하기 위해 기능을 수행하게 된 것이다.[111)]

도서관 개방이 진척된 데에는 대학 도서관의 점진적 개방이 큰 몫을 했다. 대학도서관은 학자나 여타 직업인, 즉 법조인이나 성직자에게 문호를 개방하게 되는데 이러한 직업 종사자들은 배타적인 학문 세계와 그리 무관하지 않은 계층이었다. 다만 이후 학문의 민주화를 위해 도서관의 역할에 지대한 변화가 나타난 것은 17세기 말경이었으며 18세기 초반 미국에서는 사회 각계각층으로부터 개개인이 모여 단체를 결성하여 도서관의 혜택을 누리지 못한 사람들을 위해 적당한 규모의 장서를 구비한 도서관을 건립하려 했다. 이러한 자발적 모임은 다양한 유형으로 나타났는데 여기에는 단순한 '독서클럽'이나 보다 정형적 구조의 기업소유 조직, 대여 문고, 주일학교 도서관, 교구 도서관 또는 시나 마을에서 운영하는 소규모 문고가 포함된다.

이와 같은 소규모 문고의 이용객은 전문 직업인, 의사, 변호사, 교사나 목사뿐만 아니라 기능공과 노동자, 연소한 점원으로 이루어졌으며 이용 목적은 정보와 지식을 습득하여 기술을 향상시키고 더 나은 직업을 얻기 위해서였다. 이 밖에도 남부 뉴잉글랜드 지역의 섬유공장에서 일하는 처녀와 평범한 아이들, 가정주부가 도서관을 찾았으며 로드아일랜드나 중부 대서양 식민지, 남부 농장지역의 부자까지도 이용객에 끼어 있었다. 여러가지 이유로 도서관을 찾았겠지만 한 가지 분명한 사

로 그 제목을 주제별로 배열하였다. See: Theodore Bestermann. *The Beginning of Systematic Bibliography.* Oxford, Oxford University Press, 1935.

Ernest A. Savage. Cooperative Bibliography in the Thirteenth and Fifteenth Centuries. *Special Librarianship in General Libraries.* London, Grafton, 1939. pp.285-310.

Jesse H. Shera. *Historians, Books, and Libraries.* Cleveland, Western Reserve University Press, 1953. pp.35-37.

John L. Thornton. *Chronology of Librarianship.* London, Grafton, 1941. pp.157-66.

P. Delaunay. Humanism and Encyclopedism. *The Beginning of Modern Science,* ed. Rene Taton. New York, Basic Books, 1958. pp.3-10.

111) Margaret E. Egan and Jess H. Shera. Foundation of a Theory of Bibliography. *Library Quarterly.* vol.22(April 1952). pp.125-37. Reprinted in Jesse H. Shera. *Libraries and the Organization of Knowldege.* London, Crosby Lockwood, 1965. pp.18-33.

실은 학자로서의 사명감을 위해 이용하지는 않았다는 점이다. 그러나 중요한 것은 이처럼 도서관을 건립하고 소장도서를 채워 넣은 열정에서 알 수 있듯이 지식이 더 이상 소수 특권 계급의 전유물이 아니라는 사실이다.[112)]

19세기 중반 보스턴의 시민사회는 공공도서관을 설립하게 되는데 이는 시 자치 행정의 소산으로 태어난 최초의 도서관이라 할 수 있으며 민주주의 사회에서 자유롭게 서적을 읽을 수 있는 권리야 말로 기본적인 인권이라는 원칙을 시사해주었다.[113)] 이와 같은 의견은 1853년 사서회의에서 드러나기 시작해 1876년 전미 도서관협회가 주관한 첫 회의석상에서 뚜렷해졌다.

그러나 Edward Evertt는 새로 건립된 보스턴 공공도서관에 대해 고등교육의 혜택을 받은 소수에게도 적합할 도서를 비치하도록 강력히 역설한 바가 있었으며 이곳에 전 인구가 읽을 수 있는 수준의 도서를 비치하자고 주장한 George Ticknor의 경우도 그와 별반 다르지 않은 의견을 보여줬다. 몇 년이 지난 뒤에야 비로소 공공도서관은 예전의 이용객의 고급 취향을 떨쳐 내고 일반 대중의 흥미에 부합할 수 있도록 노력하게 된다.

이 때부터 현재의 구조를 갖추게 되며 서적 중심의 구심적 기관이 아닌 이용자 중심의 원심적 기관으로 거듭나게 됐다. 이러한 관점의 변화가 19세기 말 무렵 진행되면서 대다수 공공도서관 사서의 관심과 직업적 이해의 방향을 전환시키게 된다. 다시 말해 과거에는 주로 엘리트 계급을 위해 고급정보를 제공하던 사서가 이제는 '대중교육' 또는 '대중문화'라는 대의를 달성하기 위해 거의 종교적인 임무의 수행자로 탈바꿈한 것이다.[114)]

---

112) Jesse H. Shera. *Foundations of the Public Library.* Chico. University of Chico Press. 1949. Chapters 3 and 4; Gladys Spencer. *The Chico Public Library; Origins and Backgrounds.* Chico, University of Chico Press, 1943. Chapter 15.

113) Report to the Trustees. July 1852. Boston Public Library(Boston City Document No.37). Boston, 1852.

114) 반대로 대분분 세상에서 규모가 큰 도서관들은 특히 유럽에서는 구심점으로 작용하고, 동시대 학풍의 돌풍으로써 작용하였다. 종종 사적 소유 도서관에서 시작되어 수서와 재정적인 자원등에 있어서 몇몇 석학의 개인적인 장서처럼 시작되었다. 몇몇 장서는 소유주의 필요성에 부합하기 위해 재정비되었고, 수도원이나 대학이나 지방 도서관에 맞도록 세대를 거치는 동안 물려받거나 되팔았다. 그러나 소유권의 혼재는 원 출처의 대안이 될 수 없었고, 그들의 목적에 영향을 줄 수도 없었다. 그들은 - 가장 권위 있는 저작의 완전한 구비, 법학, 의학, 신학, 또는 미문학분야 까지- 끊임없이 노력하였다.

See: Jesse H. Shera. Emergence of a New Institutional Structure for the Dissemination of

커뮤니케이션의 매개체로서 도서관의 역사를 돌아보면 도서관의 사회적 책임 형성에 끊임없이 작용해 온 다양한 세력과 압력을 살펴볼 수 있다. 초기 도서관은 단순한 서고의 기능을 담당하며 교회나 국가 존속에 결정적인 문서를 안전하게 보관하는 데에 목적이 있었다. 따라서 도서관은 권력과 권위의 시녀로서 국가나 교회의 전제주의를 유지시키기 위한 본질을 방어하기 위해 존립했다 하겠다. 그러나 다른 관점에서 보자면 귀중한 문서의 보고이며 골동품의 저장소라 할 수 있으며 이로써 사회적 지위의 상징물이 되기도 했다.

당시 귀족이나 부유층이 자신의 위용을 과시하던 수단으로써 또 다른 부의 상징이었기 때문이다. 또한 수세기에 걸쳐 도서관은 실험실의 기능도 담당했는데 도서관을 이용하던 학자에게 있어 유일무이한 실험의 근거지가 된 셈이다. 그러므로 이 때 도서관은 특권 계층의 이해에 부응하여 귀족계급과 지식계급을 위해 봉사했다고 말할 수 있다.

구체제가 와해되고 정치, 산업혁명이 19세기 유럽 대륙을 휩쓴 이후에 신흥 사회집단, 사회계급이 급부상하게 되면서 도서관도 '평민계급'을 위해 봉사하게 된다. 역사상 처음으로 철학자나 성직자, 과학자와 같은 동질 집단이 아닌 사회 각계각층의 사람들, 다양한 역할을 수행하고 있으며 이제까지와는 다른 이유로 도서관을 이용하려 하지만 여전히 사물의 이해라는 공통된 목적에는 별반 차이가 없는 사람들이 도서관을 찾게 된 것이다.

그러므로 전문화와 분절된 사회구조의 시대에 들어서서 도서관은 본체인 커뮤니케이션 체계의 경우와 마찬가지로 사회적 단결이 중요한 오늘날 원동력이 되고 있다. 하지만 매스미디어와는 달리 획일성의 도구로 사용되고 있진 않으며 개인주의를 굳건히 옹호하고 있다. 신문, 라디오, TV와 같은 매스미디어가 서술문의 성격을 띠고 있다면 도서관은 의문문의 성격을 지니고 있다고 볼 수 있다. 왜냐하면 도서관을 찾는 사람이라면 각자의 방식대로 자신만의 목적을 이루기 위해 진실을 추구한다고 보기 때문이다. 도서관에서는 무엇을 생각하고 언제 생각할지 강요받지 않으며 각자의 추구과정에서 타인의 사상과 의견을 찾아 나가고 이해하려 애쓰며 공감할 수 없는 경우라도 있는 그대로 감식하기 위해 노력하게 된다.

Specialized Information. *American Documentation.* vol.4, no.4(October 1953). p.164. Reprinted in *his Libraries and the Organisation of Knowledge.* pp.34-50.

그러므로 도서관은 적대와 갈등, 전문화가 진행되고 있는 오늘날 상호 이해와 결집을 가져올 수 있는 원동력이 돼야 하며 동질화가 아닌 단결을 지향해야 할 것이다. 도서관의 사회적 역할은 상당히 복잡다단하며 사회가 알게 모르게 도서관에 기대하고 있는 소임도 막중하다 하겠다. 물론 이 모든 책임을 단번에 완수해 낼 도서관을 찾을 수는 없겠지만 이처럼 다양한 소임을 완수해 나아갈 여러 유형의 도서관이 공존하고 있음은 분명한 사실이다. 반면 커뮤니케이션의 매개체로서 도서관의 업무 과정상에는 공통점이 있으며 바로 여기에 현대 도서관이 당면해 있는 난관을 타개할 해법이 숨어 있는 것이다.

파피루스 두루마리를 든 주술사 겸 사제가 도서관 사서의 역할을 담당하던 시절은 영원히 지나갔다. 또한 송아지 가죽에 필사된 성서와 주석에 골몰하던 수도사도, 천장 꼭대기까지 들어찬 서고에서 사다리 위에 서서 책에 탐닉하던 서적 수집가도, 도서관 열람실의 정적속에서 조심스레 사무를 보던 중년 여인도 이미 현재 사서의 모습은 아니다. 이들은 과거 사회적 요구나 문화환경에 부응하여 나름대로 등장하게 됐다. 그러므로 같은 이유에서 오늘날의 사서 역시 어떤 소임을 담당하고 있든지 간에 훌륭한 교육을 통해 유능한 직업인으로 성장하여 현대 세계의 커뮤니케이션 과정에서 막중한 역할을 수행할 수 있도록 높은 자질을 갖춰야 할 것이다.

이상을 종합한 의미에서 도서관의 발전적 패러다임을 다음과 같이 정리할 수 있다. Lancaster와 Warner에 의한 도서관 발전의 패러다임 유형은 크게 〈종이기반도서관〉, 〈하이브리드도서관〉 그리고 〈전자도서관〉으로 구분하고 축적, 전달

〈표 4-7〉 Lancaster와 Warner의 도서관 발전 패러다임

	Paper	Hybrid	Electronic
Storage	Paper collection of primary and secondary sources	Primary sources in paper ; secondary sources in paper or electronic form	Totally electronic
Processing	Search of paper secondary sources ; retrieval from primary paper collection	Online search of secondary sources ; retrieval from primary paper collection	Online search and retrieval of electronic documents
Transmission	Conventional mailing of paper documents	Digital transmission of original paper documents	Digital transmission over distributed computing network

(출처: Information Retrieval Today/by W. Lancaster and A. J. Warner. 1993. p.293)

그리고 가공처리의 단위에서 각 도서관별 성격을 논하고 있다. 이는 앞서 6기로 구분하여 발전한 도서관시스템을 크게 종합한 형태로 볼 수 있다〈표 4-7〉.

하이브리드 도서관이란 전통적인 종이매체와 디지털 정보자원을 동시에 제공하면서 전통적 도서관과 디지털도서관을 통합하는 과정의 도서관이다. 정보환경이 발전하면서 오늘날에는 일반적인 도서관 형태 중 하나가 되었다.

1990년대 일반인들이 도서관에서 전자자원을 쉽게 이용할 수 있게 되면서 하이브리드 도서관이라는 개념이 처음 출현하였다. 초기에는 전자자원이 CD-ROM 또는 특화된 데이터베이스의 탐색을 통해 배포되어 이용되었지만 현재 인터넷을 통해 디지털 콘텐츠를 쉽게 이용할 수 있게 되면서 더욱 확산되고 있다. 그러나 하이브리드 도서관의 출현으로 많은 도서관이 저작권 문제에 촉각을 세우게 되었다. 도서관 이용자가 법적으로 인증된 디지털자료를 이용하도록 하기 위해서는 대다수의 도서관들은 복잡하게 얽혀있는 저작권법 문제를 해결해야만 한다. 이 용어는 1998년 영국의 전자도서관 프로그램 eLib의 제3단계(1998-2001)에서 그 책임자인 Chris Rusbridge가 『D-Lib Magazine』에 그 개념을 소개한 것을 계기로 일반 대중들이 널리 사용하게 되었다.

Michael Buckland도 도서관 발전단계를 3단계로 구분하여 설명하고 있는데 그 내용은 〈종이매체 도서관〉, 〈자동화 도서관〉, 그리고 〈전자도서관〉이라는 기술발전적 패러다임이다. 그의 설명에 의하면 종이매체 도서관은 자료와 서비스가 모두 종이 테크놀로지로 이루어지는 도서관을 말하고, 자동화 도서관의 자료는 기본적으로 종이매체이지만 서비스는 컴퓨터화 된 도서관을 말하며, 전자도서관은 자료가 전자형태로 저장되어 있고 전자적인 방법으로 제공되는 도서관을 지칭하고 있다. 이들을 재정리하면 다음 〈표 4-8〉과 같다.

〈표 4-8〉 Buckland의 도서관 발전 패러다임

도서관 운영 및 자료의 기술적 베이스		
운영기법 / 도서관 유형	기술적 운영	도서관자료
종이매체도서관	종이	종이
자동화도서관	컴퓨터	종이
전자도서관	컴퓨터	전자미디어

(출처: Redesigning Library Services; A manifesto/ by M. Buckland. 1992. p.6)

이러한 도서관 발전적 패러다임의 유형은 도서관 운영기법과 자료소장의 성격에 따른 구분이다. Buckland가 도서관의 장서는 어떤 함축성을 지니고 있는가라는 측면에서 제시하였다.

한편 G. G. Chowdhury 등은 도서관 발전의 패러다임 3가지 중요한 단계를 다음 (그림 4-2)과 같이 전개시키고 있다.

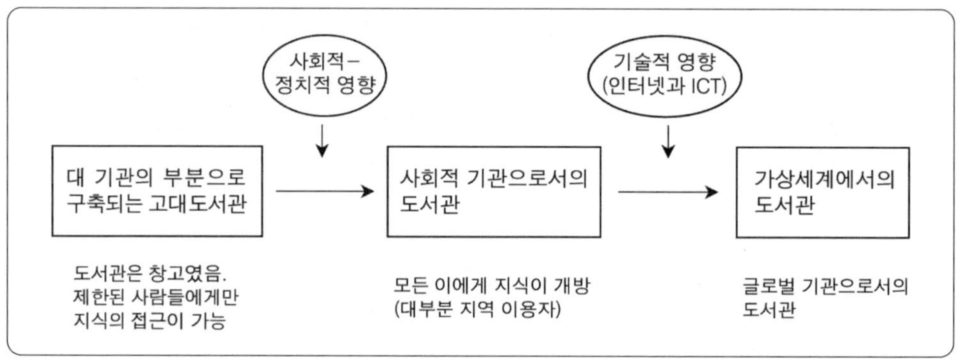

(그림 4-2) 도서관 발전의 3가지 중요한 단계

(출처: Librarianship; an introduction/ G. G. Chowdhury et al. 2008. p.6)

Chowdhury 등은 도서관 발전적 단계를 〈고대도서관〉, 〈사회적 기관으로서의 도서관〉 그리고 〈가상도서관〉으로의 발전으로 각 단계를 설정하고 있는데 이러한 시각은 Lancaster와 Buckland의 도서관발전 패러다임의 관점을 벗어나지 않고 동일하다. 1, 2단계의 도서관은 그 당시의 도서관의 성격을 위치와 성격으로 설명하고 있으나 앞선 발전상과는 크게 다르지 않다.

상기와 같은 유사한 개념으로 또한 나카이(中井)는 도서관이 세 가지 방법으로 발전되었다고 지적하고 있다. 즉 〈문고로서의 도서관〉, 〈백화점으로서의 도서관〉, 〈정보센터로서의 도서관〉이 그 발전적 패러다임이다. 문고로서의 도서관은 봉건 영주나 왕후 귀족의 사유도서관에 전형적으로 나타난 도서관으로서 그는 그것을 또한 돔(dome)의 도서관이라고 명칭하고 있다.[115]

고대 도서관의 경우 도서관의 위엄과 존엄을 나타내기 위해서 돔형식의 건축물

115) 中井正一. 歷史の流れの中の 圖書館 ― 個人的なものから集團的なものへ ―, 昭和 26年(1951). 讀書春秋5月號. pp.192-194.

을 사용하였다. 이 시대의 도서관은 이용의 기능은 거의 없고 단지 도서를 수집, 보관 및 그것을 후세에 전승한 것만이 제1의 임무로 생각하였다. 즉 보관중심주의의 도서관이다. 즉, 문고 도서관은 사유 도서관의 개념으로서 권위성을 보이려는 귀족 성향이 강하며 그렇기 때문에 열람이나 검색에 바탕을 두는 것이 아니라 자료를 재산으로서 생각하여 보관 중심으로 운영되었다.

이러한 형태가 제2의 도서관 즉 백화점으로서의 도서관으로 이행한 것은 존엄과 위엄이 필요하지 않고 이용자층에게 개방하고 이용하게 만드는 현대적 공공도서관으로서의 기능으로 발전된 것이다. 보관 중심주의가 이용중심주의에로 이행이라고 할 수 있다. 고객은 그들의 필요에 따라 언제든지 백화점을 이용할 수 있는 것처럼 도서관 이용도 동일한 관점으로 인식한 것이다.

백화점으로서의 도서관이 발전되어 제3시대 즉 정보센터로서의 도서관으로 이행된 것이다. 그는 도서관이 지역이나 국가 단위로 정보조직망 조직으로서 센터가 되는 것을 의미한다. 이 단계는 도서관에서 결정적으로 중요한 것은 그것의 실체가 아니고 기능이다라고 강조하고 있다. 즉 실체 개념보다 기능개념을 강조하고 있다. 정보센터로서 도서관은 국가 단위 정보조직망을 구성한 엑세스의 자유보장에 초점을 맞추고 있어 그 기능성을 중요시하고 있는 도서관 발전적 패러다임을 구축하고 있다.

이상은 전자의 Lancaster 와 Warner나 Buckland 제시한 도서관의 기술적 발전은 내포상으로는 동일한 도서관 발전적 패러다임의 구축으로 볼 수 있다. 또한 Chowdhury 등 그리고 나카이가 제시한 패러다임도 유사한 발전적 과정을 논의한 것으로 볼 수 있다. 이상과 같은 도서관 발전적 패러다임 구축은 커뮤니케이션 매체의 발전상과 맥을 같이 하는 것으로 볼 수밖에 없다.

제5장 도서관자동화론

시사주간지 『타임(Time)』지(誌)는 매년 신년호의 표지를 〈올해의 인물(Person of the Year)〉의 얼굴로 장식하고 있다. 그런데 1983년의 신년호 표지에는 특이하게도 인물이 아닌 〈올해의 기계(Machine of the Year)〉로 기계의 얼굴, 즉 '컴퓨터(The Computer)'가 표지 얼굴로 선정되었다. 『타임(Time)』지 올해의 인물 선정 사상 최초로 '인간'이 아닌 '사물'이 선정되는 쾌거(?)를 이룩한 컴퓨터에게 준 것이다. 즉, 1923년 창간 이후 처음이었다. 이는 컴퓨터의 기술력이 미치는 영향을 그대로 반영한 결과이다. 물론 당시 『타임(Time)』이 지금과 같은 상황을 예측했을지는 의문이다.

도서관은 본질적으로 보수적이긴 하지만 정체된 기관은 아니다. 사회적 기관으로서 도서관은 사회적 변화에 영향을 받으며, 결과적으로는 항상 즉각적인 것은 아니지만, 주요한 변화에 대해서는 혁명적이거나 갑작스럽다기 보다는 점진적으로 나타나는 경향을 보이고 있다. 도서관은 기술을 이용하는 데에 있어서는 다른 분야의 사람들이 발명하고 개발한 것들을 거의 대부분 채택하여 적용해 왔는데, 이는 컴퓨터나 다른 데이터처리 장비를 사용하는 데에 있어서는 특히 그러했다.

전장에서 설명한 도서관의 기능을 수행하는데 있어서 종래에는 거의 모든 업무가 수작업에 의하여 비효율적으로 처리되어 왔다. 그러나 이제는 컴퓨터의 등장과 더불어 도서관은 그 업무가 자동화되어 가고 있다. 도서관자동화는 컴퓨터기술의 발전과 밀접한 관계가 있으므로 본장에서는 우선 '컴퓨터 기술의 발전과정'을 설명하고, 다음에 '도서관자동화의 의의' 그리고 끝으로 '도서관자동화의 발전단계'를 설명하고자 한다.

5.1 컴퓨터기술의 발전과정

Ralph R. Shaw는 "사고(思考)란 기계가 우리의 부족한 부분을 보충해 주기를 기대하는 것이다."라고 재치 있게 표현한 바가 있다. 〈Photo-Clerk〉와 〈Rapid Selector〉의 발명가라는 사실에도 불구하고, 훌륭한 사서이자 교사이며, 도서관자동화의 선구자였던 그는 기계가 인간 지능의 잠재적 대체물이 될 수 있을 지에 대해서는 상당한 의구심을 지녔던 것으로 보인다.[116)]

컴퓨터(computer)는 20세기 후반에 널리 보급된 도구이지만, 기계를 통해 데이터를 조작한다는 근대적 사상은 19세기 말부터 끊임없이 연구, 개발되어온 것이었다. 18, 19세기의 산업혁명은 인간의 물리적 능력을 확장시키는 방향으로 진행되었다. 기계는 인간의 힘든 육체노동을 경감시키기 위해 파고, 들고, 밀고, 당기고, 운반하고, 자르고, 뚫을 수 있도록 설계되었다. 그러나 최근에는 인간의 지적 능력을 확장하는데 중점을 두고 있다.

오늘날 컴퓨터는 데이터의 저장과 전송을 통하여 인간의 지적 작업을 돕는 정보를 기록, 조작, 전송하는 중요한 도구이다. 이러한 기계화로 인해 인간은 과거보다 훨씬 먼 거리에서도 쉽게 상호 작용할 수 있으며, 협력하며, 또한 의사소통이 가능하게 되었다. 이는 산업혁명 시기의 공장 기계화라기보다는, 도서관의 운영을 보조해 주는 유형의 새로운 기술들이다. 컴퓨터의 세계에서는 5년 이상은 매우 '구시대'이고, 10년 이상은 '고대'이며, 그리고 그 이상은 향수와 불신의 근원이 된다.[117)] 이 분야에서 기술력의 발전은 급진적이라는 것을 나타내는 말이다.

컴퓨터란 주어진 데이터를 미리 정해진 처리과정을 통해 가공하여 원하는 정보를 출력해내는 전자 시스템을 말한다. EDPS(Electronic Data Processing System) 또는 ADPS (Automatic Data Processing System)이라고도 한다. 즉 컴퓨터란 사용자가 원하는 자료 또는 정보에 대해 일련의 계획된 조작 처리를 수행함으로써 사용자가 원하는 결과를 얻기 위한 전자식 기계 조직체를 말한다. 이를 그림으로 도식화 하면 다음

---

116) Jesse Hauk Shera. *Introduction to Library Science: Basic Elements of Library Service.* Littleton, Libraries Unlimited Inc., 1976. p.80.

117) John December and Neil Randall. *The World Wide Web Unleashed 1996.* Indianapolis, Sams, 1995. p.35.

(그림 5-1)과 같다.

Data ➡ Precessing ➡ Information

(그림 5-1) 컴퓨터의 개념

상기 그림에서 자료(Data)란 사람이나 컴퓨터가 개념 또는 명령을 인식하고 소통하며, 처리하기에 편리하고 규정된 대로 표시된 평가되지 않은 단순한 기록을 의미하며, 정보(Information)란 일정한 약속에 따라 인간이 자료를 정리 가공하여 얻은 지식을 의미한다. 컴퓨터는 프로그램 코드를 정해진 순서대로 실행하는 것을 도식화하면 다음 (그림 5-2)와 같다.

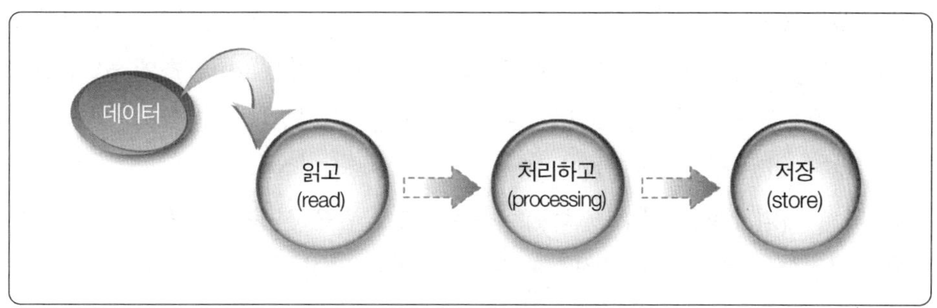

(그림 5-2) 자료처리과정

상업용 컴퓨터가 사용되기 시작한 이래로 지금까지 하드웨어 면에서 본 컴퓨터의 발달 과정을 몇 개의 세대로 나눌 수 있다. 제1세대(1950년-1957년): 진공관을 주요 소자(素子)로 하는 컴퓨터, 제2세대(1957년-1964년): 트랜지스터와 다이오드 등의 반도체(半導體) 소자를 사용한 컴퓨터, 제3세대(1965년-1970년대 중반): 집적회로(IC)를 사용한 컴퓨터, 제4세대(1975년부터 최근까지): 고밀도 집적 회로(LSI 및 VLSI)를 사용하고 있는 컴퓨터, 제5세대: 인공 지능형으로서 현재 계속 연구 중이다. 이상과 같이 세대별 컴퓨터가 지닌 특성별로 발전해 온 과정을 설명하면 다음과 같다.

5.1.1 1세대 컴퓨터(1951-1957)

1944년 하버드 대학 교수인 Howard H. Aitken이 IBM사의 후원을 얻어 우리가 최초의 컴퓨터라고 부르는 〈MARK- I 〉을 제작하였다. 그러나 〈MARK- I 〉은 진정한 컴퓨터라고 할 수 없었고, 1946년 세계 대전 직후 미국의 펜실베니아 대학교수인 J. P. Eckert와 J. W. Mauchly는 미 육군성의 요청을 받고 유도탄 탄도를 계산하기 위한 계산기를 만들었다. 그들이 만든 〈ENIAC(Electrical Numerical Integrator And Calculator)〉은 18,000여 개의 진공관과 1,500여 개의 릴레이 소자를 사용한 거대한 규모의 계산기였다. 이 〈ENIAC〉는 최초의 컴퓨터로 알려지고 있다.

그러나 진공관을 사용하기 때문에 신뢰성이 떨어지고 전력 소모가 많을 뿐만 아니라 유지에도 커다란 문제점이 발생하였다. 그래서 1951년에는 〈ENIAC〉을 개량한 〈UIVAC(Universal Automatic Computer)〉이 완성되어 시판될 정도로 급성장을 보였다. 이 기계는 당시로서는 놀라운 속도로 숫자를 처리했는데 1초에 수 천만 번의 연산을 할 수 있었다. 이 기계는 대체로 국방 목적의 일을 수행하는 데 사용되었으며 10여 년 동안 지탱되었다.

컴퓨터의 기억장치를 이루는 회로소자로서 진공관을 사용해서 만들었던 시대이다. 진공관을 사용함으로써 전력소모가 많고, 열이 많이 나며, 따라서 고장이 많았으며, 열을 식히기 위한 냉각장치가 필요하고, 부피가 매우 크기 때문에 넓은 공간이 필요한 점 등 단점이 많았다. 주기억장치는 수은지연소자이나 William관이 사용되었으므로 안정성이 적어 후에 자기 드럼으로 개선되었으며, 프로그램은 기계어로 작성하였다. 소프트웨어 보다는 하드웨어 개발에 중점을 둔 시대로서, 컴퓨터의 상품화와 실용화가 시작된 시기였으며, 대표적인 기종으로는 〈UNIVAC I, 80, 90과 IBM 650과 700계열, Burroughs 220〉 등을 들 수 있다.

5.1.2 2세대 컴퓨터(1958-1963)

회로소자가 진공관에서 '트랜지스터(transistor)'로 바뀐 시대이다. 1948년 〈벨 연구소(Bell Laboratories)〉에서 트랜지스터가 발명되면서부터 컴퓨터는 급속도로 발전하기 시작했다. 트랜지스터는 진공관과 같은 기능을 가지고 있지만, 크기가 작고 전력 소모가 적을 뿐만 아니라 수명이 길어 신뢰성이 높기 때문에 컴퓨터의 부품으로서 각광을 받기 시작하였다.

1948년에 발명된 트랜지스터가 1958년경부터 컴퓨터에 응용되기 시작했으며, 기억장치를 이루는 회로소자가 트랜지스터와 다이오드(diode) 등이 반도체 소자로 만들어졌다. 그러므로 크기가 작아지고, 소비전력이 적어지고, 냉각기의 필요성이 감소되었으며, 고장이 적어 신뢰성이 높아졌다. 또한 복잡한 계산을 고속으로 처리할 수 있게 되었으며, 기억 용량 역시 크게 증대되었다. 그리고 이러한 기술 발전의 결과로 과학 계산용 컴퓨터와 사무 처리용 컴퓨터 등 본래 목적에 알맞는 컴퓨터로 발전되었다.

미국 전자업계의 거물 〈RCA(Radio Corporation of America)〉와 〈GE(General Electric)〉 등이 트랜지스터를 사용한 컴퓨터를 1950년대 중반에 제조하기 시작했는데, 단 한 종류 한 대의 컴퓨터만을 만들었던 제1세대 컴퓨터에 비하여, 제2세대에 들어서는 한 종류의 컴퓨터를 여러 대 생산하게 되었다. 그러나 아직도 제2세대는 사용자 프로그램 등이 문제가 되는 시기였다.

주기억장치에는 접근 시간이 짧은 자기코어가 이용되었으며, 기억용량이 큰 자기드럼, 자기디스크가 보조 기억장치로 사용되었다. 계산 속도는 백만분의 1초(μ second) 단위 정도까지 향상되었으며, 대표적인 기종으로는 〈IBM 1401, 7070, UNIVAC III, 1107, USSC 80, CDC 3000계열〉 등을 들 수 있다. 이 기종들은 운영체제(operating system: OS) 개념을 도입하고, 다중 프로그램 방식을 실현하였으며, 적용분야도 정형적인 관리업무와 과학기술계산 등 다양한 목적에 쓰였다. 〈FORTRAN, COBOL, ALGOL〉 등의 프로그램 언어가 개발되어 컴퓨터의 이용이 보다 쉽게 된 것도 이 시기였다.

5.1.3 3세대 컴퓨터(1964-1970)

IBM사는 1964년 4월 '집적회로(IC: Integrated Circuit)'를 기억장치 구성소자로 사용한 'system 360'(System/360TM은 동일한 운영 체제와 44개의 동일한 주변 디바이스를 실행하는 다섯 대의 강력한 컴퓨터 제품군이다)이라는 새로운 기종을 발표하였는데 이때부터 컴퓨터 발전의 제3세대라고 부른다.

1960년대 중반, 금속 산화 반도체(metal oxide semiconductor: MOS) 제조기술이 발달함에 따라 '집적회로'가 출현하였다. 컴퓨터에 IC를 사용함으로써 중앙처리장치는 소형화된 반면, 기억용량은 커졌으며, 따라서 다양한 소프트웨어를 구사할 수 있는 기능이 크게 개선되었을 뿐만 아니라, 관리 프로그램과 처리 프로그램 및 사용자 프로그램 등의 소프트웨어 체계가 확립되었다.

이러한 '집적회로'는 성능의 향상, 크기의 소형화, 처리 속도의 고속화, 전력 소모의 감소와 대량 생산에 의한 가격의 저렴화 등 많은 장점을 갖고 있다. 또한 이 시대에 운영체제, 다중프로그램, 실시간 처리시스템, 시분할시스템 등이 실현되었다. 이처럼 하드웨어의 부분과 소프트웨어라는 프로그램의 구분이 확실해진 것이 제3세대의 특징이라고 할 수 있다.

이러한 기능들은 인간과 컴퓨터간의 대화 기능을 가능하게 하여, 영상 표시장치(CRT display) 등 단말기에 의한 자료처리가 보편화 되었다. 또한 이 시대에는 '패밀리 사상'이 확립되어 소형에서부터 대형에 이르기까지 프로그램의 호환성을 고려한 각종 컴퓨터 모델이 발표 되었으며, 그 중에서도 〈IBM 360계열, UNIVAC 1108, CDC 6000계열, Burroughs 5500, Honeywell 200계열, NCR Centry, G.E. 400, 600〉 등이 주목을 끌었다.

그 밖에 PDP, NOVA, HP 등의 미니 컴퓨터도 관심을 모았다. 위에서 본 바와 같이 제3세대는 컴퓨터 발달과정에서 볼 때 발전성과 충실성을 함께 추구했던 시대였다. 제3세대는 이제까지 모든 기계가 가지고 있던 기계적인 한계 부분에 프로그램을 개발해 넣을 수 있게 함으로써 컴퓨터의 구성과 논리가 결정된 세대라고 할 수 있다.

5.1.4 슈퍼컴퓨터 4세대 컴퓨터(1971-현재)

슈퍼컴퓨터(supercomputer)는 제3세대 이후의 세대, 즉 오늘날을 포함한 앞으로의 세대를 뜻하며, '대규모 집적회로(Large Scale Integration: LSI)'를 소자로 사용한 컴퓨터를 제4세대 컴퓨터라 한다. 반도체 집적 기술의 향상으로 단일 기판 위에 수백 개의 트랜지스터와 관 회로를 집적할 수 있게 되었다. 대규모 집적회로에 의해 다양한 처리를 할 수 있는 복잡한 회로까지도 단일 기판 위에 집적됨으로써 성능이 크게 개선되었다. 컴퓨터의 처리 속도도 경이적으로 개선되었으며, 마이크로프로세서(microprocessor)에 의한 다양한 보조 장치들이 많이 개발되어 더욱 저렴하게 정보와 자료 처리가 필요한 곳에 널리 보급되었다.

수 평방 밀리의 작은 면적의 칩에 수십 만 개의 논리소자를 집어넣고, 연산속도도 초대형 컴퓨터에서는 피코세컨드(Picosecond; 시간의 단위로 1피코세컨드는 10-12 즉 1조분의 1초이다. 기호는 ps로 사용한다)에 이르고 있으며, 크레이(Cray) 컴퓨터라고도 하는 슈퍼컴퓨터는 150MIPS(million instruction per second: 초당 명령처리 1억 5천만번의 수행속도)의 처리속도를 가진 것도 현재 가동 중에 있다. 미국이나 일본은 1메가비트(1Mbit : 100만 bit)의 기억 용량을 가진 칩의 개발을 마치고 실용화를 서두르고 있으며 앞으로 1천 6백만 비트(16.384 KDRAM)의 기억 용량을 가진 칩을 개발 목표로 경쟁하고 있다.

한편 개인용 컴퓨터(personal computer)의 급속한 보급으로 기업체에서는 OA(Office Automation: 사무자동화), 공장에서는 FA(Factory Automation: 공장자동화), 가정에서는 HA(Home Automation: 가정자동화)의 경향이 거세게 일고 있다. 또 인공위성을 통한 컴퓨터 정보통신망(computer network) 및 광케이블을 통한 인터넷(Internet)의 발달로 전 세계가 수초의 정보권이 되었다.

슈퍼컴퓨터는 대규모의 과학기술 계산에 이용되는 초 고성능 컴퓨터이다. 현시점의 최첨단의 기술을 결집해서 개발되며, 가격도 성능도 다른 컴퓨터와 비교할 수 없을 정도로 높다. 원자력, 자동차, 선박, 항공기, 고층 빌딩 등의 분야에서 설계 및 시뮬레이션에 사용되며, 최근에는 분자 설계와 유전자 해석 등 바이오, 화학 분야에서도 활발하게 사용되고 있다. 대학과 연구 기관에서 이용되는 경우가 많기 때문에, 일반 기업에도 도입이 진행되고 있다.

과학 기술 분야에서 빈번하게 사용되는 행렬 계산 등의 대량 반복 연산을 고속화로 풀어나가기 때문에, 벡터(연산) 프로세서라고 불리는 특수한 연산 장치를 이용해서 병렬처리를 행하는 방식이 주류였지만, 개인용 컴퓨터 등 소형 컴퓨터용의 마이크로프로세서의 비약적인 성능 향상과 저가화가 이루어 져서 최근에는 다수의 마이크로프로세서를 접속해서 병렬로 작동시키는 MPP 방식의 슈퍼컴퓨터가 늘어나고 있다.

5.1.5 제5세대 컴퓨터(미래)

제4대까지 컴퓨터는 주로 하드웨어적인 발전만을 거듭하여왔다. 물론 이에 부수되는 소프트웨어도 비약적인 발전을 하였지만, 아직도 컴퓨터는 인간과 같이 유연한 사고판단 능력을 갖고 있지 못하다. 또 다른 나를 창조하는 것이 5세대 컴퓨터의 목적이라고 할 수 있다.제5세대 컴퓨터는 지금까지의 컴퓨터와 비교하여 혁신적인 구조와 처리 능력을 가지며, 특히 인간이 가지고 있는 생각을 컴퓨터에 적용하고자 하는 '인공지능(artificial intelligence)'을 갖게 될 것이다. 그래서 제5세대 컴퓨터를 '생각하는 컴퓨터(thinking computer)'라고도 한다.

종래의 컴퓨터는 인간이 부여한 명령(프로그램)에 따라서 주어진 데이터를 처리할 뿐이지만 제5세대 컴퓨터는 조지프슨(Josephson) 소자, 칼륨비소(GaAs) 소자 등을 사용하여 처리 능력을 비약적으로 높이고 어떤 데이터가 들어 왔는지를 스스로 판단하여 그에 적합한 처리를 스스로 생각하여 실행한다.

한 개의 칩 속에 수억 개의 스위치를 넣고자 하는 것이 반도체를 만드는 사람들이 현재 추구하고 있는 목표인데 현재의 나노(Nano) 초, 즉 10억분의 1초는 너무 느리기 때문에 1조분의 1초인 피코(Pico) 초를 바라보고 있다. 소비 전력도 수천분의 1, 혹은 수 만분의 1로 줄임으로써 대형의 컴퓨터를 건전지를 사용함으로 움직일 수 있는 날이 오기를 기대하고 있다.

제5세대 컴퓨터는 장차 출현하게 될 컴퓨터로서 기술 진전에 따라 실용화가 기대되고 있으며 학습 기능, 추론 기능, 판단 기능 등 소위 인공지능 기능을 갖추어 음성으로 컴퓨터와의 대화, 도형 작성, 문장 기술(記述)이 가능한 다기능 컴퓨터로 연구가 진행되고 있다.

제5세대 컴퓨터가 인간의 논리적인 판단 기능에 해당하는 왼쪽 뇌형의 컴퓨터를 목표로 한 것에 대해, 도형 인식과 직감을 주관하는 오른쪽 뇌의 부분을 담당하는 컴퓨터로 현재는 개발 단계이며, 오른쪽 뇌형의 컴퓨터 개발은 인간의 뇌로 정보 처리의 기구를 모방하는 '신경회로 컴퓨터'나 대량의 정보를 분담하면서 처리하는 '초 병렬/초 분산 컴퓨터' 등의 기술을 융합하는 것이 중요하다. 공동 개발에 AT&T사, 지멘스사, IBM사 등 유력 기업들이 참가하고 있다.

5.2 컴퓨터의 기본 구조와 용어

컴퓨터는 두 개의 기본 요소인 하드웨어와 소프트웨어로 구성된다. 하드웨어는 컴퓨터의 물리적 기계 자체, 즉 전자회로와 각종의 기계장치를 말한다. 소프트웨어는 하드웨어를 최대한 활용하여 인간이 필요로 하는 정보를 얻기 위해서 작성하는 모든 프로그램의 집합을 말한다. 따라서 컴퓨터는 프로그램에 의해 각 부분에 명령을 하지 않으면 작동되지 않으며, 컴퓨터가 다양한 업무를 처리할 수 있도록 하기 위해서는 다양한 프로그램에 필요하게 되는 것이다.

컴퓨터의 하드웨어는 다섯 가지의 기능을 갖춘 장치들로 구성된다. 즉 컴퓨터 프로그램과 데이터를 읽어 들이는 〈입력장치〉, 입력되는 데이터를 처리하여 축적하는 〈주기억장치〉, 데이터의 처리순서를 명령하고 통제하는 〈제어장치〉, 데이터의 연산을 수행하는 〈연산장치〉, 처리된 결과를 내보내는 〈출력장치〉가 그것이다. 이 중에 제어장치와 연산장치(때로는 주기억장치도 포함)를 중앙처리장치(central processing unit = CPU)라고 한다. 이를 그림으로 나타내면 다음 (그림 5-3)과 같다.

컴퓨터의 기본 용어를 정리하면 다음과 같다. '입력(input)'이란 입력장치를 사용하여 사용자가 입력하고자 원하는 인자(데이터)를 컴퓨터의 기억장치에 전달한다. '출력(output)'이란 입력된 인자를 처리한 데이터(출력 값)를 출력 장치를 통해서 사용자에게 전달한다. '기억(memory)'이란 입력장치로부터 데이터를 입력받아 출력하기 위해서는 우선 입력된 데이터를 기억해야 한다. 따라서 기억장치는 반드시 필요하다.

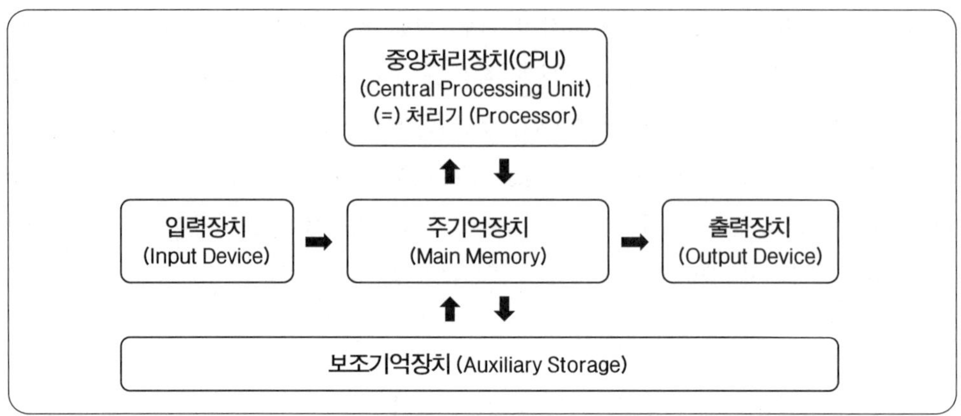

(그림 5-3) 컴퓨터의 구조

기억장치는 컴퓨터에서 자료를 일시적으로, 또는 영구히 보존하는 장치를 말한다. 비슷한 말로 저장장치라고도 하는데 이때는 대체로 비휘발성의 기억 장치를 의미한다. 컴퓨터의 기억장치는 주기억장치와 보조 기억장치로 나눌 수 있다. 메모리(Memory)는 종종 '기억장치'라는 용어와 혼용되기도 하지만, 대체로는 주기억장치를 말하며 특히 램을 가리키는 경우가 많다. 컴퓨터에서는 임시 기억 장치인 레지스터, 주기억장치인 메인 메모리, 그리고 보조 기억장치인 하드디스크 등이 있다. 보조 기억장치란 주기억장치(예: 코어 기억장치나 개인용 컴퓨터의 ROM, RAM 등)의 기억 용량이 부족할 때 그것을 보조하기 위한 기억장치를 말한다. 자기 디스크 장치나 자기 테이프 장치 등이 있고, 개인용 컴퓨터에서는 플로피 디스크, 자기테이프, USB 등이 있다.

연산장치(arithmetic—logic unit)는 기억 장치로부터 데이터를 넘겨받아 연산한 후 다시 기억 장치에게 그 연산 결과를 돌려준다. 제어(Control)란 입력, 기억, 연산, 기억, 출력의 일련의 과정을 수행하기 위해서는 이를 제어하는 장치가 필요하다. 제어장치가 없다면 모든 처리는 수행되지 않을 것이다.

한편 컴퓨터는 취급하는 데이터의 형태나 처리하는 방법에 따라 〈디지털 컴퓨터〉, 〈아날로그 컴퓨터〉, 〈하이브리드 컴퓨터〉로 구분하기도 한다. 〈디지털 컴퓨터〉는 입력된 데이터를 숫자나 문자를 부호화하여 처리하고 부호나 문자나 숫자로 그 결과를 얻을 수 있도록 하는 컴퓨터로서 〈계수형 컴퓨터〉라고도 한다. 〈아날로그 컴퓨터〉는 전압이나 온도, 압력 등과 같이 연속적인 물리량을 사용하여 계산하는 컴퓨터로서 〈상사형 컴퓨터〉라고도 한다. 〈하이브리드 컴퓨터〉는 두 컴퓨터의 장점을 취하여 제작된 것으로 어떤 유형의 데이터라도 취급이 가능하다. 그러나 보통 우리가 흔히 볼 수 있는 것은 〈디지털 컴퓨터〉로 일반적으로 컴퓨터라고 하면 〈디지털 컴퓨터〉를 가리키는 것이다.

컴퓨터의 주요 특징으로 정확성, 신속성, 기억성, 고속성, 대량성, 범용성, 호환성을 들 수 있으며, 그러나 컴퓨터 속담에 GIGO(Garbage In Garbage Out)의 원리를 나타내는 것으로 '잘못된 데이터가 입력되면 잘못된 결과가 출력된다.' 라는 의미로 컴퓨터의 수동적인 특징을 표현하기도 한다.

5.3 정보화 패러다임과 IT 혁명의 단계적 변화

IT 혁명의 4단계 패러다임은 〈전산화 → 정보화 → 지식화 → 유비쿼터스화〉로 발전하고 있다. 세계적으로 정보화의 패러다임은 1970~1980년대의 전산화, 1990년대의 정보화, 21세기의 지식화로 변화하고 있다. 전산화는 행정기관이나 기업조직의 목표달성을 위해 수행되는 업무 중에서 일부를 컴퓨터와 자동화 기기를 이용하여 빠르고, 정확하게 처리하기 위한 체제를 구축해 나가는 것이며, 정보화는 정보의 생산, 전송, 소비과정의 일련의 흐름들이 논리적인 연결 구도를 갖도록 정보들의 관계성을 완벽하게 구현하는데 있다.

한편, 지식화는 정보기술의 활용을 통해 조직이 보유하고 있는 지식자산을 체계적으로 흡입, 창조하여 조직 전체의 지식수준을 높이고, 구성원들이 이를 공유함으로서 혁신과 경쟁력을 극대화하는 것을 목표로 한다. 지식화에서는 조직 구성원들이 통합된 정보시스템(지식관리시스템)을 단순한 정보자원의 이용이 아닌 학습에 활용함으로써 미래의 불확실한 상황에 대한 해결능력을 높이거나 교육, 새로운 제품과 기술개발 역량을 고도화하는데 기여한다.

지식화도 역시 한계를 가지고 있다. 정보화와 지식화가 사이버 공간에 기반을 두고 있다면 유비쿼터스(Ubiquitous)화는 물리적 공간에 기반을 두고 있다. 물리적 공간에 기반을 가지고 있지 않은 정보화와 지식화는 사이버 공간상으로 어떤 문제를 인식할지라도 그것을 물리적 공간에서 해결할 수는 없다는 것이다.

유비쿼터스 컴퓨팅을 통해 물리적 공간을 지능화시키고, 유비쿼터스 네트워킹을 통해 그것들을 네트워크로 연결시키는 것이다. 사람과 컴퓨터, 사물들이 서로 교신하게 되는 것이다. 이러한 패러다임의 출현으로 인해 이제는 기존의 패러다임을 위협하는 상황이 초래될 것으로 예견되고 있다.

5.3.1 정보화 혁명의 변화단계

농업혁명은 인간 정주로 농촌과 도시공간을 탄생시켰고, 산업혁명은 인력의 기계화 기술로 물리적 거리의 축소와 대도시 공간을 탄생시켰다. 정보혁명은 정보와 통신기술로 전자공간을 창출하였다. 특히, 전자공간은 IT 혁명의 단계에 따라 그 특성이 다양하게 변화하고 있으며, 각 단계의 특징을 개략적으로 살펴보면 다음과 같다.

초기 IT 혁명은 1980년대를 전후해 데이터 처리속도의 혁신으로 컴퓨터의 저렴화와 소형화에 의한 컴퓨팅 혁명이다. 책상 위에 나 홀로 존재하는(stand alone) 컴퓨터에 의한 점(point)에서의 IT 혁명이라고 할 수 있다. 2단계 IT 혁명은 네트워킹의 혁명으로 사회 구석구석의 컴퓨터들이 네트워크라는 선으로 컴퓨터라는 점과 점을 연결하고 네트워크의 선들이 촘촘히 연결되면서 인터넷이라는 면으로서 정보 전자공간(가상세계)이 등장하기 시작했다. 컴퓨팅과 네트워킹의 혁명으로 컴퓨터 시스템의 지능성과 효율성은 상상할 수 없을 정도로 향상되었다. 3단계 IT 혁명은 인터넷이라는 면에 각종 콘텐츠가 집적됨으로써 전자공간이 비약적으로 발전된 시기다. 이 시기에는 현실 물질적 공간의 지리적 공간을 전자적 공간에서 구현한 전자적 공간이 출현하게 된다. 4단계 IT 혁명은 전자적 공간과 물질적 공간을 융합함으로써 전혀 새로운 제3의 공간을 창출하는 단계다. 3단계에서 출현한 유사 물질적 전자적 공간이 발전하여 물질적 공간과 사물의 활동을 완벽하고 즉시 재현할 수 있는 초 유사 물질적 전자공간이 창출되는 단계다.

IT 혁명은 정보와 통신기술의 발전에 기조를 두고 있으며, 4단계 IT 혁명 개념을 도출해낸 기본적 개념은 Mark Weiser가 유비쿼터스(ubiquitous)를 주창한 데서 기인한다. 1988년 미국 〈제록스사〉의 〈팰러 앨토 연구센터(PARC: Palo Alto Research Center)〉에 근무하던 Weiser가 유비쿼터스 컴퓨팅(Ubiquitous Computing)이라는 개념을 처음 제시하였다. 1991년에는 미국의 대표적 과학저널 중의 하나인『Scientific American』

지에 〈The computer for the 21st Century〉[118]라는 논문을 발표하였다. 이 논문에서 유비쿼터스 컴퓨팅을 통해 대부분의 일상용품에 컴퓨터 장치가 들어가게 된다는 유비쿼터스 컴퓨팅 개념을 대외적으로 제안했다.

그리고 1993년에는 『Some Computer Science Problems in Ubiquitous Computing』[119]이라는 논문을 발표하였다. 이 논문은 〈Ubiquitous Computing〉이라는 제목으로 재발간되기도 하였다. 1996년에는 그의 논문 『The Coming Age of Calm Technology』[120]에서 많은 사람이 한 대의 대형 컴퓨터를 공유하던 메인 프레임 시대에서 1980년대부터 시작한 PC 시대, 분산 컴퓨팅을 제공하는 인터넷 시대를 거쳐 개개인이 환경 속에 편재돼 있는 여러 컴퓨터를 사용하는 유비쿼터스 컴퓨팅 시대가 도래할 것이라고 주장하였다.

그는 유비쿼터스 컴퓨팅을 유선과 무선 그리고 근거리 무선 사이에 이음매 없는 통신망이 실현됨으로써 누구든지 어디서나 네트워크로부터 자신이 필요한 정보를 얻을 수 있는 환경으로 정의했다. 그러나 일반적으로는 유비쿼터스(Ubiquitous)란 '모든 곳에 있다.'라는 의미다. 다양한 정보망에서 필요한 정보를 언제 어디서든 간단하고 안전하게 손에 넣을 수 있다는 것을 뜻한다.

Mark Weiser는 유비쿼터스 컴퓨팅의 특징을 네 가지로 구체화했다. 첫째, 네트워크에 연결되지 않은 컴퓨터는 유비쿼터스 컴퓨팅이 아니다. 둘째, 인간화 된 인터페이스로서 눈에 보이지 않아야 한다. 셋째, 가상공간이 아닌 현실세계의 어디서나 컴퓨터의 사용이 가능해야 한다. 넷째, 사용자 상황(장소, ID, 장치, 시간, 온도, 명암, 날씨 등)에 따라 서비스는 변해야 한다고 주장했다. 또한 유비쿼터스 컴퓨팅을 구현하기 위해서는 가시성(visibility), 복잡성(complexity), 간결성(abstraction), 연결성(connection), 비가시성(invisibilty)과 같은 다섯 가지 이슈에 대한 연구 성과가 필요하다고 주장했다.

---

118) Mark Weiser. The computer for the 21st Century. Scientific American(February 1991) http://nano.xerox.com/hypertext/weiser/Sci

119) Mark Weiser. Some computer science issues in ubiquitous computing, *Communications of the ACM,* Volume 36, Issue 7(July 1993). pp.75-84. (reprinted as "Ubiquitous Computing." Nikkei Electronics; December 6, 1993. pp.137-143.)

120) M. Weiser and J. S. Brown. The Coming Age of Calm Technology. *Xerx PARC*(Oct 5, 1996).

이를 구체적으로 보면, 10년 후 유비쿼터스 시대의 컴퓨터 시스템 모습을 구체화해야 하며(가시성), 유비쿼터스 시대에 적합한 망 기반의 응용을 제시해야 하고(복잡성), 구현될 유비쿼터스 컴퓨터는 나노 기술이나 병렬 시스템 등의 기술을 통해 현재의 컴퓨터보다 고성능, 고기능, 고집적도를 이룩해야 한다(간결성). 유비쿼터스 네트워크는 개선된 인터넷 및 통신속도의 고속화, 안정성, 효율성 그리고 광대역 채널의 확보를 통해 보다 큰 스케일의 컴퓨팅 공간을 클라이언트 쪽으로 확장해야 하고(연결성), 마지막으로 현재의 키보드나 마우스 등의 컴퓨터 인터페이스 환경을 극복한 보다 인간중심의 사용자 인터페이스가 구현돼야 한다는 것이다(비가시성).

Mark Weiser는 2005-2020년에는 기술의 변화로 인해 현재와는 전혀 다른 유비쿼터스 문화가 탄생할 것으로 예견했다. 만약 그의 주장이 실현된다면 냉장고, TV, 주방세트 등 가정의 전자 제품뿐만 아니라 사람, 자동차, 건축물, 도로, 하천, 가로등, 가로수 등 현실의 물질적 공간과 사물이 초소형 컴퓨터나, 칩, 센서 등을 탑재하고 초고속 무선 인터넷과 결합하여 지능화, 즉시적 정보화, 인터넷화 될 것이다. 이 단계가 되면, 기업, 정부 나아가 모든 사회행위들이 전자공간과 물질공간에 걸쳐서 존재하고 활동하면서 상호공간과 행위를 변화시킬 수 있게 될 것이다.

Mark Weiser의 유비쿼터스 3가지 철학은 첫째, '사라지는 컴퓨팅(disappear computing)'으로서 '사라진다(disappear)'의 개념은 일상의 사물과 컴퓨터가 구분이 안 될 정도로 사물의 특성이 사라지는 것을 의미한다. 예를 들면, 머그 컵이 기존의 것과는 달리 위치정보 알림 기능을 내장해 단말기로 머그 컵의 위치 정보를 받거나, 온도에 따라 머그 컵의 색상이 변할 수 있는 것이다.

둘째, '보이지 않는 컴퓨팅(invisible computing)'으로서 '보이지 않는(invisible)'다는 개념은 이용 가능한 다수의 컴퓨터를 물리적 환경에 배치해, 기존 컴퓨터의 능력을 향상시키고 사용자의 능률도 높이는 것을 의미한다. 그렇게 컴퓨팅이 인간의 현실 공간 속에서 보이지 않으려면 소형 모터나 실리콘 칩을 내장할 수 있는 기술이 있어야 한다.

셋째, '조용한 컴퓨팅(calm computing)'으로서 '조용한, 무의식적(calm)'인 컴퓨팅은 인간의 지각과 인지 능력에 대한 개념이다. 기술적인 점보다는 인간이 어떻게 컴퓨터의 정보환경과 상호 작용할 수 있을까에 대한 고민을 하게 된다.

정보혁명의 발전단계를 공간적인 측면에서 재정리해 보면, 1) 단순한 전자공간으로부터 인간의 창조적 전자공간, 2) 물질적 공간을 전자공간에 구현한 유사 물질적 전자공간, 3) 그리고 물질적 공간과 사물의 활동을 완벽하고 즉시 재현할 수 있는 초유사 물질적 전자공간의 창출단계로 구분할 수 있다.

전자공간을 구축하면, 다양한 상황을 시뮬레이션해 보고, 최적의 상태를 물리적 공간에서 구현할 수 있도록 조정함으로써 인간 생존의 기본요소인 물리적 공간과 사물을 완전히 제어할 수 있는 단계로 발전하게 될 것이다. 이러한 발전을 종합화하면, 정보화 패러다임의 변화는 정보화 정책을 변화시키는 한편, 정보화 정책의 산물인 전자공간의 변화와 연계되어 발전한다고 볼 수 있다. 즉, 전자화는 단순한 전자공간으로, 정보화는 창조적 전자공간과 유사물적 전자공간으로 그리고 지식화는 물리적 공간과 사물의 활동을 완벽하고 즉시 재현할 수 있는 초유사물적 전자공간으로의 창출을 선도하고 있다. 다시 말하면, 패러다임이 정보화 정책을 변화시키고, 이는 다시 전자공간을 변화시키고, 전자공간의 변화가 정보화 정책을 변화시키고, 이는 다시 정보화의 패러다임을 바꾸는 순환적 상호변화를 일으킨다고 볼 수 있다.

이러한 환경에 적합한 시스템으로서 각광받고 있는 곳이 도서관이다. 도서관에서 정보처리와 지식관리에 유비쿼터스 네트워크를 적용하면 '5W 1H'를 성취하는 꿈이 이루어질 것이다.

〈표 5-1〉 정보화 패러다임의 특성 비교

구 분	전 산 화	정 보 화	지 식 화	유비쿼터스화
시 대	1980년대	1990년대	1990년대 말 ~현재	2003 ~ ?
대 상	수작업(Work)	정보흐름(Process)	지식 수준 (Stock, Level)	사 물(Things)
목 표	자동화	자유로운 정보수 / 발신	가치창조	기능 최적화
환 경	폐쇄성	개방성	투명성	사람과 컴퓨터, 사물통합
도 구	전산기기(OA)	정보 시스템(MIS)	지식관리시스템(KMS)	유비쿼터스 컴퓨팅
성 과	인력 감축	정보유통	지식학습	공진화
주요 분야	데이터 입출력 / 관리	정보자원 관리	지식관리	환경과 사물관리
평가 기준	능률성	논리, 탐색 가능성 수준	창조, 협업화 가능수준	연결성, 무결점화 수준
정보 기반	메인프레임	pc + 인터넷	pc + 유 / 무선 인터넷	포스트 pc + 모든 네트워크
경제 원리	전통적인 경제	네트워크 경제	지식기반 경제	공간간 시너지 경제
정책 공간	공공 부문	공공 + 민간	공공 + 민간 + 국제	제 3공간 (전자+물리공간)

5.4 도서관자동화의 개발 및 발전단계

미국에서 우주탐험 프로그램에서 사용하기 위해 개발되었던 소형 구성 요소들을 이용한 제 '3세대 컴퓨터'가 1960년대에 소개되었다. 대용량의 데이터 저장 능력에 힘입어 이제 막대한 량의 저장된 정보에 고속으로 접근 가능하게 되었다. 컴퓨터는 이제 수학적 응용을 위해 단순히 "숫자를 아작거리는 기계(number crunchers)"로 사용되기보다는 정보 처리기로 간주되었다. 컴퓨터, 데이터 커뮤니케이션 장치, 텔레비젼 그리고 위성 커뮤니케이션 시스템들과 결합된 정교한 마이크로 폼 기술이 출현하였다. 본 항목에서는 도서관자동화의 개발 및 그 발전단계를 역사적으로 고찰하고자 하였다.

5.4.1 도서관자동화의 의의

정보학의 발전에서 컴퓨터의 응용 가능성에 대해 논의한 많은 훌륭한 논문들이 있다. Aul Rosen은 컴퓨터의 포괄적인 역사적 고찰을 하였으며,[121] Walston은 검색 문제를 해결할 컴퓨터와 자동화의 역할을 역사적 측면에서 탐구하였다.[122] 1968년도 판 『Encyclopaedia Britannica』에서는 상당한 량의 본문을 할애하여 정보처리에 대한 우수하고 일반적인 담론을 제시하였다.[123]

이 논문에서 특히 유명한 것은 컴퓨터로 수행된 부분을 강조한 Fairthorne의 논점이다. 최근 들어 가장 돋보이는 성공적인 두 가지 기술 추세는 대규모의 데이터베이스를 토대로 한 온라인 서지 검색시스템과 관련된 것[124]과, Karl M. Pearson의 미니 컴퓨터시스템의 이용에 관련된 것이다.[125] Landau는 정보학에서의 정보기술의

---

121) Aul Rosen. Electronic Computers: an Historical Survey. *Computing Survey.* 1969 March; 1(1): pp.7-36.

122) Claude E. Walston. Information Retrieval. In: Alt, Franz L.; Rubinoff, Morris, eds. *Advances in Computers.* New York, NY: Academic Press, 1965. pp.1-30.

123) Encyclopaedia Britannica. *Information Processing.* Chicago, IL: Encyclopaedia Britannica, Inc., 1768. Volume 12: 244A-246B. 1905.

124) Peter B. Schipma. Generation and Uses of Machine-readable Data Bases. In. Cuadra, Carlos A.; Luke. Ann W., eds. *Annual Review of Information Science and Technology.* Volume 10. Washington, DC: American Society for Information Science, 1975. pp.237-271.

125) Karl M. Pearson. Minicomputers in the Library. In. Cuadra, Cargos A.; Luke, Ann W., eds. *Annual Review of Information Science and Technology.* Volume 10. Washington, DC:

영향에 대한 개요를 논의하였으며, 지식 하우스(intellectual house)를 정돈하기에 정보학이 유용하지 않음에도 불구하고 기술을 적용시켜야 한다고 주장하였다.126)

그러나 기술 없이는 정보학 활동의 중요한 부분이 존재할 수 없다는 것도 또한 사실이다. Kochen에 따르면, "컴퓨터가 없다면 '정보학'이 사라질 것처럼 많은 작업이 컴퓨터를 이용하여 수행되고 있는데, 즉, 자동색인, 파일구조 및 검색, 분류 및 통합, 질의 협상, 내용분석, 컴퓨터－지원 목록 등이라고 하였다.127) 그러나 정보학이 사라지는 형식이 아니라 상보적인 현상을 강조한 것으로 이해해야 할 것이다. 정보학에서의 지식정보처리에 컴퓨터는 주요 도구로 인식한 것이다.

초창기의 이러한 현상에 대해서 Shera는 기계의 영향으로부터 "정신을 차리지 못하게" 되는 것과 "기계가 수행하야 하는 업무를 의도한 대로 적절하게 수행하고, 그 임무가 불완전하게 이해되었을 때의 능력과 한계를 인식해야 하는, 그것은 단지 복잡한 하드웨어 일 뿐이다."128) 라는 것을 망각하는 것에 대해 주의를 주었다.

1950년대와 1960년대 초까지에 우리는 기술의 역할에 대해 너무나 무지했으며, 그것이 컴퓨터가 만병통치의 기계라고 믿었다. 필요한 모든 것은 단지 크고 빠른 컴퓨터일 뿐이었다. 1960년대 말에 기술은 필수적인 것이 되었으나, 우리는 오직 지적 문제들이 얼마나 깊고 복잡한가에 대해 인식하기 시작했을 뿐이었다. 이러한 문제에 대한 예가 바로 검색시스템 수행 텍스트에서 나타난 적합성의 문제였다.

1964년에 Donald J. Hillman은 인간의 적합성 판단은 정보검색시스템의 이론적 논의에서 거의 관심을 끌지 못하였다고 지적하였다.129) 그는 논리를 이용하여 개념을 정의하기 위한 가장 명백한 방법론과 관련성이 논리적이지 않다는 것을 보여

American Society for Information Science, 1975. pp.139-163.

126) Robert M. Landau. Impact of Information Technology. In: Debons, Anthony, ed. *Information Science: Search for Identity: Proceedings of the NATO Advanced Study Institute in Information Science;* 1972 August 12-20; Champion, PA. New York, NY. Marce1 Dekker, Inc., 1974. pp.191-196(ISBN 0-8247-6096-4).

127) Manfred M. Kochen. Views on the foundations of Information Science. In: Debons, Anthony, ed. *Information Science: Search for Identity: Proceedings of the NATO Advanced Study Institute in Information Science;* 1972 August 12-20; Champion, PA. New York, NY: Marcel Dekker, Inc., 1974. pp.171-196.

128) James W. Perry ; ALLEN KENT; MADELINE M. BERRY. *Machine Literature Searching.* Cleveland, OH: Western Reserve University Press, 1956. p.162.

129) Donald J. Hillman. The Notion of Relevance. *American Documentation.* 1964 November; 15(1): 26-34.

주었다. Cuadra & Katter는 적합성 판단은 정보검색시스템의 효과를 평가하기 위해 설계되고 측정을 위한 토대로서 사용되나 이러한 판단은 일반적으로 비판적 조사없이 받아들여졌다고 강조하면서 하나의 기준으로 적합성의 심리적 불안전성으로 보고 있다.[130]

Saracevic은 이 근본적인 가설에 대해 심각하게 염려하면서 적합성 개념에 대해 결정적인 비평을 하였다.[131] 1970년대에는 많은 기본 가설들이 제기되었으며, 이것은 학문적 성숙의 표시로 간주될 수도 있다. John H. Wilson은 그것을 "…오늘날 우리는 아마도 우리가 20년 전에 생각하였던 것보다 메맥스(Memex)의 인식으로부터 더 멀리 있는 것이다. 우리는 이제 그 발전을 저해하는 기계적 문제뿐만 아니라 모든 인간 지식을 이용 가능하게 하려면 극복해야 하는 문화적, 철학적, 그리고 심리학적 문제들도 인식해야 한다.…"[132]라고 적합하게 통찰하여 표현하고 있다. 이것은 우리가 정보학의 시대에 도달할 논점을 잘 기술해 주고 있다.

기술에 대한 당대의 의미는 전자장치, 특히 컴퓨터를 다루는 것이었다. 컴퓨터의 개념이 수백년 이상 존재해 오고 있었을지라도, 도서관에서 컴퓨터를 본격적으로 적용한지는 1960년대에 들어서야 비로소 시작되었다. 도서관자동화(library automation)가 처음에는 "도서관 기계화(library mechanization)"로 알려 졌을지라도, 사람들이 도서관자동화라는 용어를 우연히 접하게 된 것도 이 기간 동안이었다. K. J. Bierman은 도서관자동화를 "전통적 도서관의 과정과 서비스에 대한 컴퓨터와 정보전달 기술의 적용"[133]이라고 정의하였다.

---

130) C. A. Cuadra and R. V. Katter. Opening the Black Box of 'Relevance'. *Journal of Documentation,* vol.23, no.4(1967 December). pp.291-303.

131) T. Saracevic. The Concept of Relevance in Information Science: A Historical Review. In: Tefko Saracevic ed. *Introduction to Information Science.* New York, NY, R. R. Bowker Co, 1970. pp.111-151.

132) John H. Wilson. As We May Have Thought. In: Black, Donald V., ed. Progress in Information Science and Technology: *Proceedings of the 29th Annual Meeting of the American Documentation Institute;* 1966 October 2-7; Santa Monica, CA. Washington, DC: American Documentation Institute, 1966. p.519.

133) Kenneth J. Bierman. How Will Libraries Pay for Electronic Information? *Journal of Library Administration,* vol 15(1991). p.67.

도서관자동화란 도서관 장서를 구성하는 물리적 자료의 취급과 관리를 위해 사용되는 컴퓨터나 관련 장비를 논의할 때 사용되는 포괄적 용어이다. 철학적이거나 의미론적 이유 때문에, 어떤 이들은 '도서관 기계화(library mechanization)'나 '도서관의 자료처리(data processing in libraries)'라는 용어를 선호하기도 한다.[134] 그러나 이러한 용어들은 본질적으로 모두 같은 행위를 의미한다. 또한 도서관자동화에 대한 보편적인 정의가 실재하지 않으므로 우선적으로 Jesse H. Shera의 정의를 인용하면 다음과 같다.

> "도서관자동화란 장서의 입수, 처리, 저장 및 관리 업무를 지원하고, 대출, 참고서비스, 상호대차, 원격통신을 통해 그 장서를 이용자가 이용하는 것을 보조하기 위해 전자적 자료처리 장치와 보조기술을 사용하는 것이다. 이러한 기술상의 지원은 서지도구(목록)를 포함한 많은 데이터를 구축하고 유지하는데 가장 효과적이었으며, 적절한 장서 통제와 이용자 서비스에도 필수적이다."[135]

컴퓨터의 도움을 받는다는 측면에서 이 정의는 시스템적인 측면에서는 부족한 정의이고, 서비스적인 측면만 강조한 정의로 생각된다. 그렇지만 도서관에서 컴퓨터의 도입 초창기에 적합한 정의로 국한할 수 있다.

도서관자동화란 물리적 실체로서의 인쇄 및 비인쇄 자료를 처리하고 제어하는데 도움을 주기 위해 기존의 전자적 자료처리 장치를 이용하는 것이다. 컴퓨터가 가장 진보된 데이터 처리장치이긴 하지만, 언젠가 다른 기술에 의해 대체될 수 있는 가능성은 항상 존재한다.

> 처음 도서관 컴퓨터 서비스는 수동적이고, 통계자료 자원에 한정되었다. 데이터베이스 서비스의 향상된 효율성과 지식베이스에 저장된 정보들이 사서들로 하여금 이용자의 흥미를 예상할 수 있게끔 만들었으며, 이는 상호작용 서비스뿐만 아니라 S야서비스까지 제공할 수 있게 하였다. 처음 컴퓨터에 의한 자료수집은 "어떻게 모든 것들을 할 수 있는가? how we do things?"와 관련이 있었다. 후에 이것은 "무엇을, 그리고 왜 우리가 하는지, what, and why we do it."에 대한 정보를 제공해주었다.[136]

---

134) Jesse H. Shera. *Introduction to Library Science: Basic Element of Library Service*. Littleton, Libraries Unlimited, Inc., 1976. p.82.

135) loc. cit.

도서관은 이용자의 요구를 충족시키는 능력이나 이용 가능한 장서의 범위가 곧 성공과 만족의 척도가 된다. 이러한 이용자의 요구를 충족시키기 위해서 각 도서관은 업무 달성을 위해 자체적으로 일련의 절차를 개발한다. 그러나 모든 절차나 처리과정, 서비스가 이용자에게 봉사하기 위한 것이 아니라면, 도서관이 존재할 이유가 없을 것이다. 물론 각 도서관마다 다양한 특성을 지니고 있지만, 업무는 크게 3가지 범주로 나눌 수 있다.

1) 자료 선정 및 수서
2) 각 자료(개별 문헌)의 정리, 축적, 관리 및 서지통정(분류, 목록, 기록)
3) 배포와 서비스를 통한 자료의 이용(자관 장서의 대출, 다양한 수준의 참고서비스를 통한 이용자 지원, 상호대차와 원격통신을 통한 타 도서관과 정보기관의 자료 이용)137)

이와 같은 업무 및 서비스는 도서관이 전형적으로 수행하는 업무임과 동시에 도서관에서만 제공하는 유일한 내용들이다. 즉, 기본적으로 모든 도서관에서 제공하지만, 다른 기관에서는 찾아볼 수 없는 것들이다.

그러나 이상에서 설명한 도서관의 주요 업무의 실제 내용을 크게 행정적 관리업무와 서지활동 업무로 구분할 수도 있다. 행정적 관리업무는 인사관리, 경리회계, 주문 및 수서의 관리, 대출기록관리, 장서 및 서고관리 등이 이에 속하며, 서지활동 업무는 자료의 분류, 목록, 색인 등의 작성, 참고봉사, 상호대차, 원거리 통신에 의한 타도서관 및 정보관리기관의 자료이용 등이 이에 속한다.

일반적 행정관리 업무는 어느 기관이고 중요한 것이며, 그 실제는 매우 다양하지만 도서관의 관리업무의 많은 부분이 도서관에만 국한된 것만은 아니다. 또한 행정기관, 은행, 기업체 등의 모든 관리업무에 있어서 여러 가지 전자기계에 의한 자동화가 이루어지고 있고, 도서관도 일반관리 업무에는 이러한 기술이 이용되고 있기 때문에 여기에서는 일반관리 업무와 자동화에 대해서는 논외로 하고, 다음 항에서는 주로 도서관 고유의 활동에 있어서의 자동화의 발전단계와 현재의 상황 및 앞으로의 전망을 논급하고자 한다.

---

136) loc. cit.

137) Jesse H. Shera, *Introduction to Library Science: Basic Element of Library Service.* Littleton, Libraries Unlimited, Inc., 1976. p.83.

한편 문헌정보학용어사전에 의하면 '도서관자동화(Library Automation)'란 "도서관 업무와 서비스를 지원하기 위하여 컴퓨터나 기타 기계를 도서관에서 활용하는 것. 기계가독형레코드를 개발함으로써 시작한 도서관자동화는 수서, 목록, 전거제어, 연속간행물관리, 열람, 상호대차 및 배포 등의 작업을 자동적으로 처리하는 시스템을 개발하는 것을 말한다. 현재 웹 환경과 연계되어 디지털 자원관리 및 서비스까지 업무가 확장되고 있다."[138]로 정의하고 있다. 이 정의에 의하면 도서관 시스템과 서비스를 지원하기 사용되는 장치를 컴퓨터만을 지칭하지 않고 있다. 즉 다른 기계장치를 이용하는 것으로도 자동화의 범주에 포함시키고 있다.

즉, 도서관자동화라는 것은 컴퓨터나 여러 관련 기기 매체를 이용하여 도서관 업무를 자동적으로 처리하는 것으로 정의할 수 있다. 그러나 도서관의 전문적인 측면에서 도서관의 자동화의 개념은 관내 업무만으로 국한될 수는 없으며, 대외적인 정보서비스 시스템의 전산화를 중심으로 하고 있다.

도서관전산화는 처음에 '기계화(mechanization)'라고 표현되어 각종 전자장비를 이용한 도서관자동화를 의미하였고, 1970년대 제4세대 컴퓨터가 개발된 이후로 '전산화(computerization)'라는 용어로 점차 바뀌면서 주로 컴퓨터를 이용한 도서관업무의 자동화를 총칭하는 의미로 일반화 되었다. 도서관 경영개선을 위한 측면으로 사무자동화(OA)의 의미를 도입 응용함으로서 컴퓨터 적용범위가 확장된 결과로 자동화라는 용어가 사용되었다. 도서관에서 일상적이고 반복적인 업무를 컴퓨터를 이용하여 자동화 시스템으로 개발하여 왔다. 이렇게 도서관 업무를 자동화하는 것은 도서관자동화(library automation)라 하고, 도서관 기계화(library mechanization) 또는 도서관 전산화(library computerization)라고도 하였다.

따라서 도서관전산화는 늘어나는 관내 업무량 처리를 해소하기 위해서 적용되는 단순한 도서관업무의 자동화라는 의미보다는 도서관에서 최첨단 전자정보기술의 응용을 통하여 새로운 정보서비스를 개발하려는 노력에 따른 발전적인 것으로 정의된다.[139]

138) 문헌정보학용어사전 편찬위원회 편. 문헌정보학용어사전, 개정판. 서울, 한국도서관협회, 2010.
139) 유사라. 하이퍼미디어 도서관 정보시스템. 서울, 한국도서관협회, 1997. p.13.

5.4.2 도서관자동화의 발전단계

도서관 업무의 자동화는 도서관의 목적을 효과적으로 달성하기 위한 수단과 방법으로써, 도서관 업무의 효율성을 제고하고, 이용자의 서비스 만족도를 충족시키는 데 반드시 필요하다. 따라서 도서관 관내 업무를 포함함 대외 정보서비스 시스템을 중심으로 업무를 자동화하여 왔다.

도서관자동화의 범위는 자동화 기술의 발전에 따라 변화하였다. 과거에는 단순히 자관의 소장 자료에 국한된 자료관리 업무에서, 정보검색과 같은 이용자의 서비스 부문으로 확대되었다. 현재는 단순한 도서관 업무의 자동화를 뛰어 넘어 인터넷과 같은 네트워크를 이용하여 다른 지역에 있는 도서관 정보자료를 이용자에게 제공하는 전자도서관이나 디지털도서관으로 변화하고 있다.

일반적으로 도서관자동화를 통해 얻을 수 있는 기대효과는 1) 신속한 정보처리를 통한 업무 수행의 혁신적 신속화를 이룰 수 있다. 2) 단순, 반복 업무의 자동화로 인력 절감을 통한 경비 절감을 가져올 수 있다. 3) 새롭고 개선된 서비스를 이용자에게 제공할 수 있다. 4) 유사, 중복 업무의 통일화로 사무능률을 향상시킬 수 있으며, 경영조직의 과학적 분석으로 통한 경영체질을 개선할 수 있다.

도서관자동화 시스템을 적절하게 운영하는 것은 끝없는 과정이다. 최종적으로 구축된 시스템이 결코 최종 시스템이 되는 것은 아니다. 이용자의 요구가 변화함에 따라 도서관은 시스템을 개발한 업체와 함께 시스템을 업그레이드하는 것이 필요하다. 경우에 따라서는 새로운 시스템으로 대체할 수도 있다.

한편 도서관자동화의 배경은 도서관자동화는 갑자기 생겨난 것이 아니고 여러가지 요소들의 상호작용에 의해서 진행되게 되었다. 이러한 도서관자동화 요인들은 그 비중의 우선순위를 따지기 어렵고 서로 연관되어 작용하기 때문에 도서관자동화에 영향을 미친 여러 요인들이 전체적으로 이해되어야 한다. 도서관에서 컴퓨터를 이용한 시스템을 개발하려는 초창기의 이유는 우선적으로 경제적으로 이용자에게 최선의 서비스를 하여야 한다는 측면과 최소의 노력으로 부가적인 혜택을 주기 위해서이다. 이러한 측면들은 다음과 같다. 정보기술의 등장과 발전, 기계가독형목록(MARC)의 출현, 사서직에 대한 전문가 교육 강화, 도서관간의 협력과 경쟁, 사서직과 도서관 운영에 있어서의 변화, 마지막으로 도서관에 대한 이용자 정보요구의 변화 등으로 볼 수 있다.

도서관자동화에 대한 기대효과는 무엇보다도 신속하고 정확한 정보처리 업무수행을 통해 보다 효율적으로 도서관을 관리하고 이를 바탕으로 도서관의 궁극적인 목적인 정보서비스를 최적화 시킨다는 데에 있다. 도서관자동화에 대한 기존의 사례들을 분석해 보면 초기 단계에는 도서관 환경의 물적자원, 특히 인적자원이 상당히 요구되는 반면 어느 정도 도서관의 전산시스템이 정착된 이후에는 경제적 효과성을 비롯하여 정보서비스 측면에서 상당한 효과를 볼 수 있다. 정보의 디지털화로 과거보다 더욱 다양해지는 정보내용과 형식, 유형 그리고 이에 따른 급증하는 정보처리의 양은 정보요구의 증가에 크게 비례하고 있으며, 컴퓨터 기술에 의해 지원되는 전자 정보처리라는 솔루션을 적용시키게 했다.

L. Tedd에 의하면 컴퓨터를 이용한 시스템을 개발한 이유는 기본적으로는 "최소경비로 최대 효과로 보다 나은 서비스를 제공하기 위해서이고, 또한 최소경비로 부가적 혜택을 주기 위해서이다."[140] 그리고 부가적인 이유를 다음과 같이 열거하고 있다.

1) 업무처리를 보다 신속하고 정확하게, 보다 경제적으로 관리하기 위하여
2) 증가하는 도서관의 업무량을 극복하기 위하여
3) 새롭고 개선된 서비스를 이용자와 도서관 직원에게 제공하기 위하여
4) 외부 서비스를 이용할 수 있게 하기 위하여
5) 도서관 합병시 공동시스템 형성의 해결책[141]으로서

그러나 초창기에 대부분의 사서들은 도서관에 컴퓨터를 이용한 시스템의 도입을 반대하였다. 이러한 논란에 대한 주요 논문 중의 하나로서 E. Mason이 주장한 것이 있다.[142] 이 논문에서 그는 컴퓨터에 광신적인 사서들이 믿고 있는 8가지의 신화에 대하여 반박하고 있다.

---

140) Lucy A. Tedd, *An Introduction to Computer-Based Library Systems.* 2nd. ed. Chichester, John Wiley & Sons, 1984. p.7.

141) Lucy A. Tedd, *An Introduction to Computer-Based Library Systems.* Chichester, John Wiley & Sons, 1977. pp.4-6.

142) E. Mason. The Great Gas Bubble Prick't ; or, Computers Revealed by a Gentleman of Quality. *College and Research Libraries.* vol.32(1971). pp.183-96.

1) 컴퓨터는 모든 것을 힘들이지 않고 해낼 수 있도록 하지 못한다.
2) 컴퓨터를 이용한 처리 절차는 이와 대체되는 수작업 절차와 비교하여 보통 시간절약이 되지 않는다.
3) 컴퓨터를 이용한 시스템은 경비 절약이 되지 않는다.
4) 도서관 간에 컴퓨터로 시스템 설계 계획을 시행하는 것은 용이하지 않다.
5) 도서관 간에 컴퓨터 이용을 위한 프로그램을 이관하는 것은 용이하지 않다.
6) 컴퓨터 서비스를 공동 이용하는 것이 저렴하지 않다.
7) 개개의 도서관 시스템을 전체적으로 통합시킨 시스템에 연결시키는 것은 용이하지 않다.
8) 이용자는 컴퓨터를 이용한 도서관 시스템으로부터 보다 양질의 서비스를 받을 수 없을 것이다.[143]

그러나 컴퓨터를 이용한 도서관 시스템을 옹호하는 반론도 있었다.[144] [145] Mason은 대부분이 광범위한 일반론이지만 그 가운데에는 다소 진실이 포함되어 있다. 그러나 Mason은 모든 문제에 있어서 컴퓨터 시스템을 관리 운영하고 설계하는 사람들보다도 컴퓨터 그 자체를 비난한다고 하였다. 1960년대에 컴퓨터 시스템의 설계자와 관리자는 컴퓨터를 이용한 도서관 관리시스템 고유의 잠재적 문제를 반드시 충분하게 인식하고 있지 못하였다. 어떤 시스템은 실제보다 높이 평가되었고, 또 어떤 것은 예산을 과잉 지출하였고, 그밖에 잘못된 이유로 설치된 시스템도 있었다.

이러한 사실 때문에 컴퓨터를 이용한 시스템가운데 상당수는 기대하였던 혜택에 미치지 못하는 결과를 가져 오게 되었다. 그럼에도 불구하고 기술이 개선되고 사서와 컴퓨터 기술자간의 의사소통이 원활하게 됨에 따라 성공사례가 증가되었다. 영국에서는 〈Divisions of the Scientific Documentation Centre〉에서 컴퓨터를 이용한 SDI 서비스에 대한 정부 후원의 프로젝트를 강력히 반대해 왔다.[146] 그리고 Taylor는 도서선택 정책에 미치는 컴퓨터 시스템의 영향에 반대하였다.[147]

143) Lucy A. Tedd, *An Introduction to Computer-Based Library Systems.* 2nd. ed. Chichester, John Wiley & Sons, 1984. pp.8-9.

144) I. A. Warheit. When Some Library Systems Fail. *Wilson Library Bulletin,* 46(1971). pp.52-8.

145) A. B. Veaner. *Are Computer-Oriented Librarians Really Incompetent?* The LARC Association Incorporated. Tempe, Arizons, 1971.

146) P. S. Davison. Selective Dissemination of Information; Past, Present, and Future Develop -ment of SDI in the Long March to Becoming a Major Disseminator of Scientific Information. *Research in Librarianship,* 25(1974). pp.5-30.

관점에 따라 자동화 진행과정을 다양하게 전개시킬 수 있으나 발전적 시대구분을 기준으로 전산화 발전 양상을 요약하면 다음과 같다. 먼저 유사라에 의하면 세대별 발전기로 구획 1기부터 5기로 구분하였는데,[148] 이러한 발전기별 설정은 정영미의 제1기에서부터 4기로 구분[149]한 것을 확장한 것이다. 반면에 초기에 Tedd는 컴퓨터를 이용한 도서관 시스템의 역사를 〈실험시스템 단계〉, 〈국지적 시스템의 단계〉, 〈협동시스템의 단계〉 등 3단계로 나눌 수 있다고 하였다.[150]

한편 Rubin은 20세기 정보기술의 발전과정을 기술적 변화의 영향과 응용 관점에서 다음과 같이 7단계 기술 발전기로 구분하고 있다.[151]

1) 마이크로 사진기술의 발전기: 1900-1960년대
2) 도서관에서 컴퓨터를 처음으로 응용기: 1960년대
3) 온라인 정보기술의 사용기: 1970년대
4) CD-ROM의 성장과 도서관 시스템 통합기: 1980년대
   ① 도서관 시스템 통합
   ② OPACs의 개발
   ③ 온라인 대출시스템의 성숙
   ④ 수서 및 연속간행물 시스템의 자동화
   ⑤ 연계시스템 프로젝트/ 연계시스템 프로토콜
5) 인터넷과 WWW의 성장기: 1990년대
   ① 월드 와이드 웹(World Wide Web)
6) 디지털도서관의 상승기: 2000년대 이후
   ① 디지털도서관
   ② 웹 포털
   ③ 인터넷 2

---

147) N. Taylor. Dehumanized: the Worst Possible Time for Blind Ordering of Rubbish. *Library Association Record,* 78, 17(1976).
148) 유사라. 하이퍼미디어 도서관 정보시스템. 서울, 한국도서관협회, 1997. pp.17-18.
149) 정영미. 도서관정보전산화론. 서울, 구미무역(주), 1982. pp.10-17.
150) L. A. Tedd. *An Introduction to Computer-Based Library Systems,* 2nd ed. Chichester, John Wiley & Sons, 1984. pp.2-9.
151) Richard E. Rubin. *Foundations of Library and Information Science,* 2nd ed. New York, Neal- Schuman Publishers Inc., 2004. pp.79-100.

본 장에서는 상기에서 언급한 내용들을 통합하여 도서관자동화의 발전과정을 살펴보고자 한다.

1) 제1기(1936-1950년대 초)

1936년 미국 텍사스 대학의 도서관에서 컴퓨터를 도입하여 대출업무의 자동화를 시도했던 것이 도서관 전산화의 시초이며, 그 이후 40-50년대를 거쳐 1950년대 말까지 공공도서관이나 대학, 특수기관, 학교도서관 등에서 펀치카드와 펀치카드 기계를 이용하여 도서관 업무의 자동화를 진행시켰다. 편목을 수작업으로 처리하고 펀치카드는 기계로 작성하는 반 기계가독형 자동화의 형태였으며, 이 때 대부분은 대출업무와 책자목록의 생산작업, 주문, 연속간행물의 소장 목록작성이나 회계등록, 통계처리에 전산화가 적용되는 것이 주된 내용이다.[152]

Tedd는 이 시기를 실험시스템 단계로 설정하여 1960년대 초기에 북미와 영국의 수개의 도서관이 정보처리에 컴퓨터를 이용하려는 실험이 시작되었다. 이들 시스템 중 몇 개는 펀치카드에 의한 데이터 처리 시스템에서 발전된 것이다. 영국에서는 Camden과 West Sussex 공공도서관 및 Newcastle과 Southampton 대학도서관이 실험단계에 관여하였다. 이 단계에서 개발된 시스템 가운데에는 다음과 같은 이유로 실패하기도 하였다.

1) 당시의 컴퓨터 기술은 불충분하였다.
2) 사서들은 컴퓨터를 이용한 시스템에 대한 그들의 요구사항이 무엇인지 충분히 인식하지 못하였다.
3) 컴퓨터 전문가들은 컴퓨터를 이용한 시스템에 대한 사서들의 요구사항을 파악하였다고 생각하였다.
4) 도서관의 단위 시스템들 모두가 동시에 컴퓨터화되어야 한다고 생각하고 있었다.[153]

사서와 컴퓨터 엔지니어들 간의 커뮤니케이션이 충분하게 이루어지지 않았을 뿐만 아니라 서로 무시하는 경향도 있었다. 또한 컴퓨터 시스템에 대한 완전한 이해도 부족하였던 시기로 볼 수 있다.

---

152) L. Overmyer. Library Automation: A Critical Review. *ERIC Report,* ED 034107, 1969.
153) Lucy A. Tedd. *An Introduction to Computer-Based Library Systems.* Chichester, John Wiley & Sons, 1976(김두홍, 유길호 공역. 도서관전산화시스템. 서울, 구미무역(주), 1985. p.4).

2) 제2기(1960년대)

60년대에 이르러서야 '도서관전산화'가 일반화되었다고 보는 시기이다. 범용 컴퓨터가 일반화 되면서 오프라인 뱃치(batch) 방식의 자동화 시스템이 개발된 시기이다. 제2기는 메인 프레임 컴퓨터가 등장하여 상업적 조직에서 많이 응용되기 시작한 시기로 펀치카드를 이용하여 데이터를 입력하는 오프라인 배치시스템이 주된 개발내용이다.

특히 1960년대 말 〈미의회도서관〉의 기계가독목록(MARC) 개발이 큰 영향을 주었다. 실제로 MARC는 한 국가의 의회도서관에서 시작되었던 편목규칙으로 원래는 〈미의회도서관〉 내의 정부 고문서 등의 자료를 효율적으로 축적하기 위한 방편으로 개발된 것인데 미국 뿐만 아니라 세계 여러 국가의 도서관 장서의 기계가독 목록규칙으로 그 모형으로 받아들이고 응용하기 시작하였다. 이 시기에 해당되는 특징은 정보검색 측면에서는 1960년대 말 펀치카드를 이용하여 연관검색 등의 다양한 검색기법이 연구되기 시작한 점이다.

Tedd는 이 시기를 '국지적 시스템의 단계'로 설정하고 있다. 1960년대 말기 이래 대부분의 사서들은 도서관의 업무절차를 조직화하는 도구로서 컴퓨터를 이용하였다. 이들 시스템의 대부분은 대학도서관, 특수 도서관, 공공도서관을 막론하고 국지적으로 개발된 것이다. 이러한 시스템의 상당수는 성공적으로 운영되었다. 성공의 이유를 몇 가지 열거하면 다음과 같다.

1) 컴퓨터의 기술이 진일보되었다.
2) 실험단계에서 겪은 도서관의 경험이 반영되었다.
3) 사서들과 컴퓨터 전문가들과 간의 의사소통이 증진되었다.
4) 시스템의 설계 및 관리운영이 개선되었다.[154)]

이 시기의 대표적인 도서관자동화 사업은 MARC로 대변된다. MARC의 발전사를 제시하면 다음 〈표 5-2〉와 같다.

---

154) Lucy A. Tedd. *An Introduction to Computer-Based Library Systems.* Chichester, John Wiley & Sons, 1976(김두홍, 유길호 공역. 도서관전산화시스템. 서울, 구미무역(주), 1985. pp.4-5).

〈표 5-2〉 MARC의 발전 연대기

1963년	King Committee에 의해 'Automation and LC'의 리포트가 발표되어, LC의 업무전반의 기계화의 유익성을 결론지었다.
동년	Ohio College Association에서는 OCLC(Ohio College Library Center)의 발족을 제안하였다.
1965년	미국에 Higher Education Act의 제2조 C항 가운데 "National Program for Acquisition and Cataloging" 계획을 발표
동년 1월	1월 LC에서 Machine-Readable Catalog Copy 에 관한 제1회 회의를 개최.
동년 12월	Council on Library Resources(CLR) 가 MARC Pilot Project에 130,000달러의 자금 원조를 행함
1966년	BNB의 편집을 기계화 하는 것을 Aslib이 결정.
동년 11월	LC/ MARC Pilot project에 의한 자기 테이프 배포 개시
1967년	OCLC가 창설됨. F. G. Kilgour이 이사장이 됨
동년	스텐포드 대학에서 US Office of Education 에 의해 서지정보 통정 개발 위임 받음
동년 3월	LC/ MARC Project 에 대해서 분석평가, 동시에 MARCII 개발 개시
동년 3월	LC/ MARC Communication Format에 대해서 BNB 시안과 LC 안과 비교대조를 행함.
1968년 9월	BNB/ MARC (UK/MARC라고도 함)의 자기 테이프가 작성되어짐
1969년	스텐포드 대학도서관에 BALLOTS (Bibliographic Automation of Large Library Operations using Time-Sharing System)이 가동개시.
동년 9월	LC/ MARCII에 의한 자기 테이프의 배포개시
1970년 4월	OCLC 오프라인 목록시스템이 가동개시 참가관 35관에서 시작됨.
1971년 1월	BNB의 weekly list가 1971년 1월 6일호에 BNB/ MARC에 의한 편집 개시
동년 8월	OCLC 온라인 목록시스템이 가동개시. 참가관 49개관
1972년	일본의 국립 대학도서관을 대상으로, LC/ MARCII의 자기 테이프 사용에 의한 목록 카드의 배포가 개시되었다(문부성이 계획, 실시기간은 도서관 단기대학)
동년 11월	BALLOTS II 시스템의 설계 개시
1974년	IFLA에 UBC Office가 설치되어 짐
1975년	BNB/ MARC는 LC/ MARC의 Communication format을 채용
1976년 5월	IFLA Working Group on Content Designators가 람셀 회의에서 UNI/ MARC의 최종안을 보고.
1977년	UNI/ MARC 포맷이 완성
1977년 2월	국립국회도서관 JAPAN/MARC에 의한 목록 데이터 입력 작업 개시
1978년 1월	국립국회도서관 JAPAN/MARC에 의한 납본주보의 편집 시작 목록코드는 NCR 신판을 준용
1980년	USMARC update No.1
1981년	미국 LC에서 카드목록 중단
1984년	공통커뮤니케이션형식(Common Communication Format : CCF)개발
1988년	USMARC update No.2
1990년	USMARC update No.3
1994년	USMARC 모든 매체의 MARC포맷 통합 No.1
1995년	통합된 USMARC update No.2
1997년	통합된 USMARC update No.3 856 필드 설정 제안
1999년	USMARC과 CAN/MARC을 통합하여 MARC21 출판
2004년	MARC21 update No.5

이 시기에는 컴퓨터를 이용한 도서관 시스템의 비용문제가 중요한 현안이 되기도 하였는데 Mason은 비용에 관련된 4가지 문제점을 지적하고 있다.

1) 개발비용 결정의 어려움
2) 운용비의 예측이 곤란함
3) 비교될 수 있는 수작업 시스템의 비용 계상의 어려움
4) 운용비를 완전하게 분석하는 것을 꺼리는 사람이 있음

3) 제3기(1970년대)

제3기의 특징은 EDPS에서의 실시간 방식으로 업무처리를 하는 온라인시스템의 개발로 볼 수 있다. 도서관 협동체의 성격으로 시작하여 도서관 네트워크로 점차 변형되온 서지 유틸리티들, 즉, OCLC(Online Computer Library Center), BALLOTS(Bibliographic Automation of Large Libraries using Online Time Sharing System) 등이 등장하였다.

도서관 조직에서의 온라인 모드에 대한 자원공유나 정보교환에서의 네트워크 개념이 발전되었고, MEDLINE이 〈미국립의학도서관〉에 의해 최초로 온라인 정보검색시스템으로 개발되면서 진정한 의미의 정보검색이 이루어지게 되었다. 이어 SDC, Lockheed등 문헌정보자료 데이터베이스를 영리적 목적으로 판매 서비스하는 벤더 등이 등장하였고, 미니컴퓨터의 도서관 이용으로 미니컴퓨터 패키지시스템인 LIBS100, Plessey System 등을 이용한 도서관 업무의 전반에 걸친 전산화가 진행된 시기였다. 즉 토탈시스템의 개발, 데이터베이스 개념의 도입 및 범용 데이터베이스 관리시스템의 이용이 보편화가 되었다. 그러나 예산상의 어려움과 네트워크 개념의 도입으로 개별적으로 전산화한 사례가 60년대에 비해 줄어들었다.

Tedd는 이 시기를 〈협동시스템의 단계〉로 설정하고 있다. 1970년대에서는 컴퓨터 시스템을 개발하고 있는 도서관간에 협동과 자원의 공동 이용이 증가되었다. 한층 공식적인 도서관 네트워크를 확립하여 가는 경우도 있었다. 영국의 협동시스템의 한 예로서는 Birmingham Libraries Cooperation Mechanisation Project(BCLMP)가 있으며, 미국에서는 OCLC가 도서관 네트워크의 한 본보기가 되었으며 그 밖에도 서지유틸리티 측면에서 전산화가 급속도로 진행되었으며, 또한 비용절감 때문에 대부분의 도서관이 참여하게 되었다.

4) 제4기(1970년대 후반-1980년대 중반)

이 시기는 도서관 네트워크 시대로 대변된다. OCLC나 RLIN등의 서지 유틸리티 등과 같이 BALLOTS, UTLAS 등이 온라인 네트워크 형식으로 확장되었으며, WLN이 온라인 정보 네트워크 형식으로 변화 발전되었다. 특히 도서관 뿐만 아니라 다양한 조직체들의 자동화, 전산화를 지원할 수 있는 상업적인 용역 업체가 대거 등장하였고, 데이터베이스의 제작이 활발해 지면서 지역적 특성이나 특수정보 형태의 데이터베이스만을 중심으로 별도로 제작하는 고유정보 데이터베이스의 개발과 다양한 형식과 내용의 정보데이터베이스를 제작하는 경향이 두드러졌다.

서지데이터베이스의 유형이나 종수 면에서의 증가와 그에 따른 정보서비스 확대로 정보검색의 기능이 보다 중요해 졌다. 다종간의 혹은 타지역 도서관간의 정보교환이나 자원공유에 대한 개념이 다시금 온라인 네트워크의 작용으로 활성화 되었다. 1970년대 중반기로 접어들면서 토탈시스템으로의 도서관업무의 전산화 개념이 전개되었으며, 이를 기반으로 도서관이 구체적인 통합정보시스템으로의 발전을 유도하였다. 온라인 실시간 방식의 컴퓨터 시스템, 도서관 네트워크(중앙집중형) 등장(OCLC, RLIN, WLN, UTLAS), 패키지 시스템의 개발, DBMS의 도입 등이 도입된 시기이다. 또한 온라인 열람목록(OPAC)의 증가, CD-ROM의 도서관 도입 시기이다.

5) 제5기(1980년대 후반-1990년대 중반)

개별 도서관이 단독으로 도서관의 궁극적 목적을 효과적으로 수행한다는 것은 80년대 후반부터 이미 그 한계성이 드러났다. 다른 도서관과 연계적인 협력과 네트워크 유통체제를 통한 자원공유나 정보교환 등에 의한 이용자 서비스 제공을 필수적인 기능으로 해야 한다는 인식을 갖게 되면서 기존의 도서관 업무와 정보서비스에 네트워크를 통한 정보서비스가 중심적인 위치를 갖고 활발해졌다. 텔레텍스트와 같은 다양한 컴퓨터시스템이 등장하였고 데이터베이스 개념의 보편화에 따라 국제적 규모의 도서관 네트워크를 실행시키려는 노력이 학술 연구집단을 비롯한 여러 기관에서 대두되기 시작한 시기이다.

80년대에는 도서관 네트워크의 발전(분산형 네트워크), 온라인 열람목록(OPAC)의 증가, CD-ROM의 도입한 시기였으며, 90년대 초반에는 LAN, Internet 사용, 시스템간 상호운용성(interoperability) 제고 노력, 즉 통신 프로토콜, 정보검색 표준 프로토콜, 전자문서 교환 형식 등의 도입 등이다.

90년대 후반에는 클라이언트–서버 구조의 시스템, 통합 데이터베이스(서지, 전문, 이미지) 구축, 인터넷/웹을 통한 외부 정보자원의 활용 증가, 디지털도서관 구축 시작(미국 DLI(Digital Library Initiative) 프로젝트, DLI 1(1994-1998), DLI 2(1998-2004), 영국 eLib 프로젝트, 인터넷(Internet)을 통한 도서관 정보제공이 일반화 된 시기이다.

이 시기에 두드러진 특징들을 요약하면 다음과 같다. 1) 근거리 통신망(LAN), 광역 통신망(WAN), 인터넷 등 각종 네트워크가 도서관자동화에 지속적인 영향을 미쳤다. 2) 네트워크를 통한 도서관 정보의 공유를 위해 통신 프로토콜과 전자문서 교환형식 등 네트워크 관련 기술의 표준을 정형화 하려는 노력이 계속되었다. 3) 네트워크로 연결된 이종의 도서관 OPAC 시스템의 탐색을 위해 정보검색 표준 프로토콜인 Z39.50을 구현하였다. 4) 이용자 인터페이스가 GUI(Graphical User Interface) 환경으로 전환되었다. 5) 도서관자동화 시스템의 데이터베이스가 서저정보 뿐만 아니라 전문과 이미지, 도표 등 멀티미디어 정보를 포함한 데이터베이스로 전환되었다.

6) 제6기 디지털도서관(1990년대 중반이후- 현재)

도서관자동화에 대한 제6기는 제2편 '미래 도서관론'에서 상세하게 설명되어 질 것이다. 이 항에서는 간단하게 언급하였다. 디지털도서관이라는 용어는 1994년 NSF/DARPA/NASA의 디지털도서관 프로젝트(Digital Libraries Initiative)[155]에서 사용되면서부터 많은 사람들에게 알려진 계기가 되었다. 그래서 1990년대 이후로는 전자도서관의 대체된 개념으로 디지털도서관을 사용하고 있기는 하지만 그 정의는 아직까지 명확하지가 않다.

ALA 용어사전(1983)이나 Harrod 용어사전(2005) 그리고 사공철 등편의 문헌정보학용어사전(1996)이나 정보학사전(2001)에서도 디지털도서관에 대한 정의는 없다. 그러나『문헌정보학용어사전』개정판에 의하면 '1. 컴퓨터와 네트워크를 이용하여 도서관의 각종 기능을 유기적으로 결합하고 새로운 디지털 서비스 기능을 부가한 형태의 도서관, 2. 전자자원을 이용하도록 하는 기능 이외에 디지털 정보제공서비스, 상호대차서비스, 기술적인 지원 등의 서비스를 전자적으로 수행하는 도서관,

155) www.dli2.nsf.gov

3. 표준 통신 프로토콜인 Z39.50기반의 표준 범용 문서 생성 언어 형태의 다양한 정보자원(전문, 이미지, 동영상 등)을 검색, 뷰, 내려받기 등을 할 수 있는 가상공간[156]으로 정의하고 있다. 기술적 정의, 자원적 정의, 디지털 환경에서 사용되는 언어적 정의 등으로 구분하여 복잡하게 정의하고 있다.

1990년대 중반에 미국 연구도서관협회(ARL)는 디지털도서관에 대한 여러 정의의 중심적 요소들을 종합하여 다음과 같이 제시하고 있다.

1) 디지털도서관은 단일 실체가 아니다.
2) 디지털도서관은 많은 정보자원을 연결시킬 수 있는 기술을 필요로 한다.
3) 많은 디지털도서관과 정보서비스간의 연계는 최종 이용자들에게 투명해야 한다.
4) 디지털도서관과 정보서비스에 대한 보편적 접근이 목표이다.
5) 디지털도서관 장서는 문헌의 대체물에 제한되어 있지 않고, 인쇄형으로 표현되거나 배포될 수 없는 디지털형태 인공물(digital artifacts)까지도 포함된다.[157]

이는 정의라기보다는 디지털도서관의 조건이나 효과적인 측면을 강조한 것으로 이해된다.

한편 1995년 미국 NII의 IITA(Information Infrastructure Technology & Applications)가 주관한 디지털도서관 워크샵에서는 "디지털도서관이란 분산된 정보저장소(repository)들로 구성된 전 세계적인 네트워크이며 이를 통해 색인된 장서로부터 모든 유형의 객체들을 검색할 수 있는 시스템"이라고 정의하고 있는데 여기에서는 이용자들로 하여금 정보와 지식이 대규모로 조직화 된 저장소에 일관되게 접근할 수 있게 하는 시스템을 의미하고 있다.

디지털도서관에서의 정보는 디지털 형태로 변환되어야 하며 포함된 정보는 멀티미디어야 함을 강조하고 있다. 디지털도서관은 이용자가 도서관의 직접 방문하여 자료를 구해야했던 전통적인 도서관의 개념이 완전히 달라진 것이 아니라 도서관을 방문할 필요 없이 컴퓨터라는 매개체로 하여 정보의 형태, 정보 서비스의 내용이나 방법이 다양해진 것으로서 전통적인 도서관 기능의 다각화, 확장을 의미한다.

---

156) 문헌정보학용어사전 편찬위원회 편. 문헌정보학용어사전, 개정판. 서울, 한국도서관협회, 2010.
157) http://www.arl.org

W. Y. Arms에 의하면 디지털도서관의 필요성은 1) 디지털도서관은 이용자들을 도서관으로 오게 한다. 2) 컴퓨터의 성능 향상과 탐색 및 브라우징, 3) 정보의 공유, 4) 정보의 최신성 유지. 5) 시공간적 제약이 없는 접근성, 6) 새로운 형식의 정보제공력[158] 등으로 분석하고 있다. 그러나 Tedd와 A. Large는 1) 접근의 공정성, 2) 시스템과 소프트웨어간의 상호호환성, 3) 장서 접근권에 대한 이용자 인증, 4) 정보조직화, 5) 인터페이스 디지인, 6) 지적자유권, 7) 시간적 제약없이 디지털 데이터의 보존, 8) 스텝의 재교육[159] 등의 문제점에 직면하고 있다고 분석하고 있다.

5.5 우리나라의 도서관자동화 현황

우리나라 도서관자동화 시스템의 개발은 연구소 도서관을 중심으로 시작되었다. 1976년 한국과학기술정보센터(현 한국과학기술정보연구원)에서 개발한 연속간행물 관리시스템의 자동화를 필두로, 국제경제연구원(현 산업연구원), 과학기술연구소(현 한국과학기술연구원), 국토개발연구원 등의 연구소 도서관을 중심으로 도서관리 업무가 자동화되었다.

1980년대 초에는 한국원자력연구소, 한국표준연구소, 한국전자통신연구소 등에서 기술보고서, 규격서와 같은 기술 자료를 대상으로 한 검색시스템을 개발하였고, 1980년대 후반에는 포항공과대학 도서관, 한국 표준연구소 등이 CD-ROM 목록데이터베이스를 이용하여 편목업무를 자동화하였다. 이와 같이 1980년대 우리나라의 도서관자동화는 연구소를 중심으로 정보검색시스템과 자료관리의 일부 기능의 자동화가 그 주류를 형성했다고 볼 수 있다.

1990년대에 접어들면서 기존의 자체 개발한 시스템에 불편함을 느낀 일부 전문도서관은 상용, 소프트웨어 패키지 구매와 턴키 시스템 방식을 사용하여 재개발하였다. 한편 방대한 자료량의 처리에 소요되는 컴퓨터의 엄청난 가격 때문에 도서관자동화에 엄두를 내지 못하였던 대학도서관들은 1980년대 중반 이후에 대출업

---

158) W. Y. Arms. *Digital Libraries. Cambridge.* The MIT Press, 2000. pp.4-7.

159) Lucy A. Tedd and A. Large. *Digital Libraties; Principles and Practice in a Global Environment.* Morlenbach, K.G.Saur Verlag GmbH Munchen, 2005. p.22.

무와 같은 일부 기능을 자체개발방식을 통해서 자동화하기 시작하였고, 1990년대에 들어서 많은 대학도서관들은 소프트웨어 패키지 구매, 턴키 시스템, 용역 개발 등의 방식을 채택하여 도서관자동화 시스템을 구축하고 있다.

그리고 대부분의 공공도서관은 1990년 초에 국립중앙도서관에서 개발한 KOLAS 소프트웨어를 통해 도서관자동화시스템을 구축하고 있다. 현재는 대부분 디지털도서관 시스템으로 변환하였다. 그래서 도서관자동화라는 용어 대신에 현재는 정보화라는 용어로 변경되어 사용되고 있다. 2007년 현재 도서관 정보화 실적은 다음과 같다.

〈표 5-3〉 도서관정보화 현황

구 분	도서관 수	정보화 도서관 수	비율(%)
공공도서관	620	452	92.81%
대학도서관	516	340	88.54%
전문도서관	663	51	80.95%

※출처: 한국도서관협회, 2008 한국도서관연감. 서울, 한국도서관협회, p.660

이상의 〈표 5-3〉 도서관정보화 현황에서 분석된 바처럼 우리나라 85% 이상의 수준으로 자동화가 되었음을 알 수 있다.

제 2 편

미래의 도서관론

제6장 미래도서관의 담론

미래도서관이 담당할 수 있는 높은 가치의 역할들은 많다. 그러나 그 중에서도 가장 중요한 것은 이용자들의 세계를 깊이 이해하고 정보세계와 그것의 조직에 이해를 가져야 하며, 이 양자를 연결시키는 방법론을 증진시키고 발전시키는 활동을 한 공동체 내의 중재자로서 역할이 될 것이다. 이러한 측면에서 미래도서관론에 대한 담론을 전개하고자 하였다.

6.1 미래도서관 명칭 문제

도서관 정보환경의 측면에서 70년대는 〈전산화의 시대〉였고, 80년대는 마이크로 컴퓨터응용에 의한 〈네트워크 시대〉였다면, 90년대는 인터넷에 의해 가속화되는 〈전자도서관 또는 가상도서관의 실현의 시대〉, 2000년대는 가상도서관의 실현시기로 〈디지털도서관으로 전환되는 시대〉라고 할 수 있다. 그러면 미래도서관은 〈유비쿼터스 도서관 시대〉라고 할 수 있을지는 알 수 없다

디지털도서관의 개념을 최초로 주장한 것은 1945년에 새로운 지식저장 시스템을 개발한 Vannevar Bush의 『As We May Think』에서 'Memex'(MEMory EXtender, 기억 확장기) 시스템을 제안하였고, 1965년에는 Ted Nelson의 'Xanadu 시스템'을 개발하면서 시작된 개념으로 볼 수 있다. 그는 'Memex'에서 제시된 개념을 실제로 정리해 'Hypertext'라는 이름으로 발표하였다. 사실 'hypertext'라는 낱말은 Nelson이 1963

년부터 만들어 사용했다. 다만 정식으로 지면에서 발견된 것이 1965년이므로 그 연도를 'hypertext'의 출현 해로 기록하는 것이다.

1978년에는 Lancaster의 〈종이 없는 도서관(paperless library)'〉의 예견과 1994년에 Tim Berners Lee의 〈월드와이드 웹(World Wide Web)〉의 개발 등은 디지털도서관 발전에 기폭제가 되었다. 대규모 문제에 있어 연구자들이 서로 협력할 수 있도록 글로벌 하이퍼미디어를 만드는 것이었다. 그는 이 멋진 발견을 '월드 와이드 웹'이라고 명명했다. WWW은 'Memex', J. C. R. Licklider의 『인간과 컴퓨터의 공생(Man-Computer Symbiosis)』[1] 그리고 Nelson의 'Xanadu' 개념의 현실화를 위한 가장 근본적인 기술이었다. WWW에 의해 인간과 컴퓨터와 네트웍이 더욱 가까워졌으며, 정보의 공유가 그 어떤 때보다 편리해진 것이다. 이러한 발전적 과정을 거쳐 디지털도서관(이하 DL로 약칭)은 미국의 디지털도서관 프로젝트(DLI: Digital Libraries Initiative)에서 유래되었다.[2]

이러한 상황의 변화에서 문헌정보학자들도 정보환경의 급격한 변화를 예측하고, 그들이 보는 시각에 따라 미래도서관에 대한 가상적인 명칭을 다양하게 표현하고 있다. 초기에는 '벽이 없는 도서관(library without walls)', '종이 없는 도서관(Paper-less Library)' 혹은 '논리도서관(logical library)'이라는 명칭을 많이 사용하여 왔으나, 최근에는 '전자도서관(electronic library)', '가상도서관(virtual library)', '전자디지털도서관(electronic digital library)' 혹은 '디지털도서관(digital library)'이라는 명칭을 사용하고 있으며, '가상실재도서관(virtual reality library)' 또는 '종이 없는 정보시스템(paperless information system)', '멀티미디어 도서관(multimedia library)', '텔레마틱 도서관(telematic library)', '하이퍼 도서관(hyper library)', '사이버 도서관(cyber library, cybrary)', '네트워크 도서관(networked library)', '웹 도서관(Webrary)', 'ebrary' 등 다양한 용어가 사용되고 있다. 두 가지 다른 연관된 용어는 'gateway'와 'portal'이 사용된다.

---

1) J. C. R. Licklider. *Man-Computer Symbiosis.* IRE Transactions on Human Factors in Electronics, volume HFE-1(March 1960). pp.4-11.

2) Stephen P. Harter. What is a Digital Library? Definitions, Content, and Issues. *In: Proceedings of the International Conference on Digital Libraries and Information Services for the 21st Century,* 1996. pp.8-17.

이상과 같은 미래도서관 명칭의 다양성에 내포하고 있는 종합적인 특성을 분석하면 다음과 같이 몇 가지로 구분된다.

첫째, 인쇄매체의 종말을 예견하고 있다는 측면에서 책이 없는 도서관의 구현이 실현될 것이라는 점이다. 이것은 모든 지식정보는 디지털로 탄생될 것이라는 가정이 예정되어 있다.

둘째, 장소로서의 도서관의 개념, 즉 도서관이라는 건물로서의 상징성은 사라질 것이다. 대신에 컴퓨터가 그 역할을 수행하리라는 전망으로 대개 디지털도서관, 전자도서관, 통신도서관 등으로 설명되며, 가상현실 도서관의 개념이기도 하다. 그러나 현실성은 희박하다.

셋째, 첫 번째와 두 번째의 요구가 충족되어 진다면 사서의 불필요성도 제기되고 있는 요소이다. 반사서론이다. 이러한 가정이 성립된다면 사서직의 종말이 아니라, 사서의 이미지가 새롭게 재정립되어야 할 것이다.

넷째, 개별 도서관의 해체론이다. 더 이상 단위 도서관의 의미는 없어지고 지역간, 국가간, 범세계적 도서관이 형성된다는 것이다. 가상도서관, 벽없는 도서관, 열린 도서관, 사이버 도서관의 개념이 여기에 속한다.

다섯째, 정보의 접근(access)은 자료의 소장(ownership)보다 경제적이 될 것이다. 이러한 면에서 정보자료에 대한 '접근 대 소장'의 패러다임이 논쟁거리로 대두되고 있다. 그러나 소장 장서 없이는 접근은 허구이다.

여섯째, 전자적 축적은 서가 공간보다 비용적인 측면에서 훨씬 효과적이다. 한 평 남짓의 도서관이라는 Lancaster의 예견과 맥을 같이한다.

일곱째, 종이는 비싸다. 따라서 종이매체의 생산은 비경제적이라는 관점이다. 이 점은 아직은 비현실적이다.

여덟째, 벤더와 출판업자는 보관자로 변화될 것이다.

상기와 같은 이러한 예견이나 가정은 디지털기술 환경의 변화로 기인된 것이다. 또한 디지털코드의 사용이 정보전달의 신뢰성을 획기적으로 증진시킨다는 점과 정보의 디지털코드화가 정보자료에 대한 수학적 연산처리를 가능케 해주었다는 점에서 착안된 것이다.

요컨대 통신망 세계의 약속 가운데 하나가 엄청난 양의 정보에 신속하게 접근할 수 있다는 것이다. 인터넷 지지자들은 책 없는 도서관 시대가 오면 모든 출판물들은 통신망을 통해 얻게 될 것이라고 희망하고 꼭 그렇게 될 것이라고 확신하고 있다.

따라서 우리들은 워크스테이션을 통해 어떠한 문서라도 읽을 수 있으며 서적들은 전자화되어 배포될 것이라고 기대한다. 이러한 현상은 'Printing-on-demand(POD)'로 연결될 것이라고 전망하고 있다. 미래의 도서관은 최선의 정보전달 수단으로서 전자정보원과 다른 기술적인 자원 및 서비스를 통합하여 모든 유형의 인류 지식에 접근할 수 있는 장소가 되는 것이 꿈이다.

그러나 "공간으로서의 도서관"과 "벽 없는 도서관"이 대립된다는 생각은 허구이다. 사실 도서관은 먼 옛날부터 항시 공간을 넘어 봉사해 왔다. 전화 참고봉사, 이동문고, 상호대차 등이 그 좋은 실례들이다. 도서관에 필요한 것은 현재의 서비스에 가상도서관 서비스 프로그램을 추가하여 도서관의 공간을 풍부하게(대체가 아닌)하는 일이다. 가상도서관에 열광하는 것은 도서관과 사서직을 죽음으로 이끄는 길이다. 반사서, 반도서관의 외침은 디지털 메니아들이나 기술결정론자들에게 하나의 꿈이었지만, 그 꿈은 현실에서 이루어질 가능성은 전혀 보이지 않고 있다.

이러한 미래도서관의 개념을 분명하게 이해하기 위해서는 전통적인 도서관을 지칭하는 용어를 살펴볼 필요가 있다. 이들은 "'library' 이외에 'classic library', 'conventional library', 'current library', 'present library', 'non-electronic library', 'paper library', 'physical library', 'print-oriented library', 'real library', 'traditional library', 'visiting library'" 등이 빈번하게 사용되고 있는데, 이들은 모두 미래도서관 명칭으로 사용되는 개념과는 상반되거나 대칭되는 측면에서의 용어들이다. 특히 시간과 공간적인 측면 그리고 자료소장 여부와의 관점에서 극명하게 한계성을 들어내는 측면이 강하다. 그리고 장소나 실재적인 개념이 강하다.

또한 도서관 소장자료의 형태나 자료 전송형태 또는 도서관전산화 등에서 상당히 차별화되는 개념으로 사용된 것으로 이해할 수 있다. 그러나 "책(실물로서 장서개념) 없는 도서관"은 통신망 중독자들 통신망 초보자 또는 디지털도서관을 추진하는 사람들의 환상에 불과하다.3)

1980년대에는 '전자도서관'이란 명칭이 일반적이었으며, 소장 정보 및 매체의 전자화, 정보접근 방법의 전자화를 강조한 개념으로, 전통적인 도서관의 구성 요소인 정보자원, 이용자, 시설은 존재하지만, 전자적인 형태, 접근방식, 서비스를 도입한 개념

3) Clifford Stoll. Silicon Snake Oil. 1995(허풍떠는 인터넷: 과대포장 된 인터넷, 그 실체를 해부한다. 한경홍 역. 서울, 세종서적, 1996. p.253).

이다. 1990년대에는 디지털도서관이란 명칭이 일반화되었다. 정보자원의 전자적인 이용을 위해 반드시 필요한 데이터의 디지털화를 강조한 개념으로서, 즉, 디지털도서관이라는 용어는 도서관에 컴퓨터가 도입된 이래로 자동화를 의미하는 명칭 중 가장 최근의 개념이라고 할 수 있다. 하지만 현재 이러한 명칭들은 혼용되어 사용되고 있다.

그리하여 미래의 도서관은 거대한 건물의 테두리를 벗어나서 이와 같이 실상적인 다양한 매체와 다양한 첨단적인 통신수단을 이용하는 기관이라는 것을 상징하는 것이라고 볼 수 있다. 그리하여 여기에서는 이러한 명칭들을 모두 수용할 수 있고, 현재 가장 보편화되어 있는 '미래의 도서관'으로 통용하고 가끔은 '전자도서관' 또는 '디지털도서관'으로도 호칭되었다.

20세기 이래로 미래의 도서관에 관련된 수많은 예측들이 있어왔는데, 이들 대부분이 F. W. Lancaster 등에 의해 재론되었다. 이러한 예측들을 종합해 보면 다음과 같다.

1) 도서관은 그들이 오늘날 행하고 있는 동일한 형태의 서비스를 많이 제공할 것이다. 그렇지만 그들의 내적인 기능성은 마이크로폼 축적과 컴퓨터 응용과 같은 기술을 통해 크게 개선될 것이며, 점증되는 다양한 자료를 취급하게 될 것이다.
2) 컴퓨터와 텔레커뮤니케이션에 의해 촉진되는 네트워크 활동이 일반적으로 도서관의 유용성과 비용-효과를 개선하게 될 것이며, 방대한 국가적 도서관자료에 효과적으로 접근할 수 있도록 할 것이다.
3) 도서관은 종이에 인쇄한 자료에 의존하는 비율이 감소되고 심지어는 축출될 수도 있으며, 기본적으로는 기계가독형 자료를 취급하게 될 것이다.
4) 도서관의 직접방문의 기회는 현저하게 줄어들 것이다. 이것은 도서관이 사무실이나 가정으로 직접 서비스를 제공할 수 있도록 기술이 발달될 것이기 때문이다.
5) 지역 도서관들은 실질적으로 그 중요성이 감소될 수 있고 심지어는 사라질 수도 있다. 이것은 정보자료가 어디에 소장되어 있든 이용자들이 텔레커뮤니케이션을 통해 직접 정보원에 접근할 수 있기 때문이다.
6) 개별 도서관들은 온라인 지적 공동체가 될 것이다. 온라인 네트워크로 개별 도서관에 본문 또는 기타 형식으로 된 정보자료는 물론 접근을 허용하게 되므로, 공식 비공식 커뮤니케이션간의 차이점은 불분명해질 것이다.
7) 새로운 정보서비스시설의 출현으로 데이터뱅크에로의 질문에 대하여 직접 해답을 제공하거나 또는 질문에 대한 해답을 감소시킬 수 있다.[4)]

이들을 요약해 보면, 앞으로 자료처리과정이 자동화되고, 전자식 접근방법으로 전환되고, 도서관 서비스가 도서관을 우회하여 가정으로 배달되고, 온라인 지적 공동체는 새로운 시설로 변환되는 국면을 맞을 것으로 예견하고 있는 것이다.

한편 Kennethe E. Dowlin은 전자도서관을 크게 자료, 정보, 커뮤니케이션의 세 가지 기능을 갖고 있는 기관이라고 분석하고, 전자도서관은 1) 컴퓨터에 의하여 자료를 관리하고, 2) 전자채널로 정보공급자와 정보를 찾고 있는 사람을 상호연결하고, 3) 정보요구자의 요청이 있으면 정보전문가가 전자처리로 중개하고, 4) 정보를 축적 및 조직하여 전자채널을 통해 요구자에게 전달할 수 있는 시스템이라고 설명하고 있다.[5)]

6.2 디지털도서관

세상에 대한 우리의 정보는 글로 기록되어 지식으로 남았고, 팜플렛, 논문, 책, 시청각 자료 형태로 도서관에 소장되었다. 도서관은 이러한 의미에서 인류의 정신노동의 진수를 담고 있는 말 그대로 인류의 보고이다. 그런데 정보와 지식을 책으로 보관하는 방식에는 심각한 문제점이 있다. 책은 정보를 저장하기에는 괜찮았지만 이를 검색하고 불러오는 데는 불편하다. 이러한 단점을 해결하기 위해 방법들이 다양하게 연구되었다. 따라서 미래도서관의 한 유형으로 디지털도서관이 매우 빠르게 많이 부상하고 있다.

기술의 변화, 발달로 도서관도 변화하고 있으며 재 정의되고 있다. 도서관을 둘러싸고 있는 환경이나 이용자의 정보요구 변화에 따라 서비스의 내용과 방법에 변화가 있을 수 있지만, 전통적 도서관과 마찬가지로 디지털도서관 또한 원하는 개인에게 적합한 정보를 제공하는 서비스 기관으로서의 역할과 책임은 기본적으로 변하지 않는다.

---

4) F. W. Lancaster. *Libraries and Librarians in an Age of Electronics.* Arlington, Information Resources Press, 1982. pp.125-136.

5) Kennethe E. Dowlin. *The Electronic Library ; the Promise and the process.* New York, Neal-schuman, 1984. pp.27-34.

따라서 디지털도서관은 전통적 도서관의 소장 및 물리적, 공간적 개념을 초월한 접근과 이를 가능하도록 하는 가상 및 디지털 공간의 개념이 추가되는 차원에서 이해되어야 한다. 즉 IT의 급진적 발전에 따라 〈전통적 도서관 → 하이브리드도서관 → 전자도서관 → 디지털도서관〉으로의 발전적 패러다임이 변한 것이다. 그렇지만 도서관의 명칭이 변한다고 그 본질적 기능이 변한 것이 아니고 기존의 도서관의 기능이 확장된 개념으로 이해되어야 한다. 개념적으로 디지털도서관은 시공간의 제약이 없는 네트워크 기반의 콘텐츠 시스템을 의미한다.

6.2.1 디지털도서관의 출현배경

지난 30년 동안 과학은 과학 및 기술정보((scientific and technical information (STI))는 개별 과학자에 큰 짐을 부여했다. Baker, Crawford, Weinberg, SATCOM(Satellite Communications), Greenberger, 그리고 Conference Board[6)]가 지원하는 새로운 방법론의 필요성을 강조하고 전체적으로 국가에 STI의 비판적 중요성을 지적하여 이들 목표를 확장시키는 것을 보고하였다. 1954년부터 1999년까지 미국에서 정보의 중요성과 그 정책 및 디지털도서관이 탄생하기까지의 국가 수준에서 관심을 기우린 주요 보고서를 연대기 순으로 발췌한 것이다.[7)]

이러한 연구 및 보고와 우리들이 필요로 하는 것을 제시한 과학의 새로운 방향의 적용, 권고 사항의 검토는 1) 국가 수준에서 과학정보 정책을 수립하기 위한 책임성의 위치, 2) 동적이고 연방 연구기금에 의한 연구개발 프로그램, 3) 공공 및 민간 부문에서 STI 활동을 조정하기 위한 자발적인 조직 메커니즘이다.

---

6) The organization was founded in 1916 as the National Industrial Conference Board. It grew from a 1915 meeting at the Yama Farms Inn in New York consisting of presidents of 12 major corporations and six of the foremost industry associations. The gathering included Frederick P. Fish, Frank A. Vanderlip and Magnus W. Alexander, who would become the organization's chairman and executive secretary. The purpose of the meeting was to discuss the causes of the increasing strife between employers and their employees and the effect of the rapidly multiplying amount of restrictive labor and social legislation on the conduct of business . . . in order that a proper course of future action might be determined upon, alike beneficial to employers and employees and subservient to the welfare of the nation.

7) http://www.osti.gov/physicalsciences/wkhistory.html

대통령의 과학자문위의 사무는 1) 공공 및 민간 부문에 영향을 미치는 STI 정책 문제의 조사 책임을 과학정보 정책 패널, 2) 공공 및 민간 영역에서 STI는 요소를 가진 기관과 자발적으로 제휴를 할 수 있도록 하는데 있다. 연구자와 학생들이 과학정보를 용이하게 이용할 수 있는 포괄적인 장서 소장의 목적은 과거 10년 동안 되풀이해 언급되었다.

〈과학연구 및 개발연구소(Office of Scientific Research and Development)〉 소장인 Vannevar Bush가 1945년에 Roosevelt 대통령에게 『과학 그 끝없는 도전(Science-The Endless Frontier)』[8] 이라는 제목으로 보고서를 제출하였다. 그의 견해를 또한 『Atlantic Monthly』지 1945년 7월호에 〈As We May Think〉라는 논문에서 재고하였다. 그는 과학자들을 위해 방대한 양의 지식과 확장된 인간의 물리적 및 정신적 힘을 용이하게 이용할 수 있도록 하여야 한다고 주장하였다. 전쟁에서 과학을 응용하려는 6천 명의 선도 주자인 미국 과학자들과 함께 연구한 경험으로부터 그는 그들의 요구정보와 커뮤니케이션을 관찰하였다. 그는 새로운 방향 설정에 그들의 지식에 초점을 맞추고 정보를 넘어 명령개통으로 도구를 계발하기 위한 위대한 잠재력을 보았다.

Bush는 사고하는 사람과 지식의 총합간의 새로운 연관성을 주장하였다. 제2차 세계대전을 치른 후에 논제가 과학발전에 관한 보고서가 국가의 선을 위해 필수적이라는 데로 전환되었고, 과학은 정부의 고유의 관심사가 되었다. 이것은 후에 1950년에 〈국립과학재단(National Science Foundation)』〉을 창립하게 하였으며, 이 기관이 과학기술정보사업에서 매우 중요하다는 것을 선도하였다.

1958년에 상원 의원인 Hubert Humphrey는 과학의 새로운 시대의 여명기가 열리고 이 여명기를 '정보사회(Information Age)'라고 선언하였다. 그는 정보과학 집단의 위대한 영웅 중 한 사람이다. 소연방의 1957년 Sputnik 발사는 국가 과학계획에 대한 요구를 불러 일으켰고, 과학기술정보관리의 가치와 중요성에 대한 거대한 인식을 불러 일으켰다.

---

8) Science The Endless Frontier, A Report to the President by Vannevar Bush, Director of the Office of Scientific Research and Development, July, 1945(United States Government Printing Office, Washington, 1945).

〈정부 재조직화 상원분과위원회(Senate Subcommittee on Government Reorganization)〉에서 Humphrey는 행정부에서 연방 정부의 연구개발비의 10억 달러로 시작된 다량의 정보관리라는 것을 알아야 한다고 주장하였다. 그는 과학자는 선험의 경험에 대한 지식을 그의 손가락으로 처리해야 한다고 언급하였다. 그는 지금 연구가 진행 중인 것과 출판되지 않은 것일지라도 어디에서나 연구에 접근이 가능해야 한다고 하였다. 정보사회의 동력인 기술이 극적으로 변한다고 하여도 지식의 탐색문제는 여전히 남아 있다.

1958년에 Eisenhower 대통령이 과학자들의 정보요구에 부응할 수 있도록 계획하였다. 대부분 포괄적인 접근법으로 연방예산의 0.1% 수준의 $50만에서 $100만 정도 추정된다. 오늘날, 새로운 기술을 사용함으로서 많은 동일한 일들에 연방 예산의 0.001%에 불과하다.

1963년에 발행된 〈The Weinberg Report〉는 제목이『과학, 정부, 그리고 정보(Science, Government, and Information)』이다. 이 명칭은 〈Oak Ridge National Laboratory〉 소장인 Alvin Weinberg 박사가 후에 붙였다. 이 보고서에서 정보전달은 연구개발과정에서 필수불가결한 요소라고 주장하였다. 그 당시에 정보 과잉은 이미 과학을 위협하는 것으로 이미 예견되었다. Weinberg 패널들은 과학자들이 방대한 양의 미분화된 리포트, 페이퍼, 회의자료 및 도서들로 눈사태에 직면한 것을 발견하게 되었다. 과학자들은 매장된 보석을 찾는데 도움을 필요로 하였다. 제안된 해결책은 정보센터를 설립하는 것이었는데 그 추천은 광범위하게 수용되었다. 국가적으로 300개 이상의 정보센터가 과학정보 변혁을 관리하기 위해 형성되었다. 이제는 과학자들이 어느 시간, 어느 곳에서도 접근할 수 있는 정보센터로 연결하는 것이 가능하게 되었다.

1960년대에서도 또한 과학기술에서 국가적 목적 및 목표는 연방정부, 대학교 및 민간 부문간에 조정과 진정한 협력이 요구되었다. 〈과학기술 정보위원회(The Committee on Scientific and Technical Information(COSATI))〉가 통합된 행정기관 가운데 개발하려고 수립하였다. 그러나 과학자, 엔지니어, 그리고 여타 기술 전문직들을 위한 STI 시스템은 분산되었다. COSATI는 독립적으로 운영되는 국가적 네트워크의 개발의 조정을 위한 국가적 중요 관점이었고 동시에 STI 시스템과 협력도 주요 관심사였다. 설립된 기관들은 변화에도 불구하고 연방기관들 중에 협력과 협동의 필요성이 아직도 과학집단들이 공동의 목적을 추구하기 위해 존재한다.

1965년에 Joseph Licklider는 저서 『미래의 도서관론(Libraries of the Future)』[9]에서 그는 전자출판에 대한 비상식적인 신중한 예측을 내놓았다. 전자처리, 축적 그리고 커뮤니케이션에서 추정적 동향에 의해 Licklider는 디지털도서관이 2000년대에 실용화 될 것이라고 예측하였다. Licklider의 예측은 옳았다. 전자포맷으로 학술출판의 완전한 변환은 컴퓨팅과 커뮤니케이션에서 개발된 결과로 마침내 가능하게 되었다. 이 책은 개척자적인 논문인 〈As We May Think〉 저자인 Bush 박사에게 헌정하였는데, 〈도서관자원위원회(Council on Library Resources)〉에서 지원을 받아 이 저작을 준비하는데 저자의 영감을 주었기 때문이다. 당시에 지식 집적의 폭발 규모 대 컴퓨터 기억용량과 컴퓨터 처리과정의 속도는 주요한 관심사였다. Licklider는 그가 인류에게 이익을 줄 시스템의 양식인 컴퓨터과학, 행동 및 사회과학, 도서관학, 정보축적 및 검색연구가 혼합된 것이 많은 분야에서 동시에 올 것이라고 예측하였다.

1976년에 Joseph Becker와 Robert Hayes가 1974년에 NSF(National Academy of Science) 연구기금으로 보고된 〈미 국립 과학기술정보연구소(A National Approach to Scientific and Technical Information in the United States)〉에서 연방정부는 과학커뮤니케이션을 진작시키기 위해 조처를 취할 수 있는 책임감을 갖도록 제안하였다. SATCOM, 그들의 추천과 함께 다른 3가지의 역사적 정책 문건과 과학정보 및 정보학 모두를 다룰 수 있도록 요약하였다. 제안에는 STI를 위해 국가적 프래임웍을 통하여 과학의 새로운 병향을 세우도록 하여 정보학 분야에 포함시킬 것을 포함하였다.

1983년에 내가 읽고 싶을 때 읽고, 탐색을 필요로 할 때 하고, 시계없이도 본인의 업무에 필요한 경우, 나에게 나의 도서관을 갖도록 하는 패키지는 정보시스템 미래에 이들을 돌파하게 하였다. 이것은 1983년에 NFAIS의 연차회의에서 John Creps, Jr., Miles Conrad의 강연들의 염원이었다.

보다 최근인 1989년의 보고서인 〈정보기술과 연구수행력(Information Tech-nology and the Conduct of Research)〉은 〈국립과학 아케데미(National Academy of Science)〉에서 발행되었다. 이 보고서는 기술이 정보와 지식의 커뮤니케이션을 진작시키는데 중요하다는 것이 연구 집단내에서 일깨워진 것을 보여주었다. 그렇지만, 보고서는 그 당시에 심각한 방해물로 인지하였는데 특히 네트워크 프로토콜, 표준화, 소프트웨어 등에서 그렇다는 것이다. 주요한 권고사항은 연방정부에 의해 추진된 국가적 연구

9) J. C. R. Licklider. *Libraries of the Future.* Cambridge, MA: MIT Press, 1965.

자들을 지원하는 기관들은 상호 호환된 국가적 정보기술 네트워크를 개발하여야 하였다. 그래서 정보 고속도로가 시작된 것이다.

1991년에 〈미물리학회(American Physical Society)〉에 위탁된 연구보고서 〈APS Task Force on Electronic Information Systems〉 일명 〈Loken Report〉는 전자정보 시스템에서 세계 모든 과학 문헌정보를 통합한 국립 물리데이터베이스 개발을 위해 호칭되었다. APS는 새로운 정보기술이 물리학 지식의 발전과 분산의 임무에 대한 미증유의 기회와 도전을 사회에 제공하고 있다는 것을 인식하였다. APS 테스크 포스의 일원인 Harry Thacker 박사는 최근에 말하기를 나는 리포트에서 잘못을 저지른 것만을 시간의 척도였다고 종종 생각하였다고 하였다. 우리는 우리들이 2020에 대해 이야기 한 것이라고 생각하였다. 그리고 2000년과 보다 유사하다고 뒤엎는다.

1년 또는 그 보다 후에 〈미대학협의회(Association of American Universities)〉는 과학기술정보(STI)의 장서와 배포를 위한 새로운 대안을 조사하기 위하여 테스크 포스를 수립하였으며, 특히 국립과학기술도서관 헌신의 개념에 초점을 맞추었다. 1994년에 발행된 〈The Report of the AAU Task Force on a National Strategy for Managing Scientific and Technical Information〉은 STI를 위해 과학적 연구 및 이익이 없는 전자 아울렛에 국가적 리포지토리 시스템의 수립을 촉진시켰다. 단체는 연구, 전자네트워크를 위한 새로운 기술적 도구와 네트워크 정보는 과학자들 중에 정보교환이 변형될 것이라는 것을 인식하였다. 그들은 데스크 탑을 가진 과학자들은 물리적 소장처에는 관계없이 캠퍼스, 국가적, 그리고 심지어는 글로벌 STI에 접근하는 비전을 공유하였다.

1999년 2월 〈정보기술 대통령 자문위원회(President's Information Technology Advisory Committee(PITC))〉에서 발행된 〈Information Technology Research: Investing in Our Future〉에서는 정보기술의 연구와 개발에 연방지원을 위한 미래 방향을 보고하였다. 보고서는 PITAC 비젼이 포함되었는데 즉, 개인은 단순히 마우스를 클릭하여 우리들이 정보를 취급하는 방식으로 변형시켜 잡지, 데이터 항목, 또는 참고문헌에 접근, 질의 그리고 인쇄할 수가 있다.

또한 가상의 실험실, 디지털도서관에서 정보에 접근하여 연구를 어떻게 수행할 것인가에 대한 비전을 포함시켰다. 모든 과학기술 저널은 독자에게 질의, 데이터베이스를 다운로드를 허락하고, 발행된 연구물을 상호 호환적으로 연구하는데 가

변적으로 처리하도록 온라인을 이용할 수 있다. 또한 물리적 소장처를 무시하고 용이하게 접근할 수 있는 정부 정보를 이용하여 정보기술을 활성화 시킬 수 있다.

디지털도서관의 출현은 상기와 같은 정보환경의 변화에서 비롯된 것이다. 다시 말해서 정보를 디지털 형태로 저장하고, 네트워크를 통해 검색할 수 있는 대규모 정보서비스 체제를 구축할 수 있게 되므로 시작된 것이다.

1990년대에 도서관 환경은 획기적인 변혁의 시기였다. 하나는 통신기술의 발전과 이에 따른 컴퓨터 네트워크의 확산이며, 다른 하나는 전통적인 도서관 파괴라는 관점이다. 디지털도서관 또는 가상도서관은 도서관 네트워크를 전제로 한 개념으로서 기본적으로 전자적인 형태로 변화된 도서관 소장자료를 네트워크를 통해 이용할 수 있는 도서관의 탄생을 말한다.

디지털도서관의 출현은 경제적 측면, 문화적 측면, 기술적 측면 등 다양하게 분석할 수 있다. 그렇지만 직접적으로는 정보환경의 변화, 즉 정보매체의 변화, 정보관리시스템의 변화, 정보서비스인 정보유통의 변화에서 비롯된 것으로 볼 수 있다. 다시 말해서 정보를 디지털 형태로 저장하고, 네트워크를 통해 검색할 수 있는 대규모 정보서비스 체제를 구축할 수 있게 된 것이다. William Y. Arms는 디지털도서관 출현과 관련한 중요한 6가지 기술적 요소를 다음과 같이 설명하고 있다.[10)]

1) 디지털도서관은 도서관으로 이용자들을 유인한다. 즉 접근력의 용이성이다. 전통적인 도서관을 이용하기 위해서는 도서관이 소재하는 곳으로 가야만 한다. 대부분의 이용자는 쉽게 접근할 수 있는 도서관 환경속에 있지 않다. 대다수의 공학자나 의사들은 최신 정보의 접근에 어려움을 겪고 있다. 그렇지만 디지털도서관은 가정 혹은 직장에 관계없이 이용자가 정보를 원하는 곳이 어디든지 정보에 용이하게 접근할 수 있다. 책상 위에 디지털도서관을 갖추고 있다면 더 이상 도서관 건물을 방문할 필요가 없다. 네트워크로 연결된 개인용 컴퓨터가 있는 곳은 어디든지 도서관이기 때문이다.

---

10) William Y. Arms. *Digital Libraries.* Massachustts, The MIT Press, 2000. pp.5-9.

2) 컴퓨터 성능이 탐색과 브라우징을 사용 할 수 있도록 향상되었다. 정보검색의 탐색과 브라우징의 향상된 성능이다. 종이 책은 가독력은 뛰어나지만, 책속에 저장되어 있는 정보의 탐색은 매우 어렵다. 다양한 2차 도구와 참고사서가 있음에도 불구하고 대규모 도서관에서 정보를 이용하는 것은 용이하지가 않다. 이용자들이 도서관을 배회하는 과정에서 예상치 않는 자료를 발견할 수 있기 때문에 전통적인 도서관의 이용은 우연한 발견의 성격을 내포하고 있다. 사실 도서관 자료의 완전한 이용은 우연한 발견에 의존하는 경우가 많다. 컴퓨터 시스템은 정보탐색에 있어서 수동적인 방법에 비해 그 효과가 월등하다. 원문이 디지털로 구축되어 있기 때문에 한 정보원에서 다른 정보원으로 신속하게 이동해야 하는 참고자료의 이용에 있어서 매우 유용하다.

3) 정보를 공유할 수 있다. 도서관이나 기록보존소에서는 고유의 정보자료를 소장하고 있다. 이를 네트워크상의 디지털정보로 제공하면 모든 이용자들이 동시에 접근할 수 있다. 전략적으로 동일한 사이트를 분산시키는 경우도 있으나 대부분의 디지털도서관이나 정보서비스 기관에서는 하나의 사이트를 운영하고 있다. 이러한 사이트의 운영은 과거 정보를 소장하고 있는 곳을 직접 방문하거나 많은 비용을 들여 복사해야 하는 불편함을 획기적으로 해소할 수 있다.

4) 정보의 최신성 유지가 용이하다. 제공되는 정보는 지속적으로 갱신되어야 한다. 인쇄자료를 갱신하기 위해서는 과거의 버전을 바꾸고, 다시 인쇄해야 하기 때문에 최신성을 유지하기란 어렵다. 그러나 호스트 컴퓨터에 디지털 형태로 저장되어 있는 정보는 많은 노력과 비용을 들이지 않아도 쉬게 갱신할 수 있다. 대부분의 도서관에서는 이제 온라인 형태의 명감이나 백과사전 그리고 여타의 참고자료를 갖추고 있다. 출판사로부터 갱신된 데이터를 받아 도서관의 컴퓨터에 간단하게 설치할 수 있다.

5) 정보는 항상 이용할 수 있다. 정보를 이용하는데 시공간적 제약을 받지 않는다는 의미다. 디지털 관문은 항상 언제든지 열려있다. 디지털 장서는 소장한 도서관은 문이 닫혀있어도 언제든지 이용할 수 있다. 디지털 형태의 정보자료는 한 이용자가 대출해 가거나 서가상에 잘못 배열되어 이용할 수 없는 경우가 일어나지 않으며, 누가 훔쳐갈 수도 없다. 또한 디지털 장서의 범위 또한 도서관의 벽을 넘어 확대시킬 수 있다.

6) 새로운 정보형식의 제공도 가능하다. 정보를 기록, 배포하는데 있어서 인쇄만이 최선의 방법은 아니다. 기본 형식이 유사하더라도 디지털 형태의 자료는 종이 혹은 다른 매체로 작성된 자료와는 많은 차이가 있다. 음성 언어와 문자 언어는 그 영향력에 있어서 차이가 있다. 마찬가지로 온라인 텍스트 자료는 음성 혹은 인쇄매체와는 차이가 있다. 효율적인 저자는 사용하는 매체가 달라지면 다른 언어 방식을 적용하고, 효율적인 이용자 또한 정보이용의 새로운 방법을 찾아낼 것이다. 디지털 형태로 제작된 자료는 밝은 곳에서 볼 수 없었던 영화를 텔레비전으로 볼 수 있듯이 새로운 형태의 생명력을 불어넣을 수 있다.

이상에서 규명한 6가지 방식이 디지털도서관을 통해 가능한 영역이다. 이외에도 잠재적인 가능성도 아직은 밝혀지지 않았지만 많을 것이다. 디지털도서관은 방대한 정보물의 정적 보관소가 아니라 상호간의 협력과 아이디어를 공유할 수 있는 서비스를 제공할 수 있도록 개발되어야 할 것이다.

Arms의 DL 출현배경을 기초로 하여 Chowdhury 등이 분석한 DL의 영향력은 다음과 같다. 1) DL은 정보를 이용자에게 실시간으로 제공, 2) 정보탐색 및 조작의 증진, 3) 정보공유를 위한 장치의 개선, 4) 적시에 정보의 접근력 신장, 5) 정보이용 증진, 6) 협력증진, 7) 정보격차의 감소[11] 등으로 평가하였다.

6.2.2 디지털도서관의 정의

디지털도서관(Digital Library)이라는 용어는 1994년 NSF/DARPA/NASA의 디지털도서관 프로젝트(Digital Libraries Initiative)와 더불어 널리 사용되었다.[12] 따라서 1990년대 이후로는 전자도서관의 대체된 개념으로 디지털도서관이라는 용어를 사용하고 있지만, 아직도 그 개념적 정의를 분명하게 내리고 있지 못하다.

그 이유는 혁신적인 기술발전과 학자들의 관점에 따라 그리고 디지털도서관을 구축하려는 다양한 유형의 기관의 특성에 따라 개념이 각기 설정되고 있기 때문이다. 1990년대 중반에 ARL에 의해 정의와 기능범위를 기술하였지만, 그 내용은 디

11) G. G. Chowdhury and S. Chowdhury. *Introduction to Digital Libraries*. London, Facet Publishing, 2003. pp.10-11.

12) http://www.nsf.gov/pubs/1998/nsf9863/nsf9863.htm(cited 2010. 4. 20)

지털도서관의 성격규명에 지나지 않다.

개념적으로 보면 DL은 시간과 공간의 제약이 없는 네트워크 기반의 콘텐츠 시스템을 의미한다. 물론 이 정의에서는 DL은 디지털(digital)이라는 용어는 전자(electronic), 가상(vitual), 벽이 없는(wall-less), 멀티미디어(multimedia) 등의 용어로도 사용되며, 도서관을 거대한 콘텐츠 집합체로 해석할 수 있다. 반면에 기능적 측면에서는 DL의 구성요소는 크게 장서(collection) 및 자원(resources)을 관리하는 장서 및 콘텐츠 관리시스템과 서비스를 제공하는 포털 시스템으로 구분할 수 있다. 이처럼 DL을 관점, 기능, 목적 등에 따라 그 정의를 다양하게 내릴 수 있다. 여기에서는 전통적 측면의 정의나 이용자 중심 측면에서의 정의로 구분하여 정의하였다.

1) 전통적 관점의 정의

디지털도서관이란 무엇인가? 디지털도서관의 정의와 개념은 그 용어만큼이나 다양하게 정의될 수 있으나 크게 두 가지 관점에서 구분될 수 있다. 일반적으로 연구자들은 디지털도서관을 이용자 집단의 측면에서 수집된 콘텐츠에 초점을 맞추는 반면에 사서들은 디지털도서관을 기관이나 서비스에 초점을 맞추고 있다. 이들 집단들은 상호간 배타적일 수는 없다. 어떤 연구자들은 기관과 서비스에 관련된 실제적 문제점을 강조하기도 하며, 어떤 실무자들은 콘텐츠, 장서, 그리고 커뮤니티의 연구팀이 강조한 문제를 예견하기도 한다.[13)]

즉 사서들은 이용자 집단의 측면에서 정보의 선택, 수집, 조직, 보존, 보전 및 접근을 제공하는 조직체로 도서관을 보았으며, 연구 집단 특히 컴퓨터 과학자들은 도서관을 광의의 도서관 서비스와 보존 역할을 희생하고 데이터베이스와 검색을 강조하는 측면에서 정의한 것이다. 그래서 Borgman은 DL의 정의를 몇 가지 관점에서 시도하였다. 1) 콘텐츠, 장서, 그리고 커뮤니티로서 디지털도서관, 2) 연구자 중심 정의, 3) 디지털도서관의 요소로서 정의, 4) 기관과 서비스로서 디지털도서관, 5) 데이터베이스로서 디지털도서관[14)]으로 구분하였다. 재정리하면 다음과 같다.

---

13) Christine L. Borgman. What are Digital Libraries? Competing Vision. *Information Processing and Management,* vol.35, no.3(1999). p.229. Christine L. Borgman. *From Gutenberg to the Global Information Infrastructure; Access to Information in the Networked World.* Cambridge, The MIT Press, 2000. p.35.

14) ibid. pp.232-238.

첫째, 정보공학적 관점으로서 디지털 콘텐츠를 관리하는 시스템으로서의 디지털 도서관이다. 이것은 주로 컴퓨터 공학자들의 관점으로 디지털도서관은 정보시스템이며, 이용자를 대신하여 디지털 콘텐츠를 수집, 관리하는 역할을 수행하는 것이다.

둘째, 디지털도서관은 디지털정보 서비스를 제공하는 도서관이라는 것이다. 이 관점에서 보면 디지털도서관은 기관이라는 운영주체가 존재하고 대상 이용자들에게 다양한 디지털서비스를 제공하기 위한 실체로서 존재하는 것이다.

전자는 주로 컴퓨터공학자들의 관점으로 디지털화된 형태로 구축된 자료를 이용자가 네트워크를 통하여 언제 어디서나 쉽게 접근할 수 있도록 지원하는 정보시스템을 의미한다. 즉 이용자를 대신하여 디지털도서관 콘텐츠를 수집 · 관리하는 역할을 강조하는 개념이라고 할 수 있다. 후자는 전통적 도서관의 발전적 맥락에서 기존 도서관에서 제공하는 장서 · 자원과 정보서비스가 확장 · 발전된 형태로 바라보는 문헌정보학적 또는 도서관적 관점이라고 하겠다. 후자의 관점에서의 정의를 살펴보면 다음과 같다.

디지털 매체를 강조한 정의로서 디지털도서관은 기본적으로 디지털형태로 정보를 저장하며 그 대량의 정보를 효과적으로 처리하는 것으로 텍스트, 숫자, 그래픽, 소리, 비디오 등의 데이터베이스와 이용 가능한 정보원의 위치를 알아내고, 검색하고, 활용하는 도구로서 E. A. Fox는 정의하고 있다.[15] M. Seadle은 "디지털도서관은 기본적으로 전통적 도서관의 지적인 산물과 서비스를 디지털 형식으로 재구성한 자원이다."[16]라고 정의하고 있으며, 디지털 콘텐츠, 상호연결, S/W로 구성된다고 하였다. 또한 그는 디지털도서관은 전통적 도서관의 대체물이 아니라 오히려 전통적 도서관의 미래라고 생각하였다.

Henry M. Gladney는 디지털도서관을 디지털 컴퓨팅, 저장, 커뮤니케이션 기술을 콘텐츠 및 소프트웨어와 결합시켜 전통적인 도서관의 서비스를 확대하고자 하는 개념으로 정의하였다. 그는 디지털도서관의 전체 서비스는 전통적인 도서관의 필수적인 서비스를 수행하고 이에 더하여 디지털 저장소, 검색, 커뮤니케이션의 장점을 살리는 데서 얻을 수 있다고 하였다.[17]

---

15) E. A. Fox ed. *Sourcebook on Digital Libraries: Report for the National Science Foundation,* TR-93-35, 1993. p.439.

16) M. Seadle and E. Greifeneder. Defining a digital library. *Library Hi Tech,* vol.25, no.2(2007). pp.169-173.

Arms도 "디지털 형태로 정보를 저장하고, 네트워크를 통해 접근할 수 있는 서비스와 관련하여 정보를 관리하는 것"[18]으로 간단하게 정의하고 있다. 이 정의에서 '정보의 관리'는 가장 핵심적인 부분이다. 동일한 데이터라 하더라도 체계적으로 조직하였을 때만이 도서관의 장서라고 할 수 있다.

〈디지털도서관연맹(Digital Library Federation)〉에서는 "정보자원들을 제공하는 조직체로서 전문 직원에 의해 정보자원의 선정, 구조화, 지적인 접근을 제공하며, 해석, 배포, 무결성의 보존 그리고 디지털 저작물의 영속성을 보장하는 등의 활동을 수행하여 특정한 커뮤니티에서 쉽고 경제적으로 이용하도록 해주는 실체"[19]로 정의하고 있다.

이상과 같은 정의는 디지털도서관과 전통적 도서관의 관계가 서로 별개의 독립적인 존재가 아니라, 전통적인 도서관이 디지털환경에서 제공하는 디지털서비스로서 디지털도서관을 인식하여야 한다는 논리이다. 즉, 디지털도서관은 디지털화된 형태로 구축된 자료를 이용자가 네트워크를 통하여 언제 어디서나 쉽게 접근할 수 있도록 지원하는 정보시스템으로써 별도의 정보시스템이라기보다는 기존의 도서관의 정보서비스를 디지털서비스로 확장 · 발전시킨 도서관으로 인식하여야 한다.

2) 이용자 중심의 디지털도서관

최근에 디지털도서관의 개념은 특정 데이터나 정보의 컬렉션에 접근할 수 있도록 지원하는 콘텐츠 중심의 시스템에서 디지털도서관에 저장된 정보를 이용하는 이용자의 커뮤니케이션, 협력 및 다양한 형태의 동적인 상호작용을 활성화 시킬 수 있는 시스템으로 변화하고 있다. 이러한 측면에서 'Web 2.0'의 개념과 기술에 기반 한 '이용자 주도형 디지털도서관'으로 'Library 2.0'에 대한 논의가 대두되고 있다. 'Web 2.0'의 기술을 도서관에 접속시켜 참여, 공개, 개방의 철학을 바탕으로 보다 진일보한 서비스를 이용자에게 제공하는 것이다.

---

17) Henry M. Gladney, et. al. Digital Library: Gross Structure and Requirements(Report from a Workshop). *IBM Research Report RJ 9840,* May 1994. [cited 2007. 3. 29] 〈http://www.ifla.org.sg/ documents/libraries/rj9840.pdf〉(cited, 2010. 4)

18) William Y. Arms. Digital Libraries. Massachustts, The MIT Press, 2000. p.2.

19) DLF. *A working definition of digital library.* 〈http://www.diglib.org/about/dldefinition.htm〉 (cited, 2010. 4)

'Library 2.0'은 Michael Casey의 〈Library Crunch 블로그〉에 의해 만들어진 용어로 2005년에 처음 등장하였다. Casey는 도서관계에 'Web 2.0'의 요소들을 적용할 수 있는 가능성을 언급하면서 'Library 2.0'이라는 개념에 대해 제시하였다. 특히, Casey는 'Library 2.0'은 도서관 이용자의 참여를 촉진시킬 수 있는 변화의 관점에서 설명하였다.

그의 'Library 2.0'에 관한 정의에 따르면 도서관 서비스의 변화를 반영하는 모델이고, 'Library 2.0'의 개념이 'Web 2.0'의 개념으로부터 기반하고 있음을 알 수 있다.[20] 그들은 'Library 2.0'에서 가장 중심이 되는 주체는 이용자이고, 'Web 2.0' 기술은 이용자 중심적 변화를 가능하게 하는 중요한 역할을 담당한다고 보고 있다. 즉 정보 이용자간의 커뮤니케이션을 지원하는 기능을 강조하는 것으로 이용자가 콘텐츠 생성에 참여하고 이용자간 커뮤니케이션이 활성화되어 공동체 위주의 정보서비스 시스템으로 발전할 것으로 예상되고 있다.[21]

이러한 상황에서 최근에는 온톨로지 시스템에 기반한 이용자 참여 · 협업을 지원하는 디지털도서관이라는 개념으로 확대되고 있다. 이를 소셜 시맨틱 디지털도서관(Social Semantic Digital Library: SSDL)이라고 하며 SSDL은 시맨틱 기술을 기존의 디지털도서관의 설계에 도입하여 지능화된 정보자원 관리와 지능 에이전트에 의한 이용자 서비스를 제공하는 의미기반 디지털도서관이다. 시맨틱 도서관은 분산 환경에서 독립적으로 운용되는 정보시스템간의 이질적 구조를 극복하여 의미적 상호운용성을 실현하고 의미적으로 통합되는 시스템의 구현에 역점을 둔다.[22]

Library 2.0의 특징을 정리하면 다음과 같다. Library 2.0은 이용자 중심 서비스이다. 정보자료의 생성과 소비의 주체로서 이용자의 참여가 중요하다. Library 2.0은 멀티미디어 지향이다. 콘텐츠와 서비스는 오디오 및 비디오를 망라한 멀티미디어 매체에 크게 의존한다. Library 2.0은 사회적인 관계를 풍부하게 만든다. 또한 Library 2.0은 공동체 차원의 혁신이다. 공동체에 대한 서비스라는 도서관의 본질을 고려할 때 이 점이 중요한 특징이다.

---

20) [cited 2010. 2. 1] 〈http://en.wikipedia.org/wiki/Library_2.0〉
21) S. Abram. Web 2.0 -huh? Library 2.0, Librarian 2.0. *Information Outlook,* 9(12). 2005. pp.44-46.
22) 오삼균, 원선민. 이용자 참여 시맨틱 디지털도서관 아키텍처 설계. 한국비블리아학회지, 18권 2호(2007). pp.229-251.

가상도서관이 현실화됨에 따라 디지털도서관은 매우 복잡하고 역동적인 실체라는 것이 분명해 졌다. 디지털도서관에 대해서는 많은 정의들이 존재한다. 여기서 전자도서관, 가상도서관과 같은 용어들은 종종 동의어로 사용된다. 이러한 많은 정의들에서 공통적으로 규명되어온 요소들을 미국의 〈연구도서관협회(the Association of Research Libraries)〉에서 종합하여 '디지털도서관의 정의와 목적'을 다음과 같이 제시하였다.

1) 디지털도서관은 단일 실체가 아니다. 즉 디지털도서관은 인터넷을 포함하여 전 세계에 분산되어 있는 수많은 디지털 형태의 정보자원을 검색대상으로 하기 때문에 복수의 실체들로 이루어져 있다.
2) 디지털도서관은 다양한 정보자원들을 연결시키기 위한 기술을 필요로 한다. 디지털도서관에서 처리대상이 되는 디지털 객체는 텍스트를 비롯하여 이미지, 소리, 동영상 등과 같은 멀티미디어 형태로 되어 있기 때문에 이들을 효율적으로 처리할 수 있는 기술이 필요하다.
3) 다수의 디지털도서관과 정보서비스간의 연결은 최종 이용자에게 편리하게 제공되어야 한다. 즉 이용하기 쉽고 편리한 이용자 인터페이스를 통해 많은 디지털도서관에서 제공하는 다양한 정보자원들에 끊임없이 접속하여 원하는 정보를 활용할 수 있어야 한다.
4) 디지털도서관과 정보서비스에 대한 범세계적인 연결이 중요한 목표가 된다. 즉 기존의 도서관자동화 시스템은 특정 도서관이 소장하고 있는 자료에 대한 검색서비스를 목표로 하고 있는데 비해 디지털도서관 환경하에서는 범 세계에 분산되어 있는 다양한 형태의 디지털 객체들을 이용자의 검색 단말기에서 손쉽게 검색할 수 있다.
5) 디지털도서관의 장서는 서지데이터에 국한하지 않으며 인쇄형태로 표현 및 배포될 수 없는 디지털 객체들로 그 범위를 확장한다. 즉 디지털도서관은 전문(full-text) 데이터베이스를 기본으로 하고 있으며, 모든 형태의 정보를 디지털화하여 처리함으로써 정보의 형태에 따른 이용상의 제약을 근본적으로 극복할 수 있다.[23)]

최근 디지털도서관의 능력에 대한 기대는 중앙집중화 된 텍스트를 다루는 데서 나아가 분산된 멀티미디어 문헌 컬렉션, 센서 데이터, 모바일 정보 및 여러 곳에 퍼져 있는 컴퓨팅 서비스를 통합하는데 이르고 있다. 이러한 디지털도서관 시스템

23) David Stern editor. *Digital Libraries : Philosophies, Technical Design Considerations,* and Example Scenarios. New York, The Haworth Press, 1999. p.1.

은 정보객체, 메타데이터 리포지터리, 랭킹 시스템, 아카이브, 콘텐츠 관리시스템, 다양한 디지털도서관 서비스를 통합하는 시스템을 포함한다.[24)]

6.3 디지털도서관 특성

전통적인 도서관은 정보를 선정하고, 저장하고, 서비스하였다. 이러한 기능들은 디지털도서관에서도 여전히 존재한다. 그러나 선정은 요구가 있는 즉시 이루어지며, 저장은 오프사이트로 되며, 서비스는 전자적인 웹 전달로 수행된다.

디지털도서관은 건물과 장서량이 아니라 '접근과 서비스'에 초점을 두고 있다. 도서관 이용자들은 정보를 검색하고 획득하는 것을 도와 주어야 하며, 도서관의 조직은 물리적인 위치보다는 서비스를 반영해야 한다. 기술, 법률(디지털 공정이용, 저작권 통지 및 등록, 디지털 보존, 윤리적 권리, DB 보호, 책임 등), 경제성(이용자에게 사용 요금 부여 여부) 모두가 도서관에서 더욱 중요해 지고 있으며, 사서에게는 새로운 전문 지식을 요구한다. 장기적으로 가장 중요한 문제는 새로운 서비스를 전달하는데 있어서 협력할 수 있는 도서관 능력이 될 것이다.

이러한 기능을 수행한 디지털도서관의 특성에 대해 W. Arms,[25)] Chowdhury,[26)] Oppenheim and Smithson[27)] 등이 전개시킨 내용들을 요약하면 다음과 같다.

1) DL은 다양한 정보자원 즉 텍스트에서 이미지, 오디오와 비디오까지 포함한다(자료 문제해결).
2) DL은 전통적 도서관을 구축하고 유지시키는데 필요로 하는 물리적 공간의 필요성을 크게 감소시켜준다(물리적 공간의 문제해결).

---

24) Leonardo Candela, et al. Setting the Foundations of Digital Libraries : The DELOS Manifesto. *D-Lib Magazine,* 13(3/4). 2007. [cited 2010. 1. 19] 〈http://www.dlib.org/dlib/march07/castelli /03castelli.html〉
25) W. Arms. *Digital Library.* Cambridge, MA, MIT Press, 2000.
26) G. G. Chowdhury. *Introduction to modern information retrieval.* London, Library Association Publishing, 1999.
27) C. Oppenheim and D. Smithson. What is the hybrid library? *Journal of Information Science,* vol.25. no.2(1999). pp.97-112.

3) DL의 이용자들은 세계 어느 곳에서나 서비스를 받을 수 있으며, 어떤 경우에는 다양한 수준의 서비스를 원격뿐만 아니라 근거리 이용자들의 요구에 충족시킬 수 있다(장소 문제해결).
4) 전통적 도서관과는 달리, DL 이용자들은 디지털도서관에서 제공되는 장치들을 이용하여 자신만의 개인적인 컬렉션을 구축할 수 있다. 예컨대, HeadLine 하이브리드도서관, iGEMS, 싱가폴의 Nanyang 공과대학의 디지털도서관 등은 이용자들이 미래 이용을 위해 자신의 작업공간에서 디지털컬렉션을 구축할 수 있다(개인 장서구성 문제해결).
5) DL은 세계 곳곳의 다양한 서버를 이용하여 다양한 유형의 정보자원에 접근할 수 있다. 특히, 기반시설, 정보처리 상호운영 등등은 디지털도서관 개발 및 경영에서 매우 결정적 사안들이다(정보이용의 문제해결).
6) 다수의 이용자들이 전통적 도서관에서는 불가능한 동시에 동일한 정보원을 이용할 수 있다(동시접근의 문제해결).
7) DL은 정보이용뿐만 아니라(인쇄와 디지털) 소장개념까지도 패러다임변환을 가져왔다. 대부분의 DL은 자신이 소장하지 않는 자료까지 접근을 할 수 있는데 대부분 무료로 이용할 수 있으나 이용료를 지불해야 할 경우도 있다(이용과 소장성의 문제해결).
8) 도서관은 훌륭한 여과적(filtering) 매커니즘으로서 오랫동안 장서개발정책에 사용되었다. 도서관 직원은 잠재적으로 이용가능성의 모든 자료들을 수집하지 않고, 그들은 특정 이용자들에게만 적합하다고 고려되는 것만을 선정하였다. 장서개발정책은 거의 적시에 적자에게 적서(the best book for the right user at the right time)의 원리에 적용된다. 문제는 정보의 이용에 있는 것이 아니고 정보 과잉이 문제가 된 이래로 이 역할은 디지털 세계에서도 결정적이다. 그러므로 디지털도서관은 원하지 않은 정보를 여과할 수 있는 적합한 매커니즘을 사용해야 한다(디지털 장서개발정책의 문제해결).
9) 진정으로 세계적인 정보기반을 구축할 꿈을 실현시키기 위해서 DL은 다언어적 정보원을 처리할 수 있어야 한다(다언어적 정보원의 문제해결).
10) DL은 인간 매개의 부재를 전재로 하여 적합한 매커니즘을 IT 즉 주제 및 언어적 기술의 모든 다양한 수준에서 이용자를 후원할 수 있는 장소에 위치시켜야 한다(IT 문제해결).
11) DL은 효율적인 탐색과 정보검색 장치를 고려해야 한다(탐색과 정보검색 장치 문제해결).

12) 디지털 정보는 개별적인 요구에 의해 다양한 사람들이 조사하고 이용할 수 있다(이용자의 다양성).
13) DL은 시공간 및 언어적 장벽을 파괴한다. 이상적으로는 세계 어느 곳의 이용자든 어떤 시간과 어떤 언어를 막론하고 디지털도서관을 이용할 수 있다(시공간 및 언어 장벽의 문제해결).

이상과 같은 13가지는 전통적 도서관에서는 문제로 작용하지만 DL에서는 모두 해결 가능한 것들이 되지만 협력이 없이는 불가능하다. G. Edward Evans에 의하면 '자원공유'로 얻을 수 있는 혜택을 다음과 같이 언급하고 있다.

첫째, 자료제공 범위의 확대와 특정 주제 분야에서의 보다 깊이 있는 정보제공이 가능하다. 이것은 보다 발전된 정보접근의 가능성을 의미한다.

둘째, 제한된 인적, 물적 자원을 널리 보급하고 활용시킬 수 있다. 흔히 협력활동이란 비용을 절약할 수 있는 방안으로 간주되는 경우가 있으나 실제로는 두 개 이상의 도서관들이 작업을 분담하고 노력의 결과를 함께 나눈다는 의미가 내재되어 있다.

셋째, 작업분담과 그 결과의 공용은 사서로 하여금 성취능력과 열의를 갖도록 하며, 한 가지 분야 이상에서 전문성을 갖추도록 한다. 이것은 전반적인 업무능력을 높여주고 결과적으로 더 나은 봉사로 이어져 이용자의 만족도가 높아지게 된다.

넷째, 불필요한 복본의 구입이 줄어든다.

다섯째, 자료의 소재를 알리고 협동적 봉사를 통해서 이용자가 도서관을 직접 방문하여야 할 수고를 덜어준다.

여섯째, 협동관계에 있는 도서관들은 업무의 향상과 개선이 이루어진다. 자관의 업무를 수행하면서 동시에 타관의 업무와 봉사에 대한 이해를 높이게 되므로 사서의 봉사수준 및 문제해결 능력이 발전하게 된다.

마지막으로는 사서는 자관 및 타관의 자료에 대해 잘 인지하게 되어 어느 기관이 어떤 자료를 소장하고 있으며, 어떤 장점들을 갖고 있는지 알 수 있게 된다. 이것은 도서관에서 자료를 선택하고 장서를 개발하는데 대단히 유용하다.[28)]

---

28) G. Edward Evans. *Developing Library and Information Center Collections,* 3rd ed. Englewood, Libraries Unlimited Inc, 1995. pp.432-433.

자원공유의 주요 구성요소인 협동장서개발, 서지적 접근, 도서관 상호대차 중 서지적 접근이나 도서관 상호대차에 비하여 장서개발은 신기술의 영향에 크게 좌우되는 분야가 아니라고 할 수 있으나 이제는 디지털 환경에로의 변화로 협동장서개발 노력에 새로운 기회를 제시하고 있다.

E. Shreeves는 협동장서개발의 성공 요인으로 회원 도서관들 간의 공통된 목적, 개별 도서관의 우선순위 인식, 리더십, 물리적 접근, 효과적인 배달, 효과적인 커뮤니케이션 등을 규정하고 있다.[29] 정보기술은 그 중 물리적 접근과 서지적 접근, 효과적인 문헌배달 및 커뮤니케이션을 실현시켰다.

협동에 근본적인 영향을 미치는 새로운 환경의 한 가지 특징은 소재와 복본의 중요성올 감소시키는 것이다. 전자제품에 대한 접근이 허용된다면 정보가 이용자의 컴퓨터에 수록되어 있던 원거리에 떨어져 있던 현상과 복본의 수도 문제가 되지 않는다. 전자시대에 있어서도 물론 자원공유라는 표현하에 포함시킬 수 있는 다양한 활동들이 있다. 예컨대 전자자원의 공유, 콘소시얼 사이트 라이센스(consortial site licenses), 그리고 공유 컴퓨터 축적 등은 아주 평범한 실례들이다.

그러나 여기에서 여러 사람이 우려했던 이분법적 사고, 즉 '소장 대 엑세스'는 그러므로 '미래의 장서개발 방법 또는 정보이용 방법은 소유가 아닌 접근이어야 한다'고 주장하는 것은 너무나 성급하고 극단적인 주장들이다. 왜냐하면 상기와 같은 전제 조건들의 해결이 가능하지 않다면 진전된 자원공유 또는 엑세스는 한갓 꿈에 불과할 것이기 때문이다. 원거리에 있는 웹정보원에 네트워크를 통해 엑세스하는 경우의 단점도 발생되는데 아래와 같은 내용으로 종합할 수 있다.[30]

1) 인터넷을 비롯한 주요 네트워크상의 혼란 또는 혼잡성이다. 네트워크 이용자가 매년 배로 증가하는데 반해서 인터넷 등은 분산된 네트워크간의 어떤 중앙통제도 없으므로 데이터의 질이나 체계가 어지러운 상태이다(clutter or crowding). 2천년대의 인터넷의 사용자 총수는 10억 이상이 될 것이라는 통계도 나와 있다.

---

29) Edward Shreeves. Is There a Future for Cooperative Collection Development in the Digital Age?. *Library Trends,* vol.45, no.3(1997). pp.379-381.

30) Frederick C. Lynden. Remote Access Issue; Pros and Cons. *Journal of Library Administration,* vol.20(1994). pp.26-31.

2) 비용의 불투명성이다. 인터넷상에서 논문 건당 비용이 더 저렴한 것처럼 보이지만 건당 비용이 빠르게 상승하려는 추세에 있다. 정보제공자들은 판매에서 본 손해를 전자적 전송서비스에서 만회하려는 경향이 짙다(uncertainty of cost).
3) 원격접근에 대한 세 번째 관심사는 이용상의 간편성이다. 모든 이용자가 인터넷상에서 정보를 접근할 수 있는 것은 아니다. 즉 정보격차 문제가 항존한다. 이용자마다 처한 기술적, 사회적 환경이 다르고 가지고 있는 교육적 배경이 다르다(convenience).
4) 데이터의 보존과 관련해서 해결되어야 할 문제가 산적되어 있는 상태이다. 컴퓨터파일은 해커들에게 손상당하기 쉬운 상태라는 점, 디스크 파손문제, 잘못된 키 입력에서 발생되는 문제, 이용자 위주가 아닌 소프트웨어 문제, 그리고 하드웨어가 급속하게 발전하여 구식이 되는 정도가 너무 빠른 점을 들 수 있다. 또한 보존하는 책임이 최신 정보를 신속하게 전달할 책임만큼이나 도서관에서 중요하다는 것도 기억해야 할 문제이다(conservation).
5) 원거리 접근으로 해결할 수 있다고 해서 장서개발에 대한 투자를 중단하는 것은 경계하여야 한다. 도서관에서 대출해 줄 자료가 없다면 접근을 통한 자원공유는 지속될 수가 없다(forsaking collection).
6) 타도서관에서 소장하고 있는 장서를 체크해보지도 않고 자관에 독특하게 구축되어 있는 장서의 수집을 중단해 버리지 않도록 주의해야 한다. 무조건 많이 이용되지 않는 자료라고 해서 구독취소를 해서는 안된다. 그런 자료는 상업적 문헌전송 서비스 기관이나 타도서관에도 없을 가능성이 많으므로 많이 이용되지 않는 자료이지만 자원공유 협력차원에서 계속적으로 유지해 나가는 것이 바람직스럽다(common, not uncommon).
7) 전자정보를 이용하는데 적합한 기자재를 구비해 놓는데 문제가 있다. 각종 데이터를 이용하는데 필요한 특별한 기자재는 일반적으로 고가이며, 또한 기술의 발전으로 인해 금세 구형이 되어버리는 경향이다(comparable equipment).
8) 기자재 유지비용 등의 부가비용은 더 들고 도서관 예산은 감소하고 있다. 요금정책이 바꾸어져서 무료였던 것도 유료로 바뀌어 가고 있는 추세이다(charging problems). 시장원리에 따른 서비스체제로 정보이용도 요금이 매겨지고 사용료를 지불해야 하는 현실, 이러한 시장원리의 급속한 침투는 무료로 서비스를 제공한다는 공공도서관의 핵심적인 신조와 갈등을 빚게 되었다. 분명한 것은 추가적인 공공의 요구, 자원의 실질적인 감소, 기술혁신, 공공도서관의 기본철학에 대한 전례없는 비판 등애 따라 정보와 정보이용에 대한 변화된 개념이 등장하였다는 것이다. 과거에는 정보가 공유되고 무료인 공적인 자

원으로 간주되었으나 지금은 정보가 점점 더 거래할 수 있고 사적인 소비를 위해 사거나 팔 수 있으며, 요금을 지불해야 이용할 수 있는 상품으로 간주되고 있다.

9) 상업적 벤더들이 도서관을 거치지 않고 이용자에게 직접 서비스하기 시작하였다(customers).

10) 전자 환경에서 엑세스를 둘러싼 저작권 문제는 복잡하다. 논의의 대부분은 전자미디어의 기본적 속성의 개발이다. 전자 정보는 쉽게 다운로드 되고 조작되므로 원 소유권을 더 이상 추적해 갈 수 없다. 문제는 이용자들 뿐 아니라 정보의 창작자들의 권리이다. '라이센스' 방법을 저작권 문제 해결에 적합한 방법으로서 제안한다(copyright).

11) 주로 빌려주는 입장에 있는 도서관의 경우, 타 도서관 등을 지원하는데 따르는 비용을 어떤 식으로 충당할 것인지 생각해야 한다. 서비스를 요구해 오는 기관에 요금을 지불토록 할 것인가? 엑세스 서비스에 소요되는 경비를 기부해 줄 후원자를 얻기는 갈수록 어려워지고 있다(contribution).

여기에서 우리가 알 수 있는 이상적인 '엑세스(access)' 패러다임이란 합리적인 '소장', 즉 철저한 '자원공유' 협력이 이루어진 것을 전제로 한다는 사실이다. '소장'과 '엑세스'라는 두 가지 장서개발 방법을 공존시키는 조화로운 새 패러다임이 필요하다. 도서관의 하나의 장서를 내부와 외부의 양 정보 자원에 대한 하나의 게이트웨이로서 생각하자는 것이다.

소장보다 엑세스를 강조하고 있는 디지털도서관이 갖는 단점은 상기의 요인 이외에도 Stoll이 분석한 바에 따르면 다음과 같은 것들도 장애요인으로 분석되었다.[31]

첫째, 비용적인 측면으로 기존의 책을 디지털화 하는데 엄청난 비용이 든다는 것이다. 책의 한쪽을 스캔해서 입력하는 데에는 50센트 내지 3달러의 비용이 든다. 따라서 책 한 권을 디지털화 하는 데에는 100달러 쯤 소요된다. 또한 문제는 오늘날 최고성능 스캔 시스템의 정확도가 99.9% 정도이다. 그것은 한 쪽당 오자가 2개쯤 발생한다는 의미인데, 그러면 교정도 보고 수정도 해야 한다. 너무 경제적인 손실이 아직은 크다. 또한 오자는 독자를 잘못 인도하는 경우가 빈번하다.

둘째, 도서관이 통신망화 할 수 없는 또 하나의 이유는 전자매체는 기록 보관용이

---

31) Clifford Stoll. *Silicon Snake Oil.* 1955(허풍떠는 인터넷; 과대포장된 인터넷, 그 실체를 해부한다. 한경훈 역. 서울, 세종서적, 1996. pp.256-290.

아니기 때문이다. 더구나 물리적 매체가 아니라 읽는 방법이다. 모든 매체는 표준화, 문서화되고 있으며 가독성이 있다. 그러나 문제는 장비의 유지 보수에 비용이 많이 들거나 수리하기가 용이하지 않기 때문에 점점 더 많은 비용을 치르게 된다는 점이다. 구조를 변경하면 정보에 접근하는 방법도 변경된다. 통신망속의 책과 종이로 만든 책은 모든 면에서 다르다. 또한 저장구조도 다르다. 구조 변화는 정보를 얻는 방법에 영향을 미칠 뿐만 아니라 그 내용을 변화시키는 경우도 많다. 셋째, 내가 서적도서관이 사라지지 않을 것이라고 주장하는 이유는 또 있다. 통신망을 통해서 진지한 연구를 한다는 것은 매우 혼란스럽기 때문이다. 연구의 집중성과 진지성, 체계성 등이 현저하게 떨어진다.

넷째, 통신망이 도서관에 적합하지 않는 또 한 가지 이유는 문서 보관소로서의 도서관이 파괴되기 때문이다 이것은 도서관의 기본적 기능에 속한 심각한 문제가 된다.

6.4 디지털도서관 발전단계 및 유형

미국은 일찍이 1994년부터 연방정부 차원에서의 지원을 통한 디지털도서관 구축의 가능성을 타진하기 위한 〈디지털도서관 프로젝트(DLI: Digital Libraries Initiative)〉의 1단계 사업을 완료하고, 그 결과를 바탕으로 실제 적용 및 확장을 위주로 하는 2단계 사업도 진행하였다. 'DLI 1(Digital Libraries Initiative-Phase 1, 1994-1998)'이라고 불리는 1단계 사업은 디지털도서관 구축을 위한 요소기술과 시스템의 개발과 디지털정보 구축을 위한 각종 표준의 확립 및 분야별 적용을 토대로 확장을 위한 시험 단계였다. 특히 6개 대학(UCB, UCSB, CMU, UM, Standford) 전자도서관의 과제를 수행하였다.

'DLI 2(Digital Libraries Initiative-Phase 2, 1999-2003)'단계에서는 시험 단계인 1단계사업의 결과를 바탕으로 '디지털 콘텐츠(digital content)'의 확대와 국제적인 정보 네트워크나 컨소시엄 구성에 관심을 두고 추진하였다. 이를 기반으로 하여 디지털도서관의 발전과정을 종합하여 기술하면 다음과 같다.[32)]

1세대 디지털도서관은 이미지, 동영상, 웹자원, 원문(full-text) 등 다양한 형식의 전자자원을 효율적으로 관리하는 시스템을 말한다. 전통적으로 이러한 자원들을 관리해 온 도서관에서는 도서관자동화 시스템의 부가 또는 확장 기능으로서 전자

---

32) 이수상. 디지털도서관. 서울, 한국도서관협회, 2008. pp.25-27.

도서관을 고려하였다. 물론 비도서관 영역에서는 제각기 고유한 목적에 따라 독자적인 시스템을 개발, 운영해 왔다. 일반적인 광파일시스템, VOD시스템, 이미지처리시스템 등이 이 단계의 주요한 사례라고 할 수 있다. 이 시기의 또 다른 특징은 TEI, EAD, CDWA, Dublin Core 등 디지털 자원의 정보표현을 위한 다양한 메타데이터 표준들이 등장하였다는 점이다.

2세대 디지털도서관의 시기에는 한 단계 진화된 전자도서관 모델이 등장하게 된다. 특징적 목표는 조직체 내에 산재하는 다양한 디지털 자원의 통합관리에 대한 요구, 포탈 기반의 통합서비스 및 개인화 서비스 요구를 수용하는 시스템을 구축하고자 한 점이다. 다양한 형식의 디지털 자원을 통합 환경에서 관리하고 서비스하기 위하여 메타데이터 십자로(metadata crosswalk)라는 개념도 나타나게 된다. 이것은 다양한 유형의 메타데이터 통합을 위한 개념으로서 도서의 '저자', 영화의 '감독', 미술작품의 '작가'등과 같은 메타데이터 요소의 사용을 허용하며, 이들을 의미적으로 동일한 속성을 가지도록 통합해 주는 개념이다.

대부분의 국내외 전자도서관의 사례는 현재 이 단계에 해당된다고 하겠다. 결국 이 시기의 전자도서관은 단위 조직 내에서 관리하고자 하는 다양한 메타데이터를 허용하며, 이들을 Dublin Core를 중심으로 통합 관리하며, 또한 협력기반에서 디지털 자원들을 구축하는 환경을 제공하고 있다.

마지막으로 3세대 디지털도서관은 현재 실험적으로 구축 중이거나, 서비스 되고 있는 사례를 말한다. 핵심적인 특징으로는 분산환경의 전자도서관들간 통합 및 연동성 문제가 강조되고 있다는 점이다. 전자도서관간 상호운용성 보장, 협업체제 확립, 부가가치 서비스 제공 등의 아키텍처상 요구 사항과 더불어 교육, 연구, 미디어, 박물관 등 전문 영역별로 고유한 전자도서관을 구축하려는 노력들이 나타나며, XML 및 RDF 요소기술을 활용한 전자도서관의 요구도 등장하게 된다. 이러한 요구사항을 위해서는 각종 메타데이터 처리기술 및 핵심 개념들이 필요하다. 주요한 기술 및 개념으로서는 OAI 기반의 개방형전자도서관(open digital library), RDF/XML 기반의 메타데이터 스키마(metadata schema)개념, 메타데이터 덤다운(dumb-down)원리 등을 꼽을 수 있다. 다음 〈표 6-1〉은 DL 프로그램의 발전적 역사를 설명한 것이다.

이러한 단계를 거쳐 발전한 DL 유형은 다양한 방식으로 그룹화 할 수 있다. DL 기원의 측면에서 구분한다면 미국에서 초기에 개발한 DL 1과 DL 2(the Digital Library Initiatives), 영국에서 eLib(Electronic Libraries) 프로그램 과정에 따라 개발된 DL, 개별 기관에서 구축한 DL, 국립도서관의 부분으로서의 DL, 대학도서관의 한 부분으로서의 DL 또는 기간, 기원, 국가 등등으로 구분이 가능하다. 그러나 종합해서 DL의 유형을 구분하면 다음 〈표 6-2〉과 같다.[33]

〈표 6-1〉 DL 프로그램의 발전역사

1994	• NSF Digital Library Initiative Phase 1(DLI-1) • The First Annual Conference on the Theory and Practice of Digital Libraries, College Station, Texas
1995	• First IEEE Advances in Digital Libraries Conference, McClean, Virginia
1996	• First ACM Conference on Digital Libraries, Bethesda, Maryland
1997	• First European Conference on Research and Advanced Technology for Digital Libraries (ECDL), Pisa, Italy
1998	• The First International Conference on Asian Digital Libraries(ICADL 1998), Hong Kong, China
1999	• President's Information Technology Advisory Committee (PITAC) Report • NSF Digital Library Initiative Phase 2(DLI-2)
1999	• Institute of Museum and Library Services (IMLS) Program • NSF National Science, Mathematics, Engineering, and Technology Digital Library (NSDL) Program • ICADL 1999, Taipei, Taiwan
2000	• ICADL 2000, Seoul, Korea
2001	• ICADL 2001, Bangalore, India • First ACM/IEEE-CS Joint Conference on Digital Libraries (JCDL 2001), Roanoke, Virginia
2002	• ICADL 2002, Singapore • JCDL 2002, Portland, Oregon • China DL Conference, Beijing, China
2003	• ICADL 2003, Kuala Lumpur, Malaysia • JCDL 2003, Houston, Texas
2004	• JCDL 2004, Tucson, Arizona • International Conference on Digital Library, New Delhi, India • ICADL 2004, Shanghai, China
2005	• JCDL 2005, Denver, Colorado • ICADL 2005, Bangkok, Thailand

33) G. G. Chowdhury and S. Chowdhury. *Introduction to Digital Libraries.* London, Facet Publishing, 2003. p.17.

〈표 6-2〉 디지털도서관의 유형

1) 초기 디지털도서관; 예, ELINOR, Gutenberg,
2) 기관적 발행물로서의 디지털도서관; 예, ACM, IEL,
3) 국립도서관에서 개발한 디지털도서관; 예, the British Library, Library Congress (THOMAS), Digital Library of Canada,
4) 대학에서의 디지털도서관; 예, Berkeley DL SunSITE, Bodleian Library DL Projects, California DL, DIGILIB, iGEMS 그리고 SETIS,
5) 특수 자료의 DL; 예, Alexdandria, Informedia, Grainger,
6) 연구프로젝트로서 DL; 예, GDL, NCSTRL, NDLTD,
7) 하이브리드 프로잭트로서 DL; 예 Headline

6.5 디지털도서관의 구축

본 절에서는 이구축에 필요한 구성요소, 정보환경, 구축방식 등에 대해 기술하였다.

6.5.1 디지털도서관의 구성요소

디지털도서관의 구성요소는 현존하는 디지털도서관을 망라적으로 분석한 〈디지털도서관 선언(The DELOS Manifesto)〉[34]을 중심으로 살펴볼 수 있다. 〈디지털도서관 선언〉은 디지털도서관과 관련된 기본 개념을 규명, 정립할 목적으로 유럽연합의 회원 기관들이 공동으로 후원한 〈DELOS Network of Excellence on Digital Libraries〉의 결과물로서, 디지털도서관 프레임웍을 시스템 관점에서 (그림 6-1)과 같이 디지털도서관(digital library), 디지털도서관 시스템(digital library system), 디지털도서관 관리 시스템(digital library management system)의 기본적인 3단계 구축모형으로 제시하고 있다.

34) L. Candela et al. Setting the Foundations of Digital Libraries; The DELOS Manifesto. *D-LIB Magazine*. vol.13. no.3/4.(2007).

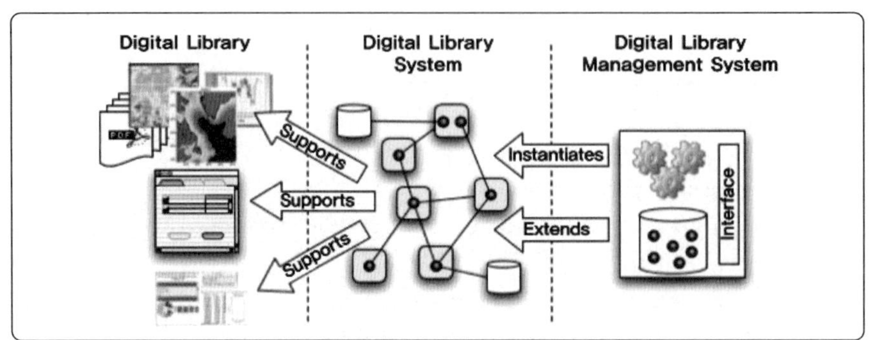

(그림 6-1) 디지털도서관의 3단계 구축모형
(출처: Setting the Foundations of Digital Libraries)[35]

디지털도서관 구축을 위해서는 디지털도서관 시스템이 필요하며, 디지털도서관 시스템 구축을 위해서는 디지털도서관 운영시스템이 선행되어야 한다는 구축단계를 보여주고 있다.

1) 디지털도서관: 장기간에 걸쳐 풍부한 디지털 콘텐츠를 포괄적으로 수집, 관리, 보존하고, 명문화된 정책에 따라 충분한 질을 갖춰 전문화된 기능성을 통해 해당 콘텐츠를 이용자 커뮤니티에 제공하는 조직을 말한다.
2) 디지털도서관 시스템: 정해진 아키텍처에 기반하여 특정한 디지털도서관에서 필요로 하는 모든 기능을 제공하는 소프트웨어 시스템 즉, 정보객체 집합에 대하여 디지털도서관의 기능성을 제공하는 소프트웨어 시스템을 말하는 것으로 분산된 형태일 수도 있다. 이용자는 디지털도서관 시스템을 통해 디지털도서관과 상호작용하게 된다. 디지털도서관 시스템은 이용자와 디지털도서관 사이의 매개 시스템이다.
3) 디지털도서관 관리시스템: 일종의 시스템 소프트웨어로 디지털도서관 시스템을 생산하거나 관리하는 시스템이라고 할 수 있다.

아울러 이렇게 구축된 디지털도서관을 운영하기 위해 (그림 6-2)와 같이 기본적으로 구성되어야 할 6가지 요소를 제시하였는데 콘텐츠(content), 이용자(user), 기능성(functionality), 품질(quality), 정책(policy), 아키텍처(architecture)가 이에 해당한다.

---

35) S. Ross. Setting the Foundations of Digital Libraries: The DELOS Manifesto. *D-lib Magazine,* 13 (39541). (2007). p.73. 〈http://www.dlib.org/dlib/march07/castelli/03castelli.html〉 [cited 2010. 1. 19]

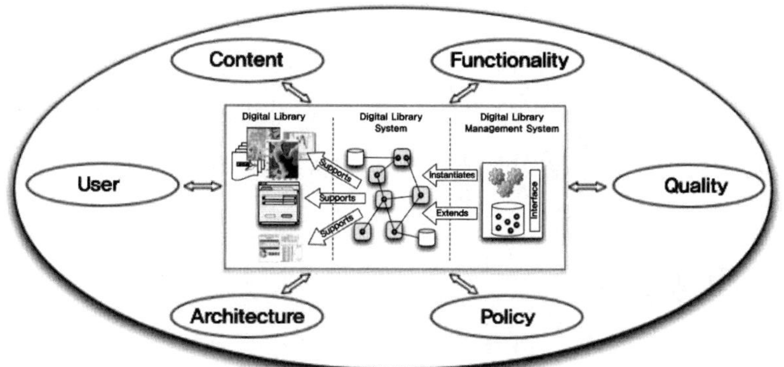

(그림 6-2) 디지털도서관 수립을 위한 6가지 필수 요소
(출처: Setting the Foundations of Digital Libraries)[36)]

1) 정보공간이라고 볼 수 있는 콘텐츠: 디지털도서관이 수집, 관리하고 이용자에게 제공하는 모든 형태의 데이터와 정보객체 전체 및 이들로 구성된 장서(collection)를 의미하는 개념으로서 1차 객체, 주석, 메타데이터가 포함된다.
2) 이용자: 디지털도서관과 상호작용하는 모든 행위자를 포함하는 개념으로 디지털도서관은 정보와 행위자를 연결하며 기존 정보를 활용하여 새로운 정보를 생산하도록 지원한다. 디지털도서관 시스템은 각 이용자를 이용자 식별정보와 행위정보를 포함하는 프로파일과 연결시키며, 적절한 접근정책에 의해 각 이용자의 역할을 구분한다.
3) 기능성: 디지털도서관이 이용자 개인이나 집단에게 제공하는 서비스를 포괄하는 개념으로 접근, 제출, 관리, 개인화 등을 기본 기능으로 한다.
4) 품질: 디지털도서관의 콘텐츠와 행위를 특성화하고 평가하는 지표를 나타내는 개념으로서 시스템을 운영하거나 이용하는 서로 다른 이용자의 요구를 만족시키는 능력을 말한다.
5) 정책: 가상 또는 실재의 디지털도서관과 이용자 사이의 상호작용을 관장하는 조건, 규칙, 용어, 규정 등의 집합을 나타내는 개념으로서 이용자에게 허용된 행위, 저작권 관리, 프라이버시 및 보안, 이용자 요금 부과, 장서제공 등이 포함된다.

---

36) Setting the Foundations of Digital Libraries. *D-Lib Magazine,* vol.13, no.3/4.(2007) 〈http://www.delos.info/files/pdf/ReferenceModel/DELOS_DLReferenceModel_0.98.pdf〉 2010. 1. 19]

6) 아키텍처: 디지털도서관 시스템 객체를 의미하며, 디지털도서관의 구조적 측면을 설명하는 개념, 즉 디지털도서관이 제공하는 기능성과 콘텐츠를 하드웨어와 소프트웨어 요소에 연결하는 개념으로서 디지털도서관 사이의 상호운용성이 중요한 연구영역으로 인신됨에 따라 그 개념의 중요성이 더욱 높아지고 있다.

6.5.2 정보환경

DELOS 선언에서 디지털도서관의 개념과 구성요소, 구성요소 사이의 관계를 정의했다면, JISC IE(JISC Information Environment)는 포털, 즉 분산된 데이터를 수집하여 다각적인 방법으로 서비스를 제공하는 환경을 중심으로 디지털도서관 정보환경을 구조화 하고 이에 필요한 요소 기술을 정리하였다. JISC IE를 중심으로 디지털도서관의 기술 환경을 살펴보면 다음과 같다.[37]

JISC IE는 이용자가 개별적으로 여러 웹 사이트나 포털을 찾아 자원을 탐색하거나 접근하는 등의 현재 서비스보다 더 자연스럽게 서비스를 제공하기 위한 의도로 (그림 6-3)과 같은 JISC IE 개념도를 구성하였다.

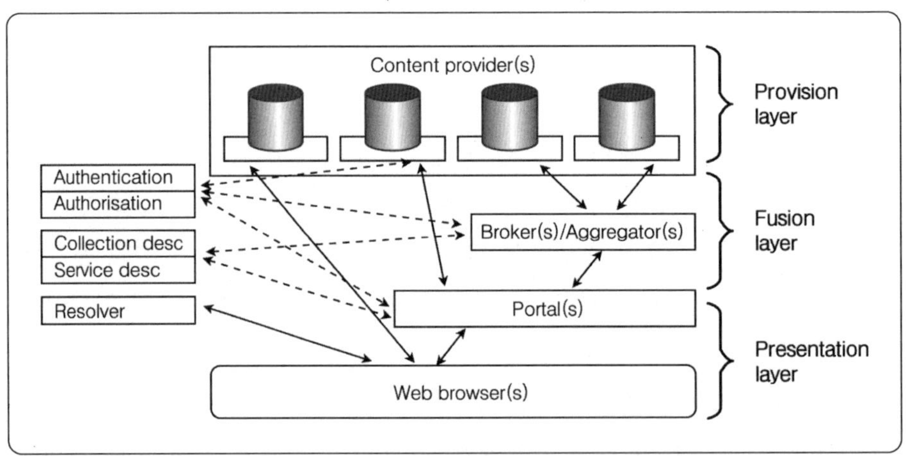

(그림 6-3) JISC IE 아키텍처

37) Andy Powell, and Liz Lyon. 2002. *The JISC Information Environment and Web Services.* Ariadne, 31. [cited 2010. 1. 27] 〈http://www.ariadne.ac.uk/issue31/information-environments/〉

JISC IE의 서비스 구성요소는 크게 공급층(Provision Layer), 융합층(Fusion Layer), 표현층(Presentation Layer)로 나누어 진다.

1) 공급층에서는 서지자원, 원문, 이미지, 비디오, 학습 객체 등을 서비스 개념도 내의 다른 구성원에게 공급하는 콘텐츠 제공자가 포함된다.
2) 융합층에는 한 개 이상의 콘텐츠 제공자로부터 메타데이터를 받아 다양한 방법으로 융합하고 그 결과로 생산된 메타데이터 레코드를 다른 구성원에게 전달하는 브로커나 어그리게이터 등이 포함된다.
3) 표현층에서는 콘텐츠 제공자, 브로커, 어그리게이터 등과의 상호작용을 통하여 실제 최종 이용자에게 직접적인 서비스를 제공하는 다양한 형태의 포털이나, OpenURL 해석기 등이 포함된다.
4) 그 외 공유 인프라가 있는데 이는 전술한 서비스가 이루어지도록 지원하는 인증(Authentication), 권한 관리(Authorisation), 서비스 레지스트리(Service registry), 기관 프로파일링 등의 공유 서비스가 포함된다.

이용자가 여러 콘텐츠 공급 서비스가 제공하는 다양한 컬렉션 중에서 원하는 자원을 발견할 수 있도록 하기 위해, 공급자는 검색, 하베스팅, 얼러팅 등을 통해 메타데이터를 도출해야 한다. 최종 이용자가 포털을 통해 자원에 관해 얻은 메타데이터에는 해당 자원에 관한 여러 식별자가 포함된다. 식별자는 해석기 서비스를 통해 특정 자원에 대해 URL이나 자원을 요청하기 위한 정보로 해석되며, 최종이용자의 접근권한, 네트워크 위치, 가격 등에 기반하여 해당 자원의 가장 적절한 원문을 발견할 수 있도록 돕는다.

6.5.3 구축방식

디지털도서관의 구축 방식은 크게 세 가지 접근방식으로 구분이 가능하다. 도서관 현장에서 직접 개발하는 방법, 관련 전문 솔루션을 도입하는 방법, 그리고 이 두 가지가 혼합된 프로젝트 형식으로 개발하는 방법이 그것이다.

디지털도서관이 워낙 복잡한 요소기술과 기능을 요구하는 까닭에 도서관에서 직접 개발하는 방법은 거의 불가능하다고 하겠다. 우리나라뿐만 아니라 외국의 사례에서도 시범 연구 개발적 수준의 프로토타입을 제외하고는 찾아보기가 힘든 방법이다.

두 번째 전문적 디지털도서관 솔루션을 도입하여 최소한의 수정보완(커스트마이징)을 하는 방법은 현재로서는 가장 많이 사용하는 형태이다. 세 번째 방식은 운영하고자하는 기관에서 용역 형식으로 디지털도서관을 개발하여 구축하는 경우로서 개발과 구축작업은 흔히들 말하는 프로젝트 형식으로 진행된다. 이 경우도 대개는 관련 솔루션을 보유한 전문회사가 프로젝트에 참여한다. 이처럼 전문 회사와 관련 솔루션의 역할과 비중이 높은 것이 우리나라의 현실이다.[38]

전문 솔루션과 운영사례로는 퓨쳐인포넷의 XMDL, 아이네크의 SOLARS DLi, 이씨오의 ECOLAS-DL가 대표적이다. 〈표 6-3〉은 주요 벤더들의 솔루션 현황을 나타낸 것이다.

〈표 6-3〉 주요 벤더들의 솔루션 현황

솔류션명	TG-XMDL	SOLARS DLi	ECOLAS-DL
제작회사	퓨쳐인포넷	아이네크	이씨오
개요	다양한 유형의 디지털 자원관리를 목표로 개발된 확장성표기언어인 XML 기반의 전자도서관 솔류션	도서관자동화시스템과 콘텐트관리시스템, 통합검색서비스, 각종 웹서비스를 서비스하는 통합형 전자도서관 솔류션	이용자 중심 인터페이스를 통해 다양한 형태의 원문 및 디지털 자료를 사공간에 구애됨이 없이 탐색·접근이용할 수 있도록 설계된 디지털도서관 시스템
구성요소	- TG-XMDL Container - TG-XMDL Editor - TG-XMDL DRMS	- MME - DMME - MIT	- ECOLAS-DCM - ECO FINDER
관련 패키지	- TG-XMDL - TG-XMLAS	- SOLARS 이I - SOLARS SE/SOLARS 4.0	- ECOLAS-이 - ECOLAS - ECOLAS-S
주요 운영사례	연세대, 이화여대, 조선대, 계명대, 서울대, 고려대, 서강대, 동국대, 숭실대 등	한국외국어대, 경북대, 서울대, 경상대, 한밭대, 목포대, 상지대 등	국방대, 산업자원부 기술표준원, 해군사관학교, 경기도 교육정보연구원, 대구중앙도서관 등

(출처: 이수상. 우리나라 디지털도서관의 전개양상에 관한 연구. 한국도서관정보학회지. 36(1). 2005. p.142)

38) 이수상. 우리나라 디지털도서관의 전개양상에 관한 연구. 한국도서관 · 정보학회지, 제36권 1호(2005). pp.140-141.

6.6 디지털도서관의 과제

6.6.1 디지털도서관의 딜레머

디지털도서관은 전통적인 도서관과 별개로 진행되거나 존재하는 것은 아니다. W. Crawford와 M. Gorman에 의하면 기술광신주의자들의 징후를 비판하고 있는데, 여기에서 기술광신주의란 도서관 현장에서의 디지털도서관에 대한 지나친 믿음에 대한 허구성을 지적한 것이다. 그들이 주장한 허구성의 내용을 간추리면 다음과 같다.[39]

1) 새로운 것은 항상 이전 것보다 좋으며, 개발중인 기술은 현재 시장을 석권하고 있는 것보다 좋다고 믿는다.
2) 기술은 그 자체에만 머무르지 않고 사람들의 생활양식이 된다고 믿는다. 그리고 그것이 무엇을 의미하는가에 대해서는 별다른 주의를 기울이지 않는다.
3) 기술맹신주의자들은 책과 도서관이 이제 쓸모없는 것이라고 주장한다.
4) 모든 기술적 개선은 가치있는 것이며, 게다가 각각의 개선은 자동적으로 현존 시스템을 대체한다고 믿는다.
5) 도서관 분야에 있는 사람들은 누구나 새로운 기술에 적극적인 관심을 가져야 한다고 믿는다.
6) 기술을 본질적으로 하나의 목적으로 본다.
7) 기술맹신주의자는 모든 아날로그 매체가 거대한 디지털 고속도로에 일부분으로 합쳐진다고 하는 디지털 수렴 현상을 가정한다.

그러나 일반인이 책, 잡지, 비디오카세트 등을 포기하기를 원한다는 것과 또한 그렇게 하면 사람들의 삶이 나아질 것이라는 생각을 지지하는 어떠한 증거도 없다. 그럼에도 불구하고 기술맹신주의자는 단지 디지털고속도로가 가능하기 때문에 디지털 수렴을 상상한다라고 경고하고 있다. 또한 프랑스의 사회학자인 Jacques Ellul은 일련의 기술맹신주의에 대해서 다음과 같이 강한 불신감을 갖고 있는데 이는 상기의 논리와 완전히 부합된다.

---

39) W. Crawford & M. Gorman. *Future Libraries: Dreams, Madness, & Reality.* Chicago, ALA., 1995. pp.37-42.

첫째, 모든 기술진보는 대가를 요구한다. 즉 한편으로는 보태지만 감소하는 것도 있다. 둘째, 모든 기술진보는 문제의 해결보다 문제의 제기가 더 많다. 기술진보는 그 결과로 나타나는 문제들을 기술적인 시각으로 보도록 부추기며 따라서 기술적인 해결책을 요구한다. 셋째, 기술혁신의 부정적인 측면은 긍정적인 측면과 함께 한다. 기술이 중립적이라고 말하는 것, 즉 기술은 선용, 혹은 악용될 수도 있다는 발상은 고지식한 생각이다. 기술은 좋은 효과와 나쁜 효과가 동시에 나타난다. 넷째, 모든 기술혁명의 효과는 예측 불가능하다.[40]

따라서 도서관에서의 정보기술의 발전 및 이의 적용은 혁명적이거나 진보적인 응용의 모델로서 적합한 기관이 아니라, 점진적이고 보수적인 발전모델에 적합한 문화기관이다. 응전에 도전은 하지만 급진적인 도전은 위험하다는 것이다. 도서관 기술발전론에서는 기술결정론적 친화력에 반하는 문화결정론적 상황이 적합하다는 이론이다.

6.6.2 디지털도서관에 대한 국내 담론

본 절에서는 국내에서의 디지털 담론에 대한 것을 분석하고자 한다. 이를 위해 국내에서 발행된 디지털 관련 텍스트 및 연구서 현황을 먼저 분석하는 것으로부터 시작하고자 한다. 그리고 각 대학에서의 교육과정상에서의 반영도 분석하였다.

1) 국내 디지털 관련 문헌 리스트

1) 전자도서관/ Kenneth E. Dowlin, 최석두 역. 구미무역, 1989.
2) CD-ROM 전자도서관운영론/ 이종문. 성광문화사, 1992.
3) 디지털 도서관; 꿈인가, 광기인가, 현실인가/ 김정근 편저. 민음사, 1997.
4) 하이퍼미디어 도서관 정보시스템/ 유사라. 도협, 1997.
5) 전자도서관 구축론/ 정영미, 안현수 공저. 구미무역, 1998.
6) 인터넷을 이용한 참고봉사/ 김휘출. 한국디지털도서관포럼, 1998.
7) 인터넷정보원 조사방법/ Ariandne, 박문열 등역. 한국디지틀도서관포럼, 1998.
8) 인터넷자원 활용론/ 안인자 등저. 창조문화사, 1999.

40) Jacques Ellul. The Technological Order, *Technology and Culture,* vol.3(Fall, 1962). p.394.

9) 디지털정보탐색 방법과 이해/ 심우섭, 이나리 공저. 한국디지틀도서관포럼, 1999.
10) 디지털도서관/ Michael Lesk, 김태수 등역. 사이텍미디어, 2000.
11) 멀티미디어 정보학의 기초/ 나가오 마코토(長尾 眞) 등저, 미국 멀티미디어 랩 역. 한국학술정보(주), 2000.
12) 디지털 환경에서의 장서관리 이론과 실제/ G. E. Gorman 저, 남태우 역. 도협, 2000.
13) 디지털도서관과 사회과학정보원/ 최은주. 도협, 2000.
14) 미래도서관의 목록법 이론/ Pat Oddy, 남태우 등저. 한국디지틀도서관포럼, 2001.
15) 디지털도서관의 이해/ William Y. Arms, 남태우, 이병기 공역. 한국디지틀도서관포럼, 2002.
16) 디지털도서관 정보서비스/ 정진식 · 유재옥 · 이란주 · 유사라 공저. 도협, 2002.
17) 디지털도서관 구축 및 운영론/ 이종문. 한국디지틀도서관포럼, 2004.
18) 인터넷과 웹 정보검색/ 이란주. 도협, 2005.
19) 디지털시대의 장서관리/ 송영희 등저. 도협, 2005.
20) 디지털도서관 운영론/ 이수상. 도협, 2008.
21) 디지털시대의 문헌정보학 연구; 핵심지식정보원 안내/ 김태승 등저. 도협, 2009.
22) 디지털시대의 정보표현과 검색/ Heting Chu, 장혜란 역. 도협, 2011.

〈한국디지틀도서관포럼〉이 1995년 창립, 계간 『디지틀도서관』은 1996년 사서(司書)에 의해 창간된 도서관 전문 저널로, 도서관 및 디지털도서관 관련 정책 · 사서 · 사서교사 등 도서관전문직 · 문헌정보학 및 사서재교육 등 도서관전문가 양성교육 · 디지털도서관 및 이와 관련된 정보기술 · 도서관 및 디지털도서관의 정보수집, 정보조직화, 정보서비스 등에 대한 이론과 실제 등에 대한 지식과 정보를 중심으로 편집되고 있다.

이상의 리스트를 분석하면 다음과 같다. 첫째, 문헌정보학 분야에서 발행된 DL 관련 서적은 총 22권으로 분석되었다. 둘째, 이 분야의 최초의 문헌은 1989년의 Kenneth E. Dowlin, 최석두 역 『전자도서관』이다. 전자도서관이란 디지털도서관의 용어가 발현되기 이전의 명칭이다. 즉, 정보의 전자화 형태이지 지식정보의 전자화는 발현되지 못한 시기였다. 셋째, 도서관 명칭문제이다. 부정확한 미래 담론으로 범칭으로 '미래도서관'을 사용하면서 (1) 전자도서관, (2) 하이퍼미디어 도서관, (3) 디지털도서관 등을 사용하고 있다. 여기에 유비쿼터스(Ubiquitous)까지 더해지고 있다. 명칭의 문제가 잔존하고 있다. 넷째, 주제별로는 도서관 구축론, 운영론, 정보검색 방법, 장서관리, 매체의 응용방법, 디지털 정보서비스 등으로 구분된다.

DL도 전통적 도서관의 인식대상의 4요소 및 선정, 수집, 가공, 축적 및 이용에 이르기까지 토털 시스템적으로 접근이 되어야 하는데 종합적인 전공 문헌이 발행되지 못하고 있다.

2) 교과과정에 반영된 디지털도서관

국내외 대학 중 몇 개 대학을 자의적으로 선정하여 교과과정에 개설 중인 디지털도서관 관련 과목을 살펴보았다. 미국의 Indiana University, University of Michigan, University of North Carolina, University of Illinois 등 4개 대학과 국내 대학으로는 연세대학교, 성균관대학교, 이화여자대학교, 경북대학교, 중앙대학교를 선정하였다. 국내대학은 5개교 모두 학부과정과 대학원 과정을 운영하고 있으며, 미국 대학 가운데에는 University of North Carolina와 University of Illinois에서만 학부와 대학원 과정을 운영하고 있다. Indiana University와 University of Michigan은 대학원 과정만을 운영하고 있다.

(1) 학부과정

학부과정에서의 디지털도서관 관련 과목은 디지털도서관의 기본적인 개념을 이해시키는 수준에서 과목이 개설되고 있다. 또한, 인쇄매체 형태 이외의 디지털 형식의 정보자원에 대한 이론적인 내용과 인터넷 상의 디지털 자원을 이해시키기 위한 과목도 개설되고 있다.

미국의 대학에서는 디지털도서관에 대한 과목이 학부과정에서는 개설되지 않고 있다. 다만, 디지털도서관을 구성하기 위한 메타데이터, 웹도구 등과 같은 기반기술에 대한 과목이 개설될 뿐이다. 이를 통해 보면, 미국 대학의 학부과정은 보다 심도깊은 대학원 과정의 교과과정을 이수하기 위한 기본적인 개념들에 대한 내용에 중점을 두고 있음을 알 수 있다.

반면, 국내 대학에서는 학부과정에서 디지털도서관에 대한 기본적인 개념과 이론에 대한 교육이 상당수 이루어지고 있다. 또한, 디지털 형태로 제작된 컨텐츠 및 웹상의 디지털자원을 어떻게 조직, 검색, 활용하는지에 대한 과목도 제공되고 있다.

(2) 대학원 과정

학부과정에 개설된 과목과는 달리, 대학원 과정에 개설된 디지털도서관 관련 교과목은 그 분야가 세분되어 있다. 디지털도서관의 이론적인 측면 뿐만 아니라, 디지털도서관을 구축하는데 필요한 세부적인 구성요소들에 대한 과목이 구분되어 개설되고 있다.

미국 대학의 대학원에서 개설된 디지털도서관 관련 교과목을 살펴보면, 디지털도서관, 디지털형태 기록의 관리, 디지털 정보자원을 활용하기 위한 네트워크, 디지털 자원의 보존, 디지털 장서개발 등과 관련된 과목들이 개설되어 있다. 이들 과목은 디지털도서관을 구성하는 요소들과 관련된 이론적인 내용을 중심으로 운영되고 있다. 또한, 디지털도서관을 활용하기 위한 기술적인 도구들을 위한 과목들도 개설되어 있다. 이와 함께, 디지털 유형의 자원들을 이해하고 활용하기 위한 과목들이 운영되고 있는데, 이 범주에는 디지털 콘텐츠의 생성과 관리 등과 관련된 내용들이 다루어지고 있다.

또한, 미국 대학에서는 정보사회론적인 측면에 대한 교과목이 많이 개설되어 있는데, 이는 디지털도서관은 정보환경의 디지털화에 따른 디지털도서관의 역할에 대한 고찰에 대한 중요성이 증대하고 있음을 보여주고 있다.

국내 대학의 대학원에서 개설된 디지털도서관 관련 교과목은 디지털도서관에 대한 기본적인 개념을 다루는 이론과목 및 디지털 정보자원에 대한 과목이 중점적으로 개설되고 있음을 알 수 있다. 이와 함께, 디지털 기록을 관리하기 위한 과목도 다수 개설되고 있다.

국내 대학과 미국 대학 교과목의 특성을 살펴보면, 디지털도서관을 바라보는 한국과 미국의 시각적인 차이를 찾아볼 수 있다. 미국의 대학에서는 디지털도서관을 구축하고 유지하기 위한 기반기술 및 어플리케이션이나 디지털 도구의 개발 등 디지털도서관 전반에 걸친 교육과정을 제공하고 있는 반면, 국내 대학에서는 디지털자원의 활용과 유지에 중점을 두고 있다고 볼 수 있다. 또한, 디지털의 개념이 도서관 뿐만 아니라 사회 전반에 걸치는 영향 등을 다루는 교과과정이 국내 대학에서는 거의 이루어지지 않고 있어, 디지털 및 디지털도서관을 사회적인 측면에서 바라보고 연구, 개발하기 위한 교육과정의 도입이 필요하다고 볼 수 있다.

디지털시대에 요구되는 신규 교과목의 수요조자 결과[41]에 따르면 다음의 같은 과목이다. 1) 웹정보 조직 및 관리실습(1), 2) 디지털 장서관리를 위한 정보기술 이해(3), 3) 디지털시대의 정보 및 커뮤니케이션(4), 4) 전자기록물 관리(5), 5) 웹아카이빙(6), 6) 웹 2.0/웹3.0/e커뮤니티(11), 7) 디지털인문학(13), 8) 웹콘텐츠 신뢰성(16), 9) 디지털 격차와 정보전문직(17), 10) 이용자생산콘텐츠(UCC)(18), 11) 지식표현 및 형식온톨로지(20) 등을 반영시키고 있다. 총 30개 과목 중 11개가 디지털관련 교과목이며, 그것도 상위에 랭크되어 있는 실정이다. 여기에서 나타난 특징은 상기에서 분석한 국내외 분석 결과와 일치하고 있음을 알 수 있다. 즉, 디지털자원의 활용과 유지에 중점을 두고 있다고 볼 수 있다. 이상과 같이 명칭상의 문제에서부터 정의 그리고 전개될 미래상까지 일정적이지 못하고 학자별 각양각색의 의견이 분출 중이다.

상기의 내용을 요약하면 다음과 같다. 법학자들은 지식의 법적인 면, 즉 지식재산권에 초점을 맞추어 연구를 수행한 반면, 경제학자들은 정보의 효용성 및 거래비용에 초점을 맞추어야 한다고 주장한다. 이 결과는 '지식정보재'를 출현시켰다. 철학자들은 지식의 인식론적인 연구에 집중하고, 정보과학자들을 포함한 문헌정보학자들은 출판된 정보의 수집, 분류, 조직화 및 영속적인 이용방법 연구에 치중한다. 또한 사회학자들은 사이버 공동체 내에서 인간의 행동에 대해서 초점을 맞추며, 물리학자들은 자연법칙 연구에 매달린다.

이처럼 지식발전은 어느 특정 분야의 공이 아닌 모든 학문연구의 결과물이라고 할 수 있다. 학문연구의 결과물인 지식을 디지털환경에서는 '지식의 생태시스템'이 어떻게 구현하여야 하는지에 초점을 맞추었다. 지식 및 정보라는 '공유자원(commons)'의 물리적 특성을 보면 새롭게 개발된 기술, 즉 디지털기술의 영향을 직접적으로 받았음을 알 수 있다. 지식 공유의 개념이야 말로 혁신을 증대시키고 창의력을 강화시켜주는 새로운 모델이라는 신념으로 정보의 공유자원화 운동을 활발

41) 노영희. 전문사서 경쟁력제고를 위한 문헌정보학전공과목 정비방안 연구. 서울, 국립중앙도서관, 2011. p.337.

히 벌이고 있다. 그런데 무엇보다 실망스러운 사실은 분명히 생산되는 정보의 양과 수가 점점 더 증가함에도 불구하고 우리가 실질적으로 얻을 수 있는 양은 점점 더 감소한다는 사실이다. 그래서 정보에는 이사당하지만 지식에는 아사당한다고 풍자하고 있다.

디지털 시대가 도래하기 전에는 지식공유가 가능한 물리적 공간은 도서관과 문서저장소로 제한되었다. 그런데 디지털 기술의 개발로 방대한 정보가 디지털 방식으로 보급되었고(1992년에 개발된 월드 와이드 웹(World Wide Web) 덕분에), 공유 지식 중 상당 부분을 디지털정보가 차지하게 되었다. 학자들은 실재로 학문이 꽃을 피우기 위해서는 아이디어를 공개하여 누구나 무상으로 사용할 수 있도록 해야 한다고 한결같이 주장하고 있다.

그러나 1995년 이전까지만 해도 정보와 공유자원을 연결시켜 생각하는 사람들은 거의 없었다(정보공유 information-commons). 1995년경 '공유자원(commons)'이라는 개념을 갑자기 전혀 다른 시각으로 보기 시작하였다. 이것은 인터넷의 덕분이다. 따라서 디지털정보 보급에 관심을 갖기 시작하였다. 이를 효율적으로 수행하기 위해서 공유자원이라는 단어 앞에 '디지털', '전자', '정보', '사이버', '정보통신', '지적', '인터넷', '기술적' 등 수많은 수식어들이 붙게 되었는데 모두 정보라는 새로운 공유영역을 지칭하는 용어들이다. 새로운 정보기술은 지식공동체의 개념을 완전히 바꾸었다. 공유자원에 관해 분석할 때 가장 핵심적인 사항은 "평등성, 효율성, 지속가능성"42)을 평가하는 것이다.

과학계, 학계, 사회에서 발간되는 논문이라는 공유자원은 주로 사회적 성격을 띠면서 정보를 확산시키는 역할을 한다. 이들은 "더 많이 나눌수록, 더 즐거워 진다"는 원리가 적용되는 것이다. 경제학자들은 이를 '네트워크 효과(network effects)'라고 부른다. 오늘날에는 '사회적 네트워킹'이나 사회적으로 비슷한 사람들을 분류하여 정보를 제공해 주는 '폭소노미(folksonomy, Folk+order+nomos)', '메타태깅(metatagging)'이라는 새로운 체제와 방법들이 큰 붐을 이루고 있다. 백과사전 '위키피디아(Wikipedia)'는 가장 인기 있는 웹사이트 중 하나로 한 달에 530만 명 이상 이 사이트를 방문하고 있다.

---

42) Charlotte Hess and Elinor Ostrom. *Understanding Knowledge as a Commons; From Theory to Practice.* Massachusttte, MIT Press, 2007.

무한한 정보로 접속을 가능하게 해준 신기술이 우리가 고유하던 자원을 폐쇄하여 정보의 선택과 사고의 자유로운 흐름을 막는 제약적 요소로 동시에 작용한다. 즉, 급속히 확대되고 있는 디지털정보 기술세계는 우리에게 무한한 가능성을 제공해주는 동시에 상상할 수 없는 위협과 함정으로 몰아간다. 한편으로 인터넷을 통해 과거에 상상할 수 없었던 방대한 정보에 접근하는 것이 가능해진 반면, 다른 한편으로는 지적재산권법, 특허의 남발, 라이선싱, 과잉가격 책정, 정보삭제, 불안전한 보전제도로 정보에 대한 접근이 차단되는 현상이 점점 가속화되고 있다.

권리 보유자가 개인이 아닌 대기업이라면 정부가 가능한 한 길게 유효기간을 설정해 주기를 기대할 것이다. 저자 사망 후 저작권 유효기간을 연장하는 법 조처가 창작, 연구 의욕을 강화시켜 주기 위한 인센티브 차원에서 도입된 것이라고 하는데, 그렇다면 이러한 법이 실제로 사람들이 훌륭한 저작을 저술하고 뛰어난 연구를 수행하고, 마음을 사로잡는 음악 작품을 창작하는데 실질적인 인센티브로 작용할까? 그처럼 오랫동안 저작권이 보호받는 경우 일반 대중들이 문화, 학술자료를 보지 못해 그것이 사회학적으로 큰 손해를 유발하는데 그러는 사이 처음 창작활동에 그 어떤 참여도 하지 않았던 사람들 만이 돈을 벌어 들이며 자신의 배를 채우게 된다. 지식이 공공영역으로 남아있어야 하며 왜 가능하면 자유롭게 지식에 접근할 수 있도록 하는지가 확실해 진다.

오늘날 정보와 지식분야에는 일반법과 더불어 새롭게 도입된 지적재산권법(디지털밀레니엄저작권법(Digital Millennium Copyright Act, DMCA(1998)), 다자간지적저작권협정(Agreement on Trade-Related Aspects of Intellectual Property Rights, TRIPS(2002)), 저자권보호기간연장법, 애국법 등)에 의하여 인정받는 컴퓨터 코드의 사유화 등 광범위한 사유화 위협들이 존재한다. 그런데 바로 이러한 위협들 때문에 공공정보, 과학정보, 정부 정보에 대한 국민들의 자유로운 접근이 제한되고 있다.

디지털기술이 학술공간과 경제와 문화를 극적으로 변화시키고 있지만, 우리의 정신적 지도(mental map)는 아직도 인터넷 이전 인쇄문화 수준에 머물러 있다. 지식과 정보분야에서 인클로저 조처가 취해지고 있다. 이러한 이유로 'Infor-rich, Infor-poor'의 계급이 등장하였으며, 1998년부터 일기 시작한 open access운동 등장, 그리고 정보 공유자원의 공간으로서 '디지털정보 저장소'가 등장한다. 다음 표는 지식고유 결과 예상되는 긍정적인 결과와 부정적 결과를 요약한 것이다.

〈표 6-4〉 디지털정보 저장의 장 · 단점

부정적 결과	긍정적 결과
과학 데이터베이스의 사유화 디지털 신분격차 및 정보불평등 초래(불평등) 수집과정에서 마구잡이식 표준이하로 자료수집(질의 저하) 갈등 및 협력부족 품질관리 부족(오염) 지나친 특허화와 반공유 성향(사유권 강화) 참여자들의 소극적 참여(수집자료 빈약) 정보저장 취소(불안, 질의 저하, 고갈) 스팸(오염)	정보공개 연구도서관(정보공개) 세계적 사용, 공급, 생산(평등) 디지털정보의 표준화와 호환적 운영체계확보 (다양하고 풍부한 공유자원) 협력 및 상호성(사회자본) 컨텐츠 품질관리(자료의 풍요함) 과학영역 공개(공개강화, 토론 및 의사소통 증대) 적극적인 협조 및 참여(방대한 자료가 담긴 저장소설립) 정보의 보전(정보공개) 학술적 성격의 블로그 탄생(정보 흐름과 의사소통의 품질향상)

6.6.3 디지털도서관의 과제

디지털도서관이라고 하면 보통 기술적인 문제로만 인식하기 쉽다. 그러나 디지털도서관의 구축은 기술적인 발전에 기초해서만 생각할 수 없다. 현재의 디지털 기술은 아직은 미성숙 단계에 있으며 디지털도서관은 이용자를 포함한 경제, 사회, 법률적 요소와 복잡하게 얽혀 있어 기술적 문제에서 끝나지 않는다. 이와 관련하여 Michael Lesk는 이용자의 정보이용과 관련하여 정보를 탐색하기 위한 접근방법과 정보의 내용에 관한 문제, 그리고 어떻게 이용해야 할 것인가에 관한 문제를 제시하고 있다.[43]

첫째, 정보를 탐색하기 위해서 이용자들이 어떤 방법을 선택할 것인가는 지금까지 충분히 검토되지 않은 문제이다. 일부 이용자들은 자동 탐색도구를 사용하지만 또 다른 이용자들은 수동적 연결방식에 따라 탐색하기를 원할 수 있다. 일부 이용자들은 온라인의 공식 모형이나 온라인에서 사용하는 분류를 사용하기 원할 수도 있다.

43) Michael Lesk 저, 김태수외 다수 옮김. 디지털도서관. 서울, 사이텍미디어, 2000. pp.32-34.

둘째, 도서관에 제공해야 할 정보의 경우 일부 자료는 탐색 가능한 텍스트 형식으로 되어 있고 다른 자료는 인쇄된 그림으로서만 이용이 가능할 경우가 있다. 이용자가 두 가지 모두를 탐색하고자 하지만 상이한 검색기법이 필요하고 따라서 통일된 시스템을 제공하기가 어렵다. 디지털도서관의 일부 콘텐츠는 태생부터 전자적으로 만들어진 자료가 있으며 기존 형식에서 전자적으로 변환된 것들이 있을 수 있다. 도서관은 두 종류의 장서를 통합할 필요가 있다.

셋째, 문헌에 대한 접근은 이용자에 대한 접근과 관련된다. 모든 이용자가 컴퓨터와 네트워크의 전문가가 아니라는 점이다. 컴퓨터기술을 습득하지 못하였거나 경제력이 없는 사람들을 포함해서 모든 개인이 정보에 접근한다는 문제를 어떻게 해결할 것인가는 디지털도서관에서 해결해야 할 중요한 문제이다.

넷째, 기술적인 문제와 더불어 기술을 효과적으로 이용하고, 변화를 수용하며, 이에 상응하는 사회적 여건을 조성할 수 있는 개인과 조직의 능력이 수반되어야 한다. 정보의 세계는 각 분야의 경험과 전문성 그리고 다양한 분야의 인적 자원을 필요로 한다. 시스템의 본질적인 변화를 위해서는 사회적, 경제적 변화는 물론 구성원간의 법률적 관계가 함께 정립되어야 한다.

또한 Arms는 디지털도서관의 문제를 기술적 문제와 더불어 이를 수용할 수 있는 사회적 여건의 조성할 수 있는 개인과 조직체의 능력을 강조하고 있다.[44] 기술적인 문제와 더불어 기술을 효과적으로 이용하고, 변화를 수용하며, 이에 상응하는 사회적 여건을 조성할 수 있는 개인과 조직의 능력이 수반되어야 한다. 정보의 세계는 각 분야의 경험과 전문성 그리고 다양한 분야의 인적 자원을 필요로 한다. 시스템의 본질적인 변화를 위해서는 사회적, 경제적 변화는 물론 구성원간의 법률적 관계가 함께 정립되어야 한다.

이상과 같이 디지털도서관 구축은 기술적인 문제를 포함하여 디지털도서관의 이용자 및 기술이 경제, 사회, 법률적 요소와 복잡하게 얽혀 있음을 알 필요가 있다. 정보 기술뿐만 아니라 다양한 요소간의 절묘한 조화를 이룰 때 전통적인 도서관은 성공적으로 디지털도서관의 형태로 변화할 수 있을 것이다.

---

44) William Y. Arms 저, 남태우, 이병기 공역. 디지털도서관의 이해. 한국디지털포럼, 2002. pp.27-29.

제7장 사서론

본 장에서는 사서론에 대해 기술하였다. 5장에서 미래 도서관론에 대해 기술하였기 때문에 미래의 사서론에 초점을 맞추어야 하지만, 외연을 확장시켜 사서의 본질론에서부터 미래의 사서론에 이르기까지 전개하였다. 마지막 항목에서는 초창기 사서직의 철학에 대해 토론된 내용을 분석하여 포함시켰다. 이는 사서직의 철학을 이해하는데 기본 정보원들이 되기 때문이다. 또한 사서직의 철학을 구축하는 데도 이용될 수 있다.

7.1 작명으로서 사서

정보매체와 정보기술의 발전에 따라 도서관의 명칭이 어떻게 변화든, 도서관의 본질은 근본적으로 변화지 않는 것처럼, 이들을 관리하고 경영하는 인적 요소인 사서의 본질도 변화지 않을 것이다. 단지 업무의 용량과 처리과정 상의 명칭의 진화만 있을 뿐이다.

도서관의 목적은 항상 긴밀하게도 시기상의 사회적, 문화적 요구들을 반영한다. 〈표 7-1〉은 도서관의 목적과 그것의 이행의 혁신 정도를 요약하고 있으며 이에 대한 사회의 반응을 나타낸 것이다. 도서관 목표의 전체적 유형은 전근대적 시기에 물리적 기록물들, 즉 도서를 중심으로 출현했다. 사서직의 범위는 전체적으로 사회에 봉사하는 문화적 단위인 도서관을 위한 교육적, 중개적 역할로 점진성을 갖고 확대되었다.

〈표 7-1〉 사서직의 목표의 변화

구 분	17-18세기	18-19세기	19-20세기
목 표	독 서	교 육	중 개
정 보 정 책	이용도	유용성	다양한 목적을 충족하기 위한 이용도 & 유용성
주요행위	저 장	내부적 조직	도서관간의 협력
이용자의 태도	도서관 묵인	도서관 수용	도서관이 하는 행위에 관여
도서관에 대한 인식	장 식	유용성	도 구
명칭	수동적 사서	적극적 사서	정보중개자로의 사서

문화적 계몽기에 그 사회 당면 이슈 속에 도서관이 처한 곤경은 사욕을 위해 독서의 가치를 강조해 오면서 시작되었다. 그것은 개인 이용자들의 자아발전이라는 인간적 관념으로 확대되었고 이는 차례로 사회 전반의 의지를 강화시키게 되었다. 도서관의 목적은 독서, 특히 "좋은" 도서를 읽고 장려하는 것에 있었다.

도서관의 기술적 변화들은 과학과 기술문명에 대한 신뢰를 기반으로 하는 산업혁명의 철학을 반영한다. 사회적 질병에 대한 치료제로서의 독서에 대한 계속적인 초점은 재확인되었으며 이는 모든 사회문제들은 자연법칙의 폭력성에 의해 초래된 것이라는 의견에 기초한다. 도서관은 그 이용자들의 필요에 가장 적합한 도서를 선택해 줌으로써 이용자들을 교육시키게 되었다.

librarian은 사서이다. 어미에 -ship[45]이 첨가된 librarianship은 상태, 성질, 신분, 직위 등의 의미로 해석된다. Harrod의 『사서용어사전』에서는 librarianship을 "사서의 전문직(The profession of the librarian), 도서관학(Library science)도 보라 참조하고 있다."[46] 문헌정보학 또는 도서관학 교육을 받은 사람을 전문직 사서로 보는 견해로 해석하고 있다. 후자의 경우는 영국의 시각을 그대로 반영하고 있다.

영어에는 어간에 접사(接辭)를 덧붙여서 어간이 지닌 본래의 의미를 수식하거나 변화시키거나 그 단어의 문법적 기능을 변화시키는 어휘류가 상당히 많다. 그 중 하나가 '-ship'이다. 접미사 '-ship'은 OE 동사인 'scieppan'으로부터 나온 어미로

45) 접미사 -ship은 직책, 권위, 직업(tutorship, professorship, kingship, clerkship)을 나타낼 때, 방법이나 기술(workmanship, craftmanship, horsemanship)을 나타낼 때 2, 3인칭 소유 대병사와 함께 존경의 뜻을 갖는 칭호(His Lordship, Her ladyship, His worship)에 주로 사용된다.

46) Ray Prytherch comp. *Harrod's Librarians' Glassory and Reference Book.* 10th ed. Aldershot, Ashgate, 2005.

명사를 형성해 준다. 'hlafordscipe(lordship)', 'freoendscipe', 'weorscipe'에서 처럼 명사에 붙어서 다른 명사를 만들어 주었다. '-ship'은 주로 사람을 나타내는 명사 뒤에 붙는다. 이것이 나타내는 의미는 다음과 같이 5가지 유형으로 분석된다.

1) sonship이나 friendship에서 처럼 상태(state), 조건(condition), 특성(quality),
2) clerkship이나 authorship에서 처럼 직책(office), 권위(dignity), 직업(profession),
3) horsemanship에서 처럼 기술(skill)이나 방법(art),
4) township이나 courtship에서 처럼 어떤 성품을 구체화 하거나 나타내 보여 주는 것,
5) Your Lordship에서 처럼 소유 대명사와 붙어 계급, 명칭을 받을 자격을 갖춘 자를 나타내기도 한한다.

접미사 '-ship'를 붙일 수 있는 단어에는 다음과 같은 것들이 있다. author, brink(man), citizen, clean, companion, comrade, court, craftsman, clerk, fellow, friend, hard, horseman, kin, king, lady, lord, master, member, musician, owner, professor, relation, scholar, son, steward, teacher, town, tutor, workman 등이 있다.

요약하면 접미사 '-ship'은 직책, 권위, 직업(tutorship, professorship, kingship, clerkship)을 나타낼 때, 방법이나 기술(workmanship, craftmanship, horsemanship)을 나타낼 때 2, 3 인칭 소유 대병사와 함께 존경의 뜻을 갖는 칭호(His Lordship, Her ladyship, His worship)에 주로 사용된다.

시이나(椎名六郎)는 'librarian'은 도서관 직원, 사서 등으로 사용된다는 것은 주지된 사실이다. 'librarian'에 '-ship'은 명사에 붙어서 '職, 地位, 資格, 狀態, 性格, 手腕' 등 명사를 만드는 것이 관용이다. 예를 들면 gentleman이라든가 sportsman 등이 그러한 예이다. 이 말도 일본에서는 도서관학이라고 번역하고 있다.47)

영국에서는 library science라는 용어는 거의 사용하지 않고, 오로지 이 용어만(librarianship)을 사용한다. 영국에서는 이 용어를 도서관 직원의 도서관에 관한 지식과, 전문직의 교육훈련 등을 의미하고 있다. 또 library science와 구별할 때는 library science 쪽이 도서관 학교에서 가르치는 과목으로, 도서관 관리, 책과 서지

47) 椎名六郎. 圖書館學概論. 七版. 東京, 學藝圖書株式會社. 昭和四四年(1969). p.5.

의 수집, 목록, 분류, 레퍼런스, 책의 서지, 고문서의 생산과 거래 등의 과학적 부분과 기술적 부분을 많이 포함하고 있다. 즉 학교에서 가르치는 내용을 의미하고 있는 것 같다. 이에 인간적인 요소를 가미한 것을 librarianship으로 보아도 될 것이다.

이에 대해서 미국의 Herman H. B. Meyer는 library science와 librarianship은 동일한 의미로 해석하였다.[48] 또 P. Butler는 librarianship은 전문직이라는 의미로 강조한다는 견해도 있다.[49]

> 도서관학을 영어에서는 librarianship, library science, 또 library study 등으로 부르는데, 이러한 용어들은 거의 같은 의미로 사용되고 있다. 예를 들면 의학의 경우 medicine, medical science, medical study 세 용어는 거의 차이가 없는 것과 같은 의미이다. 도서관학이란 사람들이 사회의 발전에 공헌할 수 있도록, 그 요구에 부응하여 지식과 정보의 원천이 되는 모든 자료를 조직적으로 수집 보존하고, 이용할 수 있도록 전문적으로 배우는 학문이다.[50]

librarian은 사서이다. 여기에 -ship를 접목시키면 상태, 성질, 신분, 직위의 의미를 갖고 있으나 '도서관학'이라고도 번역이 된다. 영국 도서관계에서는 librarianship을 library science로 대체하고 librarianship은 도서관원이 갖고 있는 도서관 지식과 전문인 훈련을 받은 것을 나타내고 있다. librarianship과 library science의 구별은 후자가 문헌정보학학교에서 교육하는 과정을 가르키고 그 속에 장서관리, 선택 및 수서, 분류와 편목, 참고정보봉사, 서지학 등 학과의 기술을 포괄하고 있다. 즉 문헌정보학교에서 보면 학과의 내용이다. librarianship이란 인위적인 요소를 가했음을 말한다.[51] 이것은 상기의 시이나(椎名六郎)의 논리를 그대로 차용하고 있다. 나까무라(中村初雄)는 librarianship을 '圖書館道'로 번역하고 있다.[52]

---

48) Herman H. B. Meyer. Library Extension; A Movement or a problem, *The Library Journal,* vol.50, no.13(1925).

49) P. Butler. Librarianship as a profession. *The Library Quarterly,* vol.xxi, no.4(1951).

50) 慶應義塾大學文學部圖書館學科 要覽. 1960.

51) 中國圖書館學會 編. 圖書館學與情報科學. 심우준 역, 圖書館學과 情報科學. 서울, 정일출판사, 1993. p.p.64-65.

52) 中村初雄. 圖書館用語辭典. 東京, 同學社, 1951.

한편 전문용어사전에서는 어떻게 정의하고 있는지 살펴보면 다음과 같다. 『ALA 문헌정보학용어사전』에 의하면 librarianship을 "미디어에 대한 지식 그 원리, 이론, 기법 및 도서관 자료구성의 수립, 보존, 조직, 이용, 그리고 미디어를 통한 정보배포에 기여하는 응용과 관련된 전문직"[53]으로 정의하고 있다. 사서직으로 해석하고 있다. Harrod의 『사서용어사전』에서는 librarianship을 "The profession of the librarian. See also Library science."[54] 즉 사서의 전문직으로 해석하고 도서관학을 참조로 지시하고 있다. 도서관학 교육을 받은 사람을 전무직 사서로 보는 견해로 해석하고 있다. 영국의 시각을 그대로 반영하고 있다.

한편 『문헌정보학용어사전』에 의하면 "라이브러리언십이란 1) 문헌정보학에 관한 지식의 실제적 운용, 2) 문헌정보학, 도서관 정신, 도서관원의 직분, 도서관 활동, 도서관업무 등 다양한 의미로 사용, 3) 미디어에 대한 지식, 그 원칙 원리, 기법 및 도서관의 장서구성, 보존, 조직, 이용, 미디어를 통한 정보배포에 기여하는 기술과 관련된 전문직"[55]이라고 정의하고 있다. 1) 2)의 내용은 문헌정보학의 내용을 의미하고 3)은 시서직을 의미하는데 ALA 용어사전을 그대로 해석하고 있다.

ALA 『문헌정보학용어사전』에서는 '사서(librarian)'의 유사어로 'acquisition librarian, area specialist, assistant librarian, associate librarian, associate specialist, branch librarian, cataloger, catalog librarian, certification of librarian, certified librarian, chief librarian, children's librarian, classificationist, classifier, consultant, director, documentalist, exchange of librarians, head librarian, information broker, information manager, information scientist, information specialist, information staff, interchange of librarians, junior librarian, librarian, librarianship, library clerk, library consultant, media specialist, records manager, reference librarian, reference staff, school media specialist, senior librarian, senior specialist, subject specialist' 등 38개의 저록어가 표목어로 기입되어 있다. 도서관 자동화와 디지털도서관의 출현에 따른 사서의 전문영역 확대로 '전산사서', 'webrian' 등으로

---

53) Heartsill Young. *The ALA Glossary of Library and Information Science*. Chicago, ALA., 1983.

54) Ray Prytherch comp. *Harrod's Librarians' Glassory and Reference Book*. 10th ed. Aldershot, Ashgate, 2005.

55) 문헌정보학용어사전편찬위원회 편. 문헌정보학용어사전, 개정판. 서울, 한국도서관협회, 2010.

표현하기도 한다. 하지만 그것은 도서관의 환경변화에 따른 사서가 맡은 업무의 내용을 나타낸 것이지 사서라는 명칭을 대체한 것은 아니다.

상기의 명칭들은 주어진 직무형태, 미디어 형태, 직급 형태, 관종별 도서관, 기능별 등으로 호칭되었으며, 1970년 이후 도서관전산화로 '전산사서' 또는 정보사회의 도래로 information (information broker, information manager, information scientist, information specialist, information staff)이 수식어로 등장되기 시작되었다.

7.1.1 Reader → User → Patron(client) 패러다임 변화

Reader는 '독자(讀者)'이다. 즉 '글을 읽을 수 있는 계급'으로 한정될 수 있다. 독자에서 '독(讀)'이란 '말씀언(言)'과 '팔 육(賣)'으로 이루어졌다. '육(賣)'이란 행상인들이 저자를 돌아다니며 물건을 사라고 외치는 행위를 뜻하므로 독(讀) 자의 자형적 의미는 '말을 소리쳐 외치다'가 된다. 독(讀) 자에 '읽다'라는 의미가 생겨난 것은 그 독음이 '주(籀)'와 같은 계열이고, 이는 다시 '추(抽)'와 같으므로 책을 읽고 그 내용과 이치를 따져가며 읽어야 하므로 '독서'라고 하는 반면에 시는 절부(節奏)에 따라 소리내어 읽어서 그 성정(性情)을 느껴야 하므로 '송시(誦詩)'라고 일컫는다.

허신(許愼)의 『설문해자(說文解字)』에 나타난 '讀'의 뜻은 '誦書'로서 책을 암송하는 것으로 설명되어 있다. 한편 단옥재(段玉裁)의 『설문해자주(說文解字注)』에 나타난 '讀'의 뜻은 다음과 같이 다양하게 해석되어 있다.

1) 籀(한자의 옛 자체의 하나로 大篆體)와 疊韻이면서 互韻. 즉 운은 같고 뜻은 통용됨.
2) 抽, 즉 뽑아내다. 추려 내다의 뜻. 籀와 抽는 通用됨.
3) 紬, 즉 모아서 철하다. 뜻을 찾아서 의심이 없도록 자주 반복하다. 실마리를 뽑아내어 찾다.
4) 注經斷其章句, 즉 경전을 해석하고 문장, 구절을 구두점으로 끊어 나가는 것.
5) 誦習, 즉 암송하여 익히는 것.
6) 諷誦, 즉 文辭를 얻어서 읽는 것. 뜻을 터득하여 스스로 자주 암송하는 것으로 해석되어 있다.

여기에서 '독(讀)'이란 '문자를 읽을 수 있는 힘을 가진 자'로 이해할 수 있다. 글을 읽는 사람은 다 '독자'라는 사전적 일반적 의미가 예사로 통용되지만, 독자란 중요한 의미가 있다. 독자는 독서의 대상, 독서의 목적 및 방법에 따라 다양하게 나누어 질 수 있다.

『문헌정보학용어사전』에 리더 'Reader'를 4가지 의미로 설명하고 있다. 1) 교정쇄를 읽고 수정되었는지의 여부를 확인하는 일을 담당하는 인쇄소 직원, 2) 도서관 자료를 이용하는 사람, 3) 미국의 특수도서관에서 소속된 모기관이 필요로 하는 정보를 찾기 위해 최근 발간된 연속간행물을 열람하는 사람, 4) 복사에 있어서 마이크로 형태의 자료를 스크린에 확대 투사하는 장치[56] 등으로 설명되어 있다. 여기에서 2)와 3)의 내용이 독자의 개념에 부합된다.

이렇듯 독자란 몇 가지의 조건을 충족시켜야 가능해진다. 첫째는 문자의 발명 이후에 태어난 소수 집단이다. 둘째는 문맹자가 아니고 문명자어야 한다. 셋째는 독서할 수 있는 엘리트 계급에 속하여야 한다. 넷째는 독서환경의 구성이다. 일종의 독서계급의 탄생을 의미한다. 초기의 도서관 이용자는 문자를 해독하는 자로서 지식인층이나 독서력이 있는 사람만의 이용자층을 의미함으로 독서권력층이라고 할 수 있다.

고대 그리고 중세 보통교육이 실현되기까지는 사서직은 학자 사서(scholar-librarian)로서 종신직이었다.[57] 문맹자는 학자가 될 수 없다. 따라서 사서도 문맹자일 수는 없는 것이다. 학자이면서 사서이고, 사서이면서 학자일 수밖에 없는 필연적인 조건이 문자를 읽을 수 있는 특정 계급일 수밖에 없다.

따라서 'Reader'는 특수 계층만 이용할 수 있도록 제한 한 엘리트 독자층을 의미한다. 예컨대 도서관 사서는 수도원의 도서보존에 큰 영향을 받아왔다. 그것은 수세기에 걸쳐서 대학이나 기타 보호 건물로 제한되어 있었으며, 그 이용은 이들 시설에 상주하는 사람들로 한정되었기 때문이다. 그렇다면 도서를 보존한다는 것은 도서를 이용시키는 것만큼 혹은 그 이상으로 중요한 일이었다. 사서의 관리인(conservateur) 혹은 책의 착취자(exploiter of books)라고도 칭한다. 이 정신은 19세기 중

56) 사공철 등편. 문헌정보학용어사전. 서울, 한국도서관협회, 1996.
57) 남태우, 김상미 공편. 문헌정보학의 철학과 사상; 세라(J. H. Shera)의 사상아르 중심으로. 서울, 한국도서관협회, 2001. p.128.

엽부처 쇠퇴하게 된다. 세계의 대학도서관은 개방 정도의 차이는 있었으나 외부 독자가 이용할 수 있도록 하였다.

'도서는 이용하기 위해 있는 것이다'라는 도서관학 제1법칙의 힘은 제한 관행을 차츰 제거하여 온 단계는 다음과 같이 요약할 수 있다. 우선 쇠사슬을 풀어 고철로 팔았으나 도서의 이용은 선택된 소수로 제한되었다. 다음에는 요금을 내는 사람들에게 이용이 허락되었다. 그 다음에는 모든 사람들이 자유롭게 이용할 수 있는 단계까지 왔으나 관내 이용 만이었다. 도서의 대출은 특권을 가진 소수에게 다음은 요금을 내는 사람은 누구나, 그리고 결국 모든 사람에게 무료로 대출하게 되었다.

정보자료를 보존하는 것이 도서관 업무의 전부라면 창고지기 사서(care-taker-librarian)에게 사실 어떠한 특별 교육도 필요 없을 것이다. 보존이 주 관심사였을 때에는 직원에게 요구되는 것은 물, 불, 해충, 인간이라는 네 가지 도서의 큰 적과 싸울 수 있는 유능한 관리인(care-taker)이 전부였다. 도서는 보존하기 위해 있는 것이다라는 단계에서 도서는 이용하기 위해 존재하는 것이라는 단계에 도달하는 순간 라이브러리언십은 몇가지 과제를 안는다. 그 과제를 풀기 위해서는 의학, 공학, 법학 등 다른 학술 전문직에서 요구되는 정도의 깊은 연구와 기법을 깊이 고려한 전문 교육이 필요하게 된 것이다.

도서관의 개방과 자유로운 접근의 환경은 '이용자(user)'라는 계층이 발생되었다. 교육의 대중화와 자료의 대량생산 그리고 공공도서관의 설립 등이 '독자'라는 계급을 해방시킨 것이다. 다음으로 도서관의 장서를 무한대로 자유롭게 그리고 무료로 이용할 수 있는 시스템이 붕괴됨으로서 적극적인 독자인 '고객(patron)'이라는 또 다른 이용자층을 낳게 하였다. 총체적으로 이용자층은 〈reader → user → patron(client)〉 패러다임 변화로 진행되고 있다.

7.2 Shera의 사서론

본 절에서는 사서의 본질론을 먼저 규명하고자 한다. 필자는 사서의 본질에 대해서 Shera가 저술한 『도서관학 개론(Introduction to Library Science)』[58]의 후기를 인용하고자 한다. Shera는 "훌륭한 사서는 어떻게 됩니까?(What makes a good librarian?)"라고 질문을 던지면서, 나는 훌륭한 사서의 자세에는 세 가지가 있다고 생각한다고 하였다.

> 하나는 자신의 장서에 대한 폭넓은 지식과 이해력이고, 두 번째는 그 자료들을 유용하게 하고 의미있게 만드는 이용자들과의 커뮤니케이션 능력이다. 그리고 세 번째는 유머감각이다.[59]

즉 도서관 소장 장서에 대한 이해력, 이용자들과의 커뮤니케이션의 탁월한 능력 그리고 유머감각을 추천하고 있다. 장서는 저자와 이용자간의 커뮤니케이션을 유머는 커뮤니케이션의 윤활유로 작용된다는 관점이다. 물론 이 세 요소만이 훌륭한 사서의 조건은 아니다. 그렇지만 Shera는 도서관을 사회적 커뮤니케이션 기관으로 인식하고 있다는 점에서는 좋은 착상이라고 할 수 있다.

라이브러리언십은 문화 그 자체로 유지되는 방식으로서의 커뮤니케이션 과정의 한 요소이다. 커뮤니케이션 없이는 문화도 없다. 그러나 커뮤니케이션은 만일 무언가 전달할 만한 가치있는 것이 없다면, 단순히 게으른 수다가 되어버린다. 그래서 사서는 만일 그가 가치있는 커뮤니케이터가 되길 원한다면, 가장 먼저 지식의 본질적인 분야에 숙달된 사람이 되어야 하는 것이다.

사서는 가장 폭넓은 감각의 학자이어야 한다. 훌륭한 사서를 상징하는 것은 '책에 대한 애정(love of books)'이 아니라, '배움에 대한 애정(love of learning)', '지식에 대한 애정(love of knowledge)', '진실에 대한 헌신(devotion to truth)'이다.[60] 책을 좋아함은

---

58) 문헌정보학의 철학과 사상: 세라(J. H. Shera)의 사상을 중심으로. 남태우, 김상미 공편. 서울, 한국도서관협회, 2001. pp.431-436. J. H. Shera. *Introduction to Library Science; Basic Element of Library Service*. Littleton, Libraries Unlimited, Inc., 1976.

59) J. H. Shera. op.cit. p.197.

60) J. H. Shera. op.cit. p.197.

사서의 전제 조건이 아니다라는 것이다. 책을 좋아함은 사서의 자질 중 하나에 불과하다.

내(Shera)가 이 직업을 택하였을 때, '책을 읽는 사서는 사라졌다'라는 신조가 유행하고 있었다. 사서가 종종 책의 겉만을 핥고, 알 뿐이고, 그 내부에는 무엇이 들었는지 알지 못한다고 비난받는 일에 대해 작은 의문이 들었다. 이런 야유스런 말에 대한 대꾸의 일종으로, William W. Bishop은 '독자를 잃어버린 사서(the librarian who reader is lost)'들을 조롱하는 『책 등(The Backs of Books)』[61]이라는 제목으로 라이브러리언십에 대한 한 질의 에세이를 출판하였다. 나는 여러분이 이 직업을 선택함으로써, '겉 핥고식의 무지'보다 나은 무언가를 가져다주기를 희망한다. 일반적으로 본인은 라이브러리언십에 대해 장고할 수록, 도서관 교육에서 특히나, 라이브러리언십이 90퍼센트의 주제, 본질, 지식과 10퍼센트의 업무에 관한 기술로 이루어졌다고 더욱 확신하게 되었다.

본인은 또한 당신이 최소한 하나의 좋은 주제 분야, 그 분야에 대한 장서의 구성, 뛰어난 저술들, 앞으로 더 채워야 하는 부족한 부분 등에 대한 이해를 획득하기를 희망한다. 그러나 전 세계적인 모든 지식은 사서가 그 지식을 다른 사람에게 커뮤니케이션하는 능력이 부족하다면, 사서나 그의 후원자에 의해 작게만 쓰여지게 될 것이다. '책은 이용하기 위해 존재하고, 모든 책은 독자가 있으며, 모든 독자에게는 책이 있다.'라고 Ranganathan은 〈도서관학 5법칙〉에서 주장하고 있다. 물론, 희소가치나 그 밖의 다른 가치로 인해 자물쇠와 열쇠로 잠궈 두고 보안에 대한 엄격한 규칙하에서만 활용되어야 하는 어떤 서지적인 보물도 있다.

이제 나는 훌륭한 사서가 되기 위한 3번째 자세에 대해 이야기하려고 한다. 그것은 나의 친구들이 나에게 이야기해 주었던 무엇보다도 가장 중요한 것이라고 하는 '유머감각(sense of humor)'이다. 유머감각이란 '투시하는 감각'이며, '친근하게 느껴지는 감각'이며, '우선적으로 인식하는 능력'이다.

인간의 경험과 지식의 기록에 대한 숙지는 다른 사람에게 그 지식을 커뮤니케이션하는 능력이며, 유머감각이기도 하다. 이것들은 도서관이 사회적인 구조로써 위치하기 위한 3가지 중요한 기둥이다.

---

61) William W. Bishop. *The Backs of Books; and other lessays in librarianship.* New York, Books for Libraries Press, 1926.

나는 여기서 '지식인으로서의 사서(librarian as intellectual)', '학자로서의 사서(librarian as scholar)'에 대해서만 이야기하는 것이다. 훌륭한 사서는 좋은 선생님처럼 그의 보조자를 찾는 사람의 지적인 인생의 개발과 성장에 관심을 가져야 한다. 우리가 표현한 지식과 학습이 좋은 선생님을 특징짓듯이 훌륭한 사서로서의 우리를 특징짓는다는 것은 사실이다.

인류 문명의 위대한 기념비 중에서 거의 유일한 것인 도서관은 그전의 어느 때보다 더 지금 더욱 높게 서있다 … "도서관은 위대한 책들이 여전히 말하고 있다는 확신을 혼자만이 아니라 모두 함께 지속하며 조용히 남아있다."[62] 만일 도서관이 어둠에 대항하는 봉화로서 서있다면, 그것은 학자로서의 우리가 도서관의 장서를 세우고 보존하고, 조직하고, 봉사하기 때문일 것이다. 문헌정보학에서 신성시하는 도서관 자원의 숙지는 진실로 전문적인 사서로서의 우리 내부에서 드러나는 영광이다.

Henry E. Bliss는 사서의 이미지를 이렇게 소망하고 있다. 그 자신이 저술한 1929년의 『지식조직화와 학문체계론』에서 사서의 직무를 "조직자인 과학자에게, 과학자인 조직자에게 그리고 조직자이면서 과학자인 교육자에게 특히 교육자이자 조직자이면서 과학자인 사서들에게 이 책을 진심으로 헌증합니다."[63]라고 기술하고 있다. 즉 이 책을 그는 조직자, 과학자, 교육자인 사서들에게 이 책을 헌증한다라는 '헌증사'를 기술하고 있다. 사서 직무의 기능을 지식과 과학의 조직자, 과학자, 교육자로 인식하고 있다. 이것은 Shera가 '배움에 대한 애정', '지식에 대한 애정', '진실에 대한 헌신'이라는 세 가지 조건을 이야기한 것과 맥락을 같이 한 것으로 이해할 수 있다. Bliss는 학자사서의 전통을 잊지 않고 있다는 반증이다. 사서의 기능성을 이렇게 훌륭하게 표현한 언사는 역사 이래 없었던 것 같다.

---

62) Archibald MacLeish. The Premise of Meaning, *The American Scholar* 41(Summer 1972). p.362.

63) Henry E. Bliss. *The Organization of Knowledge and the System of the Science.* New York, Henry Holt and Co,. 1929. p.v.(To the Scientist who is an organizer, to the Organizer who is a scientist, and to the Educator, who is both organizer and scientist, and especially to the Librarian, and this work is earnestly dedicated).

7.3 Gorman의 사서론

Shera는 “사서들은 여간해서는 자기 자신에게 라이브러리언십의 철학에 관해 질문하지 않는다.”라고 말하면서 P. Butler의 표현을 되풀이 했다.[64] M. Gorman은 『사랑해요 사서직』이라는 단상에서 “우리는 라이브러리언십이 기능(craft)인지, 기술(art)인지, 일반직(job)인지, 전문직(profession)인지 고민하는데 너무 많은 시간을 할애하였고, 할애하고 있다. 앞으로도 할애 할 것 같다.”[65]라고 토로하고 있다.

이러한 연유는 사서직이 1) 전문성과 비전문성의 혼재성, 2) 자율적, 주체적, 자기 완결적, 즉 업무내용이 다양하고 광범위하며, 새로운 개척분야도 많아 아이디어 활용도가 높고 명령에 따라 일하기 보다는 자신의 판단과 재량에 따라 수행하는 분야가 많아 자율적, 주체적일 수밖에 없는 점, 3) 정보기술에 대한 자질과 능력의 필요성이다. 정보기술은 급격하게 변화되고 있다. 즉, 수작업에서 컴퓨터로 전자적으로 디지털로의 변환, 4) 도서관에 대한 의존도 저하로 시급한 인재 양성의 필요 등[66]의 요인으로 분석하고 있다.

사서직 직업의 정체성은 고금동서를 말론하고 “지적이론의 봉사와 핵심”이라는 두 가지 위대한 사상에 뿌리를 두고 있다. Shera에 의하면 사서에 의해 이루어지는 봉사는 “인류의 이익을 위해 그리고 고도의 목적과 헌신으로”[67] 행해진다는 말이다. 이 말에 내재된 그의 사상은 사서는 개개인의 영혼에 문화적 성찬을 벌려주는 것이다.

Gorman은 어떤 것이 정답인지를 떠나 라이브러리언십의 세 가지 중요한 가치를 강조한다. ‘봉사(service)’, ‘지적 자유(intellectual freedom)’ 그리고 ‘문화기록의 보존(preservation of the cultural record)’이 그것이다.[68] 우리는 도서관의 고객에게 고객이 원하는 자료를 제공하고 그들이 최대한 많은 것을 얻을 수 있도록 봉사한다. 우리는 사고의 법적 표현과 그러한 표현을 할 수 있는 빼앗을 수 없는 권리를 가지고 있다. 우리는 문화기록의 보존과 전달에 대해 깊이 관여하고 있고 이러한 활동이 우

---

64) J. H. Shera. *Sociological Foundations of Librarianship.* Bombay, Asia Publishing House, 1970. p.29.

65) M. Gorman. *Our Singular Strengths; Meditations for Librarians.* Chicago, ALA., 1998. p.190.

66) 국립중앙도서관 도서관연구소(KRILI). 시대변화와 인재양성. 지금도서관에서는 Now@Library. vol.4 (2007, 11).

67) loc. cit.

68) M. Gorman. op. cit.

리의 세대에서 멈추지 않도록 하고 있다.

이것들은 고귀하고 이상적인 목표이고 의미가 있다. 많은 사서들이 이러한 가치를 노력하여 쟁취한다. 그들이 이타적이기 때문에 또는 자연스럽게 스스로 선택한 직업의 일부라고 생각하기 때문이다.

나의 믿음은 이러한 아이디어와 역경을 이겨내고 이러한 가치들을 인식하기 위한 몸부림의 이유 뒤의 힘은 '이타적인 사랑'라고 감히 말할 수 있다. 헌신적인 사서는 인간애를 사랑하고 개인과 사회를 돕고자 하는 사람이며 배움과 인류의 업적을 사랑하며, 무엇보다도 진리를 사랑하는 사람이다. 『The Librarinaship of Love』가 있으며 우리가 모르게 우리는 매일 라이브러리언십을 실천하고 있다.[69] 이는 1995년에 발표한 Gorman의 〈신도서관학 5법칙〉 중 제1법칙 'Libraries serve humanity' 사상과 맥락을 같이한다.

Gorman의 〈신도서관학〉 제1법칙은 도서관은 인류에게 인간애로 봉사한다는 원칙이며, '라이브러리언십의 지배적인 윤리는 서비스에 있다'라는 원칙이다. 서비스라는 단어의 본질은 인류가 더 큰 포부를 갖도록 하게 하는 것 뿐만 아니라 도와주는 개인적인 행위를 의미하기도 한다. 또한 라이브러리언십에서 말하는 서비스에는 도서관 이용자들의 기대에 부응하고 그 기대하는 바보다 더 나으려는 바램과 특징에 대한 고려가 내포되어 있다. 이 법칙은 우리가 존재하는 이유를 상기시켜 주고 있으며, 서비스 관점에서 어떤 프로그램이나 새로운 기술 등을 고려하도록 자극해 온다.

이 법칙의 또 다른 측면은 전체로서 개인과 인류를 의미하는 인간애를 강조하고 있다. 도서관은 특정 집단에게만 봉사하려고 존재하는 것은 아니다. 본래의 사명은 진리를 추구하는 개인과 집단, 문화의 광범한 목적과 열망 모두에 관련되어 있다. 즉 도서관이 인종, 국가, 지역, 종교에 차별없이 전 세계 인류에 봉사해야 한다는 보편적 평등성을 강조한 법칙이다.[70]

Gorman은 사서직의 실용주의와 이상주의 이론을 추론한 Shera, 도서관학 5법칙의 Ranganathan, 그는 무엇이 도서관을 크게 하는가에서 사서는 개성, 기지, 정열 및 공감을 가지지 않으면 안된다. 사실 사서와 이용자의 관계는 어떤 책을 읽으면 좋은지

69) Michael Gorman. *Our Singular Strengths; Meditations for Librarians.* Chicago, ALA., 1998. p.190.
70) Michael Gorman. Five New Laws of Librarianship. *American Libraries.* vol.26(1995). pp.784-785.

에 대하여 선배가 후배에게 가르치는 관계나 교사가 아동을 가르치는 관계가 아니라 가장 편안하고 유쾌한 관계이며, 양자가 대등하게 책에 관한 견해와 정보를 교환하는 관계이다.

한마디로 말하면 사서는 도서관을 이용하러 오는 모든 사람들의 "친구이며, 현인이며, 안내자"여야 한다. 시인 R. N. Tagore[71]가 말한 것처럼 "도서관을 크게 하는 것은 규모가 아니라 손님에 대한 환대"[72]이며 친절한 개인적 봉사이다. 사서직의 윤리에 관심을 보였던 S. Rothstein, 수 십 년간 사서직의 가치성에 대해 많은 논문을 발표한 Lee W. Finks 등의 이론을 종합하여 사서직의 핵심 가치를 다음과 같이 논하고 있다.

1) 스튜어드십(stewardship), 2) 봉사, 3) 지적 자유, 4) 합리주의, 5) 정보이용능력과 학습, 6) 기록된 지식과 정보에 대한 접근의 공평성, 7) 프라이버시, 8) 민주주의[73] 등을 주장하였다. 이러한 사명이라면 사서직의 중요성을 첨언할 아무런 이유도 존재하지 않는다.

---

71) 〈동방의 등불〉 "일찍이 아시아의 황금시기에/ 빛나던 등촉의 하나인 코리아/ 그 등불 다시 한 번 켜지는 날에/ 너는 동방의 밝은 빛이 되리라/ 마음엔 두려움이 없고/ 머리는 높이 쳐들린 곳/ 지식은 자유스럽고/ 좁다란 담벽으로 세계가 조각조각 갈라지지 않은 곳/ 진실의 깊은 속에서 말씀이 솟아나는 곳/ 끊임없는 노력이 완성을 향해 팔을 벌리는 곳/ 지성의 맑은 흐름이/ 굳어진 습관의 모래벌판에 길 잃지 않은 곳/ 무한히 퍼져 나가는 생각과 행동으로 우리들의 마음이 인도되는 곳/ 그러한 자유의 천당으로/ 나의 마음의 조국 코리아여 깨어나소서"(주요한 옮김. 1929.4.2. 《동아일보》). 『The Lamp of the East』 In the golden age of Asia Korea was one of its lamp - bearers And that lamp is waiting to be lighted once again For the illumination in the East. Where the mind is without fear and the head is held high ; Where knowledge is free ; Where the world has not been broken up into fragments by narrow domestic walls ; Where words come out from the depth of truth ; Where tireless striving stretches its arms towards perfection ; Where the clear stream of reason has not lost its way into the dreary desert sand of dead habit ; Where the mind is led forward by thee into ever-widening thought and action- Into that heaven of freedom, my Father, let my country awake. 『고요한 아침의 나라 옛조선(Old Korea: The Land of Morning Calm)』은 Elizabeth Keith and Elspet Keith Robertson Scott 이 1919년 조선을 방문하고 나서 쓴 조선에 관한 회고록.

72) Library Movement: *A collection of essays by drivers hands*. Madras Library Association, publication series, 1. 1929. p.2.

73) M. Gorman. Our Enduring Values: *Librarianship in the 21st Century*. Chicago, ALA., 2000. pp.26-27.

사서직은 현재 중대한 변환 국면에 처해있다. 오랫동안 이 분야는 매우 안정적이었다. 지난 19세기 이후 일어난 변화는 혁명적이라기보다는 점진적으로 진화해 왔고, 사서의 역할은 100여 년 이상 비교적 항구적이었다. 그것은 역사적으로 사서는 도서관이라는 물리적 기관과 밀접하게 연결되어 왔다.

그렇다면 사서의 정체성은 이 물리적 실체를 떠나서는 생각할 수는 없는 것인가? 정보전달의 새로운 세계가 그 같은 물리적 기관이 없어도 달성될 수 있다면, 사서도 또한 사라질 것인가? 사서가 물리적인 도서관 없이 자기들의 과업을 수행할 수 있는가? 도서관 없이 사서가 존재할 수 있는가? 정보컨설턴트, 정보전문가, 정보관리자 혹은 지식관리자 등과 같이 불려지는 것처럼 무언가 다른 명칭으로 그들을 호칭할 수 있을 것인가?

이러한 염려는 20세기 중반부터 IT의 혁명적인 발전에 따라 전자도서관 또는 디지털도서관의 급부상으로 생긴 현상들이었다. 그렇지만 도서관이 사라지고 있다거나 가까운 장래에 사라질 것이라는 징표는 어디에도 없다. 그러나 많은 사서들은 전통적인 도서관 밖에서 일하고 있을 가능성은 상당히 많다. 따라서 미래의 사서는 상당히 다를 수 있다. 두려워 하지 않는 자는 무슨 일이 일어나고 있는지도 생각하지 않는다라고 비난한다.

디지털도서관에 있어서는 전통적인 도서관의 기능이 대폭적으로 줄어들기 때문에 사서의 역할도 감소될 것으로 보는 견해와 그와는 반대로 사서의 기능은 더욱 확대될 것으로 보는 견해로 양분된다. 1970년대 F. W. Lancaster가 '종이 없는 도서관(paperless information system)'[74]을 상정한 이래 전자도서관이나 디지털도서관에서는 사서의 역할이 현저하게 감소할 것이라고 예측하였다. 그러나 현재의 시점에서는 그 반대로 확인되었다.

74) F. W. Lancaster. *Toward Paperless Information System*. New York, Academic Press, 1978.

7.4 Lancaster의 사서론

디지털도서관의 탈 기관화를 주장한 Lancaster는 전자공학에 의존한 사회가 되면, 시설로서의 도서관이 갖는 가치는 저하되지만, 그 반면에 사서의 가치는 높아진다고 예측하고 있다. 다만 주의해야 할 것은 여기에서 상정되는 사서는 도서관 내에서 업무를 수행하는 전통적인 사서가 아니라 도서관이라는 시설에서 해방된 정보전문가라고 할 수 있다.

이는 다양한 정보원을 대상으로 하여 검색기술을 구사하고 필요로 하는 정보를 입수하는 능력을 갖추고 있다는 점에서 전문성이 인정되는 직업이다. Lancaster는 미래의 사서인 정보전문가의 업무를 다음과 같이 일곱 가지로 열거하고 있다.

1) '정보컨설턴트'로서 업무를 수행하고 이용자들의 정보요구를 만족시켜주는 최적의 정보자료를 안내한다.
2) 디지털 정보원의 이용에 대해서 이용자들을 훈련시킨다.
3) 개개의 이용자가 잘 알지 못하는 정보원의 검색을 실시한다.
4) 몇 가지 정보원을 탐색하여 그 결과를 분석하고, 현재를 평가하여 가능한 한 직접적으로 질문자에게 결과를 제공해 준다.
5) 이용자가 온라인 SDI 서비스를 이용할 경우, 이용자가 관심을 가진 개인용 정보파일을 효과적으로 작성할 수 있도록 지원한다.
6) 개인용 디지털정보파일의 조직화를 지원한다.
7) 연구자의 새로운 정보원과 서비스에 대한 최신성을 유지시켜준다.[75)]

Lancaster는 이상과 같은 몇 가지의 정보전문가의 기능을 열거하고, 이들은 전자 시대에서는 모두 중요한 행위가 될 것이지만 매우 흥미로운 것은 도서관의 4면벽 내에서 수행되지는 않을 것이라는 전망하였고 다음과 같은 가설을 유도한다.

---

75) F. W. Lancaster, *Libraries and Librarians in an Age of Electronics*, Arlington, Information Resources Press, 1982. pp.168-169.

1) 만일 기꺼이 수용될 수만 있다면 도서관은 인쇄매체사회로부터 전자사회에로 자연스럽게 변환시키는데 중요한 역할을 할 것이다.
2) 그럼에도 불구하고 우리들이 현재 인식하고 있는 바처럼 도서관들은 제한된 생명을 지니고 있다. 결국 그들은 서비스의 기능이 거의 없는 창고나 배달기능을 제공하는 박물관, 기록보존소, 과거 기록의 보관소가 될 것이다.
3) 숙련된 정보전문직으로서 사서들은 보다 오랫동안 살아 있는 기능을 수행할 것이다.
4) 사서들의 미래는 그들의 능력이 전통적 도서관에서 기꺼이 벗어날 수 있느냐에 달려 있다는 것이다.[76]

Lancaster는 '사서의 미래'[77]에서 한 마디로 말해 나는 도서관의 미래가 없다고 보았다. 그렇지만 사서의 미래는 어떠한가? 난 이미 도서관을 운영하는데 그러한 전문가는 필요 없다고 주장했었다. 기술의 발전은 물리적인 구조물인 실제 시설에 대한 의존도를 줄이고 있다. 그리고 사서가 도서관보다 더 오래 지속되는 건 가능해 보인다. 전자시대에 우리는 "전자사서"를 필요로 한다. 정보의 시대에 정보 전문가들은 가치가 하락하기보다 더욱 상승할 것이다. 숙련된 정보컨설턴트로서 사서의 미래는 수많은 중요 질문에 대답해야 하는 것처럼 보인다.

1. 정보 증가에 대한 요구가 있을까?
2. 정보 문제를 해결하기 위해 전문적인 도움을 필요로 할까?
3. 도서관직은 급변하는 환경에 적응하고 그것이 가져다주는 도전에 대응할 수 있을까?[78]

'정보시대'의 특징은 정보를 조사하고 가공하는 것이 사회의 모든 부분에서 점점 더 중요해 지고 있는 것은 확실하다. "정보에 노련한 대중"은 인적 노력의 모든 측면에서 적용된 새로운 기술을 시행하고 활용하는 것이 필요하게 될 것이다. 정보자원의 요구는 또한 다른 자극제를 통해서도 증가할 것이다. 그러한 요구는 "평생교육"의 근거가 되고, 여가 시간의 사용을 향상시키며, 넓은 의미에서는 "참여"

---

76) loc. cit.
77) F. W. Lancaster. Implications for Library and Information Science Education. *Library Trends,* vol.32. no.3(Winter, 1984). p.342에서 'The future of the librarian'이란 절 항목을 설정하고 있다.
78) loc. cit.

라는 대중의 증가하는 관심을 만족시키기 위한 것이다. 왜냐하면 정보의 수집, 가공, 보급은 우리 삶에 필수적인 요소가 되고, 숙련된 정보 제공자로서의 사서는 이러한 가치 있는 정보를 알아볼 수 있고 수집할 수 있기 때문이다.

두 번째 질문은 더 골칫거리이다. 만약 모든 유형의 출판물과 정보자원을 집에 있는 컴퓨터와 양방향 텔레비전을 통해 손쉽게 대중들이 접근할 수 있게 된다면, "정보에 노련한 대중"은 이러한 자원에 쉽게 접근할 수 있고 그 정보를 쉽게 사용할 수 있을까? 그렇다면 정보전문가들은 더 이상 필요없게 될 것인가? Jo Ann Stefani는 이것을 사실이라고 생각한다.[79)]

> 기술의 발전과 경제적 요인은 아마도 중개자와 의뢰인의 관계를 끝맺게 할 것이다. 만약 온라인으로 설명어와 명령어의 사용이 개발된다면 최종 사용자는 쉽게 그들의 검색어를 활용하고 중개자는 더 이상 필요하지 않게 될 것이다. 또한 검색 비용이 감소하는 경우에 검색 중개자의 전문 지식의 경제적 가치는 줄어들고 검색 중개자의 서비스는 무시될 것이다.

장기적으로 보면 잘 해결될 수도 있다. 그러나 단기적으로 보면 정보전문가들은 서비스 기관으로서 도서관이 그 존재를 거부하였을 때 훨씬 오래 살아남게 될 것이다.

전자 자원은 급속히 확산되고 있어서 이러한 정보자원에 대한 개인 가이드는 상당히 필요할 전망이다. 우리가 필요한 정보에 가장 적절한 자료를 선택할 수 있고 그것을 사용자가 "알기 쉽게" 찾을 수 있는 광대한 전자 네트워크를 구축하기 위해서는 시간이 오래 걸릴지도 모른다. 연구와 개발은 그런 네트워크의 많은 요소에서 진행되고 있다. 정보전문가는 이러한 자원의 가이드로서 필요하고, 경우에 따라서는 결과의 해설자로서 쓰일 것이다.

미래의 정보전문가들은 그들이 다루는 주제의 측면에서 좀 더 전문적이야 된다고 보여진다. 기능적인 면에서 정보전문가들은 "정보분석가(information analysis)"[80)]로 활약 할 것이다. 정보검색을 하여 최선의 검색과 적절한 정보를 찾고 정보 요청자에게 결과물을 평가해서 제출하라. 그때에 정보전문가는 꼭 필요한 정보컨설턴트

79) Jo Ann Stefani. O Weep for Librarianship. *Southeastern Librarian,* 32(Spring 1982). p.14.
80) F. W. Lancaster. Implications for Library and Information Science Education. *Library Trends,* vol.32. no.3(Winter, 1984). p.343.

가 된다. Forest W. Horton은 "정보상담사(information counselor)"로서 이러한 유형에 주목하라고 했다.[81] 그런 전문가로서 한 가지 중요한 역할은 사람들을 "그들이 필요로 하는 정보에 더 분명히 표현하게" 간단히 도와주는 것이다. 미래의 정보전문가들은 또한 교육과 훈련에서 좀 더 활동적인 역할을 수행할 것이라 기대된다. 왜냐하면 정보전문가들은 어떻게 정보를 선정하고 접근하며, 활용할 수 있는지 가장 잘 가르칠 수 있는 능력 있는 사람이기 때문이다.

또한 정보전문가들에겐 전자출판물의 계획/설계, 전자 네트워크의 설계와 기획, 전자정보파일(개인뿐만 아니라 기관을 위해서도)의 구성, 새로운 유형의 정보서비스의 창안과 시행, 그리고 고객이 새로운 정보 자원을 알고 사용할 수 있게 유지 하는 업무 등 많은 다른 업무 등이 생겨 날 것이다.

Manfred Kochen은 미래의 정보전문가가 현재보다 더 중요한 역할을 하게 될 것이라 믿고 있다.

> 이러한 정보전문가는 서비스 제공자와 복잡한 업무에서 공동으로 연결된 그들 고객에 의해 공유되어 통제되는 네트워크의 중요 인물로 채용 될 것이다. 또한 기획자 또는 연결자로서로서도 채용 될 것이다. 이것은 책임감 있는 직업이 되고 그 전문직에 들어가기 위해서는 그에 상응하는 높은 기준의 입회 절차와 교육이 필요할 것이다.[82]

이러한 정보전문가들은 "전자사서"로 여겨 질 것이다. 그러나 그들은 도서관이 없는 사서이다. 전자 네트워크는 고객뿐만 아니라 전자자원의 소통에서도 사용 될 것이다. Reintjes는 이런 유형의 사서는 중요하다고 인식했다.

> 미래의 통합 정보 전송 네트워크에서 사서는 네트워크의 가장 가치 있는 인적 자원이 될 것이다. 네트워크의 내용에 대한 상세한 그들의 지식과 최대 정보를 추출 해 낼 수 있는 검색기술 능력은 사서의 전문적인 서비스에 대한 강한 수요를 만들 것이다.[83]

---

81) Forest W. Horton Jr. Human Capital Investment: Key to the Information Age. *Information and Records Management,* 16(July 1982). pp.38-39.

82) Manfred Kochen. *Alternative Futures of the Library and Information Professions in a Post-Industrial Age.* Baton Rouge: Louisiana State University, School of Library Science, 1978. p.6.

83) J. F. Reintjes. Instant Librarian. *Christian Science Monitor,* 3(August 1967). p.9.

정보시대가 오로지 전자의 시대로 되진 않을 것이다. Horton이 지적한 것처럼, 뛰어난 기술을 가진 인적 자원이 필요해 지는 시대가 될 것이다.

> 정보화 시대의 최대한의 잠재력을 이용하기 위해서는 전통적인 산업 시대에 강조된 창의성, 재능, 지능의 기준을 기본적으로 다시 생각하는 게 필요 하게 될 것이다. 이러한 것은 정보처리 기계가 아닌 정보경제의 실제적인 "자본 자산"이다. 확실히 컴퓨터, 전자칩, 위성 및 기타 기술적인 혁신없이 가능한 것은 하나도 없을 것이다. 하지만 그들의 특별한 기여는 여전히 좀 더 빨리, 좀 더 효과적으로 정보처리를 할 수 있게 하고 정보처리의 단위 비용을 절감시킨다. 실제 결말은 새로운 종류의 정보화 시대에 인적 자원의 훈련과 대비로 오게 될 것이다.[84]

이 밖에도 사서는 다양한 정보를 디지털화하기 위한 미디어 기술, 대용량 데이터를 축적해서 활용하기 위한 데이터베이스 기술, 디지털 정보를 통신하기 위한 네트워크 기술 등의 여러 가지 기능을 보유할 필요가 있다.

한편 Kennethe E. Dowlin은 전자도서관에서 '사서의 역할은 정보원의 접근과 그 보존을 보증하고 강화한다는 틀 속에서 데이터, 정보, 지식을 수집, 축적, 검색하고 그에 대해 부가가치를 부여하고 또한 서비스의 대상인 지역사회에 알맞은 도서관의 장서를 구축하는 것이라고 강조하고 있다.[85] 그도 역시 사서의 전문성을 중시하고 정보 전달의 전문가로서 사서가 갖는 역할이 중요하다고 본 것이다.

이상에서 보는 바와 같이 사서들은 여러 분야에서 디지털정보를 적극적으로 수집, 제작, 축적, 제공하는 기능을 가진 디지털 사서가 되기 위한 노력이 절실히 요구된다.

1962년 봄, 조지아공과대학(Georgia Institute of Technology)에서 개최되었던 과학정보 전문가(Science Information Specialist) 연수에 참가한 대표들이 학문 명칭과 직업명을 거론하면서 '도큐멘테이션과 도큐멘탈리스트'란 용어는 꼭 피해야 한다는데 의견의 일치를 보았다.[86]

---

84) Forest W. Horton Jr. op.cit. p.39.

85) Kennethe E. Dowlin. *The Electronic Library ; the Promise and the Process.* New York, Neal-Schuman, 1984. pp.27-34.

86) J. H. Shera. Of librarianship, documentation and information scoence. *Unesco Bulletin for Libraries,* vol.22, no.2(March-April 1968). p.62.

그들이 밝힌 이러한 이유는 도큐멘테이션이란 용어를 무분별하게 사용하고, 그 용어의 의미를 너무 광범위하게 해석하였기 때문이었다. 그러므로 이와 같은 용어를 사용하고자 하는 사람은 반드시 자기가 부여한 특정한 정의를 밝히기를 제안하였다.

도큐멘테이션이란 애매모호한 광범위성을 지닌 용어에 대한 대안으로 GIT 회의는 이 업무에 종사하는 사람들을 다섯 영역으로 구분하였다. 즉 '사서(librarian)', '특수 사서(special librarian)', '과학사서(science librarian)', '기술문헌 분석가(technical literature analyst)' 및 '정보과학자(information scientist)'로 나누었으며, '정보과학자'는 업무보다 오히려 연구에 종사하는 사람을 지칭토록 하였다.[87] 사서의 유형을 구분한 첫 번째의 시도였다.

도서관과 정보 인력의 본질에 대한 논의 없이는 조직으로서의 도서관에 관한 논의를 완결 지을 수 없을 것이다. 도서관 조직은 일반적으로 노동집약적이다. 도서관의 목적을 수행하기 위해서는 전적으로 사람들에 의존하게 된다. 예상되는 바와 같이 정보 노동시장은 상당히 다양하다. Debons, Horne, Croneweth는 적어도 6가지 유형의 정보인력이 있음을 확인하였다.

1) 정보과학자/이론가(Information Scientist/ Theorists): 지식의 생성, 이용 및 배포에 대한 법률, 이론, 철학 및 사회학과 관련된 사람.
2) 정보시스템전문가(Information System Specialist): 정보문제를 분석하고 그것을 해결하기 위한 시스템이나 네트워크를 설계하는 사람.
3) 정보중개자(Information Intermediaries): 지식에 접근할 수 있도록 함으로써 정보를 필요로 하는 사람들을 도와주는 사람.
4) 정보기술자(Information Technologist): 정보 시스템, 장비와 처리를 운영하고 유지하며, 통제하는 사람.
5) 정보관리자(Managers of Information): 정보 프로그램 및 자원을 계획하고 개발하며 조정하고 통제하는 사람.
6) 정보인력의 교육자 및 훈련가(Educators and Trainers of Information Workers): 정보전문가, 준 정보전문가, 비 정보전문가가 필요로 하는 지식 및 훈련을 제공하는 사람.[88]

---

87) loc. cit.
88) A. Debons, Easter Horne and Scott Croneweth. *Information Science: An Integrated View.* Boston, G.H. Hall, 1988.

대부분의 사서는 정보중개자의 범주에 속한다. 그러나 노동시장에는, 중개자 사이에서도, "사서"라는 직업 외에도 여러 종류가 있다.

A. Debons에 의하면 21세기의 사서는 적어도 다음과 같은 세 가지 기본적인 기능을 수행하는 '정보중개자'로 여겨질 것이다라고 인식하고 있다.

1) 진단(Diagnosis): 정보요구를 측정한다. 진단자로서 사서는 이용자의 개인적 능력, 필요한 정보의 수준, 적절한 유형의 정보 포장, 적절한 비용 및 전달방법을 측정하기 위하여 분석적 면담기법을 채택한다.
2) 처방(Prescription): 정보를 조직하고 이용자의 요구를 충족시키기 위하여 처리한다.
3) 평가(Evaluation): 진단과 처방이 효과적이었는가를 결정한다.[89)]

비록 모델이 의학적이긴 하지만 미래의 사서의 기능을 불완전하게 묘사할 수도 있지만, 그것은 사서가 자주 수행하는 정보제공 기능에 중요한 맥락을 제공한다. 이 모델의 초점은 이용자의 특별한 요구와 문제에 적응하고, 도서관을 정보시스템으로 보는 것이다. 이같은 모델을 적용하는 것은 개별적 이용자층을 반영하기 위하여 도서관 정책과 실무를 재구성하는 것을 요구할 가능성이 있다. 정보 시스템은 그것이 당국의 요구보다 이용자 요구를 충족시키면 그때에야 효과적이다. 이것은 사서가 이용자 측의 정보요구를 정기적으로 분석하고 접근에 대한 조직적 장애를 분석하도록 요구한다는 것을 의미할 것이다. 마찬가지로 증대되는 네트워킹과 정보기술의 활용을 통하여 정보에 대한 접근을 지속적으로 향상시킬 것이다.[90)]

Akram F. Dastgerdi는 『지식 시대에 사서에게 요구되는 능력(Required Skills for Librarians in the Age of Knowledge)』[91)]에서 Fatahiyan가 제시한 지식시대에 사서에게 요구되는 능력들은 "전문적 능력"과 "개인적 능력"으로 나뉜다.[92)]

---

89) A. Debons. The Information Professional: A Survey. In *The Information Profession. Proceedings of a Conference Held in Melbourne,* Australia(November 26-28, 1984). Edited by James Henri and Roy Sanders. Melbourne, Australia; Center for Library Studies, 1985. p.27.

90) Richard E. Rubin. *Foundations of Library and Information Science,* 2nd ed. New York, Neal- Schuman Publishers, Inc., 2004.

91) Akram Fathian Dastgerd. Librarians' Education in the Age of Knowledge: Consideration of Skills, Methods. and Tools. *Library Philosophy & Practice,* vol.11 Issue 1(Spring 2009). p.2.

92) H. Fatahiyan. Role of ICT in education. *Nama: Electronic Magazine of the Iranian Documen-*

전문적 능력

· 기능적 교육
· 과학적 교육
· 기술적 교육
· 정보 교육
· 문화적 교육
· 세계적(지구 전체적) 인식

개인적 능력은 통찰력, 창의성, 위험-수용력, 책임, 그리고 대인 관계를 포함시키고 있다.

지식관리는 하나의 조직의 활동으로부터 정보를 수집하고 다른 활동에 그것을 사용하는 것을 포함한다.[93] 모든 종류의 미디어, 커뮤니케이션 채널, 검색 기법은 전문 출판, 개인적 응답과 대화, 이메일, 데이터베이스, 웹사이트를 포함하여 지식관리에 사용되어 진다.[94] 지식기반 조직으로써 도서관은 사서들의 지식과 경험들의 재보이다. 즉 지식관리를 "인지, 생성, 여과의 처리 그리고 정보사용을 위해 결정하는 과정, 프로그램을 만들고 운영하는 과정"으로 정의한다.

도서관에서 사서의 도움과 협력없이 지식관리를 수행하는 것은 불가능하다. 그것은 정보의 생성, 구성, 조직, 보존 그리고 보급에 이르는 능력이 요구되기 때문이다. 사서들은 정보 보급을 위한 미디어를 사용할 수 있고 정보를 조직하는 방법에 익숙해야 한다. 예로 그들은 도서관의 이메일과 웹사이트를 사용할 수 있어야 하고 그들이 조작한 정보를 다른 동료들에게 보급시키기 위한 가능성에 대해 논할 수 있어야 하며 보급된 지식을 구성해서 새로운 지식을 창조할 수 있어야만 한다.

조직들의 전자 교육프로그램들을 지원하는데 요구되는 지식은 사서들이 지닐 필요가 있는 다른 능력이다. 특화된 목적과 이용자들을 고려하면서 다른 조직들은 전자 교육프로그램들을 열고 사서들이 이러한 사항들을 도울 필요가 있다. 사서들은 모든 분야, 모든 형태의 다른 종류의 정보자원들에 익숙해서 그들이 다양한 자

---

tation Center, vol.4, no.1(2004). pp.1-18.

93) M. Parirokh. Knowledge management: A tool for changing libraries management. *Book Quarterly,* vol.14, no.4(2003). pp.112-126.

94) I. Afshar & S. Nozari. Knowledge Management. Ibrahim Afshar (Editor), *Encyclopedia of Librarianship & Information Science.* vol.2. pp.1696-1699. Tehran, The National Library of Iran.

원을 평가하고 다른 분야의 전문가들을 안내해야만 한다.

그것은 동료들에게 정보를 보급할 수 있는 이메일과 좌담을 포함한다. 전자 교육프로그램들을 지원하는 능력은 필수적이다. 사서들은 다른 분야들의 전문가들을 안내하고 자원들을 평가하기 위해 모든 분야와 형태의 정보자원에 익숙해야만 한다. Materska(2005)는 "도서관들은 네트워크를 통해서 조직적 학습 모델에서 지식기반의 조직들과 참여자를 위한 세미나와 교육적 프로그램들을 조직할 수 있다."[95]고 언급한다.

모든 이러한 능력들은 단지 지식 문화가 도서관에서 우선시 될 때 유용할 것이다. 만약 사서들이 그 조직 내에서 지식의 가치와 그것을 공유하고 보급하는 필요성에 관심을 갖는다면 이러한 능력들은 유용할 것이다. 이러한 능력들은 사서들이 그들의 책임들 가운데 발생하고 있는 빠른 변화를 받아들이지 않는다면 기대할 수 없다. 그러한 새로운 분위기 속에서 조직들 속의 지식을 얻고 보급하는 중요성을 인지하고 지식기반의 통찰력을 지닌 사서들이 더 성공적이고 도움이 될 것이다.

이상에서 보는 바와 같이 사서들은 여러 분야에서 디지털정보를 적극적으로 수집, 제작, 축적, 제공하는 기능을 가진 디지털사서가 되기 위한 노력이 절실히 요구된다. 우리의 직업을 "지식의 네비게이터"나 "사이버 사서"라는 매혹적인 말로 변화시켜 전자적인 환상에 젖어 도피하려고 한다. 우리는 이러한 반응들을 변화시켜야 하며 우리가 무엇을 하든지 건강한 자존심을 회복해야 한다.

전통적 도서관에서의 업무에 적합한 사서가 필요하며. 하이브리디 도서관에서는 이에 적합한 사서의 직무성이 요구되며, 디지털도서관에서는 또한 이에 맞는 사서직군의 출현은 기술발전의 패러다임에 따라 당연한 결과로 보고 있다. 따라서 직무의 성격이 발전됨에 따라 사서직의 전문 교육의 내용도 변화되어야 함을 강조하고 있다. 그러나 미래의 도서관은 어떤 모형으로 발전할 지를 명확하지가 않기 때문에 사서의 직무도 불분명하다. 하지만 지식정보와 관련된 업무로 나아가리라는 측면으로 많은 학자들의 예측이다.

---

95) K. Materska. Librarians in the Age of Knowledge(Translated by M. Reza Soleimani). *Quarterly of Information Sciences,* vol.20, no.3 & 4(2005). pp.87-98.

7.5 사서직 철학을 다루고 있는 문헌리뷰

본 절에서는 <사서직의 철학(philosophy of librarianship)>과 그들 주요 테마를 논의한 문헌들에 대한 관점들을 요약하였다. 주로 초기에 이루어진 연구물만을 선정하였다. 이는 초기의 사서직 철학의 관점을 살펴보기 위해서였다.[96]

1) A Study of the Philosophy of librarianship, 1930-1950/ Patricia Peirce(1951)

이 석사학위 논문[97]은 1930년부터 1950년 사이에 영어로 발표된 페이퍼를 포함하는 사서직의 철학에 대한 저작물 중 아마도 첫 번째의 연대순 편집일 것이다. 단편서지 형태로 쓰여진 이 논문은 사서직 분야보다는 도서관 기관에 초점을 맞추었으며, 사서직 이론 또는 모델보다는 도서관 목적의 관점에서 도서관 철학을 해석하는데 초점을 맞추었다. 이러한 접근에 대한 하나의 이유는 물론 당시의 잘 발달된 사서직 철학의 결핍 때문이다. Peirce는 1925년부터 1950년 사이에 출판된 37명 저자의 공헌을 4개의 연대순 장으로 나누어 배열하였다. 그녀가 지적한 바와 같이 "1930년 이전에는 이러한 주제는 해당 영역의 저작자들로부터 관심을 끌지 못하였다."

이 연구의 주요한 초점은 독서를 통한 이용자 교육을 촉진하므로서 개인의 복지에 주로 공헌한 사회적 기관으로서 간주되는 미국 공공도서관에 있다. 강조점은 도구로서의 도서에 있다. 그렇지만 책의 내용에 있지는 않다.

잘 발달된 사서직 철학의 결핍을 논하면서 저자는 Bergson의 관념에서 변화 그 자체는 영속적인 도서관 철학의 원리가 될 수 있을 것이라는 것[98]을 제안하면서

---

96) Joseph Z. Nitecki. *Matalibrarianship: A Model for Intellectual Foundation of Library and Informatio Science.* http://twu.edu/Nitecki/Matalibrarianship. Volume 1 of The Nitecki Trilogy. 1993(cited 2010. 12. 15).

97) P. Peirce. *Study of the Philosophy of Librarianship; Review fo the Relevant Literature,* 1930-1950. Unpublished master's thesis. The Drexel Institute of Technology, School of Library Science, Philadelphia, 1951.

98) I assume that the reference is to Bergson's notion of 'elan vital' as a cause for evolutionary changes. According to Bergson, the concept of evolution by itself does not explain the change; it merely traces its progression. Evolu- tion is neither mechanistic nor predetermined, but is instead a relational concept interrelating experiences with the intuitive 'vital impulse' of future alternatives, within the limits of available knowledge(Bergson, 1907).

도서관 기능과 범주 내에서의 지속적인 변화를 강조하였다. 사서직 철학의 결핍은 사서들의 실용주의 편향(Joeckel, 1932, 이러한 형식의 참조는 본문 뒤에 리스트 하였다)에 의하여 야기된 이론에 대한 관심 부족(Butler, 1933)에 의하여 설명되어 진다. 철학을 위한 논쟁은 전문적인 지위(Berthold, 1933)와 사서직의 불분명한 범주 및 목적의 명시를 위한 요구(Wheeler, 1946)에 의하여 촉발된다.

Peirce에 의해 논평된 소론들은 소속감의 필요를 표현하는 것과 도서관 자원의 선택 및 관리인의 기능을 찬미하는 것, 그리고 확고한 직업으로서 사서직과 교육을 연결하는 것에 의하여 존경할 만함을 찾는 조사의 인상을 만든다고 언급한다. 이러한 근본적 이유는 굳이 말하자면 의자는 앉기 위한 것이고 의자 판매상의 기능은 앉는 행위를 제고하는 것이라는 말과 같이 그 속성을 갖는 도서관 목표를 혼돈스럽게 하는 혹은 융합하는 것을 반영한다.

2) Research in Backgrounds in Librarianship/ Haynes McMullen(1957)

이 간략한 논평[99]은 각각의 도서관은 단지 그 봉사집단의 철학을 반영하거나 혹은 도서관철학 그 자체는 일반적으로 받아들여지는 일반적인 철학의 반영이 되어야 한다고 주장하는 사서직 철학의 비평가들의 관점을 요약하였다. 사서직의 철학에 대한 많은 저자들이 이와 같은 한계성에 동의하나 몇몇 철학적 원리들은 기본적인 사서직 철학으로부터 개발될 수 있다고 주장한다.

그러므로 예를 들면 Ranganathan의 『도서관학 5법칙』(1931)은 도서관 경영을 위한 원리를 제공하였다. Broadfield(1949)는 독서 자료를 선정하는데 있어서 개별 이용자의 자유로운 권리를 보전하는 도서관의 주요 기능을 주장하였다. Irwin(1949)은 서지적 지식과 기술을 사서직의 핵심으로 간주하였다. Butler(1933, 1944, 1952)는 학문의 보존을 위한 도서관 책임에 초점을 맞추었다. 반면에 Madden(1951)은 도서관의 사회적 책임과 개인에 대한 책임사이의 조정에 목표를 두었다.

McMullen에 의하여 열거된 두 개의 저작에서 나타난 사회 및 정부에 대한 도서관 관계의 논의는 Garceau(1949)의 지역 정부에 대한 미국 공공도서관의 관계 연구 및 주립도서관 기구의 지위에 대한 미교육부(1956) 보고서이다. McMullen은 사서직 철학은

99) Haynes McMullen. Research in Backgrounds in Librarianship. *Library Trends,* vol.6, no.2 (Oct., 1957).

귀납적 과정으로서 정의된다면 좁은 감각에서 연구라고 간주될 수 없으나 넓은 관점에서는 "주의깊게 데이터의 타당성을 고려하고 사유를 통하여 결론에 도달하는"100) 학문으로서의 연구로 간주될 수 있었다고 언급한다. 저자는 또한 미국 내에서 보편적인 도서관의 사회의 민주적 목표를 지원하는 책임이라는 신념을 위한 이론적 정당화의 결핍을 논하였다. McMullen이 도서관 배경이라고 부른 것에 대한 다른 공헌자들 가운데는 McColvin(1956), Ditzion(1947), Shera(1949), Thompson(1952) 및 Vleeschauwer(1955)가 있다. 모든 그들의 논문은 철학에 대한 것보다는 도서관사에 대한 그들의 공헌을 논평한다.

3) Librarianship; Its Philosophy and History/ A. K. Mukherjee(1966)

저자 Mukherjee는101) 역사적 상황에서 고찰한 사서직의 사회적, 윤리적 측면에 주로 관련된 그들의 관점을 선택적으로 요약하면서 다른 저작자들로부터의 인용에 상당히 의존하였다. 그는 사서직의 두 가지 측면, 즉 도서관 효용성의 실용주의와 도서관의 사회적 유산을 강조하였다. 가장 오래된 사회적 기관의 하나로서의 도서관은 그 관점의 측면에서 사회의 새롭게 출현하는 문화와 밀접하게 병행한다.

사서직의 철학(philosophy of librarianship)은 어떠한 도서관 활동을 이해하는데 필수적으로 그 분야의 핵심으로서 간주된다. Mukherjee는 비록 파악하기 어렵다 하더라도 그것의 가치는 도서관 과정을 유효하게 하고 그 목적을 분명하게 하는 일반적 개념의 체계적인 실체를 제공하는 것이라고 주장한다. Mukherjee는 다음과 같은 주장을 사서직 철학의 기반으로서 나열하였다.

(1) 학문은 커뮤니티의 생애와 밀접한 관계가 있는 사회적 과정에 기반한다.
(2) 도서관의 사회적 역할은 교육하고, 정보를 제공하고, 오락을 위한 것이다. 즉 도서관은 필요로 하는 정보와 지식을 위한 도구를 제공한다.
(3) 독서습관을 강조함과 그룹 관심 및 커뮤니티 가치에 대한 이용자와 사서의 감성에 의하여 새로운 아이디어를 개발하는데 공헌한다.
(4) 사서직은 그것의 목적, 목표, 다른 학문에 대한 관계성의 측면에서 정의된다.

---

100) H. McMullen. Research in Backgrounds in Librarianship. *Library Trends,* 6(2)(October 1957). p.111.

101) A. K. Mukherjee. *Libraianship; Its Philosophy and History.* New York, Asia Publishing House, 1966.

도서관 특히 공공도서관의 목적 가운데, 저자는 개별적 이용자의 정보적, 오락적, 자기 개발적 필요를 위한 자료의 제공을 나열하였다.

윤리적 논쟁이 도서관의 특정 유형의 목표라는 측면에서 논평된다. Mukherjee는 본받아야 할 모델로서의 이상적인 사서를 기술하는 기다란 항목 리스트를 개발하였다. 이 리스트는 성인 교육학습을 위하여 선택된 도서의 보관자로서의 사서의 가치에 대한 신념에 기반한다. 사서의 책무는 사회적 문화, 전문적인 중립상태의 고취, 대중문화의 독단주의와 범용(凡庸)에 대한 반대, 그리고 6가지 기본적 자유 즉 사상, 강연, 출판, 지식의 유포, 교육 및 연구의 자유에 대한 지원을 포함한다. 서비스에 대한 헌신은 각각의 독서가를 자신들의 고유한 관심을 추구하는데 있어서 자유로운 독립된 개인으로서 간주하는 것으로서 반영된다.

사서직 철학의 운영적 국면은 Ranganathan(1963)의 5법칙과 Broadfield(1949)의 고객에 대한 그들의 가치 측면에서의 도서관 기술의 정당성이라는 측면에서 논의된다. 독서자료의 선택은 불필요한 도서의 거절로서 정의되었다. 분류는 참고봉사에 대한 가치 측면에서 고안되었고, 편목은 탐색 도구로서 보여 지며 자유열람 서가는 장서에 대한 자유로운 접근의 제공자로서 보여 진다. Mukhurjee는 중앙 집중화 된 처리와 분산화 된 서비스를 선호한다. 도서관은 사서의 학자적인 배경과 그의 기술적 숙달, 폭넓은 휴머니즘과 결합하는 하나의 거대한 참고봉사 기관으로서 인식되어야만 한다.

하나의 사조가 눈에 보이는데 국수주의의 성장과 민주주의, 장서에 대한 증가된 접근, 자동화를 통한 처리기술의 급격한 팽창, 사서직을 위한 개선된 교육 및 비교사서직의 출현이다. 저자는 사서직, 도서관학 및 사서직의 기술 가운데 학문 내에서 그 부분에 의하여 만들어진 몇몇 철학적 주제의 가능한 해결책을 확인하였으나 논의하지는 않았다. 가장 빈번히 인용되는 저자는 Broadfield, Nitecki, Foskett, Danton, Irwin 및 Ranganathan이다. 주요한 결함 가운데 하나는 Shera와 Wright의 페이퍼에 대한 참고문헌의 결핍이다. Foskett(1967)은 Mukherjee의 연구에 대하여 2차 정보원에의 지나친 의존과 그의 역사적 분석에 있어서의 많은 사실적인 실수를 비평하였다.

4) The Emergence of a Philosophy of Librarianship in the United States / Myrna W. Downs(1969)

이 석사학위논문[102]에서 Downs는 미국 내 사서직 철학의 출현에 대한 역사적 배경을 개략적으로 진술하였다. 그녀는 이러한 철학의 필요는 후기 혁명주의 공공도서관 및 시장체계의 출현에 병행하는 최근의 발전이라고 지적하였다. "경제와 도서관간에, 시장체계, 이윤 동기와 도서관의 발전 간에는 상호관계성이 있다." 모두가 요구하기는 "이러한 계속적인 성장과 복잡성을 지도할 수 있는 철학, 원리, 국가적 견지"이다.[103]

고대 문명으로부터 현대사회에 이르기까지 사회는 권위성으로 지배되었고, 개인적인 부는 억제되었고, 토지, 노동 및 자본의 개념은 아직 발전하지 않았었다. 이러한 상황은 학습, 개인주의, 부의 획득, 자기신뢰, 공공도서관의 출현 및 독서를 격려하는 유럽의 국수주의와 개신교적 윤리의 출현과 함께 변화되었다. Downs는 사서직 철학은 19세기에 시작되어 Naudé, Schrettinger와 Ebert의 고립적인 철학적 공헌에 의하여 진전되었다고 주장하고 있다.

1853년과 1876년의 도서관대회(library conference) 후에 ALA가 창립되고 새로운 "개혁, 서비스, 오락 … 성인교육 … [그리고] "당신의 커뮤니티를 알라" [의] 매우 중요한 원칙이 소개되었다.[104] "당신의 커뮤니티를 알라"는 도서관으로 하여금 다양한 공중 및 공공의 목표를 지원하는데 있어서 도서관을 책임 있게 만들었다. Downs는 사서직 철학의 주요한 공헌자로서 Green, Dewey, Butler 및 Shera를 열거하였다. 그녀의 조언자인 R. Krzys에 대한 보고서의 초록에서 Wyer, Broadfield, Ranganathan, Irwin, Butler, Carnovsky, Haines, 및 Asheim을 추가하였다.

그는 비록 "고수의 가치 … 가 해당 전문가의 모든 개별적 회원에 의하여 공식적으로 결코 채택되지 않는다."고 하였으나 이러한 공헌을 기술하였다.[105] 'ALA의 권리장전(Bill of Right)'(1939)과 1953년 '독서의 자유(Freedom to Reader)' 성명은 사서직에 의한 철학적 인식의 시작을 표시하였다. 첫 도서관학교의 개교는 사서직을 각

---

102) Myrna W. Downs. *The Emergence of a Philosophy of Librarianship in the United States*. Long Island University, 1969.

103) ibid. p.2.

104) ibid. p.73.

105) ibid. p.75.

각이 그 자신의 철학원리를 개발하는 수개의 특정화로 구성된 고등교육 학문으로서의 사서직의 수용으로 이끌었다.

5) American Library Philosophy/ Barbara McCrimmon(1975)

McCrimmon은 그녀의 사서직 철학에 있어서의 선택된 미국의 페이퍼에 대한 고찰에서 그들 내에서 표현된 관점의 "다양성 속에서의 통일"을 지적하였다.[106) 다양한 사서들이 서로 다른 표면적 강조를 가지고 유사한 메시지를 형성하였다. 저자들 가운데 합의는 미국 문화에 있어서 도서관의 중요성이라는 관념과 훌륭한 시민성, 기쁨 및 지식을 위한 독서의 격려를 포함한다.

도서관은 서로 다른 개별 고객과 집단의 관심에 봉사하는 사회적 구조의 한 부분이다. 그 전체적인 목적은 인류의 기록물을 보존하고 이용가능하게 만들고 새로운 의미를 탐색하고자 하는 요구를 자극하고 서로 다른 견해를 관대히 다루는 것이다.

사서직의 철학은 지식세계를 저장, 배포하는 사회적인 커뮤니케이션 네트워크의 한 부분이다. McCrimmon은 사서직 철학에 대한 논의를 세 가지 기간으로 구분하였다. 19세기에는 도서관은 Dewey(1897), Dana(1906) 및 Foss(1909)에 의하여 공공교육의 확장으로서 인식되었다. 그리고 Bostwick(1907), Putnam(1915) 및 Richardson(1927)에 의하여 책을 좋아하는 사람(bookman)으로 보여졌다. 1930년부터 1940년대 간의 기간에는 두 가지 사조가 유력하였다. 사서직 연구에 대한 하나의 새로운 사회적 접근이 Danton(1934), Martin(1937) 및 Goldhor(1942)에 의하여 표현되었고 도서 내용에 대한 서지의 계속적인 초점 및 개별 독자에 대한 그들의 영향이 Sayers(1950), Haines(1950), Butler(1953) 및 Powell(1954)의 페이퍼에서 표현되었다.

1960년대에는 다양한 주제가 강조되었다. Shera(1961)는 그 분야에 대한 전자학(electronics)의 영향을 논의하였다. Nitecki(1964)는 철학적 접근을 개발하였다. 전통적, 인간주의적 관점은 Marco(1966)에 의하여 상세히 설명되었다. Harlow(1969)는 과학적 접근을 취하였고 지식의 표현을 위한 이상적 국면은 Shores(1971)와 MacLeish(1972)에 의하여 고취되었다.

---

106) Barbara McCrimmon. *American Library Philosophy; An Anthology.* Hamden, Conn., The Shoe String Press, 1975.

McCrimmon에 따르면 훌륭한 사서의 중요한 특성은 도서의 지식, 전문가적인 동기 및 개별적인 이용자의 요구에 대한 관심을 포함한다. 사서직 철학에서 새롭게 출현하는 테마는 (1) 도서관운영의 목표, 의도 및 이용, (2) 사서직의 목적과 목표, (3) 전문가적인 의식, (4) 민주주의, 교육의 힘에 대한 인정 및 공공복지에 대한 헌신에 있어서의 미국 사서직 내의 이론적 기반이다.

사서직의 이론적 기반은 (1) 정보 혹은 오락을 위한 유용한 독서 자료에 대한 사업과 같은 제공을 위한 책임의 측면에서 혹은 (2) 독서를 통한 개별 고객의 개인적인 발전을 지원하는 도서 내용이라는 측면에서이다. 이러한 두 가지 관점간의 차이점은 전자가 '대중문화'에 기울었고, 후자는 '개별적 고객'에 집중하였다는 것이다. 두 가지 모두 사회적인 접근이다. 도서관 환경은 민주주의에 있어서 두 가지 주요한 책임(즉 개인의 자유를 보장하는 그리고 그것의 사회적 책임을 달성하는데 있어서와 같은)을 갖는 문화적, 정치적, 교육적 요인에 의하여 조건 지워진다.

6) Philosophy of Librarianship/ Marie Foster(1979)

Foster는 주요한 철학적 저작에 대한 간결한 요점을 제공하였다.107) Irwin은 사서직 철학과 정의를 다른 학문과의 목표와 관계성에 대한 하나의 동일한 논급으로서 간주한다. Christ는 도서관 철학과 그것의 기능을 동의어로서 확인한다. Butler(1933)는 그것을 사회적 배경에서 보았다. Broadfields(1949)의 첫 번째 우선순위는 개인에 대한 서비스였다. Foskett에게 있어서 사서는 고객의 또 다른 자아이어야만 한다. Shera(1973)는 사서직의 사회적 인식론적 철학에서 다른 관점을 통합하였다. Kolitsch(1945)는 사서직 철학에 대한 사회의 정치적 철학의 영향을 인식하였다. Burke(1947)는 기독교적 민주주의를 주장하였다.

도서관 철학의 정의에 대한 광범위한 접근이 Houle(1946)의 교육적, 연구 및 오락적 우선순위들에 의하여 표현되었다. Shores(1971)는 포괄적인 도서의 인식을 강조하였고, Thompson(1974)은 도서관 힘의 개념을 강조하였다. Rao(1961)와 Nitecki(1964)는 분류적 접근을 취하였다. 전자는 4가지 모드 즉 행위적, 조직주의적, 자연주의적 및 재귀적인 것을 구분하였고, 후자는 사서직의 절차적, 배경적 및 개념적 국면을 기술하였다. Bekker(1976)는 도서관 철학의 세 가지 이용간을 구분하였다. 즉 참

107) Marie Foster. Philosophy of Librarianship. *Canadian Library Journal,* vol.36, no.3(1979).

고봉사의 틀로서, 목적 지향적인 기능으로서 및 직업적 이상의 언급으로써 이다.

저자는 도서관학 학생에 대한 교수들의 철학적 영향을 결정하기 위하여 두개의 케나다 도서관학교 내 학생과 교수진의 조사를 개발하였다. 그녀는 사서직 철학이 존재하는 반면에 개별적 학생들의 고유한 철학에 대한 교육자의 영향력이 거의 없을 때 그것의 서로 다른 해석이 서로 다른 이유에서 받아들여진다고 결론지었다. 일반적으로 개인의 개인주의적 철학은 사서직 철학에 대한 그들의 선택을 결정한다.

Foster는 사서직을 4개의 철학적 모델로 개략화 하였다. (1) 도서관 자료의 본질적 가치 및 보존에 초점을 맞춘 '관리인'으로서 (2) 지식에 대한 도서관장서의 공헌을 강조하는 인간주의 (3) 도서관을 그들의 고객의 발전에 연결하고 관계시키는 것으로 (4) 커뮤니티 서비스로서 도서관을 고취하고 기술하는 것이다.[108)]

7) Logos of Library and Information Science: Apperceptions on the Institutes of Bibematics with Commentaries on the General Humanistic Method and the Common Philosophy/ J. M. Whitehead(1980)

이 박사논문[109)]은 문헌정보학의 철학 및 방법론의 개발과 관련된다. 저자는 일반적으로 수용할 수 있는 사서직 철학과 그와 같은 철학을 개발하는데 사용될 수 있었던 철학적 주요 부분 및 어떠한 방법론도 없다고 불평한다.

이 논문은 세 부분으로 철학적 배경을 논의하였다. 식민지 시대로부터 1933년까지 1933년부터 1940년까지의 고전적 기간 및 1940년부터 1980년까지의 현대적 기간이다. 식민기간에서 1850년까지의 기간 중 초기 부분에서의 사서의 역할은 지적 자기개발에 헌신된 학생들에 의하여 상당부분 수행되었다. 그 기간의 두 번째 부분 중 1850년부터 1933년 기간 중 사서의 역할은 공공도서관 운동의 동시적 출현과 함께 선생들의 역할의 변화에 따라 변화되었다. Butler(1933)는 사서를 과학자, 사회학자, 심리학자 및 역사가로서 보는 사상의 사회학파를 대변한다. Shera(1972, 1973, 1976), Taube(1961) 및 Daily(1957, 1972)는 그들의 저작을 사상이 서비스지향 철학 내에

108) M. Foster. Philosophy of Librarianship. *Canadian Library Journal,* 36(3)(1979). p.133.

109) J. M. Whitehead. *Logos of Library and Information Science: Apperceptions on the Institutes of Bibematics with Commentaries on the General Humanistic Method and the Common Philosophy.* Ph. D. dissertation, Graduate School of Library and Information Science, University of Pittsburgh, 1980.

서의 서비스 자체보다 선행한다는 인간주의적인 인식에 기반하였다.

도서관 철학의 현대적 기간은 다섯 가지로 구별되는 단계로 나누어지고 각각은 사서직의 서로 다른 국면에 초점을 맞춘 사서직의 서로 다른 형태에 의하여 특징지어진다.

(1) 정치적 접근은 민주주의 문제에 집중하였다(McLeish, 1940).
(2) 언어문제 및 언어학적 방법론은 분류 철학에서 표현하였다(1945-1960).
(3) 응용수학 및 의미의 부적절 개념은 정보이론에서 소개되었다(Shannon and Weaver, 1964).
(4) 이러한 국면은 수학자이자 사서인 Ranganathan 및 그의 도서관 봉사의 5법칙에 의하여 사서직으로 까지 확대되었다(1960-1970).
(5) 마지막 단계는 철학적 저작의 시작을 표시한다.

Whitehead는 사서직 철학에 있어서 주요한 저작자로서 Broadfield(1949), Mukherjee(1966), Butler(1933), Ranganathan(1957, 1967) 및 Shera(1972, 1973, 1976)를 선택하였다. 그는 또한 도서관 분류체계에 대한 철학적 영향력을 확인하였다. 예를 들면 Dewey에 대한 Francis Bacon의 영향력과 Richardson, Sayers 및 Ranganathan에 대한 Comte의 영향력이다.

Whitehead에 따르면 문헌정보학의 철학은 한정할 수 없다. 그것은 단지 철학을 수행함으로써 발견될 수 있다. 사서직 이론은 (1) 지성과 물질 간, 이상주의와 물질주의 간을 구별한 그리스 이원론(Greek dualism) (2) 묻고 답하는 방법을 소개한 Plato의 변증법 및 (3) Hegel의 가설, 반가설 및 합성의 변증법으로 거슬러 올라간다.

어떤 사상은 일반적인 인식의 방법에 의하여 철학으로 발전하지는 않는다. 형태와 내용이 상호작용하여 법칙을 만들어낸다. 편목 혹은 참고봉사와 같은 기능은 문헌정보학의 내용상 운영되는 형태이나 반면에 기능적 부분은 도서관의 기능적 조직을 부서로 생성한다.

경험주의와 이성주의간의 이분론 내에서 저자는 상대적인 실용주의, 논리적 실증주의의 이성적 동등에 초점을 맞춘다. Whitehead의 방법론은 델파이 방법과 유사한 구술사의 기술로부터 추출되었으나, 그에 의하면 '인간주의적 방법'이라고 호칭되는 추가된 환류를 갖는다. 합의에 목표를 두는 대신에 이러한 접근은 도서관이 필요불가결한 것이라는 개별적 저자의 개념을 강화하기 위하여 의도된다. 이러한 면에서 소크라테스의 대화의 철학적 귀납법과 유사하다.

Whitehead는 모든 지식은 기본적으로 실수이다 라고 주장한다. 그는 더욱 가까운 지식이 진실일수록 그것의 실수는 더욱 오래가는데 그 이유는 지식의 복잡한 이론에서 이해하는 것이 더욱 어렵기 때문이라고 주장한다. 그의 사서직 철학의 로고스는 두 가지 철학적 사조 간에 구별된다. 즉 (1) 경험주의에서 이성주의 (2) 그 반대로 이성주의에서 경험주의로 이다.

Whitehead는 그의 철학적 주제의 고찰을 대화 형태로 표현한다. 그는 대화를 그것에 참여하는 저자의 출판된 저작에 대한 직접적인 참고 없이 신화적으로써의 대화라고 기술한다. 이러한 대화에서 Ortegay Gasset(1961)는 정보의 순수를 불필요한 도서를 스크린 하는 방법으로서 주장한다. 그는 자원을 보존하고 그들을 필요로 할때 이용 가능하게 하기 위하여 기구적 기능의 비용을 지불하면서 자원(도서)의 형태를 보호하는 것에 대하여 비평하였다.

Trezza는 원하는 누구나 모든 도서관에 접근하는데 있어서의 공평한 기회를 선호한다. 그는 이용자가 항상 자기가 원하는 것이 무엇인지를 알고 있다고 하는 그의 가정에 대하여 비평을 받는다.

Licklider는 자원의 조직과 이용가능하게 만드는 과학적 과정에 초점을 두었다. 그에게 있어서 내용은 문제가 되지 않는다. Lorenz는 도서관에 의하여 제공되는 비공식적인 교육의 중요성을 강조한다. Daily(1957)는 도서관의 중요성은 윤리학 내에서 찾지 않고 과학과 전문가 주의에서 찾는다. Debons(1974)는 정보관리의 병참학은 이용자 요구보다 사서에 보다 관심을 둔다고 주장한다. Kent(1974, 1976)는 정보전이의 과정에서의 손실과 취득의 연구라는 수단에 의하여 "풀 수 없는" 것들에 대한 해결책을 찾는 방법론에 집중한다. Shera는 개인 및 그를 통한 사회의 유익을 위한 시각적 레코드의 유용성 최적화를 주장한다.

Whitehead는 그것이 대화에 있어서 많은 단계를 뛰어넘는 결과를 가져온 이유에서 사용된 방법에 전적으로 만족하지는 않는다. 그는 그의 논문을 사서직 철학을 위한 기원을 가지고 마친다. 그의 책 부록은 Shera의 도서관의 필수불가결한 것이라고 부른 것의 해석, 즉 경험의 저장소로서의 도서는 사서직 내용에 있어서 매우 중요한 것이라는 인식을 포함한다. 도서관은 그가 원하는 것을 선택하는데 있어서 자유로운 개인과 함께 비구조화 된 학습의 형태를 표현한다. 즉 교육의 목적은 사람들 가운데 알고자 하는 요구를 스며들게 하는 것이다. 특별한 관심은 우리는 우리의 두뇌가 작동하는 방법이라는 이유에서 관계성의 국면에서 생각한다는 Shera의 언급이다.

8) The Library in Society/ A. Robert Rogers and K. McChesney(1984)

『도서관과 사회(The Library in Society)』의 〈사서직 철학개론(An Introduction to Philosophy of Librarianship)〉[110] 장에서 Rogers는 Ranganathan(1931, 1951), Shera(1953, 1961, 1961a, 1972), Butler(1933), Dewey(1898), Nitecki(1964, 1979, 1981), Danton(1934), 및 Ortega(1961)의 소론을 다소 상세히 언급한다. 이러한 고찰로부터 사서직 철학이라는 그 자신의 개념이 출현한다.

커뮤니케이션의 중재자로서 도서관은 신성하고 역사적인 기능을 포함한다. 그렇지만 그것은 창도력이 결핍되어 있고 종종 그들의 목적에 봉사하는 사회의 공격적인 당파에 의하여 지배권을 빼앗긴다. 그것은 사회의 생산품이고 그러므로 그 기능과 목적에 있어서의 변화에 종속된다. 현대 사서직은 '나-인식'에서 '우리-인식'으로 뒤바뀌는 산업혁명에서 시작되었다. 도서관의 발전은 지역의 사회-경제적 지위수준에 직접적으로 관련된다. 그것의 역동주의는 사회적 요구와 비교되는 개별적 고객의 요구간의 갈등을 언급하는 사회적 변화와 방법에 기반한다.

교육에 있어서 도서관의 역할은 다양하다. 정부에 서비스를 제공하고, 개별적 및 집단 관심의 요구를 충족시키는 서비스를 제공하기 위한 그것의 목표는 구소련 및 미국의 접근법에서 나타난 바와 같이 서로 다른 정치체계 내에서 서로 다르게 해석된다. 많은 기관에서 공공도서관은 민주주의 혹은 다른 정치체계의 요구에 부응하기 위하여 출현하였다. 즉 그것은 항상 우세한 정치적 교의(political doctrine)에서 시민의 교육에 공헌하였다.

Rogers는 이성적 및 개인주의적 철학으로부터 사회의 집합적 철학으로, 개인주의에서 지각으로의 인식할 수 있는 최근의 전이를 지적한다. 사서직 철학의 현대적 측면은 19세기 자기교육 및 20세기 사회적 옹호에 초점을 맞추는 것에 의하여

---

110) A. Robert Rogers and K. McChesney, *The Library in Society.* Littleton, Colo., Libraries Unlimited, 1984.

특징지어 진다. 도서관 자원은 또 다른 상품인양 현재 시장에 팔려고 내놓아져 있다. 19세기에 주요한 목표는 새로운 이민자들의 문화변용과 동화 및 그들의 미국화였다. 즉 현세기에 있어서 그것은 소수층의 문화적 정체성의 보존이다.

도서관 자원의 배포는 효과적이기 위하여 지속적이어야 한다. 도서관은 그 구성원들의 상호의존성을 위한 지적 중심점이다. 서비스의 이데올로기는 (1) 수평적으로 서로 다른 사람들을 서비스하는 서로 다른 종류의 도서관 (2) 수직적으로 서로 다른 배경과 요구를 가진 서로 다른 개인을 서비스하는 동일한 도서관이다. 도서관 자체는 목적적 사명을 지니지 않는다. 즉 그것은 그 당시의 사회에 의하여 그것에 주어진 사명을 해석한다.[111)]

도서관과 사회간의 과거의 관계성을 이해하는 것이 사서직 철학을 발전시키는데 있어서 도움이 된다. 비록 사회적 조건 및 기술은 과거 5천 년 동안 변화하였으나 도서관의 필수적인 사명, 즉 생각에 대한 접근을 추구하는 개인과 도서관 장서 내 그들의 레코드 간에 중재자로서 봉사하는 사명은 동일하게 남아 있다.

현대 사서직 철학은 Kaplan(1964), Nitecki(1964), Wright(1976, 1978) 및 Yngve(1981)의 공헌과 함께 1960년대에 시작되었다. Rogers는 다양한 주제에 대한 앞선 선구자의 지위를 요약함으로서 인용한 학자들을 열거하였다. 정보는 새로워질 수 있는 잠재적으로 영원한 것이고 유일한 자원으로 정의된다. 도서관 구조는 사회적 구조의 구성요소로서 간주된다.

도서관 기능주의는 원인(독립적 변수)으로서의 사회와 그 영향(종속 변수)으로서의 도서관이라는 측면에서 기술된다. 사서직의 목적은 다음과 같다.

(1) 이론적이고 개념적인 틀을 제공하는
(2) 개인의 자유를 지지하는데 있어서의 도서관의 역할상의 공들여 만든 것
(3) 사회의 집합적 요구에 반응하는 그리고
(4) 학문을 위한 이론적 토대를 제공하는 것이다.

---

111) (1) the ALA's Library Bill of Rights, 1939; (2) the Statement of the Committee on Intellectual Freedom, 1940; Intellectual Freedom Manual, 1974; and the Newsletter on Intellectual Freedom and Intellectual Freedom Primer, 1977.

도서관은 내용에 있어서 사회의 경험과 창조의 전체에 대한 알려진 기록물을 수집함에 의한 기능 - 다른 기구에 연결시킴으로써 기능에 있어서의 두 가지 모두에 있어서 전체론의 포괄적인 기구이다.

그것의 조직은 사회의 기술적, 사회적 및 이데올로기적인 문화를 반영한다. 그것의 주요한 목표는 지식의 유포와 그 정보원에 대한 참조를 제공하기 위한 그리고 미국화, 문화유산, 독서 혹은 구제활동 서비스와 같은 주제에 대한 사회적 옹호를 위한 기관으로 봉사하기 위한 지적 레코드의 보존소로서 봉사하는 것에 의하여 요구를 충족시키는 것이다. 철학은 비평적 논쟁에 초점을 맞춘 지적 호기심의 활동이다. 도서관 저작에 있어서 주요한 초점은 사서직을 다른 학문에 연결하는 몇몇 저작자들과 함께 도서관 봉사에 대한 것이다. 사서직의 주요한 구성요소는 다음과 같다.

(1) 도서관과 몇몇 철학의 특수한 영역(예를 들면 인식론, 형이상학, 논리학, 윤리학 및 미학을 연결시키는 사서직의 기본적인 목적에 대한 성명)
(2) 개인 자유의 원리 및 사상에의 접근에 대한 도서관 제공 및
(3) 사회의 문화적 공헌을 나타내고 보존하는 도서관 역할의 적용

9) Librarianship, Philosophy of/ J. Shera(1986)

Shera의 에세이[112]는 다른 저작자들에 대한 어떠한 참조도 하지 않았다. 특정한 국면의 논의보다는 사서직 철학의 개념에 대한 일반적인 조망으로서 제시되었다. 그는 질문하였다. 지식은 무엇인가? 어떻게 학습되고 행동에 대한 그것의 영향은 무엇인가? 독서가 사람들에게 하는 일은 무엇인가? 도서의 형이상학적 정의는 무엇인가?

Shera는 도서관 존재의 정당성을 논의하는 역사적인 묘사로부터 시작한다. Shera는 가록물의 보관을 위한 고대의 요구로부터 시작하였고 도서중심 교육 및 교재를 위한 필요에 초점을 맞춤으로써 중세를 기술하였다. 19세기에 정점을 이룬 과정은 개별적인 독자의 수단을 뛰어넘는 값비싼 도서를 요구하였고, 이는 공공 세금으로 지원되는 공공도서관의 창조를 가져왔다.

112) J. Shera. *Librarianship, Philosophy of;* In ALA World Encyclopedia of Library and Information Swevices. 2nd ed. Chicago, ALA., 1986. pp.453-457.

도서관은 이민자에 대한 안내를 제공하고, 성인교육 및 구제활동 서비스를 돕는 것에 의하여 민주주의를 지원한다. 도서관은 사상과 레코드의 내용을 연결한다. 이것은 기계적, 물리적 조작, 지적 자원과 사회적 및 지적 환경을 통한 서지기반 수서와 이용자중심 해석을 갖는 순서에 초점을 둔 조직을 통합하는 시스템이다. 기본적인 도서관 요구는 도서관 장서내에 기록된 모든 형태의 물리적, 정신적 인간행위를 포함하는 것이다.

사회적 기구로서 도서관은 공통된 요구를 만족시키기 위하여 함께 일하는 사람들과 공통된 지식, 이해와 신념의 문화와 커뮤니케이션을 서로 연결시키는 기반을 제공한다. 사서직은 사회적 인식론의 측면에서 정의된다. 그것은 전체 환경 내에서의 전체로서의 사회의 지적과정을 포함한다. 그것의 초점은 모든 형태의 커뮤니케이션의 생산, 흐름, 통합 및 소비에 있다.

10) Librarianship, Philosophy of/ B. McCrimmon(1993)

그녀의 사서직 철학에 대한 배경 기술에서 McCrimmon은 사회적 환경에 대한 도서관 조정의 역사적인 모범을 강조하였다.[113] 이와 같은 조정은 독서를 통한 독자의 지적 부유함 및 사회적 역할에 대한 도서관의 인식에 대한 최근의 초점에서 명백하다. 비록 철학적 논의가 1876년까지 시작되지는 않았으나 철학적 의제는 그 시대를 통하여 도서관에 의하여 수행된 기능으로부터 서서히 출현하여 왔다.

레코드의 보존을 위한 도서관리 책무로 시작하여 도서관 직업은 Naudé(1627)와 John Durie(1650)에 의하여 기술된 것과 같이 17세기에 인쇄 업무를 관리하는 관리직 역할을 가정할 때 인쇄술의 발명과 함께 형성되었다. 도서관의 중요성은 독자에 대한 분류의 영향에 대한 Leibri의 소론에서 도서관업무에서 과학들을 포함하여 계몽기에 더욱 발전하였다.

고객에 봉사하는 사서들의 헌신은 Ebert's의 모토 '이용자에게 진심어린 서비스를(aliis inserviendo consumor(Consumed in service of others))', Panizzi의 영국도서관 리더십, 서양 세계에서의 사서직의 명성을 상당히 끌어올린 미국과 영국 내 전문 조직의 형성에 의하여 표현되었다. 이것은 미국 사서직 철학을 분명히 말할 수 있는

---

113) B. McCrimmon. *Librarianship, Philosophy of.* In W. Wiegand ed. Encyclopedia of Library History. 1993.

것의 시작이었다. 지적 자유의 중요성이 부각되었고 공공도서관의 역할이 시민의 세금에 의하여 지원되는 커뮤니티 센터로서 정의되었다. Putnam의 지도아래 미의회도서관은 기록물에 대한 서지적 접근의 표준화를 통하여 모든 도서관 고객에 대해 서비스를 제공하였다.

McCrimmon은 Plato와 Aristotle의 두 가지 주요한 철학적 접근사이의 전통적인 이원론의 측면에서 현대 도서관 철학을 고찰하였다. 우주의 개념과 최고 가치의 관념에서 표현된 Plato의 이상세계의 철학은 훌륭한 문학의 독서를 고상하게 하는 도서관의 철학적 가치에 이식되었다. 도서관은 문명의 기억으로서 그리고 지적에너지의 저장소로서 보여진다. 즉 도서의 사랑에 의하여 가장 동기부여가 되었던 사서직은 과학보다는 기술로서 간주되었다. Butler, Haines, Powell, Richardson 및 Sayers는 이러한 관점을 나타낸다.

이상과 같은 것을 요약하면 도서관 철학에 있어서 이상주의 옹호자와 실용주의 옹호자들 간에 논쟁에서 또한 표출되었다. Ortega(1934)는 사서의 역할을 도서 거래의 조종자의 역할로까지 승격시켰다고 주장하였다. Kaplan(1964)은 사서직을 구조의 메타물리학적 개념에 기반한 '초과학'으로 간주하였다. Wright(1986)는 가설적 정보와 지식간의 차이점을 사서직을 과학의 물질적 실재보다는 사상, 시각적 레코드 및 학자 정신에 기반한 인간주의 학문으로서 인식하여 묘사하였다.

Nitecki(1981)는 그들의 창조자의 마음가운데 기원하고 물질적 매개체로 표현되고 그들의 접수자에 의하여 해석되어지는 사상을 나타내는 근간은유의 형태로 커뮤니케이션 모델을 형성하였다. 그는 생리적, 심리학적, 철학적 수준에서 이러한 구성요소들 간의 관계성 연구를 제안하였다. 이러한 관계성은 도서관 철학의 주제문제를 구성하고 정보 및 관련된 학문을 위한 포괄적인 용어인 메타 라이브러리언십(metalibrarianship)에 의하여 추구되어진다.

McCrimmon에 의하여 언급된 사서직 철학에 대한 다른 공헌은 ALA의 권리장전 및 Broadfield의 독서에 있어서 선택의 전적인 자유를 위한 요구에서 검열제도를 비난한 것을 포함한다. 반면에 Foskett(1984), Orr(1977), Wilson, Ranganathan(1931, 1951), Broadfield(1949) 및 Botasso는 실제적인 철학을 제안하는 것 없이 사서직 철학의 다른 국면을 논의하였다.

11) 사서직 철학에 대한 부분적 개관

도서관 문헌에는 다른 주제에 대한 저작의 일부로서 쓰여진 도서관 철학에 대한 많은 가벼운 고찰이 있다. 이러한 연구들은 그들의 더욱 좁은 범주 혹은 매우 특수화된 관점에 기반한 초점을 이유로 하여 본 장에서의 전체적인 고찰로부터 제외되었다.

(1) 도서관 전문직 윤리에 대한 Bekker의 논문(1976)은 좋은 예이다. 그는 사서직 철학에 대하여 세 장을 할애하여 철학 일반을 기술하고 도서관 철학을 "실제적인 업무에 있어서 안내를 위한 원리의 시스템으로 … [Johannensen에 다음을 동의하며] … 응용철학은 실무자를 위한 행동표준을 포함하여야 한다는" 기술하였다.[114)]

Bekker는 사서직에 있어서 철학의 세 가지 기본적인 요점을 나열하였다. 즉 ① Christ(1969, 1972), Irwin(1949, 1967) 및 Rothstein(1968)에 의하여 제안된 것과 같이 도서관의 범주를 구별하고 그것의 통일성을 제공하는 참조의 틀로서 ② i) Irwin과 Broadfield에 의하여 표현된 관점인 도서관 목표, 목적을 기술하는 하나의 인식 혹은 ii) 도서관 목적보다는 도서관 수단의 측면에서 사명—Bekker는 Nitecki(1964)를 이 그룹에 포함하였다—이라는 것의 설명으로서 그리고 iii) Foskett (1962-1970)과 Benge(1870)에 의하여 기술된 직업적 사상 혹은 행동의 안내를 형성하는데 있어서 철학의 응용이다.

Bekker는 "이러한 세 가지 접근은 따로 취급될 수 없다. 그들은 하나의 기본적인 접근의 세 가지 국면으로서 해석될 수 있었다. 즉 각각은 사서직이 받아들여질 수 있는 정의를 위한 탐색에서 다른 두 가지를 추가한다."[115)]는 나만의 원리에 동의한다. 그는 사서직 철학이 아닌 것과 왜 그것이 필요로 하는지를 언급함으로써 이 장을 마친다.

(2) 사서직 철학을 정의하는데 있어서 Buckland는 "가치에서 자유로운" 정의와 그러므로 "이론" 혹은 "가치를 적재한"의 정의와 동의어인 것 간의 구별을 한다. 그는 후자의 접근을 선택하고 사서직 철학의 개념과 신념, 개념 및 원리를 동기부여 하는 시스템"[116)]으로서의 철학의 그것과 사서직 철학의 개념을 같다고 생각한

---

114) ibid. p.101.

115) J. Bekker. *Professional Ethics and Its Application to Librarianship.* Unpublished doctoral dissertation, Case Western Reserve University, 1976. p.104.

다. 그것은 많은 다른 사람들에 의하여 결정된 사회적 가치에 관계된다는 이유에서 가치를 내재한 것이다. 비판의 기준 혹은 가치 시스템은 예를 들면 다른 정치시스템 내에 동의한 선택과 검열정책과 같은데서 보여지는 바와 같이 우세한 사회적 철학과 함께 다양하다.

12) 참고문헌

다음의 참고문헌은 '사서직의 철학'에서 인용한 논문들의 리스들을 정리한 것이다.

American Library Association. (March 1930). Suggested Code of Ethics. *ALA Bulletin,* vol.24. pp.58-62.

American Library Association. (April 1975). Statement on Professional Ethics. *American Libraries,* vol.6. p.231.

Apostle, R. and Raymond Boris. (December 1986). Librarianship and the Information Paradigm. *Canadian Library Journal,* vol.43, no.6. pp.377-384.

Aristotle. (1938). *Aristotle selections.* New York: Charles Scribner's Sons.(Edited with introduction by W.D. Ross).

Asheim, Lester. (September 1953). Not Censorship But Selection. *Wilson Library Bulletin,* vol.28(1). pp.63-67.

Asheim, L. (October 1968). My Philosophy of Librarianship. *Library School Review,* 7-8.(A publication of Kansas State Teachers College, Emporia, Dept. of Librarianship).

Asheim, Lester (July 1982). Ortega Revisited. *The Library Quarterly,* 52(3). pp.215-226.

Avey, A. E. (1954). *Handbook in the History of Philosophy.* New York, Barnes and Noble.

Bacon, F. (1952). *The Advancement of Learning; Novum Organum; New Atlantis.* In Great Books. Chicago: Encyclopaedia Britannica.

Bekker, J. (1976). *Professional Ethics and Its Application to Librarianship.* Unpublished doctoral dissertation, Case Western Reserve University.

Benge, R. C. (1970). *Libraries and Cultural Change.* London: Archon Books, Clive Bingley. (Simultaneously published in the USA by Archon Books, The Shoe String Press).

Bennett, G. E. (1988). *Librarians in Search of Science and Identity: The Elusive Profession.* Metu chen, N.J.: Scarecrow Press.

Bergen, Daaniel P. (1963). The Anthropocentric Needs of Academic Librarianship.

---

116) Michael K. Buckland. *Library Services in Theory and Context.* New York, Pergamon Press, 1983. pp.128-139.

College and Research Libraries, 24(4) July 1963. pp.277-290, 307-308.

Bergen, Daniel P. (1963). Librarians and the Bipolarization of the Academic Enterprise. College and Research Libraries, 24(6), November 1963. pp.467-480.

Bergen, Dan (1965). Implications of General Systems Theory for Librarianship and Higher Ed ucation. Paper prepared for delivery at the Program of the Society for General Systems Research, *Annual Meeting of the American Association for the Advancement of Science,* Berkeley, California, December 30. 1965. (n.p.)

Bergen, D. (July 1967). The Communication System of the Social Sciences. College & Research Libraries. pp.239-252.

Bergen, D. (January 1978). Use of Social Science Literature-Review. *The Library Quarterly,* 48(1). pp.90-92.

Bergen, D. (1980). *Apres Librarianship, Le Metalibrarianship : Comments on the Philosophy of Joseph Nitecki.* Critique presented at the University of Texas, Austin Conference. 1980 (n.p.).

Bergen, D. (1981). *The Dialogue of Metaphysics and Empirics ; Librarianship as Platonic and Aristotelian.* (Typescript for Charles H. Busha, ed. The Rise of Library Science Theory (n.p.).

Bergen, D. P. (November 1983). Librarians and the Bipolarization of the Academic Enterprise. *College & Research Libraries,* 24(6). pp.467-490.

Bergson, H. 1. (1952). Creative Evolution. In Benjamin Rand (Compiler.), *Modern Classical Philosophers* (2nd enlarged ed.). (pp.852-885). New York, Houghton, Mifflin Co., (Translated from French by Arthur Mitchell).

Berthold, A. (October 1933). The Science of Librarianship. *Wilson Bulletin,* 8, 120-121.(The Young Librarian; A Forum of Independent Opinion Section edited by Arthur Berthold).

Borden, A. K. (April 1931). We Need a Philosophy. *Libraries,* 36. pp.175-176.

Bostwick, A. E. (1907). *The Love of Books as a Basis for Librarianship.* In B. McCrimmon (Editor.), American Library Philosophy ; An Anthology (Reprinted from Library Journal, 32(Feb., 1907. pp.51-55). (pp.20-30). Hamden, Conn., The Shoe String Press.

Broadfield, A. (1946). *The Philosophy of Classification.* London, Grafton.

Broadfield, A. (1949). *A Philosophy of Librarianship.* London, Grafton.

Bronowski, J. (1978). *The Origins of Knowledge and Imagination.* New Haven, Yale University Press.

Brookes, B. C. (February 1984). Popper's World. J*ournal of Information Science,* 8(1). pp.39-40. (Letters to the Editor column).

Bryson, E. R. (1970). *A Theory of Librarianship. Unpublished doctoral dissertation,* University of Kentucky, Lexington, Kentucky.

Buckland, Michael K. (1983). *Library Services in Theory and Context.* New York,

Pergamon Press.

Buckland, Michael K. (1991). *Information and Information Systems.* New York, Praeger.

Burke, R. A. (October, 1947). Philosophy of Librarianship. *Catholic Library World,* 19. pp.12-15.

Butler, P. (1933). *An Introduction to Library Science.* Chicago: The University of Chicago Press. (First Phoenix Edition, 1961. With an introduction by Lester E. Asheim).

Butler, P. (1943). Survey of the Reference Field. In P. Butler(Editor.), *The Reference Function of the Library.* (pp.1-15). Chicago, University of Chicago Press. (Papers presented before the Library Institute at the University of Chicago, June 29 to July 10, 1942).

Butler, P. (1944). *Scholarship and Civilization.* Chicago, Graduate library School, University of Chicago.

Butler, P. (October 1945). The Intellectual Content of Librarianship - A Review. *Library Quarterly,* 15. pp.347-351.(Review Article of Handbuch der Bibliothekswissenschaft).

Butler, P. (Oc tober 1951). Librarianship as a Profession. *The Library Quarterly,* 21(4). pp.235-247.

Butler, P. (April 1952). The Cultural Function of the Library. *The Library Quarterly,* 22(2). pp.79-91.

Butler, Pierce. (1953). The Life of the Book. The Library Quarterly, 23(July, 1953). pp.157-163.

Christ, J. M. (May 1969). Functional Analysis and Library Science. *College & Res-earch Libraries*, 30. pp.242-246.

Christ, J. M. (1972). *Toward a Philosophy of Educational Librarianship.* Littleton, Colo., Libraries Unlimited.

Clayton, R. L. (February 1940). The Spirit of Librarianship. *Library Assistant,* 33. pp.27-31(A discussion of S.C. Holliday's article The Librarian - A Literary Gent?).

Daily, J. (1957). *The Grammar of Subject Headings: A. F. Ormulation of Rules for Subject Heading Based on a Syntactical and Morphological Analysis of the Library of Congress List.* Unpublished doctoral dissertation, Columbia University, New York.

Daily, J. (1972). Poor Fools. *Library Journal,* 97. pp.2811-2815.

Dana, J. C. (1906). *Many-Sided Interest: How the Library Promotes It.* In B. McCrimmon (Editor.), *American Library Philosophy; An Antology.* (pp.10-19). Hamden, Conn., The Shoe String Press(Reprinted from School Journal, December 22, 1906).

Danton, J. P. (October, 1934). Plea for a Philosophy of Librarianship: Philosophia vero omnium mater artium. *Library Quarterly,* 4, 527-551.(Reprinted in B.McCrimmon,

American Library Philosophy, op.cit. pp.63-87.

Danton, J. P. (June 1941). University Librarianship; Notes on Its Philosophy. *College & Research Libraries,* 2(3). pp.195-204.

Debons, A. (1974). *Information Science; Search for identity.* New York, Marcel Dekker (Proceedings of the 1972 NATO Advanced Study Institute in Information Science held at Seven Springs, Champion, Pennsylvania, August 17-20, 1972).

Debons, A. (November 1978). *Determining Information Functions, Discussion Paper, NSF Manpower Survey Project DS1-7727115.*

Dewey, M. (1898). The Relation of the State to the Public Library. In B. McCrimmon (Editor.), *American Library Philosophy; AnAntology.* (pp.1-9). Hamden, Conn., The Shoe String Press, 1975(Reprinted from the Transactions and Proceedings of the Second International Library Conference, 1898).

Dewey, J. (1933). *How We think ; A Restatement of the Relat ion of Reflective Thinking to the Educative Process.* Boston, Heath.

Dewey, M. (September 30,1876). The Profession. *Library Journal,* 1(1), 21-23 (Also in Landmarks of Library Literature).

Ditzion, S. H. (1947). *Arsenals of a Democratic Culture.* Chicago: American Library Association.

Durie [or Dury], J.] (1650). *The Reformed Librarie Keeper.* Chicago, 1906: Literature of Libraries in the Seventeenth and Eighteenth Centuries, II.

Ebert, F. A. (1820). Die Bildung des Bibliothekars. In V. The Librarian's Series (English translation.), *The Training of the Librarian,* 1916, Woodstock.

Foskett, D. J. (1962). *The Creed of a Librarian : No Politics, No Religion, No Morals.* London, Library Association(Occasional paper no.3).

Foskett, D. J. (1964). *Science, Humanism and Libraries.* New York, Hafner Publishing Co.

Foskett, D. J. (1965). *Comparative Librarianship.* In R.L. Collison (ed.), Progress in Library Science(pp.125-46). London, Butterworths.

Foskett, D. J. (1967). *Information Service in Libraries.* 2nd ed. Hamden, Archon.

Foskett, D. J. (September, 1967). Librarianship: Its Philosophy and History- Review. *Journal of Documentation,* 23. p.352.

Foskett, D. J. (December 1968). The Intellectual and Social Change of the Library Service. *Library Association Record,* 70. pp.305-309.

Foskett, D. J. (December 1970). Progress in Documentation: 'Informatics': *Journal of Documentation,* 26(4). pp.340-369.

Foskett, D. J. (July, 1972). Information and General System Theory-Review. *Journal of Librarianship,* 4(1). pp.205-209.

Foskett, D. J. (1973). *The Contribution of Classification to a Theory of Librarianship.* In C. H. Rawski (Editor.), *Toward a Theory of Librarianship.* (pp.169-186).

Metuchen, N.J., The Scarecrow Press.

Foskett, D. J. (1974). *General Systems Theory and the Organization of Libraries.* In G. Holroyd (editor.), *Studies in Library Management.* 2 (pp.11-24). London, Clive Bingley.

Foskett, D. J. (April 1974-a). Information and Systems Philosophy-Review. *Journal of Librarianship,* 6(2). pp.126-130.

Foskett, D. J. (1984). *Pathways for Communication ; Books and Libraries in the Information Age.* London, Clive Bingley.

Foskett, D. J. (April 1985). A Note on Libraries and the Paperless society. *International Forum on Info rmation and Documentation,* 10(2), 47(Letters Column).

Foskett, D. J. (October 1986). Theme Speaker; Information and Imagination. *Canadian Library Journal,* 43(5). pp.311-316.

Foss, S. W. (March, 1909). Some Cardinal Principles of a Librarian's Work. Public Libraries, 14. pp.77-81(Also reprinted in B. McCrimmon: *American Library Philosophy,* 1975. op.cit. pp.31-38).

Garceau, O. (1949). *The Public Library in the Political Process.* New York, Columbia University Press.

Goldhor, H. (April, 1942). A Note on the Theory of Book Selection. *Library Quarterly,* 12, 151-174.(Also reprinted in B. McCrimmon: *American Library Philosophy,* 1975. op.cit. pp.106-131).

Green, R. (June 1991). The Profession's Models of Information: A Cognitive Linguistic Analysis. *Journal of Documentation,* 47(2). pp.130-148.

Haines, H. E. (September 1,1938). Technics or Humanization in Librarianship? *The Library Journal,* 63. pp.619-623.

Haines, H. E. (1950). *The World of Books. Living with Books: The Art of Book Selection.* 2nd ed. (New York, Columbia University Press, 1950). pp.[3]-11.) Reprinted in B. McCrim mon (Editor.), *American Library Philosophy,* 1975. op.cit. pp.141-149.

Harlow, Neal. (1969). Field Theory and the Curriculum, a Unified Approach. *Journal of Education for Librarianship,* 10 (Fall, 1969) pp.78-85. Also reprinted in McCrimmon, *American Library Philosophy,* op.cit.

Houle, C. O. (November 1-15, 1946). A Basic Philosophy of Library Service for Adult Education. *Library Journal,* 72, 1513-1517, 1600-1604(Published in two consecutive issues).

Irwin, R. (1949). *Librarianship ; Essays on Applied Bibliography.* London: Grafton.

Irwin, R. (1961). *Librarianship.* In T. Landau (Editor.), Encyclopaedia of Librarian-ship (2nd). London, Bowes and Bowes.

Irwin, R. (1967) *Librarianship.* In: Encyclopaedia of Librarianship, ed. by T. Lanadau.

New York, Hafner. pp.248-51.

Joeckel, C. B. (February 1, 1932). Supply and Demand in the Library Profession. *The Library Journal,* 57. pp.103-110.

Kaplan, A. (October 1964). The Age of the Symbol- A Philosophy of Library Education. *Library Quarterly,* 34(4). pp.295-304.

Kaplan, A. (1964-a) The Conduct of Inquiry. San Francisco, Chandler.

Kent, A. (1968). Solving the 'Unsolvable' Problems in Informa tion Transfer. In *ASIS 5th Mid-year Meeting.* Nashville, Tennessee.

Kent, A. (1974). Unsolvable Problems in Information Science. In Anthony Debons (ed.), *Information Science : Serach for Identity.* (pp.299-312). New York, Dekker.

Kent, Allen (1976). *Solving the 'Usolvable' Problems in Informa tion Transfer.* Paper presented at the ASIS 5th Mid-year Meeting. Nashville, Tennessee, May 20. 1976.

Kolitsch, M. (January 1945). Toward a Philosophy of Librarianship. *Library Quarterly,* 15. pp.25-31.

Lancaster, F. W. (1977). *The Measurement and Evaluation of Library Services.* Arlington, Virginia, Information Resources Press(With the assistance of M.J. Joncich).

Lancaster, F. W. (1978). *Toward Paperless Information Systems.* New York, Academic Press.

Lancaster, W. (June 30, 1980). Librarians in 2001. *Library Journal/ School Library Journal,* 9(26). pp.2-3.

Lancaster, F. W. (1982). The Evolving Paperless Society and Its Implications for Libraries. *International Forum on Information & Documentation* 7(4). pp.3-10.

Lancaster, F. W. (1992). Review of M. Buckland's Information and Information Science, 1991. *Journal of Education for Library and Information Science,* 33(3), Summer, 1992. pp.265-267.

Licklider, J. C. R. (1965). *Libraries of the Future.* Cambridge, Mass., M.I.T.

Lofgren, H. (November, 1985). Post-Industrialism and Librarianship: A Critique. *The Australian Library Journal,* 34(4). pp.25-30.

MacLeish, A. (June, 1940). Of the Librarian's Profession. *Atlantic Monthly,* 165. pp.786-90.

MacLeish, A. (1940-a). The Librarian and the Democratic Process. *ALA Bulletin,* 34. pp.385-388, 421-422.

MacLeish, A. (Summer, 1972). The Premise of Meaning. American Scholar, 41, 357-362(Also reprinted in B. McCrimmon, *American Library Philosophy,* 1975, op.cit. pp.229-235).

Marco, G. A. Old Wine in New Bottles. *Library Association Bulletin,* 8-14.(Also reprinted in B. McCrimmon, *American Library Philosophy,* 1975, op.cit. pp.190-201.

Martin, L. (October, 1937). The American Public Library as a Social Institution. Library Quarterly, 546-563(Reprinted in B.McCrimmon, *American Library Philosophy,* 1975, op.cit. pp.88-105).

McColvin, L. R. (1956). *The Chance to Read ; Public Libraries in the World Today.* London, Phoenix House.

McCrimmon, B. (Editor). (1975). *American Library Philosophy; An Anthology.* Hamden, Conn., The Shoe String Press.

McCrimmon, B. (1989). *Richard Garnett; The Scholar as Librarian.* Chicago, American Library Association.

McCrimmon, B. (1993). *Librarianship, Philosophies of.* In W. Wiegand (ed.), Encyclopedia of Library History(Scheduled for publication by Garland Publishing Co.).

McCrum, B. P. (September 1946). The Idols of Librarianship. *Wilson Library Bulletin,* 21(1). pp.41-47.

McGarry, K. J. (1975). *Communication Knowledge and the Librarian.* London, Clive Bingley.

McMullen, H. (October 1957). Research in Backgrounds in Librarianship. *Library Trends,* 6(2). pp.110-119.

Mukherjee, A. K. (1966). *Librarianship; Its Philosophy and History.* New York, Asia Publishing House.

Mumford, L. Q. (February 15, 1966). Librarians and the Everlasting Now. *Library Journal.* pp.901-906.

Naudé, G. (1627). *Avis Pour Dresser une Bibliotheque.* J. Evelyn(Translator.), Instructions Concerning Erecting of a Library. London, 1661. Reprinted, 1903.

Nitecki, Danuta A. (1993). Conceptual Models(To be published in *Journal of Documentation*).

Nitecki, J. Z. (July, 1964). Public Interest and the Theory of Librarianship. *College & Research Libraries,* 25(4). pp.269-278, 325.

Nitecki, J. Z. (April, 1968). Reflection on the Nature and Lim its of Library Science. *The Journal of Library History, Philosophy and Comparative Librarianship,* 3(2). pp.103-119.

Nitecki, J. Z. (October, 1968-a). Reply of Mr. Nitecki to Mr. Fairthorne. *The Journal of Library History, Philosophy and Comparative Librarianship,* 3(4). pp.369-374.

Nitecki, J. Z. (September 1968-b). The Title Catalog: A Third Dimension. *College & Research Libraries,* 29(5). pp.431-436.

Nitecki, J. Z. (Winter 1969). Simplified Classification and Cataloging of Microforms. *Library Resources &Technical Services,* 13(1). pp.79-85.

Nitecki, J. Z. (April 1, 1969). Speed Cataloging: Prudence and Pitfalls. *Library*

Journal, 94(7). pp.1417-1421.

Nitecki, J. Z. and J. Dulka, (Fall 1970). Filing Rules for a Three-Dimensional Catalog. *Library Resources & Technical Services,* 14(4). pp.485-496.

Nitecki, J. Z. (June 1970). Toward a Conceptual Pattern in Librarianship: A Model. *General Systems Bulletin,* 2(11). pp.2-16(Also in: ERIC ED126897).

Nitecki, J. Z. (Winter 1979). Metaphors of Librarianship: A Suggestion for a Metaphysical Model. *The Journal of Library History, Philosophy and Comparative Librarianship,* 14(1). pp.21-42.

Nitecki, J. Z. (1979-a). *On the Modality of Discourse in the Theory of Librarianship.* ERIC(ED 17126 7).

Nitecki, J. Z. (Summer 1980). Conceptual Dimension of Library Management. *Journal of Library Administration,* 1(2). pp.47-58.

Nitecki, J. Z. (Winter 1981). An Idea of Librarianship: An Outline for a Root-Metaphor Theory in Library Science. *Journal of Library History, Philosophy and Comparative Librarianship,* 16(1). pp.106-120.

Nitecki, J. Z. (Fall 1983). Old Ghost in a New Body: Some Misconceptions about Information-Knowledge Relations and the Role of Computers in *Academic Libraries. Research Strategies,* 1(4). pp.148-154.

Nitecki, J. Z. (May/June 1983). The Predicament of Hypocrisy in Librarianship. *Catholic Library World,* 54(10). pp.406-411.

Nitecki, J. Z. (1984). Creative Management in Austerity. In J. F. Harvey, and P. Spyers-Duran (Editors.), *Austerity Management in Academic Libraries.* (pp.43-61). Metuchen, N.J., The Scarecrow Press.

Nitecki, J. Z. (Summer 1984-a). Decision-Making and Library Staff Morale: Three Dimensions of a Two-Sided Issue. *Journal of Library Administration,* 15(4). pp.59 -78.

Nitecki, J. Z. (Fall 1985). The Concept of Information-Knowledge Continuum: Implications for Librarianship. *The Journal of Library History, Philosophy and Comparative Librarianship,* 20(4). pp.387-407.

Nitecki, J. Z. (August 1986). Creative Reading; Of Letter Thoughts and Words. *Canadian Library Journal,* 43(4). pp.229-233.

Nitecki, J. Z. (Spring/Fall 1987). Cognitive Processes and Librarianship: Review of Literature in Search of a Model. *Current Studies in Librarianship,* 11(1/2). pp.1-12.

Nitecki, J. Z. (1987-a). In Search of Sense in Common Sense Management. *Journal of Business Ethics,* 6. pp.639-647.

Nitecki, J. Z. (Spring/Fall 1988). On the Significance of an Intellectual Environment in Librarianship. *Current Studies in Librarianship,* 12(1/2). pp.35-46.

Nitecki, J. Z. (January 1989). The Nature of Information. By P.Young--Review.

Library Resources & Technical Services, 33(1). pp.90-91.

Nitecki, J. Z. (January 1989). *Survey of Common Bibliographic Denomionators Among Disciplines Participating in the SUNY-Albany.* Ph. D. Program in Information Science. (revised) (Microfiche ERIC 316072).

Nitecki, J. Z. (1991). *Selected Thematic Priorities in American Graduate Introductory Courses to Library and Information Science*(Microfiche: ED 331527).

Norris, D. M. (1939). *A History of Cataloging and Cataloging Methods,* 1100-1850. London, Grafton.

Ortegay Gasset, J. (January 1936). Man Must Tame th e Book. W*ilson Bulletin for Librarians,* 10(5). pp.305-307.

Ortegay Gasset, J. (Summer 1961). The Mission of the Librarian. A*ntioch Review,* 21(2). pp.133-154.

Popper, K. (1963). *Conjectures and Refutations: The Growth of Scientific Knowledge* : Harper.

Popper, K. R. (1972). *Objective Knowledge ; An Evolutionary Approach.* Oxford, Oxford University Press.

Popper, K. R. (1979 (rev.ed.). *Objective Knowledge.* Oxford, Clarendon Press.

Powell, L. C. (1954). A Bookman's Credo. In B. *McCrimmon American Library Philosophy ; An Anthology,* 1975, op.cit., pp.161-164 [Reprinted from the Alchemy of Books and Other Essays and Addresses on Books and Writers. Los Angeles, The Ward Ritchie Press, 1954. pp.91-96.]

Powell, L. C. (September 1959). The Elements of a Good Librarian. *Wilson Library Bulletin,* 34. pp.412-416.

Putnam, H. (July, 1915). Per Contra. *Library Journal,* 40, 471- 476.(Also reprinted in B. McCrimmon, *American Library Philosophy,* 1975, op.cit. pp.39-50.

Ranganathan, S. R. (1931). *The Five Laws of Library Science.* Bombay, Asia Pub-lishing House.

Ranganathan, S. R. (1948). *Preface to Library Science.* Delhi, University of Delhi.

Ranganathan, S. R. (September 1948). Philosophy of Public Librarianship. *Indian Librarian,* 3(2). pp.49-59.

Ranganathan, S. R. (1951). *Philosophy of Library Classification.* Copenhagen, Ejnar Munksgaard.

Ranganathan, S.R. (1957) *Five Laws of Library Science.* New York, Asia.

Ranganathan, S. R. (1963). *Five Laws of Library Science.* Bombay, Asia Publishing House.

Ranganathan, S. R. (1967). *Prolegomena to Library Classification.* New York, Asia House.

Ranganathan, S. R. (1973). *What and How of Documentation Trainining.* In Conrad H. Rawski(ed.), Toward a Theory of Librarianship, op.cit. pp.495-514.

Rao, K. R. Krishna. (September 1961). Philosophy of Librarianship. *Indian Librarian,* 16(2). pp.69-72.

Richardson, E. C. (1927). The Philosophy of Librarianship. *Library Journal,* pp.700-701.

Richardson, E. C. (October, 1927). The Book and the Person Who Knows the Book. ALA Bulletin, 21, 289-295(Also reprinted in B. McCrimmon), *American Library Philosophy,* 1975, op.cit. pp.51-62.

Richardson, E. C. (1963). *The Beginnings of Libraries.* Hamden, Conn., Archon Books.

Rogers, A. R. (1984). *An Introduction to Philosophies of Librarianship.* In A. R. Rogers, and K. McChesney, *The Library in Society,* op.cit. pp.17-32.

Rogers, A. R., and Kathryn McChesney. (1984). *The Library in Society.* Littleton, Colo.: Libraries Unlimted(With the assistance of F.L. Carroll, W.V. Jackson, E.E. Kaungamno, A. Khurshid, D. Reith and H.A. Whatley).

Rothstein, S. (January 15, 1968). In Search of Ourselves. *Library Journal,* 93. pp.156-157.

Sayers, W. C. Berwick. (1915). *Canons of Classification.* London, Grafton.

Sayers, W. C. Berwick. (1955). *A Manual of Classification for Librarians and Bibliographers:* Andre Deutsch, A Grafton Book(Third Edition-Revised with some corrections).

Sayers, W. C. Berwick. (1976). Introduction. In S.R. Ranganathan, *Five Laws of Library Science.* (First edition).

Shannon, C. E., and W. Weaver. (1964). The Mathematical Theory of Communication. Urbana, Ill: The University of Illinois Press(Weaver's essay appeared in a condensed form in Scientific American, July 1949; *Shannon's paper is a reprint from the Bell System Technical Journal,* July & October, 1948).

Shera, J. H. (January 1, 1931). Handmaidens of the Learned World. *Library Journal,* 56. pp.21-22.

Shera, J. H. (1949). *Foundations of the Public Library ; The Origins of the Public Library Movement in New England, 1629-1855.* Chicago, The University of Chicago Press.

Shera, J. H. (April 1952). Foundations of a Theory of Bibliography. *Library Quarterly,* 22. pp.125-137.

Shera, J. H. (1957). *Pattern, Structure and Conceptualization in Classification.* In International Study Conference on Classification for Information Retrieval ; Proceedings of the Conference. Dorking, England(pp.15-27). London, ASLIB.

Shera, J. H. (May 1, 1960). Theory and Technique in Library Education. *Library Journal,* 85. pp.1736-1739.

Shera, J. H. (June 1961). Social Epistemology, General Semantics, and Librarianship. *Wilson Library Bulletin,* 35. pp.767-770.

Shera, J. H. (Fall, 1961). What is Librarianship? L*ouisiana Library Association Bulletin,*

24, 95-97, 117-118.(Also reprinted in B. McCrimmon, *The American Library Philosophy,* 1975. op.cit. pp.165-171).

Shera, J. H. (1962). S.R. Ranganathan-One American View. *Pakistan Library Review,* IV(7).

Shera, J. H. (April 1963). Towards a New Dimension for Library Education. *Bulletin of the American Library Association,* 57. pp.313-317.

Shera, J. H. (1964). On the Encouragement of Reading. *Wilson Library Bulletin,* (October, 1964), 39(169, 191).

Shera, J. H. (1965). *Libraries and the Organization of Knowledge.* Hamden, Conn., Archon Books(Edited and with an Introduction by D.J. Foskett. Few modifications of the original text made by the editor).

Shera, J. H. (1966). *Foundations of a Theory of Reference Service.* Reference, Research and Regionalism. pp.13-20.

Shera, J. H. (1968). *An Epistemological Foundation for Library Science.* In E. B. Montgomery (Editor.), The Foundations of Access to Knowledge. (pp.7-25). Syracuse, N.Y., The School of Library Science, Syracuse University.

Shera, J. H. (1972). Th*e Foundations of Education for Librarianship.* New York, John Wiley.

Shera, J. H. (1973). The Aims and Objects of Graduate Library Education. In Harold Borko (ed.), *Targets for Research in Library Education.* (pp.9-30). Chicago, Amer ican Library Association.

Shera, J. H. (1973). Towards a Theory of Librarianship and Information Science. In J. H. Shera. *Knowing Books and Men, Knowing Computers Too*(pp.93-110). Littleton, Colo, Libraries Unlimited.

Shera, Jesse H. (1976). *Introduction to Library Science : Basic Elements of Library Service.* Littleton, Colorado. Libraries Unlimited, Inc.

Shera, J. H. (1986). Librarianship, Philosophy of. In *ALA World Encyclopedia of Library and Information Services.* 2d ed.(pp.453-57). Chicago, American Library Association.

Shores, L. (1971). *A Philosophy of Librarianship. Library and Information Science* (Mita Society for Library and Information Science, Keio University, Tokyo), (9), 40-48(Also reprinted in B. McCrimmon, American Library Philosophy, 1975, op.cit. pp.211-228).

Taube, M. (1961). Documentation, Information Retrieval, and Other New Tech-niques. In Lester Asheim(ed.), *Persistent Issues in American Librarianship.* (pp.90-103). Chicago, University of Chicago Press.

Thompson, C. S. (1952). *Evolution of the American Public Library,* 1653-1876. Washington, D.C., Scarecrow Press.

Thompson, J. (1974). *Library Power; A New Philosophy of Librarianship.* Hamden,

Conn., Linnet Books.

Thompson, J. (1977). *A History of the Principles of Librarianship.* London, Clive Bingley.

Trenner, L. (1987). How to Win Friends and Influence People: Definitions of User-Friendliness in Interactive Computer Systems. *Journal of Information Science,* 13(2). pp.99-107.

U.S. Office of Education. (1956). *The State and Publicly Supported Libraries; Struc-ture and Control at the State Level.* Washington, D.C., U.S. Government Printing Office.

Vleeschauwer de, H. J. de. (1955). Encyclopaedia of Library History. *Mousaion,* 2-3, 44. pp.46-95.

Wheeler, J. L. (1946). *Progress and Problems in Education for Librarians.* New York, Carnegie Corporation.

Whitehead, James Madison. (1980). *Logos of Library and Information Science : Apperceptions on the Institutes of Bibematics with Commentaries on the General Humanistic Method and the Common Philosophy.* PhD disertation, Graduate School of Library and Information Science, University of Pittsburgh.

Wright, H. C. (Spring 1976-a). The Substance of Librarianship. *Utah Libraries,* 19. pp.27-33.

Wright, H. C. (October 1976-b). The Immateriality of Information. *The Journal of Library History, Philosophy and Comparative Librarianship,* xi(4). pp.297-315.

Wright, H. Curtis. (1977). The Oral Antecedents of Greek Librarianship. Provo, Utah: Brigham Young University Press(Foreword by Jesse H. Shera; Afterword by H. J. de Vleeschauwer).

Wright, H. C. (Summer 1978). Inquiry in Science and Librarianship. *Journal of Library History,* 13(3). 250-263.

Wright, H. C. (Spring 1979-a). *The Informational Function of the Physical Datum in Human Communications.* Scholar and Educator. pp.27-34.

Wright, H. C. (March 1979-b). The Wrong Way to Go. *Journal of the American Society for Information Science,* 30, 68-76(Revised in part from a previously published article Inquiry in Science and Librarianship, Journal of Library History, Summer, 1978).

Wright, H. C. (Spring 1981-a). *An Anthropological Model for Librarianship.* Scholar and Educator. pp.31-39.

Wright, H. C. (May 1981-b). The In strumentality of Data. *NLA Newsletter,* 3-9. (Revised from The Informational function of the Physical datum in Human Communication, Scholar and Educator, Spring 1979. pp.27-34.

Wright, H. C. (1982). An Interdisciplinary Philosophy of Librarianship. *Annual Conference of the Society of Educators and Scholars*[Microform]. ERIC ED

227-864.

Wright, H. C. (Spring 1984). From Chaos to Kaplan: A Saga of Library Literature. *Scholar and Educator,* 8. pp.11-31.

Wright, H. C. (Spring 1986). The Symbol and Its Referent: An Issue for Library Education. *Library Trends,* 34. pp.729-776.

Wright, H. C. (1988). Jesse Shera. *Librarianship, and Information Science.* Provo, Utah, Brigham Young University(Occasional Research Paper Number 5).

Yngve, V. H. (Winter 1981). Stoic Influences in Librarianship: A Critique. *The Journal of Library History,* 16(1). pp.92-105.

제 3 편

동·서양의 도서관문화사

제3편 동 · 서양의 도서관문화사

도서관은 사회적 필요성에 부응하기 위해 창조되었으며, 그것의 발전이 지식의 역사뿐만 아니라 문화를 지탱해 주는 가치체계 및 조직 구조에 있어서의 변화와도 밀접한 관련이 있다. 그 당시 '사회적 기관(social instrumentality)'으로서 도서관이 항상 그래왔듯이 그것이 기능하고 있는 사회적 환경에 의해 통정되고 형성되었다는 것은 자명하다.

사회는 도서관의 수탁자이므로, 도서관은 사회에 요구에 부응하고 사회에 대하여 책임을 다해야 한다. 따라서 도서관이 어떤 모습이며, 또 어떻게 되어야 하는지를 이해하기 위해서 먼저 그 사회 자체의 본질과 그 안에서 작용하고 있는 문화 및 가치체계를 살펴볼 필요가 있다.[1)]

인류는 수세기에 걸쳐 각 시대가 그 당해 기간 동안의 지적 습관과 전통적 가치를 보존하고 강화하기 위하여 그 기간을 문자화한 기록물을 만들고 이용했다. 그래서 "도서관은 축적된 경험의 결과가 너무 방대해져서 인간의 기억 용량을 초과하고 그 경험의 기록이 더 이상 구전을 통해 존속되기 어렵게 되었을 때 만들어진 '사회적 발명(social invention)'품이다.[2)] 이러한 논리는 결국 사회와 도서관과의 관계성은 비례적이며, 그렇기 때문에 '사회적 산물'이라는 것이다. 따라서 '도서관의 사회성'과 '사회의 도서관성'은 항상 밀접한 연관성을 지닌 문화적 산물이며 양면성을 지니고 있는 문화기관이다.

P. Butler도 "도서는 인류의 기억을 보존하기 위한 하나의 사회적 메커니즘이며, 도서관은 이를 현존하는 개인의 의식으로 전달하기 위한 하나의 사회적 기구(social apparatus)이다."[3)]라고 주장하고 있다. 이는 곧 도서관 존재개념을 사회적 인식론에

---

1) J. H. Shera. *Introduction to Library Science; basic Elements of Library Service.* Littleton, Libraries Unlimited, Inc., 1976. p.42.

2) ibid. p.13.

서부터 개념화시킨 것으로 분석된다. 물론 모든 도서가 영원히 가치 있을 수는 없으며, 심지어 전혀 가치가 없는 책들도 많이 존재한다.

가장 위대한 도서만이 '불멸'한다. 인간처럼 도서들도 죽을 '권리'를 가진다. 도서관은 '성장하는 유기체'라고 위대한 인도의 사서이자 학자인 Ranganathan은 일찍이 주장한 바가 있다. 이것이 의미하는 바는 살아있는 유기체가 세포의 재생에 의해 성장하듯이 도서관은 대체에 의해 성장한다는 것이다. 그림자 없는 햇빛이 불가능한 것처럼 자료선정이 폐기와 별도로 존재할 수는 없다.[4)]

사회를 구성하고 있는 개개 구성원들처럼 도서관을 포함한 사회기관들 역시 수행해야 할 역할이 있는데, 그 경계선은 문화나 그것이 구성되어 있는 제도에 의해 설정된다. 커뮤니케이션 시스템의 일부분으로써 전통적인 도서관의 역할은 기본적으로 문화유산을 보존하고 전달하는 것이다. 물론 도서관이 다른 문화 체제의 가치들도 전달할 수 있으며, 실제로 마땅히 해야만 하지만, 만일 그 자체문화의 가치체계와 태도와 지나치게 거리가 있을 경우 문제가 생기는 것은 당연할 것이다.

그때 도서관은 T. Kuhn의 용어를 사용한다면 특정 '세계관'인 어떤 '패러다임'을, K. Boulding의 용어로는 '이미지'를 반영한다. 그러한 패러다임 또는 이미지는 그 문화 내에서의 변화에 반응하는 시간을 통해서 변화할 수 있는데, 그러한 변화에 적응할 수 없는 도서관은 더 이상 사회적 목적을 수행하지 못하며, 문화는 그것과 연결되지 않는다는 것을 발견할 수 있다.[5)]

Shera는 사회적 도구로서 도서관은 그것이 세워진 사회와 문화로부터 그 형태와 목적을 갖게 된다고 주장한 바가 있다. 도서관을 '사회적 도구'로 규정한 것은 대부분의 사회 구성원들이 생각하는 도서관의 관심 사항인 기록자료를 보존, 정리, 배포함으로써, 과거나 현재에 있어 한 사회의 커뮤니케이션 양식의 일부분임을 의미하는 것이다.

---

3) P. Butler. *An Introduction to Library Science*, with an introduction by L. Asheim. Chicago, The University of Chicago Press, 1933. p.xi.

4) J. H. Shera. *Introduction to Library Science; basic Elements of Library Service.* Littleton, Libraries Unlimited, Inc., 1976. p.55.

5) ibid. p.49.

1945년 이후 UNESCO나 IFLA같은 국제기구는 전 세계적으로 라이브러리언십이나 도서관 발전에 관한 세미나를 지원해 왔다. 세미나가 늘어나고 '보고서'나 '회보' 등이 발간되면서, 한 사회의 도서관의 역할이나 정보서비스의 특징 등은 기술발전 수준이나 정치, 경제적 이데올로기에 관계없이, 모든 국가가 거의 비슷하다는 사실이 밝혀졌다.[6)]

특히 Shera는 라이브러리언십의 이론적 기반을 중점적으로 연구하였다. 그런 의미에서 그는 전 생애에 걸쳐서 '도서관이란 무엇인가'를 본질적으로 추구하였으며, 이를 기반으로 라이브러리언십을 연구대상으로 삼았다. 그렇지만 도서관이라는 물리적 기관으로만 인식하지 않고 개념적인 측면에서 접근하려고 노력하여 결국 사회인식론적인 방법론에까지 이른 것이다. 이는 또한 S. R. Ranganathan 『도서관학 제5법칙』에서 다섯 번째가 '도서관은 성장하는 유기체이다'라는 것과 상통되는 논리이다. 그렇기 때문에 대상물로 보지 않고 개념적으로 인식한 것이다. 성장하는 유기체가 홀로 살아남을 것이라는 것은 용인된 생물학상의 사실이다. 성장을 멈춘 조직체는 돌처럼 굳어지고 사라질 것이다.

제5법칙은 기관으로서 도서관이 성장하는 유기체의 모든 속성을 가지고 있다는 사실에 주의를 환기시키고 있다. 성장하는 유기체는 새로운 물질을 받아들이고, 오래된 물질을 버리며, 크기를 변화시키며, 새로운 모양과 형태를 취한다. 변형을 포함하는 갑작스럽고 명백하게 불연속의 변화는 그렇다 하고, 그것은 생물학적 어법에서 '변이'로 알려진 것과 새로운 형태의 진화를 이끄는 느리고 계속적으로 변화되기 쉽다. 이 변화는 느리지만 효과적이어서 진화의 주인공은 변화의 계승적 단계에 의해, 창조-인류의 가장 구별되는 종으로 스스로 전환되는 고생대 시대의 모양이 구별되지 않는 원생동물이라고 주장한다. 형태의 모든 변화를 통해 유지되는 것은 삶의 필수적인 원칙이었다. 그리고 그것은 도서관에 있다.

변화하는 도서관의 개념적 목적의 진행과정은 다음과 같은 여섯 개의 커다란 카테고리로 구분될 수 있다.

---

6) ibid. p.158.

1) 고대 지식장소
2) 고대 그리스의 필사본의 수서
3) 중세시대 연대기 작가 및 편집가에 의한 고전작품의 보전
4) 18, 19세기 사회의 문화적 요구에 서비스하는 사회기관
5) 20세기 전반에 물리적 도서관 기록물의 모든 측면에 적용된 정교한 기술과 20세기 후반의 기록물들의 비물리적 콘텐츠의 관리로의 확장
6) 오늘날 DL 환경의 구축으로 소장보다 접근 패러다임으로 변환

이러한 논쟁들은 변화에 영향을 미친 기술적, 문화적 그리고 철학적 상호관계 중심에 있다. 이 모든 것들은 시간적으로 상치하며 사서직의 정의 안에 서로 섞여 공존한다.

Richardson의 도서관 시작에 관한 생각은 합리적인 의문을 넘어서 상상으로까지 뻗어질지도 모른다(다시 말하면 신의 전우주선 도서관 같은…). 그러나 그는 도서관의 개념적 시작을 D. Diringer가 말한 태아적 기록행위(embryo-writing)의 첫 번째 기록처럼 사용되는 기억 장치로 추적했다. 이 태아적 기록행위는 “인간은 생각의 전달을 위해 모든 종류의 방법과 장치들을 사용해왔다. 이는 새겨지거나 혹은 조각되고 그림 및 색칠된 이미지, 상징 혹은 중재적 기호들이지만 최초의 시도는 동일하다… 그것들은 예술이나 마술의 역사, 혹은 기록행위의 역사에 속할 수도 있다.” 이런 장치들 중 몇몇은 미래의 사용을 위해 모아놓거나 다른 이들과 공유했으며 결과적으로 그들의 종교적, 신화적, 예술적 유흥, 혹은 기록의 목적을 위해 정리했었던 것임에 틀림없다. 이런 모든 기능들은 동시대의 도서관 안에서 수행되었다. 제3편에서는 동 · 서양의 도서관문화사를 집중적으로 조명하고자 하였다. 도서관문화사를 분석함으로서 사상사를 엿볼 수 있으며, 사상의 축약은 학사(学史)로 이어준다.

제8장 동양의 도서관문화사

8.1 중국의 도서관문화사

동양적 관점에서 보면 '도서(圖書)'라는 낱말의 사용은 유구하다. 그것은 '하도낙서(河圖洛書)'에서부터 시작된다. '도(圖)'는 '물(物)'을 묘사하는 것으로 형상을 나타내며, '서(書)'는 '죽간목독(竹簡目牘)'이나 '겸백(縑帛)'에 글을 쓰는 것으로(聿), 즉 글을 기록하는 형상으로서 행위를 의미한다. 도(圖)와 서(書)가 합해져서 오늘날의 '도서'가 된 것이다.

중국 최초의 전적인 『역경(易經)』에 "황하에서 그림(圖)이 나오고, 낙수(洛水)에서 그림이 나왔다."라는 기록이 있으며, 『상서(尙書)』에도 동일한 주장이 나온다.[7] 『진서 천문지(晉書天文志)』에 나오는 '천하도서지비부야(天下圖書之秘府也)'가 가장 오래된 도서의 명칭이다. 도서는 〈비부(秘府)〉에 소장하였음을 알 수 있다.

중국에서 '도서'를 수장했던 장소의 명칭은 주로 〈석실(石室), 관(觀), 각(閣), 루(樓), 원(院), 고(庫), 실(室)〉 등으로 사용했지만, 황실에서는 〈비부, 서부(書府), 책부(冊府)〉 등의 호칭을 사용하였다. 그렇지만 명칭에 추상적인 개념을 사용한 예도 있다. 예컨대 한 대에 사용한 〈천록각(天祿閣)〉, 〈기린각(麒麟閣)〉, 〈난대(蘭臺)〉 등이 대표적인데 인간 사고의 산물인 도서의 가치를 높이는데 사용한 것으로 보인다.

7) 羅樹寶, 書香三千年. 2005(중국 책의 역사: 《하도낙서》에서 《사고전서》가지 3천년의 문화사, 조현주 역. 서울, 다른생각, 2008. p.11).

주대(周代)의 국가 장서처는 왕실문고인 〈수장실(守藏室)〉이었고, 관리자로 계하수장사(柱下守藏史), 즉 계하사(柱下史)를 두었다. 주하사는 전주(殿柱)아래에서 공문서를 관장하였다. 한 때 노자(老子)가 주나라 경왕(景王, BC. 544-520) 수장실을 관장하는 주하사였는데 이는 주나라 왕실의 도서관장에 해당한다. 이러한 연유로 노자를 동양에서 최초의 사서로 인식하기도 한다.

서주시대부터 전국말까지 조정과 제후국 모두에 〈장서처〉가 있었으나 통일된 명칭은 없었다. 기록상 〈천부(天賦), 맹부(盟府), 책부(策府), 주부(周府), 부(府), 공부(公府), 주실(周室), 실(室)〉 등이 사용되었다. 여기에서 '실'은 도서를 모아두는 부속적 좁은 장소를 의미한다.

한대(漢代)에 도서를 정리하고 목록을 편성한 것은 문고의 발전과 학문의 발전에 지대한 영향을 미쳤다. 서한의 장서는 〈내서(內書)〉와 〈외서(外書)〉로 구분하였다. 내서는 국가장서로 황궁에 수장되어 '비서(秘書), 내금지서(內禁之書) 또는 중서(中書)'라고 하였다. 도서를 수장하였던 기관을 〈석거각(石渠閣), 천록각(天祿閣), 기린각(麒麟閣), 동관(東觀), 난대(蘭臺)〉 등으로 호칭하였으며, 수(隋)대에는 〈관문전(觀文殿)〉, 당(唐)대에 〈홍문관(弘文館)〉 등으로 호칭하였다. 전적이 늘어남에 따라 '실'에서 '관' 즉 독립된 건물을 지칭한 것으로 확장되었다.

그리고 송대(宋代)에는 〈숭문원(崇文院), 비서성(秘書省)〉으로, 원명(元明)대에는 〈비서감(秘書監), 문연각(文淵閣)〉, 청대(青代)에는 〈소인전(昭仁殿), 문연각(文淵閣), 7각(七閣)〉 등은 역대로 유명한 도서관이었으며, 명칭은 다를지라도 그 기능은 같았다. 그러나 도서관이라는 명칭은 청(青) 광서(光緒) 31(1894)년 호남성의 공공도서관이 설립되었을 때 비로소 사용되었다.

중국의 도서관정책은 국가정책과 밀접한 관계를 가지고 있으며 도서관 제도에 있어서도 사회주의 국가체제를 반영하여 정치, 경제, 사회 등 제반 요건에 따라 영향을 받고 있다. 제도적으로 명문화된 도서관 정책은 헌법 제 22조에 그 근거를 두고 "국가는 인민을 위해 봉사하고 예술사업, 신문, 방송, TV사업, 출판발행사업, 도서관, 문화관, 기타 문화사업을 발전시키며 대중적인 문화활동을 전개한다." 라고 도서관 사업확충을 헌법에 명문화하고 있다. 이에 따라 도서관의 봉사목표를 1) 마르크스 · 레닌주의, 모택동사상 선전, 2) 계급투쟁, 생산투쟁, 과학실험의 3대 혁명운동을 위해 봉사하며, 3) 당의 임무를 적극 관찰하고, 4) 도서관 자료를 통한 인민의 과학문화 수준을 높이는데 두었다.

중국 도서관 행정체계는 각 유형에 따라 公共圖書館系統, 學校圖書館系統, 科學院圖書館系統, 工會圖書館系統, 軍圖書館系統으로 나누어져 있어서 각각의 행정 예속 관계에 따라 관리되고 있으나 총괄적인 도서관 사업관리는 文化部 圖書館司에서 관장하여 일관성 있는 정책수립 및 행정지도와 관리가 가능하다.

도서관에 관련된 일관된 도서관법은 제정되어 있지 않으나 각 계통 주관 부서에 따라 전문적인 것과 종합적인 행정 예규와 규정을 제정하고 이에 근거하여 도서관업무를 지도 관리하고 있으며, 도서관 재정은 국가재정과 지방재정에서 부담하고 부족한 도서관 재원을 조달하기 위한 방안으로 유상의 도서관 봉사를 가능토록 하고 있다.

도서관의 장서는 200만 권 이상의 장서를 소장한 도서관이 다수 있으며, 도서관 자동화 부분은 많은 발전을 이룩하여 한자 정보처리와 같은 기술과 도서관 기초업무를 위한 文獻分類表, 漢語主題詞表, 中國文獻分類詞表 발간 등 많은 진전을 이루고 있으나, 전체적인 면에서는 도서관의 안배가 華東, 華中, 華北의 3개 지역에 집중되어 있고 문헌도 30여개 도서관 특히 北京과 上海에 편중되어 있어 심한 불균형을 초래하고 있다. 또한 도서관자동화 추진상황도 일부 대형도서관을 중심으로 발전하고 있어 전체적인 계획 결핍과 도서관자원 공유의 네트워크화를 실현하기 어려운 점이 있다.

도서관 교육은 정규 학교교육, 성인교육(業餘教育), 단기훈련의 형태로 이루어지고 있으며, 국제교류는 정부차원에서만 이루어지던 것이 1978년 이후 지방정부와 일부 도서관에 위임하여 현재 130개국과 자료교환, 상호대차, 학술교류, 상호 직원파견, 세미나개최, 연수생 파견과 IFLA 집행위원으로 활동하는 등 도서관계 국제조직과 매우 활발한 관계가 이루어지고 있어서 국제사회에서 중국 도서관계의 위상은 높은 편이다.

결론적으로 중국 도서관정책은 개혁과 개방의 양대 문명건설에 중요 작용을 발휘하기 위하여 각계통 도서관과 협조아래 개혁은 사회에 유익함을 제 1목표로 하고 있다. 유상과 무상의 봉사로 도서관의 현대화를 추진하며 도서관 전문인력을 양성하여 인민대중에 봉사하고 政, 黨政의 지도를 강화하여 도서관사업 발전을 보증할 것을 기본방침으로 도서관자료를 통한 국가정책을 실현시키고 있는 것이 오늘의 중국 도서관이다.

중국 도서관의 발전 단계를 제5기로 구분하여 전개하였다. 이것은 劉季平의 구분법에 의한 것이다.[8] 제1기는 장서형성 및 수집기, 제2기는 청말 부터 1949년까지 근대 도서관 건립기, 제3기는 1949년-1965년 공산혁명에 의한 성장기, 제4기는 1965년-1976년 문화혁명 수난기, 제5기는 1977년 이후 도서관 발전기이다.[9][10]

8.1.1 제1기: 장서형성 및 수집기

BC. 3000년경 복희씨(伏羲氏)가 8괘를 만들었고, 또한 〈河圖洛書〉가 하의 우왕 때의 그림과 문자라는 점, 은허에서 상대의 갑골문자가 발굴된 점으로 미루어 중국 도서관의 연원을 이 무렵으로 보는 견해가 있다. 중국의 고대 제왕은 '서계'를 써서 백성을 다스렸으며, 요순 시대에는 모두 사관을 두어 전적을 관장하게 하였다.

『周禮』와 『春秋左氏傳』에 의하면 도서관 성격을 띤 기관이 많아져 정부에는 〈大史, 小史, 內史, 外史 및 御史〉등 5사를 두었는데 이중 대사, 소사, 외사는 고대의 서적을 관장한 직이었으며, 특히 외사는 삼황오제의 책을 관장한 것으로 전해지고 있다. 주나라에는 서적을 보존하는 〈수장실〉이 있었는데 노자가 관장한 바 있다. 노자는 서적을 관장하는 柱下史였는데 이는 주나라 왕실도서관의 관장직에 해당된다.

춘추전국시대(BC. 770~476)에 공자는 여러 나라에 분산되어 있는 문헌들을 수집, 정리, 편목하여 6경을 만들어 제자들을 가르쳤다. 그 중 역경의 '서괘(序卦)'는 오늘날까지 전해오는 고서목 중 가장 오래된 목록의 하나이다.

현대적 개념의 도서관은 전한대(BC. 206~220)에 이루어졌다. 특히 채륜에 의한 종이의 발명은 서사재료에 대한 일대 혁명으로 기록문화를 획기적으로 바꾸어 놓음으로써 지식의 전달과 보관에 전기를 마련하였다. 〈천록각(天祿閣)과 석량각(石梁閣)〉은 서한 정부의 문서와 도서를 수장하였고 진나라의 승상부(丞相府)의 문헌, 문서 등을 수집, 보관하기 시작하였다. 기원전 191년에는 백성들에게 장서의 소유를 금지했던 진나라 때의 법을 해제하였다.

---

8) D. T. R. Hnell and Howard Nelson. Libraries in the People's Republic fo China: A Report of a visit. *Journal of Librarianship,* vol.9, no.1(Jon, 1977). p.4.
9) http://home.megapass.co.kr/~bjp923/lec2/his2003/2003101.hwp(cited. 2010. 12.16)
10) 李鎭相. 中共의 圖書館에 관한 硏究. 연세대학교 대학원 석사학위 논문, 1985.

유방이 관중(關中: 지금의 서안일대)으로 들어와서는 소하(蕭何)는 먼저 진나라의 승상부(丞相府)의 문헌, 문서 등을 수집, 보관하기 시작하였다. 기원전 191년 혜제인 유영(劉盈) 4년에는 백성들에게 장서의 소유를 금지했던 진나라 때의 법을 해제하였다. 한성제(漢成帝) 때에 이르러서는 적극적으로 서적을 정리하여 책의 축적방법을 정하고 책을 저술하는 관리를 두고 제자백가들의 전해오는 이야기와 병서(兵書), 의약서(醫藥書), 수학 등을 정리하여 진나라 때 사라진 책들을 정리 분류하여, 596명이 책을 정리하여 썼으며 그 수는 13,269권에 이르렀다.

이러한 책들을 참고로 하여 역사학자인 사마천(司馬遷)은 역사의 명저 『사기(史記)』를 썼고, 유향(劉向)은 서적을 정리하여 〈敍錄〉과 〈別錄〉을 완성하였고, 유흠(劉歆)은 『七略』을 완성하였다. 7분법에 의한 『七略』은 동양 최고의 목록으로 종합성 계통목록이다. 후한 환제(桓帝) 때 〈비서감(秘書監)〉을 설치하고 전국의 경적을 관장하였다. 비서감은 남북조에서도 국가적 도서관으로 발전하여 갑을병정 4분법의 분류체계를 탄생시켰다.

당대(618~907)는 목판인쇄가 발명되었고, 도서업무 관장처도 늘어나 도서 및 도서관 문화가 크게 발전한 시기이다. 대표적인 장서처는 〈비서성〉으로 이 외에도 〈홍문관, 집현전, 숭문관〉을 설치하고 7분법과 경사자집의 4분법으로 도서를 정리하였다.

송대(960~1127)는 중앙의 국자감본에서부터 지방 관각본, 절(浙), 촉(蜀) 등의 사가본 또는 방각본에 이르기까지 양적인 면에서도 모범이 된다. 송대 〈비서성〉은 주요 경적, 국사실록, 천문 역수의 일과 주요 도서를 맡았고, 그 외에도 〈龍圖閣, 天章閣, 寶文閣, 顯謨閣, 寶章閣, 顯文閣, 秘閣〉 등에 도서를 수장하였다. 이때의 도서목록으로 『崇文總目』과 12분법의 정초(鄭焦)의 『通志』가 있다.

원나라(1277~1367) 때 도서관 업무는 〈비서감〉에서 관장하였으며, 평양에 〈경적소〉를 연경에는 〈편수소〉를 세워 사서를 찍어내는 등 송의 문화를 착실히 전승하였다.

명(1368~1662)의 주원장(朱元璋)은 장서에 관심을 기울였다. 홍무 원년에 〈비서감, 규장각, 숭문각〉 소장의 도서와 전적을 접수했다. 태조는 원대의 잔존 서적을 접수하고 민간의 장서를 수집한 후, 원대의 비서감 제도를 계승하여 국가장서를 관장하게 하였다. 성조는 서적 수집활동을 전개했고 북경으로 천도한 후 〈문연각〉을 지어 수장했다. 〈문연각〉은 전문 장서기구였을 뿐 아니라 학술연구기관이었다. 정통 14년 남경 궁전의 화재로 송 · 원 이래의 비장본이 소실되었다.

명대의 또 하나의 장서기구는 〈홍문관(弘文館)〉이다. 명대의 〈홍문관〉은 5~6명의 학사를 두고 장서와 강학을 담당한 학사원이었다. 교육문고로는 〈국자감〉, 부주현의 지방학교는 생원에게 열람시켰다. 이들 교육기관의 서적은 문고 내에서의 열람은 가능했으나 대출은 불가능하였다.

중국의 마지막 왕조인 청(1616~1911)은 한족에 대한 회유, 흡수책를 위한 문화정책으로 『康熙字典』의 편찬 및 『사고전서』의 대사업을 이룩한 시기였다. 동 시기의 수집도서 3,460종 7만9천여 책과 기존의 6,700여종 9만 3천여 책을 수록한 『四庫全書總目』은 중국의 도서목록과 도서관 사업을 총 결산하는 위대한 업적이다. 청대는 전문적인 국가 장서기구를 설립하지 않고 국가 장서의 관리는 〈문연각〉에서 수행했다. 수집활동은 활발했으나 수집된 서적은 가치가 별로 없는 당시대인의 경전 해설서가 대종이었다. 건륭 39년 각지에서 헌납된 도서는 심사를 거쳐 금훼시킬 서적을 제외하고 나머지는 모두 부본을 제작했고 어떤 것은 간행했다.

청의 교육문고는 〈국자감〉과 〈서원〉의 문고를 들 수 있다. 〈국자감〉은 최고학부의 교육기관인데 유생들의 강학을 위해 장서를 했다. 청의 순치제는 〈서원〉을 건립하여 교육을 장려하였다. 옹정 이후 청조 통치를 공고히 하고 문화사업을 발전시키기 위해, 〈서원〉 정책은 적극적인 지원으로 바뀌게 된다. 장서량을 확충하기 위해 〈서원〉에서는 사람을 강남에 파견해서 서적을 구입하고 기증도 받았다. 일부 〈서원〉에서는 영리를 목적으로 서적을 간행해서 서원 경비로 충당하기도 했다. 〈서원〉 장서는 전적의 보존과 유통에 큰 역할을 했다.

1840년 이후 아편전쟁으로 전통적인 장서는 파괴되었고, 태평천국의 난으로 〈문종각(文宗閣)〉 장서는 해를 입었다. 또한 많은 장서가의 전적은 유출되거나 산실되었다. 1904년 호남과 호북에 최초로 〈성립공공도서관(省立公共圖書館)〉이 설립된 이후 각 성에 공공도서관이 설립되어 근대 도서관의 기초가 놓였다. 신해혁명의 승리는 근대 도서관이 신속하게 발전될 수 있는 계기가 되었다. 이들 도서관의 설립과 함께 서양의 도서관 경영기법을 도입하고 법령을 제정하고 교육도 실시하고 도서관협회도 창설하여 세계 도서관 발전의 큰 흐름에 편입되었다.

8.1.2 제2기: 청말부터 1949년까지 근대 도서관 건립기

〈경사도서관(京師圖書館)〉이 1912년 북경에서 개관하였는데, 당시 노신(魯迅)이 교육부에 근무하면서 도서관 설립에 많은 관여를 하였다. 1929년에는 북평(北平)의 〈북해도서관(北海圖書館)〉과 합병하여 명칭을 〈국립북평도서관(國立北平圖書館)〉이라 하였는데, 현재의 〈북경도서관(北京圖書館)〉의 전신이다. 마오쩌둥(毛澤東)은 〈북경대학 도서관〉에 잠시 근무하였는데, 1919년 '공공도서관' 설립 문제를 제기하고 진보적 성향을 가진 청년들을 결속하기 위하여 〈청년도서관〉을 설치하였다.

1920년대 말과 30년대 중기 도서관은 커다란 발전을 보이고 있다. 1933년 통계에 의하면 전국 대학도서관 평균 장서 4만책, 20만 이상 장서를 갖춘 도서관으로 〈연경대학, 청화대학, 손일선대학, 북경대학 도서관〉이 있었고, 〈국립 북평도서관〉의 장서는 70만 권에 이르렀다. 도서관업무 면에서도 분류, 편목, 서목 방면의 성과로 듀이십진분류법을 근간으로 하여 王云五의 『中外圖書統一分類法』, 劉國鈞의 『中國圖書分類法』이 작성되었다.

도서관학 교육은 〈사립 무창문화도서관(私立武昌文華圖書館)〉 전과학교(專科學校)에서 정규교육이 이루어졌고, 도서관학 연구도 비교적 활발하게 이루어지는데, 이 시기에 발표한 도서관학 관련 논문이 5,300여 편이나 된다.

민국 14년(1925년) 4월 25일에 상해에서 전국적인 〈中華圖書館協會〉를 조직하였고, 아울러 6월 2일에는 北平에서 대회가 개최되었다. 이 협회는 전국도서관사업에 확고한 중심이 될 뿐만 아니라 지도적 위치에 서게 되었다. 민국 16년 12월 20일 대학원에서 도서관규칙 15조를 공포하고 대학원이 전국 최고학술 교육기관이 되어서 정부의 명령을 받들어 전국 학술 및 전국 행정의 일을 관리하게 되었다.[11)]

대학원 대학위원회규칙에는 '국립학술기관'에 '중앙도서관'과 '교육행정처'가 있고, 처 아래에 6조를 설치했으며, 그 안에 '도서관조'가 규정되어 아래와 같은 사항을 관장하도록 되어 있다. 1) 국립도서관에 관한 사항, 2) 학교도서관에 관한 사항, 3) 공공도서관에 관한 사항, 4) 문헌보존에 관한 사항 등이다.[12)] 이로 말미암아 도서관 발전이 점차적으로 자리를 잡게 되었다.

---

11) 中華民國大學院組織法 第1條. 民國 6年 7月 4日 民國政府 公布.
12) 第二次中華教育年鑑. 民國 37年. pp.1088-1104.

이처럼 1925년 〈중국도서관협회〉가 성립되었고, 1927년에는 〈국제도서관협회(International Federation of Library Association and Instititutions: IFLA전신)〉 발기국 중의 하나로 제1차 회의에 참가하는 등 국내는 물론 국외에까지 비교적 활발한 활동을 하였으나, 1937년 중 · 일 전쟁으로 도서관은 크게 퇴조하여, 1939년 〈중국도서관협회〉의 통계에 의하면 약 2,500개의 도서관이 폐쇄되어 1949년 이전까지 도서관은 292개에 불과하였다.

1) 마오쩌둥의 도서관 재임시절(1918.11~1919.4)

마오쩌둥(毛澤東)이 창사(長沙)사범학교 졸업 후 북경으로 갔다. 호남지역 학생들의 프랑스 유학전 프랑스어 공부 모임을 도와주면서 경제적으로 힘든 북경생활을 시작했다. 사범학교 은사인 양창제(楊昌濟) 교수가 북경대학 교수로 재임하고 있었는데 마오쩌둥은 그를 찾아가 일자리를 부탁하였고, 양창제의 주선으로 북경대학 도서관장인 이대소(李大釗)를 만나 도서관 조리원(助理員)으로 보조일을 하게 되었다.

마오쩌둥은 이대소가 주선해 들어간 북경대 도서관 생활을 잘 활용하였다. 도서관이라는 좋은 학습환경을 충분히 살려서 보고 싶은 책을 마음대로 읽을 수가 있었고, 그보다 더 중요한 것은 이대소와 만나 흉금을 털어놓고 이야기를 나누며, 그의 가르침을 받는 일이었다. 마르크스주의에 대한 지식과 신념도 이대소를 통하여 그에게 전수되고 심화되어 갔다. 毛澤東은 "나는 이대소 밑에서 북경대도서관의 직원으로 일하면서 마르크스주의 방향으로 급속히 발전되어 갔다."고 회고하였다.

도서관에서 마오쩌둥의 담당업무는 신청받은 책을 꺼내와 서명을 대조하여 대출자를 기재하며, 신문 · 잡지를 읽기 위해 온 독자들의 이름을 기재하는 것이었다. 당시 이용자 중에 문학혁명(1907)을 이끈 유명한 지식인들도 있었는데 이들과 대화를 하고자 해도 마오쩌둥의 직책이 너무 낮았기 때문에 할 수 없었다. 이 때의 경험이 후에 마오쩌둥이 지식인에 대해 인식하는 계기가 되었다.

독서를 좋아한 마오쩌둥은 도서관 재직시절 많은 책을 읽었으며, 은사 양창제와 중국공산당 설립자가 된 이대소, 대학의 〈철학회〉와 〈신문학회〉에서 진공박(陳公博)과 담평산(譚平山), 소표평(邵飄萍) 등과의 만남을 통해 마르크스와 레닌의 이론에 심취하게 되었다. 또한 소비에트 정부 부주석 장국도(張國燾), 캘리포니아 KKK단에 가입한 강백정(康白情), 남경 정부의 교육부 차장 단석붕(段錫朋)을 만났다. 그리고 북경대학 문학부장이며 『신청년』의 발행자인 진독수(陳獨秀)를 만나 개혁에 대한 많은 영향을 받았으며, 『신청년』 잡지와 접하게 되었고 이 잡지에 기고도 하였다.

마오쩌둥은 불과 6개월간의 짧은 도서관 사서직을 지냈지만 이 시기가 공산주의 국가 주석이 될 이론적인 정신무장과, 많은 지식인 및 개혁주의자들과 접하게 된 계기가 되었다. 마오쩌둥의 사상은 중국 도서관사에 큰 영향을 주었다. 1979년에 제정된 『中國圖書館學會規程』 제2조에 "학회는 마르크스주의, 레닌주의, 마오쩌둥 사상을 지도 근거로 당의 백화제방, 백가쟁명의 방침을 관철하고 이론을 실무에 관련시킨다는 원칙을 견지하며…"라고 규정되어 있고, 1987년에 개정된 대학도서관규정인 『普通高等學校圖書館規程』 제2조에도 "대학도서관은 공산당과 국가의 고등교육 방침, 정책과 법령을 관철하고 마르크스, 레닌주의와 마오쩌둥 사상과 인류과학문화의 우수한 성과를 선전하고…"라고 기술되어 있음을 보고 알 수 있다.

또한 각종 도서관에서 채택한 『中國圖書館資料分類法』이나 『中國人民大學圖書館圖書分類法』과 같은 분류표와 『圖書館學情報學論文索引』, 『圖書館學情報學 案學出版發行學 論文索引』 같은 색인집은 마르크스 레닌주의와 毛澤東 사상이 총류격으로 제일 앞에 위치시키고 있다. 그는 또한 1919년 '공공도서관' 설립 문제를 제기하고 진보적 성향을 가진 청년들을 결속하기 위하여 〈青年圖書館〉을 설치하였다.

중국 정부 수립(1949년)후 문화혁명이전까지 마르크스 레닌주의와 모택동사상 아래 중국 도서관도 불합리한 제도와 규정을 개혁하고, 많은 발전이 있었지만 그가 주도한 문화혁명기에 많은 도서관은 폐쇄, 폐관되고, 장서도 파기되었으며 지식계급으로 분류된 도서관 직원들이 농촌으로 배치되어 극심한 수난기를 겪어야 했다.

2) 현대 중국 도서관사에 공헌한 미국 선교사-사서 Mary E. Wood

미국 도서관 발전에 따라 미국식 도서관 제도와 문화를 외국에 전파하기 시작하였다. 19세기 후반 아직 일반 대중에게 도서관을 많이 개방하지 못하던 중국에서 선교사업과 함께 공공도서관 발전을 위해 한평생을 바쳤던 최초의 인물이 바로 선교사이며 사서인 Mary Elizabeth Wood(1861-1931)이다.

Wood는 1889년 당시 28세에 Batavi에 새로 설립된 〈Richmond Memorial Library〉에서 사서로 임명되었다. 그녀는 성격상 독립심이 강하고 일에 대한 열의가 커서 도서관 과업을 많이 완수했다. 〈Richmond Memorial Library〉에서의 사서 생활이

10년이 지난 1899년 성공회 선교사인 동생 Robert E. Wood를 만나러 중국으로 가게 되었다. 이 중국여행이 Wood에게 극적인 변화를 주게 되었다. 긴 항해 후 그녀가 중국에 도착했을 때 보았던 비참한 장면이 1931년 죽을 때까지 중국에 머물게 하고, 중국 현대사에 있어서 공공도서관 서비스에 혼신을 다한 이유가 있게 했다.

(1) 공공도서관 서비스

1899년 M. Wood의 동생 Robert E. Wood가 무창의 Boone Compound 내 성공회로 중국으로 건너오자 그녀는 잠시 동안 〈무창문화중학교〉에서 영어를 가르치기 위해 도착했다. 1871년 무창에 성공회가 예비학교를 설립하였고, 후에 이 예비학교는 중국에서 기독교 지도자를 양성하기 위한 대학으로 변모하였다. 문화대학은 대학 등록생 50여명과 예비학교 등록생 300여명으로 이루어져 있었다.

그러나 Jacson 목사가 〈뉴욕주립대학〉의 인증을 얻어낸 1911년까지 학위수여는 불가능했다. 중국에서 기독교 교회를 위한 지도자를 양성하려는 학교 목적상 신학교육이 강조되었고, 학교 부지도 확장되어 Boone Compound 는 〈문화대학〉과 여러 기관이 들어섰다. Mary Elizabeth Wood에 의해 설립된 〈文華圖書館〉이 포함되었다.

그녀는 예비학교에서 영어를 가르치면서 도서관 서비스에 대해 관심을 두고, 1901년까지 미국 친구에게 도서 기증을 의뢰하였고, 여러 분야의 도서를 수집하기 위해 이 일을 계속했다. 그녀는 이렇게 수집된 도서를 보관할 수 있는 도서관을 건설하기를 주장했다. 이를 위해 그녀는 1906년 미국으로 돌아가 18개월여 간 전문직 사서 훈련과 도서관 설립 자금을 모으는 일을 시작했다. 그녀는 먼저 어디를 가든 이 일을 피력하고, New York Brooklyn에 있는 Pratt Institute에서도 연설했다. 그녀가 도서관 사업에 자신의 신념을 갖게 된 것은 그녀가 후에 미국 의회에서 연설한 말에서도 알 수 있다. "나는 이 일을 위해 부름을 받았고 이것은 중국에 대한 하느님 사업의 일부라고 느낀다."

〈文華圖書館〉은 〈문화대학〉이 허가되기 직전인 1910년 중국어와 영어 도서 3,000여 권으로 개관했다. 수년 후에 장서는 연속간행물 60여종을 포함하여 중국서 7,000권과 영서 5,000권 도합 12,000여 권을 보유하게 되었다. 그녀는 중국민에게

〈문화도서관〉의 열람실을 개방했다. 이는 중국에서 도서관을 일반 대중에게 개방한 최초의 공공도서관으로서 역사적 위치를 갖는다. 이 외에도 1909년 〈河南廣西圖書館〉과 〈四川省立圖書館〉, 〈雲南圖書博物館〉을 건립하였다.

(2) 사서 양성

Wood는 중국에서 공공도서관 활성화를 위해서는 전문 직원을 훈련시킬 수 있는 도서관학교가 필요했다. 이를 위해 우선 Sammuel T. Y. Seng(沈祖謍)과 Thomas C. S. Hu(胡慶生)를 1910년에 미국에 보내 〈New York Public Library〉에 개설된 도서관 훈련 프로그램을 이수하게 하였다. Wood도 Simmons College에서 도서관 전문 교육을 받았다. 1919년 중국으로 돌아와서 Seng과 Hu와 함께 〈문화도서관학교〉 개교를 준비하였다.

1920년 봄 문화대학의 한 학부로서 1-3학년 각각 3명씩 9명의 학생을 모집하여 문화도서관 훈련과정을 개설하고 학생을 가르쳤다. 이 시기에 성공회와의 마찰도 일어났다. Wood의 도서관사업이 성공회의 기독신앙 전파라는 선교목적을 벗어나 중국민의 교육과 문화발전 위주의 사업이었으므로 성공회 관계자들로부터 비판을 받았다.

1920년대 중반 Wood는 중국 공공도서관 서비스의 확장사업을 목표로 부단히 노력하였다. 중국에서 일어난 의화단사건(1900)의 배상금을 따내기 위해 각계각층을 방문하여 자신의 의견을 피력하고, 미국 의회에서 연설한 결과 6백만 달러를 도서관 사업에 사용하게 되었다. 이를 위해 〈중국교육문화재단〉이 설립되고, 위원은 미국 교육자 5명과 중국인 10명으로 구성되었다. 이 일로 Wood는 1924년 여름 뉴욕 Saratoga Springs에서 개최된 〈미국도서관협회연차회의〉에 유명 인사로 참석할 수 있었다.

그녀는 〈미국도서관협회〉에 중국에 대표자를 파견하여 도서관 상황을 파악할 수 있도록 청원하였다. Arthur E. Bostwick 박사가 선정되어 중국에 파견되어 1925년 3대 사업을 수행했다. 첫째, 〈중국교육문화재단〉은 북경과 6개 지역에 국립도서관을 설립하도록 자금을 지원하였다. 둘째, 〈중국교육문화재단〉은 중국의 〈문화도서관학교〉에 1만 달러를 매년 지급하여 학자와 교수의 연구를 지원하였다. 셋째, 〈중국도서관협회〉가 북경에 설립되었다.

이렇듯 Wood는 25년간 중국에서 공공도서관 사업을 촉진시킨 공로로 〈문화도서관〉 설립 15주년 기념일에 표창을 받았다. Wood의 나이 60대 중반이었다. 하지만 노년의 나이에도 도서관운동을 중단하지 않았다. 사업을 계속할수록 무창의 성공회와의 문제는 늘어갔다. 성공회 선교사회는 〈문화대학〉을 〈Huachung University(華中大學校)〉로 승격하여 중국 중부의 기독교 중심 고등교육기관으로 하고, 〈문화도서관학교〉를 귀속시켰다. 독립적인 위치에 있기를 주장한 Wood는 이 과정에서 성공회와 잦은 마찰을 빚게 되고, 1927년 성공회는 〈화중대학〉을 폐쇄하였다. 1928년 Wood는 하는 수 없이 〈문화도서관학교〉를 〈화중대학〉에 합병하는 결정을 내릴 수밖에 없었다. 1년 후인 1931년 〈문화도서관학교〉 개교 10주년, 〈문화도서관〉 개관 20주년 기념일과 Wood의 중국 도착 30주년 기념일 축하행사가 있기 직전에 Wood는 죽음을 맞이했다. Wood의 〈문화도서관학교〉에 대한 의지와 성공회의 〈화중대학교〉과의 사이에 쌓인 적대감은 Wood의 노트 1930년 12월 10일의 기록에서 잘 나타나 있다.

첫째, Wood는 〈문화도서관〉이 중국 인민에게 공공도서관으로서의 독립적인 위치에서 서비스할 수 있도록 〈화중대학교도서관〉이 되는 것을 거부했다. 둘째, 〈문화도서관학교〉가 〈화중대학교〉에 소속되면 대학의 통제를 받아야 하므로 독립의 기관으로 남기를 원했다. 셋째, 그녀의 Woodfern Cottage에 있는 Boone Compound는 〈화중대학교〉의 관리감독을 받지 않으며 여러가지 목적을 위해 사용되었다. 넷째, 〈Wood재단〉의 수익은 도서관사업을 지원하는데 사용되었으며 화중대학교를 위해 사용되지는 않았다. 이런 Wood의 생각이 중국 인민에게는 존경을 받았지만 기독교 전파를 목적으로 하는 성공회로부터는 소외되었다.

Sammuel T. Y. Seng(沈祖謍)은 Wood가 〈문화도서관학교〉가 〈화중대학교〉로부터 독립적인 기관으로 남아 있기를 바라는 의지를 계승하여 부단히 노력하였으나 성공회의 지원 없이 학교를 운영하기는 불가능했다. 1928년 〈문화도서관학교〉는 〈화중대학교〉에 합병되었다. 곧이어 다시 1930년대와 제2차 세계대전을 거치면서 〈문화도서관학교〉는 〈화중대학교〉로부터 독립되어 1952년 〈武漢大學校〉로 편입되어 1956년 〈武漢圖書館學係〉로 개칭되어 4년제 과정으로 운영되었다.

8.1.3 제3기: 1949년-1965년 공산혁명에 의한 성장기

중화인민공화국은 정부 수립 후 각종 도서관을 완전히 폐쇄하여 사회주의체제로의 변화를 위한 개편을 단행하였다. 당시 292개 도서관의 도서와 장서에 대한 점검과 등록을 진행하여 사회주의 이상 실현에 반하는 자료를 색출하는 등 구도서관을 정돈하였다.중국 공산당은 도서관을 유형별로 나누어 관리하고, 사립도서관은 정리하여 각 지방자치단체 문화부문에 귀속시켰다. 도서관학 정규교육은 〈무창문화도서관학전과학교〉와 〈북경대학〉, 〈서남사범학교 도서관학전수과〉가 있어서 전문 인력을 양성하였다.

장서정책은 마르크스 · 레닌 저작과 혁명서 개발에 노력하고 소련과 해방구 출판물 수집 계획을 수립하는 동시에 음란 서적 등 미풍양속을 해치는 구 장서에 대한 심사와 정리를 단행하였다.

정부의 공공도서관에 대한 관심은 도서관 수의 증가수치로 짐작할 수 있는데, 1949년 55개관, 1950년 63개관, 1951년 66개관, 1952년 83개관, 1953년 93개관, 1954년 93개관, 1955년 96개관, 1956년 375개관, 1957년 400개관으로 괄목할 만한 성장을 하였다.

또한 도서관 기초업무 연구도 활발하게 이루어져 도서분류법을 개편하여 신분류법을 편찬하였으며 선본도서와 지방 문헌에 대한 수집을 강화하였다. 소수민족들을 다스리기 위해 소수민족 지구도서관을 건립하고 소수민족 언어 도서와 민족문헌을 소장하고 소수민족의 특징에 적합한 도서관 활동을 전개하였다.

1956년과 1958년 사이에 도서관은 제1차 농업경제개발계획에 따라 과학 연구에 필요한 자료를 연구자와 일반 이용자에게 제공하여 생산성을 높이는데 역점을 두었고, 1956년말 까지 농촌에 18만여 개 이상의 〈농촌도서실〉이 설치되었다. 1957년 9월에는 국무원 전체회의 제57차 회의에서 〈全國圖書協調方案〉이라는 도서관망 구축을 위한 계획이 통과되었다.

1961년에는 시설이 열악한 현도서관과 현문화관 합병을 단행하여 1960년 1,093개였던 공공도서관을 490개로 대폭 축소 조정하고, 또한 각 도서관에 맞는 장서의 정돈, 목록의 정리, 규정의 정비 등을 통하여 도서관 기초 업무를 강화하여 종합목록 300여종이 편찬되었다. 1963년-1964년 2년간 과학기술문헌 정리를 진행하여 과학기술인원의 이용에 제공하고, 또한 '전당대변농업' 정책으로 농업관련 자료목록과 참고서지, 색인 등을 편제하여 농업 수요자에 제공하였다.

이와 같이 도서관 사업은 정돈과 조정을 거쳐서 정상적 궤도에 올라 발전을 계속하였다. 특히 1964년 이후 도서관업무는 기초 업무 부문에서 많은 발전을 이루어 외국 도서의 공동수서, 서목편제, 자료의 상호대출, 도서관 간부의 훈련 등에서 큰 성과를 거두었다.

8.1.4 제4기: 1965년-1976년 문화혁명 수난기

1966년 5월에 시작된 문화혁명 10년은 중국의 교육, 문화, 정치, 생산에 많은 영향을 미쳤으며, 도서관 분야도 암흑기를 맞았다. 도서관망 구축 사업도 초기에 중단되고 공공도서관의 3분 1이 폐관되어 다른 용도로 사용되었다. 대학도서관이나 소년아동도서관도 폐쇄되거나 감축되어 공공도서관에 흡수되었다. 도서관 직원은 지식인으로 간주되어 비판을 받고 농촌에 배치되어 5년 또는 그 이상을 생산노동에 종사해야 했다.

장서는 봉건주의, 자본주의, 수정주의의 산물로 취급되어 이용을 금지시키거나 소각되었다. 이 시기의 도서관 수난은 파사구(破四舊) 즉 파구문화(破舊文化), 파구사상(破舊思想), 파구전통(破舊傳統), 파구관습(破舊慣習)으로 인하여 진시황의 분서갱유를 방불케 하였다. 수많은 책이 소실되었으며, 도서관은 정치 선전활동만을 위한 전시회를 갖고, 공산혁명자료 수집에 중점을 두었다.

1971년에 이르러 당시 총리 주은래는 도서관을 마르크스, 레닌, 모택동 사상의 선전 임무와 3대 혁명운동에 대한 봉사를 수행하는 곳으로 규정한 이후, 도서관의 기능이 점차적으로 회복되었으며, 북경대학과 무한대학의 도서관학과에서도 학생을 다시 모집하였다. 주은래 총리의 도서관에 대한 관심은 한때 도서관인을 고무시켰으나, 문화혁명기간은 도서관학 발전을 위한 귀중하고 가치 있는 10년을 상실했다고 할 수 있다.

8.1.5 제5기: 1977년 이후 도서관 발전기

1976년 10월 4인방(四人幇) 분쇄 후 국가의 4대 현대화 계획에 의하여 국가의 과학기술, 국방, 농업, 산업 부문의 자료를 증대시켜 과학연구와 폭넓은 인민 대중에 봉사하기 위하여 도서관망 사업을 추진하였다.

1978년 〈關于圖書開放問題的淸示報告〉를 발표하여 도서관리, 자료의 이용 한계, 장기 금서의 문제를 해결하는 동시에 도서관 직원의 사상 확대와 파괴된 도서관업무 회복을 지시하는 등, 도서관 건설을 위해 정부는 정책과 재정 지원을 아끼지 않았다.

1980년 이후 여러 차례 도서관행정 규정을 제정하였고 1987년에는 〈文化事業單位開展有償服務經營活動的暫辨法〉을 시달하여 도서관 유상업무(有償業務)의 근거를 마련하였다. 도서관 사업의 발전에도 불구하고 80년대 중반의 도서관 사업을 총체적으로 볼 때는 기반이 약하고 발전의 불균형이 심하며, 개혁 개방의 형세에 적응하지 못하는 현실이었다.

1987년에는 전국 문헌자원의 합리적 배치와 이용에 관한 연구, 전국 도서관계, 정보계와의 데이터베이스 협력망 건설과 협조, 외국 도서에 대한 공동수서, 도서관간 상호대차방안 확정과 컴퓨터시스템구축 방안에 대한 연구를 진행하였다. 이의 실현을 위하여 예산을 증액하고 도서관 현대화를 목표로 북경도서관을 완공하였다. 1996년 8월에는 북경 IFLA대회를 유치 개최하였으며, 21세기를 목표로 중국의 현대화 계획에 따라 국제적인 자원과 기술을 도입하여 도서관자동화와 도서관망 구축에 노력하고 있다.

8.2 한국의 도서관문화사

8.2.1 삼국시대

삼국시대는 4세기 초에서 7세기 중엽까지 고구려, 백제, 신라의 3국이 정립된 시기이다. 이 시기 정신면으로는 유교윤리를 받들고, 불교를 이해하게 된다. 불교 전래로 삼국은 바람직한 교육환경을 조성하였지만 공식적인 학교를 세우지는 못하였다. 불교전래의 교육적 의의를 손인수 등은 다음과 같이 기술하고 있다.[13]

첫째, 우리의 선조들이 현실 생활에 대한 빈곤이나 공포에 대하여 종래 자연적인 신앙심으로써 안심의 길을 얻지 못하고 있었다. 그러다가 불교의 인과응보, 자비, 평등사상 등으로 말미암아 현실 생활뿐 아니라 미래 생활에 대해서까지 광명한 희망을 얻을 수 있었다. 다시 말하면 삼국인들은 종래 다신교로부터 자기 자신을 구하였으며, 또한 현실 생활에 대한 삶의 방향을 찾게 되었다.

둘째, 불교가 강조하는 자비는 우리에게 공공자선의 개념을 확립시켜 주었으며, 또한 불교의 모든 생명체에 대한 존중은 우리에게 인간의 존엄성을 가르쳐 주었다.

셋째, 삼국인들은 불교를 통하여 종래 부족적인 무격신안(巫覡信仰)으로부터 점차 고등종교, 철학사상을 지니게 되었다. 그러나 불교는 우리 민족에게 삶의 문제에 대한 사고와 방향을 제시하였다고 볼 수 있다.

넷째, 이러한 불교의 사고하는 방식은 우리 민족의 미술, 조각, 건축, 공예, 학예 등에 이용되어 우리 민족으로 하여금 각 방면으로 창작성을 발휘케 하여 민족문화를 형성케 하는 길을 열어주었다.

한편 불교가 준 비형식적 교육의 영향을 다음과 같이 분석하고 있다.[14] 첫째, 불교는 대중교육의 길을 열어주었다. 삼국시대 독서를 할 수 있는 계층은 귀족이었지 평민은 아니었다. 둘째, 불교는 삼국인들에게 국민도덕의 근본을 밝혔다. 삼국시대 국민 도덕은 유교의 명륜(明倫)하는 도덕교육이 있었지만 불교의 오계도 전부가 덕목화 되어 국민윤리의 근본이 되었다. 셋째, 불교는 우리에게 국민정신, 즉

13) 孫仁銖, 鄭健泳 공저. 教育哲學 및 教育史. 서울, 교육출판사, 1992. pp.201-202.
14) ibid. pp.202-204.

호국정신을 길러주었다. 넷째, 불교의 사원은 유·불도 전체의 교육기관의 역할을 하였다. 다섯째, 불교는 우리나라 문학에 많은 영향을 주었다.

상기에서 기술한 바처럼 불교는 교육에 직간접적으로 영향을 주었다. 교육은 배우고 가르치는 것이 근본속성이다. 그렇기 때문에 문자가 있어야 하며, 문자로 기록된 문헌이 있어야 하며, 여기에 문헌을 소장할 수 있는 기관이 존재하여야 함은 당연한 것이다. 그래서 초기에 어떤 형태이던 문고형 도서관은 실재하였을 것으로 추정된다.

우리민족의 고대 국가로 가장 먼저 발전한 것은 고구려이다. 고구려는 지정학적인 면에서 북방에 위치하고 있으므로 일찍부터 중국의 영향을 받아 한자와 유학을 장려하고 숭배하였다. 형식교육을 전개함에는 문자가 필수적이다. 고구려가 국초부터 문자를 사용하였다 함은 『삼국사기』에 "國初始用文字時 有人記事一白卷名日留記"[15]에서부터 알 수 있다. 고구려인이 일찍이 문자를 사용하고 그 편찬한 책명을 『留記』라 한 것을 보면 이것은 한학을 수용함으로서 이루어진 것이다.

고구려 소수림왕 2(372)년에 율령(律令)를 반포하였다. 이 율령으로 우리나라 최초의 국립교육기관인 〈태학(太學)〉이 설립되었다. 『三國史記』에 고구려 "小獸林王二年(372) 夏六月……立太學 教育子弟"[16]라고 하였으니 372년에 설립된 고구려의 관학으로 〈태학〉은 그 시초이다.

〈태학(太學)〉은 귀족자제의 교육기관이다. 관리양성기관으로 유교의 경전을 가르쳤다. 당시 중국의 교육내용을 미루어보아 5경(五經; 詩傳, 書傳, 周易, 禮記, 春秋)과 삼사(三史; 史記, 漢書, 後漢書)가 중요한 교육과정이었다.

한편 서민층의 교육기관으로 사학(私學)의 효시로 일컬어지는 〈경당(扃堂)〉도 장수왕 15(427)년이 설립되었는데, 『舊唐書』와 『新唐書』에 다음과 같이 기록되어 있다.

> 풍속이 서적을 사랑하여 형문시양(衡門厮養)의 집에 이르기까지 가구(街衢 또는 街巻)에 큰 집(大屋)을 지어 이를 〈경당(扃堂)〉이라 하고, 제자가 마흔 전에 주야로 여기서 독서하고 습사(習射)하니, 기서(其書)는 史記, 漢書, 後漢書, 三國志, 孫盛의 晉春秋, 玉篇, 字統, 字林이나 또 文選이 있어 더욱 중히 여긴다.[17]

15) 三國史記. 卷第二十, 高句麗本紀, 第八, 嬰陽王 十一年條.
16) 三國史記. 卷第十八, 高句麗本紀, 第六, 小獸林王 二年條.
17) 舊唐書. 東夷傳, 高麗條.

> 궁리시가(窮理廝家)까지도 역시 서로 긍면(矜勉)해서 길거리(衢側)에 모두 엄옥(嚴屋)을 지어 〈경당(扃堂)〉이라 불렀다.[18]

이 기록에 의하면 〈경당〉은 벽항궁촌(僻巷窮村)에까지 설치된 사숙이었고, 이는 또한 평민의 자제들을 위한 교육기관이라고 할 수 있다. 즉, 〈경당〉은 공부하는 장소일 뿐만 아니라 여러 서적을 보관하고 학생들이 이용하도록 한 일종의 도서관으로 볼 수 있다.

백제에는 초기부터 교육기관에 〈시경 · 서경 · 주역 · 예기 · 춘추〉의 '오경박사'를 두어 교육을 맡게 하였다. 백제는 고이왕 51(289)년부터 일본에 많은 서적을 전래하는 등 이미 문화수준이 높았고, 학문과 기술이 매우 발전했으므로 많은 서적도 보유했을 것으로 생각되지만, 도서관 시설이 있었는지에 대해서는 확실한 기록을 볼 수 없다.

신라 진흥왕 26년에는 진(陳)에서 유사와 석명관을 보내『석씨경론』1,700여 권을 보내오는 등 계속 서적이 전래하였다. 그러나 신라에서 이러한 서적들을 어떻게 보존하고 이용하였는지는 자세히 알 수 없다.

8.2.2 고려시대

1) 고려왕권의 확립과 문교정책

10세기 초 후삼국이 정립되어 이 반도에 또 다시 혼란과 무질서가 전개되었을 때 궁예(弓裔)의 부하로 명망과 신임이 있었던 왕건(王建)은 신숭겸, 홍유, 배현경, 복지겸 등 동지 부하의 추대로 횡포하고 실덕한 궁예를 축출하고 918년 6월 마침내 개성에 신왕조 고려를 개창하기에 이르렀다.[19] 그 뒤 왕건은 부하 및 많은 유지의 후원을 얻어 936년에는 신라가 삼국을 통일한 이후 처음으로 민족의 재통일을 기하여 이후 통일의 터전을 마련하였다.[20]

---

18) 新唐書. 東夷傳, 高麗條.
19) 김중환. 고려 왕실의 선대 世界 설화에 대하여. 동아논총 1. 1963.
20) 김상기. 고려 태조의 건국과 경륜. 국사상의 제문제 1, 2. 1959. 이병도 저. 고려시대의 연구 (1948).

태조는 신라와 후백제의 유민을 받아들이는 민족융화정책 및 북진 국토 통일과 숭불 정책이라는 3대 국시를 펴 나가기에 여념이 없었다. 특히 고려 태조는 신라의 정신적 유산인 불교를 그대로 계승 유지 발전시켜 불교문화의 결실을 가져온 것은 주지의 사실이거니와 불교를 국교로 하여 국론을 통일하고 중국과의 통교를 통해 〈사원(寺院)〉을 많이 건립하고 승려를 우대하여 숭불 정책을 더욱 굳건히 밀고 나갔다.[21] 또한 태조는 종래의 교학(教學)이나 사상, 민간신앙을 적극적으로 유지하고 권장하는 문교 흥륭정책에 남다른 열의와 확고한 정책을 보였다.

그러나 지방 호족들의 발호와 척족 세력의 비대는 태조의 정책을 측면에서 위협하였다. 그가 뒤에 남긴 〈訓要十條 政戒 1권 誡百寮書〉 8편 등 서적은 역대 왕의 모범이 되게 하고 예절을 지켜 사회질서를 유지케 하는 데 큰 뜻이 있었지만 실은 확립되지 못하였던 고려 왕건의 공고한 구축을 위한 전초적 신호로 쓰여 졌던 것을 알아야 하겠다.[22]

따라서 문교정책의 진흥도 왕권의 확립을 위한 관료 체제 정비에 있었던 것으로 해석 평가해야 할 것이다. 〈훈요십조〉는 모두 국가 권력 유지와 기반 공고를 위한 장래적 시책이라고 볼 수 있는 데 그 중에는 옛 성인(聖人)의 가르침을 참고하고 경사(經史)를 연구하여 정치를 잘하도록 끝 부분에 가서 당부하고 있다. 다시 말해서 고려 태조의 문교흥륭정책은 곧 정치에 이용할 수 있는 현실적 비판적 연구에 기지를 두고 있는 것으로 보인다.

2) 고려시대 도서관

고려시대의 문고, 또는 도서관적 기능을 개관하면 크게 5가지로 요약할 수 있다. 1) 비각(秘閣)과 비서성(秘書省)을 위시한 왕실문고, 2) 서경(西京)의 수서원(修書院)과 같은 관영 문고 및 국사(國史)의 보존을 위한 사고(史庫), 3) 관학(官學)인 국자감(國子監)과 사학인 구제문고, 4) 국찰 홍왕사(興王寺)를 위시한 사원문고, 5) 개인의 사설문고, 즉 서제 등으로 구분할 수 있다. 이들을 설명하면 다음과 같다.

21) 이기백. 고려 초기에 있어서 五代와의 관계. 한국 문화연구원 논총 1. 1960.
22) 고려사절요 권1 태조19년 9월조.

고려시대에는 삼국시대부터 중국에서 전래되었거나 수입된 문헌과 국내에서 생산된 문헌을 보존하기 위해서 국초에 〈비각(秘閣)〉과 〈비서성(秘書省)〉[23]이 설치되었다. 〈비각〉[24]은 궁궐 내에 위치한 것으로 왕실의 도서보존, 편찬 및 강학(講學)을 하는 곳이었으며, 〈비서성〉은 궁궐 외에 위치한 것으로 경적과 향축(香祝)을 맡아보는 동시에, 인서(印書)와 판본을 관리하는 곳이었다.

도서관의 기능을 가진 기관은 고려 성종 때 생겨나기 시작했다. 고려의 왕실문고는 전시대를 통한 〈사고(史庫)〉를 비롯하여 성종 때의 〈비서성(秘書省)〉 · 비서각(秘書閣)〉, 숙종 때의 〈문덕전(文德殿)〉 · 〈중광전(重光殿)〉 · 〈장령전(長齡殿)〉 · 〈연영전(延英殿)〉, 예종 때의 〈청연각(淸閣)〉 · 〈보문각(寶文閣)〉 · 〈사루(紗樓)〉 · 〈천장각(天章閣)〉 · 〈임천각(臨川閣)〉 · 〈문첩소(文牒所)〉, 인종 때의 〈서적소(書籍所)〉 등이 있었다.

成宗 2년 5월에는 3省 6曹 7寺로 고쳤다가 14년에 내외의 관제와 직명을 전면적으로 개정하였다. 이때 〈司憲臺〉를 〈御史臺〉로 〈崇文館〉을 〈弘文館〉으로 하고 〈內書省〉을 〈秘書省〉으로 각기 개정하는 등 과감히 정책을 수행하였다. 7시외에 설치한 것으로는 먼저 논급한 〈비서성〉을 비롯하여 〈國子監, 殿中省, 소부감, 군기감, 사천감, 대의감〉이 있는데 이는 模唐的 경향이 짙었던 고려 성종이 당나라의 5감제도(국자감, 소부감, 도수감, 군기감, 장작감)를 대체로 모방 수정하여 받아 시행한 것으로 보인다.

그 밖에 국가에 文翰을 맡아 보던 〈한림원(뒤에 예문관)〉과 역사 편찬을 맡은 〈史館(춘추관)〉이 있었는데 이를 금내학관이라 하여 문교 내지는 문화 연구기관으로서의 기능과 역할을 담당하였던 것이다.

성종 때의 〈비서성〉은 〈인대(麟臺)〉라고도 불렸으며, 궁궐 밖에 설치되어 국가의 경적 및 축소(祝疏)를 관장하는 한편 도서의 수집 · 보관 · 열람은 물론 인쇄기능까지 겸하고 있었다. 또한 〈비서각〉은 궁중 내의 장서소(藏書所)로서 숙종 이전에는 〈비각〉으로 기록되어 있고, 숙종 때에는 〈비서각(秘書閣)〉이라고 불렀다. 기능은 왕실의 도서 보관, 편찬 및 강학을 담당하였으며, 예종 때에는 〈청연각(淸燕閣) · 보문각(寶文閣) · 천장각(天章閣)〉으로 분리되었다.

---

23) 國初에는 內書省이라고 명명했다가 그 후 여러 차례에 걸쳐 다음과 같이 改稱된 것으로 보인다: 秘書省(成宗 14년 995), 御書院 또는 御書房(文宗 5년 1051), 秘書監(忠烈王 24년 1298), 典校署(忠烈王 34년 1308), 秘書監(恭愍王 5년 1360), 典校寺(1363), 秘書監(1369), 典校寺(1372).

24) 秘閣은 궁전내의 寶閣, 天章閣, 淸讌閣 등의 三閣을 지칭하는 종합적인 명칭이었던 것으로 보인다.

숙종 때의 〈문덕전(文德殿)[25] · 중광전(重光殿)[26] · 장령전(長齡殿)[27] · 연영전(延英殿)〉[28]은 궁중의 학관으로 장서와 강학을 하던 곳이었다. 이때에는 국가에서 장서소를 매우 중시하였으므로 숙종 6년에는 친히 〈중광전〉으로 나가서 서적을 점검하고 장서인까지 날인하는 일도 있었다.

예종 때의 〈보문각 · 천장각 · 청연각〉도 장서를 겸한 궁중의 학관이었으며, 학사들이 모여 강론을 하던 곳이었다. 〈사루(紗樓)〉도 역시 학사들의 〈회강처(會講處)〉였으며 〈임천각(臨川閣)〉은 순수한 장서소였고, 〈문첩소(文牒所)〉는 〈보문각〉의 종속기관으로서 서책의 교감과 국가기록을 보존하는 문서관이었다.

인종 때의 서적소는 이자겸의 난으로 궁궐이 전소되자 경연을 베풀지 못하다가 1129년(인종 7) 수창궁 옆에 있는 시중 소태보(邵台輔)의 사저를 빌려 서적을 비치한 곳으로, 유신으로 하여금 당직하면서 강독하게 한 바 있다.

성종 9(990)년에는 서경(西京)에 〈수서원(修書院)〉을 설치하고 서적의 보존을 위한 국가시책으로서 〈수서원〉의 유생들로 하여금 역대의 사적을 초사(抄寫)하여 간직하게 하는 한편, 강학을 실시하게 하였다. 또한 성종 11(992)년에는 〈국자감(國子監, 후에 國學으로 개칭)〉[29]을 설치하여 상류계급의 자제들을 교육시켰으며, 여기에 필요로 하는 서적을 보급하기 위해서 〈서적포〉를 두고 책을 발행하게 하였다. 인종 때에는 국립의 경사대학의 제도와 지방에 향학을 설립하였으며, 따라서 사학이 발달하여 12공도가 설립되었다.

---

25) 文德殿은 처음에 文功殿이라고 하던 것을 顯宗朝에 文德殿으로 개칭하고, 그 후 仁宗 14년에 다시 修文殿으로 개칭하였다.

26) 仁宗 16년에 安康殿으로 改名.

27) 長齡殿은 長寧殿이라고도 하며, 李資謙의 亂으로 소실되고 仁宗 16년에 新闕이 준공된 후에 千齡殿이라고 개명하였다.

28) 원래는 紫宸殿이었으나 顯宗 12년 正月에 景德殿이라고 했다가 동년 7월에 延英殿으로 개명하였다. 이것은 李資謙의 亂으로 소실되었으며, 仁宗 16년에 新闕이 완성되어 集賢殿이라고 개명하였다.

29) 국자감의 명칭은 고려 후기에 몇 차례 개칭되었다. 1275년(충렬왕 1) 국학(國學)으로 개칭했다가 1298년(충렬왕 24) 충선왕이 즉위하여 성균감(成均監)으로 고쳤고, 1308년(충렬왕 34)에 충선왕이 다시 성균관(成均館)으로 고쳤다. 그 뒤 1356년(공민왕 5)에 국자감으로 환원했다가, 1362년에 성균관으로 개칭되어 조선으로 이어졌다. 이후 한양에도 성균관이 생겼으나, 개성의 성균관은 없애지 않고 존립하였다.

고려시대에는 불교도 보편화 되었으며, 따라서 사찰의 수는 더욱 증가하여 개경(개성)에만도 70여 사찰이 있었고, 전국의 사찰을 합하면 수천에 달했다고 한다. 현재도 삼국시대 혹은 고려시대에 건립된 대사찰이 많이 남아 있다. 이러한 대찰에는 〈경판각〉이나 〈장경각〉이 건립되어 경판을 새기고 그 경판과 불서를 보존했던 것이다. 그 대표적인 것으로는 개성의 현화사와 흥왕사, 묘향산의 보현사, 합천의 해인사, 대구 팔공산의 부인사 등을 들 수 있다.

한편 경판과 장경으로 유명한 것이 고려대장경과 의천의 속장경이다. 고려대장경은 3차에 걸쳐 각판 간행되었다. 제1차는 거란(契丹)의 침입을 받아 곤경에 처했을 때 불력으로 이를 물리치기 위해서 각판된 것으로 현종조에 개성의 현화사에서 각판하여 현화사의 〈경판각〉에 보존하였으나 그 후 대구의 부인사로 옮겨서 보존되었다가 임진년(1232)에 몽고병에 의하여 분멸되었다.

제2차는 문종조에 (고려국의 독립을 기념하기 위하여) 개성의 개국사(開國寺) · 흥왕사(興王寺) · 귀법사(歸法寺) 등에서 각판하여 흥왕사의 〈경판각〉에 보존하였으나 그 후 해인사로 옮겨서 보존되었다가 다시 조선조 초기에 묘향산의 보현사로 옮겨서 보존되고 있는 것으로 보인다.30)

제3차는 고종 때 몽고의 침입을 받아 왕실이 강화도에 피난 중 그 화를 불력으로 막기 위하여 강화의 선원사에서 각판한 팔만대장경이다. 이것은 고종 38(1251)년에 완성된 것으로 조선조 초기까지 선원사에 보존되었으나 조선 태조 7(1398)년경 해인사로 옮겨져서 현재도 해인사의 〈장경각〉에 보존되어 있다. 이것은 국보 제32호로 지정되었고, 1995년 12월에는 UNESCO 산하의 세계유산위원회(WHC)에서 불국사의 석굴암, 서울의 종묘와 함께 〈세계의 문화재〉로 지정하였다.

속장경은 고려 문종 때 의천에 의해서 이루어진 것으로 개경의 흥왕사에서 각판되어 정장과 함께 여기에 보존되었다가 그 후 해인사로 옮겨서 보존되다가 다시 묘향산의 보현사로 옮겨서 현재도 보존되고 있는 것으로 보인다.31)

---

30) 정필모. 高麗西大藏經板의 顚末. 書誌學硏究, 제10집. 書誌學會. 1994. pp.31-44.

31) ibid.

한편 제1차로 각판 인행된 현종 때의 고려대장경에는 이에 대한 정교한 목록이 편찬된 바 있고,[32] 제2차와 제3차의 대장경에도 이에 대한 목록이 편찬되었으며,[33] 속장경에 대한 목록도 편찬되었다.[34] 아마도 이 세 가지의 목록이 우리나라에 있어서의 목록의 기원이며, 동시에 문헌정보학의 기원이라고 볼 수 있을 것이다.

8.2.3 조선시대

조선의 문화는 제3대 태종과 특히 제4대 세종으로부터 비롯된다고 볼 수 있다. 태종 3년에는 주자소를 새로 설치하고 동으로 활자를 주조하여 서적을 인행하고, 법전인 『원육전(元六典)』과 『속육전(續六典)』 그리고 『동국사략(東國史略)』을 편찬하였다. 세종은 우리나라 역사상 가장 위대한 성군으로서 '훈민정음'의 제정과 〈집현전(集賢殿)〉의 설치가 가장 두드러진 업적이라고 볼 수 있을 것이다.

〈집현전〉은 왕실의 학술과 문화정책을 위한 중심기구로서 도서관의 기능을 가진 기관으로서 역대의 귀중한 문헌들을 정리하여 수장하고, 학사 문헌사를 두어 국정시책에 필요한 제도 · 법률 등을 조사 · 연구하여 주로 왕의 자문에 응대하는 기능을 가지고 있었으며, 학술과 교육적인 이용에도 이바지하였다. 훈민정음도 이 〈집현전〉을 중심으로 제정된 것이다. 〈집현전〉의 사방의 벽마다에 마련된 서가에는 도서가 〈경(經) · 사(史) · 자(子) · 집(集)〉의 사부분류법에 의해서 정연히 배열되어 있었으며 목록도 마련되어 있었다.[35]

그러나 집현전의 초기에 편찬된 장서목록은 현재 전하여지지 않고 있다. 〈집현전〉은 세조 2년(1465)에 폐지되고, 세조 9년(1463)에 설치된 〈홍문관(弘文館)〉으로 그 기능이 이관되었으며, 1478년에는 구 〈집현전〉의 직제와 기능을 이양받아 명실상부한 〈집현전〉의 후신으로 성립되기 시작하였다.

---

32) 이 目錄은 일찍이 佚失되었으나 최근에 復元; 鄭謀. 高麗初雕大藏目錄의 復元. 書誌學硏究. 제2집(1987). pp.3-108.

33) 정필모. 高麗再雕大藏目錄考. 도서관학, 제17집. 1989.

34) 정필모. 新編諸宗敎藏總錄考. 인문학연구 12, 13합집. 1989.

35) 李載喆. 集賢殿의 機能에 대한 硏究. 人文科學 제13집. 서울, 延世大學校, 1973. pp.163-166.

리재철 선생은 『경국대전(經國大典, 卷1吏典 京官職)』과 『홍문관지(弘文館志, 建置第1)』에 규제되어 있는 〈홍문관〉의 기능인 "궁중의 경적을 관장하고 문한을 다스려 고문에 대응한다(掌內府之經籍 治文翰 備顧問)"를 도서관적 기능으로 다음과 같이 추론하고 있다.[36] 〈집현전〉은 그 기능에 관하여 법적으로 규제된 것이 없다. 그러나 '옛 〈집현전〉은 지금의 〈홍문관〉이다'라는 기록으로 보아 〈홍문관〉의 기능을 〈집현전〉의 기능으로 보아 무방할 것이다라고 전제하면서 그 기능을 다음과 같이 분석하고 있다.

1) 장경적(掌經籍) 기능으로서 〈집현전〉이 서적을 수장하는 곳으로 계획된 기관이라는 점이다. 〈집현전〉의 도서는 경사자집(經史子集)의 사부분류법에 의하여 조직되었으며, 목록이 마련되어 검색의 용이함이 손바닥 뒤집는 것보다도 쉬웠다. 또한 〈집현전〉의 장서는 왕과 왕족 그리고 〈집현전〉 관원뿐만 아니라 타사(他司) 관원에게도 공개되었다. 바꾸어 말하여 왕을 비롯한 정부관원을 그 이용대상자로 삼은 것이다.

2) 문한(文翰)담당 기능이다. 〈집현전〉이란 말은 언뜻 보기에 쉬운 말인 것 같이 느껴지면서도 막상 정확히 해석하려면 막연하고 다의성(多義性)이 있는 어귀이다. 이 어귀가 다음과 같이 가지각색으로 번역되어 있는 것이 이 사실을 말해주고 있다. (1) 문한(文翰)을 다스리다(治). (2) 문한을 처리하다. (3) 문서를 처리하다. 즉, '치문한(治文翰)'은 학문에 전사한다는 뜻으로 구체적으로는 서적을 읽고 새로운 정보를 생성해내는 일에 종사하는 것을 가리키는 말이다.

3) 정보 봉사의 기능이다. 〈집현전〉의 궁극적인 목적은 '비고문(備顧問)'에 있다. '고문(顧問)'이란 원래 임금이 신하를 좌우로 돌아보며 그의 의견을 묻는 데서 나온 말이다. 질문 내지 상담을 뜻하는 말인 것이다. 그리고 비고문(備顧問)은 '고문(顧問)에 대비한다.' 즉 '고문에 대응(對應)한다'의 뜻이다. 〈집현전〉은 왕과 조정에서의 물음에 대해 문헌에 근거하여 응대해 주는 곳이다. 바꾸어 말하여 '정보봉사(情報奉仕)'를 하는데 그 목적이 있었던 것이다.

4) 고제(古制)의 조사 · 연구기관이다. 왕은 〈집현전〉으로 하여금 문헌을 조사하고 탐구하게끔 하였는데 이러한 사실은 『조선왕조실록』의 기사에 나타나 있다. 〈집현전〉으로 하여금 고제(古制)를 상고케 했다. 〈집현전〉으로 하여금 고제를 상고하여 보고케 했다. 그러나 〈집현전〉으로 하여금 상고케 한 대상에는 고제뿐만

36) 李載喆. 集賢殿의 機能에 대한 硏究. In 韓國文獻情報學의 문제들. 서울, 구미무역(주), 1994. pp.621-661.

이 아니라 '고전', '고적', '경전', '서적' 등도 상당수 있다.

〈홍문관〉의 기능은 정조 때에 다시 〈규장각(奎章閣)〉으로 이관되었고, 장서는 1907년에 〈규장각〉에 병합되었다. 〈규장각〉은 〈내외각〉으로 조직되어 〈내각〉은 〈이문원 · 봉모당(奉謨堂) · 이안각(移安閣) · 열고관(閱古觀) · 개유와(皆有窩) · 사서(四序)〉로 구성되고, 〈외각〉은 〈교서관(校書館) · 강도외각(江都外閣)〉으로 구성되었다. 기능은 〈집현전, 홍문관〉과 마찬가지로 경적을 관장하고 문헌을 연구했던 곳이었다.

〈규장각(奎章閣)〉은 과거 〈집현전〉의 경우와 마찬가지로 역대의 귀중한 문헌들을 정리하여 수장하고, 이들을 통해서 국정시책에 필요한 제도 · 법률 등을 조사 · 연구하여 주로 왕의 자문에 응대하는 도서관적 기능을 겸하는 한편 많은 문헌을 편찬했으며, 경서와 사적을 인쇄 반포함으로서 조선 후기의 문운을 일으킨 것이다.

그리하여 〈규장각〉의 산하에는 〈개유와(皆有窩)〉와 〈열고관(閱古觀)〉등의 부속건물이 있었는데 〈열고관〉은 '문헌열람실'이고 〈개유와〉는 '서고'였던 것으로 보인다. 그리하여 정조 5(1781)년에 각신 서호수에 의해서 『규장총목(奎章總目)』(4권 3책)이라는 정교한 장서목록을 편찬했는데 이 목록을 『열고관서목(閱古館書目)』 또는 『개유와서목(皆有窩書目)』이라고도 한다. 이 목록은 '경사자집'의 사부분류법으로 분류된 중국본 서목으로서 이 목록도 우리나라의 문헌정보학상 중요한 의미를 지닌다.

이와 같이 도서관 기능을 하던 〈규장각〉은 1910년에 폐지되었고, 1911년 일제의 식민정책에 따라 그 장서는 조선총독부에 이관되었다. 1930년 서울대학교의 전신인 경성제국대학 부속도서관에 이관된 뒤 파견되어 온 일본 학자들에 의해 거의 독점적으로 이용되었다. 현재는 〈규장각 · 홍문관 · 집옥제(集玉濟) · 사고 · 북한산행궁 · 춘방(春坊)〉 등 왕실 소장의 서적 14만여 권이 서울대학교 도서관에 소장되어 있고, 규장각서 중에서 〈봉모당(奉謨堂)〉[37]본과 사고 장서 중에서 적성산서고본

37) 1776년 정조가 즉위하자 규장각을 설치하면서 중심건물인 주합루(宙合樓)에 정조 자신의 왕위에 관련되는 어진(御眞) · 어제(御製) · 어필(御筆) · 보책(譜册) · 인장(印章) 등을 보관하도록 하고, 본래 이곳에 봉안되었던 역대 선왕들의 유품들, 즉 어제 · 어필 · 어화(御畵) · 고명(顧命) · 유고(遺誥) · 밀교(密敎) 및 선보(璿譜) · 세보(世譜) · 보감(寶鑑) · 지장(誌狀) 등을 옛 열무정(閱武亭) 건물로 옮기고 이곳을 봉모당이라고 이름지었다. 창덕궁 북원(北苑) 주합루의 남서쪽에 위치하였으며, 지금도 그 건물이 남아있다. 1857년(철종 8) 1월에 규장각의 본부인 이문원(摛文院)의 부속건물 대유재(大酉齋)로 옮겼다. 정조가 죽은 뒤 규장각의기능이 크게 약화되면서 가장 중요한 기능으로 남은 역대 왕들의 어제 관리를 좀 더 쉽게 수행하기 위한 것이었다. 1908년 규장각의 기구가 새로 마련되면서 이곳의 업무는 전모과(典謨課)에서 관할하였다. 1911년 창덕궁 옛 이문원의 대유재와 소유재(小酉齋) 자리에 규장각 건물을 새로 지으면서 봉모당 건물도 일본식으로

은 1955년 6월에 창경궁 내에 있는 문화재관리국 〈장서각〉에 이관되었으며, 1969년에는 문화재관리국 장서각 사무서가 신설되어 관리를 맡게 되었다. 1981년 대통령령 제10588호 '문화재관리국직제개정령'에 의해 한국 정신문화연구원(1978년)이 개관되었다. 현재는 한국학중앙연구소(2005년)로 개칭되어 오늘에 이르고 있다. 〈장서각〉 또한 이 기관에 속한다.

조선시대에 대학도서관의 구실을 한 것은 성종 6(1475)년에 설립된 성균관의 〈존경각(尊經閣)〉이다. 성균관은 삼국시대의 〈태학〉, 고려시대의 〈국학 · 국자감〉 등을 계승한 조선시대의 국립대학이라고 볼 수 있는데, 여기에 부설된 〈존경각〉에는 각종의 문헌을 수집하여 보존하고 교육의 자료로서 이바지하였다. 〈존경각〉에는 사서오경 각 100질을 기본 장서로 하고, 전국에 있는 서판을 인행하고 수집해서 수만권에 달했다고 한다. 이것은 중종 9(1514)년에 실화로 소진되었으나 그 후 〈교서관(校書館) · 문무루(文武樓)〉의 문헌과 명으로부터 문헌을 구입 · 보충하여 복원시켰으며, 현재 성균관대학교 도서관의 〈존경각〉에 보존되어 있다.

조선시대에는 고려시대에 국가에서 설립하였던 지방의 '향학'이 지속되었으며, 사학으로서는 '서원'이 많이 설립되었다. 이러한 서원에 문헌을 소장하는 서고가 있어서 학생들에게 이용하게 하였다. 현재까지도 남아있는 것으로는 영주의 〈소수서원(紹修書院)〉과 안동의 〈도산서원(陶山書院)〉 등이 있다. 그밖에도 지방에는 문중(門中)의 도서관이라고 볼 수 있는 〈문중문고(門中文庫)〉가 있다. 그 중의 『수봉정사문고(壽峰精舍文庫)』와 『영규헌문고(映奎軒文庫)』는 현재도 남아 있다. 이러한 문헌들을 근거로 편찬된 목록이 『해동문헌총록(海東文獻總錄)』이다. 이 목록은 조선조의 인조 15(1637)년에 김휴가 편찬한 것으로 이것은 임진왜란을 겪고 병화를 면한 경상도지방의 여러 명문에 소장된 문헌을 주로 하여 수집 편찬한 해제서목이다.

서울대의 〈규장각〉 한국 중앙연구소의 〈장서각〉, 그리고 성균관대학의 〈존경각〉 등의 서적은 도서관 정책의 잘못으로 이처럼 분산되었고, 또한 각 기관의 전유물 처럼 사용되고 있는 것은 수치스러운 일이다. 당연히 국립중앙도서관으로 집중화시켜 국민 모두가 자유롭게 이용할 수 있어야 할 것이다.

다시 지어 보첩류를 제외한 왕실자료를 보관하였다. 1969년 7월 이 건물을 철거하고 장서를 창경궁 장서각(藏書閣)으로 옮겼으며, 1981년에 다시 한국학중앙연구원으로 이관하였다.

8.2.4 개화기의 도서관

한국의 르네상스적 서구식 문화운동이 일어난 것은 대체로 갑오경장(갑오개혁은 1894년 7월 27일 부터 1895년 8월까지 조선 정부에서 전개한 제도개혁 운동을 말한다)을 기점으로 하여 이루어 졌다고 볼 수 있다.[38] 새로운 학문과 사상의 도입에 따라 서적이 출판되고 근대적인 서적상이 출현하였다. 이러한 환경에 따라 도서관의 인식도 변화되기 시작하였다 이 시기에 유길준은 『서유견문(西遊見聞)』의 〈서적고(書籍庫)〉에서 부강한 나라의 지름길이 도서관의 설립에서부터 시작한 것이라고 주장하였다.

이 책은 당대 한국인들의 세계 인식수준을 보여주는 대표적 서양문물 소개서이자 근대화의 필요성과 방법을 역설한 개화 사상서다. 그러나 이 책을 읽고 바깥세상을 보는 동포들의 눈이 뜨이고 귀가 터지길 바란 그의 소망은 1896년 아관파천(俄館播遷: 1896년 2월 11일부터 1897년 2월 20일까지 1년간 조선 고종과 세자가 경복궁을 떠나 어가를 러시아제국 공사관으로 옮긴 사건)으로 물거품이 되고 말았다. 그는 일본으로 몸을 숨겼으며 나온지 채 2년도 못돼 망명객의 책은 금서가 되고 말았다.

『서유견문』의 원고는 1889년 늦봄에 완성되었으나 여전히 연금상태라 출판을 하지 못하고 있다가, 1895년(고종 32) 갑오경장 기간 중 일본에 보빙사(報聘使; 친선사절단의 하나)의 일원으로 가면서 원고를 가져가 후쿠자와(福澤諭吉)가 설립한 도쿄(東京) 교순사(交詢社)에서 발간하였다. 그는 1,000부의 책을 찍어 판매하지 않고 정부고관을 비롯한 당시의 유력자들에게 기증함으로써 자신이 주도하던 갑오개혁의 필요성과 정당성을 홍보하는데 주력하였다.

그는 1881년(고종 18) 〈신사유람단〉의 일원으로 일본에 가게 되면서 이 책을 구상하였고, 1883년 9월 민영익(閔泳翊)을 전권 대신으로 한 보빙사의 수행원으로 선발되어 이듬해 11월까지 미국에 체류하면서 얻은 갖가지 견문과, 귀국할 때 유럽을 경유하면서 넓힌 견문 · 지식을 바탕으로 엮었다.

이 책의 저술에 깊은 영향을 끼친 것으로 이야기 되는 후쿠자와 유키치(福澤諭吉, 1835-1901)의 『서양사정(西洋事情)』(1866)과의 관련과 함께, 유길준 보다 수년 앞서 일본 수신사가 되었던 김기수(金綺秀, 1832~ ?)의 『일동기유(日東記游)』를 비교하면서 이

38) 국립중앙도서관 편. 국립중앙도서관사. 서울, 국립중앙도서관, 1973. p.130.

책을 기록한 문자의식을 함께 살펴 문화사적 자리매김을 시도했다. 20만 부 이상 팔린 후쿠자와 『西洋事情』은 일본인들을 근대 국민으로 바꾸는 데 이바지했지만, 자비로 1,000부를 찍은 『西遊見聞』은 당대에 거의 영향을 미치지 못했다.

『西遊見聞』의 내용은 전 20편으로 구성되어 있는데, 대략적인 내용은 서양의 지리와 역사, 정치, 교육, 법률, 행정, 경제, 군사, 풍속, 과학기술, 학문 등 서양문물의 전 분야가 망라되어 있다. 그는 특히 구미 각국의 발달된 근대 도서관의 실상을 인식하고 이를 부각시킴으로서 '사회교육기관'으로서의 문맹퇴치와 신지식의 흡수를 발판으로 삼고자 하였다. 이 책의 제17편 〈書籍庫〉의 전문을 옮기면 다음과 같다.

> 書籍庫는 政府가 設施한 것도 있고, 政府와 人民이 合力하여 合力한 者도 有한지라 經書와 史記와 각 學의 書籍과 古今의 名畵 및 小說과 各國의 新聞紙의 種類에 이르기까지 不備한 者가 無하니 外國의 書册이 新出板한 者는 購致하고 本國의 書册은 出板하는 者가 各地 書籍庫에 各 一帙을 送致하는 故로 書册의 卷數가 歲를 逐하여 增加하는 緣由라 如此히 書籍을 貯蓄하기는 世上에 無識한 人民이 欲無하는 方策의 一大主意니 然함으로 泰西諸國에는 大都會마다 書籍庫의 無한 處가 無함이오 如何한 人이든지 書籍을 閱覽코져하는 者는 書籍庫에 進하야 任意로 何書든지 披考하기 許하되 携持하고 他處에 往하는 者는 不許하며 惟讀書하는 學徒가 書册이 缺乏하야 工夫하기 不能하는時는 貰로 給貸하나 然하나 若其册子를 毁傷한則 其本價를 徵出하나니 各國 書籍庫에 最有名한 者는 英吉利國京城圖塾(영국의 수도 런던에 있는 도서관)에 在한 者와 俄羅斯國京城聖彼得堡(러시아의 수도 페테르스브르크에 있는 것)에 在한 者와 佛蘭西國京城巴里(프랑스 파리에 있는 것)에 在한 者라 其中에도 巴利의 書籍庫가 尤大한 者니 其貯蓄한 卷數가 二百萬卷에 逾하는 故로 佛蘭西人이 其 宏大한 規模를 恒常 矜誇함이라.

요약하면, 도서관의 설립주체를 국립과 사립으로 나누어 설립의 범위를 확대시키려는 의도가 보이며, 고금의 각종 정보자료의 수집책을 거론하면서 특히 '外國의 書册이 新出板한 者는 購致하고 本國의 書册은 出板하는 者가 各地 書籍庫에 各 一帙을 送致하는 故로'에서 외국의 신간서는 구매하고 국내서인 경우에는 서책의 각 일질을 서적고에 송치하는 즉 '납본제'를 강조하고 있다.

그리하여 열람하고자 하는 사람에게 도서관내에서 자유롭게 열람할 수 있도록 보장하여야 한다는 것, 그러나 관외대출은 불허한다는 조건을 달고 있다. 이것은 당시에 장서량의 절대 부족으로 특정 사람에게만 대출하여 열람할 수 없다는 즉 '책은 만인의 것'이라는 사상을 의미한다. 그리고 대도시마다 도서관설립을 강조하고 있다. 또한 책을 훼손하거나 분실한 경우에는 책값을 변상하는 규칙도 제시하고 있다.

마지막으로 당시의 세계 최고의 도서관을 갖고 있는 영국 소련, 불란서 등의 도서관 환경을 소개하고 있다. '도서관건립의 당위성 → 장서구축의 방법론 → 열람의 조건 → 도서관문화 선진국의 예'의 틀로 〈書籍庫〉는 구성되어 있다. 이러한 면에서 분석하면 건물로서 도서관, 자료측면의 소장장서, 이용자, 그리고 전문사서 등의 도서관 인식의 4요소를 거론한 것이다. 다만 사서에 대한 직접적인 언급은 없지만 이를 관리하는 주체로 사서는 감추어진 내용에 포함된 것으로 해석할 수 있다.

한편 후쿠자와(福澤諭吉)의 『西洋事情』은 〈초편 3책〉, 〈외편 3책〉의 2편 4책의 10책으로 구성되었다. 초편 권1 가운데 근대 도서관을 소개한 〈문고(文庫)〉가 실려 있다. 그 내용은 다음과 같다.

> … 서양 여러 나라의 수도에는 문고가 있으니 '도서관'이라 한다. 날마다 이용하는 서적 그림 등에서부터 고서甦遍(珍書)에 이르기까지 세계 여러 나라의 서적을 모두 갖추어 사람들이 와서 자기가 생각나는 대로 이것을 읽는다. 단 매일 문고 안에서 읽을 수 있을 뿐 집에는 가져갈 수 없다. 런던의 문고에는 서적 80만 권이 있고, 페테르스브르크의 문고에는 90만 권, 파리의 문고에는 150만 권이 있으니 불란서 사람이 말하기를 파리문고의 책을 일렬로 하면 칠십리는 된다고 한다. 문고에는 정부에 속하는 것과 일반에 속하는 것이 있다. 외국의 서적은 구입하고 자국의 서적은 새로이 출판하는 자가 일부를 문고에 납본하게 한다.

유길준의 『西遊見聞』에서의 〈書籍庫〉와 후쿠자와(福澤諭吉)의 『西洋事情』의 〈文庫〉 항의 전문을 비교해 보면 〈書籍庫〉는 〈文庫〉를 기초로 하여 전개한 흔적이 곳곳에 보인다. 독서의 기능 및 관외 대출금지 또는 서양의 도서관을 예로 든 것은 동일한 내용이다. 『西遊見聞』은 1895년에 발행되었고, 『西洋事情』은 1866년에 발행된 것으로 그 시차가 29년이나 된다.

당시의 한 · 일간의 사정으로 인해 『西洋事情』에 영향을 받을 수밖에 없었을 것으로 생각된다. 이는 유길준이 1881년 어윤중의 수행원으로 〈신사유람단〉에 참가하여 업무를 마치고 동년 6월부터 후쿠자와(福澤)가 설립한 게이오기주쿠(慶應義塾)에 입학한다. 유학중 그는 福澤의 집에서 기거하면서 후쿠자와가 지은 『西洋事情』, 『學文のすすめ』, 『文明論の概略』 등 개화서를 읽고 『西洋事情』과 같은 계몽서를 집필할 꿈을 가지게 된다.[39] 그러므로 두 저작은 닮은꼴일 수밖에 없다.

서구식 도서관이 창설된 초기에 도서관의 규모는 작았으며 일정한 명칭이 없이 다양하였다. 예컨대 〈書籍館, 書籍院, 集書院, 藏書館, 書籍庫, 書庫, 文庫, 書觀, 書籍縱覽所〉[40] 등 주로 '서적을 모아두는 곳' 아니면 '서적을 보는 곳' 정도로 단순하게 명칭하고 있다. 이 명칭은 모두 'library'에서 온 말이다. 이는 일본에서 그와 같은 역어를 사용하였기 때문에 그 영향을 받은 것으로 보인다. 한국에서 도서관이란 명칭이 정식 사용된 것은 광무(光武) 10년(1906)이다.[41] 한국뿐 아니라 동양에서는 19세기 중엽에 비로소 '도서관'이란 명칭을 보게 된다.

일본의 경우 명치 5년(1872)에 문부성이 처음으로 '서적관'이란 공공도서관을 설치한데서 현대 도서관이 비롯되고 있으나 그때까지만 해도 '도서관'이란 명칭은 사용되지 않았다. 그 후 명치 13년(1880)에 '서적관'을 '동경도서관'으로 개칭한데서 이 용어가 처음 시작된 것이다. 중국에 있어서도 광서(光緖) 24년(1898) 호남지방에 공공도서관을 새로 설치하므로서 현대 도서관의 시초가 된 것이며, 이때에 도서관이란 명칭을 처음 사용하였다.[42]

한국에서 근대 도서관 운동이 일어난 것은 광무 10년(1906) 이후 애국운동의 일환으로 일어난 것으로 볼 수 있다. 이때 李範九, 李根湘, 朴鏞和, 閔衡植, 閔景植, 尹致昊, 李鳳來 등 유지가 모여 한국 도서관의 설립의 필요성과 절실성을 들어 그 설립을 발기하고 한국 도서관 창설을 위한 평위원회를 구성하였다. 이에 대하여 광무 10년 2월 12일자 『皇城新聞』에 〈한국도서관〉이라는 기사로 그 설립의 경위를 보도하였다.

---

39) 이한섭 편저. 西遊見聞. 서울, 도서출판 박이정, 2000. 서유견문 해설.
40) 국립중앙도서관 편. 국립중앙도서관사. 서울, 국립중앙도서관, 1973. p.131.
41) loc.cit.
42) loc.cit.

> 세계 각국이 낡은 폐습을 타파하고 발달된 문명을 받아들이기 위하여 학교와 일반이 도서관 혹은 서적관 등을 설치하고 문명에 대한 식견을 늘리기 위해 서적을 많이 저장하여 신학문에 밝은 사람들이 자유롭게 열람도 하고 또 희귀한 서적 등과 새로운 저술들을 발간하여 널리 보급하여 사람들의 지혜가 열리고 문화가 한층 진보하도록 마음에 새기고 있는데 우리나라는 지금까지 한 개의 도서관도 설립하지 못한 것을 유감히 여겼더니 요새 유지 신사들이 발기하고 도서관을 처음으로 설립하려고 하는데 평위원은 李範九, 李根湘, 朴鏞和, 閔衡植, 閔景植, 李炳鼎, 尹致昊, 李鳳來 등 여러분들이 열심히 찬성하여 머지않아 설립되리라 하니 우리들은 이에 대하여 감사한 글을 표하노니 아무쪼록 속히 설립되기를 기원하노라.

그리고 『皇城新聞』은 그로부터 3일 후인 1906년 2월 15일자 논설에서 〈賀圖書館之設立〉이라는 제목으로 '대한도서관'의 조속한 설립을 촉구하였다.

> 오늘날과 같이 세계 여러 강대국들이 경쟁하고 있는 시대에 강한 자는 번성하고 약한 자는 쇠멸하는 것은 당연한 이치이다. 그러므로 국력을 발달시키기 위해서는 먼저 백성의 지식이 열려야 하며, 백성의 지식이 열리기 위해서는 교육 이외는 다른 길이 없다. 교육은 학교에 한정되어 있는 것이 아니니, 백성의 재주와 덕 및 지식은 서적에 의해 양성되며 또한 발달되므로 서적이야 말로 교육의 근본이다. 학교시절에는 교과서를 통해 교육을 받지만 졸업 이후에도 세상에 서적이 무수히 많으므로 널리 읽지 않으면 지식을 증진시킬 수가 없으며 고루하다는 평을 면할 수 없다. 그러므로 오늘날 여러 강대국들은 관립 또는 사립의 도서관을 설치하여 모든 대도시나 지방마다 도서관이 잇따라 빽빽이 들어섰고, 세계 고금의 각종 도서 신문 잡지를 소장하여 열람 및 대출에 응하고 있으며, 학교에도 따로 도서관이 있어 열람을 허락하고 있다. 우리나라에도 이전부터 규장각, 홍문관, 융문루(隆門樓) 등의 장서 보관소는 있었으나 이는 제왕의 도서와 사적의 저장소로서 한림과 각신 또는 경영관이 아니면 거기에 저장한 서적을 열람할 수 없었다. 그 외에도 세가거실(世家鉅室)과 부호, 귀족의 집에는 많은 서적이 소장되어 있었으나 먼지와 충해로 썩어가고, 백년이 되어도 한 번도 열람 안하면서 다른 사람에게 빌려주는 일이 없으니 이러한 형편에 어찌 민중의 우매함을 어떻게 계발할 수 있겠는가. 요사이 뜻있는 개화 인사들이 이러한 실정을 한탄하고 여러 선진국들의 도서관제도를 배워 도서관을 설립한다니 기쁘기 이를데 없으며, 이것은 우리나라에서는 처음 있는 장한 일이다. 만일 이 도서관이 세워지게 되면 그것은 문명에의 길을 여는 것이오. 어찌 한두 학교를 설립하는 일에 비교할 수 있겠는가.

열강국으로 살아남기 위하여서는 '지식 ↔ 교육 ↔ 책 ↔ 도서관'을 기본적 도구로 인식하면서 도서관 설립의 필요성을 강력히 촉구하고 있다. 이렇게 시작된 민족 도서관운동은 1906년 3월에 그 명칭을 『대한도서관』으로 하였다. 이 『大韓圖書館』이 도서관이라는 명칭을 사용한 도서관의 효시라고 할 수 있다.

1906년 이범구(李範九) · 이근상(李根湘) · 박용화(朴鏞和) · 윤치호(尹致昊) 등이 발기하여 근대적 도서관을 설치하기로 하였다. 이를 위해 평의원회를 구성하고 회현방(會賢坊)에 있는 이용문(李容汶)의 집을 임시 사무소로 사용하며 설립을 추진하였다. 당시 『皇城新聞』에서는 〈賀韓國圖書館之設立〉이라는 제하에 도서관 설립에 관한 상세한 보도를 하였고, 이후 각계에서 서적 · 사무용품 등의 지원을 받았다.

그 해 3월 탁지부(度支部)대신 민영기(閔泳綺)가 도서관장에, 궁내부(宮內部)대신 이재극(李載克)이 평의원장에, 학부(學部)대신 이완용(李完用)이 서적위원장에 선임되었고 종정부(宗正府) 청사를 도서관건물로 사용할 것을 결정하였다. 이처럼 몇몇 유지들의 발기로 시작된 도서관 설립문제는 1910년 2월 종정부 회의에서 '대한도서관'을 확장하기로 협의함으로써 '국립도서관'으로서의 성격이 뚜렷해졌다.

그러나 도서관의 설립은 그렇게 순조롭게 진행되지만은 않았다. 대한제국의 국운이 끝날 무렵이었다. 우리나라 최초의 국립도서관의 탄생을 앞두고 1910년 8월 29일 한일합방으로 인하여 『大韓圖書館』은 일반에게 공개해 보지도 못한 채 도서관 설립을 위해 수집된 10여만권의 장서는 조선총독부가 설치된 직후인 1911년 5월에 총독부의 취조국에 의해 몰수당하고 말았다. 그렇지만 부국강병의 길과 교육적 기능 및 지식획득을 위해 도서관이 필요하다는 인식이 선각자들로부터 일기 시작하였다.

8.3 일본의 도서관문화사

일본은 중국의 영향 속에서도 독자적인 학문과 문화를 발전시키고 도서관문화를 형성하였다. 그러나 2차 세계대전을 거치면서 도서관 분야에서도 새로이 서구의 이론을 도입 전문직 양성을 위한 교육제도의 정비, 제도적 보장을 위한 각종 관계 법률의 마련을 추진하는 동시에 이용자의 새롭고 다양한 요구에 부응하기 위해 노력하였다. 따라서 기존의 문화와는 다른 새로운 도서관문화의 창조와 정착이 진행되고 있다고 할 수 있을 것이다.

일본도 중국의 한자문화와 유교문화의 영향을 받았지만, 그들의 고유문자를 개발하였고, 도서관의 형태에 있어서도 현재의 국립국회도서관, 대학도서관, 학교도서관의 기본이 되는 〈궁정문고〉, 〈사원문고〉, 〈무가문고〉 등 독특한 형태를 출현시켰으며 현대에 이르러서는 서구의 새로운 이론을 적극적으로 수용하면서 이론과 실천면에서 새롭게 발전단계를 맞고 있다.

1945년 이전의 일본의 도서관계는 주로 정부와 대학의 자료수집으로 이루어진 약 500,000권을 소장한 동경의 〈제국도서관〉이 가장 중요한 도서관이었다. 동경에는 1908년에 개설된 〈도립참고도서관〉이 있었으나 제2차 세계대전 중에 약 400,000권의 도서와 함께 소실되었다. 이 도서관은 그 후 1957년까지 재개되지 못하였으나 1963년까지에 또 다시 전전의 규모로 접근하게 되었다.

일본에서 서양류의 공공도서관 서비스는 그다지 진전을 보지 못하고 있었으나 현재까지에 특히 1950년의 도서관법이 통과된 이래 점차 발전을 하였다. 이 법률에 의해서 공공도서관은 모두 정부의 관리하에 두어졌으나 지방자치권도 상당히 인정을 받게 되어 縣이나 市, 邑 단위에서 도서관을 설립할 수 있도록 하였다. 1963년에는 100,000권 전후의 장서수를 가진 시립도서관, 현립도서관 수는 약 60개관 정도이며, 이 보다 적은 규모의 작은 마을이나 공공도서관은 많다.

〈자동차문고〉의 서비스도 농촌지역의 일부에서 시작되었으며, 〈대출도서관〉은 아직 예외적 존재이며, 대부분의 공공도서관은 고교생, 대학생 상대의 참고서비스에 그치고 있다. 2,000,000권 이상의 장서를 소장하고 있는 주요 도서관이 50개관 정도 있으며, 그 이하의 대학교, 단과대학, 전문학교도서관은 수백에 이른다. 전 〈제국도서관〉을 포함하는 국립도서관은 약 3,000,000권을 소장하고 있으며, 정부

각성에도 각기 도서관이 성장하고 있다. 일본의 도서관문화사는 고대, 중세, 근세 그리고 현대로 구분하여 살펴보고자 한다.

8.3.1 고대

문자가 없었던 시기로 서기 216년 백제의 왕인박사에 의해 천자문이 전달되어 귀족의 자제들을 가르쳤고 일본의 문화는 여기에서 시작되었다.[43] 또한 552년에 불교가 전래되어 많은 경전 등 종교자료가 들어와서 성덕태자(聖德太子, 6세기 말~622)는 607년 법륭사(法隆寺)에 〈학문소〉를 설치하였다. 이 법륭사는 일종의 교육기관 성격을 가지고 있고 자료의 보존소로서 이것은 교육의 참고자료로서 어느 정도 이용되었던 것으로 생각된다.

739년 일본 전역에 천연두가 크게 유행하여 많은 사람들이 죽는다. 이에 쇼무텐노(聖武天皇, 724-749)는 각 구니(당시 일본의 지방행정단위)마다 석가불상 협시보살불상 1구씩을 조성케 하고, 아울러 『대반야경(大般若經)』을 1부씩 사경하게 하였다. 이듬해 쇼무텐노는 다시 한 번 전국의 구니마다 『법화경』 10부씩을 사경케 하고 7층 목탑을 건립하여 이를 봉안하게 한다.

그러나 천연두는 쉽게 사그라 들지 않았고, 741년 전국의 국분사(國分寺) 건립으로 이어진다. 불보살의 힘을 빌어 천연두의 유행을 막고자 하는 것이 당면 목표였지만, 690년 당나라의 측천무후에 의해 각 주마다 대운광명사(大雲光明寺)를 두게 한 것을 쇼쿠텐노가 모방한 것으로 보여진다. 국분사에는 스님 20명을 두게 하고 매월 8일에 『최승왕경(最勝王經)』을 전독하게 하였으며, 승사(僧寺)에는 수전 십정(水田十町)과 식봉(食封) 50호를 니사(尼寺)에는 수전 십정을 주어 그 수입이 국분사의 조영과 운영의 비용으로 충당되었다.

700년에는 문무천왕(文武天皇)이 율령을 제정, 여기서 〈도서료(圖書寮)〉가 규정되었다. 이는 자료에 중점을 둔 기구로서 자료의 축적도 관장하였으며, 정부에는 문전(文殿)을 설치하여 기록, 문서, 행장자료를 축적하고, 행정, 사법, 입법의 참고자료로 이용하였다. 기타에도 궁정에는 〈궁정문고〉라고 하는 것이 있었다.

---

43) 石塚正成 著. 圖書館通論. 東京, 明治書院, 1966. p.44.

쇼무텐노기에 이르러 국가 불교의 양상은 그 절정을 이룬다. 741년에는 전국에 국분사(國分寺, 정식명칭은 '金光明四天王護國之寺'), 국분니사(國分尼寺, 정식명칭은 '法華滅罪之寺')를 건립하게 하여 사찰마다 경전을 비치하고 승려들을 교육했기 때문에 자료의 축적과 이용의 장소가 있었다. 한편 불교의 홍성에 따라 많은 승도를 교육했으므로 이에 필요한 자료를 위해 경장을 설립하고 축적과 서사에 의한 생산과 교육을 이용하기 위해 〈사원문고〉가 설립되었다. 이러한 과정을 통해 일본 전국에 만들어지기 시작한 국분사는 각 지역마다 약간의 차이는 있었지만 나라시대(奈良時代) 말미에는 거의가 완성된다.

당시 귀족이었던 석상택사(石上宅嗣)는 〈예정(藝亭)〉을 건립하고 많은 자료를 공개하였는데 이것이 일본에 있어 최초의 '공공도서관'이라 할 수 있다. 일본의 국학이었던 대보율령(大寶律令)은 공무원 양성을 위한 대학수준의 교육기관으로서 많은 자료를 필요로 함으로써 이것이 문고를 이루었다. 이 문고는 지금의 학교도서관과 같은 기능을 하였다.

8.3.2 중세

중국에서 신흥종교인 선종이 전승되며 많은 중국의 자료와 문화재가 수입되었다. 경도(京都)의 五山寺, 중겸창(重鎌倉)의 五山寺 등에는 자료가 축적되어 당시의 문화센터 기능을 발휘하였다. 武家의 문고로 〈명월(名越)문고〉, 〈금택(金澤)문고〉, 〈족리(足利)문고〉가 있었다. 특히 〈금택문고〉는 잘 보존되어 현재도 존속되고 있다.

임진왜란 당시 한국으로부터 약탈해간 서적이며 불화 등 귀중한 한국 고대 자료를 관장하고 있는 도서관이며 문고 등은 일본 각지에 산재해 있다. 이를테면 동경대학 종합도서관의 〈아가와(阿川)문고〉를 비롯하여 〈가나자와(金澤)문고〉, 〈호우자(蓬左)문고〉, 〈킨도우(琴堂)문고〉, 〈카와이(河合)문고〉, 〈후지미테이(富士見亭)문고〉, 〈진쇼(眞書)문고〉 등등에는 우리나라에서 찾아볼 수 없는 『高麗史節要』 등등 수많은 고대 한국 간본이 보관되어 오고 있다.

그 중에서도 〈호우자 문고〉(名古屋에 있으며 서기 1400년 경부터 간행된 朝鮮古刊本이 많기로 유명함)며 〈진쇼문고〉(米澤市에 있으며 역시 朝鮮刊行本이 많다), 〈아가와문고〉(東京大學(本鄕) 總合圖書館에 속한다), 〈카와이문고〉(京都大學 부속도서관에 2,000권이상의 朝鮮 古文獻을 소장)

등은 조선 시대 古刊本이 많이 보관되어 있다. 물론 이들 도서 중에는 선린외교 관계로 조선통신사 등이 가져간 것도 있으며, 또한 임진왜란 이외에 일제치하에 불법 반출된 도서도 다수 포함되고 있다. 후기에 무사계급이 정치권력을 장악하여 정신적 물질적으로 여유가 생기며 〈무가문고〉의 설립이 유행하였지만, 전국시대에 자료가 소실되며 차츰 쇠퇴하였다.

8.3.3 근세

도쿠가와 이에야스(德川家康)가 천하를 통일한 후, 학문을 장려하여 민심을 얻고자 문교정책을 추진하였고, 봉건제도 유지를 위하여 유교의 이념과 중국의 주자학을 관학으로 하였다. 문헌자료에 대하여는 보호정책으로 고서 탐색과 출판을 하게 하고 강호(江戶)시대에는 〈부사견정문고〉를 설치하고, 〈준하(駿河)문고〉를 설치하였다. 그 후 일부 자료를 강호성내에 옮겨서 〈부사견정문고〉와 합병하여 〈강엽산문고〉라고 개칭하였다. 그 후 여러 가지 우여곡절을 거쳐 〈內閣문고〉로 되었다가 〈궁내청(宮內廳)문고〉로 다시 개칭되었다. 도쿠가와의 이러한 업적에 따라 그의 아들들도 〈준하문고〉의 이양자료를 기본으로 하여 새로운 문고를 설치하여 이를 확충하여 참고자료로 해서 『大日本史』를 편집하게 되었다.

그 밖의 봉건 영주도 천하가 태평해짐에 따라 문교진흥에 노력하고 문고를 설치하였다. 이색적인 것은 〈존경각(尊經閣)문고〉, 〈좌백(佐伯)문고〉, 〈하도국문고〉, 〈궁정문고〉 등, 이들은 문명개화의 새로운 사업에 공헌하였다.

경도(京都)의 〈동산문고〉와 〈주궁(柱宮)문고〉는 〈왕궁문고〉로서 귀중한 문화재적 고전을 축적하였다. 또한 〈양명(陽明)문고〉는 〈귀족문고〉로서 궁중에 관한 기록, 문서, 황실의 공사, 행사관계 자료와 행정자료를 많이 축적하고 문화재적 가치가 있는 고전을 보존하고 있었다. 민간의 많은 학자나 서지연구소도 개인문고를 설립하고 자료의 수집, 축적에 노력 문하생에게 공개하고 일반의 동호자와 연구자에게도 공개하였다.

학교도서관으로서는 도쿠가와(德川政府)의 교육기관이었던 창평교(昌平校)를 설립하고 동시에 문고를 설립하여 교육진흥의 기원이 되어 각 봉건 영주는 누구나 교육기관을 설립하고 문고도 설립하였다. 이러한 교육기관을 번교(藩校)라고 했으며 그 문고가 학교도서관이었다. 한편 신직(神職) 양성기관이 설립되고 불교측에서도 승려 교육기관이 대규모로 설립되어 이 모든 교육기관에는 문고가 부설되었다.

공공도서관의 원형인 민간독서실(천초문고, 광구문고, 유청관문고)도 이 시대의 말기에 출현하였다. 그러나 봉건제도하에서는 민중자신의 호학심이 적고 사회적 기반이 없었기 때문에 도서관은 발전하지 못하고 명치(明治)시대에 이르러 공공도서관이 설립됨으로써 점차 발전하게 되었다.

8.3.4 현대

명치시대에 후지사와 유키치(福澤諭吉)의 『西洋事情』이라는 저서(1869) 가운데 구미도서관사정을 소개하였으며, 다나카(田中不二)가 『미국 백년기박람회보고』(1873)를 출판하여 구미의 도서관사정을 소개하였다. 이것이 일본의 근대 도서관 설치 운동의 근본적인 이념이 되었다.

명치 29년(1896)에 외출정일(外出正一)이 〈제국도서관〉의 설립을 건의하여 1897년 제국도서관제가 공포되었다. 당시의 일본의 대학에는 모두 도서관이 설치되고 지방에는 공공도서관 설치를 위한 법적인 근거가 확립되었다. 그러나 도서관령은 교육의 일환으로 생각되었다.

국립도서관은 명치 5년(1872)에 덕천가(德川家)의 〈홍엽산문고〉와 〈창평교의문고〉 중심으로 도서관이 개관되었다. 그 소관 관청과 장소가 여러번 변하여 〈동경서적관〉이라 개칭하였다. 명치 13년(1880)에 문부성에 다시 이관되어 〈동경도서관〉으로 개칭되었다. 여기에서 비로소 〈서적관〉이라는 이름이 〈도서관〉이라는 명칭으로 변한 것이다. 명치 39년 하야공원 내에 신축도서관이 낙성 개관되어 현재에 이른 것이다. 이것이 현재의 국립 국회도서관 상야지부(上野支部)도서관이다.

대학도서관은 〈동경대학도서관〉이 가장 오래된 것이다. 명치 2년(1869)에 창평교를 동경대학교로 개칭하여 정부에 이관하고 동시에 도서관도 부설하였다. 이것이 〈동경대학도서관〉의 기원이다. 이어서 각 대학, 전문학교, 사범학교 등 전문학교 이상의 모든 교육기관에서 도서관이 설립되었다.

공공도서관으로서는 명치 5년(1872) 군마현(群馬縣) 안중정(眼中釘)에 편람사(便覽社)를 설립한 것이 출발점이다. 1873년 금택에 총서당(叢書堂)이 설립되고 녹아현에 서적관이 설립되었다. 1874년 〈서적종람소〉와 〈서적신문종람소〉가 설치되고, 1876

년 대판부에 두 개의 〈서적관〉을 설립, 공개하였다.

1874년(明治7), 이다가끼 다이스께(板垣退助) 등의 민선의원 설립건백서가 신문에 발표되고, 土佐의 立志社를 비롯해서 전국 각지에 자유 민권사상에 의한 정사(政社)가 결성되었다. 이들 정사는 처음에 사족을 비롯하여 정치 지식과 자주정신을 가진 재야 지식인의 자각에 의해서 농상공의 일반민 중에 호소하여 조직된 것으로, 뒤에 호농 · 호상층이 참가하고, 천부인권 · 인민주권의 부르조아 민주주의 사상이 계발되어, 관에 대한 민의 자각에 의해서 행동으로 전개되었다. 그래서 운동이 확대되고 조직화되기 위해서는 운동주체의 학습이 불가결하였다. 또 민중의 계몽활동이 여기에 부수되지 않으면 안되었다. 그런 의미에서, 당연히 전국 각지의 정사에는 학습조직이 만들어져 신문, 잡지가 집서 되었다. 그리고 서적 출납규칙을 만들어 향리 주민들에게 열람시켰다. 이 정사에 의한 〈서적종람소〉는 마치 프랭클린의 Junto Club의 회원도서관에 필적하는 시설로 봐도 좋을 것이다.

이와 같은 시설은 전국 각지에 생겨났다. 민권운동의 연구가 색천대길(色川大吉)은 자신의 조사에서 '전국에 자립적으로 농민이 만든 학습서클을 알고 있는 것만도 500~600개인데, 조사를 해나가면 1,000개 정도는 될 것이고 참가자는 백만의 규모에 이를 것이다. 그렇지만 이 서클에는 무사들은 거의 없고, 농민 중 호농이나 중농 등이 주체가 되어, 자금을 출자해서 만들었다. 농민들도 루소나 스펜서, 그리고 맹자, 논어, 왕양명을 함께 읽었다. 그런 가운데서 자유민권사상이 싹트기 시작했다.'라고 지적하고 있다.

이처럼 민권운동이 전국적으로 확대되자, 지방의 각 정사가 연락을 가지고 먼저 민중교육 기관을 설치했다. 여기에서 낙제생, 야학생, 불취학생이라 불리우는 소위 세간으로부터 소외된 사람들, 그렇지만 모두 학습의욕을 가진 사람들을 구제하기 위한 시설이 등장하고 있었다는데 주목된다. 이렇게 해서 신지식을 얻기 위해서 설립된 〈신문종람소〉와 비슷한 〈서적종람소〉의 설립과 이것을 민권운동과 연결하게 됨으로써, 민중의 학습기관의 하나로서 본격적인 공공도서관의 활동으로 전개되기에 이르렀다. 명치기 공공도서관운동의 발달의 전개를 요약하여 살펴보면 다음과 같다.

1) 다나카(田中不二磨呂)의 구미 도서관 시찰보고서인 〈이사공정(理事功程)〉은 明治 도서관운동사상 특필할 만한 것으로서, 일본에 서양의 근대사상을 처음 소개한 후꾸자와 유키찌(福澤諭吉)의 『西洋事情』의 공공도서관사상 보다 도서관과 국민교육

과의 관계를 훨씬 강조하고 있어 국민교육상에 도서관을 깊이 인식하고 있었다. 다시 말하면 일본의 공공도서관운동은 田中不二磨呂의 공공도서관에 대한 확실한 인식에 의해서 그 기초를 다지게 되었고, 국민의 뜻에 봉사하는 도서관운동으로 전개될 수 있었다고 볼 수 있다.

2) 明治 정부가 부르주아지와 타협하면서 봉건사회의 모순을 청산해가는 단계에 있어서 주권에 기초를 두고 위로부터의 개명정책을 시행했다. 즉 지배자가 체제유지를 위해 민중을 교화하는 시설로서 위로부터 도서관을 내려주는 형을 택하였다. 그러나 한편으로 미국식 방법을 지향하는 움직임도 존재하여, 위로부터 공설되어진 것이 아니고, 민중의 요구로서 밑으로부터 도서관을 만들어 갔으며, 이 두 가지 도서관상의 흐름이 뒤엉키어 발전해 가기도 했다. 明治 중기 이후에는 더러는 정부의 변질된 도서관정책의 영향으로 도서관운동의 형태가 바뀌어서 등장하기도 하고, 공공도서관정신이 때로는 강하게, 때로는 약하게 나타나기도 했으며, 공공도서관상의 모습이 사라지기도 했다.

3) 明治期의 공공도서관운동이 폭발적으로 발생할 수 있었던 것은 간접적으로는 구미의 영향을 받은 바 크지만, 직접적으로 도서관운동을 한걸음 앞당기게 했던 것은 일본은 자기나라 문자인 假名(かな)를 에도(江戶)시대 초기에 이미 假名를 읽을 수 있는 識字人率이 전 인구의 반을 점하고 있었다는 것을 먼저 인식할 필요가 있다. 그래서 공공도서관사상의 수용이 동양 다른 나라에 비해서 순조로웠다는 사실을 알 수 있다.

4) 明治 전기의 공공도서관의 태동은 〈新聞縱覽所〉, 〈集書院〉으로 나타났는데, 〈신문종람소〉는 명치기 공공도서관의 전주곡이라고 볼 수 있고, 〈집서원〉은 문부성서적관과 나란히 일본의 최초의 공공도서관의 영예를 가졌으나 단명했다. 明治 중기는 교육회에 의한 도서관 설립이 본류를 이루어, 〈都道府縣圖書館〉 전체의 3분의 2를, 〈시정촌립도서관〉의 반수 정도를 차지했다. 이와 같이 교육회는 일본의 공공도서관의 발전에 커다란 영향을 주었으며, 그것은 또 일본의 공공도서관의 성격을 규정하고 있다고 볼 수 있다. 그리고 명치 중기 도서관설립운동의 지류로서는 두 가지 흐름이 있었는데, 그 하나는 사립도서관의 움직임과 또 하나는 공립도서관의 활동이었다. 그러나 明治 후기로부터 大正期에 걸쳐 차차 본류에 흡수되었다.

제9장 서양의 도서관문화사

인류가 문명사회를 접하게 된 것은 기록을 하게 되면서 부터이고 문명사회를 이루고 발전시키게 된 것은 기록을 보존하게 되면서 부터이다. 따라서 기록을 보존하기 위해서 생겨난 고대 도서관은 인류 문명의 발상과 함께 했다고 할 수 있다. 당대의 자료들은 대체로 절대 권력자의 궁정, 통치, 군사의 기록이나 종교 성전이었다.[44]

또 당시의 귀족, 부호, 등도 개인적인 기록이나 개인문고를 가지고 있었는데 이들이 소유하고 있는 기록자료들은 궁궐이나 정청 안에 보존된 자료들과 동일한 것이 많았으며, 그 외는 가문의 가계보, 업적, 기행, 수학, 의학, 생활의 지혜, 주술, 종교성전 등이었다. 당시의 통치자나 귀족 또는 개인들이 이와 같은 기록물들을 모으고 소장하고자 했던 것은 정치적, 종교적, 재산상에 있어서 권위와 존경, 부를 누리고 유지하기 위한 수단이기도 했고, 행정상의 판단인 지령 및 종교상의 의례와 제사 등을 위한 참고자료로서 모으고 간직했던 것으로 추정된다.

그리스와 로마의 전쟁으로 당시 학자들에게는 조금 다른 이유로 도서관의 중요성이 인식되어 갔다. 생활과 학문 발전에 있어서 기록물의 필요성이 점점 높아지고 이용자의 범위가 확대되면서 관문고와 문서관 및 개인문고가 보존문고에서 자료실 혹은 도서관 성격을 갖고 이로 인해 새로운 도서관이 설립되었다. 그러나 고

44) 남태우, 김상미 공편. 문헌정보학의 철학과 사상; 세라의 사상을 중심으로. 서울, 한국도서관협회, 2001. pp.127-167. 이 장은 제2장 수메르 이후의 도서관문화사를 전재하면서 부분적으로 보완하였다.

대사회에 있어서 도서관은 어디까지나 왕족, 귀족, 승려 등과 같은 일부 특수층의 전유물로서 당대의 기록보존을 위한 권위와 존경의 상징을 위한 것이었으며 오늘날과 같은 민중의 도서관은 아니었다.

고대 문헌보존소는 문서보관소였는지 책을 소장한 도서관이었는지 확실치 않으며, 도서관의 발생에 관해서도 아직 불명확한 점이 많다. 다만, 사원이나 왕궁에 부속되어 존재했던 점은 확실하다. 예컨대 기록상 최초의 왕궁도서관(The Royal Library)은 BC. 2300년경의 Ebla 왕궁도서관, BC. 2100년경의 Ur Nammu 왕궁(왕립 법률)도서관, BC. 1700경의 Hammurab 왕립도서관, BC. 1700경의 Hattusha 왕궁도서관 그리고 BC. 650년경의 〈Ashurbanipal 왕궁도서관〉 등이 그들이다.

메소포타미아의 수메르 인들은 그림문자로 세계 최초인 〈우르 남무(Ur nammu) 법전〉을 남겼으며 그 이외에도 이들이 남긴 점토판 유물들이 다량으로 발굴됨으로써 기원전 3000년경부터 기록을 보존하고 활용했던 문서보존소 내지는 도서관이 존재했던 것으로 판단되고 있다. 또 기원전 1700년 무렵에는 셈족(아카드(Akkadian))이 이 지역을 지배하여 페르시아 만에서 지중해에 이르는 거대한 바빌로니아 왕국을 건설하였다. 이 지역에 도서관이 존재했다는 사실은 Uruk, Lagash, Nippur 등지에서 출토된 수많은 점토판 유물을 통하여 확인되고 있다. 메소포타미아 지방에 있던 바빌로니아의 수도 니폴의 사원(寺院) 자리에서 설형문자(楔形文字)를 새겨넣은 점토판(粘土板)이 발견됨으로써 BC 3천년 중반경의 옛 도서관 자리가 아닌가 추측되고 있다. 또한 어떤 곳은 벽감(壁龕: niche)을 따라서 점토판을 진열하였으며 어떤 것은 가지런히 묶여진 모습으로 발굴되었다.

9.1 고대

도서관의 기원은 미기록 상태로 과거의 안개에 가려져 있으며, 첫 문자 기록물로 우리를 안내해 주는 것은 단편적으로 남아있는 점토판들뿐이다. 그러나 이러한 잔재조차도 무엇이 있었는지에 대한 암시만을 제공해 주고 있을 뿐이다. 초기 문명사에는 단지 기록물이 있었을 것이라는 것만을 추측할 수 있는데, 그러한 가정은 기록의 역사로 미루어 보면 필연적인 것이다.

Sumer가 문명의 요람이기 때문에 도서관이 그곳에서 시작되었다고 추정할 수 있으며, 모든 것이 이곳에서부터 시작된 것으로 보인다.[45] 그러나 현존하는 기록으로 보면 고대 Egypt와 최초의 도서관으로 알려진 Egypt의 사원들을 주시해야 한다. 모든 Egypt 인들의 생활의 중심은 사원이었다. Egypt에서는 교회와 국가는 하나였고, 백성들은 신정정치의 통치하에 있었다.

도서관의 흔적들은 기원전 3000년경으로 추정되는 고급관리의 묘에서 〈도서관의 관리인〉 또는 〈권자본의 관리인〉이라는 명칭이 발견되었으며, 기원전 2600년경으로 추정되는 쿠푸(Khufu)왕은 많은 도서관을 가지고 있었던 것으로 추정되고 있다. 또한 기원전 1300년경 Ramses II세는 테베(Thebes)에 있던 자신의 궁전에 상당한 규모의 도서관을 가지고 있었다고 한다.

당시의 도서관들은 〈영혼의 시약소(Dispensary of the soul)〉, 〈영혼의 진료소(Healing place of the soul)〉[46]로 불리었으며 종교도서관의 성격을 지녔다. Ramses 도서관의 사서로 알려진 Amen em Hant라는 서지 전문가의 이름이 그의 묘지에서 발견되었으며, 텔 엘 아마르나(Tell el Amarna)의 궁전에서도 설형문자 외교 점토판 기록이 발견되어 기록보존소가 존재했음을 추측할 수 있다. 당시의 장서는 학문의 신이 만든 것으로 알려진 토트서(Book of Thoth)와 그 해설서 및 주석서가 중심을 이루었고 종교의식에 관한 의례서와 '오리시스의 드라마'라는 성극(聖劇)도 있었으나 모두가 전체 내용을 알 수 없는 편린만이 전해질 뿐이다.

고대 Egypt 인들은 풍부한 문헌과 그 당시의 일반적인 기록 도구였던 파피루스의 경작에 관한 실제적 독점권을 갖고 있었다. Karnak에서 나일강 맞은편에 기원전 약 1200년 경의 Ramses 시대에 재직했던 Miamun이라고 부르는 두 부자(父子) 사서의 무덤들이 발견되었다. 이들 무덤들은 고대 Egypt의 다른 공직과 마찬가지로 사서라는 지위가 세습적이었을지도 모른다는 것을 암시해 주고 있다. Karnak의 도서관에 대해서는 단지 그 잔해로만 알 수 있는데, 이 도서관은 〈책의 집(House of Book)〉이라는 명칭으로 예술과 과학의 신의 보호를 받았다.

45) J. H. Shera. *Introduction to Library Science; basic Elements of Library Service.* Littleton, Libraries Unlimited, Inc., 1976. p.13.
46) ibid. p.14.

그러나 〈파피루스의 집(House of Papyrus)〉이라고 알려진 아직도 존재하는 Edfu의 도서관 건물은 과거에 소장했던 필사본들이 잔존해 있지는 않지만 여전히 건재하다. 이 건물의 한쪽 벽에는 그 도서관의 소장목록이 새겨져 있다. 이 목록은 두개의 부분을 보여주고 있는데, 첫 부분은 그 국가의 행정과 기능 등에 대한 저작을 포함한 다양한 주제에 관한 12개 자료 상자의 내용을 기입하였고, 두 번째 부분은 22개 상자의 내용을 기입하였는데, 그 내용은 모두 마술, 신화 그리고 그 당시에 통용되던 의술과 과학에 대한 문헌들에 관한 것들이다.

예를 들자면, 암흑과 불화의 신(神)인 세트(Set)를 퇴치하는 법, 별 점, 악어 퇴치법, 파충류와 뱀 퇴치법, 그리고 '모든 신비에 관한 책' 등이다. 고대 Egypt의 기록이 보존된 이유는 보존하기에 적절한 온난하고 건조한 기후와 죽은 자들이 후세에 이용하도록 하기 위하여 무덤에 자료를 저장하는 것이 장려되었던 종교적 믿음 덕분이다. 그러나 파피루스는 가장 양호한 기후 조건 아래서도 부서지기 쉬운 물질이었기 때문에 점토에 글을 새겼던 Babylonia와 Assyria의 도서관들에 대해 더 알아야 할 것 같다.

우리가 그것에 관한 많은 지식-Tigris와 Euphrates 강 계곡에서 한때 번성하였던 문화로부터 잔존했다는 지식-을 가지고 있는 한 위대한 도서관은 약 기원전 6,000년부터 시작되었다. 이 도서관은 Assurbanipal 왕에 의해 상속되어 크게 확장되었던 Nineveh에 있는 '왕립도서관'이었다. 모든 타 도서관의 장서들을 압도하는 이 도서관의 거대한 장서는 문법, 시가, 역사, 과학 및 종교에 관한 작품들이 대부분이었다.

이 시기에는 왕궁으로 많은 기록물들이 보내졌는데, 이 중 다수가 왕궁에 주재하고 있는 학자에 의해 필사된 후 원본은 원적지로 반환되었다. 그 총 장서는 수만 권에 이르렀다고 한다. 그러나 점토판의 시대는 Assyria 제국이 고대 오리엔트에서 더 이상 권력을 행사하지 못하게 됨에 따라 종말을 맞게 된다. 이 제국을 거치면서 이제 우리가 주목해야 할 국가는 바로 그리스이다.

그리스 지리학자인 Strabo는 그가 아는 바로는 "Aristotle이 최초로 책을 수집했으며, 이집트 왕에게 도서관을 관리하는 방법을 가르친 최초의 인물"이었다라고 기록하고 있다. 하지만 Strabo가 이 저명한 학자 사후 약 500년 후쯤에 기록하였기 때문에 그 기술에 상당한 의혹이 남는다는데 유념해야 한다. 그럼에도 불구하고, 이집트 도서관의 발전에 끼친 그리스의 영향은 매우 강력하였다.

고대에는 매체의 개발과 발전이 커뮤니케이션에 큰 영향을 미쳤다. Babylonia와 Egypt에서는 승려, 서사, 번역가, 회계사가 문자와 기록매체를 개발하면서, 종교나 일상생활에 관한 정보를 생산하였다. 동시에 이들 정보생산자는 정보검색가, 정보전달자, 정보이용자였다.

파피루스, 점토판, 양피지의 수가 많아지면서 이것들을 분류하고, 목록을 시작하면서 정보생산자의 정보가 미래의 이용자에게 전달될 수 있는 정보시스템이 탄생하였다. 이용자가 문자를 배워서 정보를 얻기 위해서는 문자를 아는 제 삼자가 책을 소리 내서 읽었다. 문자가 덜 발달하여, 정보를 가졌던 선생이 문자를 읽어야 비로소 내용을 이해할 수 있었기 때문이다. 그러므로 정보는 사람의 '입'과 '귀', '문자'를 통하여 전달되었다.

현재까지 최고의 도서관이라고 알려지고 있는 Sumeria의 Tello의 도서관(BC. 2700년경)이나, BC. 2500년경의 Egypt의 Gizehdp에 있었던 도서관 및 BC. 1250년경 Egypt의 Thebes에 있었던 도서관 등에서의 자료의 축적방법은 알 수 없으며, BC. 1900년경의 Bavilonia Dorsipa 도서관에서는 Ibnissaru라고 하는 전문 직원이 도서관자료를 정리했다고 하나[47] 그 내용은 미상이다.

9.1.1 Assurbanipal 왕립도서관

히타이트족의 승리로 바빌론의 세력을 무너뜨리고 앗시라인들의 야망에 불을 지필 무렵, 앗시리아 족의 세력 확장은 바빌로니안들의 쇠망과 함께 자연히 이루어질 수 있었다. 앗시리안 왕인 Tiglath Pileser Ⅲ세는 그의 앞길에 서있던 작은 국가들을 파괴하거나 병합하고 결국 기원전 728년에 바빌론 왕임을 선언했다.

앗시리아는 그때 강성의 극치를 달리고 있었으며 남서쪽의 이집트 국경에서부터 북쪽의 우라투와 동쪽의 고 엘람 제국 변방에 이르기까지 엄청난 영토를 지니고 있었다. Sargon Ⅱ세(BC. 721-705)와 그의 계승자들은 그들을 결국 정복하기 한 세기도 전에 이러한 세 주변국들과 전쟁을 벌이게 된다. 그리하여 그리스 인들에겐

---

47) Dorothey May Norris. *A History of cataloguing and cataloguing methods.* London, 1939. p.34.

Sardanapalos로 알려진 Assurbanipal(BC. 668-628)은 그 자신을 중동의 절대자로 칭했다.

Assurbanipal은 지칠 줄 모르는 에너지의 소유자로써 더없는 무자비함을 가진 동시에 문학에 대한 깊은 사랑을 가지고 그의 국민들의 교육 수준을 높이기 위해 모든 것을 하였다. 그의 전임자들이었던 Sargon II, Sennacherib, Esarhaddon 등은 앗시리아 수도에 도서관을 만들기 위해 많은 노력을 기울였지만, Assurbanipal은 그 자신을 그 도서관의 창시자로 여길 수 있을 정도로 도서관의 조직과 강화에 많은 힘을 기울였다.

모든 증거들은 그가 그의 넓은 제국의 사회적, 문화적, 종교적 전통에 어떠한 노력과 결실을 줄 수 있는 모든 기록된 텍스트들을 도서관에 보관하려는 야망을 가지고 있었고 그에 따라 그는 바빌로니아와 앗시리아의 모든 가장 중요한 문학작품들 중 Nineveh 사본들을 가져다 놓을 수 있었다. 또 그는 부하들을 전국 방방곡곡으로 파견해 대도시들에 있는 모든 도서관들의 도서 내역들을 목록화해 올 것을 요구했다, 그리고 이전 문학작품들에 주석을 달고 복사를 할 목적으로 필사실을 만들었다.

Assurbanipal의 도서관은 25,000여 점의 점토판들을 보관했고 2개의 섹션으로 분할되었다. 서신, 외교 문서, 사업 회계내역, 계약서 등이 한 섹션에, 문학, 역사, 종교, 과학, 학술적 문서들이 또 다른 섹션에 보관되었다. 메소포타미아 인들의 기록된 전통들 전체를 체계적으로 트래킹 하고, 수집하고 평가하는 데에 대한 그의 개인적 관심은 그의 자랑거리에 대한 정당화가 될 수 있었다. 그래서 '나는 필경사들의 종합된 지식이라는 숨겨진 보물을 얻었고, 명백하게 밝혀지지 않은 부분들과 증식에 대해 얽힌 문제들을 풀었다. 나는 수메리아 인들의 예술적 스크립트들을 읽어왔고 아카디아 인들의 불명료한 스크립트들도 읽어봤다, 그리고 나는 대홍수 이전에 바위에 새겨진 필사본도 해독했다.'

Assurbanipal의 도서관은 메소포타미아 인들의 역사, 사회구조, 종교의 지식에 대한 투자금을 높일 수 있을 정도로 방대한 자료들을 보유하고 있었다. 거기에는 『바빌론 초대 왕들의 연대기』, 『공시적 역사』, 1600년에서 800년까지의 시기를 담은 이야기서, 『Canon of the Eponym』, 자신들의 타이틀을 말해주는 고위공무원 랭킹 리스트, Nineveh 법정에서 해야 하는 의무들의 요약본, 명성을 원하는 장들의 상세사항 등의 연대학에 대한 문서들도 있고 연대기 문서들도 있었다. 역사서들 뿐 아니라, 그곳에는 다량의 문자서, 왕 또는 고급 정부 관료들에 의해 쓰인 편지와 공문서들, 노예, 주택, 농지, 동물 등의 판매에 대한 계약서들 등도 보관되어 있었다.

그리고 그곳에는 종교 문서들과 의식에 관한 텍스트들만을 보관하는 섹션도 있었는데 그것들은 Ishtar, Anu, Sin, Tashmetum과 다른 여신들에 대한 기도, 신들에 대한 다수의 찬송가들, 의식들에 관한 텍스트들, 신들을 위한 축제 등에서 행해졌던 의식들에 대한 문헌, 새해를 맞이하기 위한 문헌 등이었다. 또 다른 중요한 섹션은 사전적 문헌들도 담고 있었는데 그것들은 여러 장르의 문학 작품들에서 쓰인 쐐기문자들의 사용 용도와 가치들에 대한 목록, 단어의 목록들, 표의 문자 목록들이 그것들이었다.

문학 섹션은 가장 완성도가 높은 것 중 하나였다. 그것은 여러 다른 버전의 『길가메쉬 서사시(Epic of Gilgamesh)』들을 비롯하여, 신화들과 전설들(에타나의 신화 등), 그리고 인기가 아주 높았던 창조 서사시 등을 담고 있었는데, 창조 서사시는 우주진화론에 대한 이야기로 시작하여 수천행의 시이다. 예컨대 '위에 있는 천국에 이름이 없고 낮은 곳에 있는 지구에 이름이 없을 때…'와 같은 내용이다.

Assurbanipal의 도서관에서 가장 컸던 섹션은 원시 천문학, 약학, 종교학 등에 관한 문서들을 담고 있었는데, 그것은 특히나 앗시리아 인들이 '전조(omens)'나 '징후(signs)'라고 부르던 것들에 중점을 두고 있었다. 그것은 다시 말해 인간, 동물, 무생물에 대한 묘사, 그리고 그들의 습관과 특징들에 대한 묘사들이었다. signs라는 표목하에서 나온 지식들의 영역은 그것의 범위에서 백과사전적이었으며 인간과 동물의 탄생에 대한 사실들, 눈, 입, 코, 심장, 피에 대한 상세한 사항들, 말, 사자, 개, 새 사이에서의 차이점들, 사람이 만든 환경(마을, 길), 그리고 자연적 환경들(강, 농토)이 그 범위에 포함되어 있었다. 특히 관심이 높았던 것들은 천체 관측기에 쓰여진 고전 천체학적 예언들을 다룬 텍스트의 긴 두 줄이다.

특이한 것은 국립 필경사들이 존재하였다는 사실이다. 필경사들이 Fara 시대(기원전 2600년경)때부터 있었음에도 불구하고 그들에 대해서는 대부분이 미지에 가려져있다. 그러나 그들 중 몇몇의 이름은 대단히 흥미롭다. 그들 중 몇몇은 매우 높은 사회적 지위를 가지고 있었으며 그들 중 몇몇은 왕족이기도 했다. Enheduanna가 대표적인데 그는 King Sargon Ⅰ세의 딸이며 Ur의 달의 신 Nannar의 여사제였다. Nineveh에서 발견된 목록은 그는 몇몇 작가들 또는 장편 서사시의 편자들의 이름들을 담고 있는데, 길가메쉬 서사시의 편자인 Sin-liqi-unninni와 에타나 신화의 작가인 Lu-Nanna가 대표적이다.

Assurbanipal에게 그의 도서관을 조직하고 확장하라고 임무를 받았던 국립 필경사들은 다양한 분야와 다양한 레벨의 능력을 지닌 전문가들이었다. 그들에게 요구되었던 작업은 그저 읽기에 어렵게 파손된 것들을 전사하는 것만은 아니었다. 그들은 때때로 앗시리아와 수메르-아카디안 텍스트들에 설명과 주석을 달아 넣었고 조각가들을 안내하여 조각상들과 부조상 점토판에 짧은 비문 등을 새기게 하였다. 그 필경사들은 매우 유명해졌고 법정에서도 존경을 받았기에 그저 점토판의 간기에 자신들의 이름만을 새겨넣는 것만 가지고는 만족할 수 없었다. 따라서 그들은 아버지, 조상, 자신들이 속한 가족 또는 왕조의 창시자들의 이름을 새겨 넣었다. 그들 중 다수는 또한 작가로써 그들 스스로에게 명성을 더해갔다.

Assurbanipal의 지배는 메소포타미아 지역의 모든 도서관 주변에 길들을 포장하여 도서의 황금시대라고 묘사되기에 충분하다. 아르메니아 전통에 약간의 신용이 더해진다면 그것은 알렉산더 대왕에게 그의 Great Universal Library의 형성에 대한 생각을 주었던 통찰이 되었다는 점이 더 확실해지며 그로 인해 Nineveh의 Assurbanipal의 수도에 그것이 지어지게 되었다는 것이다.

9.2 그리스와 로마의 도서관

Greece에서 기원전 5세기 이전에는 그 어떤 규모의 독서 대중도 존재하지는 않았지만, 주요 도서관들은 주요 필사본 저작들과 마찬가지로 Greece인들의 천재성의 산물이었다. 그 시기 이전과 수년 이후에도 대다수 백성들은 그 지적인 유산을 유랑 부족이나 이야기꾼들의 입을 통해 전달받았다는 것은 의심의 여지가 없다.

편지의 발송인과 수취인을 위해 편지를 써주고 읽어주었던 공공 사자생(寫字生)과 사자(使者, messenger)는 그 시대의 우편 시스템이었다. 그러나 Greece가 비록 Aristotle의 시대에 이르러서야 비로소 구전(口傳)의 시대에서 독서의 시대로 이전되었음에도 불구하고, 기원전 5세기 즈음의 Greece에는 책이 넘쳐 났다.

기원전 5세기인 '페리클레스의 황금기(Golden Age of Pericles)' 동안에는 다수의 개인 장서가 존재했으며, 의심의 여지없이 그 중 일부가 당시의 학자들에게 개방되었다. Athens의 최초의 공공도서관은 기원전 330년에 Athens의 시민들이 위대한 Greece 극작가인 Aeschylus, Sophocles와 Euripides의 진본을 읽을 수 있는 장소를 갖게 하기 위하여 건립되었다. 왜냐하면, 그 극작가들의 비극은 매우 인기가 있었으나, 대중들은 매우 부실한 사본들만 이용 가능하였기 때문이었다. 역사가인 Polybius에 따르면, 기원전 3세기까지는, Athena에 매우 많은 공공 및 사립도서관이 존재했는데, Sicilia 섬 출신의 역사가 Timaeus는 그 도서관에서 50년간이나 연구에 몰두했었다고 한다.

고대 Greece에서 가장 중요한 도서관은 Athens가 아닌 Egypt에 건립되었다. Alexander 대왕은 문화의 요람으로서 Athens에 버금가는 대도시를 Nile 강 어귀에 세울 계획이었으나, 자신의 꿈이 이루어지는 것을 보지 못하고 눈을 감았다. 그러나 Alexandria는 Ptolemies 왕대에서 중요한 학문의 중심지가 되었다.

Alexandria 시대의 Ptolemies I세인 Sotor(BC. 367-283)는 학자이자 정치가였던 Demetrius of Phalerom의 자문을 받은 것으로 여겨지는데, Burchium이라 알려진 격조있는 시내 왕궁 부근에 웅장한 건물을 지었다. 이 건물은 박물관, 도서관, 그리고 대학으로 사용되었다. 이 건물로 옮겨진 것은 책뿐만 아니라 동식물의 표본, 공예품, 그리고 예술 작품들이 망라되었다. Aristotle의 사상을 모델로 그곳에 〈라이시엄(lyceum; Aristotles가 철학을 가르친 아테네의 학원)〉을 건립한 것은 Demetrius의 계획이었으며, 도서관 발전의 공 역시 그에게 돌려져야 할 것이다.

그러나 H. J. de Vleeschauwer는 도서관의 기원은 그리스적인 만큼이나 오리엔탈적이며, '도서관 자체가 Ptolemies와 그의 오리엔탈 도서관의 회상에서 비롯되었다'는 다소 설득력 있는 주장을 전개시키고 있다. 그리하여 그는 도서관은 "창시자와 집행자라는 각각의 역할을 분담하는 Ptolemiaes와 Demetrius 두 사람의 업적"이라고 주장하고 있다.[48]

---

48) H. J. de Vleeschauwer and H. Curtis Wright. Origins of the Mouseion of Alexandria, in *Toward a Theory of Librarianship: Papers in Honor of Jesse Hauk Shera,* Conard H. Rawski, ed. Metuchen, N. J., Scarecrow Press, 1972. p.90.

그러나 Alexandria의 도서관이 그 위대성을 성취한 시기는 Ptolemy Philadelphus (Ptolemiaioes II세) 시대에 이르러서이다. 책을 수집하려는 Ptolemies의 열정은 엄청났던 것으로 전해지고 있다. 상선이 항구에 닿으면 화물 중에 필사본이 있는지 묻고서, 선적되어 있으면 원본은 도서관에 소장시키고 정서(淨書)된 복사본은 주인에게 돌려주었다. Ptolemiaes는 Athens로부터 Greece 극작가의 희곡들의 공식 극 사본을 빌리면서, 그 회수를 보증하는 보증금을 지불했다.

그러나 그는 그 보증금을 단념하고 원본은 Alexandria에 남겨놓고 복사본을 Athens에 돌려주었다. Alexandria의 소장품은 Greece의 필사본 뿐만 아니라 Ethiopia, Persia, Hebrew, 북부 India의 원본들에까지 이르렀다. 왕실의 연금 지원을 받은 학자들은 필사작업, 필사의 정확도 확인 및 도서관을 '고대 세계의 영광(The Glory of the Ancient World)'으로 만드는데 혼신의 힘을 기울였다.

소장품이 넘쳐나게 되어 아주 중요한 제1 도서관 이외에 제2의 도서관이 Jupiter Serapis 사원에 확장 건립되었다. 불행하게도 제1 도서관은 기원전 47년에 Julius Caesar의 도시 정복시 시가전 와중에 화재로 소실되고 말았고, 〈Serapum〉이 주 도서관이 되었다. 이설(異說)에 따르면 Caesar의 군대가 도서관에서 책을 가져가려 하자 Alexandria의 시민들이 그 반출을 막으려 항구의 배에 불을 질렀고, 그 불이 도시와 도서관으로 옮겨 붙었다는 설도 있다. Caesar의 환심을 사려던 Cleopatra가 Alexandria의 책들을 Pergamum에 있는 도서관으로 옮기려고 했다고도 한다.

한 때는 Egypt인들이 Pergamum 도서관 도서수집의 경쟁이 증가되는 것을 방지하기 위해 파피루스의 선적을 금했다는 이야기도 전해 온다. Alexandria가 당대 최고의 도서관이었고 한참 후에야 그와 대등한 규모의 도서관이 출현했다는 데는 이론의 여지가 없다. 그러나 그 도서관이 소장했던 두루마리의 수는 백만 권 정도에 이르렀다고 추정하고 있으나 정확치가 않다. 그 소실에 관해서도 여러 설이 있는데, 일설에는 P. Theophilus의 명령으로 BC. 391년에 파괴되었다고도 하며, 또 다른 이야기로는 서기 646년 Omar의 지시를 받은 Amr에 의한 이슬람 침략기간 동안에 소실되었다는 설도 있다. 대학에서 논리학 입문을 수강하였던 독자들은 아랍인들 것으로 추정되는 '비주연 중명사(undistributed middle)'의 오류를 예시하는 고전적인 삼단논법의 예를 기억하고 있을 것이다.

> 만약 Alexandria의 도서관이 Quran에 적대적인 도서를 소장하고 있었다면 그것은 파괴되어야 한다.
> 만약 Alexandria의 도서관이 Quran의 가르침과 일치하는 도서를 소장하고 있다면 그것은 불필요하며 따라서 파괴되어야 한다.
> Alexandria 도서관의 책은 Quran의 가르침과 적대적이거나 동조적이다.
> 그러므로 Alexandria 도서관은 파괴되어야 한다.

James W. Thompson은 그의 고대 도서관사에 관한 논문에서 초기 기독교도들은 이슬람교도들 만큼이나 광신적이었으며 도서관을 파괴할 일을 능히 할 사람들이었다고 지적하고 있다. 수세기 동안 도서관은 오랫동안 있어왔던 일련의 절취와 약탈행위로 피해를 입었으며, 결국 남은 장서는 뿔뿔이 흩어지고 분실되었다. 단지 도서관의 파괴와 함께 사라진 고대 세계의 지식과 후대가 결코 향유하지 못할 풍요로운 헬레니즘 문화에 대해 추정할 뿐이다.

소아시아(Asia Minor)의 북서쪽에 위치한 Pergamum의 Eumenes II세(BC. 197~ 158)는 Athena 사원 부근에 고전 세계에서 두 번째로 위대한 도서관을 건립했다고 하는데, 이는 단지 19세기 고고학자들의 탐사를 통해 알려지고 있을 뿐이다. Alexandria 도서관에 대항할 수 있는 도서관을 만들기로 결심한 Pergamum의 왕들은 기념비적 도서관 건물과 다른 화려한 건물들을 건설할 뿐만 아니라, Byzantium의 Aristophanes 같은 저명한 학자들이 도서관에서 그들의 건물로 거대한 크기에 매혹되어 오게 했다. 그리고 나서 그들은 가상 작품과 많은 위조품이 시장에 출현하도록 만든 불합리하게 과장된 가격을 내건 도서에 대한 총력을 다한 조사를 개시했다. 두 도시 사이의 경쟁은 격앙되어 졌다. 그래서 Alexandria 인들은 결국 그들의 경쟁자에게 파피루스 수출을 금지시켰다.

도서관 건물 잔해의 발견은 다른 도서관 건물의 잔재를 확인하는데 일조 했지만, 그 소장 장서에 대해서는 단지 추정에 의존할 뿐이다. 그 도서관 건물은 하나의 트인 진열장과 2층으로 된 주랑(柱廊)식 현관과 4개의 부속실로 되어 있다. 이는 열린 공간에 도서관을 건립한 건축가의 고대의 건축 개념을 보여 주는 것으로, 이러한 건축양식은 오늘날에도 명백하게 적용되고 있다. 전통에 따라, Antonius가 Alexandria의 풍요를 더할 목적으로 그 장서를 Cleopatra에게 기증함으로서 도서관은 그 목적을 이루었다.

Roma의 문화는 Greece에 기원을 두고 있다. 사실 초기의 문화는 말기 헬레니즘 세계의 복사판이었다. 초기 역사 500년간 Roma에는 도서관이 전무하였고 기록 문헌도 거의 없었다. Roma 인들은 본래 실용적인 민족으로 농업과 교역에 관심을 가지고 있었다. 제2차 포에니 전쟁(Second Punic War, BC. 218-201) 무렵 Roma의 역사가 Greece어로 기술되기 시작하였고 후에 Latin어로 번역되었다.

우리는 Virgil, Horace, Ovid와 기타 수 세대에 걸쳐서 영국과 미국의 학생들이 Latin어 원전으로 읽어야 했던 작가들과 같은 그런 Roma 작가들이 세계적으로 위대한 문헌 유산에 공헌한 바를 폄하해서는 안 된다. 그들의 작품 수는 다작이었다. 그러나 자료의 수집이나 정리와 같은 도서관 관련 사항에서 로마 인들이 공헌한 바는 거의 없다.

서적의 Roma 유입은 Pudan에서 Macedonia의 Perseus 왕(King Perseus of Macedonia)이 L. A. Paullus에게 패배하면서 시작되었다고 한다. 이후 Roma 정복자들이 Roma 제국 국경선을 팽창시킴에 따라 서적은 Roma 정복자의 일상적인 약탈 품목 중의 하나였으나, 이러한 Roma 장서의 확대를 학문적 기회로 이용한 것은 로마 인이라기 보다는 로마 속의 그리스 인들이었다. 그러나 이 모든 약탈물 중에서 그 어느 것보다도 중요한 것은 Aristotle의 도서관 장서로서, 이것은 제 1차 미쓰라다스 전쟁(First Mithradatic War, 88-85 BC) 동안 Athens를 정복한 Sulla 장군이 탈취한 장서들이다.

Aristotle의 도서관 이야기는 Strabo가 언급 한 바대로 고대 세계의 도서관 영욕의 좋은 예이다. Aristotle 서거 후 그의 장서는 그의 제자 Theophrastus에게 전해졌고, 그는 35년간 책임자로서 그의 스승의 〈소요학파(Peripatetic school)〉를 이끌었다. BC. 287년 Theophrastus가 죽자, 그의 장서는 제자 Nileus에게 전해졌고, 그는 그것들이 Pergamum의 도서관으로 반출되는 것을 막기 위해 지하실에 은닉하였다. 그곳에서 장서는 150년 이상 습기와 벌레 속에 남아 있었고, 이후 기원전 100년 Athens의 거부 Apellicon of Teos에게 팔렸다. 새 주인은 오랜 세월 지하실에서 손상된 책들을 복구하도록 하였으나, 아펠리콘의 사망 직후, Athens가 Sulla 장군에게 함락되자 곧 Roma의 황궁으로 반출되었다. Cicero의 동료 학자 Tyrannion와 Andronicus of Rhodes 두 사서가 지속적으로 그 필사본을 복원하였고 주제에 따라 논리적으로 배열하여 정리하였다. Strabo가 Tyrannion의 제자라는 사실은 이 이야기의 근거가 확실하다는 것을 나타낸다.

고대 Roma 최초의 '공공도서관'은 기원전 37년 직후 예술과 문학, 소수의 극작가, 역사가 그리고 연설가들의 후원자가 되기 위해 정계를 은퇴한 Guius Asinius Pollio에 의해 Atrium Libertatis에 건립되었다. 그는 젊은 시절 시인 Catullus의 친구였으며 Athens에서 연구하였다. 장서의 진수(眞髓)는 Sulla와 Varro의 도서관에서 가져온 자료로서, 이는 필사본이 어떻게 그 주인들을 따라 떠돌게 되며, 왜 특정 도서관의 역사를 기술하는 일이 어려운지를 보여 준다. 그러나 비록 Caesar의 계획이 Augustus 황제가 〈Octavia 도서관〉을 건립하고, BC. 28년 〈Bibliotheca Palatina〉 건립으로 이어지고 나서야 실현되기에 이르지만, 공공도서관의 건립은 Asinius Pollio에 의해 비롯된 것이 아니고 Caesar의 산물이다.

Alexandria와 Pergamum에 필적하는 Roma 최대 최고의 도서관으로 유일한 것은 〈Ulpiana 도서관〉을 들 수 있는데, 이는 AD 98-117년에 Trajan 황제에 의해 건립되었다. 이는 그리스 서적과 로마 서적 두 가지 구조로 구성되었다. 이후 계속하여 Roma의 황제들이 도서관을 건립하지만 위에 언급한 것을 포함한 이들 다수가 종종 Roma 시내를 휩쓴 방화로 소실되었다. 또한 '공공' 도서관이 의미하는 바가 현재의 그것과는 다르다는 사실에 유념해야 한다. 이들 도서관은 학자들을 위해 건립되었고, 그들에게만 소장 장서의 이용이 가능하였으나 "거리의 일반인"들은 거의 이용이 제한되어 있었다. 오늘날과 유사한 형태의 도서관은 19세기 초 미국에서 보편적 대중 교육의 열정 속에서 시작되기 전까지는 등장하지 않았다.

BC. 1세기에서 서기 1세기 말엽까지 Latin 문학의 황금시대 동안 Roma에는 많은 사설 도서관들이 존재하였는데, 이들은 거부와 주요 정객들에 의해 호화로운 재산으로 유지되었다. 장서 수집은 학자와 창조적 예술가들의 후원과 더불어 부와 명예의 상징이 되었다. 그러한 사설 도서관은 많은 학자들이 이용할 수 있었으며, 그들 역시 개인 서재를 소유하고 있었다. Atticus에게 보내는 Marcus Tullius Cicero의 다수의 편지 가운데 Italy 전역에 18개의 별장을 소유하고 있던 Cicero가 새 별장을 구입하자 Atticus가 도서관의 정리, 파손된 필사본의 복원 및 장서의 목록을 위해 그의 개인 사서들를 보낸 사실을 알 수 있다.

Roma의 다수의 도서관들이 수 천 개의 두루마리 원고를 소유하고 있었고, 그리고 거의 모든 별장과, 혹은 큰 저택들은 개인 사설 도서관을 갖추고 있었다. 이러한 도서관의 수가 너무 많아 결국 로마법은 후세에게 상속하는 법을 마련하였다.

번영기의 Roma 제국은 과거에 독립 도시국가였던 광대한 사회의 연합체였으며, 이들 국가의 다수가 그들의 "공공도서관"을 갖고 있었다. 4세기 초의 Roma 지형도는 28개 이상의 도서관이 존재했음을 보여 주고 있다. 그러나 이후 Roma 제국의 쇠퇴기에 접어들어, 그 유약한 통치자들은 더 이상 제국을 통치할 힘이 없었으며, 최후의 라틴 역사가 Marcellinus는 도서관들이 '묘지처럼 폐쇄되어 있었다(closed like tombs)'라고 기술하고 있다.

9.2.1 Alexandria 도서관의 성립과 발전

그리스를 병합한 Macedonia의 Philp왕은 중앙집권적 정치체제를 확립하고 페르시아 원정의 야망을 가지고 있었으나 왕실 내분으로 피살되고 말았다. 따라서 통치권은 20세의 어린 아들인 Alexandros(Alexandros III. 별칭은 Alexander the Great, BC. 336-323)에게 넘어갔다.

Philp왕은 BC. 434년에 자신의 아들 Alexandros의 가정교사로 Aristotle를 초청했다. 그리하여 Aristotle은 왕이 원정을 떠나 왕자가 섭정으로 나라를 다스리게 될 때까지 즉 13세부터 3년 동안 왕자를 가르쳤다. 이로 인하여 Alexandros왕은 Aristotle의 영향을 받아 철학과 의학 및 과학적 탐구에 흥미를 갖게 되었다.

Aristotle로부터 훌륭한 교육을 받은 Alexandros왕은 짧은 기간 내에 동으로는 인더스강, 서로는 마케도니아, 남으로는 이집트, 북으로는 카스피 해에 이르는 세계 제국을 건설하였다. 그 결과로 오리엔트와 그리스 세계를 하나의 정치 · 문화권으로 하는 헬레니즘 세계를 열게 되었다. 그리고 헬레니즘 문화를 육성하기 위해 BC. 331년 1월 20일 Alexandros왕은 자신이 명명한 도시 Alexandria를 건설하였다.

BC. 323년에 Alexandros왕이 세상을 떠나자 제국은 세 지역으로 분할되었다. 그리스와 마케도니아는 Kassandros와 Kassandros왕조에게, 페르시아와 바빌로니아는 Seleucus와 Seleucus왕조에게, 마지막으로 이집트는 Ptolemaeos왕가를 세운 Ptolemaeos I세 Soter가 차지하였다.

Ptolemaeos I세(Ptolemaeos I, Stoer BC. 367년-283년)는 Alexandros의 시신을 이집트로 빼돌려 황금관에 넣어 Alexandria에 안치했으며 여러 도시에서 Alexandros왕은 신과 같은 예우를 받았다. 이렇게 해서 Ptolemaeos왕조는 Ptolemaeos I세가 왕조

를 개창한 BC. 305년부터 마지막 왕조인 Cleopatra까지 약 300년간 지속되었다.

Ptolemaeos I세는 Alexandros 대왕의 어릴 때 친구로서 Alexandria를 중심으로 그리스와 같은 위대한 나라를 결성하기 위해 노력하였다. 또한 Ptolemaeos I세는 Alexandros왕이 세운 동서융합정책 정신을 따랐으며 이러한 노력으로 이집트문화와 그리스문화 사이의 결합이 더욱 강화된 것이다. 고유한 시민적·정치적 제도 및 백성들의 믿음과 종교를 존중했던 Ptolemaeos I세는 문화발전에 적합한 관용과 보호의 풍토를 이집트에 조성했다. 그로 말미암아 Ptolemaeos I세와 아들 Ptolemaeos II세(Philadephos, BC. 308-246)는 그리스 학자를 비롯한 당대의 훌륭한 학자들을 초청하였으며 Alexandria는 마침내 헬레니즘 학문의 중심지로 성장하게 되었다. 이러한 풍토와 사상으로 인해 Ptolemaeos I세는 그의 재위기간 중에 오늘날 잘 알려진 Alexandria 도서관을 설립하였던 것이다.

Ptolemaeos I세는 치세의 성공자였을뿐 아니라, 스스로 Alexandros 전기를 정리하는 등, 문인으로, 토착 문화와 그리스 문화의 융합을 꾀하여, 알렉산드리아를 중심으로 헬레니즘(Hellenism) 문화를 개화시켰다. 문예·기예·학문에 열심이던 왕 밑으로, 각지에서 학자·문학자·예술가·과학자 등이 모여, 알렉산드리아는 당시 세계의 정치·경제·문화의 일대 중심지가 되어 번영하였다. 〈Alexandria 도서관〉은 그 땅에 기원전 290년경 설립되었다.

먼저 〈Alexandria 도서관〉에 대해서는 창립연대에서부터 불확실한 점이 많다. 그것은 창립이라는 말의 의미에도 근거하지만 〈Alexandria 도서관〉의 창립연대는 몇 가지 맹아(萌芽)로부터 즉, 건물, 장서 등의 물질적인 기초 확립까지를 포함한 넓은 의미에서 해석하지 않을 수 없다. 연구자들은 대개 창립연도에 대해서 명확한 기술은 하지 않고 있다.

따라서 넓은 의미에서 본다면 〈Alexandria 도서관〉은 Demetrius(BC. 350 - ?)의 진언에 따라 Ptolemaeos I세가 창립하고, 그 아들 Ptolemaeos II세에 의해 발전·육성되었다. 그러므로 〈Alexandria 도서관〉의 창립연대는 대략 BC. 290년경부터 BC. 240년경까지의 50년간으로 추정할 수 있다. 그러나 이것은 대략적인 범위를 나타낸 것이고 엄밀히 말하자면 〈Alexandria 도서관〉은 Demetrius가 도서관에 관계한 BC. 290년경에 설립된 것으로 볼 수 있다. 그리고 〈Alexandria 도서관〉은 "처음부터 도서관이라는 명확한 형태로서 독립적으로 건설된 것은 아니다."[49]

Aristotle학파의 한사람인 Demetrios는 아테네 출신의 학자로서 Alexandria가 세계 학예의 중심지가 되기를 꿈꾸고, 많은 서적을 갖춘 학예센터의 창립을 Ptolemaeos I세에게 진언하였다. Ptolemaeos I세는 그 의견을 받아들여 장엄한 건물의 〈Museion〉을 설립하였던 것이다. Museion은 〈Muse〉를 위한 곳으로 "Mouseia라 불리는 특별한 축제에서 문학적 열정을 해소하고 Homer 시대의 서사시를 찬양했다."[50)]

이것은 "새로운 〈Museion〉 설립을 위한 명칭을 설명한 것뿐만 아니라 Alexandria 기관에 대한 학문연구의 종교적인 특성과 중요성, 건축술을 밝히는 〈Alexandria Museion〉의 그리스적인 배경"[51)]인 것이다. 〈Museion〉은 "연구와 교수를 겸하도록 〈Lyceum〉[52)]을 본따 만들었으나 규모는 훨씬 컸다. 〈Museion〉에는 약 50만 권의 장서가 있는 도서관과 100명의 교수가 배치되어 국가에서 봉급을 받았다. 이 〈Museion〉은 600년 가량 계속되었지만, 과학의 측면에서 볼 때 처음 200년 동안이 가장 중요한 시기였다."[53)]

따라서 〈Museion〉은 학문연구기관의 성격이 강한 시설로서 건립되었다고 할 수 있을 것이다. 이러한 〈Museion〉은 성역과 같은 의미로서 그리스어 Mousa의 영어형 Muse이며 'Muse신들의 관(館)'인 것이다. 여기서 Muse는 인간의 모든 지적 활동인 학술과 예술을 담당하는 그리스 여신의 총칭이다. 이것이 오늘날 Museum의 어원이 되었다. 현대의 Museum은 박물관, 미술관을 의미하지만 앞서 언급한 대로 학문 연구소라는 의미가 포함된 것이다. 이러한 근거로 근대까지만 해도 도서관 명칭에 박물관이라는 명칭이 함께 사용되어왔다. 예컨대, 〈대영박물관도서관〉이나 〈Smithsonian 박물관도서관〉 등이 그 좋은 예들이다.

그러므로 〈Alexandria 도서관〉은 처음부터 독립적인 기관으로 설립된 것이 아닌 박물관 즉, "〈Museion〉의 부설기관 성격"[54)]을 띠고 있었던 것이다. 따라서 〈Alexandria 도서관〉의 최초는 〈Museion〉의 자료실과 같은 형태로 시작했다고 생각할 수 있

---

49) 副島秀夫. KallimachosのPinakesとその現代的 意義. 圖書館學, no.18(1971). p.3.

50) P. M. Fraser. *Ptolemaic Alexandria*. Oxford. Oxford University Press, 1972. pp.312-313.

51) Steven Blake Shubert. The Oriental Origins of the Alexandrian Library. *Libri*. vol.43, no.2 (1993). p.146.

52) Aristotle는 Plato의 Academy에 대항하여 Lyceum을 설립하였다.

53) Stephen F. Mason. *A History of the Science*. New Revised edtion. New York, Collier Books, 1962. p.49.

54) 副島秀夫. op. cit., p.3.

다. 이렇게 자료실의 형태에서 시작한 〈Alexandria 도서관〉은 "궁전, 〈Museion〉과 묘(廟) 등을 총합하여 왕궁을 의미하는 〈Brucheium(Gr. Brycheion)〉"[55]이라는 이름으로 알려지게 된다. 이것은 Ptolemaeos 왕가의 자료실에 대한 많은 기대와 노력이라 볼 수 있다. 이러한 왕가의 도서관에 대한 애착이 나중에 또 하나의 도서관 〈Serapeum〉을 설립하게 된다. 따라서 〈Alexandria 도서관〉은 사실상 〈Brucheium〉과 〈Serapeum〉의 총칭인 것이다.

이러한 시설에 대하여 Alexandria 사람들은 인간의 지적활동센터로서의 상념(想念)을 담고 있었다. 공식적으로 Muse를 위한 신전인 〈Museion〉은 "그 시대의 가장 대표자격인 그리스 학자, 시인이자 철학자 혹은 과학자들이 신분 높은 경력을 영위하는 안식처가 되었다."[56] 지금까지 살펴본 〈Alexandria 도서관〉 성립배경에 대해 다음과 같이 종합할 수 있다.

첫째, 〈Alexandria 도서관〉 설립에 관해 Demetrios의 제안을 Ptolemaeos I세가 받아들인 것은 단순한 사고에 의한 것이 아니라 문화발전에 적합한 정책의 일환이었다. 예상한 도서관 규모의 대·소가 실현되었는지의 여부를 별개로 하더라도 자료를 수집하고 학문을 부흥시키며 사회·문화를 한층 더 발전시키고자 하는 것은 학문에 종사하는 학자들의 소망인 것이다. 또한 국가를 경영하는 사람에게는 즉, 그것이 전제군주라면 한번은 생각한 업적 중의 하나였음에 틀림없다. 그 이유는 왕들에게 있어서 '지식은 곧 국력'으로 인식하고 굳게 믿었기 때문이다.

둘째, Ptolemaeos I세가 그의 업적을 위한 길잡이를 발견하여 박물관과 부속도서관을 조직하게 된 것은 "Aristotle의 Lyceum으로부터 영향을 받았고, Aristotle와 Theophrastos(BC. 372/369경~288경)의 교육으로부터 형성"[57]되었다. "Aristotle은 도서관을 정리하는 방법을 이집트왕에게 가르친 학자"[58]로서 그의 영향력과 Aristotle의 〈Leyceum〉을 물려받은 Thephrastos, 그리고 Ptolemaeos I세에게 도서관 설립을 위한 사상정립에 도움을 준 제자 Demetrius와 연관성을 생각해 볼 수 있다. 이것은 다음에서 언급될 장서구축과도 연관이 있지만 〈Alexandria 도서관〉은 Aristotle

55) loc. cit.
56) Jean Bingen. *Diogenes.* vol.141(1988). p.43.
57) Jean Bingen. *Diogenes.* vol.141(1988). p.43.
58) Steven Blake Shubert. The Oriental Origins of the Alexandrian Library. *Libri.* vol.43, no.2 (1993). p.146.

학파의 많은 영향을 받아 성립되었다. 『Pinakes』를 편찬한 Callimachus 또한 이 Aristotle학파 출신으로서 전반적인 〈Alexandria 도서관〉은 Aristotle의 영향이 큰 것으로 보인다.

9.2.2 Brucheium과 Serapeum

유명한 동양학자 Silvestre de Sacy는 〈Alexandria 도서관〉에 별도의 4개 도서관이 있었다고 주장하고 있다. "4개의 도서관이란 초창기 Ptolemaeos에 의해 설립된 〈Brucheium과 Serapeum〉 그리고 Augustus 사원의 〈Sevasteum 도서관〉, 마지막으로 〈Alexandria 학교도서관〉"[59]이다. 이 부분에 대해 자세한 연구는 이루어지지 않았지만 Alexandria에 다른 도서관이 있었다는 추측은 가능하다.

그러나 도서관 역사상 〈Alexandria 도서관〉이라고 일컬어 지고 있는 것은 하나의 도서관이 아닌 박물관 및 대학과 연관된 두 개의 도서관이 통합된 것이다. 하나는 BC. 약 290년 건립된 Brucheium에 있는 주(main) 도서관이다. 그리고 또 하나의 도서관은 약 50년 후에 Ptolemaeos Ⅲ세(Euergetes I, BC. 288-221)가 건립한 Serapis 신전에 있는 분관인 '딸' 도서관으로 알려진 Serapeum이다. 그러므로 〈Alexandria 도서관〉은 〈Brucheium과 Serapeum〉으로 불리는 두 개 시설의 총칭이다.

이들 두 도서관은 주제분야로 장서를 소장한 도서관뿐만 아니라 대학 역할도 한 것으로 전해지고 있다. 그 목적은 "모든 그리스 문학뿐만 아니라 지중해와 중동과 인도의 다른 언어의 저작을 그리스어로 번역하는 것까지 통합하여 거대한 국제적인 연구도서관을 건립하는 것이었다."[60]

1) Brucheium

〈Brucheium〉은 앞에서 언급한 바와 같이 왕궁 안에 도서관을 포함한 박물관 또는 대학으로 구성되었다. 그러나 도서관과 대학의 기능은 명확히 구분되지 않고

---

59) Edward Edward. *Memoirs of Libraries : a Handbook of Library Economy.* vol.1. New York, Burt Franklin, 1859. p.22.

60) Raymond Irwin. Callimachus : Studies in the History of Libraries-IX. *The Library Association Record.*(May 1956). p.169.

오히려 일체화되어 있었다. 〈Brucheium〉을 형성하는 일련의 건물들은 도서관 · 연구실 · 홀 · 천문관측소 · 식당 등 공동 연구소로 사용되었다.

또한 〈Brucheium〉의 조직을 구성하는 주요한 멤버는 학자 · 문학자 · 과학자들이었으며, 그중 한 사람이 관장이 되어 〈Brucheium〉의 경영을 맡았다. 학자사서인 Demetrius를 필두로 〈Brucheium〉의 도서관장들은 모두 헬레니즘 문화의 저명한 학자 · 문학자이었다. 〈Alexandria 도서관〉의 학자 · 문학자들은 각각 전문 분야를 가지고 각자가 연구활동을 수행함과 동시에 각지에서 모인 학생들을 종제(從弟)의 형식으로 지도할 때도 있었다.

그래서 적극적인 수서정책이 이루어졌고 학자들의 공통 임무는 Homeros로 시작되는 고전 그리스 저술가의 서적을 필사하고 교정을 가하여 편집하는 업무였다. 또한 히브리어 · 중동 제국어 등의 서적을 그리스어로 번역하는 것도 중요한 업무 중 하나였다. 그러므로 〈Brucheium〉은 학자들의 집회장소가 되었고 학문연구의 중추적인 기능을 담당한 도서관이 된 것이다.

2) Serapeum

일반적으로 〈Serapeum〉에 대한 자세한 연구는 아직 이루어진 바가 없으며, 대개 〈Brucheium〉m에 관한 내용이거나 이 두 도서관의 확실한 구분없이 도서관사에서 다루고 있다. 또한 〈Brucheium〉 설립시기에 관해서도 일반적으로 Ptolemaeos Ⅲ세의 시대로만 알려지고 있다.

우선 〈Serapeum〉의 건립 목적에 대해서 살펴보면 Ptolemaeos Ⅲ세 Euergetes는 왕궁 밖에 "그리스와 이집트 국민을 통합하려는 시도에서 Ptolemy Ⅰ세 Soter가 만든 가상의 신 Serapis의 이름을 딴 〈Serapeum 도서관〉을 건립"[61]한 것으로 추정하고 있다. 이 목적과 관련하여 설립연도는 앞에서 기술한 바와 같이 '약 50년 후'라는 어구와 "〈Serapeum〉의 신전 자체 발견을 통하여 원래 Ptolemaic 사원이 Ptolemaeos Ⅲ세가 건축하였다는 것이 확실"[62]하다. 그러므로 〈Brucheium〉 설립을 약 BC. 290년경으로 추정한다면 두 번째 도서관인 〈Serapeum〉은 약 50년 후

61) Polly Archuletta. The Extablishment of the Alexandrian Library. *Current Studies in Librarianship.* vol.13, no.1&2(1989). p.37.
62) Anne Holmes. The Alexandrian Library. *Libri.* vol.30, no.4(1980). p.288.

인 약 BC. 235년경으로 추정할 수 있다.

또한 〈Serapeum〉은 "〈Brucheium〉과 같이 대규모가 아니지만 Alexandria 시민에게 공개되었다."[63] 그래서 〈Brucheium〉은 왕실도서관의 성격이 강하면서 오늘날의 대학도서관과 비슷하다고 할 수 있으며, 〈Serapeum〉은 공공도서관의 성격으로 구분 지을 수 있다.

〈Serapeum〉은 기원전 47년 〈Brucheium〉이 파괴된 후 Alexandria를 대표하는 도서관이 되었으며 기원전 43년에는 Pergamon 도서관의 20만 권 장서가 이관되어 크게 확장되었다. 그러나 200년 이후는 〈Serapeum〉에 관한 기록이 거의 전해지지 않고 있다. 〈Serapeum〉 장서에 대해서 J. Tzetzes는 "42,800권을 소장하고 있다."[64]고 기술하였다. 이것은 〈Serapeum〉의 초기 소장 장서수일 것이고 언급한 바와 같이 후에 많은 장서가 증가되었을 것이다.

〈Serapeum〉 도서관은 물론 현재의 공공도서관처럼 완전히 개방된 형태는 아닐지라도 〈Brucheium〉과 비교해서 훨씬 더 개방적이었던 점을 감안하면 공공도서관의 성격을 가진 도서관으로 볼 수 있다. 〈Brucheium〉과 〈Serapeum〉은 학습센터와 유일한 정보원으로 도서관의 명성을 한층 드높였다고 할 수 있으며 헬레니즘 시대의 최대 학문도시로 성장하여 뛰어난 많은 학자들을 배출했다. 이는 도서관이 국가 경영을 위한 필수적인 존재로서 국가발전과 불가분의 관계를 가지고 있다는 것을 보여주고 있다.

도서관 창립 당시 최고의 문법학자였던 Zenodotus, 인류 최초로 지구의 둘레를 측량한 연대지와 지리학의 창시자인 Eratosthenes, 천문학자인 Hipparchus, 수학 문제와 씨름하고 있는 왕에게 '기하학에는 왕도가 없다'는 유명한 말을 한 기하학자 Euclid, 지식의 저장고가 심장이 아니라 두뇌라는 사실을 밝혀낸 Herophilus, 위대한 기계공학자 Archimedes, 지구가 우주의 중심이라는 설을 주장하여 실로 1500년 동안 서구세계를 지배한 천문학자 Ptolemy, 그리고 〈Alexandria 도서관〉이 이교도의 성전이라 하여 Alexandria 교회의 Cyril 주교의 사주를 받은 야만적인 기독교인들에게 머리가죽이 벗겨지는 참혹한 최후를 맞는 여성 수학자 Hypatia 등

63) 澁川雅俊. 目錄の歷史. 東京, 勁草書房, 1985. p.37.

64) Rudolf Blum. *Kallimachos : The Alexandrian Library and the Origins of Bibliography.* translated from the German by Hans H. Wellisch. London, The University of Wisconsin Press, 1991. p.106.

이 이 도서관의 관장이며 사서였고 학자였다. 이 도서관의 학자들을 흔히 〈Alexandria 학파〉라고 부른다.

Alexandria 학자들은 도서관에 소장된 소중한 자료들을 연구하면서 자신의 연구와 발견에 도움을 구했다. 그들 주위로는 지식과 창조 작용의 모든 분야를 망라하는 지적·문화적 움직임이 생성되었다. 그렇게 해서 지식 생산 장소로서의 〈Alexandria 도서관〉은 그리스·로마문화의 발전에 매우 중요한 역할을 하였다.

그러나 오늘날에는 이 인간정신의 기념물이 애석하게도 남아 있지 않다. 〈Alexandria 도서관〉의 소멸에 대해 역사학자들은 주로 세단계로 구분짓고 있다.[65] 이를 살펴보면 다음과 같다.

첫 번째, 기원전 47년 Julius Caesar의 공격으로 황실내의 화재로 인해 도서관의 많은 장서가 소실되었다. 이 전쟁 중에 "40만 권의 책을 유실당하였지만 그 당시 도서관에 소장된 많은 장서수를 생각하면 거의 보존"[66]되었다고 할 수 있다. 그 후 "Antonius가 〈Pergamon 도서관〉에 소장된 20만 권의 장서를 Cleopatra에게 주어 부분적인 보상"[67]으로 장서는 어느 정도 유지되었다. Pergamon 장서가 〈Serapeum〉에 이관되면서 〈Serapeum〉 도서관은 크게 확장되었다. 이렇게 장서의 측면에서 엄격히 말하면 〈Alexandria 도서관〉의 소멸이라고 일컬을 수 없을 것이다. 그 후 AD. 270년경 로마황제 Aurelian에 의해 〈Brucheium〉은 완전히 파괴되었다.

두 번째, 기독교 탄생이후 〈Alexandria 도서관〉 역사는 더욱 감춰져 버리게 된다. 4세기경에는 기독교 문화가 중요한 힘을 갖게 되었으며 Theodosius(346~395)는 이교도를 붕괴시키라는 법령을 공포하였다. 〈Alexandria 도서관〉과 박물관은 이교사상의 가장 좋은 본보기로서 금과 보석으로 치장된 상형문자와 이집트 여신들이 이교도 배척의 최초 목표가 되엇다. 결국 AD. 391년에 〈Serapeum〉은 기독교 집단에 의해 침해당했으며 사원은 교회와 수도원으로 바뀌었다. 이때 이후로 Alexandria는 학문의 중심지로서의 위치를 다시는 회복하지 못했다. 이것이 실질적인 〈Alexandria 도서관〉 소멸을 의미하는 것으로 간주될 수 있다.

---

65) Richard A. Desroches. The Library at Alexandia. *Current Studies in Librarianship.* vol.7, no.1&2(1983). pp.25-27.
66) ibid. p.26.
67) Anne Holmes. The Alexandrian Library. *Libri.* vol.30, no.4(1980). pp.291-292.

마지막으로 AD. 642년경 Omar장군 지휘하에 Muslim들의 침공으로 남아 있던 〈Alexandria 도서관〉 일부분 마저도 망각의 늪 속으로 완전히 사라지게 되었다. Omar는 Alexandria 시민들을 이슬람으로 개종시키기를 원했으며 〈Alexandria 도서관〉을 파괴하기 위하여 다음과 같은 3단논법을 사용하였다.

만약 〈Alexandria 도서관〉이 코란에 적대적인 책을 갖고 있다면 그것은 파괴되어야 한다.
만약 〈Alexandria 도서관〉이 코란의 가르침과 일치하는 책을 갖고 있다면 그것은 불필요하며 따라서 파괴되어야 한다.
〈Alexandria 도서관〉의 책은 코란의 가르침과 적대적이거나 동조적이다. 고로 〈Alexandria 도서관〉은 파괴되어야 한다.[68]

이와 같이 3단논법을 통한 Omar의 명령으로 "도서관장서는 Alexandria 대중목욕탕의 연료로 사용했고 6개월 동안이나 열기를 유지"[69]했으며, 이후 Alexandria에는 다시 도서관 부흥은 없었다. 그러나 최근 UNESCO에 의한 인류문화 유산의 복원차원에서 〈New Bibliotheca Alexandrina〉 운동으로 복원되었다.

9.2.3 알렉산드리아 학파

2세기 말경부터 3세기까지 기독교에 대한 로마 제국의 태도는 황제에 따라서 전보다는 비교적 유동적이었다고 할 수 있다. 그와 함께 교회는 그 세력이 더욱 확대되어 갔으며, 사회 계층적으로도 상당히 높은 계층에까지 교회의 세력은 팽창되었다. 이와 같은 시기에 교회는 세 주류의 신학사상의 맥을 형성하게 되었는데, 첫째가 〈알렉산드리아 학파(Schola Alexandrina)〉, 둘째가 〈안티옥학파(Antiockian school)〉이며, 셋째가 〈서방학파〉이다. 이 중 〈알렉산드리아 학파〉는 현재 이집트 Alexandria시를 중심으로 형성되고 발전한 학파이다.

---

68) Jesse H. Shera. *Introduction to Library Science.* Littleton, Libraries Unlimited, Inc., p.16.
69) E. A. Parsons. *The Alexandrian Library : Glory of The Hellenic World.* New York, American Elsevier Publishing Co., Inc., 1967. p.371.

Alexandria는 기원전 331년 Alexandros 대왕에 의해 건립된 도시로 대왕의 사후 이집트에 수립된 Ptolemaios 왕조의 수도가 되었으며, 기원후 641년 아랍군에 의해 함락되기까지 천년의 고도(古都)로서 위엄을 자랑했다. 건립된 지 오래지 않아 이 도시는 고대 문명의 새로운 중심지로 급성장했다. 그런데 이 신흥 도시가 품어 안은 문명의 이상은 더 이상 협소한 도시국가(polis)의 테두리 안에서 전개된 고전기 그리스 문명이 아니었다. 바야흐로 인종적, 민족적, 지역적 경계를 넘어 하나의 세계 문명을 지향하는 '헬레니즘(Hellenism)' 시대가 열린 것이다.

정치사에서는 Alexandros 대왕이 동방 원정에 나선 기원전 334년부터 Ptolemaios 왕조의 마지막 왕인 Cleopatra VII세가 악티움 해전에서 Octavianus에게 패한 기원전 30년까지의 약 300년간을 '헬레니즘 시대'라고 한다. Alexandros 동정(東征)으로 출현한 헬레니즘 문명은 고전 그리스 문명과 고대 동방문명이 융합돼 창출된 것으로, 문명사에서 '유럽과 아시아의 결혼'으로 일컬어진다. 헬레니즘은 에게 해 중심의 그리스 세계를 '서(西)'로 하고, 이집트를 포함한 고대 오리엔트 세계를 '동(東)'으로 하는 동서 문명 통합의 산물이었다. 헬레니즘은 철학에서는 세계시민주의(cosmopolitanism)로, 종교에서는 제설통합주의(syncretism)로 대변된다. 실제로 헬레니즘 시기 이름난 철학자의 대다수는 그리스 본토가 아니라 시리아, 이집트 및 아랍 출신이었으며, 신들의 이름이 상호 교환되기도 했고, 이집트-그리스 신(神) 사라피스와 같이 하이브리드 신이 만들어지기도 했다.

'지중해의 진주'로 불린 Alexandria는 헬레니즘 세계의 최대 무역항이었다. 지중해 연안 도처로부터 배가 들어왔다. 어떤 배들은 몬순 바람을 이용해 인도의 서해안에서 홍해를 거쳐 비단과 향료를 들여오기도 했다. 기원전 3세기 기록에 따르면, 배 한 척이 한 번에 향료 60상자, 코끼리 상아 100t, 흑단 135t을 실어 나르기도 했다. 인도와 중국을 '동'으로 하고 헬레니즘 세계를 '서'로 하는 확장된 의미의 '동서무역'은 고대인들의 세계 지평을 현저히 확대했다.

Alexandria는 그리스인이 이집트에 세운 '그리스' 도시였지만, 그리스인 외에도 이집트인, 페니키아인, 아랍인, 누비아인 등 다양한 인종적, 민족적, 문화적 배경을 지닌 사람들이 함께 어깨를 비비고 사는 곳이었다. 이처럼 '고대의 뉴욕'이라 할 만한 Alexandria는 고대사에서 최대 규모의 유대인 공동체가 자리한 곳이기도 했다. 기원전 3세기 초엽, Ptolemaios II세는 그리스 말을 사용하는 유대인을 위해 학자 70여 명에게 히브리어 구약 성서를 그리스어로 옮기도록 요청했으며, 그 결과 유명한 '70인역 성서(Septagiant)'가 세상의 빛을 보게 됐다. 필로(Philo of Alexandria, BC. 약 20/15~AD 약 50년)의 종교사상이 이곳을 근거로 하고 있었음도 이해될 수가 있다.

4세기경부터 642년 이슬람교도의 점령이 있기까지 Alexandria에서 전개된 플라토니즘, 아테네 학파와 밀접한 관계가 있어, 이 파에 속하는 히에로클레스(Hierocles of Alexandria), 헤르미아스(Hermias), 암모니오스(Ammonios)는 원래 아테네 학파 출신이다. 그러나 종교적 · 신비적 색채가 농후한 아테네 학파에 비해, 이 학파에서는 텍스트를 주해하는 학문적 관심이 지배적이어서, 플로티노스(Plotinos, 203~269) 이전의 이른바 2세기의 중기 플라톤주의의 전통을 계승하였다.

양파 사이에는 대립도 있어, 예컨대 Platon의 『티마이오스(*Timaeos*)』에서 볼 수 있는 우주창조를 무시간적(無時間的) 과정이라고 보는 아테네 학파의 프로클로스(Proclos)와 시간적인 것으로 보는 이 학파의 심플리키오스(Simplicius of Cilicia)와의 논쟁은 그 한 예이다. 또한 이 학파는 그리스도교에 가까운 플라톤 상(像)을 제시하였다. 이를테면 암모니오스(Ammonios Sakkas, 175~242)와 함께 이 파의 최초의 대표적 인물인 히에로클레스(Hierocles of Alexandria)는 '무(無)에서의 창조'라고 하는 그리스도교와 지극히 유사한 발상을 전개하였다. 그런 점에서 이 파는 중세에서의 그리스도교적 철학, 즉 그리스 철학의 그리스도교화(敎化)를 위한 선구적 역할을 하였다.

그러므로 〈알렉산드리아 학파〉란 고도의 학문 연구를 위해 2세기 중엽 Alexandria에 세워진 최초의 그리스도교 학파를 지칭한다. 최초의 유명한 지도자들(Pantaenus · Clement of Alexandria · Origenes) 아래서 이 학파는 알레고리적 성서 해석방법의 중심지가 되었고, 그리스 문화와 그리스도교 신앙을 절충하는 사상을 따랐으며, 교리의 변화가 심한 시기에 이단적인 주장들에 맞서 정통 그리스도교 가르침을 확립하려고 애썼다.

초기 〈알렉산드리아 학파〉를 형성하는 데 결정적인 역할을 담당한 대 학자는 Origenes(185~254)였다. 그는 이전의 교회 문필가들과 사상가들은 기독교 사상사에 있어서 하나의 서곡에 불과하다 할 정도에 지나지 않는다. 그 만큼 Origenes의 사상은 폭이 넓었고 깊었다. 그에 의해서 새로운 세기의 그리스도인들이 필요로 했던 포괄적이고 정신적이며 교회적인 자의식이 창출될 수가 있었다.

그의 사상은 교회로 하여금 좁은 영역을 넘어서 역사적 발전의 전환점을 맞게 하였다. 사실상 그 이후 그의 사상은 헬라 신학의 방향에 있어서 1세기 이상을 지배했었다. Origenes는 185년 혹은 186년 경에 Alexandria의 기독교 가정에서 태어나서 기독교적으로 양육 받은 첫 번째 교회 문필가요, 사상가였다. 그렇기 때문에 그의 기독교는 그 이전의 대부분의 교회 문필가들과는 달리 교회 내부에서와 삶의 경험에서 이해하고 발전시킨 것이었다. 그의 부친 Leonides는 Alexandria에서 수사학의 교사로 있었기 때문에 Origenes는 어릴 때부터 아버지와 Alexandrian Clement 밑에서 수학, 수사학 등 일반 학문 뿐만 아니라 기독교에 대한 지식을 배울 수가 있었다. 그러므로 그는 다른 기독교 문필가들과는 달리 교회를 세상에 알리고 이해시키기 위하여 별다른 교량이나 진입로를 찾지 않아도 되었다.

그에게는 오히려 기독교 신앙이 진리의 중심이었으며 이 중심으로부터 모든 것을 전망할 수가 있었다. 그의 정신적인 발전은 누구보다도 순조로웠다. 오랫동안 여러 철학 학파를 전전한 일도 없었으며, 따라서 광신이나 타협 없이 이루어졌고 깨어진다든가 파손됨도 없이 그의 정신적 발전은 형성되어 갔었다. 그러므로 교회사가 Eusebius는 Origenes를 가리켜 말하기를 이 사람은 결코 한 순간도 시간을 허송하거나 내적인 저지를 당하지 않았다는 인상을 받는다고 하였다. 그의 기독교에 대한 지식은 단순한 지식, 즉 책을 통해 얻는 지식, 가슴으로가 아닌 머리만으로 아는 지식, 삶과 연결되지 못한 지식이 아니고 삶을 통한 기독교 이해이기 때문에 그의 신앙은 철저한 데가 있었다. 그는 위대한 문필가였을 뿐 아니라 동시에 위대한 신앙인이었다. 지식과 삶이 일치되었던 사상가였다.

Origenes의 사상은 그가 남긴 저서를 통해 알 수가 있는데, 전하는 바에 의하면 그는 매우 다작을 한 사람이어서 모두 6천여 권의 저서를 남기었다고 한다. 물론 여기서 말하는 권이 얼마만 한 분량의 것인지 알 수가 없다. 그는 많은 글을 쓴 다작가였는데 그러나 불행하게도 현재 남아있는 것은 지극히 일부분에 지나지 않으며, 그의 글이 다른 사람의 글에 단편적으로 인용되어 있는 것도 있다. 이와 같은 자료를 통하여 그의 사상을 엿볼 수밖에 없다. 그가 쓴 저서 가운데서 현재까지 전해지고 있는 것으로 『기도론』, 『순교론』, 『부활론』 등이 있는데, 이것들은 실천적인 성격을 띤 것들이다. 즉 직접 신앙생활에 필요한 교훈들이 담겨져 있다. 그의 저서 중에서 보다 중요한 것은 성서에 관한 것과 교리적 사상에 관한 글들이다.

성서에 관한 글로써 가장 유명한 것이 서로 다른 히브리어와 그리스어 번역을 비교할 수 있도록 6개의 난에 병행하여 제시해놓은 『헥사플라(Hexapla)』라는 것인데, 이것은 성서본문 비교 연구의 최초의 것으로 매우 가치가 있는 저서이다. 이것은 물론 구약에 국한 한 것이지만, 그 형식을 보면 모음이 없는 히브리어 원문과 발음을 확실하게 하기 위해서 헬라어로 된 원문 두개의 원문에다, 70인역(Septagiant), 아킬라역(Aquila), 심마쿠스역(Symmachus), 데어도숀역(Theodotion) 등 4가지 헬라어 역을 나란히 써 놓음으로써 한 가지 성서 본문을 6가지 말로 읽을 수 있게 하여 성서본문의 뜻을 보다 분명히 알 수 있게 하려고 한 것이다.

또한, Origenes의 저서 가운데서 교리적인 것은 『캘서스에 대한 반박(Contra celsus)』과 『원리론(De Principls)』을 들 수 있다. 『원리론(De Principls)』은 구원적인 사물에 관한 글인데 그의 스승이었던 Clement의 『스트로마타(Stromata)』에 비해 매우 조직적인 책으로서 기독교 신앙을 최초로 가장 조직적으로 기술한 조직 신학서라 할 수 있다. 이 책은 모두 4권으로 되어있는데, 제 1권에서는 하나님과 그리스도와 성신에 관해서, 제 2권은 창조와 성육신, 부활과 심판에 관해서, 제 3권은 자유에 관해서, 그리고 제 4권은 성서에 관해서, 즉 영감, 권위, 해석 등에 관해서 언급하고 있다. 이와 같은 조직적인 글을 남기었기 때문에 우리는 비교적 쉽게 Origenes의 사상을 연구할 수가 있는 것이다.

그의 사상 가운데 종말론 또는 역사 이해는 매우 특이해서 전체적으로 말하면 헬라적 윤회사상과 직선사관을 동시에 가지고 있다. 그에게 마지막 근원의 때는 모든 만물이 다 근원을 얻는 때인데, 그때 그는 다시 하락의 가능성을 열어 놓고 있으므로 또 다시 근원사의 되풀이를 암시하고 있다. 창조와 구원과 타락의 되풀이가 그에게 있다. Origenes는 결론적으로 말하면 그는 엄격하면서도 착한 마음씨에다 철두철미하게 깨끗한 인격자였고 오직 정신적 연구와 금욕적 경건성에만 헌신한 학자이다. 특히 조직적 사상가로 어떠한 적수에게도 지지 않는 사람이었다. 그는 철학적이 아닌 교회적 유산과 그 당시 영지주의적 또는 신 플라톤주의적 경향과를 더 높은 정신적 수준에서 결합시켜 학문적, 신학적 전체를 이루어 놓은 사람이었다.

Alexandria의 학풍은 1,000년의 기간 동안 시대별로 다음과 같이 다섯 단계를 거쳤다. 첫째, 초기의 학문적 주류는 Aristoteles에 영향을 받아 자연과학을 장려했다. 이 시대의 대표적인 학자들은 Euclid와 Eratosthenes였다. 둘째, 서기전 150년 이후로는 플라톤적인 철학이 중심 역할을 하면서 형이상학과 종교학이 발달했다. 셋째, 서기 1세기에는 Philo를 중심으로 하는 유대교 학파의 전성기였고, 넷째, 이어서 서기 150년 이후는 클레멘트(Clement)와 오리게네스(Origenes) 같은 기독교 교부 철학자들이 활동했다. 그리고 마지막 시기로는 서기 350년 이후부터는 소위 〈알렉산드리아 학파〉 즉, 고대 도시 Alexandria에서 형성된 그리스도교 신학의 일파를 일컫는다.

3세기 무렵 클레멘트(Titus Flavius Clemens, 150~215)가 창시하여 5세기 무렵까지 번성했는데, 그 제자로는 Origenes가 유명하다. 이들이 Alexandria 신학교를 창설한 것이 가장 오래된 학교이다. 그 신학적 특징은 헬레니즘적 유대교나 신플라톤주의를 수용하면서 신앙과 이성의 조화 및 통합을 지향하며, 성서 해석에서는 비유적 해석법을 사용하는 것이 특색이다. 4~5세기는 아타나시우스(Athanasius, 296~373), 아폴리나리오스(Apollinarios), 키릴로스(Kyrillos) 주교 등으로 대표되는데, 3세기의 특징이 호교적(護敎的)·철학적인 반면 이들은 교권적(敎權的)·정통주의적 특징을 지니고 있다.

Alexandria가 후대에 남긴 가장 의미있는 철학적 유산은 플라톤주의에서 신플라톤주의로 전환한 일일 것이다. 플라톤주의는 '누스(Nous; 우주의 정신 혹은 신성한 정신)'를 지고(至高)의 원칙과 같은 것으로 보아 그 원칙을 어떤 경계 속에 가두는 반면, 신플라톤주의는 '초월적' 일자'를 지향하는데 이 '일자'는 정의할 수 없는 존재이므로 모든 경계를 '초월'한다고 본다. 이 신플라톤주의는 3세기에 Alexandria의 학교들을 통하여 서서히 발전했는데 이 철학은 후대에 들어와 서구 세계의 신비주의와 신학에 엄청난 영향을 미치게 된다.

〈Bibliotheca Alexandrina〉에서 연구에만 몰두했던 학자들은 도서관 창립 당시 최고의 문법학자였던 Zenodotu, 인류 최초로 지구의 둘레를 측량한 연대지와 지리학의 창시자인 Eratosthenes, 천문학자인 Hipparco, 수학문제와 씨름하고 있는 왕에게 '기하학에는 왕도가 없다'는 유명한 말을 한 기하학자 Euclid, 지식의 저장고가 심장이 아니라 두뇌라는 사실을 밝혀낸 헤로필리우스(Herophilus), 위대한 기계공학자 Archimedes, 지구가 우주의 중심이라는 설을 주장하여 실로 1,500년 동안 서구 세계를 지배한 천문학자 Ptolemy, 그리고 〈Bibliotheca Alexandrina〉가 이교도의 성전이라 하여 Alexandria 교회의 키릴(Cyril) 주교의 사주를 받은 야만적인 기독교인들에게 머리가죽이 벗겨지는 참혹한 최후를 맞는 여성 수학자이자 학자 사서 히파티아(Hypatia) 등 그 수를 헤아릴 수 없다. 이 도서관의 학자 사서들을 흔히 〈알렉산드리아 학파(Schola Alexandrina)〉라고 부른다. 주들과 국가의 지원, 정보와 학문, 이러한 것들이 적절히 어우러진 〈Bibliotheca Alexandrina〉는 '싱크 탱크'인가 하면 대학원이었고, 관측소인가 하면 실험실이었다. 하지만 Alexandria는 도시 자체는 사람, 물건, 사상이 원활하게 소통되는 교역의 중심지였다. 〈알렉산드리아 학파〉에 속한 학자들 거의 모두가 〈Bibliotheca Alexandrina〉의 학자사서로서 관장직을 역임한 인물들이라고 할 수 있다.

9.3. 학문의 동진

고대 세계에서 중세로의 이러한 전이를 통해 나타나는 동로마제국에 있어서의 고전 학문의 쇠퇴는 서방에 비해 급작스러운 일이 아니었다. 동방에서는 고전 작가들에 대한 편견이 강하지 않았으며, 서방과는 달리 고전 학문에 대한 관심을 버리지 않았다. 서기 330년 Constantinople이 창건되자 Constantine은 Bosphorus의 새 수도에 도서관을 건립하는 조치를 취했으나, 그 장서의 규모는 대단치 않았다.

그는 황실의 도서관이라는 개념보다는 그의 새로운 대 사원에 걸맞는 정교한 서재를 구축한다는 개념에 보다 관심을 둔 듯싶다. Constantine의 아들과 후계 황제들은 그 시조보다는 황실 도서관의 측면에 보다 관심을 보였으므로, 도서관의 장서는 규모를 갖추게 되었고, 다수의 학자들이 필사본을 필사하기 위하여 필사자로 채용되고 그 장서의 우수성 유지에 전념하게 됨으로서 곧 그 도서관은 중요한 도서관이 되었다.

477년에 Constantinople 소요사태 기간 중 방화로 유실될 당시 그 장서는 10만 두루마리 이상이었던 것으로 알려지고 있다. 그러나 황제 Zeno는 곧 도서관을 재건하고 수 년 내에 부흥기를 맞는다. 이 당시의 다른 두 개의 도서관에 대해서도 언급되어야 하는데, 하나는 Academy의 도서관으로 수세기 동안 유지된 뒤, 그 쇠되 후에 〈Constantinople 대학도서관〉으로 명맥을 유지하게 된다.

약 850년경에 설립된 이 대학은 근동지방에서 으뜸가는 학문의 중심지 중의 하나로 자리잡게 되는데, 그 거대한 도서관으로 11세기 Byzantine 르네상스 시대에 중요한 역할을 맡았다. Constantinople의 제 3도서관은 동방교회의 성도인 Patriarch의 도서관이다. 그 밖에도 왕국 내에 여러 종교도서관이 있었는데, 그 대부분은 Constantinople 부근의 Studium 수도원의 Theodor 대수도원장에 의해 설립되었다. 약 825년 경 Theodor는 Studium에 하나의 도서관과 필사본을 필사하기 위한 필사실, 그리고 성직교육을 위한 학교를 세웠는데, 이는 중세 후기의 전형적인 수도원 도서관의 전형이 되었다.

13세기에 접어들어 수많은 내전과 외침을 견더낸 영광의 Byzantium은 서서히 쇠락의 길로 접어들었다. 북부 십자군은 2세기 후의 Turks족이 침략시 자행했던 것보다 더 도서관 및 문화재 파괴를 저질렀다. 그러나 Constantinople은 그리스 문학과 예술 작품들이 중세를 거치면서 서구에서 사라질 와중에 보존했다는 점에서 서양 문명사에서 중대한 의미를 갖는다. 1200년 이전에 이미 필사본들의 서유럽 반출이 시작되고 있었지만, Byzantium 제국의 멸망 이후 서적은 서유럽과의 주요 교역품목이 되었다. 따라서 르네상스의 시작은 Byzantium에서 그 기원을 찾을 수 있다고 해도 좋다.

그러나 Constantinople은 중세 기간 중 동지중해의 유일한 문화 중심지는 아니었다. 이슬람 시대가 7세기 초 시작되었고, 이슬람교는 Persia에서 Moroco에 이르는 아랍 세계의 대부분을 휩쓸었다. 약 8세기에 걸쳐 아랍인들은 동방 기독교와 더불어 학문 보존에 있어 중요한 자리를 공유할 수 있었던 군사력과 학문 문화를 발달시켰다.

아랍의 학문 전파에는 두 가지 영향력이 있다. 그 하나는 종교 및 세속 생활에 적합한 표준화된 아랍어로서, 대부분 구전의 의사소통 수단을 기록 문학의 체계로 전이토록 하였으며, 두 번째로는 약 800년 경 중국으로부터 들어온 종이의 수입을 들 수 있다. 종이 제조의 기술은 지중해 전역으로 전파되어, 약 950년경에는 Spain에까지 이르렀다. 이러한 구전에서 문자 소통체계로의 전이는 쉽게 이용할 수 있었던 저술 자료와 더불어 그 의미를 부인하기 어렵다. 역사상 당시만큼 책이 부유층 사이에서 높은 위상을 가진 적은 드물었다.

이슬람 세계 최초의 중심지인 Damascus의 Umayyid 왕조는 7세기 중에 상당량의 종교 및 세속 도서가 반입되었던 왕립도서관을 건립하였는데, 법률, 의학 및 과학 등에 관한 필사본들을 필사하기 위해 대출하거나 확보하였다. 그 장서는 국가의 공식 문서보관소 구실도 하였는데, 이는 후에 장서의 나머지 부문과 분리된다. 더욱이 아랍인들은, 5세기 말엽 Syria로부터 Flavius Zeno 황제에 의해 반입되어 Nestorian 기독교도들이 세운 대형 그리스 문화의 전당을 Persia에 건립하였다. 이들 고전은 이슬람인들에 의해 아랍어로 번역되었으며, 잔존한 그리스 문학도 약 750년경까지 그 과정을 겪었다. 그러나 이슬람 학문의 전성기는 Abbasid 통치자 즉 Caliphs(750-1100) 대에 이르러 도래한다. Caliphs는 Baghdad를 Moslem의 수도로 삼고, 특히 유명한 아라비안 나이트(Arabian Nights)에 나오는 Harum el-Rashid는 거대한 대학을 세운다. 특히 al-Mamun 대왕 시대에 도서관과 실험실을 갖춘 대학이 유명하였다. 과학이 강조되었으며 Spain과 India의 도서관까지 관련된 자료를 탐색하였다. Baghdad의 도서관은 그 목적에 관계없이 모든 학자에게 문호가 개방되었고, 10세기경에 이르러 이들 도서관은 이슬람 세계의 모범이 되었다.

1228년 Madrid시를 방문하였던 지리학자인 Yakut al-Hamawi는 약 12개의 그곳 도서관이 대중에게 개방되고, 그 대출방식이 매우 자유스러워 한 때는 장기 대출의 허용으로 그의 방에 200권의 책을 가지고 있었다고 기술하고 있다. 이슬람 세계 전역의 도서관과 서적의 수효는 매우 방대하여 서양 기독교 세계가 제시하는 그 어떤 것도 이에 훨씬 못 미쳤다. 이슬람의 영향은 Spain에까지 이르러 이슬람 문화와 학문의 전당이 Cordoba, Seville, Toledo 및 기타 도시들에 건립되기에 이르렀다.

이슬람 도서관의 뛰어난 특징에서 광범위한 분포상태는 별문제로 하고, 그 학문적 폭에서 찾을 수 있다. 비록 그것이 종교적 열정에서 영감받은 바 크지만, 그로 인해 학문적 애정을 압도하거나 제한하지는 않으며, 이러한 자유로 인하여, 동시대 기독교도의 그것보다 이교(異敎)의 견해에 대하여 보다 호의적이었다.

오늘날의 도서관 기준에서 판단해 보더라도 이슬람 시대의 도서관은 놀랍도록 현대적이다. 종교 분야가 압도적인 강세를 보이기는 하나 보유 범위는 시가, 설화, 의학, 법학, 천문, 연금술, 마술, 철학, 수학, 웅변 및 다양한 교본과 사본 등 지식의 전체 분야를 망라하고 있다. 파피루스나 양피지도 상당수 존재하지만, 도서의 대부분은 코덱스(codex) 형태로 되어 있었다.

장서의 배열은 주제별로 분류되어 있었던 것처럼 보이며, 도서관의 가장 큰 방에는 특정 지식 분야의 서적이 할당되었다. 도서들은 30권에서 50권에까지 커다란 원장에 목록 되었고, 주제별로 리스트 되었다. 제본, 서법(書法) 및 도해 기술이 사용되었는데, 주로 거부들의 사설 도서관에서 최고의 솜씨로 만들어진 것을 볼 수 있다. 이들 사설 도서관들 역시 종종 학자들에게 개방되었다.

불행하게도 이슬람의 도서관 역시 지중해 세계에 가해진 고통의 전철을 밟았다. 전쟁으로 인한 대규모 파괴는 물론이고, 12세기 이후 학문의 쇠퇴로 이어지며, 이후 North Africa와 Spain의 학문만이 200여 년간 잔존할 뿐이었다. 그러나 가장 대대적으로 손상을 입힌 책임은 11세기에서 13세기에 이르는 북부의 십자군에게 있다. Syria와 Palestine 및 North Africa 일부에서 기독교도들은 수세기전 야만족들이 Italy에게 가했듯이 도서관을 파괴하였다.

13세기에 Genghis Khan이 이끄는 몽고의 침입 역시 도서관들을 무자비하게 파괴하였다. 비록 몽고족이 이슬람을 오래 지배하지는 않았으나(1260년 축출됨), 엄청난 문화재 파괴를 저질러 결코 복원되지 못했다. 14세기 초엽 Baghdad에서 복원 시도가 있었으나, 1393년 Tamerlane의 침입을 재차 받게 된다. 그처럼 막대한 자원의 파괴가 없었다면 이슬람 문화는 서구 문화와 르네상스에 보다 큰 영향을 주었을 것이다.

그럼에도 불구하고 이슬람 세계는 Spain에 남아 있는 채취와 함께 르네상스의 선구자로서 Constantinople에 비견된다. 또한 비록 십자군이 이슬람 도서관의 상당수를 파괴했지만, 서유럽과 동지중해를 연결하는 역할을 하였다.

9.3.1 중세 서방

북방의 야만족 침입과 Roma 제국의 쇠퇴와 멸망으로 서유럽에는 거대한 암흑기가 도래한다. 중세는 특히 이해가 곤란한 시대이다. 왜냐하면 문화적으로 우리가 암흑기의 중세보다 고대 Greece와 특히 Roma와 보다 유사하기 때문일 것이다. 중세 세계는 한쪽으로는 기독교 사도(Apostolic Church)들이 들어오고, 다른 한쪽으로는 Roma 가톨릭 교회가 출현한 터널에 비유되곤 하며, 그 가운데서 무슨 일이 일어났는지는 아무도 모른다.

예를 들어 영국은 Roma 군단의 철수와 함께 엄청난 혼란과 분규에 휩싸여, Denmark의 침략에 쉽게 무너지게 된다. 앵글로색슨 연표에 보이는 영국인들의 영웅적 투쟁에도 불구하고 많은 전투가 Ashdown 전투처럼 "그러나 Denmark인들이 들판을 차지하였구나(pa Deniscan ahton waekstiwe gewwald)"라는 비극적 구절로 끝났다.

중세의 도서관이 고전 세계의 도서관으로부터 언제 출현한 것인지 정확하게 아는 사람은 없지만, 후자의 상징은 파피루스와 독우피(犢牛皮; vellum)이며, 전자의 상징은 양피지 코덱스라는 것으로 충분하다. 그러나 수 세기 기간 중세 도서관은 Greece-Roma의 원형보다도 열등할 정도로 매우 열악하였으며, 그 수준은 수도사가 수도원 계율을 어긴 벌로써 임무를 부여받아 힘들게 필사한 필사본으로 이루어진 장서보다 조금 더 나은 상태였다. 따라서 그 장서수가 너무 빈약하여 대개 궤짝에 보관되었다. 당대의 주요 서적으로는 성서류, 그 교회 신부의 문집, 혹은 교회의식에서 사용되던 전례서(典禮書)였다. 그러나 이러한 적은 양의 문화의 파편이나마 전해지지 않았던들 서구문화의 전통사는 현재의 모습과 매우 달랐을 것이다.

통상 중세의 필사본을 채식(彩飾)들로 화려하게 장식하고 '시간의 책(Books of Hours)'처럼 부자들을 위해 다양한 색채와 금박으로 장식한 아름다운 것으로 간주하는 경향이 다분하다. 그러나 이러한 소중한 물건들은 희귀한 경우이며, 전형적인 중세 필사본들은 실제로는 엉성하여 매우 열악한 물리적 조건하에서 수도사들에 의해 부주의하게 필사된 것들이 대부분이다. 양피지는 부족하고 수도사들은 바쁜 일에 매달려야 했기 때문에, 이전 문장(紋章)들은 찢겨져 나갔으며 그 위에는 새 문장들이 쓰여졌다.

이처럼 유럽 역사의 암울한 시기에 발생한 고전 저작들의 파괴 정도를 측정할 수는 있는 사람은 아무도 없지만, 서적들이 동쪽으로 반출되었음에도 불구하고, 그 손실이 매우 컸으리라는 것은 틀림없는 사실이다. 수도원의 원형과 마찬가지로 바티칸 도서관의 전신인 교황 도서관의 원형도 역사 속에 유실되었다. 그러나 약 700년 경에야 사자실(Bibliothecarius)을 발견하게 되었지만 초기의 도서관은 교황청 문서보관실과 연관이 있었다.

도서관사에 관한 한 중세에서 가장 중요한 인물로는 Magnus Aurelius Cassiodorus가 있는데, 그는 로마 동고트족 통치자인 Theodoric의 시정관으로 550년경 공직을 은퇴하고는 Vivarium에 수도원을 창건하였다. Cassiodorus는 그의 방대한 개인 사설 도서관을 이용해서 수도원의 장서를 꾸몄다. 그러나 수도원 자체보다 중요한 것이 수도원, 그 도서관 및 필사실의 운영을 위한 규약과 원칙의 제정이었다. 이 『Institutiones Divinarum st Secularium Litterarum』에는 중세 학자에게 적합한 도서관 발전을 위한 서적 수집에 관한 최초의 논문이 포함되어 있다. Cassiodorus는 생활에 지식을 도입한 공도 인정받는데, 그의 동시대 사람인 Boethius와 함께 고전을 서유럽에 전파한 공로도 무시해서는 안된다.

Cassiodorus와 동시대에 529년 설립된 Monte Cassino의 성 베네딕트(St. Benedict)의 업적을 들 수 있는데, 그곳을 통해 많은 선교사들이 서유럽 일대에 수도원과 학문의 터전을 일구었다. 이 활동에 있어 Vivarium이나 Monte Cassino보다 훨씬 중요한 것이 5세기 중에 성 패트릭(St. Patrick)에 의해 개종되어 Ireland에서 북유럽으로 온 선교사들이다. 그리하여 방대한 필사본과 서적을 보유한 Ireland에서 르네상스의 진정한 원류를 발견한다. 성 콜룸반(St. Columbon, 543-615)은 Ireland로부터 와서 Switzerland의 Luxeuil, 독일의 Wurzburg와 Sallzburg, 이탈리아의 Bobbio에 수도원을 세우는데, 이 수도원들은 훗날 Vivarium 도서관 보고의 대부분을 인계 받는다.

영국에서는 597년 Gregory 교황에 의해 파견된 St. Augustine에 의해 도서관이 도입된다. 그는 약간의 장서와 St. Benedict가 제정한 도서관 규약을 들여오는데, 이를 통해 Canterbury에 소규모의 도서관이 설립된다. 7세기에 Benedict 주교는 Wearmoyth에 수도원과 도서관을 건립한다. 그는 Wearmoyth와 Jarrow의 장서를 위해 여섯번이나 Roma에 갔다고 한다. 이 기간에 수도원 장서의 성장을 위한 다른 주역으로는 서유럽 최초의 도서관 겸 필사관으로 알려진 프랑스의 Corbie와 북이탈리아의 Bobbio가 있다. 후자는 7세기와 8세기에 전성기를 맞았다.

독일에서는 8세기 중에 St. Boniface가 Fulda, Heidenheim, Fritziar에 수도원 부설 도서관을 세웠다. 그러나 소수의 종교 지도자들의 노력에도 불구하고 6세기에서 9세기에 이르는 기간은 도서관 활동의 융성을 찾아보기 힘들다. 이러한 일반론의 예외는 스페인 기독교에서 발견하게 되는데, 거기에는 다수의 수도원 부설 도서관이 설립되었고, 그 중 Seville의 것이 가장 중요하다. Seville의 주교인 Isadore는 최소한 수 백 권의 장서를 보유하고 있었으며, 그 중 다수는 종교적 기록물이었다. 그 장서는 규모와 각 주제의 범위 덕분에 유명한데, 각각의 덮개에는 저자에게 보낸 시가 있고, 전체 장서에 대한 다음과 같은 한 편의 시도 존재하였다.

여기 고귀한 서책과 신성한 서책이 함께 있나니:
시를 읽고 시가 그대들을 기쁘게 한다면, 그것들은 당신 것이니라.
나의 정원은 가시로 가득하나 꽃들이 함께 하고:
가시가 마음에 들지 않으면 장미를 나눠 갖으리
여기 법전이 경배받는 모습을 보라:
여기 새로운 것들과 오래된 것들이 있노라
독자와 화자는 일치할 수 없으며:
따라서 게으른 수다장이여, 이곳은 그대의 자리가 아니구려

그들의 신앙심에도 불구하고 의심할 바 없이 수도승들이야 말로 '게으른 수다장이(idle chatter)'였는데, 충실한 주교는 이들을 도서관에서 몰아 내기로 결심하였다.

782년에 Tours로 영국의 York 성당학교에서 교육받은 Alcuin이라는 학자가 왔다. 학문과 교육에 깊은 관심을 가지고 있었던 Charlemagne 황제에 의해 프랑스에 들어온 Alcuin은 Tours에 학교와 필사관을 건립하고 필사할 원고를 구하러 영국에 사람을 보냈다. Tours의 주교 Alcuin의 영향력으로 Charlemagne 전역에 수도원과 도서관이 건립되었다. 황제 자신은 Isle-Barbe와 Aachen 두 곳에 왕립도서관을 갖고 있었다.

그러나 Carolingian 르네상스로 알려진 이러한 학문 부흥은 그 시작 이후 오래가지 못했다. 중세 최초의 광대한 서적수집가로 알려진 Charlemagne의 손자 대머리 Charles는 Duns Scotus를 그의 왕자학교로 보내 그곳의 학문을 감독하도록 했다. 서유럽에서는 침입자 고대 스칸디나비아 사람(Norsemen)이 이러한 르네상스를 말살하여 다시 봉건시대로 되돌아갔다. 덴마크의 침입으로 다시 폐허가 된 영국의 상황 역시 마찬가지였다. 거의 동시에 동쪽에서 Huns족이, 남쪽에서는 이슬람이 침입하였다. 수도원의 도서관들은 이러한 혼란 속에 겨우 명맥을 유지할 수 있었으나, 이 기간 중세 도서관은 기관적인 형식으로서의 그 어떤 진보도 이루어 내지 못했다.

주교와 대주교의 공식 임지인 대교회 인근에 발달한 대성당 소속의 학교들은 사제와 신분이 낮은 일반인을 위한 일종의 대학이었다. 이들 학교의 도서관은 수도원의 것보다 나중에 발전했으나, 넉넉한 지원으로 장서는 더욱 방대하였고, 그 내용 또한 종교적인 것들에 국한되지 않았다. 아마도 이러한 유형 중 가장 유명한 것이 영국의 York, Canterbury, Durham, 프랑스의 Notra Dame과 Rouen, 스페인

의 Toledo와 Barcelona일 것이다. 그러나 중세 후기에 이르러 교회는 지식의 보고로서의 독점권을 상실하였으며, 귀족들의 손에 의해 마치 고전시대의 다소 귀족적인 방식으로 도서관이 설립되기에 이른다.

이들 도서관과 마찬가지로 대학교의 전신(前身)들은, 그 옛날 소요학파처럼 스승 주위에 모여 어디든지 그를 따르는 학생 무리들에게 문답식 교육을 통해 수세기간 확장되었다. 13세기경 이들 소그룹들은 연합하기 시작하여 오늘날 우리가 아는 학교 제도를 형성하게 된다. 교과과정이나 학문적 성과를 인정하는 학위의 개념도 서서히 발전했다. 당시 초기의 대학은 수공업자들의 길드와 마찬가지로 학생 그룹의 동맹이었으며, 그 이름 또한 라틴어로 그 어떤 조직단체를 의미하는 유니베르시타스(universitas)에서 기원한다.[70)]

프랑스와 영국, 이탈리아에서 발전한 초기 대학의 개념은 이슬람령 Spain에서 온 듯싶다. 이들 초기 대학교에서는 도서관이 없었고, 학생과 교사 모두 자신의 책을 소유하고 있었다. 예를 들어 파리대학 부근의 서적판매업은 수지맞는 장사였으며, 시에서는 그 거래를 통제하고 학생들이 진본 구입을 보장할 수 있도록 하는 법률을 제정하였다.

학생들이 공동의 숙소에 모이는 관례는 대학의 개념을 태동하게 하였고, 이들은 그 그룹의 용도에 맞는 약간의 장서를 보유하게 되었다. 1250년 Robert de Sorbon은 Paris 대학에 그의 이름을 가진 대학을 설립하고, 그 발전 기금을 기부하였다. 이러한 증여가 장서를 확충시키는 요인이 되었으며, 14세기에 파리대학교의 다른 단과 대학들도 각 단과 대학별 도서관을 세우게 된다. Oxford 대학의 도서관 역사는 복잡하나 약 1350년에 Worcester 주교인 Thomas Cobham의 장서를 기증받아 큰 전기를 맞게 된다. Cambridge 대학교의 도서관 역사도 이와 유사하여 기증이나 유증(遺贈)을 통해 증가된 각 대학의 장서들이 모여 이루어진 것들이다.

진정한 의미에서 중세 대학교는 중세 후기에서부터 르네상스로 알려진 고전 학문으로 복귀하기까지의 전환기에 가교역할을 하였다. 이들은 또한 대학교와 그 도서관들로부터 학문이 다시 태어나는 기반이 되었다.

---

70) '대학'을 의미하는 유니베르시타스라는 말은 널리 조합이나 길드를 의미하며, 중세에는 그렇게 불린 공동체가 많았다. 그러므로 학도들의 공동체는 점차 한정되어 'studium', 'studium generale'로 불렸으니 그것이 곧 '교사와 학생의 학문적 공동체 내지는 조합(universitas societas magistrorum discipulorumque)'을 지칭하게 되었다.

중세 도서관의 고찰은 Richard de Bury와 함께 끝나는데, 그는 매우 야망찬 옥스포드 발전 계획을 수립하였으나 그의 당대에 실현시키지 못하고 1345년에 사망하였다. Richard de Bury는 Durhum의 주교로 훗날 영국의 대법관의 지위에까지 오른 인물로, 비록 저명한 학자는 아니였지만 당대 최고의 영향력 있는 장서가 중의 한 사람이었다. 사망 직전 책과 독서의 즐거움을 기술한 『애서론(Philobiblion)』을 저술하였는데, 이는 오늘날에도 중세 학자의 정신을 밝혀 주는 안목과 학문적 가치를 인정받고 있다.

9.4 중세 수도원의 발전과 도서관

서양에서 중세는 대체로 AD. 300년에서 1300년경까지 약 1천 년간을 지칭하는데[71] 관점에 따라 그 시기를 달리할 수 있다. 교회사적인 입장에서는 콘스탄티누스 대제의 기독교 공인(313년)에서부터 종교개혁의 발발(1517년)까지이며, 정치사적인 입장에서는 게르만의 등장과 서로마의 멸망(476년)에서부터 동로마가 멸망하고 신대륙이 발견되어 초기 유럽의 개념이 깨어지는 시기까지로 볼 수 있고, 경제사적인 측면에서는 봉건제도의 성립과 붕괴를 중세의 상, 하한선으로 잡을 수 있다.[72]

중세 전반에 걸친 역사적 특성을 보면 다음과 같다. 첫째, 중세 사회는 기독교로 통일된 사회였으며, 중세의 가치관, 윤리관이 기독교로 통일되었음은 물론이고, 정치, 경제, 사회, 문화에 이르는 모든 부문에 획일적이라고 까지 할 정도로 봉건적이고 기독교적이다. 둘째, 중세 사회는 최초로 유럽이라는 개념이 형성된 시기였다. 고대 상업문명의 중심지였던 지중해 연안에서 갈리아 지방까지 문화권이 확장되었으며 그래서 제한되었던 고대 문화권에서 탈피할 수 있었다.

이 시기에 Christ교 전파는 필사를 통한 자료의 보급과 학문 연구에도 큰 공헌을 하였다. 9세기에는 Charles 대제에 의해 북유럽이 통일되고 문화가 진흥되어 Carolings 르네상스가 꽃을 피우면서 도서관 문화의 발전을 가져오게 된다. 여기에서는 교회사적 구분법을 따랐다.

---

71) Norman F. Cantor. *The Medieval World: 300-1300.* New York, NacMillan Co., 1963. p.1.
72) 조의설 저. 서양사 개설. 서울, 장왕사, 1962. pp.68-70.

9.4.1 Christ교 문화의 성립

기원전 1세기 중반 이후 Roma는 제정시대에 들어간다. 이 시기의 Roma 문화는 서구세계의 통일적 종교로 성장한 Christ교에 의해서 변용되게 된다. Christ교 문화는 원래 고전 Greece · Hellenism 문화와는 다른 요소를 갖고 있었다. 그러나 두개의 문화는, 한편이 다른 쪽을 구축하는 형태가 아니라, 때로는 대립하는 적은 있더라도, 전체적으로는 융합하여 새로운 서구문화가 싹터 이윽고 중세 Christ교 문화로 이어지게 된다.

역사의 시대구분으로는 고대에 이어 중세가 온다. 시간의 흐름은 무슨 단락도 없이 계속해서 있는 것이지만, 인간사회는 끊임없이 변화하고 있고, 이전의 어떤 시기와 완전히 같을 수는 없다. 하나의 사회는 하나의 현저한 특징을 갖고 성립하지만, 이윽고 그것과는 별도의 것이 태어나, 그것이 명확한 형태를 취해 나타남에 따라서 새로운 사회가 태어난다. 고대에서 중세로의 변환은, 고전 Greece에서 Hellenism 세계, Hellenism 세계에서 로마로의 변환보다 컸다. 그 변환을 재촉한 최대의 요인은, 게르만족 민족의 대이동(375-450년경)이었다.

Christ교는 수난의 시대를 거쳐 4세기 초에 Rome제국 통일의 이념으로 인정되었다. Christ교는 내부 통일을 꾀하고 이교를 눌러 국가 종교관을 나타내는데 이른다. 그 시기와 게르만 민족 대이동이 같았다. Christ교는 그 사회적 대변동도 참고 견뎌내어 중세 최초의 서구 통일국가였던 프랑크 왕국과 연합, 그 뒤 발전의 기초를 만들었다.

중세 최초의 왕권은 당시의 정신적 · 문화적 통일의 상징이던 Roma 가톨릭(Catholic) 교회의 힘을 영토 경영에 이용한 것이다. 그렇지만 초기의 게르만 제국의 왕들은 영지의 확보와 치세에는 열심이었지만, 게르만 고유 문화의 발전은 물론 고전문화의 계승에도 그다지 관심을 갖지 않았다. 그것은 오히려 Rome 가톨릭교회에 맡겨졌다. 그리고 그 실질적인 담당자였던 것이 수도원과 거기에 속한 성직자 · 수도사들이었다.

따라서 중세 초기의 문화적 특징은 Christ교의에 기초를 두는 종교문화의 창성과 고전문화의 계승에 있었다. 그러나 고전문화의 계승은 Christ교 문화의 발전에 활용하는 것을 목적으로 하는 것이고, 〈고전 Greece → Hellenism → 로마〉로의 문화계승과는 다른 것이었다. 오히려 그들 고전문화는 Egypt · Persia를 통일한 이슬람에 의해서 계승되고, 후에 동서교류에 의해서 고대의 학문 · 과학이 그대로의 형태로 중세 서구에 유입되는 장면이 나타나게 된다.

9.4.2 수도원의 기능

수도원은 기독교에 한정되지 않고, 어떤 종교에서도, 종교를 기반으로 인간들의 정신적 활동을 연마하기 위한 결사로서 태어났다. 기독교 수도제는 원시 기독교 시대(기원 1세기의 전반)에 Palestine이나 이집트에서 시작된 기독교도의 공동생활이나 성자의 은둔생활을 원류로 한다. 초기의 수도제에서는 세속을 떠나 황야나 산악지대에 들어가 기도와 고행에 의해서 심신을 단련하고, 기독교리하에 청빈 · 고결하게 사는 것이 목적이었다. 중세에 들어가면 수도원은 로마 가톨릭교회의 하부조직이면서 동시에 서구 사회에서 종교 · 학문 · 경제활동에 있어서 일정한 역할을 다하는 사회적 기관으로서 발전한다.

그 발전의 기초를 쌓은 것이 Nursia의 성 Benedictus(480-550)였다. 성 Benedictus는 Monte Cassino 수도원을 설립함과 동시에, 『Benedict 회칙(Regula megistri)』를 제정하여 수도원의 조직 · 운영, 수도사의 규율 · 일과 · 생활 규칙 등을 정하였다. 이것을 시작으로 서구 수도원은 신앙하에서 청빈 · 정숙 · 복종, 요컨대 '깨끗하고 · 바르고, 강하게 산다'라는 삶의 태도를 추구하기 위해, 기도 외에 자급자족을 위한 노동이나 기술의 습득, 교리의 연구나 성직자로서의 교양을 위한 학문연구를 수도사들에게 부과하게 되었다.

수도원에서의 학문은 독서가 중심이었다. 성 Benedictus가 정한 일과에 의하면 하루 대략 14시간의 일과 중 4시간 이상이 독서시간으로 배정되어 있다. 독서시간은 전부가 단지 단순히 서적을 읽는 데만 소비되었을 뿐이었다. 서적이 오늘과 같이 대량으로 출판되어 유통되고 있는 시대가 아니었기 때문에 서적을 필사하는 것도 학문의 일부였다. 따라서 당연한 일이지만 사본도 이 시간에 포함되어 있었다.

여기에 수도원 도서관 성립의 장이 있었던 것이다.

혼자 필사할 때는 원본을 독서대 위에 얹어두고 그대로 베껴 쓰지만 두 사람의 경우는 한 사람이 곁에서 읽어주면 그대로 받아 적었다고 한다. 원본을 다 적은 뒤에는 첫 페이지나 글의 첫머리를 여러 가지 화려한 색깔로 채색하고, 그 다음 필요한 공간에 삽화를 그려 넣고 원본과 내용이 일치하는지 한 자 한 자 검열한 후 제본하게 된다. 수도원은 기독교 중심사회에서 중세 전반기를 통하여 당시의 사회를 정신적으로 지배하는 중심체가 되었다.

9.4.3 수도원 도서관의 성립

수도원은 어떻게 중세의 서적과 도서관에 관계된 것일까. 도서와 도서관의 역사에 기독교 수도원이 등장하는 이유는, 이상에서 서술한 배경에서처럼 분명하다. 그러면, 수도원은 어떻게 중세의 서적과 도서관과에 관계된 것일까를 고찰해 보고자 한다. 수도원 도서관 성립의 근저에는 중세문화가 담당자로서의 수도원 그 자체의 활동이 있었지만, 그 직접적 기반은 수도사들의 과업으로 정해져 있던 그들의 학문연구 활동에 있었다. 그것은 서적의 독서와 서사를 중심으로 하는 활동이었다.

중세 수도원 도서관의 원형은 Cassiodorus(ca.485-580)가 Vivarium으로 불렸던 수도원 내에 마련한 〈서사실(Scriptorium)〉이었다고 알려지고 있다. Cassiodorus는 Monte Cassino 수도원을 세운 성 Benedictus와 달리, 그 생애의 대부분을 게르만의 일 부족 Goths족의 왕 Teodricus(456-526)와 그 후계자의 고급관료로 있었다. Teodricus는 남이탈리아를 다스리고 문화사업에도 열심이었다고 전해지고 있다.

중세 초기의 저명한 학자 Boetius(480-524)도 이 게르만의 왕을 섬기고 있었다. Cassiodorus는 70 나이에 은퇴하여 여생을 Alexandria에 있던 학문부의 재현에 걸었다. 그것은 그의 오랜 꿈이기도 했다. 그 재흥을 당시의 로마 교황에게 청원한 적도 있었지만, 그 광대한 꿈은 실현되지 않았다. 부득이 Cassiodorus는 은둔의 땅에 〈Vivarium〉을 설립하여 성직자 교육에 뜻을 두게 되었다. 당시의 성직자는 그 모두가 생애를 신에게 바치고 일생을 마감한 것은 아니었다. 때로는 중세 제왕의 궁정에서 고급 관료로서 행정에 관여할 때도 있었다. Cassiodorus의 성직자 교육의 목적은 이 점에 있었다.

Cassiodorus는 『성전연구입문(Institutiones divinarum literarum)』, 『속전연구입문(Institutionesse cularium literarum)』, 『정서법(Deorthographia)』을 저술하여 수도사들에게 전해주고 있다. 〈성전 · 속전〉에 관한 두 개의 연구 입문서는 독서를 진행시키는 데 있어서 문헌 해제와 학습지도서로, 그 시대까지 저술된 성서 · 교의연구 등 기독교 관계문헌과, 그리스 · 로마의 고전적에 관한 해설서였다. 『정서법』은 수도사에게 바른 '서사기술'을 몸에 익히게 하기 위한 교과서로 철자법이 중심이었다.

Cassiodorus는 〈Vivarium〉에 독서와 사본을 위한 작업장과 서사실을 마련하였다. 그러나 그 시설, 설비는 특별한 것은 없고 수도원 내의 비교적 넓은 방이나 회랑의 한구석에 마련된 것뿐이다. 이 장소에는 서적을 보관하는 장소나 독서하는 장소와의 구별은 없고 정원창(fenestra)으로 불린 뚜껑 달린 나무통 · 본궤(本櫃)나 교회의 의식용품 · 성기구(聖器具) 등을 보관하는 장(armaria)으로 불리는 서가가 있어 사본의 서사나 독서를 위한 책상 · 탁 · 의자가 놓였을 뿐이었다. 이러한 서사실이 그 후 각지의 수도원에도 설치되게 되고, 그것들이 이윽고 중세 수도원 도서관으로서 발전하게 되었다.

중세의 도서관은 수도원과 대성당, 교회의 보호 아래에서 그 기반을 확고히 다져 나갔다. 특히 수도원은 교육과 연구의 중심지로서 도서관 문화의 형성에 중요한 역할을 하였다. 성서는 모든 도서관의 기본 장서가 되었으며, 전례(典禮)와 성서 해석에 관한 책들이 추가된다. 후기에 이르면 신학자들의 저서와 세속적인 문헌도 포함된다. 한편, 이슬람 세계에도 사원을 중심으로 훌륭한 도서관 시설이 갖추어진다. 중세에 접어들면서 도서관 자료의 주종을 이루었던 파피루스 권자본은 양피지의 필사본으로 변화한다.

중세 후기에는 그리스도교의 세속화가 가속화되면서 수도원이 점차 몰락, 수도원 도서관도 같은 길을 걷는다. 이즈음에 새로운 교육기관으로서 중세 대학이 등장하는데, 각 대학에는 교육과 연구를 보조하는 필수적인 시설로서 도서관이 설치되었다. 3세기 이전의 그리스도교 도서관은 예배당, 개인의 장서, 신학교 자료실의 세 가지 모습을 취하며, 건물로서의 교회가 생겨난 것은 나중의 일이다. 초기의 집회는 개인의 집이 예배의 장소로 사용되었기 때문에, 이곳에는 소형의 장서가 갖추어졌다.

『Eusebius의 교회사』에 의하면 예루살렘에 도서관의 존재가 나타난다. 〈Kesariya의 도서관〉은 Origenes에 의해 설립되어 Pamphilus에 의해 발전이 이루어졌다. Pamphilus는 팔레스타인 지방에 흩어져 있는 문헌을 정열적으로 수집하였는데, 그가 순교한 310년에는 도서관에 3만 권의 장서가 소장되어 있었다고 한다. 도서관에는 넓은 서사실이 부속되어 있었으며, 각지로부터의 수요에 따라 성서를 필사하였다. 장서의 이용도 외부에 대하여 상당히 개방적이었다고 한다.

4세기 이후의 도서관 중에서 기록이 남아있는 것은 교황이 설립한 도서관과 성 아우구스티누스와 성 Jerome의 개인 도서관이다. 교황도서관은 신자와 각지에서 모여 드는 순례자를 위하여 성서와 교의의 문헌을 제공하는 시설로서 5세기에 시도되었으나 5세기에 반달족의 습격 등으로 파괴되었다. 성 Augustinus는 초기 그리스도교의 저작과 설교, 서간 등으로 이루어진 도서관을 가지고 있었으며, 성 Jerome은 저작을 위해서라기보다는 연구를 위하여 자료를 수집하였다.

요컨대 수도원은 중세를 통해 저명한 교회지도자를 배출했으며 모든 문제에서 교황을 지지하였다. 수도원은 부속학교를 운영하고 도서시설을 충분히 갖추고 있었으므로, 중세사회에 있어서 교육 및 학문연구와 같은 문화적 역할을 수행하였다. 또 사회적으로 수도원은 자선을 베풀고 새 농경법을 가르치고 육체노동의 귀중함을 알려주는 사회사업을 하였던 것이다. 중세 경제가 화폐경제로 발전함에 따라 수도원도 부의 축적으로 사회의 비난을 받게 되었고, 이단운동의 배격과 종교재판의 피해는 많은 반발을 초래해서 결국 종교개혁을 일으키는 원인을 제공하기도 했다.

9.4.4 수도원 도서관의 역할과 기능

고대 도서관 현관 문위에 새겨놓은 푯말은 〈영혼의 요양소(Sanatorium of the soul)〉 또는 〈영혼을 위한 약방(Medicine chest for the soul)〉이었다. BC 1300년경 Ramses II세는 Thebes에 소재한 자신의 궁전에 상당한 규모의 도서관을 가지고 있었다. 당시의 도서관들은 〈영혼의 시약소(Dispensary of the soul)〉, 〈영혼의 진료소(Healing place of the soul)〉로 불리었으며 종교도서관의 성격을 지녔다.[73]

Roma 제국의 학문은 북방 야만족의 침입 이전에 쇠퇴하기 시작하였다. 초기 기독교 광신자들은 그 비기독교적 유래를 이유로 고대 그리스 Latin의 고전 학문을 배척하기도 하고 두려워하기도 했다. 서기 7세기에 이르러 Greece어는 사실상 사어(死語)가 되었다. 고전 학문이 보존되고, 교회가 Cassiodorus와 같은 이를 탄생시킬 정도로 초기 광신성이 상쇄된 것은 비기독교도 귀족들의 노력 덕분이다.

학문세계는 이들 이교도 귀족들에게 큰 빚을 지고 있는데, Cassiodorus와 그와 같은 뜻을 가진 다른 사람들은 그것의 보존을 위해서 그 학문을 배우는 것을 명예로 여겼으며, 수도원과 대성당 소속의 학교들을 만들었다. 학문세계는 이들 이교도 귀족들에게 큰 빚을 지고 있었다. 왜냐하면 비록 5세기에 이르러 무종교는 사라지지만 심정적 인문주의자이자 광신주의의 척결에 전념한 S. Appollinaris와 그와 뜻을 같이한 주교들과 같은 기독교도 인물들이 등장할 수 있었기 때문이다.

로마 멸망 이후 문화적 쇠퇴에도 불구하고 주목할 만한 것은 많은 고전 학문이 보존되었다는 사실이다. 이처럼 중세의 금욕적인 시기 동안에 고대 문화의 일부를 보존할 수 있었고 이의 역할을 담당한 기관이 바로 중세 수도원 도서관이었던 것이다. 도서관에서 가장 중요한 임무를 담당했던 사람들이 바로 '서사생'이다. 이 서사생은 책을 번역하거나 사본을 만들던 사람들로 보통 큰 수도원에는 세 부류의 '서사승'들이 있었다. Umberto Eco의 『장미의 이름(Der Name der Rose)』[74]에서도 보이듯 능숙한 서사승은 받아쓰기에 능숙하여 예배용이나 다른 좋은 책을 만드는 데 종사해서 'antiquarii'로 불려 졌고 초보의 수도승들은 베끼는 작업만을 주로 하여 'librarii' 또는 'scriptores'라고 불렸으며, 그림을 잘 그리거나 표제를 붙이는 문자를 도안하거나 제본을 맡아보는 수도승들은 'rubtricators'라고 불렸고 나중에 'illuminator'라고 불려졌다. 또한 가장 유능한 '서사승'들은 교정자로 일했고, 대부분의 수도원장은 고된 노동 가운데에도 거작을 냈으며 서사와 원고 교정에 시간을 할당했다.

중세 유럽의 한 수도원에서 벌어지는 연쇄살인사건을 다루고 있는 Eco의 소설 『장미의 이름』은 소설 속의 살인사건에 수도원 장서관(藏書館)에 소장되어 있는 아리스토텔리스의 이단적인 책 한 권이 깊숙이 개입되어 있어 흥미를 끈다. 중세 유

73) Diodorus Sikelos. *Bibliotheca Historica,* vols 40. BC. 60-30. Lipsiae, apud heredes Weidmanni et Reichium, 1782.

74) Umberto Eco. *Il nome della rosa,* Bompiani, Mailand 1980.

럽의 기독교 수도원들은 책의 수집과 보관, 전승에 매우 큰 기여를 했다. 『장미의 이름』에 묘사된 대로 이들 수도원 도서관은 그리스나 알렉산드리아 등 고대의 고전들을 광범하게 수집함으로써 고전문화의 근대로의 전승을 가능케 하는 역할을 했다. 도서관사로 보면 바빌로니아나 이집트의 왕립도서관, 아테네나 로마의 개인 도서관을 중세 후반의 대학도서관에 연결시켜 주는 역사적 역할까지 떠맡고 있다.

그 후 수도원이 부유해지면서 부터는 '서사승' 외에 고용된 '사경사'들이 등장했고 '서기'도 고용했다. 복사는 수도승들의 일상 업무의 하나로서 경사진 책상에 앉거나 서서 작업을 하였다. 복사가 끝나면 예술적 재능이 있는 수도승의 각 페이지의 첫 대문자나 종이의 가장자리에 그림을 그리거나 채색을 하였다. 제본도 거의 완전에 가깝게 했는데 좋은 가죽이나 직물 혹은 금, 은으로 한 것도 있었다. 큰 책의 표지는 나무로 하였고 가죽 표지에도 장식을 하였다. 그리고 소중한 책은 탁자나 서가에 쇠사슬에 고정시켜 그 주변에서만 볼 수 있게 하였다. 이것이 체인북(chained book)으로서 수도승 생활의 한 단면을 보여주는 것으로 이렇게 만들어진 사본은 그 물질적인 가치와 학문 자료로서 지니는 중요성도 있지만 하나님을 위한 그들의 노력을 증명해 주는 정신력에 더욱 그 가치가 있는 것이었다.

중세 수도사들에게 필사본의 생산은 기도의 삶을 살고자 하는 수도사적인 삶의 방식이 추구하는 목적과 관련이 있다. 그럼으로, 수도원에서 책과 도서관의 역사는 『베네딕트규칙(Rule of Benedict)』부터 이집트 사막의 기독교 수도원주의(Christian monasticism)의 시작까지 역추적해 볼 수 있다.

수도원 도서관이 책의 역사에 끼친 또 하나의 기여는 이른바 책자본(冊子本) 형태를 널리 보급시킨 점이다. 열성적인 사자생(寫字生)이기도 한 수도승들이 양피지에 베껴 쓴 고전의 사본들은 파피루스로 대표되는 이전까지의 두루마리형 책과 비교되면서 책의 새로운 형태로 굳어지는 계기를 이루었다. 중세 초기의 가장 대표적인 수도원 도서관은 이탈리아 〈Vivarium 수도원〉이다. 정치가였던 Cassiodorus에 의해 창설된 이 도서관에선 『신학 및 세속 문헌총람』이란 일종의 백과사전까지 편찬되었는데, 이 책 속에서 Cassiodorus는 "수도승은 원전의 필사에 열심히 종사해야 한다."는 지침을 제시하고 있다.

중세에 수도사들은 필사실이라는 크고 조용한 방에서 함께 작업을 하면서 손으로 책을 필사하곤 했다. 그들은 사라질 뻔한 많은 고전 텍스트들을 구했다. 이 고전 텍스트들은 다시 발견되어서 르네상스의 탄생을 낳았다.

Bernhard Bischoff의 『Manuscript and Libraries in the Age of Charlemagne』[75]에서는 도서관의 역사에 관한 학문적인 연구들은 수도원 필사실의 중요성과 서양 문명의 역사에서 그것의 중요성을 상기시켜 준다. 수도원 필사실의 이미지가 우리의 문화에서 익숙할는지 모르지만 수도사들이 책을 필사하기 시작한 이유는 약간의 미스터리로 남아 있다. 그들은 왜 책을 수집하기 시작했는가? 어떻게 이러한 활동은 수도사들의 침묵과 기도의 삶에 조화가 될 수 있었는가?

이 역사를 추적하는 것은 『베네딕트규칙(Rule of Benedict)』으로 시작하지만 Bischoff와 수도사들이 서양 문명에 끼친 영향에 관해 관심이 있는 다른 연구자들이 한 것처럼 시간의 순서대로 나아가는 것보다, 이 논고는 이집트 사막의 기독교 수도원생활(Christian monasticism)과 기도하기 위한 조용한 장소를 찾고자 하는 그 충동의 시작으로 거슬러 올라가는 작업을 시작해야 할 것이다. 수도원 도서관과 필사실의 형성은 사실 초기 수도원 공동체에서 수도사들이 수도원에 수집되고 저장된 텍스트들의 본문을 읽고 암기하고자 하는 욕구에서 시작된 것으로 거슬러 올라갈 수 있다.

초기 수도원 문헌의 기본적인 두 개의 장르는 〈규칙(Rules)〉과 〈담화집(Con-ferences)〉이다. 전자는 베네딕트가 자신의 규칙의 토대로 두었던 〈스승의 규칙(Rule of the Master)〉이며, 특히 동방교회 수도원 전통의 지혜를 서방교회에 전달하는 중요한 수단은 〈담화집(Conferences)〉이다. 책과 기도 사이의 연결은 이 작품들에서 가장 명확하게 만들어진다.

베네딕트 수도회의 아이콘은 '믿음은 곧 지식'이라는 것을 깨닫게 되었다. 수도사가 믿음을 얻기 위해서는 지식을 탐구해야 하고, 지식을 쌓을수록 믿음이 돈독해진다. 지식은 곧 신에 이르는 통로이므로, 많은 책이 필요한 것은 당연하다. 따라서 도서관은 수도원에 없어서는 안 되는, 절대적으로 필요한 것으로 어떤 수도원이든 도서관을 빼놓고는 성립할 수 없는 것이다.

---

75) Bernhard Bischoff. Manuscripts and Libraries in the Age of Charlemagne, in Manuscripts and Libraries in the Age of Charlemagne, trans. Gorman. pp.20-55. Surveys regional scriptoria in the early Middle Ages.

로마 제국의 몰락과 함께, 사회 경제적 혼란은 서유럽 전역을 경제적 불안정으로 이끌었다. 어김없이 도서관의 쇠퇴는 따라왔다. 기독교 수도원인, 오직 주요 서유럽 기관만이 도서관 발전을 위한 비판적인 전제조건을 유지할 수 있었다. 수도원들은 사회 전역에 퍼트려진 무질서로부터 정신적일 뿐만 아니라 지리적으로, 기독교인 지지자들을 고립시키는 방법을 제공하였다. 이들 수도원들은 AD. 500-550년경에 잘 설립된 것이다. 수도원 도서관의 임무는 3요소를 가지고 있다. 첫째, 정신적 숙고를 위한 장소를 제공하고, 둘째, 종교적 텍스트를 보관하고, 그리고 마지막으로는 종교적이고 때때로 세속적인 텍스트를 재발행하는 신성한 장소였다.

중세 초기에 있어서는 당시에 남아 있던 대부분의 문헌을 전사(轉寫)하는 일이 성행하였으며, 한 문헌에서 동일한 문헌을 여러 벌 복사해 냈다. 원문서지학적(原文書誌學的) 고찰을 통하여 이루어진 이 전사는 현대의 문헌정보학 상 중요한 의의를 차지한다.

이것은 축적된 정보의 검색수단이 아니라 정보의 정확한 전수 수단 또는 정보의 생산수단이라고 볼 수 있다. 또한 이 시대에 들어와서 양피지가 파피루스를 대신함에 따라서 도서의 형태상에서도 많은 변화를 가져 왔다. 즉 그것은 두루마리형태인 papyrus 권자본 대신 두꺼운 표지를 댄 '양피지 사본'이 출현하기 시작한 것이다.

중세 초기의 수도원 도서관에 있어서도 문헌자료를 처리하는 방법은 그 전대와 다름이 없었으나 목록에 있어서 어떤 통일성을 엿볼 수 있다. 중세의 수도원 도서관의 목록들에는 거의 같은 종류의 필사본들이 포함되어 있으며, 또한 이를 주제별로 구분하는 방법에 있어서도 각 목록이 거의 통일되어 있음을 볼 수 있다. 맨 처음에 성서류, 다음에 초기 교부와 후기 성직자들의 저작순으로 하되, 이를 다시 저자명순으로 배열하고 기타 종교도서와 고대 이교문헌을 포함한 비종교 도서를 일정한 주제에 따라서 구분하였다. 또한 각 문헌에는 소재기호의 표시가 있었다.[76)]

이와 같이 여러 도서관의 장서목록에 수록된 문헌의 종류가 대등하고 주제별 구분방법이 통일되어 있으며, 문헌에는 각각 소재기호의 표시가 있다고 하는 것은 분명히 이 시대에는 일원화된 분류법과 목록을 작성하는 규칙이 있었다는 것을 의미한다. 그러나 이 당시의 분류법이나 편목규칙에 대한 기록은 아직 밝혀지지 않고 있다.

---

76) Alfred Hessel. *History of libraries.* 李春熙 譯. 西洋圖書館史. 서울, 韓國圖書館協會. p.32.

중세 후기의 도서관에 있어서의 정보자료의 정리방법을 일률적으로 기술하기는 어렵다. 그러나 대체로 도서목록은 일종의 서가목록(shelf list)의 형식을 취하였고, 때때로 이에 ABC순의 색인을 더 첨부하기도 하였다. 각 책에 대한 목록기술을 보면 완전할 경우 그 책의 서명 · 장절 · 서가번호 · 출처 및 가격 등을 기입하고, 때로는 사본의 서체라든가 또는 조본형태에 대해서도 상세히 부기하고 있다.

Renaissance 시대에 있어서도 정보자료의 정리기술 즉 서가배열이나, 분류법, 편목방법은 전대와 다름이 없었다. 고전과 더불어 인문주의자들의 많은 저작의 유입으로 장서가 증가했다고는 하지만, 이것이 결코 재래의 도서정리방법을 변경시킬 이유가 될 수는 없었다. 그리하여 영국 · 프랑스 · 독일 등지의 도서관들은 한때 그들이 닦아 놓았던 옛길을 그대로 따르고 있었을 따름이다.77) 중세 수도원 도서관의 중요한 특징은 다음과 같이 요약될 수 있을 것이다.

1) 수도원 도서관은 수도원, 대성당, 교회의 부속기관으로 존재하였다.
2) 수도원 도서관은 중세 전반의 교육과 연구의 중심지였다.
3) 성서를 그 기본 장서로 하고 전례와 성서 해석에 관한 책들이 추가되었다.
4) 후기에는 신학자들의 저서와 세속적 문헌도 포함되었다.
5) 수많은 로마, 그리스, 알렉산드리아 등 광범위하게 고전을 수집하였다.
6) 수집된 자료를 서사실에서 사자 수도사들이 필사하여 보존, 근세로 전승하는 역할을 하였다.
7) 이전의 두루마리형 파피루스 권자본을 주로 양피지에 필사하여 책자본 형태를 널리 보급시켰다.

수도원에서는 기독교 관계 문헌만을 수집하는 곳도 있고 혹은 기독교 관계 문헌만이 아니라 널리 그리스 고전류 등을 수집하는 곳도 있지만 장서수가 500권 정도만 있으면 도서관으로서는 규모가 큰 편에 속했다. 이 시기에는 표면 양면에 문자를 쓸 수 있다는 장점으로 양피지 사본이라는 새로운 도서 형태가 급속히 보급되고 있었고 수도원 도서관 시설은 교회당 내부에 세워졌다.

77) ibid. p.50.

보통 수도원 도서관은 소규모의 필사본을 소장하고 있으며 필사에 힘쓰고 이들을 소중히 관리하는 일을 했다. 수도원 기도실의 한 구석에 책상자나 책장을 설치하고 거기에 수백권 정도의 장서를 보관하였다. 수도승 사서는 수도원 내에서 중요한 위치를 차지하고 있었고 이들이 행한 업무는 아주 신성한 것으로 여겨졌다.

많은 수도원에 있어서 사서들은 참가단장이나 도서관의 관리자와 동일하게 불리워졌다. 사서의 임무는 도서관 내의 장소 배치 문제, 이용에 편리하도록 도서를 분류 목록하고, 서가기호, 대출 등에 대한 준비를 해야 하며, 또한 년 1회의 도서점검과 장서수집에 관한 감독을 하지 않으면 안된다. 14세기 이해 수차례에 걸쳐서 수도원 도서관에 관한 회의가 있어 왔다는 점을 보아서 당시에 얼마나 조직적이며, 과학적인 도서관 경영이 이루어지고 있었는지를 짐작해 볼 수 있다.

수도원과 도서관의 몰락이 인쇄술 발명 이후에 왔기 때문에 중요한 문헌의 대부분은 인쇄가 되어졌다. 인쇄술에 의해 곧 이용될 수 있는 책이 수천 권에 달한다는 것은 많은 도서관과 교육기관이 유용화 된다는 것을 의미했다. 하지만 중세의 수도원 도서관은 과거와의 문화적 연결이 완전히 끊어질 위기에 직면했을 때도 고대 문화를 간직해 와 새로운 시대로의 진전을 가져오게 해주는 토대를 마련하는 역할을 수행했다.

1) Monte Cassino 수도원 도서관

수도원 제도가 서유럽에 전파된 것은 4세기 말이다. 그리하여 중세 유럽사에서 중요한 지위를 차지하게 되는 수도원은 로마 멸망이후에 이탈리아에서 처음으로 시작되었다. 그 대표적인 예가 바로 Monte Cassino 수도원으로서 이 수도원은 베네딕트교단을 창설하였던 성 Benedict에 의해 529년에 설립되었다.

이 수도원에서는 청빈, 순결, 복종의 규율을 엄격히 지키면서 복음을 전파하였다. 수도원 생활의 지침이 되는 베네딕트 규율도 함께 전파하였다. 성 Benedict는 서사와 독서를 지적업무라기 보다는 영적인 작업으로 여겼는데 이 수도원에서 귀중한 장서가 구비되어진 것은 Paul the Deacon의 조력으로 이 수도원이 학문중심세력이 되어진 8세기 후반이었다. 그는 많은 사본류를 수집하여 도서관을 설립하였으며 이로서 중요한 학문센터가 되었다.[78]

---

78) Elmer D. Johnson. op. cit. pp.102-103.

이 파가 주로 수집했던 도서는 성서와 기독교 신학에 관한 것, 성도나 순교자 목사의 전기 및 저작 등이며, 일반의 속서는 수집하지 않았다. Paul the Deacon에 이르러 다수의 서사생을 두고 종교서적은 물론 그리스 라틴어 문학서 등의 고전 즉 Terence, Virgil, Homer, Seneca, Theocritus, Sallust, Ovid's Fasti 등도 수집하였다. 베네딕트파의 규정에 따르면 학문 연구를 위해 정규적으로 시간을 활당하였으므로 수도사는 수도원 생활과 사본의 업무에 둘 다 종사하였다. 베네딕트 규율 중 독서에 관한 것을 살펴보면 다음과 같다.

> 누가 만일 책읽기를 원한다면 다른 현제에게 방해가 안되도록 할지니라. 40일 봉재 동안은 아침부터 제3시까지 책을 읽고, 제10시까지는 맡은 일을 할지니라. 도서실에서 책을 받아 차례대로 끝까지 읽을 것이며 한 두 사람의 장로를 뽑아 형제들이 독서하는 시간에 수도원을 돌게 하여 혹시 태만이나 잡담에 흘러 독서에 힘쓰지 않고, 시간을 낭비하여 자타에 분심(分心)을 일으키지 않도록 살피게 할지니라.

2) Vivarium 수도원 도서관

수도원이 서로마 제국의 문화에 자랑거리로 된 것은 Cassiodorus의 공적이 크다. 그는 로마 귀족출신의 정치가로 AD. 489-526년까지 로마의 황제 Theodoric과 Ostrogoth의 비서로 있었다. 그는 알렉산드리아의 박물관도서관과 유사한 대학을 세우기를 간절히 소망하였으나 시대적인 여건이 허락하지를 않았다. 그는 공직에서 물러나 축적해 놓은 부를 토대로 남부 이탈리아 Benevento의 Vivarium에 수도원을 건립하여 연구에 힘쓰며 그의 여생을 보냈다.

그는 학문과 책에 대한 열의가 대단하였는데 그의 개인 장서는 수도원 도서관의 토대가 되었다. Vivarium 수도원 도서관은 최초의 형식을 갖춘 도서관이었다. Cassiodorus는 수도원에 필사실을 만들고, 이를 각 지역에 전파하여 필사실을 겸하고 있는 도서관이 많이 형성되었다. 필사의 필요성을 강조하고 대규모의 서사실을 만들어 수도승과 서사생으로 하여금 학문 전반에 관한 책을 서사하게 하였다.

그는 기독교 관계 서적은 물론 많은 고전 작품을 수집하였으며, 한편 서사승을 훈련시켜 원전류의 서사에 열중하게 하였으며, 비종교 서적도 수집하였다. 이들 원본은 이 수도원에서 번역되고 제본되었다.

그는 자신의 저서도 냈는데 『신학 및 세속 문헌총람(Institutions Divinarum et Saecutarium Litterarum)』이 있다. 이것은 그가 도서관이나 혹은 세우기를 희망했던 도서관의 목록에 대해 주를 단 서지를 포함하고 있으며, 수도원 도서관을 위한 도서 선정리스트로 역할을 하였다. 이것은 차후 몇 세기 동안 수도원 도서관의 장서수집을 위한 표준 도서선정 리스트로 역할을 하였다. 또한 수도원 생활의 규칙을 담고 있어 안내서로 적당하며 종교생활을 위한 상세한 지침뿐 아니라 사본을 다루고 필사하고 수선하는 방법도 설명해 놓았다.

그는 서사실과 수도원 도서관에서 정신적인 조상으로 숭배된다. 그는 사본의 형태적인 미에도 관심을 두었지만, 원문의 정확한 대조, 비평 및 성서 비평에도 관심을 두었다. 이처럼 Cassiodorus가 수도원을 창설하고 신학교를 설립하여 신학교육에 힘을 썼다. 도서관을 설치하여 그리스도교 관계 도서와 문학, 이교도들 저작물까지 수집하며 학문의 중요성을 강요하고 학자의 본보기를 보여주었다. 필사를 통해서 학문에 관한 존경과 가치있는 생각을 위한 주석의 안내서를 공급하였다. 이들 도서관은 필사를 통해서 책을 보존해오고 제한적이기는 하지만 재산관리를 위한 목록의 근거를 가지고 있다.

9.4.5 성물고(聖物庫)로서의 〈게니자(Geniza)〉

게니자(genizah)를 이해하기 위해서는 〈시나고그(synagogue)〉를 먼저 설명하여야 한다. 'Synagogue'란 유태교 교회를 뜻한다. 모든 'Synagogue'에는 Geniza라고 불리는 방이 있다. 유대교의 공적인 기도·예배 장소(회당)를 가리키는 말이다. 〈집회〉를 뜻하는 그리스어 'synagōgē'에서 유래한 말로 '모여서 함께한다(coming together)'는 뜻의 (종교적인) 집회를 의미한다.

그 기원에 대해서는 여러 설이 있으나 일반적으로 기원전 587년 유대 왕국이 멸망한 뒤인 바빌론 유수시대에 불타버린 예루살렘 신전 대신 그들의 공적인 기도 장소로서 발달했다는 설이 유력하다. 기원전 515년 예루살렘 신전이 재건되고 그들의 종교적 생활규범인 율법서가 완성되면서부터 이를 함께 읽고 배우는 기관이 되었다. 유대인은 'Synagogue'를 통해 자민족의 동일성을 지켜왔다.

오늘날 'Synagogue'는 종교적 의식을 위해 사용되는 '모임의 집'과 예배뿐만 아니라 면학을 위해 사용되는 '면학의 집'의 2종류가 있다. 유대교의 가르침에 의하면 전자는 그 지역에서 가장 높은 집이어야 하며, 그 건물 내에서는 침식을 할 수 없도록 되어 있다. 후자에는 보통 장서가 많이 비치되어 있고 단체학습을 할 수 있도록 설비되어 있다.

그런데 공공도서관으로서 'Synagogue'를 접근할 수 있다. 기독교 진영에서 모았던 역사적 발전으로 책의 이용제한 폐지와 세속화 진전 사이에 상호의존관계가 정립되었다고 보는 것이 잘못이 아니라면 그리고 책의 이용제한에 관해 보여준 유대인과 기독교도 사이의 차이를 세속화라는 관점에서 읽을 수 있다면 지금 다시 독서에 대한 더 일반적인 논제로 되돌아갈 수 있다.

기원 1000년경 구전에서 문서로의 전환이 최초로 확실하게 인식된 순간부터 중세 서유럽의 'Synagogue'에서 행해지던 개인적인 독서관행은 기독교도와 비교하여 두드러지게 근대적인 특징을 보여준다. 사실 중세의 'Synagogue'는 당시의 기독교 교회에 비견할 수 있는 것은 아니다. 중세의 'Synagogue'는 기도의 장소임과 동시에 바로 유대인들의 '사회센터' 역할을 하고 있었으며, 공공도서관의 역할도 하고 있다. 'Synagogue'에 보관하는 수많은 장서는 유대인의 문화 이데올로기에서 가장 기본적이고 가장 지속적인 몇몇 요소에 뿌리를 둔 에토스를 배양하는 데 이용되었다.[79) 'Synagogue'에서 개별적인 독서기풍이 분명하게 공식화되어 있음을 알 수 있다.

> 저녁에 일터에서 돌아오면(집으로 돌아가기 전에) 'Synagogue'로 가라. 읽을 줄 아는 자는 (성서를) 읽어라. 미슈나(Mishnah)를 읽을 수 있는 자는 미슈나를 읽어라. 그리고 쉐마(Schema) - 즉 '신명기' 6. 4-9와 11. 13-21, '민수기' 15. 37-41에 해당되는 유대교 성전 구절, 유대교 종교 관습상 아침, 저녁으로 암송하게 되어 있다 - 를 암송하고, 저녁기도를 올린 다음 저녁식사를 하라(바빌로니아 탈무드, '기도에 대해서(Berakhoth, 4b')).

이러한 측면에서 공공도서관으로서의 'Synagogue' 기능을 부여할 수 있으며, 여기에 게니자가 특별한 장소에 설치된 것이다. 모든 'Synagogue'에는 게니자(genizah)라고 불리는 방이 있다.

---

79) Guglielmo Cavallo and Roger Chartier ed. *A History of Reading in the West.* Translated of Lydia G. Cochrane. Amerst, University of Massachustts Press, 1999. pp.162-163.

게니자(Geniza or genizah)는 히브리어로 '창고'나 '보관함' 또는 '숨겨 놓은 장소'라는 뜻이다. 이를 '성물고'라고도 한다. 또는 '신'의 이름이 쓰여 있는 종이를 사용이 끝난 후에도 파기하지 않고 저장하여 보관해 두는 보관소로 '책의 무덤'이라고도 일컫는다. 유대교 전통에서 Geniza는 '책의 무덤'을 의미하는 말이 되었다.

수명이 다한 문서나 책은 유대교 회당의 게니자에 묻힌다. 전례집이든 옛날 하가다(Haggadah, Haggada, Aggada는 히브리어로 이야기라는 뜻으로 유대교 격언이나 전설을 포함하는 비법률적인 랍비문학의 형태를 일컫는다)든, 어린이용 습자책이든, 책장이 너무 닳아서 더 이상 사용할 수 없게 되면 모두 수거해서 적당한 매장장소가 나올 때까지 Geniza에 안치한다. 만약 책에 영혼이 있다면 거기서 떨어져 나온 잔해들도 성스런 기운을 지니고 있을 것이기 때문이다. 모두가 하나님의 말씀이거나 성경에 관련된 말들이기 때문에 성스러워 함부로 버릴 수 없기 때문에 생긴 한 방법이다.

랍비출신의 위대한 학자 솔로몬 섹터(Solomon Schechter)는 이런 말을 하였다. "우리는 영혼이 떠난 시체를 눈에 띄지 않는 곳에 잘 갈무리한다. 시체가 아무렇게나 취급되는 것을 막기 위해서이다. 이와 마찬가지로 책이 수명을 다하면 사람들의 손길이 닿지 않은 은밀한 곳에 보관한다. 영혼처럼 책의 내용들도 하늘로 올라간다."

Geniza는 카이로에 있었던 에즈라 시나고그(Ezra synagogue, 유대교회당) 안의 '창고 이름'이기도 하다. 유대교에서는 수명이 다한 문서나 책을 Geniza에 장서한다. 낡은 종교적인 책이나 물건을 공동묘지에 묻기 전에 임시로 수집해 두는 통을 말한다. '은닉처'라는 뜻을 가지고 있다. 그래서 Geniza는 일종의 '책의 무덤'인 것이다. 씌여진 말에 대한 숭배는 성서를 믿는 민족들의 공통점이다. 토라(Torah)처럼 코란(Quran)도 너무나 성스럽기 때문에 함부로 처분해서는 안 된다. 알라의 말씀이 담겨 있는 책은 그의 분신과도 같기 때문이다. 파키스탄의 퀘타 근처의 칠탄산 동굴지대에는 약 5천권의 코란이 마치 죽은 사람처럼 각각 하얀 수의에 감싸인 채 묻혀 있다. 이 산은 아시아 지역 이슬람교도들의 순례지이다.

1898년 발견된 이 창고(synagogue)는 손으로 그려져서 버려진 대량의 고대 작품과 많은 단편(斷片)을 포함하고 있어, 유대 문학의 역사를 규명하는데 중요한 자료가 되었다. 1998년 Solomon Schechter 교수는 이것을 케임브리지 대학의 컬렉션으로 옮겼으며, 이 가운데에 있는 '다마스쿠스 문서(자도크파 문서라고도 한다)'는 그에 의해 1902년 출판되었다. 신성한 문서는 파손되더라도 성성(聖性)은 없어지는 것이 아니라고 여겨져 시나고그(Staronová synagoga)의 한 방에 보관되었던 것이다.

보통 유대교 회당의 다락방이나 지하실에 있는데 오래된 성전 사본이나 제기(祭器) 등을 보관하는 곳이기도 하다. 신과 인간과의 연결고리가 되는 성스러운 모든 물품을 보관한 장소로서 기능을 한 곳이다. Geniza도 도서관이다. Geniza에 소장된 책들은 권위를 자랑하는 도서관의 그 어떤 장서보다 당대의 메시지를 훨씬 포괄적으로 전달해 준다.

중세기에는 성스러운 문서들을(종종 경건하고 학식 있는 유대인의 유품과 함께) 의식을 갖추어 매장하는 것이 가장 적절한 폐기 방법이라 생각했으므로 대부분의 유대교 회당에 Geniza가 있었다. 하느님의 이름을 담고 있기 때문에 셰모트(shemot, '이름'이라는 뜻)라고 불리기도 한 수많은 성전 사본이 방치되어 먼지가 쌓이거나 서서히 분해되었다. 1896년 Schechter는 카이로에 있는 오래된 에즈라 회당안의 'Geniza'를 조사했는데 이곳에서 약 9만 개의 사본이 발견되었다. 그 뒤 성서학자들은 값으로 따질 수 없이 귀중한 자료를 많이 간직한 이곳을 고유명사화 하여 'Geniza'라고 불렀다.

이 방대한 양의 발굴물에는 예배의식 · 율법 · 상업 · 문학에 관한 기록, 그중에는 히브리어로 된 집회서 단편들도 포함되어 있으며, 팔레스타인과 중동지방 유대민족에 대한 중세의 역사연구에 일대 혁명을 일으켰다. 사두가이(Saddoukaîoi, 이는 기원전 2세기에서 기원후 1세기경에 있었던 유다교의 한 당파이다)파에 관한 Schechter의 추정은 여러 해가 지난 뒤 사해사본(死海寫本)이 발견되면서(1940년대 말~50년대) 사실로 증명되었다. 이 사본도 Geniza로 이용된 것으로 보이는 동굴에서 발견되었다. 카이로의 Geniza에서 발견된 사본들은 현재 세계 여러 나라의 큰 도서관에 보관되어 있다.

12세기 서아시아 최대의 상업도시였던 이집트 푸스타트(Fustat, 옛 카이로)의 유대교 교회 에즈라 회당에는 문도 창문도 없는 방이 있다. 사다리를 타고 올라가면 한쪽 벽에 가늘고 긴 구멍만 있다. 이 방이 'Geniza', 곧 '거룩한 문서들의 창고'다. 'Geniza'는 유대 관습 탓에 만들어졌다. 중세 유대인들은 '하느님'이란 단어가 들어 있는 문서를 훼손하는 행위를 신성모독으로 여겼다. 그런 문서가 낡으면 예배당의 다락방이나 지하실에 마련된 'Geniza'에 던져 넣었다. 문서들은 'Geniza'에서 삭아 없어지거나, 때때로 절차를 갖춰 매장됐다.

카이로의 'Geniza'는 건조한 사막 기후 탓에, 그리고 벽에 막혀 있어 오랫동안 잊혀진 탓에 멸실과 매장을 피했다. 19세기 말 회당 보수공사를 계기로 학자들이 발견한 Geniza 문서는 중세 문화의 보고였다. 유대교 율법서인 토라 말고도 혼인계약·연애편지 · 도서목록 등 십수만 건의 문건이 있었다. 수천통의 상업용 서신을 통해선 11~12세기 유대인의 교역이 지중해에서 홍해 · 인도 · 말레이 반도까지 뻗어 있었다는 사실도 확인됐다. 이런 기록은 모두 '하느님의 축복이 있기를', '하느님을 찬양하라' 등의 어구를 담고 있었다. 'Geniza'는 책의 무덤이다.

9.5 중세 대학의 출현과 책과 도서관

15세기의 마지막 10년 동안의 도서 제작과 매매의 엄청난 성장은 거의 서유럽의 책이 단지 교화의 수단일 뿐만 아니라, 일상생활 혹은 종종 생계수단에서 없어서는 안 되는 사람들의 계층이 존재했기 때문이었다. 이러한 현상은 이탈리아와 북부 나라에서 거의 동시적으로 전개되었으며, 초기 대학 설립과도 연관이 있다. 동방과 서방의 한 가지 차이점은 비잔틴 제국이 대부분 콘스탄티노플에 대학교 형태의 고등 교육기관을 가지고 있었지만, 서방의 대학에 대한 정보가 적지 않음에도, 우리는 그 기관들이 어떻게 운영되었는지에 대한 기록이 없다는 것이다.

대부분 대학이 교육의 확대와 르네상스가 꽃피우는 데에 결정적인 기여를 했다고 하지만, 초기 대학 특히 분책 시스템(pecia system)이라 알려진, 대학으로부터 받아들여진, 도서 제작과 보급의 새로운 방식과 같은 초기 대학기관의 특정한 면에 대해서만 논의할 수밖에 없다.

첫 독립적 고등교육 기관의 형태가 12세기 말과 13세기 초 무렵 서유럽에 나타났다. 교회가 담당하던 교육이 독립적인 기관으로의 변화는 어려움이 따르는 과정이었다. 초기 단계에서는, 이러한 학교는 적은 수의 학생과, 봉급과 숙소 그리고 도서관도 주어지지 않는 교사들로만 구성되어 있었다. 교실은 보통 부유한 집안의 학생에게 받은 돈이나 자선금에 의지하여 교사들 스스로 구해야 했고 때때로는 성직자에 의해 공간이 제공되었다.

필요한 책들은 모두 수도원의 도서관에 있었고, 대중에게는 철저하게 공개되니 않았으며 그들의 귀중한 필사본들을 빌릴 꿈조차 꾸지 못하는 현실 때문에, 대학교 도서관 문제에 있어서는 극복해야 할 더 많은 문제들이 존재했다. 독립적인 교육기관의 창설은 원래의 생각과는 많이 동떨어져 있었으며, 교사들이 후에는 세금 면제와 같은 몇몇 특권을 누리거나, 숙소나 법 면제를 부여 받았지만, 그들이 받는 이익은 그들이 매일 직면해야 하는 문제점들을 완화시키는 데에는 불충분했다. 하지만, 대학들이 굳건한 기반 위에서 설립되기 시작하자, 많은 학생과 신학과 법학에 대한 기초 지식을 얻고자 하는 많은 성직자들 또한 몰려들었다.

대학에서 고등교육을 받음으로서 그들의 사회적 지위를 향상시키고자 하는 예비 학생들은 그들의 생활비뿐만 아니라 학비를 충당할 충분한 돈이 필요했고, 그 중에서도 책은 훨씬 더 중요했다. 그들은 문법책, 신학과 법학에 대한 책, 그리고 무엇보다 성경 사본을 가지고 있어야만 했다.

예를 들어 파리의 Séez 대학의 규정은 모든 학생들이 신입생일 땐 성경 사본을 가지고 있어야만 했고, 2학년이 되면 『Book of the Sentences』라는 또 하나의 책을 가지고 있어야만 했고 그 위에 비평을 달아야만 하게 했다. 사야 하는 책의 목록들이 너무 많아 책을 살 수 없는 학생들은 책을 빌리거나 복사를 해야만 하는 것이 사실이었지만, 책들이 고가의 필수품이 된 사실은 분명했다.

그리고 대학들이 더욱 확장되고 발전되고 대중화되면서, 곧 학생들이 살 수 있는 범위를 넘어설 만큼 가격이 올랐다. 학생들은 부모님께 성경사본이나 『Corpus Juris Civilis』, 심지어는 『Grécisme』이나 『Doctrinalis』 같은 책들을 사기위한 돈을 보내달라는 편지를 쓰기도 했다.

처음부터, 대학들이 잘 운영되는 데에 가장 큰 걸림돌이 되었던 것은 모든 학생이 필요한 모든 교과서를 가질 수 없었던 것이다. 이 문제에 대한 해결책은 Bologna 대학과 Paris 대학에서 거의 동시에 고안되었는데, 책을 대학 당국이 정한 엄격한 규정하에, 가능한 싸고 빠르게 그리고 유연하게 책을 복사하는 것이 가능해졌다.

Bologna에선 12세기 일찍이 1219년 세 명의 책 매매상의 이름이 담긴 Bologna와 Pistoia 사이의 평화 협정을 받아들였던 도시의 거주자들을 위해 서점이 존재했다고 알려져 있다. 이들 중 두 명은 법대가 위치하고 있던 도시의 San Procolo 지역에 그들의 서점을 가지고 있었다. Bologna 대학은 공식적으로 대학에 소속된 많은 책 매매상을 가지고 있었다. 그들은 2가지로 나누어지는데, 하나는 『Stationarii exempla tenentes(or stationarii peciarum)』이고, 또 하나는 『Venditores librorum』이었다. 이 범주에 속한 상인들은 대학 요강의 여러 책들 중의 간행되는 책을 복사하는 사람이나 학생 그리고 교사에게 정해진 가격으로 임대할 수 있는 권한이 주어졌는데, 즉 소유자가 팔기를 원하는 오래된 필사본이나 다른 교육용 책들(pecie)을 사려는 사람을 찾아주는 중간자 역할을 했다.

1275년 혹은 그보다 일찍, Bologna 대학은 분책 시스템을 체계화하고 도서 판매인(Stationarii)의 운명과 활동을 관리하는 운영 체계를 정하기로 결심했다. 그리고 이 규정은 파리의 대학들에게 본보기가 되었다. 학생들이나 교사가 그들의 공부나 강의를 위해 필요한 책을 얻을 수 있는 곳은 도서 판매인의 필사실이었고, 사실상 이 필사실이 서점의 역할도 했다. 즉 이곳은 분책 시스템을 따르는 각 대학의 권한에 의해 승인된 책들을 제본하거나 출판하는 곳이었다.

그렇다면 분책 시스템은 정확히 무엇인가? 이 시스템은 책들을 분리된 장들로 나누어 분할 간행으로 출판하여, 학생들로 하여금 대학 책들을 충분히 구입할 수 있도록 만드는 체계였다. 이 방식으로 책의 질은 그대로 유지하되, 종이 값과 복사 비용을 절약하게 됨으로써 책 가격이 상당히 낮아졌다. 혼돈을 막기 위해, 각 분책은 다음 권의 숫자가 끝에 적혀 있었다. 이것은 대학의 높은 기준에 맞으면서도 사회 불균형에도 평등하게 설계된 대학 서적을 보급하는 훌륭한 체계였다. 이 체계는 훌륭한 인간 철학에 따라, 모든 학생이나 교사는 모든 분량의 책을 사거나, 학기 요강에 필요한 부분만 사거나 혹은 필요한 분책을 빌려서 복사하고, 복사가 끝나면 다시 팔 수 있도록 하는 것 중에 선택할 수 있는 동등한 기회를 모두에게 부여했다.

초기 대학들이 직면한 가장 큰 문제—대학교 서적을 출판하는 문제—가 어떻게 가장 좋은 방법으로 해결되는지를 알아보고, 중산층의 학생들이 책을 살 수 있는 과정을 관리하는 환경을 살펴봄으로써 대학교 도서관이 어떻게 발전하고, 무엇이 대학들의 요구를 충족시켰는지 알 수 있다.

분책 시스템을 행하는 기관들이 존재한다고 해서 자동적으로 대학교 도서관의 설립의 결과로 이어지지는 않았다. 왜냐하면 대학들이 도서제작에 필요한 시설을 갖추고 있음에도 책 가격은 여전히 비쌌기 때문이었다. 대학이 사실상 소유하고 있는 책들도 보통 안전한 관리를 목적으로 학교 교장이나 교수에게 맡겨졌다. 책은 공공의 것이 아니었다. 책들은 대학에 속한 자산이었다.

마침내 대학의 발전과 다른 교육기관의 자연스러운 감소와 기본적인 도서관만을 갖춘 단과대학이 생겨나고, 죽은 후의 명성을 추구하는 박애주의자들이 그들의 책들을 대학에 기부하거나 전하기 시작하면서 상황은 바뀌었다. 그 전형적인 예가 Robert de Sorbon과 Gérard d'Abbeville의 기부로 인하여, 소르본 대학이 유럽에서 가장 훌륭한 도서관을 창설할 수 있었던 것이었다. 이 기부는 이 특별한 사례가 어떠한 일반적 결론을 이끌어 낼 수 있도록 한 것에 대한 유용한 정보가 되기 때문에 더욱 가치가 있는 것이다.

Mâitre Robert de Sorbon(1201-1274)는 루이 14세 왕정의 성직자로써, 가난했던 집안 때문에 그가 치러야 했던 희생에도 불구하고 파리 대학에서 신학에 대해 수년을 공부한 사람이었다. 그는 학창 시절을 지나, 후에 든든한 후원과 함께 소르본 단과 대학을 창설한다. 소르본(aux mâitres en théologie pauvres)에 의해 헌정된 이 단과대학은 1275년에 문을 열었고, 특히 우수한 조직과 운영 체계로 다른 대학을 빠르게 능가했다. 이 대학은 학회 계열이자 학생들 공공의 신학 기관의 멤버로서 명성을 이어나갔고, 한 가지 다른 점은 법칙보다는 규율을 중시했다는 것이다.

단과 대학이 존재했을 때부터, 도서관은 대학의 중요한 역할을 차지하게 되었고, 장서를 늘리기 위한 첫 기부는 파리 사람들이 교육에 있어서의 책의 중요성을 인식한 것으로 볼 수 있다. Sorbon이 그의 의지로 대학교 사용의 목적으로 중요한 책들을 기부했었는지는 모르지만, 만약 그렇다면, 책들의 많은 부분은 아니었을 것이다. 1920년부터 모든 사건들과 소르본 단과 대학의 세계적 비전을 가지게 되었을 때부터, 도서관은 유럽에서 가장 훌륭한 책 컬랙션 중 하나이자, 파리에서는 가장 많은 책을 보유한 도서관이 되었다.

Sorbon이 루이 14세 왕정의 눈에 띄는 일원이었으며, 대학이 왕의 호의를 입고 있다는 사실은, Robert de Podai나 1,500권의 책을 학생들을 위해 대학에 기부했던 왕비 마가리뜨의 의사와 같은 후원자의 눈길을 끌 수 있었다. 소르본 대학의 도서관이 얼마나 많은 책들을 보유하고 있는지는 정확히 알 수 없지만, 1272년 소르본 대학의 공동 설립자인 Gérard d'Abbeville의 300권의 헌정보다는 훨씬 많았다고 말할 수 있을 것이다. 이와 같은 양이 〈Bibliomania〉의 저자인 열광적인 독서광, Richard de Fournival에 의해 기부되었다. 이 훌륭한 두 기부자의 사례는 전집이나 단행본을 기부한 많은 기부자들을 이끌어냈다.

중세시대에 이루어진 발전까지 함께 살펴보면서, 우리는 책 제작과 교육을 독점하던 성직자들에 의해 도서관이 어떻게 관리되었는지, 어떻게 책과 도서관, 그리고 교육이 평신도에게로 넘어갔는지, 그리고 르네상스의 길을 준비하던 13세기 초의 대학교의 설립에 대해서 알아보았다.

이 장을 마치기 전에, 저서 『Bibliomania』에서 모든 영역의 지식의 비유적인 묘사와 르네상스 시대의 모든 고등 연구로의 접근을 제시했던 Richard de Fournival에 대한 주제를 돌이켜 볼 필요가 있다. De Fournival은 그가 시민에게 권고하고자 했던, 비종교적인 문학과 교육을 규정된 범위를 지닌 각 지식 영역의 정성들여 만든 정원으로 묘사했다. de Fournival에 의해 묘사된 이 정교한 정원—키케로와 로마 웅변가의 왕으로 크게 명성을 날리던 Petrarch가 마음의 평화를 위해 절대적이라 생각했던 피난처와 같은—은 언제나 존재했던 책과 도서관에 대한 사랑과 경의를 나타내는 공통분모라 할 수 있겠다.

9.6 르네상스기

도시와 대학의 발흥에 이은 수도원의 쇠퇴는 도서관을 완전히 무시하게 되는 결과를 가져오게 하였다. 귀중한 필사본도 먼지 속에 파묻히고 쓰레기 더미에 쌓이게 되었으며, 수도원에서는 페이지가 찢겨나가고 절단된 채 팔려나가기도 하였다.

100년 이상 걸쳐 오스만 투르크의 위협을 받고 있던 콘스탄티노플은 결국 1453년에 정복되었으며, 이로서 비잔틴 제국의 종말을 맞게 되었다. 콘스탄티노플의 함락이 르네상스를 가져왔다고 할 수 있다.

이탈리아의 학자이자 인문주의자인 Francesco Petrarch는 Cicero를 그의 모델로 삼아 그를 능가하는 '르네상스의 샛별(morning star of the Renaissance)'이 되었다. 그의 동료인 Boccaccio와 함께 문학 발전의 기틀을 열었으며, Chaucer와 함께 그의 시대에 영향력을 발휘했다. Petrarch와 Boccaccio는 거대한 '사설 도서관'을 설립하여 장서와 도서의 이용을 고취시켰다.

이들은 모두 중세로부터 등을 돌리고 고전적인 것들에 관심을 고정시켰다. 1362년 Petrarch는 "그러한 고전 속에서 즐거움을 찾을지도 모를 지성인과 귀족들을 위해서" 자신의 도서관을 St. Mark의 Basilica에게 양도하였다.

그러나 Petrarch의 영향은 도서수집과 인문주의가 만연한 15세기에 이르러야 절정을 맞는다. Florence에서 Cosimo de Medici는 도서관의 대가 Niccoli의 도움으로 책의 정리를 시작하는데, 이는 뒤에 그의 손자 Lorenzo de Medici에 의해 위대한 『Laurentian 도서관』이 된다. Venice와 Florence 이외의 이탈리아 도시의 귀족들도 열렬한 장서가가 되어 이는 15세기 내내 지속된다.

15세기 최대의 주요 도서관으로는 바티칸으로, Avignon Pope에 의해 대분규 이후 유실된 도서관을 새롭게 개축한 것이다. 새로운 장서수집에 대한 계기는 Pope Nicholas V세(1447-1455) 때 이루어지는데, 그는 학문과 장서에 깊은 관심이 있었고 그의 사서 Tortelli의 도움으로 유럽의 책 시장을 통해 로마와 바티칸을 재차 도서관 세계의 중심으로 만든다. Sextus IV세(1471-1484)는 Nicholas의 작업을 계승하여, 학문적 목적으로 도서관을 이용하고자 하는 이들에게 문호를 개방하였다. 바티칸 도서관은 소장하고 있는 장서의 주제의 범위 측면에서 르네상스 시대의 전형으로, 수 세 기간 세계의 위대한 연구용 도서관으로 남아 있다. 미국인들은 St. Louis 대학교에 바티칸 도서관의 마이크로필름을 소장하고 있는 점에서 행운이다.

서구에서는 1450년 Maniz의 Gutenberg에 의해 발명된 것으로 추정되는 탈착식 활자인쇄로 도서관 발전에 신기원을 이룩하게 된다. 그것은 도서관과 필사생의 오랜 연관을 단절시켰고, 도서관은 더 이상 책의 생산에 관여하지 않게 된다. 더욱이 책의 인쇄가 다소 고역이던 당시에 책을 쉽게 대량 생산할 수 있다는 점은 책의 대량공급을 이루어지게 했고, 당시 종종 발생하던 절취를 막기 위해 탁자나 독서대에 사슬로 묶을 필요도 이제 더 이상 사라지게 되었다.

책은 넓은 진열장을 둘러싼 여러 회랑에 보관되었고, 유리로 장식된 지붕으로부터 햇빛을 받도록 설계되었다. 또한 독서대와 함께 진열장은 공예품을 전시하고 있어서 박물관과 도서관의 결합을 확산시켰다. 그러나 가장 중요한 것은 인쇄의 발명으로, 이전보다 훨씬 많은 대중에게 책의 세계가 열려진 점이다. 따라서 소수 특권층의 학문 독점은 붕괴되었고, 종교개혁과 과학 탐구 그리고 계몽의 시대가 열리게 되었다.

최초의 인문주의 도서관 집단에서 지배적인 인물은 Leonato Lobati(1241-1309)이다. Padua의 재판관, 그는 라틴 시의 권위자였고 그는 그 자신을 시인으로써 높게 평가하였다. Lovati는 가치있는 고문서를 추적하는데 비상한 재주를 가지고 있었다. Padua 근처의 Verona와 Pompoas와 같은 대성당 도시와 북부 이탈리아 어디든지 거대한 중세 도서관을 찾아 그는 Lucretius, Propertius, Martial 그리고 Catullus를 찾았다. Lovati의 인문주의적 홍미를 나누고 그들의 여가시간을 라틴문학을 편집하는데 보낸 다른 두 사람은 시인 Albertino Mussato(1262-1329)와 Benvenuto Campesani (1255-1323)이다.

초기 인문학은 Petrach에 의해 이끌어 졌다. 라틴문학의 고문서는 찾기가 어려워졌을 때, 그는 Cicero와 Virgil에 의해 그에게 주어진 일을 그럭저럭 처리해냈다. 그의 아버지가 그 책을 발견했을 때 Franvesco는 은밀히 그것을 집으로 가지고 왔고. 그는 어린 학자들의 가슴 찢어지는 울음에도 불구하고 그는 불같이 화를 내었지만 곧 그는 두 개의 책(Virgil의 복사본과 Cicero의 수사적 작품)을 지켰다는 사실에 화를 누그러뜨렸다.

Petrach는 고대 로마에 대해 반하였고 그들을 모방하기를 열망하였다. 그가 Avignon에서 보낸 시간 동안 북부와 남부의 문화적 장벽뿐만 아니라 Papal Court와 프랑스 교회의 고위 성직자 사이의 지적 전망과 적응이 너무 달라 힘들었다. 고전과 그리스도적 문학을 찾고 수집하는 밀려오는 홍미는 몇 가지 사실에 의해 주어졌다. Avignon의 제공되어진 것은 저명한 수도원, Fulda, Hersgeld, Reichenau, Murbach 그리고 궁정으로부터 약탈되어 진 것을 기초로 하고 있다.

Petrach의 도서관은 우리가 어떤 자료라도 갖는 것에 찬성하는 이 시대 최초의 거대한 사립도서관이었다. 우리에게 다행히도, 파리에 존재하는 그가 쓴 문서를 통해 우리는 그의 문학적 취미를 추론할 수가 있다. 그의 리스트 중 가장 최상은 의 철학자와 역사가 Valerius Maximus와 Livy의 뒤를 이은 Cicero로 동시에 Aulus Gelliu와 Macrobius는 또한 작가들이 본보기가 되었다. 그가 간결이 언급한 유일한 그리스 작품은 아리스토텔레스의 『Ehica』로 그는 아마도 Averroist의 하나에 의해 번역된 라틴어 판을 알고 있었던 것 같다. Petrach는 1364년 이전에 이러한 문서를 작성했고 Iliad의 복사본을 그에게 주었다.

Petrach, Cicero에 대해 무한한 감탄을 반복하였고 그는 로마의 Orator의 도서관과 비슷한 분위기의 열람실을 만들려고 시도하였다. Petrach는 그의 집의 두 곳 Avignon 근처의 Vaucluse, 그리고 Padua 근처의 Arqua를 연구하는데 사용하였다고 알려진다. Arqua에서 그의 연구는 두 번째 층에서 이루어졌으며 두개의 창을 통해 정원을 내다 볼 수 있었다. 그것의 벽은 자연을 주제로 하여 꾸며졌고 책들은 그의 책장 중 한 면의 두개의 반침에 의해 고정되어졌다. 그가 'Biblioteca'나 'Armarium'으로 불렀던 그의 도서관은 그가 그의 공식적 손님을 즐겁게 맞이하는 장소였고 Homer의 논평을 집필한 곳도 여기였다. Petrach는 최초의 사립도서관을 가진 인문주의자 이었다. 그는 후에 〈Venetias 공공도서관〉을 형성하는데 핵심적인 주역이었다.

인문주의 도서관 형성의 아이디어를 발전시킨 또 다른 사람은 Petrach와 같은 시대에 살았던 Giovanni Boccaccio(1313-1375)이다. 이탈리아 소매상인의 아들로 파리에서 태어난 그는 상업인으로써의 직업을 포기하였고 또한 그가 Naples에서 시작한 가톨릭 법의 공부를 포기하였다. 그는 글을 쓰게 되었고 크게 성공하게 되었다.

Baccaccio는 역사적 사실들 특히 고대 로마 문학과 관련된 역사적 사실들에 대한 대단한 수집가였고 그의 교육적 책은 르네상스시대 동안 매우 유명하게 즐겨졌다. 그는 커다란 그가 남긴 백만 개 이상의 프로방스의 Santo Spirito 수도원의 고문서들의 진위를 감정하기 위해 개인 도서관을 가져야 했었다. 그는 또한 복사가로서 종사하였으며, 그는 또한 중세동안 매우 영향력 있던 Monte Cassino의 대수도원 도서관에 들어갈 수 있도록 허락받은 최초의 사람들 중 하나였다.

1360년 그가 프로방스를 거쳐 Avignon으로 갔을 때, 그는 Florentine의 관계자로부터 그리스 교사로써의 공식적 지위를 제안받았다. 그래서 그는 Avignon으로 가려던 생각을 포기하고 프로방스에 머물렀고 권위있는 고전문학 책들을 번역하였다. 그가 가르칠 때 사용한 책은 분명히 그가 수집한 책들이었다. 그는 라틴어 진서를 번역한 최초의 사람으로 그는 또한 Euripies의 Hecuba와 몇몇 Plutarch의 『Lives』를 번역하였다. 그와 Baccacio는 1396년까지 그리스로 알려진 서양에서 유일한 학자였다.

1396년은 고전문학의 연구와 도서관 역사에 관하여 새로운 기원의 단서를 나타내고 있다. 그리스어가 이탈리아에서 본격적으로 가르쳐지기 시작했다, 모든 라틴 도서관은 그리스 책들의 도서관과 짝을 이루어야 한다는 Caesar의 소중한 신념을 되돌리기 위해 준비하였다. 14C 초부터 인문학자들과 군주들은 그리스 학자들에 의해 명확하게 된 인문주의적 이상을 그리스 철학자와 격찬받는 라틴 문학에 의해 보급하려는 운동에 착수하였다. 고문서는 추적되어졌고 찾아진 모든 작품은 복사되거나 조심스럽게 몰래 사라졌다. 이탈리아에서의 이러한 움직임은 16세기 초기 10년 동안 북부로 퍼져 나갔고 두 종류의 도서관의 출현으로 이끌어졌다. 그것은 개인 도서관과 궁정 도서관이었으며, 그들 사이에서 주로 밀려진 것은 수도원 도서관들이다.

이탈리아 르네상스 동안 소개되어진 도서관 설계의 혁신은 도서관과 책을 읽는 방을 결합시킨 서비스를 하기 위해 메인 홀의 건축 형태를 제안하였다. 그 비품과 부속품들은 중세 수도원 도서관들과 다르지 않았다. 여기에 주요한 형태는 종종 그 책들과 그들을 연결하였던 독서대이다. 오직 몇몇 경우에 비품에 변경이 이루어졌는데, 벽의 캐비닛에서 오리지널 독서대가 제자리로 돌아간 〈Biblioteca Marciana〉와 바티칸 도서관의 두 곳이다. 게다가 유럽에서 발견되어진 이탈리아 도서관과 궁정 도서관은 엄청난 크기였다.

9.7 종교개혁기

1517년 10월 31일 Martin Luther가 Wittenberg의 대성당 정문에 그의 95개항의 종교적 논문을 못질하여 고정시켰을 때부터 로마 교황청의 대권에 도전하는 종교개혁이 시작된 것으로 볼 수 있다. 독일의 농민전쟁(Peasants' War), 프랑스의 위그노 전투(Huguenot struggle), 영국의 30년 전쟁(Thirty Years War) 등에 의하여 동반된 이 혁명적인 운동은 많은 수도원과 그들 도서관의 소멸을 가져왔다.

수세기 동안 열성적으로 수집되고 주의 깊게 보존된 거대한 양의 책들은 "천주교도들의 저작(papist writing)"으로서 파괴되거나 산산이 분산되어 버렸다. 그러나 종교개혁의 힘은 모두가 파괴적인 것만은 아니었다. 1524년 독일의 모든 도시의 시장과 부시장에게 보낸 Luther의 편지에서, 그는 "마지막으로, 이것은 또한 고려되어야만 합니다 … 특히 도서관을 건설할 능력이 있는 대도시에서 적당한 건물에 훌륭한 도서관을 마련하기 위해 비축되어야 하는 비용과 노력이 없습니다."라고 부분적으로 기술하고 있다.

Luther는 그런 소감을 표현하는 데만 그친 것은 결코 아니었으며, 행동으로 실천했다. 그러한 노력을 통하여, 비록 그것들이 현재 우리가 의미하는 공공도서관의 형태는 아직 아니었지만, 새로운 형태의 마을 도서관들이 많이 설립되었다. 도서들은 단지 하나의 도서관으로부터 다른 도서관으로 이전되었다. 그러나 장서에 대한 접근은 극소수 특권계층으로 제한되었으며, 도서관의 성장은 거의 우연한 상황과 기증자들의 관대함에 의존했다.

중세시대에 많이 행하여졌던 것처럼, 부호들은 또한 그들의 사설 도서관들을 위해 도서들을 수집하기 시작하였으며, Meissen 연대기에 "설령 그들이 실질적인 연구를 하지 않을지라도, 적어도 읽고 쓸 수 있게 하기 위하여, 그들의 가정에 있는 도서관에 모든 종류의 훌륭한 작품의 양서들을 함께 두고, 그들의 집으로 우수하고 유익한 역사학자, 물리학자와 다른 사람들을 유인해 들이는 것이 귀족들과 시민들로서는 아주 일상적이다."라고 기록하고 있다. 장인(匠人)들 사이에서조차 도서 수집, 특히 과학적이고 기술적인 자료의 수집방법이 알려졌다.

16세기 동안 독일은 국제적인 도서무역의 중심지가 되었으며, 유명한 〈Frankfurt 도서전시회(Book Fair)〉의 목록은 그 시기까지 입수할 수 있는 유럽문헌의 가장 완벽한 목록을 제공하였다. 1545년, 독일의 물리학자이며 국제적인 명성을 지닌 Konrad Gesner는 세계 문헌의 분류 서지인 『세계 서지(Bibliotheca Universalis)』라는 과학 서지를 작성하였는데, 그것의 마지막 2권은 페스트로 인한 그의 갑작스러운 죽음 때문에 미완성인 채로 남겨졌다.

프랑스에서는 왕실도서관이 Francis I세의 후계자들의 후원 하에 번창하였으며, 귀족들의 고상한 취미 덕분에 많은 장서들이 프랑스의 명성 높은 장인에 의해 정교하게 제본되었다. 그 도서관은 Catherine de Medici가와 추기경 d'Amboise가 수집한 장서를 추가함에 따라 성장하였다. 왕실도서관은 Fontainebleau에서 파리로 옮겨졌을 때 발전의 중요한 전기가 마련되었으며, 1622년 그 도서들의 목록을 준비한 사서 Grigault가 그 도서관을 관리하게 되었다.

그러나 이 시기 동안의 왕실도서관은 추기경 Mazarin의 개인도서관에 의하여 크게 퇴색되어 버렸는데, 그 도서관의 사서인 G. Naudé는 그 당시 가장 유명한 도서관을 구축하기 위하여 유럽 전역의 도서시장을 누볐다. 그는 학문의 모든 영역에 걸쳐있는 영향력 있는 고객들을 위한 장서개발을 매우 중요하게 여겼다. 1627년에는, 그는 『도서관 설립에 대한 권고(Advis pour dresser une bibliothéque)』라는 제목으로 도서관을 조직하고 건립하는데 필요한, 최초의 안내서 혹은 메뉴얼을 출판하였다.

이 책은 후에 『도서관 설립에 대한 권고(Advice for Forming a Library)』라는 제목으로 유명한 일기 작가인 John Evelyn에 의하여 영어로 번역되었으며, 그것은 여전히 인기리에 읽혀지고 있는 이 주제 분야의 고전중의 하나이다. 이 논문에서, 고대 희귀본뿐만 아니라 최신 서적, 교회의 신앙을 지지하는 작품뿐만 아니라 이교도의 작품의 중요성을 강조하고 쉽게 이해될 수 있는 방법인 주제에 따라 도서를 배열하기 위한 분류체계를 주장하는 그의 도서수집의 철학을 밝히고 있다.

1642년에 그가 Mazarin에게 고용되었을 때, Naudé는 그의 생각을 실천으로 옮기는 기회를 발견하였다. 불행하게도, 약 4만 권의 이 대단한 장서는 Mazarin이 세력을 잃었을 때, Fronde에 의해 약탈당했다. 추기경이 권좌에 돌아왔을 때, 그는 장서의 재구축을 시도했으나, 그 때는 Naudé가 이미 사망한 후였다. Naudé의 정신을 이해하기 위해서는, 새로운 시대의 Grotous, Hobbes, Galileo, Kepler, Bacon, Descartes와 일치하는 그의 삶을 인식하여야 한다. 그 시대는 정말 사서에 대해서는 활동적인 행운의 시기였으며, 도서들은 수집되었을 뿐만 아니라 연구되고 이용되었으며, 학자와 과학자의 실험실로서의 도서관의 중요성은 충분히 이해되었다. Naudé 그 자신이 고백했던 것처럼, 그를 지도해 줄 우수한 장서들이 많이 있었다.

그런 사례 중 하나는 전형적인 엘리자베스 여왕 시대의 사람인 Thomas Bodley 경으로, 그는 Oxford에서 연구하고 가르쳤으며, 저명한 정치적, 대중적인 인물이 되었다. 생애 말년에, 그는 그의 동료들에게 해 줄 수 있는 가장 큰 봉사는 Oxford 대학에 도서관을 재건축하는 것이라고 결정했는데 무시되었다. 1598년, Thomas경은 그 대학의 부총장에게 그가 도서관을 재건하는 책임을 맡는 것을 제안했다. 나중에 그는 후원자들로부터 자금을 모으고, 장서를 구축하고, 오래된 부분을 개조시키는데 5년 동안의 불굴의 노력을 기울인 결과 도서관을 다시 이용할 수 있게 되었다.

그 도서관은 그의 업적을 인정하여 『Bodleian Library』로 명명되었다. 그는 서적출판사(Stationers' Company)에게 출판된 모든 새로운 도서 1부씩과 초기 판권본(early form of copyright deposit)을 도서관에 제공할 것을 설득했으며(이 사상은 오늘날 국립도서관의 기능 중 납본에 해당된다), 또한 그의 재산을 도서관에 기탁하도록 유언했다. 오늘날, Bodleian은 세계의 위대한 도서관들 중의 하나이다. 동일한 시기에, 밀라노의 대주교인 Federico Borromeo는 위대한 〈Ambrosian 도서관〉을 설립하였는데, 그 도서관의 소중한 장서 중에 Bobbio 수도원 도서관의 많은 필사본들을 소장하였다. 또한 17세기 동안, 바티칸 도서관은 그 장서에 그 도서관 초기에 소장했던 일부 중요한 장서를 첨가시키는 등 실질적인 증가를 이룩하였다.

9.8 계몽운동기

일반적으로 계몽운동의 기간은 17세기의 후반부터 19세기 말까지로 볼 수 있다. 이 시기는 Galileo, Kepler, Bacon, Harvey 등에 의해 시작되어 Newton, Hobbes, Locke, Kant의 지도 아래 물리적 및 사회적 현상에 대한 열정적인 연구의 시기였다. 그래서 '지식의 조직화와 체계화'가 필요한 시기였고 조합을 위한 시기였다.

또한 대규모 과학학회 설립의 시기이기도 하였다. 『Accademia dei Lincei(지금은 Academy of the Lynx-Eyed)』는 1600년에 로마에서 설립되어 1650년까지 존재하였다. 『Académie des Sciences』는 1666년에 파리에서 설립되었으며, 그리고 1660년에는 런던에서 설립되었던 『Royal Society』는 그 기원을 과학적 공동체에 대한 Francis Bacon의 사상에 근간을 두고 있었다.

이 기간 동안에 '도서관 장서개발'을 위한 새로운 운동뿐만 아니라 '도서관의 자료조직'에 실질적인 관심이 모아진 시기였다. 프랑스에서는 위대한 성직자 Colbert가 그의 개인 사서인 역사학자 Beluze의 도움을 받아 추기경 Mazarin의 뜻을 계승하였으며, 1661년 그의 지시아래 왕실도서관은 상당히 확장되어 내실 있게 조직되었다. 지식의 조직에 관한 Bacon의 사상에 의해 자극된 왕실도서관의 자료 분류에 있어서도 점차 관심이 모아졌다. 18세기 중반에는, Didero와 d'Alembert의 위대한 대 백과사전에 대한 사업이 시작되었다. 대 수도원장인 Jean Paul Bignon의 영향으로 왕실도서관의 1/4이 확장되었으며, 그래서 계몽운동기의 학자들은 장서들을 보다 쉽게 접근할 수 있었다.

프랑스에서는 왕실도서관을 발전시키기 위한 시도가 왕으로부터 나왔지만, 영국에서의 발현은 의회로부터 비롯되었다. 런던에서 대형 국립도서관의 설립에 대한 몇 가지의 제안이 17세기에 있었지만, 그 당시에는 실행되지 못하였다. 18세기

초에, Richard Bentley가 의회에 국립도서관의 설립을 제안했지만, 한 세대가 지난 후 왕의 주치의인 Hans Sloane 경의 노력을 통해서야 실행으로 옮겨졌다. Sloane 경은 그의 유언에서 그의 훌륭한 사설 도서관을 그의 상속자들에게 유증하기로 되어 있는 전체 금액과 교환하는 대가로 국가에 기증하였으며, 의회는 1753년에 그 제의를 수용하였다. Sloane의 장서는 Robert Bruce Cotton 경과 Robert Harley의 장서들과 합쳐졌다.

Cotton 경의 장서는 1700년 Robert 경의 아들에 의해 국가에 헌납되어 졌다. Harley는 1724년에 사망하였는데, 그의 아주 가치 있는 도서 수집품들은 이미 팔려버렸다. 그러나 의회는 그의 필사본 장서의 구매를 정식으로 허가하였다. 마침내, George 2세는 그의 개인 소유의 사설 도서관을 기증하여 장서를 증가시켰으며, 1759년에 Montagu House에서 최초로 문을 연 대영박물관 도서관의 설립이 계획되었다.

오늘날 그것은 영국의 국립도서관인 동시에 Rosetta Stone,[80] Elgin Marbles[81]과 다른 인공물 그리고 지구상의 모든 곳으로부터 온 예술작품들을 소장하고 있는, 위대한 박물관 도서관들 중의 하나이다. 즉 대영박물관은 왕실도서관의 장서를 중심으로 해서 Cotton, Harley, Sloane 등 귀족의 개인 장서와 박물 · 고고자료 등을 구입, 또는 유증에 의해서 흡수 · 합병되어 국립도서관 및 박물관으로서 크게 성장된 것이다.

산업혁명에 의해 경제적 발전을 기반으로 대영박물관은 국내자료의 수집보다는 세계의 중요 문헌의 수집을 시작하여 19세기 초에 이르러서는 세계에서 가장 중요한 도서관이 되었다. 대영박물관은 그 도서관부문이 1973년 6월 박물관부문과 분리되어 〈국립대출도서관(National Lending Library)〉 등 다른 국립의 도서관 관련기관과 합병시켜 오늘날에는 〈대영도서관(British Library)〉으로 호칭되고 있다.

독일 계몽운동기의 위대한 지도자이며 진실로 그 운동 전체에 걸쳐 탁월한 인물은, 사서의 임무를 관리하는 많은 중요한 원칙들을 규정하였던 사서출신인 Gottfried W. Leibniz였다. 젊었을 때 그의 아버지 도서관의 열성적인 독자였던 그는 유명한 장서가인 Mainz의 von Boyneburg의 사서가 되었다. 그 역할로, 그는

80) 1799년 나일강 하구의 로제타 부근에서 발견된 고대 이집트 문자 해독의 단서가 된 비석.
81) 대영박물관 소장 고대 그리스의 대리석 조상.

최초로 그의 꿈인 도서들의 반 연간 목록(semi-annual catalog)과 "도서 속에 담긴 인류지식의 목록(an inventory of human knowledge contained in books)"이라는 명칭으로 이러한 목록들의 누가본(累加本)을 발행하였다.

그것은 지식의 진정한 진보는 각각의 개별적 학자가 신속하고 편리하게 모든 이전의 기록된 문헌들을 브라우징하고 탐색할 수 있을 때 오로지 가능하다는 그의 믿음에서 출발한 것이다. 그는 Colbert가 왕실도서관을 구축하고 있는 그 시점에 정확하게 파리를 방문했으며, Beluze는 그의 친구가 되었다. 또한, 그때 그는 도서관을 조직하는 것에 관련된 Naudē의 저서를 읽었다. 1676년 그는 Hannover에서 사서로 임명되었으며, 15년 후에 유명한 〈Wolfenbüttel 도서관〉의 관장이 되었다.

장서의 구축 및 조직에 대한 그의 업적들도 위대하지만, 라이브러리언십에 대한 그의 가장 중요한 공헌은 그의 서신 속에서 규정한 원칙들과 군림하는 통치자들을 위해 그가 기록한 제안들이다. 사실 도서관에 관한 Leibniz의 많은 사상들은 그에게서 비롯된 것만은 아니다. 그는 그의 전임자들과 동시대의 사람들로부터 자유롭게 차용해 왔다. 그렇다고 이것이 그의 업적의 중요성을 감소시키지 않았으며, 도서의 수서, 조직, 편목에서의 그의 영향력은 심지어 오늘날까지 후대의 사서들을 통해 추적되고 있다.

새로운 과학에 학자들의 관심이 지속되었음에도 불구하고, 계몽운동은 단순히 그 자체로는 낭만주의 운동과 프랑스 혁명과 함께 끝났다고 말할 수 있다. 이전의 혁명들과는 달리, 프랑스를 뒤흔든 그것은 도서관들을 흩어지게는 하였지만 많이 파괴되지는 않았다. 지금은 800만 권 이상의 도서가 소유주가 바뀌었으며, 200만 권이 그대로 파리에 있는 것으로 추정되고 있다.

1789년 11월부터 혁명의 마지막까지, 심지어 오늘날 학자들이 놀랄만한 가치 있고 희귀한 자료들이 파리로부터 멀리 떨어진 곳에서 발견되기도 하고, 일부 생각지도 않은 지방의 공동체에 감춰져 있을 정도로 도서관들은 마을과 지방들 사이에 분산되어 버렸다. 지속적인 성장과 확장은 별문제로 하고 19세기 도서관 발전에 대한 커다란 공헌은 공공도서관 운동의 출현이었다. 그것의 기원에 대해서는 미국으로 관심을 돌려야 한다.

9.9 19세기 유럽

상기에 전술한 바처럼 프랑스 혁명의 난폭함은 대대적인 도서관의 파괴라기보다는 그들의 재 분산에 대해 책임이 있다. 프랑스 정부의 명령에 의해 압류된 책들과 『Bibliothéque Nationale』에 맡겨진 것뿐만 아니라, 지방 및 지역 도서관들에 분산된 책들의 숫자는 100만 권에 이르는 것으로 평가된다. 자료들의 이러한 분산에도 불구하고, 도서관에 대한 혁명의 주요한 영향들 중의 하나는 국립도서관의 성장인데, 그 도서관의 자료들은 정부의 압수정책을 통하여 상당히 확장되었다.

두 번째 중요한 결과는 도서들은 일반 대중들이 접근할 수 있어야 한다는 원칙의 선언과 실행이었다. 사실, 상당한 숫자의 귀중서들이 혁명의 시기뿐만 아니라 그 후의 수 십 년 동안에 소실된 것이 틀림없다. 그러나 극소수 특권층을 위한 것이 아닌 모든 사람들을 위한 기관으로서의 공공도서관의 개념이 확립되고 있었으며, 이러한 개념은 후에 Franklin과 Jefferson 같은 인물들에 의해서 미국에서 반영되게 되었다.

19세기 독일에서는 Göttingen과 Dresden 같은 대규모 대학 도서관들에 의하여 예시되었던 것처럼 학술도서관 등이 지배적이었다. 독일에서는 국가적 의식을 심화시키고 사회적 조직을 변화시키는 것은 '공공기관으로서의 도서관'이라는 인식이 싹트기 시작했고, 이에 도서관이 학술적 활동에서 이익이 된다는 상당한 의식을 불러일으켰다. 그럼에도 불구하고 도서관은 학문 연구를 진작시키는 중요한 기관이라는 인식에는 보조를 맞추지 못하였다. 즉 자료와 서비스 측면의 준비를 완전하게 수행하지 못하였던 것이다. 비록 Göttingen과 Dresden이 유용한 모델의 역할을 하였을지라도, 전문적으로 훈련된 사서들이 그 당시에는 존재하지 않았다.

이러한 19세기 독일의 학문은 미국의 고등교육계 뿐만 아니라 도서관계에까지 확산되었다. 19세기 초 하버드와 다른 동부에 있는 대학들의 대학원생들에게는 유명한 독일의 대학으로 유학하여 연구하는 것이 일상적이었으며, 오늘날의 대학원에서도 여전히 인식할 수 있는 학문의 원리를 수입해 들여왔다.

후에 New York의 〈Astor Library〉의 사서로 명성을 떨치게 되는 Joseph G. Cogswell은 Göttingen 분류표에 따라 Harvard 도서관을 재구성하였다. Boston 공공도서관의 최초 이사회의 역동적인 두 지도자인 G. Ticknor와 Edward Evertt는 독일 도서관 전통에 깊은 영향을 받았다. Ticknor는 Boston 도서관들의 연합을 위한 계획을 세웠는데 Göttingen에서의 경험을 발전시킨 것이다.

19세기 영국의 도서관계는 두 명의 걸출한 인물인 Anthony Panizzi 경과 Edward Edwards에 의하여 지배되었다. 이태리의 정치 망명객이었던 Panizzi 경은 1831년 대영박물관의 임시 보조원으로 임명되었는데, 그는 1837년 인쇄도서 본부장(Keeper of Printed Books)으로 승진되었으며, 1856년에는 사서장이 되었다. 그는 영국에서의 라이브러리언십을 거의 모든 관점에서 다루었다.

특히 그는 "대영박물관은 구경거리로 존재하는 것이 아니라, 문화의 보급을 위한 기관으로 존재하는 것이다. 대영박물관은 시민봉사의 부서이며, 다른 공공부서와 같은 정신으로 경영되어야 한다. 그것은 가능한 한 관대하게 관리되어야 한다."[82]라고 주장하였다. Boston의 Jared Sparks는 대영박물관의 이용정책에 크게 감명 받아 1840년 미국에서 다음과 같이 기록하였다. "(대영박물관의) 열람실에는 모든 국가의 모든 국민, 연구하는 학자들, 문학소녀들, 신비한 모습의 근엄한 늙은 신사들인 이용자들과 필사자들이 매일 백 명 이상 모인다. 〈Boston 도서관(Athenaeum)〉[83]에서는 언제 그런 모습을 볼 수 있을까?"[84]라고 부러움을 표현하고 있다.

비록 Panizzi 경이 우리들의 현재의 편목업무의 유래가 된 '영미편목규칙'을 위한 기초를 정립시켰다는 그의 업적으로 인하여, 그리고 오늘날 대영박물관을 위대한 도서관으로 만든 그의 학식 때문에 대서양의 이쪽 편에서는 아마도 최고의 사서로 알려져 있다. 또한 Edwards는 영국에서의 공공도서관 운동을 전개하는데 있어서 선도적인 역할을 한 대표적인 인물로서 이론적 통찰력과 불굴의 근면성을 가진 인물이었다. 동시에 그는 공공도서관의 장려를 위한 입법을 촉진하고, 그러한 목표를 진척시키기 위하여 의회와 협력하여 일하는데 있어서 도움이 되는 중요한 역할을 담당하였다.

영국에서의 공공도서관 발전은 미국에서의 그것과 밀접하게 공동보조를 취하였다. Edwards가 관장으로 재직하고 있었던 〈Manchester 공공도서관〉은 1852년에 개관했으며, 다양한 측면에서 영국 도서관사와 미국의 〈Boston 공공도서관〉은 비

82) Alfred Hessel. *A History of Libraries*. Metuchen, N. J., Scarecrow Press, 1950. p.86.
83) 아테나 신전(옛 그리스의 아테네에 있었으며 시인. 학자들이 모여 시문을 논했음). 학당. 도서실. 문고.
84) Van Wyck. *The Flowering of New England*. New York, Dutton, 1937. p.121.

견할 만하다. 1850년에 영국 의회는 10,000명 이상의 인구를 가진 공동체, 자치도시, 지방 도시들이 그들 자신의 주도로 공공도서관을 세울 수 있게 허용하는 법률을 통과시켰다. 추후 법률제정은 결국 모든 도시지역과 도시지역에 포함되지 않은 영국과 Wales의 모든 지방 행정구가 하나의 도서관을 설립해야만 하도록 법률을 제정한 1892년의 『공공도서관법(Public Libraries Act of 1982)』이 발효되었다.

유사한 법률들이 Scotland와 Ireland에서도 비슷한 시기에 통과되었다. 영국 도서관협회가 Queen Victoria의 희년(禧年)인 1877년에 설립되었다. 이 보다 1년 전인 1876년에 미국은 그들의 독립 100주년 기념과 동시에 '도서관협회'의 설립이 이루어졌다. 미국에서처럼, 영국 공공도서관의 발전은 Andrew Carnegie의 많은 기부금 덕분이었으며, 1913년 〈Carnegie United Kingdom Trust〉가 설립되었다. Scotland 태생인 Carnegie는 아주 분명히, Johnson 박사가 Scotland 사람에 대하여 그랬던 것처럼 영국에 대하여 어떤 감정을 가지지 않았다.

전국적인 서비스 범위에까지 이끈 가장 중요한 단일 요인은 지금은 국립 대출도서관인 대영도서관의 발전이었다. Carnegie 기금으로 1916년에 설립된 학생들을 위한 중앙도서관으로서의 국립중앙도서관은 서지정보의 센터로서 그리고 중앙 대출기관으로서 역할을 수행하였다. 〈Carnegie United Kingdom Trust〉의 지원에 의하여 도서관은 그 기능을 지속적으로 확장시켰다. 그것은 영국과 다른 국가들과의 협력뿐만 아니라 영국 내에서 도서관 협력을 이끌어 내는데 큰 영향력을 가지게 되었다.

19세기는 유럽의 모든 관종별 도서관, 특히 공공도서관의 숫자에 있어서 전례가 없는 성장기였으며, 자료를 수집하는 것도 그들의 책임이었다. 특히 19세기 후반기 동안 증가되었던 과학적 연구는 과학적 문헌, 특히 신속하게 급증하는 잡지문헌에 대한 개선된 접근을 위한 새로운 요구를 야기시켰다. 효율적인 서지 조직에 대한 과학자들의 강력한 요구는 1851년 초에 시작된 19세기의 과학 출판물을 색인하기 위해 시도된 Royal Society의 『과학논문 목록(Catalog of Scientific Papers)』 출판물을 조사해야만 한다는데 반대하는 시각이었다. 그 세기 마지막 10년 동안 Paul Otlet와 Henri La Fontaine의 역사적 만남이 이루어 졌는데, 〈서지에 관한 국제회의(International conference on bibliography)〉에 대한 그들의 계획과 〈Brussels Institute of Bibliography〉의 형성은 결국 『국제서지연맹(International Federation of Bibliography; IFB)』의 설립으로 이어졌다.

미국 공공도서관 발전에 영국을 포함한 유럽은 직간접적인 영향을 끼쳤다. 직접적으로, 조직방식을 변화시킴으로서 공공도서관의 진흥에 공헌하였다. 도서클럽, 회원제 도서관, 그리고 장서들의 대출은 유럽으로부터 유래되었으며 미국 국민들의 독서홍미를 유발시키기 위해 노력하는 기업적인 상인들에 의하여 마치 유럽에 있는 독자들의 욕구에 투자하였던 것처럼 미국에서도 도입되었다.

간접적으로는 유럽은 그 엄청난 장서들과 그 조직체로서 미국인들의 가슴속에 신흥문화의 통합에 있어서 도서관의 중요성을 각인시켜 주었다. 오늘날 알려진 것과 같은 미국 공공도서관 체제의 설립을 가져온 첫걸음이 시작된 곳은 New Hampshire주의 Peterboroug와 Massachusetts주의 Wayland와 Boston이며, 그 활동은 매우 미국적이었다. 그러나 그 동향의 전례들은 주로 유럽에서 그 근원이 유래되었다.

9.10 미국에서의 도서관 운동

대서양의 이쪽 편에서, 일차적으로 학술 기관들과 연계한 연구도서관들은 일반적으로 유럽에서 확립된 형태를 따랐다. 그렇지만 모두에게 자유롭게 이용 가능한 공공도서관의 사상과 공공기금으로부터 지원을 이끌어내는 것은 과감한 혁신이었다. 미국 공공도서관은 르네상스와 계몽운동에 의하여 고양된 고전적 전통 속에 뿌리를 내리고 있으며, 그것은 민주주의적 윤리 - 보편적 대중교육과 인간의 완전성에 대한 믿음 - 속에서 꽃을 활짝 피우게 되었다.

9.10.1 식민지 시대의 도서관

대부분 미국 문화는 잔존되어 있는 영국 문화로부터 유래된 것이다. 비록 그것이 새로운 환경과 다른 대륙으로부터의 이민자들의 지속적인 물결에 의해 형성되고 재형성되어지고, 지배적이지는 아니라 할지라도 영국의 유산은 여전히 강력하다. 플리모스 록(Plymouth Rock; Pilgrim Fathers가 처음 상륙했다는 미국 필리모스에 있는 바위)에 도착한 이후 한 세기 반 동안, 그 식민지 이주자들은 그들의 국가적 혈통에 있어서 놀랄 정도로 동질성을 유지하였다. 그들은 그들의 신앙, 제도, 그리고 직업방식을 위하여 끊임없이 고국을 회상하였다. 만약 청교도 윤리가 지옥은 뜨겁다고 가르쳤다면, Mathers와 Eswardses와 '신앙부흥운동(the Great Awakening)'[85]의 지도자들은 왜 그런지를 생각하지 않았다.

도서관에 관한 사상도 이러한 영향들에 예외는 아니었다. 그것 역시 영국을 경유해서 유럽을 거쳐 미국에 상륙하였다. 청교도단이 플리머스 록(Plymouth Rock)에 상륙하였을 때 그들이 어떤 책들을 가지고 왔는지에 대한 기록은 없다. 그러나 9년 후인 1629년, 한 무리의 청교도들이 매사추세츠 만(Massachusetts Bay) 지역의 John Endicott의 식민지에 소규모의 장서들을 가지고 왔는데, 그것에는 William Backhouse로 부터의 선물이었던 8권의 제목이 알려지지 않은 책과 54권의 '교의상(教義上)의 도서와 팜플렛'과 34권의 '교리문답'들이 포함되었다. 그것들이 인디언들을 기독교도로 전환시키는데 사용하기 위한 의도였을 것이라는 주장이 있었지만, 왜 그 도서들이 유입되었는지 혹은 어떻게 그것들이 사용되었는지 대해서 아무도 모르며 밝혀진 바도 없다.

1638년 John Harvard가 영국에서 사망하였을 때 그는 그의 재산과 사설 도서관의 400권 규모 장서를 찰스강(Charles River) 언덕 위의 뉴타운(New Towne)에 2년 전에 설립된 대학에 유증하였다. 그 증여에 대한 감사의 표시로, 그 기관의 명칭을 하버드대학으로 명명하였으며, 이어서 그 마을명을 캠브리지라고 불렀다. 수시로 다른 도서들이 누가된 이 장서는 교수, 상급생들, 그리고 그 지역의 성직자들이 이용할 수 있게 되었다.

그러나 식민지 시대의 미국에서 진정한 최초의 지역 도서관은 이상하고, 심지어는 불쾌한 인물로 알려진 1656년에 사망한 C. R. Keayne의 기증에 의해서 이루진 것인데, 그는 시장, 병기 공장, 그리고 도서관을 위한 장소를 제공할 수 있는 마을 건물의 건축을 위한 돈을 보스톤의 마을에 기증하였다. 도서관을 설립하기 위하여, 그는 그가 소유한 책들을 남겼는데, 그 중에서 직접적인 상속자들은 그들이 원하는 것을 선택하기 위한 권리를 가졌으며, 그 자신이 소유한 필사본들의 일부는 성서에 관한 주석서들이었다. 그 기증은 Boston의 마을에서 수용하였으며 건물은 설립되었고, 때때로 다른 기증품들에 의하여 도서관은 성장하였고, 거기에는 마을의 공식

---

85) 1734년경 미국에서 일어난 신앙 부흥 운동.

기록물들의 일부가 보관되면서 거의 1세기 동안 존속되었다. 1711년 화재에 의하여 원래 건물이 파괴되었지만, 새로운 건물의 설립을 장려하려는 관심들이 있었다.

그러나 1747년 그와 유사한 화재가 발생했을 때에는 다시는 재건축되지 않았다. 도서관을 위한 도서의 기증은 T. Eaton의 유언을 통해서 1656년 New Haven의 식민지에 의하여 받아들여졌으며, 그 장서는 제안된 대학을 위해 소장되었다. 1668년까지 그 식민지는 Connecticut의 식민지와 합쳐졌으며, 다른 기증 자료들이 보태진 그 장서는 New Haven 시의 재산이 되었다. 1689년에 그 장서는 "40파운드의 호밀과 32부 셀의 인디언 옥수수"를 위하여 New Haven 교회의 성직자인 R. J. Pierpont에게 팔렸다.

1701년의 어느 여름 저녁에 전통에 따라 Connecticut의 Branford에 있는 Samuel Russel의 집에서 일군의 사람들이 만났는데, 사람들은 몇 권의 책을 다음과 같이 이야기하며 테이블 위에 옮기고 있었다. "나는 이 식민지에서의 대학 설립을 위하여 이 책들을 기증합니다." 그것이 Yale의 시작이었다. 우리는 James Pierpont이 이 소그룹의 한 회원이었다는 것을 알고 있으며, 그리고 위에서 이야기 된 Eaton 도서들이 기증품들의 일부였다.

그러나 그것은 단지 추측일 뿐이다. 그러나 몇 년 후 Branford로부터 New Haven으로 초기의 대학이 옮겨졌을 때, 일군의 성난 시민들이 도서관 자료들을 옮기는 수레를 둘러메었으며 대학의 손해를 막기 위한 하나의 노력으로 그것들을 탈취하려 하였다는 것을 우리는 알고 있다. 이 혼잡 속에서 많은 책들이 파손되었다. 그러나 그렇게 하여서 존속된 책들은 Yale의 대학도서관에 조심스럽게 간직된 "1701년 도서관"에 지금 소장되어 있다.

Massachusetts 주의 Concord의 1672년 마을기록에서 다음과 같은 항목이 보인다. "순교자(Martyrs)의 도서와 그 마을에 속한 다른 책들은 주의하여 다루어져야 한다." 그러나 그것이 우리가 그것에 대하여 알고 있는 모든 것이다.

18세기 초에, 미국 식민지들 내의 성직자들의 무능력에 대하여 매우 염려하고 있던 영국의 성직자 R. T. Bray는 그들의 종교적 책무를 위하여 필요한 책을 접근하도록 하였으며, 대부분이 Maryland, Virginia와 Carolinas 대서양 연안과 함께 있는 교구들에 보내어지는 책들을 구입하기 위한 협회를 구성하였다. 비록 하나의 장서만이 Boston에 있는 왕실의 예배당에 보내졌음에도 불구하고 이 장서는 아직도 Boston 도서관에 보물로 보관되어 있다.

기독교 지식의 증진을 위한 〈브레이학회(Bray's Society)〉의 노력을 통하여 약 40개의 교구에 35,000여 권의 책이 결국은 보내어졌다고 평가되고 있다. 이러한 기증 도서들과 아울러 조직과 장서의 관리를 위한 교육이 제공되었으며, Bray 자신은 그의 작업이 수행되고 있는지를 보기 위하여 직접 미국으로 갔다. 그 책들은 일반적으로 교구 성직자들의 목사관에 보관되었으며, 결국은 분산되고 망실되어 버렸다.

그러나 수 십 년 동안 그것들은 신세계인 미국에서 일종의 도서관 네트워크나 시스템이었다. 그 직후인 1719년 Massachusetts의 Oxford 마을은 마을도서관을 위한 도서를 기증 받았다. 1731년에는 Massachusetts의 East Sudbury에 유사한 기증 도서들이 제공되었으며, 같은 해 Massachusetts의 Lancaster 마을은 한 권이 천 페이지가 넘고 그때까지 식민지들 중에서 가장 크게 인쇄된 Reverend S. Willard의 『Compleat Body of Divinity』 한 부를 구입할 것인가를 결정하기 위해 투표를 하기도 하였다.

9.10.2 회원제 도서관

미국에서 식민지 도서관의 발전은 위대한 정치가이며, 학자, 발명가, 그리고 실무가인 Benjamin Franklin으로부터 시작되었다. 1727년 가을, 확실한 솜씨를 가진 인쇄업자였던 Franklin은 영국으로부터 이주해 온 후, 그와 비슷한 젊은 숙련공들 또는 창조적 활동을 하는 특별한 젊은 거래상들과 함께 정기적으로 모여 시사문제를 논의하는 〈토론그룹〉을 조직하였다. 이 토론그룹이 이른바 〈Junto Club〉이다. 또는 〈Leather Apron Club〉, 〈Philadelphia club〉 등으로 호칭되기도 한다. 초창기 12명의 회원으로 구성되었다. Junto는 라틴어 'junct-'에서 온 말로 'jungere', 'to join'으로 즉 'meeting'을 의미한다.

식민지의 생활이 안정되면서 사람들이 오락과 공부에 좀 더 많은 시간을 보내게 되었으므로 도서를 좋아하는 사람들은 도서에 대한 욕구를 만족시킬 수 있는 방법을 궁리하게 되었다. 그 해결책으로 미국의 위대한 지식인인 Franklin이 〈회원제 도서관(social library)〉을 구상한 것이다. 지식에 대한 지극한 열정과 욕구, 그리고 그 자신을 향상시키고자 하는 욕망 등을 만족시키기 위하여 Franklin은 1728년에 Philadelphia에서 유명한 〈Junto Club〉을 조직하게 되었다. Junto의 목적은 윤리, 정치, 자연철학 및 사업상 필요한 지식을 교환하는 토론장이었다.

이 클럽의 계명은 1) 현 회원에 대해 경시하는 마음을 갖지 않으며, 2) 종교와 직업을 떠나 모든 사람을 사랑하며, 3) 어떤 사람도 자기의 의견이나 종교로 인해 탄압되지 말아야 한다고 믿어야 하며, 4) 진실을 진실이라는 이유로만 따르고 사랑해야 한다. 등 4가지를 제정하여 자체 정화를 하도록 하였다.

이 단체의 목적은 정직하고 예의바른 논쟁과 사고를 하게하며, 어떠한 방법이라도 인류의 향상에 공헌하는 것이었다. 12명의 지위가 낮은 젊은 Philadelphia 인으로 구성된 이 클럽은 '진리탐구'라는 이상을 위해 조직되었다. Franklin은 "진리와 과오가 공정하게 경쟁을 하면 언제나 진리가 승리한다."고 그의 지적 자유에 대한 신념을 표현하였다. Junto에서 지식을 탐구하며, 친구들을 이해하기 위한 그들의 노력은 자료의 부족으로 좌절되었다.

이러한 문제를 해결하기 위하여 Franklin은 1730년에 제안하기를 Junto에 가입한 모든 회원들이 그들의 도서를 회합이 열리는 작은 방으로 가져와서 "도서를 공공으로 이용할 수 있게 모두 모으면 우리 각자가 그 모든 도서를 다 소유한 것처럼 다른 회원들의 도서를 이용할 수 있게 될 것이다."라고 하였다.

그러나 이러한 시도는 1730년에 시작된 그 계획은 젊은이들이 그들의 재산을 노출하는 것을 꺼렸기 때문에 약 1년 후에 실패하고 말았다. 회원 중 몇몇이 그들의 도서가 적절하게 다루어지지 않았다고 불평하였고, 배열의 불편도 있었기 때문에 오래 지속되지 못하였다. 그러나 도서수를 증가시켜서 이용하는 수단으로 '클럽을 만드는 것'이라는 사고는 1731년 Franklin으로 하여금 '공공의 특성을 갖춘 회원제 〈대출도서관〉을 처음으로 계획하도록 하였다'.

1731년 Franklin은 Philadelphia 도서관 회사를 설립하였다. 이 자발적 협회에서 회원들은 주식을 구입하였으며, 이 주식에 대한 연간 평가는 모두가 이용하게 될 도서의 구입을 위한 재원이 되었다. 이런 모험적인 사업을 위한 최초의 도서들이 1732년 3월 31일 London으로부터 도착하였다. Franklin은 그의 자서전(약 40년 후에 쓰여진)에서 이 도서관을 "북미에 있는 모든 회원제 대출도서관(Subscription Library)의 모태"라고 불렀으며, 지금도 존재하고 있다.

그는 특별히 이러한 도서관들을 자랑스럽게 생각했으며, 그의 도서관이 다른 지역사회에서도 모방되었으므로 '이러한 도서관들이 미국인들의 일상적인 대화를 향상시켰으며', '미국의 보통 상인과 농부를 다른 나라의 대부분의 신사들만큼 지적으로 만들었다'. 학자들은 도서관 회사가 그 시대의 다른 모든 회원 도서관을 낳았다는 Franklin의 주장을 회의적으로 보았지만, 최근의 연구는 Franklin의 도서관 회사 설립이 식민지 전 지역의 다른 도서관 설립에 매우 큰 영향을 주었다는 것을 강조하고 있다.

이 도서관은 수많은 기증 자료에 의해 더욱 발전하였으며, 그 중에서 가장 대표적인 도서관은 James Logan의 사설 도서관이었으며, 이는 도서관사에 가장 중요한 지표의 하나로 남아있다. 그런데 우리는 그런 협회에 대한 아이디어가 영국으로부터 온 것이라는 것을 추론할 수 있는데, 그것은 London과 다른 도시에서는 이미 특별한 것이 아니었던 "도서 클럽"은 Franklin도 틀림없이 접했을 것이기 때문이다. 1733년 Connecticut주 Durham의 도서관 회사가 만들어졌으며, 1737년에는 Connecticut주 Saybrook, Lime과 Guilford의 도서관 회사가 창립되었다.

1739년에는 비슷한 사업들이 동일한 식민지 내의 Lebanon과 Pomfret에서 시작되었고, 그 중 최초의 것은 '문법 사랑학회(Philogrammatican Society)'라고 불렸다. 그러나 이러한 회사들이 Franklin의 벤처기업에서 유래되었다고 보는 것은 비합리적으로 보인다. 그 시절 Franklin의 이름은 그다지 영향력이 없었기 때문이다. 그것들이 영국의 비슷한 협회를 모방하였다고 추측하는 것이 보다 현실적일 것 같다. 그러나 그 아이디어의 기원이 무엇이든지 간에, 그 지역사회의 도서관 요구에 자원 협회들의 방식을 적용하는 원칙은 점차 발전되기 시작하였다. 1747년에 Abraham Redwood의 아량으로, 유사한 도서관이 Rhode Island의 Newport에 설립되었으며, 그것은 〈필라델피아 도서관 회사(Philadelphia Library Company)〉처럼 아직도 존재하고 있으며, 본래의 건물 내에 자리잡고 있다.

현재 그것의 회원자격은 사회적 명성의 표시이다. 주로 그 마을의 성직자, 교사, 법률가 및 기타 전문가들인, 도서를 필요로 하는 이러한 소그룹은 서서히 대서양 연안을 따라 번성해 나갔으며, 독립전쟁 후 번성하게 된 도서관들을 만들었고, 사람들이 서부로 이주함에 따라 내륙으로도 급속히 이동하여 갔다. 오늘날까지 존재하는 이러한 소위 회원제 도서관들 중 최고로 알려져 있는 것은 1807년에 설립된 보스턴 도서관으로 그 역사적 장소인 비컨 힐(Beacon Hill)에 위치하고 있으며, 그 주식의 지분들은 그 가족재산의 중요한 부분으로서 대대로 전해지고 있다.

도서가 필요한 그 사람들이 자원 협회의 발상으로 변화해야 한다는 것은 당연하다. 왜냐하면 오늘날 우리들이 주나 지방정부의 책임이라고 간주하는, 가난한 사람들을 돌보는 일, 화재 진화, 법 집행, 개인 가정에 수도공급 등과 같은 많은 기능들은 모두 한 개인이 혼자서 제공할 수 없는 그런 이익을 보장하기 위해서, 다른 사람들과 서로 계약을 맺은 자원 협회로부터 시작되었기 때문이다. 이러한 협회도서관이나 회원제 도서관들은 특정 목적을 위하여 다양한 형태를 취하며 구가 전역으로 확산되었으며 그 중 몇 개는 아직도 살아 있다. 따라서 법률가, 성직자, 젊은이, 기계공 견습생, 상인들을 위한 회원제 도서관들이 있으며, 심지어 여성들을 위한 회원제 도서관들도 있다.

18세기의 말부터 19세기로 가면서 이러한 도서관들은 공공도서관 시스템에 아주 가까워졌다. 국가 전역에 걸쳐서 한때 회원제 도서관을 가지지 않은 마을은 거의 없었으며, 시간이 지나면서 대다수의 마을에서는 여러 개의 회원제 도서관을 가지게 되었다. 이러한 도서관들은 식민지 기간에는 식민지 정부와 국왕에 의해서 흔히 통합되었으며, 독립전쟁 이후에는 주 의회에 의하여 통합되었다. 다수의 주에서 허가를 받은 집단들이 특정 회사법의 제정을 위해 주에 호소하지 않고도 그런 협회와 회사를 만들 수 있도록 하는 법률들이 통과되었다.

이러한 회원제 도서관제도와 같은 시대에, 소위 '대출도서관'들이 있었는데, 그것은 오늘날 우리가 말하는 유료 대출도서관들이었다. 대출자들은 도서를 빌리는 대가로 매일의 대여료로 특정 요금을 지불하였다. 이러한 것들은 순전히 영리적인 기업으로, 통상 서점, 인쇄소, 혹은 일반 상점과 연계되어 있었으며, 구비 도서들은 주로 그 시대의 소설과 베스트셀러 등 대중적 요구가 있는 장서들로 이루어져 있었다.

그런 기업들은 Franklin이 독자들에게 뉴욕 법인 도서관의 책을 빌려주는 것으로 그 도서관의 번영을 되살리려고 노력했을 때 Franklin의 파트너였던 James Parker가 1745년에 식민지 아메리카에 소개하기 전부터 영국에서는 이미 일상적인 것이었다. 1762년 Maryland주의 Annapolis에서 William Rind는 대규모의 유료 대출도서관을 위한 웅대한 계획을 발표하였으나 실현되지는 못하였다.

그러나 성공적이었던 최초의 시도는 1765년에 시도된 Boston에 있는 John Mein의 대출도서관이었는데, 그 도서관은 번창하였던 것으로 보인다. 그는 같은 해 장서의 목록을 발행하였다. 그러나 그는 영국으로부터 이탈하기를 원하는 사람들과의 싸움에 뛰어들었기 때문에(그는 영국 국왕에 충성하였다), 몇 년 후 영국으로 피신하였으며 그의 런던 서점과 그가 출판을 했었던 『보스턴 연대기(Boston Chronicle)』는 불행한 종말을 맞았다. 다수의 대출도서관들이 번창하였으며, 도서관사의 한 면을 장식하게 되었다.

이들 도서관의 소유자들은 대중적 취향에 맞추었고 언제나 최고의 문학적 가치를 지닌 도서들만을 서가에 비치하지는 않았기 때문에, 성직자로부터 날카로운 비판을 받았다. 그러나 도서관이 휴양지 주위에 몰려있는 경향을 보이는 영국에서는, 장서들의 질이 더 나빴으며, 너무나 나빴기 때문에 비행방지협회는 대출도서관의 단속을 주장하였으며, 부모들은 자녀들이 대출도서관을 이용하는 것을 염려하게 되었다. 여성이 이러한 도서관을 이용하는 것이 여성들에게 적당한 것인가에 대한 심각한 의심까지도 제기 되었다. “마을의 대출도서관은 악마적 지식의 상록수이다.”라고 Sheridan의 Anthony Absolute 경은 불평하였으며, “Malaprop 여사는, 그것은 그해 내내 꽃을 피웁니다! - 나뭇잎들을 처리하는 것을 그렇게 좋아하는 그들이 마침내 그 과일을 위하여 오래 기다릴 것이라는 것에 의존하시오.”라고 하였다.

9.10.3 초기 공공도서관

민주주의에 대한 확신—사람들이 자기 자신들을 관리하는데 있어서 그들 스스로의 결정을 내릴 수 있었다는 신념—은 공화국의 설립자들이 독립전쟁 그 자체보다 훨씬 더 혁명적이 되도록 활기를 불어넣었다. 그 전쟁은 독재자에 의하여 그들 자신들이 억압받는다고 느낀 사람들의 전통적인 봉기와 마찬가지였다. 그러나 헌법은 시민들이 정부의 의사결정에 참여하는 권리를 확립하였으며, 시민이 지적으로 행동하기 위해서는 시민은 교육받은 사람이어야 하였다. 그러므로 계몽된 선거민에 대한 필요성은 무료 학교제도에서 교육을 받게 하였으며, 기록된 지식에 무료로 접근하게 하였다. 그 원리는 분명하였다.

18세기말까지 그 지역사회의 모든 주민들에게 자유롭게 개방되고 공공자금으로부터 지원 받는다는 의미에서의 진정한 공적인 도서관은 없었다. 회원제 도서관의 회원자격은 그 특권을 위하여 돈을 지불할 의사를 가지고 있고 지불할 수 있는 사람들에게 제한되었다. 그 도서관은 엘리트, 학자, 교육받은 사람, 혹은 그의 업무나 그의 직업을 위하여 도서가 필요한 사람들을 위한 것이었다. 진정한 공공도서관의 사상은 19세기 초 보편적인 공공교육의 개념의 제기와 함께 나타났다.

그것은 Horace Mann과 Henry Banard에 의하여 1840년대에 선도된 운동에 의하여 촉진되었는데, 그들은 공적인 교육프로그램을 지원하기 위하여 해당 학교 교구(school district)를 위한 도서관들을 장려하였을 뿐만 아니라 모든 사람들을 위한 공공도서관을 장려하였는데, 그것은 Mann이 언급하였던 것처럼, "우리들의 공립학교의 최고의 영광"이 될 공공도서관이었다. 학교교구를 위한 도서관 건립 관련 주 법률은 다소 일찍부터 성문화되었다. 즉, 1835년 New York 주에서 주지사 Dewitt Clinton의 영향으로, 1837년 Massachusetts 주에서 Mann의 업적의 결과로서, 그리고 1839년 Connecticut 주와 1840년 Rhode Island 주에서 Banard의 교육적 지도력에 대한 공로로 도서관 건립 관련 주 법률이 성문화되었다. 불행하게도 이러한 도서관들은 창립자들이 희망하였던 전망에 이르는 데는 실패하였다.

과세기준이 너무 낮았으며, 세입 총액이 도서관의 존립을 유지하기에 부족하였으며, 그것들은 오히려 비윤리적인 출판사들의 책략에 의하여 종종 착취의 희생물이 되었다. 점차적으로, 학교교구 도서관들을 위한 자발적 지원은 불명예스러운 일로 간주되어 사라지게 되었다. 회원제 도서관제도는 불확실하고 믿을 수 없는 것으로 입증되었으며, 이러한 협회 도서관들이 다수 존립하였지만, 단기간이었기 때문에, 그 창설자들은 흥미를 잃었으며, 그 지역사회로부터 사라지거나 없어져 버렸다.

그럼에도 불구하고, 그 운동은 기이한 강인성을 가지고 있었다. 흔히 하나의 도서관이 사라진 후에, 새로운 도서관이 또 생겨났다. 어떤 곳에서는 이러한 작은 도서관들이 3-4세대만큼 존재하였지만, 그것들은 Philadelphians 도서관 회사, 뉴포트의 〈레드우드 도서관(Redwood Library)〉, 그리고 〈보스턴 도서관(Boston Athenaeum)〉처럼 드문 경우를 제외하고는 기관을 존속시키기에는 개인 재산 변천에 너무 의존적이었다. 그러나 위에서 언급한 도서관들도 한 번 이상은 재정적인 위협을 받았었다. 만약 대중들을 위한 도서관들이 현실화되려면, 안정된 재정 지원 수단이 확보되어져야 했다.

1803년 1월에 보스턴의 서적상인 Caleb Bingham은 Connecticut 주의 Salisbury에서 성장할 때 책에 대한 욕구가 충족되지 않았던 사실을 기억하고, 9세에서 16세 사이의 청년들에게 적합한 150권의 책을 그 마을에 기증하였다. 청년들을 위한 Bingham 도서관으로 알려지게 된 그 장서는 그 지역사회의 모든 주민들에게 개방되었으며, 종신 위원회에 의하여 관리되었으며, 그 마을의 재산으로 간주되었다.

1810년 4월 9일, 그 마을 회의는 그 도서관을 위해 100불을 공공자금에서 지원하는 것을 투표하였으며, 장서 개발을 위하여 때때로 추가적인 보조금들이 조성되었다. 그러나 결국 소홀히 다루어지던 그 책들은 현재의 공공도서관인, 19세기 후반에 설립된 〈스코빌 기념 도서관(Scoville Memorial Library)〉에 흡수되었다. 따라서 〈Bingham 도서관〉에 소장되었던 도서들은 오늘날 〈Scoville 도서관〉에서 찾아 볼 수도 있다. Salisbury는 미국에서 공공도서관 운동을 개시한 장소라는 점에서, 그리고 〈Bingham 도서관〉은 세계 최초의 공공도서관이었다는 점에서 가치가 있다.

Salisbury의 가치에 대한 유일한 이의 제기는 특이한 공공도서관 역사를 가지고 있는 New Hampshire 주의 Peterborough에 존재한다. 1819년 미국의 대법원은 Dartmouth 대학 사건에서 판결을 내렸는데, 그 판결은 New Hampshire 주는 민간기관의 독립성을 보존하기 위하여 Dartmouth 대학과의 계약을 지킬 의무가 있으며, 주의 재산으로서 그 기관을 결코 탈취할 수 없다는 것이었다.

주의 침입 점유에 대하여 그의 모교를 솜씨 있게 방어한 사람은 그 대학의 졸업생인 Daniel Webster였다. 그 판결은 헌법에 있어서 하나의 중요한 사건이었는데, 그것은 주도 개인만큼이나 계약에 의해서 속박 받는다는 것을 최초로 알려주었기 때문이다.

법원의 판결에 좌절한 New Hampshire 주 당국은 1821년, 주 내의 은행들의 주식자본에 대하여 세금을 부과하였으며, 그 세입은 주립대학의 설립에 사용하기로 되어 있었다. 그러나 대학 설립은 실현되지 못했으며, 1828년, 그 모아진 돈은 "일반 무료학교들의 지원과 유지 혹은 다른 교육 목적"에 사용될 목적으로 마을로 다시 돌아왔다. 모든 마을에서 그 돈은 학교재정으로 곧바로 편입되었으나 Peterborough에서 만큼은 마을 공공도서관을 설립하기 위해 그 중 일정한 비율을 공제하여 후에 '도서기금(Literary Fund)'으로 불리게 되는 기금을 마련하기로 마을 회의에서 투표를 통해 결의하였다.

1년 후 도서관은 설립되었으며 마을에서는 그 후에도 지속적으로 그 도서관을 지원하였다. 과거의 그 작은 도서관은 별다른 기증의 혜택 없이도 지금의 도서관을 구축할 수 있도록 해 주었으며, 지금까지도 별 변동없이 존재하고 있다. 이에 Peterborough는 최초로 진정한 의미에서의 공공도서관을 설립했다는 명예가 그들의 것이라고 주장할 수 있을 것이다. 따라서 어느 주장이 더 설득력을 가지는지에 대한 선택은 스스로에게 달려 있다고 하겠다.

또 다른 사람은 1827년의 Massachusetts 주의 Lexington에서 아동도서관의 창립을 위해 60불을 증여하고 이 금액에 수시로 추가 증여하기로 한 마을회의에 관한 기록을 이야기할 것이다. 그 책들은 마을회관에 보관되었지만, 1839년까지는 지원이 산발적이었으며, 불충분하였고, 게다가 그것의 존재는 이내 사라져버렸다. 그러나 우리가 여기서 기억해야 할 사실은 이러한 마을들은 모두 작았고 도서관 장서들 또한 중세시대의 그것들보다 그렇게 크지 않았다는 사실이다. 공공도서관 운동이 가장 필요로 했던 것은 크고 영향력 있는 시 당국에 의한 행동이었다. 19세기의 중엽 Boston에서 마침내 그 행동이 나타나기 시작했다.

Boston 공공도서관은 1841년에 설립된 것으로 전해지고 있는데, 그때 Boston의 시민들은 Alexandre Vattemare라는 이름의 다소 기이한 프랑스인에게 매료되어 있었다. 그는 공공도서관의 문제에 관하여 이야기하고, 세계평화를 촉진하고 국가 사이의 이해를 촉진하기 위한 수단으로서 공공문헌들의 국제적 교환이 필요하다고 이야기하였으며, 그의 성년 인생의 대부분을 세계적으로 유명한 복화술자로 지냈었다. 무대에서 은퇴한 후, 그는 그의 관심을 전 세계 국가들 사이의 자료 교환 문제로 돌렸는데, 그것이 그의 Boston 방문을 가져오게 하였다.

먼저, Boston의 훌륭한 시민들은 그의 사상이 진지하게 수용되어야 할 것인지 혹은 단지 협잡꾼의 생각으로 무시되어야 하는지에 관하여 확신하지 못하였다. 그러나 Vattemare의 노력을 통하여 Boston시는 1847년 파리시로부터 문헌기증 의사를 타진 받았고, 그것을 수용했으며, 다음해 Boston시 평의회가 요청한 공공도서관 설립허가가 입법부에 의해 받아들여졌다.

그러나 1852년에 가서야 의회는 도서관 건립을 위한 기금을 실질적으로 사용하였다. 그 당시 시장 Seaver는 도서관 설립계획에 대한 보고서 작성을 위하여, G. Ticknor와 E. Evertt가 참여하게 되었던 합동 특별 위원회를 발족시켰다. 거의 전적으로 Ticknor와 Evertt의 수훈으로 1852년에 보고서가 제출되었으며, 도서관은 1854년에 업무를 시작하였다. 그 후 Boston의 예에서 자극 받은 다른 마을들도 공공도서관을 설립하기 시작하였다. 1849년, Vattemare의 두 번째 미국 방문에 영향을 받아서인지 New Hampshire 주는 그 주에 있는 마을들의 공공도서관 설립을 허용하는 최초의 일반 허가법을 통과시켰으며, Massachusetts 주도 1851년 유사한 법률을 제정하였다.

남북전쟁과 남부 여러 주의 재통합기의 도래가 공공도서관들의 성장에 방해가 되기도 하였지만, 그 세기의 마지막과 현 시대의 초기에는, 다시 나라 전역에 걸쳐 공공도서관의 설립 붐이 급속도로 확산되었는데, 카네기의 기부금에 의하여 다시 한 번 고무되었다. 우리들 모두의 어린 시절에도 잘 알려졌었던 카네기 도서관들은 지원을 계속하기로 합의하기만 하면 어느 지역사회에든지 설립되었다.

물론 Andrew Carnegie가 그의 재산을 사용하게 함으로서 공공도서관들은 날로 성장가도를 달렸지만, 철강 산업에서 100만 달러를 버는 대신에 이 인자한 Scotland 사람이 고국 산악지에서의 젊은 시절의 책 기근을 기억하였던 것이 얼마나 빠르게 이 운동을 전개시키게 했는지 우리는 놀랄 수밖에 없다. 카네기가 시작한 그 사업들은 뉴욕의 Carnegie 회사와 Rockefeller 재단, 자체 도서관자원위원회를 통한 Ford 재단, 그리고 다른 중견 재단들 같이 도서관 발전에 관련되었던 기관들에 의해 계승되었다.

3-40년 지나서 연방정부는 미국 교육국, 국립과학재단, 국립건강기구, 그리고 때때로 다양한 특별 위원회들을 통하여 도서관들을 지원하였다. 그러나 이제는 도서관을 위한 대규모 자선의 시대는 지나간 것처럼 보이며, 현재에는 지원금이 도서관교육의 연구, 보조 그리고 도서관 연구를 위한 학문과 공동연구를 자극하고 촉진하는 쪽으로 방향이 잡히고 있다. 그럼에도 불구하고 과거의 도서관 봉사 및 건설법 아래서 많은 공공도서관들은 물질적으로 그들의 지엽적인 시스템과 도서관 설비들을 확충시킬 수 있었고, 개인, 기업 혹은 정부기관이 중심이었던 부자 후원자들의 시대 또한 그 흔적을 남겼다. 이에 Morgan, Huntington, Crerar, 그리고 Pratt 같은 이름들도 미국 도서관학 역사에 크게 기록되고 있다.

이러한 초기의 활동에도 불구하고 실제로 공공도서관 운동에 자극을 준 것은 바로 Boston 공공도서관의 설립이었다. 보스턴은 미국에서 사회적, 지적으로 지도적인 중심지였으므로 다른 도시들은 Boston의 새로운 사건을 계속 지켜보고 곧바로 Boston을 뒤따랐다. Boston 공공도서관의 커다란 영향력은 많은 사람이 읽었던 1852년에 발표된 보고서와 또한 최초의 도서관 책임자를 지낸 2명, 즉, Charles C. Jewett와 Justin Winsor의 지도력에 의한 것이다. 또한 장서개발을 위한 상당한 자원이 생기고 도서관 봉사가 시작된데 기인하며, 이 도서관의 영향은 19세기 말엽까지 계속되었다.

Boston 공공도서관의 경영은 초기부터 도서의 수집과 조직에 중점을 두었다. Jewett는 미국 도서관사 중에서 위대한 학자로 기억되며, 전문가들이 미국 목록사에서 19세기 중기 후반을 '쥬엣트의 시대(Age of Jewett)'라고 명명할 정도로 목록분야에서 유명하다. 그의 계승자로 저명한 역사가이며, 문인인 Winsor는 그의 관심을 미국을 문명화시키고 안정시키기 위한 Ticknor 도서관의 개념을 실행하기 위하여 '도서를 사용하게 하는'데 중점을 두었다. 그가 분관 도서관을 설립하고, 선택도서목록을 이용하였으며, 대중의 도서요금을 규정한 것은 공공도서관 봉사의 대중적인 본질에 대한 그의 의견을 보여 주고 있다.

19세기 말엽에는 공공도서관, 그리고 결국에는 일반적으로 도서관 발전에 크게 공헌을 한 세 가지 사건이 있었다. 첫째로, 1876년에 필라델피아에서 '미국도서관협회(American Library Association)'가 조직되었다. 미국도서관협회는 사서직의 전문적인 단합과 철학적인 일관성을 위하여 필요한 조직 구조와 공공 광장을 제공하였다.

둘째로, 현재에는 고전이 된 1876년의 『미국 공공도서관 보고서(Report on Public Libraries in the United States of American)』가 출판되고, 이 ALA의 기관지인 『도서관잡지(Library Journal)』가 창간 되므로서 사서들에게 안내와 영감을 주는 전문적인 문헌의 부족을 메꾸게 되었다. 이 보고서는 미국의 주요한 도서관 권위자들이 쓴 장문의 기사를 요약한 것으로서 도서관의 발달과 경영 등 모든 측면을 다루었으며, 오랫동안 도서관 운영에 기본 편람이 되었다. 『도서관잡지』는 능동적이고 진보적인 M. Dewey가 편집하였고 R. R. Bowker와 Frederick Leypoldt 사가 출판하였다. 이 잡지는 도서관 전문직의 분명하고 영향력 있는 의사교환 매체로서 설립된 이후 100여년이 넘은 현재까지 지속되고 있다.

셋째로, 공공도서관 발전의 직접적인 원인은 아마도 역사상 가장 위대한 도서관 발전기금 기부자이며 훌륭한 자선 사업가였던 Andrew Carnegie였다. Scotland에서 이민해 온 그는 철강 산업으로 수백만 불을 벌게 되어 노년에 미국과 영국의 도서관 설립을 위하여 기부를 많이 하였다. 일찍이 1881년에 그는 그의 많은 철강 산업의 노동자가 살고 있던 피츠버그 지역에 도서관을 설비 기증함으로서 무료 공공도서관의 건립을 격려하였다. 그 이후로 그는 공공도서관을 유지할 것을 보장하는 시에는 도서관 건물을 지어 주었으므로 1920년까지 2,500개관 이상의 도서관 건축을 위해 약 5천만 불을 제공하였다. Carnegie가 1900년에 그의 자선사업의 대상으로 도서관을 선택한 이유를 다음과 같이 밝히고 있다.

> 나는 대중을 향상시키기 위한 가장 좋은 기관으로 무료 도서관을 선택하였다. 왜냐하면 무료 도서관은 이유 없이는 아무것도 주지 않기 때문이다. 도서관은 오직 스스로 돕는 자만을 도우며, 사람은 결코 빈곤하게 만들지 않는다. 도서관은 큰 뜻을 품은 사람에게 도서 안에 담겨 있는 세계의 귀중한 보물을 제공하며, 도서를 읽는 취미는 좀더 낮은 수준의 취미를 멀리한다.

그의 순수한 좋은 동기에도 불구하고 어떤 도서관들은 카네기의 '깨끗하지 않은' 돈을 원치 않았다. 1901년에 Detroit 시는 75만 불 기증에 또 50만 불을 더 받을 수 있었지만 반대가 너무도 심해 1910년까지 그 제안을 받아들이지 못했다. 어떤 경우에는 그들의 요구 조건을 끝까지 이행하지 못하는 상태에서 도서관 건물이 시작되었으므로 서가와 직원이 부족했다. 그러나 대부분의 경우에 도서관들은 많은 사람들을 위하여 최소한의 적절한 도서관 봉사를 제공하였던 것은 사실이다.

미국 공공도서관 발전이 큰 관심을 끌지 못한 때도 있었지만 때로는 도서관에 관한 이론과 실제를 모두 체계화시키고 이것을 발전시키기 위하여 끊임없이 노력하였다. 19세기에 이르기까지 공공도서관 사상이나 철학은 계속하여 권위주의와 선교로서 특징지을 수 있다. 미국 도서관협회의 처음 10년간 회장이었던 Winsor가 "공공도서관은 '대중' 속에서 '선과 악'을 위한 '거대한 기관'으로 작용한다."고 말한 것은 이러한 도서관 철학에 대한 믿음을 명백하게 보여주는 것이다. 그가 회장으로 선출되면서 동료들에게 한 연설에서도 이와 비슷한 비유를 하면서 공공도서관은 "기중기로서 활발하지 않은 대중을 회전시켜 주는 것"이라고 하였다. 19세기와 20세기 초엽에 경제공황이 발생하였을 때 도서관은 사회를 안정시키도록 노력하였다. 한 사서는 "만약에 사회가 모든 사람에게 일자리를 줄 수 없다면 일시적이나 영구적으로 게으른 사람들이 다른 곳에 있는 것보다는 도서관에서 도서를 보는 것이 훨씬 더 안전하다."라고 하였다.

9.10.4 공공도서관에서의 소설(fiction)의 문제

공공도서관은 다목적의 사회시설이라고 일컬어지고 있다. 그만큼 무엇을 우선할 것인가라는 어려운 문제를 안고 있다. 공공도서관 설립 당시의 동기가 복잡하였던 만큼 문제의 여지를 뒤에 남기게 되었다. 즉 공공도서관은 처음에 자선가나 Greenwood와 같은 시사평론가에게 의존하였던 일이 많았다. 이로부터 공공도서관이라 하면 자선적 이미지가 처음부터 고착되어 있다. 그것과 도덕적 개선이라는 명목이 도서관으로 노동자 계급을 끌어들이는 수단으로서 가벼운 읽을거리를 갖추도록 한다는 아이디어가 생겨나게 되고 특히 '무엇인가를 읽어주는 것은 아무 것도 읽지 않는 것보다 낫다(to read something was better than to read nothing)'라는 원칙이 지배되게 되었다.

Greenwood는 소설을 공공도서관에 갖추는 것에 대해서 이것은 '위대한 소설의 문제(the great fiction question)'라고 불렀는데, 그 후의 저작가가 '지루하게 하는 위대한 소설'이라 일컫게 된 것으로 이 논의는 19세기뿐만 아니라 금세기까지 이어지고 있다. 소설을 도서관에 소장하는 것을 부정하는 입장의 M. Brian은 1887년부터 1888년에 걸쳐 공공도서관에서는 소설이 많은 곳에서는 88%에 달하고 있고, 그 소장 평균은 69%라고 말하고 있다.

또한 기묘한 것으로 1891년에 나온 반사회주의적인 책 『자유를 위한 변명(A Plea for Liberty)』에서 T. Mackay는 공공도서관에 소설을 인정하기 어려운 이유로서 이러한 책을 그대로 읽을 수 있도록 하는 것은 중요한 자금을 들여서 책을 구입한다는 검약의 미덕을 무용한 것이라고 하며, 자선가들에게 있어서는 자발적인 관용의 미덕을 짓밟는 것이 된다고 말하고 소설과 함께 사회주의의 책이 도서관에 들어오는 것을 경계하였다.

또한 소설은 세금으로 '게으른 소설의 독자(lazy fiction-reaing people)'들을 도와주는 것이 된다는 목소리도 런던의 신문에 게재되기도 하였다. 더구나 사서 자신들 속에서도 공공도서관이라는 것은 우선적으로 '교육의 기능'을 맡고 있어야 하는데, 이것으로는 '소설의 보급소'에 불과하지 않은가라는 주장도 나오고 있다.

한편 소설의 존재를 변호하는 입장으로는 Greenwood가 있다. 그는 1891년에 우선 소설은 상당한 도덕적, 지적 가치를 갖고 있으며, 둘째로 훌륭한 문학적 가치가 없는 소설이라도 오락적인 가치가 있으며, 셋째로 소설을 읽는 것도 결국 더 훌륭한 것을 읽게 되는 출발점의 역할을 한다고 주장하였다. 찬성파, 반대파 어느 편에서도 공통적인 것은 공공도서관은 노동자 계급의 것이라는 생각이다. 찬성파의 입장에서는 이것을 통하여 노동자는 더 도덕적이 되고, 진실하며, 절약을 하고자 하는 근면한 노동자가 된다고 생각한 반면에 반대의 입장에서는 단순히 게으른 사람인 불평분자를 만들어 낼 뿐인 낭비로 보았다.

지금까지의 대강의 개요는 수세기 동안에 걸친 도서관사의 흐름이었다. 오늘날 도서관을 위하여 이런 설명이 무엇을 의미하는지, 그리고 경력으로서 라이브러리언십에 대하여 이런 설명이 무엇을 의미하는지는 다음 장에서 살펴보고자 한다.

〈9장의 필독리스트〉

Butler, Pierce. *An Introduction to Library Science.* Chicago, University of Chicago Press, 1933. Chapter IV, The Historical Problem.

de Bury, Richard. *Philobiblion. Introduction by Archer Taylor.* Berkeley, University of California Press, 1948.

Ditzion, Sidney. *Arsenals of a Democratic Culture.* Chicago, American Library Asociation, 1947.

Harris, Michael J. *Reading in American Library History.* Washington, D.C., NCR Microfilm Editions, 1971.

Hessel, Alfred. *A History of Libraries.* Translated by Reuben Peiss. Washington, D.C., Scarecrow Press, 1955.

Johnson, E. D. *A History of Libraries in the Western World.* 2nd ed. Metuchen, N. J., Scarecrow Press, 1970.

Naudé, Gabriel. *Advice on Establishing a Library.* Translated by John Evelyn, with an Introduction by Archer Taylor. Berkeley, University of California Press, 1950.

Nevins, Allan. *The Gateway to History.* Boston, D.C. Heath, 1938. Chapter IV, One Mighty Torrent.

Shera, Jesse H. *Foundations of the Public Library.* Chicago, University of Chicago Press, 1949.

Thompson, James Westfall. *Ancient Libraries.* Berkeley, University of California Press, 1949.

_________. *The Medieval Library.* Chicago, University of Chicago Press, 1939.

Thornton, John L. *Selected Readings in the History of Librarianship.* 2nd ed. London, The Library Association, 1966.

제 4 편

정보자료와 학술커뮤니케이션론

제4편 정보자료와 학술커뮤니케이션론

M. McLuhan은 환경의 내용이 새로운 기술에 의해서 겪게 되는 변형들에 주목하였다. 그는 보이지 않는 배경으로서의 기술이 세계를 구성하는 실제를 정의하고 구성하는데 중요한 역할을 하는 것을 지적하였다. 이는 기술이 이전의 낡은 환경을 급격하게 바꾸는 것이 아니라 아무런 변화도 없는 것처럼 위장되어 우리에게 다가온다는 것이다. 결국 과거를 현재로 변형시키는 동안에 미래는 과거를 흡수하고 환경 자체가 인공물로 되어 간다는 것이다. 필사기술에 관련된 모든 요인들도 여기에서 예외일 수는 없다.

〈문자 ↔ 필사재료 ↔ 필사도구〉의 동반자적 발전양식에 대해서 Friedrich W. Nietzsche는 "우리가 쓰는 글쓰기 도구가 우리 사고와 함께 가담한다."라고 하였다. '함께 가담한다.'라는 표현은 글을 쓰는데 있어서 사고, 감정을 어떤 문자로 승화시키기 위해서 필사재료 그리고 필사도구는 필연적으로 동반되어야 한다. 그래서 〈사고 ↔ 문자 ↔ 필사재료 ↔ 필사도구〉의 패러다임으로 발전된다고 보았다. 동서양을 막론하고 이러한 패러다임은 동일하다.

인류의 역사에 있어 '책'이란 것이 등장한 시기는 BC. 1000년 초기로 추정하고 있다. 출현할 때부터 책 모양을 한 것은 물론 아니었다. 식물성 재료(수피, 식물 섬유류나 옷감), 동물성 재료(독우피, 양피지), 광물성 재료(금, 은, 동) 등 자연에서 얻을 수 있는 것과 인공물들 중에서 필사재료로 사용할 수 있는 것이면 처리하여 사용하였다. 이러한 자료에 기생하여 인간의 사고나 감정을 어떤 심볼이나 사인으로 표현하여 나타난 것이 정보자료이다.

제10장 지식정보자료의 의의

정보자료란 넓은 의미에서는 문자나 기호 등에 의해서 전달되는 모든 기록정보를 의미하며, 좁은 의미에서는 기록정보 가운데에서도 각 학문 분야에 있어서의 학술적 가치가 있는 기록정보만을 의미한다. '학술적 가치가 있는 기록정보'란 필사되거나 인쇄되거나 또는 전자정보를 망라하는 개념이다. 그러나 기록 자료는 그 무한히 많은 정보 가운데 선택된, 그리고 어느 누구를 위해서이든 기록될만한 가치가 있고 필요하기 때문에 기록된 것이라고 본다면, 넓은 의미로는 통용되는 것이 타당할 것이다.

도서나 문서, 신문, 잡지는 문자나 기호, 도형 등을 매체로 하여 종이와 잉크 등의 재료를 사용해서 정보를 기록한 자료이다. 또한 영화필름이나 사진은 필름을 주요한 매체로 하여 정보를 기록한 자료이며, 레코드나 테이프는 합성수지 등을 매체로 하여 음성정보를 기록한 자료이다. 따라서 어떤 매개체를 사용하여 기록한 정보이든 모두 '정보자료'라고 할 수 있다. 그러면 정보 또는 정보자료는 그 본질이 무엇이며, 우리 인간사회에 어떠한 의의를 가지는 것일까?

도서관법(2009. 3. 25 일부 개정 9. 26 시행) 제2조 2항에서 "도서관자료"란 인쇄자료, 필사자료, 시청각 자료, 마이크로형태자료, 전자자료, 그 밖에 장애인을 위한 특수자료 등 지식정보자원 전달을 목적으로 정보가 축적된 모든 자료(온라인 자료를 포함한다)로서 도서관이 수집 · 정리 · 보존하는 자료를 말한다. 즉, 도서관이 수집하여 이용을 위한 자료의 총칭이다. 자료의 총칭 중에서 대표적인 정보자료가 도서관적 측면에 보면 '도서'가 된다.

그렇다면 '도서' 또는 '책'이란 무엇인가? 우리 모두는 도서를 습관적으로 코덱스(codex) 즉, 일련의 페이지들(저자의 표현력을 통해 스며든 저자의 사상을 표현하는 표음식 혹은 그림문자와 같은 비표음식의 기호들이 적혀있는)과 같은 물리적 대상으로만 인식하고 있다. 이 페이지들이 책등(spine)에 의해 한데 묶여있고 전체는 제본으로 표지가 씌워져 있다.

그러나 우리는 여기서 도서의 물리적 형태에 대해 논의하고 있는 것은 아니다. 도서는 여러 가지 형태를 취할 수도 있고, 다양한 크기를 갖기도 한다. 필사기록물은 테이프, 레코드, 필름의 형식을 취하고 있을 수도 있으며, 저작자가 기록해 놓은 사상의 물리적 구현인 필사기록으로서 자격을 갖고 있다. 우리의 관심은 여기서 지적 산물로서의 도서를 향하게 된다. 왜냐하면 그것이 사서의 주된 관심사이기 때문이다.

많은 사람들이 흔히 서술적 용어나 유추를 통해 도서를 정의하려고 시도했다. 후자의 정의는 감상적 형식은 아닐지라도 정교한 형식을 띄는 경향이 있다. 예컨대, 책은 창(窓)과 같다고 한다. 즉, 책은 외부세계를 보기 위해 존재할 수 있으며, 계몽의 근원이 될 수 있으며, 마음을 환기시킬 수 있다와 같은 설명이다.

그러나 모든 유추 중에서도 아마도 가장 정확한 정의에 가까운 것은 "책은 거울이다(Ein Buch ist ein Spiegel)"라고 한 18세기 독일의 물리학자인 George C. Lichtenberg의 유추일 것이다. 책은 거울이다. 왜냐하면 만약 바보가 거울을 보고 있다면 그는 St. Paul이 되보고 있는 것을 보지 못할 것이기 때문이다.[1] 그 유추는 재미있을 뿐만 아니라 상당히 정확하다. 왜냐하면 특정 독자에게 있어서 책은 그 책이 그에게 '말하는' 것에 의존하기 때문이다. 말하는 것은 그 책이 그 독자에게 '말'하고 있는 것에 의존하기 때문이다. 아름다움과 마찬가지로 책의 메시지는 수용자의 마음 안에 있는 것이다.

지적으로 볼 때 도서는 사실상 '인간 정신의 산물'이기 때문에 가변적이다. 어떤 도서는 많은 사람에게 다른 것을 의미할 수 있으며, 심지어 똑같은 사람에게도 그의 인생에서 시간의 변화에 따라 다른 것을 의미할 수도 있다. 책은 독자의 반영이다. 우리는 습관적으로 '책은 …라고 말한다'라고 말하지만, 실제적으로 책은 독

---

1) 독일어로는 *"Ein Buch ist ein Spiegel; wenn ein Affehineinsieht, so kann kein Apostel herausguchken."* Georg Christoph Lichtenberg, Aphorismen, Briefe, Satiren (D Sseldorf/ K ln: Eugen Diederichs, 1962), p.48. 나는 원숭이를 당나귀로 바꾸어 사도를 성 바울로 알아보는 자유를 얻었다.

자의 지성에 의해 생명을 부여받기 전까지는 아무 것도 말하지 않는다.

책이 다양한 방식으로 우리를 자극하고 있다는 바로 그 이유 때문에 우리는 책이 어떤 인격화된 특성과 성격을 갖는 것으로 생각한다. 어떤 이유에서든 잠재독자가 이해하기 어려운 지적 내용인 책은 맹인에게 거울은 아무런 의미가 없는 것과 같이 잠재 이용자에게 '말'하는 것은 아무 것도 없다. 독자는 책에서 메시지를 획득해야 하며 많은 책들은 전달하고자 하는 메시지를 쉽게 포기하지는 않을 것이다.

A. MacLeish는 책이 도서관 장서에서 다른 책들과 같이 놓이게 됨으로서 그 성격이 변화되는지 아닌지에 대한 질문을 제기하였으며, 우리의 질문의 범위를 책의 본질로 확대시켰다. 물론 그는 책 자체는 그 물리적 형태나 지적 내용과 관련하여 어떤 신비한 변화(metamorphosis)를 겪었다고 주장하고 있는 것은 아니다. 오히려 관련된 책들과 조화를 이루는 책은 도서관 이용자의 마음에 하나의 책으로는 추정이 안되는 상호 연관된 사상의 개념, 관계, 수단들을 불러올 수 있다고 믿었다. 따라서 진정한 도서관은 단지 일련의 우연한 환경에 의해 책을 한데 모으는 것이 아니라, 이용자가 목적하는 사고활동을 자극할 수 있게 설계된 의미 있는 창조물이다.

두 권의 책은 두개의 머리와 마찬가지로 하나보다는 낫다. 장서에 책을 추가하거나 하나를 빼는 것은 전체 장서의 성격을 변화시키는 것이며, 그 책의 중요도는 변화의 크기를 판가름한다. 따라서 도서관 장서를 구축하는 것은 그 자체가 학술적 창조활동이며, 만약 사서가 그의 '지성의 집(house of intellect)'을 짓는 건축가가 되려한다면, 그는 책과 사람을 모두 알아야 할 것이며 전자가 후자에 의한 용도에 대해 알아야 할 것이다.

Thomas Carlyle은 문헌(정보자료)에 관해서 "인류가 이룩하고 생각하고 획득하고 보존해온 모든 것, 그것은 책의 면면에 신기하게 보존되어 실려 있다."[2]고 했으며, 옮겨 심을 수 있는 활자를 발명해서 필경사의 노동을 경감시킨 최초의 인물은 제대한 용병이었다.… 그가 Johannes Gutenberg이다. 그의 인쇄술이 군주와 원로를 배재하고 새로운 민주적 세계를 창조했다라고 논평하고 있다. 활판인쇄 탄생의 위대성을 부각시키고 있다. Helen E. Haines는 "도서는 지성의 그릇이다. … 수세기

---

2) Thomas Carlyle. *On heroes, hero worship and the heroic in history*(The Worlds classics, no.62) London, Oxford Univ. Press, 1904. p.210(All that mankind has done thought, gained or been it lying as in magic preservation in the pages of books.).

에 걸친 사고와 노력을 통해 우리들을 위해서 마련된 영속적인 지식의 자료가 우리에게 유용하도록 서적 속에 저장되어 있다."[3]고 하였다.

이 밖에도 책은 꿈꾸는 것을 가르쳐 주는 진짜 선생이고(G. Bachelard), 책 속에 길이 있다. 책이 없는 집은 문이 없는 가옥과 같고, 책이 없는 방은 혼이 빠진 육체와도 같다. 책은 청년에게 음식이며, 노인에게는 오락이며, 부자일 때는 지식이며, 고통스러울 때면 위안이 된다(Marcus T. Cicero). 책 속에는 과거의 모든 영혼이 잠자고 있기에(Thomas Carlyle), 좋은 책을 읽는 것은 과거의 가장 뛰어난 사람들과 대화를 나누는 것이다(R. Descartes). 책이 없다면 신은 침묵을 지키고, 정의는 잠자며, 자연과학은 정지되고 철학도 문학도 말이 없을 것이다(T. 바트린).[4] 정보자료 또는 독서자료로서 책이 갖는 가치성을 한결 같이 강조한 것들이다.

러시아의 작가이면서 사회학자인 M. Illin은 '인간 도서설'을 주장한 바가 있다. 그에 의하면 "최초의 책은 지금 있는 책 같은 것이 아니었으며, 그것은 팔다리를 있었으므로 책장에 가지런히 꽂혀 있었던 것이 아니었다."고 하였다. 따라서 그것은 말 할 수도 있었고, 노래를 부를 수도 있었다. 살아있는 책으로서의 '인간 책'이었던 것이다.[5] '인간 책'이란 직업으로서 이야기꾼을 의미하며 기능적으로는 멀티미디어의 역할을 하였다. 음률적 리듬과 음악과 춤과 제스처 등이 융합된 종합 미디어였다. 그런데 구술문화란 즉시성이므로 지리적, 시공간적으로 내구성이 약한 단점을 지니므로 문자문화로 발전될 수밖에 없었다. 즉 기록할 수 있는 문자의 발명과 문자를 쓸 수 있는 필사도구와 재료의 개발로 도서의 탄생으로 발전한 것이다.

말하는 언어에서 문자로 전환하는 데는 3가지 방법이 있었는데, 그 첫째의 가장 단순한 방법은 단어를 표현하는데 그림을 그리는 방법이 있다. 예를 들면 '사람'이란 단어를 표현할 땐 사람을 그리는 방법을 말한다. 즉 '상형문자(象形文字)'는 의미있는 정보가 되어 기록하는 데 필요했다. 두 번째 방법은 '표음문자(表音文字)'인데, 한 가지 기호나 몇 가지의 기호들을 합쳐서 한 단어로 표현할 수 있다. 표음문자는 최소한 몇백 가지의 기호가 필요하다. 세 번째 방법으로 알파벳문자, 소리의 단어로 한 묶음의 기호를 한데 모아서 사용할 수 있다. 이러한 발전과정은 문자,

---

3) Helen E. Haines. *Living with Books the art of book selection.* 2nd ed. New York. Columbia Univ. Press, 1950. pp.3-4.

4) 남태우, 김중권 공저. 한국의 독서문화사. 대구, 태일사, 2004. pp.331-347.

5) M. Illin. 책, 시계, 등불의 역사. 심성보 역. 서울, 연구사, 1989. p.14.

필사재료 그리고 필사도구의 발명과 밀접한 연관성을 갖는다.

문헌정보학 분야의 선행 연구물과 교수법은 주로 기관으로서의 도서관사적 개념에 기초해 이루어져 왔다. 1976년 Elmer D. Johnson과 Harris가 공동 집필한 『History of Libraries in the Western World』[6]를 포함해 서구세계 도서관사에 관한 상당수의 훌륭한 저작들이 있다. 이러한 개론서는 도서관사, 개별단체, 개인 등의 세분된 분야를 다루는 많은 연구들로 보충되어 진다. 이러한 접근 방법은 물리적 객체로서의 책에 중점을 두는 도서, 인쇄사 측면에서 주로 다루어지고 있다.

1951년 발표된 Lehmann-Haupt의 『The Book in America』[7]와 같은 고전적인 저작물은 도서관사의 보충 완역판이라 할 수 있는 것으로 도서, 인쇄사에 관해 사서에게 요구되는 기초를 닦는데 오랫동안 사용되어져 왔다. 1949년 출판된 Shera의 선구자적 저작 『Foundations of the Public Library』[8]이래 도서관사가들은 Harris나 Garrison이 제시한 것처럼 기관으로서의 도서관을 지지하는 개념을 다루기 시작했다. 역사를 바라보는 이러한 새로운 시각은 도서사의 기존의 관심에 있어 더욱 뚜렷해 진다.

Darnton의 『The Business of Enlightenment』,[9] Eisenstein의 『The Printing Press as an Agent of Social Change』,[10] Febvre와 Martin의 『The Coming of the Book』[11] 등의 저작은 출판을 통한 사상의 전달과 인간사고 및 행동에 영향을 미치는 출판물을 해석하는 작업으로, 인쇄물을 통해 커뮤니케이션의 문화, 사회적 역사에 촛점을 두는 도서사를 기술하는 새로운 학문 분야를 창출해 왔다.

---

6) Elmer D. Johnson and Michael H. *Harris. History of libraries in the Western World.* Metuchen, N.J. Scarecrow Press, 1976.

7) Hellmut Lehmann-Haupt in collaboration with Lawrence C. Wroth and Rollo G. Silver. *The Book in America; A History of the Making and Selling of Books in the United States.* R. R. Bowker Company: New York, 1951.

8) Jesse H. Shera. *Foundations Of The Public Library The Origins Of The Public Library Movement In New England 1629-1855.* Chicago, The University Of Chicago Press, 1949.

9) Robert Darnton. *The Business of Enlightenment: Publishing History of the Encyclopédie,* 1775-1800. Cambridge, Belknap Press, 1979.

10) Elizabeth L. Eisenstein. *The Printing Press as an Agent of Change: Communications and Cultural Transformations in Early-Modern Europe.* Cambridge and New York, Cambridge University Press, 1997.

11) Lucien Febvre, Henri-Jean Martin. *The Coming of the Book: The Impact of Printing,* 1450-1800. London, Verso, 1997.

10.1 도서의 정의 및 조건

『문헌정보학용어사전』에 의하면 도서를 "문자 등이 쓰인 종이 등을 묶어서 장정한 것. 일반적으로 인쇄되어 공식적으로 간행된 것을 말한다. 전달을 목적으로 한 내용이거나 내용이 종이에 인쇄된 것이거나 종이가 떨어지지 않도록 묶음으로서 장정하여 표지가 있는 것이거나 일정한 분량(49면 이상)을 지닌 비정기 간행물로 정의한다. 동의어로 서권(書卷), 서적(書籍), 책, 책자(冊子) 등이 있다."[12]고 규정하고 있다. 책의 물리적 조건만을 강조한 정의에 불과하다.

Unesco는 1964년 10월 20일부터 11월 20일까지 파리에서 개최된 제 13차 총회에서 『서적과 정기간행물에 관한 통계의 국제적 표준안에 대한 권고안』[13]에서 "도서란 국내에서 출판되어 또한 공중의 이용에 제공되는 적어도 49페이지(표지를 제외) 이상의 인쇄된 비정기 간행물을 말한다(a nonperiodical literary publication containing forty-nine or more pages, not counting the covers)"고 규정하였다. 이 정의 또한 49페이지라는 물리적 조건만을 규정한 일면적 정의에 해당된다. 도서는 인간의 정신적 산물을 담은 용기이다. 따라서 용기만을 강조한다면 그 일면 만을 해석한 것에 불과하다.

우에무라(植村長三郎)는 정보자료의 일종인 도서에 대해서 "도서란 필사 또는 인쇄된 논저, 그리고 속간되는 것으로서 수매의 종이나 기타의 재료나 엮은 내용의 전체를 합철한 것"[14]이라고 정의하였다. 그러나 이 정의도 정보자료에 대한 물리적 또는 상형적인 정의에 불하다. 정보자료를 이와 같이 물리적인 관점에서만 생각한다는 것은 무의미한 것이며, 정보자료의 존재의의를 인식할 수 없다.

사서들의 인쇄자료에 대한 집착은 필사된 자료들 중에서 입수된 것만을 정보로 간주하게 하며, 교육 또한 여전히 대화를 통한 상호작용보다 인쇄된 내용에 더 많은 가치를 부여하고 있다. 도서의 정신적, 물리적 특성과 그 주요 장점들을 요약해보면 다음과 같다.

---

12) 문헌정보학용어사전 편찬위원회 편. 문헌정보학용어사전. 서울, 한국도서관협회, 2010.

13) Recommendation Concerning the International Standardization of Statistics Relating to Book Production and Periodicals, UNESCO, 1964.

14) 植村長三郎. 書誌學辭典. 東京, 教育圖書株式會社, 昭和 17(1942). p.378.

1) 도서는 출판(publishing)되어 공중이 이용할 수 있어야 한다. 이것은 도서의 첫 번째 조건에 해당된다. 'publishing'이란 publish의 라틴어 'public(공중)'의 파생어로서 '발표하다', '세상에 널리 퍼뜨리다'라는 의미를 지니고 있다. 저자와 독자간의 커뮤니케이션 행위를 암시하고 있다.

2) 도서는 일정한 분량 즉 49페이지(표지 제외) 이상의 분량이어야 한다. 이것은 Unesco에서 도서의 통계를 작성하기 위해 제시한 물리적 조건에 해당된다. 국제적인 관점에서 이 규정은 권고이지만, 강제규범에 해당된다.

3) 도서는 인쇄된 것이어야 한다. 이 조건은 디지털시대에 반하는 규정처럼 여겨지지만 전자책 또한 인쇄(record)된 것이다. 어떤 방식으로든지 인쇄되지 않으면 독자에게 전달될 수 없다. 이 규정은 2)와는 밀접한 연관성하에서 이해되어야 한다. 즉 49페이지 이상으로 인쇄된 것이 도서이기 때문이다.

4) 인간의 사상과 감정, 혹은 정보의 기록이다. 도서란 인간의 사상이나 감정 또는 아이디어를 어떤 심볼이나 사인을 이용하여 표현한 객체이다. 인간이 자신의 사상과 감정을 표현하고 그것을 기록할 수 있는 도구 즉, 커뮤니케이션 미디어를 사용한 유일한 동물이다.

5) 생명의 지속성과 반영구적이다. 다른 매체보다 상대적으로 그 내구성을 지닌 특성이었다. 이러한 면에서 미국의 수필가였던 Clarence S. Day는 '도서는 인간이 세운 유일한 영속물로서 기념비는 무너지고, 국가도 사라지고, 문명도 쇠퇴하지만, 도서는 계속 살아남아 몇 세기 후의 사람들에게 지식, 사상, 문화 등을 전달해 준다.'[15]라고 하였다.

6) 메시지의 전달범위가 가장 넓은 대중 매체이다. 시공간적으로 다른 매체보다 뛰어난 전달력을 지니고 있다. 언어가 달라도 번역이라는 시스템을 이용하여 그 이용성을 확장, 확대시킬 수 있다.

이밖에도 최소 정가제로 규정한 예도 있다. 영국에서는 정가를 기준으로 6펜스 이상의 출판물을 도서로 규정하고 있다. 그밖에 제본이라는 형식과 함께 편람 가능하여야 하며, 또한 쉽게 운반할 수 있어야 한다 등이 도서의 조건이라고 할 수 있다.

---

15) 남태우, 김중권 공저. 한국의 독서문화사. 대구, 태일사, 2004. pp.331-347.

정보자료의 본질적인 의의는 그것이 지니는 지적인 내용 또는 정보에 있는 것이다. 인류가 최초에 문자를 발명한 것도 인간의 사상이나 감정, 정서, 행동, 경험 등 모든 정보를 타인에게 전달하기 위한 수단으로서 발명된 것이며, 현대의 모든 정보자료도 문자나 기호 등을 통해서 보다 많은 사람에게 정보를 전달하는 데 그 의의가 있는 것이다. 정보자료에서 거기에 수록된 문자나 기호가 지니는 정보를 제거하면 그 정보자료는 전연 무의미한 물체(노트)에 불과한 것이다. 다시 말하면, 정보자료란 종이나 기타의 재료에 문자나 기호 등의 공통의 기호(symbol)을 통해서 어떤 정보(의미)를 지니게 하여 타인이 그 정보를 해득하게 하는데 의의가 있는 것이다.

우리는 정보자료의 일종인 신문을 통해서 매일 매일의 생활에 필요한 새로운 정보를 얻어서 이를 유용하게 활용할 수 있고, 잡지를 통해서 여러 가지 흥미 있는 지혜를 얻을 수 있고, 소설이나 수필, 시 등의 문학작품을 읽어서 우리의 감정과 정서를 순화시킬 수 있고, 기행문을 통해서 우리는 가만히 앉아서 지구상의 모든 생활과 문물을 이해할 수 있으며, 각 학문분야의 학술서적을 통해서 전문적인 지식과 기술과 지혜를 얻어서 이를 우리의 생활에 유용하게 활용할 수 있으며, 경서(經書)를 통해서 이미 수백 년 또는 수천 년 전의 성현들의 거룩한 진리의 말씀도 들을 수 있는 것이다.

이와 같이 우리 인류는 이 정보자료를 통해서 우리 직전까지의 문화를 물려받고, 또다시 새로운 창조를 가하고, 문화를 더욱 확충해서 추가 축적하여, 당대 또는 후대에 계승하게 되는 것이다. 이러한 연속적인 지적 정보의 전달과 이용과 새로운 창조의 과정, 즉 정보의 순환(cycle of information)과정을 통해서 현대의 문명사회를 이룩한 것이며, 앞으로도 무한한 발전적 정보순환이 예기되는 것이다.

10.2 문헌정보학에서의 정보단위

문헌정보학 분야에 있어 '정보'의 정의로서 비교적 오래된 것으로는 Shera, Kent, Perry 등에 의한 다음과 같은 것들이 있다. 종합하면 다음과 같다.

1) 정보란 어떤 특정의 사실, 대상, 사상에 관한 지식으로서, 전달 가능한 형식을 하고 있는 것이다.
2) 실제의 효과적인 측면에 있어서 정보는 이미 알고 있는 사실에 어떤 것을 추가하거나, 변화시키는 것이다.
3) 정보이론에 있어서 정보는 메시지의 의외성의 척도이다.[16)]

특히 1)은 '지식'과 동일선상에서 바라보는 '정보'라고 할 수 있다. 한편, Robert M. Hayes와 T. Becker는 "정보는 데이터 처리의 결과로서 생산되는 데이터"[17)]라고 규정하고, 데이터, 정보, 지식을 구별하였지만, 데이터 처리의 목적을 위해 편의상 정보에 대해 정의한 것에 불과하다.

Debons는 정보를 "주어진 환경 속에서 인간의 모든 지적행위를 구조화 시켜주는 유형적 표상의 결과 또는 상태이자 인간의 정신적 활동에 필요한 자료의 수집과 해석을 지속시켜주는 과정"[18)]이라고 정의하였다. 이는 정보를 지적행위의 과정으로 확장함으로써, 오류를 범한 것으로 보인다. Shera와 Debons는 지식, 데이터와의 관계에서 정의를 제시했다고 볼 수 있다.

Belkin과 Robertson은 정보라고 하는 용어에 대해 종래의 사용법을 검토한 후, 여기에 나타난 유일한 공통점으로 "정보는 구조에 변화를 끼칠 수 있는 것"이라고 하고, 정보를 연속된 스펙트럼의 7가지의 범주로 나타내고 있다.[19)] Belkin 등은 정보학이라는 커다란 구조 내에서, 그 대상으로 하여야 할 정보는 개인의 개념형성, 인간의 커뮤니케이션, 사회의 개념구조, 정식화된 지식이며, 결국 정보란 "텍스트(발

---

16) Jesse H. Shera, et al. *Documentaion in Action.* New York, Reinhold, 1956. pp.21-22.
17) Robert M. Hayes and T. Becker. *Handbook of Data Processing for Libraries.* New York. Becker and Hayes, 1970. p.746.
18) A. Debons. *Information Science, Search for Identity,* N.Y.: Marcel Dekker, 1974(철학연구회편. 정보사회의 철학적 진단. 서울, 철학과 현실사, 1999. p.125).
19) Nicolas J. Belkin, & Stephen E. Robertson. Information Science and the Phenomon of Information, *JASIS,* vol.27, no.4(1976). pp.197-204.

신자에 의해 의도적으로 구성된 기호의 집합)로 구성되며, 수진자의 이미지(image)를 변화시키는 것"이라고 정의하였다.[20] 이러한 정의는 정보를 자료라고 하는 특정의 물리적 형태에만 국한하지 않고, 포괄적으로 정의한 것으로서 이론적으로도 사용할 수 있고, 실제적으로 사용할 수 있는 적절한 정의라고 할 수 있다.

『문헌정보학용어사전』에서는 정보를 "어떤 형태로 공식적, 비공식적으로 전달, 기록, 출판, 보급되는 아이디어, 사실 및 상상적인 일, 작용"[21]이라고 정의하였다. 문헌정보학, 특히 정보학에서의 '정보' 개념의 논의에 대해서는 스다(津田良成)에 의해 요약 기술되었다.[22] 문헌정보학에서는 '정보'를 일단은 '지식의 구조를 바꾸는 것'으로 이해하고 있다. 이 논리는 Brookes가 제시한 아래 공식에서와 같이 수용자의 기존 지식구조의 수정 내지는 변화가 발생하고, 이로 말미암아 또다시 새로운 정보요구가 발생하는 정보전달 순환이 형성되는 것이다. $K[S] + \Delta I = K[S + \Delta S]$로서 $K[S]$는 수용자의 기존 지식구조를, ΔI는 입수되는 새로운 정보를, ΔS는 기존 지식구조에 미치는 효과 그리고 $K[S + \Delta S]$는 새로운 지식구조를 의미한다.[23] 본서에서 다루는 정보의 개념은 세 가지 측면 즉, 1) 측정단위, 2) 정보를 발신하는 측과 수신하는 측의 문제, 3) 정보미디어의 존재로 인식하고, 이들을 중심으로 분석하였다.

첫째, 그 측정단위이다. 정보를 Shannon나 Winner가 정의한 것처럼 물리적인 단위를 설정하여 측정하는 시도는 다수 행해져 왔다. 컴퓨터의 주기억 용량이나 기록매체의 용량 등을 나타낼 때에 이용되는 '비트(bit)'는 1이나 0을 취하는 것을 최소 단위로 하는 단순한 방법이다. 이들은 의미를 포함한 정보량의 단위를 패턴화하고 이를 '비트'라고 명명하였지만, 현재 컴퓨터의 영역에서 이용되는 '비트'는 이것과는 전혀 다른 것이다.

문헌정보학에서는 전통적으로 〈도서 1권〉을 기본 단위로 인식하여 왔다. 이것은 도서관이 수집하고, 정리하고, 대출하는 것은 전통적으로 〈1권의 도서〉였기 때문이다. 목록규칙은 〈1권의 도서〉를 기술하고 다른 도서와 식별하는 방법을 규칙화하기 위해 만

---

20) 이영자, 이경호 공저. 정보학. 개정증보판. 대구, 정각당, 1993. p.49.
21) 사공철 외 저. 문헌정보학용어사전. 서울, 한국도서관협회, 1996. p.322.
22) 津田良成 編. 圖書館・情報學概論. 東京, 勁草書房, 1983.
23) B. C. Brookes. Robert Fairthorne and the scope of information science. *Journal of Documentation*, vol.3, no.2(1974). pp.139-152.

들어졌다. 대출규칙은 1회에 몇 권까지로 규정된다. 이것은 숫자적 개념으로 보면 형태에 기초한 물리적인 단위로 보일 수 있지만, 그 배후에는 뭔가를 전하려 할 때에 어느 정도의 페이지 수로 되어 있는 '책'이라는 형태가 취해져 있다는 것을 인식할 수 있다. 단순히 취급하기 쉽기 때문에 〈1권〉을 단위로 하고 있는 것이 아니라 정리된 내용을 전하는 것으로서의 1권의 책인 것이다. 따라서 이것은 하나의 단위로 볼 수가 있다.

문헌정보학은 '도서'를 고집해 왔지만 도큐멘테이션 분야에서는 잡지에 게재된 〈1 논문〉을 단위로 해 왔다. 이것은 과학기술 혹은 학술분야에서는 잡지 논문이 어느 성과를 전달하는 수단이 되고 있는 것을 반영한다. 양자는 똑같은 활동을 하면서 교차되는 일은 거의 없는 상태였다. 하지만, 1960년대부터 컴퓨터를 이용한 데이터베이스와 정보검색 시스템의 출현에 의해 처리 대상이 되는 도서나 잡지논문을 구조화하는 것이 요구되어 왔다. 이 시도 중 하나가 〈서적잡지레벨〉이라는 사고방식이다. 또, 목록규칙에서는 〈서적잡지레벨〉이나 〈서적잡지단위〉 나아가서는 〈저작단위〉라는 개념을 도입하고 있다.

한편, 정보학 속에서 취급된 단위 즉 정보검색에서의 축적, 검색단위, 혹은 계량서지학에서 측정의 단위로 삼은 것은 〈1권의 도서〉나 〈하나의 잡지논문〉이다. 하지만, 〈1권의 책〉은 형태로서 독립되어 있지만 〈잡지논문〉은 잡지 1호의 부분을 구성하고 있는 것에 지나지 않는다. 이런 단위를 '저작'이라고 부를 수 있을 것이다. 이것은 '저작권법'이라는 저작과 거의 동일하다. 어떤 주장이나 전하려고 하는 내용의 정리가 저작이다. 이것은 형태로서 독립할 필요는 없으며 또 몇 페이지 이상이어야 한다는 양적인 제약도 없다. 한통의 편지도 대하소설도 저작이다. 따라서, 문헌정보학에서는 〈저작단위〉로 하고 있다고 말할 수 있을 것이다.

둘째, 정보를 발신하는 측과 수신하는 측의 문제이다. 문헌정보학에서는 발신하는 측과 수신하는 측을 '사람'에 한한다. Machlup이 언급한 것처럼 '정보를 인간의 정신을 대상으로 발신하고 인간의 정신에 의해 수신하는 것'으로 보고 신경이나 유전같은 생체시스템에서 〈신경정보〉나 〈유전정보〉라는 사용방법이 행해질 때는 이것을 정보의 '은유적인' 사용방법으로 생각하였다. 발신하는 측은 수신하는 측을 생각하여 어떤 의도를 갖고 정보를 생산한다.

셋째, 정보미디어의 존재이다. 발신하는 측에 의해 생산된 정보는 원칙적으로 몇가지 매체에 기록되며 수신하는 측에 도달된다. 이들의 매체를 〈정보미디어〉라고 부르게 된다. 그런데 전하는 내용과 〈정보미디어〉를 단순하게 나누어 생각할 수는 없다. 발신하는 측은 같은 문장을 잡지 논문의 형태로도 또는 구두로도 발표할 수 있다. 수신하는 측은 잡지에 게재되어 있는 것을 읽거나 귀로 들어서, 다른 '정보'를 얻게 될 것이다. 따라서, '정보'와 '정보미디어'는 동일한 것으로 생각해야 한다. 이것은 정보와 물질 에너지와의 관계로 연결되는 문제이다. 문헌정보학에서는 '정보'를 일단은 '지식의 구조를 바꾸는 것'으로 해석된다.

10.3 도서의 사회적 의의

본 절에서는 도서가 지닌 사회적 관계성을 분석하고자 하였다. 유국균(劉國鈞)에 의하면 도서(圖書)는 인류가 그 발전과정에서 창조해 온 것 중에서도 다음과 같은 사회적 의의를 가진다고 하였다.[24] 이는 도서의 조건이기도 하며 기능이기도 하다.

첫째, 도서는 지식의 원천이고, 지식은 곧 힘이다. 즉 도서는 인간의 생활을 영위하는 동안에 실제로 필요로 하기 때문에 창조된 것이다. 인간들이 생활하기 위해서는 어떠한 방법으로든 투쟁을 하지 않으면 안 된다. 이러한 성공한 경험, 지식을 전파시켜 보존해 가도록 하는 유력하고 중요한 도구가 도서라는 것이다.

둘째, 도서는 문자와 회화로 기록된 지식이다. 도서를 통해, 인간은 시 · 공간적으로 자신보다는 더 멀리 있는 넓은 세상의 것을 습득할 수 있다. 인간의 기억으로는 모든 지식을 기억할 수 없게 되었고, 여기서 모든 경험을 통한 지식을 기록할 필요가 있다고 생각되어 문자로 표현해온 것이다. 문자는 한 세대에서 다음 세대로, 한 부족에게 지식을 전해질 수 있도록 하는 유력한 도구가 되었다.

셋째, 가장 중요한 도구로 인류의 물질생활과 문화생활을 발전시키기 위해서 없어서는 안 되는 중요한 수단이다. 만약 이 도구가 없었더라면 인류사회는 현재와 같은 발전된 모습은 볼 수 없었을 것이다.

---

24) 劉國鈞. 中國書史簡編. 北京, 1954(松見弘道 譯, 圖書の歷史と中國. 東京, 理想社, 昭和38年. pp.13-27).

넷째, 동시에 또 도서는 인류의 물질생활의 수준과 문화생활의 수준을 나타내 준다. 이는 도서의 구성이 물리적인 것과 정신적인 것의 합일체라는 것을 의미한다.

다섯째, 도서는 일종의 '공예작품'이고, '문화현상'의 하나이기도 하다. 즉 도서가 '공예작품'의 하나라고 하는 이유는 도서는 인간이 만들어 냈으며, 물질형태를 갖춘 것이기 때문이다. 또한 '문화현상'이라고 하는 이유는 도서의 내용이 인간의 사상을 표현하고, 인간의 주위에서 일어나는 여러 가지의 일들과 생활에 대한 이상을 전달하는 동시에 인간과 관련된 모든 것이 발전되도록 하기 때문이다.

여섯째, 도서는 내용과 형식이라는 두 가지의 면으로 구성된다. 따라서 도서를 이해하기 위해서는 양자를 동시에 이해하지 않으면 안된다. 도서의 내용과 형식은 역사적 발전에 따라 함께 발전하고, 사회의 진보에 따른 진보를 한다. 따라서 도서의 내용과 형식은 모든 사회, 시대 생활상황과 의식 형태를 반영하고 있는 것이다. 사회생활의 실천이 도서의 내용과 형식을 결정하고, 동시에 내용과 형식은 또 사회에도 영향을 미치고, 그것을 한발 전개시켜 유력한 요소도 되고 있다.

그리고 사회가 발전함에 따라 도서의 새로운 내용과 형식이 새로 만들어진다. 도서는 사회생활의 산물인 동시에 사회생활을 움직이게 하는 큰 힘을 갖고 있다. 이것이 도서의 사회적 의의이며, 발전하고 있는 사회에서 도서의 역할이다. 도서가 지닌 정신적인 측면, 물리적인 측면, 내용적인 측면에서 사회에 미친 영향에 대해 분석하고 있다.

10.4 도서사를 연구하는 목적

앞의 항목에서 도서의 사회적 역할을 언급 한 바처럼 그러한 의의를 지니고 있기 때문에 이의 역사적 연구가 필요하다. 즉 '도서사(圖書史)'를 연구하는 목적은 다음과 같다.

첫째, 도서사를 연구하는 주 임무는 즉, 역사상의 각 시대에 대한 도서의 사회·정치적인 의의를 이해하고, 문화적인 유산에 대한 비판적인 태도를 만드는 것이다. 도서는 사회사의 발전에서 봐도 중요한 기능을 가지고 있어서, 예전부터 학자나 과학자, 작가를 비롯해서 정치적으로 활동하고 있는 사람들도 중요하게 생각하였다.

둘째, 각종 유형, 각 학문의 도서는 역사상 각각의 시대에 어떻게 나뉘어 탄생하였는지를 확실시해야 하는 것이다. 즉, 형태서지와 학문의 시기를 연구하는 목적이다. 도서의 주 기능은 지식을 전파하는 것, 즉 그 내용 여하에 달려있다. 하지만 내용은 일정의 형식을 가지면 처음으로 표현할 수 있다. 도서는 물질적인 형식을 가지고 있는 것이다. 역사상 어떤 시대의 도서는 어떤 특정 물질적인 형태를 갖추고 있는 것이다. 도서는 일종의 구체적인 공예작품이다. 하나의 공예작품으로서 보면, 도서는 문자, 재료, 형태 및 제본 등의 4개의 구성요소로 되어 있다. 마침 인류가 창조한 모든 도구와 같이, 도서에서도 인류의 역사와 같이, 발전한 도서 자체의 역사가 있다. 이것은 바로 도서를 구성하는 4개 요소는 역사상에서는 각각 끊임없이 발전하고 변화해온 것을 말하는 것이다. 그것이 서로 교류하고 영향을 미치면서 각식 각양의 도서가 형성되었다. 도서가 역사상의 어떤 시대에 갖추고 있었던 물질적인 형식을 '서적제도'라고 한다.

셋째, 도서를 구성하고 있는 4개 요소를 확실시 하는 것이다. 즉 문자, 재료, 형태 및 제본 방법이 발생하고 발전한 과정을 확실히 하려함은 어떻게든 서적제도의 발전과정을 연구해야 한다.

중국에서 도서는 적어도 3500년의 긴 역사를 가지고 있다. 중국인들은 일찍이 문자를 만들고, 서적을 만들었다. 중국의 문자는 중국 주변의 한 민족에 영향을 주고 서적의 재료나 행태, 제본의 면에서도 중국에서 만들어진 것이 역시 전 세계에 영향을 미쳤다. 요즘 세계에서 만들어진 서적의 기본적 요소인 종이나 목판인쇄, 활자인쇄는 모두 중국의 선조가 최초로 발명하여 그것이 전 세계에 전파한 것이다.

도서에서는 내용과 형식의 두 가지 면이 있어서 도서사를 연구할 경우에서는 동시에 이 두 가지 면에 주의를 기울여야 한다. 도서사는 도서를 일종의 사회적인 산물이라고 보고, 또한 문화현상이고, 공예작품으로 간주하여 연구해야 한다. 만약 내용에만 주의하면 그 연구방법은 사상사, 과학사이라고 해도 도서사는 아니다. 만약 서적의 형태에만 주의하면, 그 연구방법은 기술사, 공예사라고는 할 수 있어도 도서사는 아니다.

도서사를 연구하려면 꼭 역사상의 각 시대에 대한 사상의식을 생각하면서 도서가 수행한 기능을 연구해야 한다. 그리고 도서가 물질의 형태를 가지고 발생하고, 발전한 것에 대해 연구해야 한다. 또한 이 두 가지 면의 사이 상호 연관과 상호 영향을 연구해야 한다. 중국 도서사의 연구대상은 중국 도서의 발생과 발전과정이고, 중국 사상의 각 시대에 나타난 도서의 기능이나 도서제도가 변화한 과정이다. 중국도서가 발전해 온 과정에 따라서, 중국의 도서사를 크게 4개의 시기로 나눌 수 있다.

1) 태고에서 기원 1세기까지(태고에서 동한 초년(東漢初年))의 종이가 아직 발명되지 않은 시대,
2) 기원 2세기에서 8세기까지(동한 초년에서 당대 중엽)의 인쇄술이 아직 발명되지 않은 사본권축(寫本卷軸)의 시대,
3) 9세기에서 19세기까지(당대 말엽에서 한대 아편전쟁)의 인쇄술이 발명될 때부터 수공업에 의해 인쇄술이 행해지던 시대로 이 시대는 다시 전후의 두 시대로 나뉜다. 즉 (1) 인쇄술이 발생하고, 점차로 보급된 시대(당나라 중엽부터 남송 말기)와, (2) 수공업에 의한 인쇄술이 발전한 시대(원나라 초기부터 아편전쟁),
4) 19세기 중엽(아편전쟁 이후)부터 현재의 기계화된 인쇄술 시대까지. 이 마지막 이 시기는 다시 3개의 시대로 나눌 수 있다. (1) 19세기 중엽부터 '5 · 4운동'(구 민주주의혁명)까지의 시대, (2) '5 · 4운동'부터 중화인민공화국의 성립(신민주주의 혁명)까지의 시대, (3) 중화인민공화국 성립이후(사회주의건설)의 시대.

상기의 이러한 시대구분은 도서의 물질적 형식 즉, 그 생산방법의 변화를 기초로 하고 있고, 그리고 이 시대는 대체로 중국의 역사가 발전해갔던 시대구분에 해당하고 있다는 것은 쉽게 알 수 있을 것이다.

역사상 어떠한 시대구분을 해도 모든 것을 절대적으로 분리하고 고립시키는 것은 불가능하다는 것을 지적하지 않을 수 없다. 앞 시대 안에는 이미 뒤 시대의 씨앗이 뿌려져 있고, 또 뒤 시대 안에는 앞 시대의 흔적이 남아 있는 것이다. 도서사에 있어서 각 시대의 모습을 결정하는 것은, 그 당시의 주요한 생산방법이어서 이것은 또 당시의 사회가 가지고 있던 성질이 결정되는 것이다.

그렇기 때문에 서적의 발전사를 연구하는 데에는 사회발전사의 연구와 분리할 수 없다. 어디까지나 사회일반의 발전과 마찬가지로 도서사의 각 시대 안에는 모든 신구의 요소가 투쟁하고 있는 것을 알 수 있다. 낡은 환경안에 새로운 요소가 마침내 싹 트고, 성장하고 결국에는 낡은 요소를 대체해서 주류가 되는 것이다. 이것은 우리들이 앞으로 각 장에서 이야기하려고 의도하고 있는 문제점이다.

10.5 정보자료의 종류와 명칭

도서관이나 정보센터가 수집 및 관리대상으로 삼는 정보자료는 '정보자원(information resources)'의 하위개념이다. 『문헌정보학용어사전』에 의하면 "정보자원이란 정보의 공급원으로 이용되는 각종 자료군으로서 주로 대학도서관 등이 보유하고 있는 학술도서 및 잡지를 말한다."25)

정보자료라고 하는 용어는 아마도 1950년대부터 사용되기 시작한 것으로 생각되는데, 이 정보자료는 그 기록된 재료나 형태나 그 내용에 따라서 역대로 여러 가지 명칭이 주어지고 있음을 알 수 있다. 동서양을 불문하고 필사자료원의 유형은 크게 식물성, 동물성, 광물성 등으로 구분된다. 여기에서는 정보자료의 발전적 측면에서 다양한 명칭을 동양과 서양으로 구분하여 설명하고, 다음에 현대의 여러 가지 정보자료의 유형을 설명하고자 한다.

10.5.1 동양에서의 정보자료의 명칭

일반적으로 '책(冊)'이란 '인간의 사상 또는 감정을 나타낸 글이나 그림을 인쇄한 종이를 겹쳐 맨 물건의 총칭'을 의미한다. 또는 '문자 또는 그림의 수단으로 표현된 정신적 소산을 체계 있게 담은 물리적 형체이다.'라고 사전적 정의를 가지고 있다.

상고시대에는 상호간의 믿음 또는 약속의 부호로 의사를 소통해오다가, 문자가 생긴 이후 그 글자를 적어놓을 대상물이 필요하게 되었다. 그 대상물이 초기에는 생활 주위의 모든 것, 이를테면 종(鐘) · 솥(鼎) · 제기(祭器) · 쇠붙이 · 돌 · 기와 · 갑골 · 댓조각 · 나뭇조각 등이었다.

그러나 이러한 낱개의 기물(器物)에 글자와 그림을 새기거나 쓴 것을 가지고 책이라고는 할 수 없고, 이것들이 체계있게 엮어져야 비로소 책으로서의 구실을 할 수 있는 것이다. 그러나 많은 역사서에서는 이것들을 '갑골서, 청동서, 죽서, 목서, 백서, 석서'라고 불렀다. 그 뒤 점차로 종이가 사용되었으며 그것을 일정한 차례로 잇거나 겹쳐 꿰매고 철하여 책을 만들어 냈다.

25) 문헌정보학용어사전 편찬위원회 편. 문헌정보학용어사전, 개정판. 서울, 한국도서관협회, 2010.

세계 각지의 고대인들은 일찍이 바위 위에 문자를 새겼다. 그 예로 수메르인, 이집트인, 마야인의 문화유적에 남아있는 석각문자(石刻文字)를 들 수 있다. 석재는 무한정 공급할 수 있고 가격이 싸며 장기간 보존할 수 있다는 장점이 있다. 청나라 공자진(龔自珍)은 "돌은 가장 오래된 것으로 그 재료가 크고, 형태가 다양하며, 옮기기가 어렵고 금속과 같이 오래 보관할 수 있으니 옛사람들이 금옥을 버리고 돌에 새긴 까닭이 아니겠는가라고 하였다."[26]

석각문자의 형식은 비(碑), 갈(碣), 마애(磨崖) 등 몇 가지가 있다. '비(碑)'는 일정한 크기로 석재를 가공하여 한 면이나 양 면에 문자를 조각하는 것이다. 이는 석각문자 중에 가장 널리 이용되는 형식이다. '갈(碣)'은 천연의 형태 그대로인 돌 위에 글자를 새기는 것으로 고대의 석고문(石鼓文) 역시 '갈'의 일종이다. '마애(磨崖)'는 절벽에 새긴 문자로 태산(太山), 화산(華山) 등 유명한 산의 절벽에 많은 석각문자가 남아 있다. 마애불도 광의로 여기에 속한다.

동양에서의 책의 명칭은 예로부터 다양하게 사용되어 왔다. 한자를 공용하고 있는 동양 삼국이 통상 쓰고 있는 도서의 외자는 우리나라는 '책(册)', 일본은 '혼(本)', 중국은 '수(書)'로서 각기 독특한 특징을 나타내준다. 그 용어로는 〈책(册)·전(典)·죽백(竹帛)·지(志)·기(記)·전(傳)·서(書)·본(本)·서적(書籍)·전적(典籍)·도서(圖書)·문헌(文獻)〉 등이 있고, 그밖에도 많은 합성어가 만들어져 사용되었다. 또한 〈서사(書史), 서질(書帙), 서적(書籍), 서전(書典), 서책(書册), 책자(册子), 문적(文籍), 전적(典籍), 편적(篇籍)〉 등으로도 호칭되었다. 도서라는 각각의 명칭에 대해서 자의와 의미론적 관점에서 해석고자 한다.

1) 동양에 있어 책의 기원은 죽간(竹簡)과 목독(木牘)을 체계 있게 편철하여 사용하였던 '책(策)'이 가장 오래된 형태로 보는 것이 학계의 정설이다. '죽간목독'은 대(竹)와 나무 조각에 글씨를 써서 엮어 만든 책을 말한다. 일찍이 중국 주대(周代)에 사용되어 진대(秦代)와 한대(漢代)에 성행하였으며 육조대(六朝代)에서도 사용되었다. 고대에는 몇 장의 '간(簡)'을 편철한 것을 '책(策)' 또는 '책(册)'이라고 불렀다.

책 편(篇), 편지 간(簡), 답장 답(答), 장부 부(簿), 부적 부(符), 문서 책(策) 혹은 꾀

26) 羅樹實, 書香三千年. 2005(조현주역, 중국책의 역사; 《하도낙서》에서 《사고전서》까지 3천 년의 문화사. 서울, 다른생각, 2008. p.54.

책(策), 법 범(範) 등은 모두 '대나무에 기록한다.'는 의미로 만들어진 글자이다. 진시황제의 분서갱유(焚書坑儒) 때 태운 책도 대부분의 죽간(竹簡)으로 되어 있었다. 〈전국책(戰國策), 천도책(天道策), 역수책(易數策), 납속책(納粟策) 등에서 '책(策)'으로 명칭을 삼았다.

'책(策)'의 재료는 전술한 바처럼 '대와 나무'를 사용하였는데 전자를 '죽간(竹簡)'이라 하고, 후자를 '목독(木牘)'이라 칭하였다. 또한 대나무 통을 낱낱이 쪼갠 것을 '간(簡)'이라 하였다. 간은 사용하기 전에 유즙을 빼고 청피(青皮)를 벗겨버리는데 이 과정을 '살청(殺青)' 또는 '한간(汗簡)'이라 일컬었다. 이 과정이 끝나면 칠(漆) 또는 먹(墨)을 사용하여 글씨를 썼으며 교정을 필요로 할 때에는 칼을 사용하여 그 흔적을 없앤 뒤 사용하였다.

'살청(殺青)'이라는 단어를 최초로 사용한 사람은 유향(劉向)이다. 『풍속록(風俗論)』[27]에 "유향의 『별록(別錄)』에 이르기를 살청은 죽간을 제조하는 방법이다. 싱싱한 대나무는 즙이 있어서 잘 썩고 좀이 생기기 때문에 모든 죽간은 불에 굽는다. 진(陳)나라와 초(楚)나라에서는 '한(汗)'이라 하는데, '한'은 즙을 제거하는 것이다. 오월(吳越)에서는 '살(殺)'이라 하는데 '살'은 '치(治)'이다."[28]이로부터 '살청'과 '한청'은 같은 뜻임을 알 수 있다.

그리고 '간(簡)'이라는 명칭은 고서에서 '간(簡)', '책(册)', '간책(簡策)'으로 혼용되고 있는데 약간의 차이는 있다. 한 행의 문자를 하나의 대나무 조각에 쓴 것을 '간', 한편의 문장을 쓴 '간'을 끈으로 엮은 것을 '책' 또는 '간책'이라 하는데, 여기에서 '책(册)'과 '책(策)'은 같은 뜻이다.

'죽간(竹簡)'은 주로 서적을 만드는 데 사용되었다. 길이는 일정하지 않아서 가장 긴 것은 2척 4촌으로 경전 · 법률과 '역사 서적'에 쓰였고, 다음은 1척 2촌으로 『효경(孝經)』에 사용되었으며, 그 다음은 8촌으로 '전기서(傳記書)'와 '자서(子書)'를 쓰는 데 이용되었다. 이와 같은 죽간의 장단(長短)은 서적의 중요성을 표시하는 것이라고 할 수 있다. 매 간은 대개 1행으로 적었으며 8~10자 정도 쓸 수 있었다.

---

27) 풍속론은 후한 시대의 응소(應劭)가 지은 풍속에 관한 책이다.
28) 羅樹實, 書香三千年. 2005(조현주역, 중국책의 역사; 《하도낙서》 에서 《사고전서》 까지 3천 년의 문화사. 서울, 다른생각, 2008. p.44.

목독은 죽간보다 너비가 넓고 커서 '공문서, 호적, 지도' 등에 사용되었다. 목독 이외에 '판독(版牘)', '방독(方牘)' 등으로 불렸다. 목독은 그 길이가 일정하지 않았는데 크게 5가지로 나눌 수 있다. 첫째, 가장 긴 것은 3척으로 서판(書板)에 이용되었다. 둘째, 길이가 2척인 것은 징소(徵召 : 징집과 소집)에 쓰였다. 셋째, 길이가 1척5촌인 것은 전신(傳信)에 사용되었다. 넷째, 길이가 1척인 것은 공사(公私)의 편지에 이용되었다. 다섯째, 5촌인 것은 성문을 출입하는 신분증에 사용되었다. 그러나 일반적으로는 '간책(簡策, 簡册)' 또는 '책간(策簡, 册簡)'이라 부르고 있다. 이 경우 간은 단찰(單札)을 뜻하고 책(策, 册)은 편간(編刊)을 뜻하며 여기에서 책(册)이라는 글자가 상형조자 되었다.

개개의 단찰을 편철(編綴)하는 방법으로는 '횡련식(橫連式)'과 '중적식(重積式)'이 있다. 횡련식은 가볍고 작은 대와 나뭇조각의 위아래를 마치 댓발(竹簾)을 엮듯이 삼끈(麻絲) 또는 부드러운 가죽(熟皮)으로 죽간목독의 위와 아래 두 곳을 엮은 것이고, 중적식은 크고 무거운 나뭇조각인 경우, 위쪽에 한 개의 구멍을 뚫고 끈으로 꿰뚫어 중적의 상태로 체계 있게 엮은 것을 말한다. 그 끈은 노와 실 같은 재료를 사용하였으나, 중적식과 같이 크고 무거운 책(策)인 경우는 부드럽게 다룬 가죽 끈을 사용하였다. 즉 너비가 넓고 긴 간독의 위쪽에 구멍을 뚫어 중적상태로 연철(連綴)한 것이다. '위편삼절(韋編三絶)'이란 여기에서 기인한다.

오늘날 전하여지는 간책의 실물은 중앙아시아에서 발견된 『급취편(急就篇)』의 목간을 시작으로 하여 중국 · 일본 · 한국 등지의 고분(古墳)에서 발견되어 학계 여러 분야에 귀중한 자료가 되고 있다. 『논어』의 〈선진(先進)〉편에 "어째서 책을 읽은 뒤에야 학문을 했다고 하겠습니까?"[29]라는 말이 나온다. 이는 최초로 책이 열람을 위해 제공되던 것임을 언급한 것이다. 허신(許愼)은 『설문해자(說文解字)』에서 "죽간과 포백에 적은 것을 서(書)라고 한다."라고 하였고, 당나라 때 사람인 사마정(司馬貞)은 『사기색은(史記索隱)』에서 "서(書)는 오경과 육전의 총칭이다."라고 하였다.[30]

---

29) 論語 先進篇. 何必 讀書然後 爲學.
30) 羅樹實. 書香三千年. 2005(조현주역, 중국책의 역사; 《하도낙서》에서 《사고전서》까지 3천 년의 문화사. 서울, 다른생각, 2008. p.13.

2) '책(冊)'은 고대의 주된 필사자료였던 '죽간(竹簡)'을 엮은 모양을 상형한 것이며, '전(典)'은 책상 위에 책을 올려놓은 모양을 상형한 것이다.[31] '책(冊)'은 대와 나무의 조각을 엮은 '책(策)'의 모양을 보고 만든 글자로 일찍부터 사용된 명칭이며, 현재 우리나라에서 주로 사용되고 있는 명칭이다. 오늘날 통용되고 있는 책의 형태를 보고 만든 상형문자인 점에서도 책의 기원이 고대의 '책(策)'에서 비롯되었음을 알 수 있다.

이 글자가 만들어진 이후에 나온 합성어에는 〈간책(簡冊) · 죽책(竹冊) · 전책(典冊) · 엽책(葉冊) · 서책(書冊) · 첩책(帖冊) · 접책(摺冊) · 보책(譜冊) · 책자(冊子)〉 등이 있다. 우리나라 문헌에는 서책의 용어가 많이 쓰여지고 있다. 수필가 이태준의 『무서록』에서는 "책(冊)만은 '책'보다 '冊'으로 쓰고 싶다. '책'보다 '冊'이 더 아름답고 더 '책'답다."[32]라는 변이다. '冊'의 상형조자가 가져다 준 매력과 대나무의 선비기질을 선호하는데서 오는 변일 것이다.

3) '전(典)'은 책상 위에 '책(冊)'을 소중하게 꽂아 놓은 모양을 보고 만든 글자임을 『說文解字』에서 설명하고 있으며, 그 뜻을 미루어 보아 '여러 책, 귀중한 책'을 의미한다. '전(典)'자는 책 책(冊)자에 손 맞잡을 공(廾)의 변형자가 합쳐진 글자이다. 두 손(廾)으로 공손하게 책을 잡고 있는 형태로, 아마도 법전(法典)을 들고 있는 듯하다. '사전(辭典)'은 단어를 풀이한 책이고, '자전(字典)'은 글자를 풀이한 책이다. 그래서 한자를 풀이한 책을 '자전(字典)'이라 부른다.

또한 '전(典)'이란 '상(常)' 혹은 '법(法)'의 뜻을 가지고 있다. 즉 항상적인 법, 헌법(憲法)이란 뜻으로 고칠 수 없는 제왕의 명을 받은 책을 말한다. 상서에서는 우임금과 순임금의 사적을 기록한 '요전(堯典)'과 '순전(舜典)'이 이에 해당한다.

장도(莊都)는 이를 '큰 책'이라 부연하였다. 합성어에는 〈전책(典冊) · 전적(典籍) · 고전(古典) · 원전(原典) · 경전(經典) · 불전(佛典) · 법전(法典)〉 등이 있으며, 오늘날 우리나라에 있어서도 전적과 고전은 옛 책의 일반 명칭으로 널리 사용되고 있다. 특히 사전(辭典), 자전(字典) 등에는 어미에 붙여 큰 책이라는 의미로 사용되고 있는 것이 보통이다. 『경국대전(經國大典)』, 『속대전(續大典)』 등에서도 서명으로 사용되고 있음을 볼 수 있다.

---

31) 屈萬里. 昌彼得 共著, 沈隅俊 譯, 圖書板本學要略. 서울, 中央大學校 圖書館學科, 1975. p.15.
32) 이태준. 무서록(無序錄). 서울, 깊은샘, 1995.

이후 〈책 → 경전(經典) → 법전(法典) → 법〉이란 뜻이 파생되었다. 17~18세기 근대 유럽에서 조화와 균형을 추구하였던 고대 그리스 로마의 예술 작품을 모범으로 삼아 미술, 음악, 건축, 문학 등을 창작하려던 고전주의(古典主義)는 '옛날(古) 책(典)을 따르는 주의(主義)'라는 뜻이다. 여기서 고전(古典)은 그리스 로마 시대의 책이란 뜻이다. 즉 신 중심의 중세 기독교 사상에서 벗어나 인간 중심의 그리스 로마 사상으로 회귀하는 주의이다. 고전(classic)이란 말을 들으면 먼저 고리타분하다는 생각이 드는데, 당시로는 그렇지 않았다.

4) '전적(典籍)'은 서적 다음으로 많이 사용되는 용어이다. '전(典)'은 앞서 언급한 바와 같이 매우 소중한 큰 책을 뜻하므로 전적이란 늠름하고 품위 있게 만든 옛적의 귀중한 서적을 의미한다. 전적의 범위는 매우 넓어 원래 종이와 문자로 된 모든 기록을 말하는 것이지만 좁은 의미의 전적(典籍)은 책(冊)을 의미한다.

그 밖에 일컬어지고 있는 〈전서(典書) · 전적(典籍) · 전지(典志) · 전전(典傳) · 전책(典冊) · 고전(古典) · 원전(原典) · 경전(經典) · 불전(佛典) · 법전(法典)〉 등은 그 동의어라 할 수 있다. 문서 적(籍)자는 원래 대나무 죽간을 뜻하는 글자이다. 이후 〈문서(文書) → 서적(書籍) → 호적(戶籍) → 신분(身分) → 등록(登錄)하다〉 등의 뜻이 파생되었다. 신분이나 등록이란 뜻으로 쓰인 예로 국적(國籍), 호적(戶籍), 본적(本籍), 제적(除籍) 등이 있다.

5) '죽백(竹帛)'도 고대 기록류의 명칭의 일종이다. '죽(竹)'은 '죽간(竹簡)'을 말하고, '백(帛)'은 '견직물'을 뜻하며, 이는 의복을 만들 수도 있고 글을 쓸 수도 있어 다용도로 사용된다. 다만 '죽(竹)'만을 말할 때에는 '간책(簡冊)'을 말하는 것인지 알 수 없으므로 옛 사람들은 '죽백(竹帛)' 두 자를 합쳐서 말해 왔던 것이다.[33]

이 말은 『후한서(後漢書)』 〈등우전(鄧禹傳)〉에서 비롯된다. 일찍이 등우(鄧禹)가 옛 학우였던 유수(劉秀; 뒷날의 光武帝)를 찾아갔을 때, 유수가 궁금하여 그가 찾아온 뜻을 묻자, 등우는 "다만 명공의 위덕(威德)이 사해(四海)에 더하여지기를 바랄 뿐이며, 나는 얼마 안 되는 힘이나마 바쳐서 공명을 '죽백'에 드리울 뿐입니다."[34]라고 대답하였다. 그 후 등우는 유수를 도와 나라에 큰 공을 세웠고, 그 공이 후세에 기록

---

33) 屈萬里, 昌彼得 共著. 沈隅俊 譯, 圖書板本學要略. 서울, 中央大學校 圖書館學科, 1975. p.15.
34) 後漢書. 〈鄧禹傳〉. 但願明公威德加於四海 禹得效其尺寸 垂功名於竹帛耳.

되었다. 죽백이 기록 자료의 일종임을 알 수 있다.

그리고 비단에 문자를 쓰고 그림을 그린 책을 '백서(帛書)'라고 한다. 고대에 '백(帛)', '증(繒)', '겸(縑)' 등은 모두 비단을 뜻하는 말로 백서는 '증서2', '겸서(縑書)' 혹은 '겸백(縑帛)'이라고 하였다. 옛사람들은 흰 비단에 편지를 썼는데 이를 '소서(素書)'라고도 하였다. 다만 죽(竹)만을 말할 때에는 간책(簡册)을 말하는 것인지 알 수 없으므로 옛 사람들은 죽백(竹帛) 두 자를 합쳐서 말해 왔던 것이다.

6) '지(志)'와 '기(記)'는 기록(記錄)을 의미한다. 고인들은 이것을 항상 도서의 통칭으로 써왔다.[35] '기(記)'는 '지(志)'와 뜻이 통함으로 도서는 '지(志)'라고도 할 수 있으며, '기(記)'라고도 할 수 있다. '기(記)'는 보통 도서를 지칭한다.[36] '지(志)'는 서술대상에 얽힌 숨은 사연이나 내용, 특히 거기서 받은 경험이나 교훈 등을 간략하게 기술하는 것이 보통이며, 반면에 '기(記)'는 서술대상의 시말에 대한 객관적인 정보를 제시하는 것에 주력하는 경향이 있다.

『한국민족문화대백과』에서는 한문 문체의 하나로서 '지(誌)' 또는 '기사(記事)'와 통용해 쓴다. 역사의 사실을 기록하는 것이다. 『주례(周禮)』 〈춘관편(春官篇)〉에 "소사가 나라의 기록을 맡는다(小史掌國之志)"라고 한 것이 바로 이 뜻이다. '지(誌)'가 문체로 쓰이기 시작한 것은 『한서(漢書)』 〈10지(志)〉이다. 안사고(顔師古)의 주석을 보면 '지(誌)'는 기사(記事)라 규정하였다. 또 『문체명변(文體明辨)』 〈기사조(記事條)〉에 "기사란 지(志)의 별명이니 야사(野史)의 유이다"라고 한 것에서 명료하게 드러난다.

옛날의 사관(史官)들이 사기를 쓰는 데에 있어 당시의 일을 자신이 직접 보고 들은 경우가 아니면 사실이 누락되는 경우가 허다하였다. 이렇게 누락된 사실들을 문인학사들이 보고 듣게 되면 그것을 수시로 적어 두었다가 사관에게 자료를 제공하기도 한다. 문인이 쓴 대로 기록을 남겨 역사에서 빠지는 부분에 대비하기도 한다. 그래서 이름은 다르지만 역사적 사실을 적는 것은 같은 것이다. 〈삼국지(三國志)〉, 〈열국지(列國志)〉, 〈수호지(水湖誌)〉, 〈초한지(楚漢志)〉 등에서는 '지'로 도서명을 사용하였다.

---

35) 屈萬里, 昌彼得 共著. 沈隅俊 譯, 圖書板本學要略. 서울, 中央大學校 圖書館學科, 1975. p.16.
36) ibid p.17.

7) 도서의 이칭으로 '전(傳)'이 있다. '전(傳)'은 '경(經)'을 해석한 것을 의미하며, 행실을 기술한 글도 또한 '전'이라 한다. 그러나 이것은 진한(秦漢) 이래의 개념이요, 그 이전에는 '전(傳)'자로서 도서를 통칭하였다.[37] '전(傳)'이란 보통 열전(列傳)한 인간의 독특한 행적을 서술하면서 교훈적인 내용이나 비판을 덧 부치는 것으로 역사에서, 임금을 제외한 사람들의 전기를 차례로 적어서 벌여 놓은 기전체 기록을 이야기 한다. 또한 '전(傳)'이란 『설문(說文)』에서는 '전(傳)'과 '거(遽)'를 통용하여 쓰고 있는데 오늘날과 같이 '전하다'의 의미로 풀이하고 있다. 그러나 여기에서 한걸음 나아가 일종의 문장 양식을 지칭하는 말로 쓰이게 되었다.

『집운(集韻)』에서는 "현인(賢人)이 쓴 것을 일러 '전(傳)'이라 한다(賢人書曰傳)"하였고, 『한서(漢書)』에서는 "전(傳)은 경의(經義)를 해설하는 것을 말한다(傳謂解說經義者也)"라 하였고, 『논형(論衡)』의 〈정설(正說)〉에는 "성인(聖人)은 경(經)을 짓고, 현인은 전(傳)을 짓는다(聖人作其經, 賢人作其傳)"하였으며, 『문심조룡(文心雕龍)』의 〈사전(史傳)〉에서는 "좌구명(左丘明)은 공자(孔子)와 같은 시대 사람으로서 그 글의 미묘한 뜻을 알았다. 그리하여 수미(首尾)의 맥락(脈絡)을 연구하여 '전(傳)'의 양식을 창조해 냈다. '전(傳)'이란 '전(轉)'이다. 즉 경서의 뜻을 굴려서 후세에 계승시키는 것이다(丘明同時, 實得微言, 乃原始要終, 創爲傳體. 傳者, 轉也. 轉受經旨, 以授於後)"라 하였다. 다시 말하여 '성인'의 저술 속에 담긴 뜻을 '현인'이 해설하여 전하기 위하여 지은 글로서 『좌전(左傳)』에서 시작된 문장양식을 가리키는 것이 되었다.

그러나 이밖에도 또 다른 문장 양식을 지칭하기도 한다. 명대(明代) 서사증(徐師曾)의 『문체명변(文體明辯)』에서 "전(傳)은 사적(事跡)을 기록하여 후세에 전하는 것이다. 한(漢)의 사마천(司馬遷)이 『사기(史記)』에서 〈열전(列傳)〉을 지어 한 사람의 시말(始末)을 기록하니 후세의 아무도 이를 바꾸지 못하였다. 이를 이어 산림이나 세간에 은덕(隱德)이 있으되 드러나지 아니하거나 작은 인물이 되 법(法) 삼을 만한 이가 있으면 모두 전(傳)을 지어 그 일을 전하고 그 뜻을 싣게 되었다. 글을 잘 쓰는 이가 간혹 골계담(滑稽談)을 그 속에 끼워져 있는데, 모두가 전체(傳體)이다."라 하였듯이 『사기』〈열전〉에서 시작된 개인의 사적을 기록한 글도 '전'의 한 형식인 것이다. 이리하여 지금의 단편 산문으로서의 전(傳)은 개인의 사적의 기록을 주로 일컫는 것이 되었다. 타산지석이 되는 고전에 〈춘양전〉, 〈홍보전〉, 〈국선생전(麴先生傳)〉, 〈죽부인전(竹夫

37) loc. cit.

人傳)〉, 〈장화홍련전(薔花紅蓮傳)〉 등은 책명에 사용하고 있음을 알 수 있다.

8) '서(書)'는 그 소전자(小篆字)를 보면 '율(聿)'과 '자(者)'로 형성된 문자이다. '율(聿)'은 글씨 쓰는 도구로서 '붓[筆]'을 뜻하고, '자(者)'는 '저(箸)'의 옛 글자로서 쓰는 것을 뜻한다. 그러므로 '서(書)'의 글자는 바른 손으로 붓을 잡고 죽백 등에 글씨 쓰는 것을 뜻한다. 처음에는 서사(書寫)한다는 동사로 쓰여 졌으나, 죽백에 쓴 것을 서(書)라고 한 이후 명사로도 쓰여지게 되었다. 그리고 '서(書)'가 책의 범칭으로 된 것은 늦어도 전국(戰國)초엽부터 시작된 것이다.[38]

이것이 후대의 '서적 · 서책'의 용어를 낳게 하였으며, 그 합성어는 그밖에도 〈죽서(竹書) · 간서(簡書) · 백서(帛書) · 지서(紙書) · 경서(經書) · 불서(佛書) · 사서(史書) · 고서(古書) · 동서(東書) · 장서(藏書)〉 등 그 쓰임과 종류가 매우 다양하다. '본(本)'도 일찍부터 책의 뜻으로 쓰여졌다. 오늘날 이 글자를 책의 명칭으로 주용하고 있는 나라는 일본이다.

한편, 우리나라와 중국에 있어서의 용례는 주로 합성어에서 볼 수 있는데, 〈간본(刊本) · 각본(刻本) · 침본(鋟本) · 참본(槧本) · 인본(印本) · 사본(寫本) · 고려본(高麗本) · 조선본(朝鮮本) · 송본(宋本) · 원본(元本) · 관본(官本) · 방본(坊本) · 귀중본(貴重本) · 희구본(稀本) · 진본(珍本) · 지본(紙本) · 견본(絹本)〉 등이 그것이다.

9) '서적(書籍)'을 〈책 · 서책(書册)〉이라고도 한다. 서적의 합성어는 고전 자료를 조사해 볼 때 가장 빈번하게 나타난다. 언어사적으로 말하면 '서(書)'나 '적(籍)'은 모두 '문서(文書)', '책'이라는 뜻인데, 서는 죽찰(竹札)이나 헝겊 조각에 붓으로 쓰는 것이고, 적은 죽찰에 기록(記錄)하는 것이 원의(原義)로 되어 있다. '적(籍)'은 책을 의미하는데 직접 붓으로 써서 엮은 사본(寫本)과 목판 및 활자로 찍어서 만든 인쇄본(印刷本) 두 가지로 분류한다. 일반적으로 사본은 고본(稿本)과 전사본(傳寫本), 사경(寫經), 일기 등으로 나누어지며, 인쇄본은 목판본(木版本)과 활자본(活字本)으로 구분 짓는다.

고려시대에 있어서는 책의 간행 유통을 맡아 본 기관의 명칭까지 〈서적점(書籍店)〉, 〈서적원(書籍院)〉, 국자감(國子監)에 두었던 출판부를 〈서적포(書籍鋪)〉 등이라 일컬었듯이 서적의 용어를 범칭하였다. 그것은 조선시대에서도 또한 마찬가지였다. 동의어로 문적(文籍), 서사(書史), 서질(書帙), 서전(書典), 서책(書册), 재적(載籍), 전적(典

---

38) 屈萬里, 昌彼得 共著. 沈隅俊 譯, 圖書板本學要略. 서울, 中央大學校 圖書館學科, 1975. pp.15-18.

籍), 책(冊), 책자(冊子), 판적(版籍), 편적(篇籍) 등이 사용된다.

10) '도서(圖書)'는 '하도낙서(河圖洛書)'에서 유래된 말이다. 본래 그림과 글씨가 담겨진 것을 일컬은 데에서 비롯한 것인데, 그 뜻이 다양하여져서 〈전적 또는 서적, 지도(地圖)인 도적(圖籍), 지도〉와 장부인 '기록문서(記錄文書)', 그림과 글씨인 〈서화(書畵), 도장(圖章) 또는 인장(印章)〉 등을 나타내기도 하였다.

하수(河水)에서 '도(圖)'가 나왔고, 낙수(洛水)에서 '서(書)'가 나온 것(河出圖洛出書)은 고대에 길조의 하나로 여겨, 기린이 나고 봉조가 출현하는 것처럼 천하가 태평하고, 나라가 부강해지며 백성이 편안한 치세의 징조로 여겼다. 고대인들은 그것의 출현이 성인의 출현, 국가의 홍성, 백성의 행복을 예시한다고 여겼다. 역대 황제는 모두 이 '상서로움'을 크게 부풀려, 하늘의 뜻으로 귀결시키고 만민이 따르게 하여 태평성세로 보이게끔 하였다.

『사기(史記)』 〈소상국세가(蕭相國世家)〉 편에 "패공(沛公)이 함양에 이르자 소하(蕭何)가 홀로 먼저 입성하여 진나라 승상부(丞相府)의 '도서(圖書)'를 입수하여 그것을 보관하였다."라는 기록이 나온다. 위진시대에는 국가의 책을 보관하는 곳을 〈도서부(圖書府)〉라고 하였다.[39] 사서에서 최초로 책을 도서라고 칭하였다.

11) '문헌(文獻)'은 도서의 광의어로 볼 수 있다. '문(文)'은 '서적' 또는 '전적'을 뜻하고, '헌(獻)'은 현(賢)의 가차(假借)로서 '현인(賢人)'을 뜻한다. '문헌(文獻)'이라는 말이 사실기록의 전적(典籍)이라는 '문(文)'과 현인들의 논평이라는 '헌(獻)'으로 해석된다. 즉 '문헌(文獻)'은 '문과 헌의 합성어'로서 본래는 '전적(典籍)'과 '현자(賢者)'를 의미하는 것이었으나, 후에 '문(文)'은 역사적 사실에 대한 기록, '헌(獻)'은 역사적 사실을 기억하고 있는 사람을 의미하게 되었다. 문은 문구, 문장, 학문, 서책, 문자, 기록, 선, 미, 덕 등의 다양한 의미를 가지고 있으나, 기록류를 의미하는 경우가 많다.

'헌2'은 헌상한다, 바친다, 상주한다, 선(善), 현인(賢人), 의(儀) 등의 여러 가지 의미를 가지고 있으나, 고대에는 '현인(賢人)'이라는 의미로 사용된 예가 많은 것으로 보인다. 『서경(書經)』에서 보면 '만방여헌(萬邦黎獻)'[40]이란 말이 있다. 이 말은 나라

39) 羅樹實. 書香三千年. 2005(조현주 역, 중국책의 역사; 《하도낙서》에서 《사고전서》까지 3천 년의 문화사. 서울, 다른생각, 2008. p.15.

의 여러 어진 사람들을 의미하는 것으로 여기에서 '헌(獻)'은 '현인(賢人)'을 뜻하는 것이다. 다시 말하면, '문헌(文獻)'의 '문(文)'은 '기록정보(recorded information)'를 가리키며, '헌(獻)'은 '구술정보(oral information)'를 의미하는 것이라고 볼 수 있다.

그러나 현재 문헌은 일반적으로 '문물제도의 전거가 되는 기록', '학술연구에 자료가 되는 문서' 또는 '옛날의 문물과 제도의 연구자료가 되는 책' 등의 개념으로 통용되고 있다. 그러므로 '獻'자가 지녔던 '현자(賢者)'라고 하는 본래의 개념은 사라지고, 현재는 '文'의 개념만 남아서 '문헌'하면 '일체의 기록된 정보'를 의미하게 된 것이라고 볼 수 있다.

'문헌(文獻)'이라는 말은 『논어(論語)』 〈팔일(八佾)〉 편에 '文獻不足故也'[41]라는 문장에서 처음 쓰였다. 이후 무릇 인류 문화상의 모든 기록이 수록된 책을 뜻하게 되었는데, 시대가 진행됨에 따라 기록을 수록하는 매체가 변천되고 오늘날에는 전자적 매체에까지 이르게 되었으나 문헌이 가진 본질적인 뜻이 변화된 것은 아니다.

『논어』의 〈팔일(八佾)〉 편에서 주희(朱憙)가 주해한 것에 의하면, 지식 · 사항 · 예속 따위를 후세에 가르쳐 끼치는 방법으로는 글 또는 그림으로 표현된 기록자료에 의한 것과, 지식을 익혀 머리에 담고 그 지식을 실천, 체험한 이들, 즉 학덕이 있는 이들의 구수(口授)에 의한 것이 쌍벽을 이루는 데에서 쓰이게 된 것임을 알 수 있다. 그것이 후세에 내려옴에 따라 학덕이 있는 현자(賢者)의 구술보다는 기록자료인 서적 또는 전적에 의한 것이 신빙성이 있고 보편타당성을 지니게 되자 후자의 뜻으로 사용하는 경향이 짙어졌다.

언어학에서는 고대의 언어로 쓴 글이 담겨진 고전 자료를 문헌이라 하며, 그 원문을 해석 · 비평 · 고증하는 것을 '문헌학(philology)'이라 일컫기도 한다. 우리나라 문장에 나타나는 과거의 용례는 주로 서적 또는 전적을 뜻하고 있다. 오늘날에는 서적 또는 전적 이외에 전거가 될 수 있는 고문서류는 물론 인쇄물과 필사물의 속성을 벗어난 전자 자료까지 포괄한 일체의 시청각 자료로 확산, 적용되고 있다.

---

40) 書經 益稷(萬邦黎獻).

41) 『論語』〈(八佾)篇〉 子曰 夏禮, 吾能言之, 杞不足徵也. 殷禮, 吾能言之, 宋不足徵也. 文獻不足故也. 足則吾能徵之矣.

중국의 『문헌학사전(文獻學辭典)』에도 문헌을 "모든 역사적 가치가 있는 도서문물자료[42]라고 정의하고 있다. 문헌이 저술이라는 명칭으로 처음 나타난 것은 송말(宋末)·원초(元初)의 학자 마단림(馬端臨)이 지은 『문헌통고(文獻通考)』였다. 그는 이 책의 서문에서 믿을 수 있는 사실의 서술을 '문', 학사명류(學士名流)들의 사실에 대한 논평을 '헌'이라고 하고, 역대 전장(典章; 제도와 문물, 법칙, 규칙)과 제도에 관하여 서술하였다.

이렇게 문물제도 등 문화사상(文化事象)의 총체적 의미로 쓰이던 것이 뒷날 각종 '서적'이라는 뜻으로 그 개념이 확대되었다. 명나라의 성조(成祖)가 만든 『영락대전(永樂大典)』도 처음 『문헌대전(文獻大典)』이라 하였던 것으로 보아도 이때 벌써 '서적'이라는 뜻으로 쓰였음을 알 수 있다.

우리나라에 있어서도 『문헌비고(文獻備考)』·『동국문헌록(東國文獻錄)』과 같은 저술은 문물제도라는 문화적 용어로 쓰였지만 『해동문헌록(海東文獻錄)』은 '서적'이라는 뜻으로 쓰였다. 결국 여기에서 보는 문헌은 1) 기록으로써 알 수 있는 정보, 즉 문헌적 내용, 2) 기록 정보를 표현하는 문자, 도표, 성음(聲音), 도상(圖像) 등의 부호, 3) 기록에 사용되는 죽간(竹簡), 종이, 멀티미디어 등 물질적 체재, 즉 문헌적 외재형식(文獻的 外在形式), 4) 서사(書寫), 인쇄, 녹음, 녹상(錄像) 등 기록의 방식 또는 수단, 즉 체재적 연계(體裁的 聯系) 방식의 4개의 요소로 구성된다.

이렇게 볼 때 문헌이라는 용어는 인간의 삶이 가시적 언어형식으로 표출된 물증인데, 삶의 믿을 수 있는 서술과 그 삶에 대한 현명한 논평의 역사기술이라는 본래적 의미로부터, 요즈음에 와서는 그 기록물 자체 즉 서적이라는 의미로 확대, 차용되어 현재에 쓰이고 있다. 따라서 '문헌'은 정보자료의 개념과 일치한다고 볼 수 있다. 이렇게 삶의 물증으로 영속화, 고정화된 다양한 문헌을 정리, 편찬하며 주해하는 데 새로운 관점과 체재를 창출하여 조직화, 계통화하고 그것을 비판, 해석하는 재인식작업을 '문헌학(philology)'이라 할 수 있다.

그 접근방법은 다음과 같이 나누어진다. 주어진 대상인 문헌은 어떠한 형식으로 되어 있는가, 그 기사(記寫)의 양태는 어떤가, 그 생성의 문화적 배경은 어떤가, 어떠한 연유 속에 전승되고 변화하였는가, 담긴 내용기록은 정확한 것인가, 어떤 것이 본래의 원본인가, 번역과 주석은 어떠한 양식을 보이고 있는가 등의 시각에

42) 趙國璋, 潘樹廣 主編. 文獻學辭典. pp.185-186.

서 접근할 수 있다. 그러므로 문헌학연구의 부문으로서 형태론(形態論), 문자론(文字論), 생성배경론(生成背景論), 전승 · 변화론(傳承變化論), 고증론(考證論), 원전비평론(原典批評論), 번역주석론(飜譯注釋論) 등으로 나눌 수 있다. 이러한 의미로서 도서관학을 '문헌학'으로 보는 시각이 있었던 것이다.

이상에서 사용한 용어이외에도 옛날에는 〈편(編) · 권(卷) · 축(軸) · 엽(葉) · 본(本) · 규(䂓) · 박(縛)〉 등도 책을 의미하는 말로 통용되었다. 『규장총목(奎章總目)』의 서문에 보면 다음과 같이 기록되어 있다. "무릇 대쪽[簡]을 차례로 엮은 것을 '編'이라 하고, 그 編을 길게 연결한 것을 '册'이라 함은 옛날이었고, 폈다 말았다 함을 '卷'이라 하고, 두루마리를 '軸'이라 함은 중고의 말이요, 몇 장의 종이로 된 것을 '葉'이라 하고, 葉을 가지런히 하여 제책한 것을 '本'이라 함은 지금에 쓰이는 말이다. 佛家에서는 '縛'이라 하는 것이 道이기 때문이다. … 중략 … 이 册에서는 一種을 一部라 하고, 一册을 一本이라 하고, 一編을 一卷이라 하니 이는 옛것에 참고하는 한편 현대에도 어긋나지 않는다는 뜻이다."43)

한편 이규경(李圭景)의 『오주연문장전산고(五洲衍文長箋散稿)』의 〈전적잡설(典籍雜說)〉44) 에서도 책의 명칭에 대한 희귀한 논리를 전개하고 있다. 책이란 선비의 몸에서 잠시라도 떠나서는 안 될 물건이다. 그렇다면 그 명물(名物) 역시 잠시도 몰라서는 안 된다. 그러나 그 이른바 명물을 나이 많은 선생이나 학식이 깊은 선비도 능히 변증하지 못하고, 누가 혹 물으면 빙그레 웃으면서 말하기를 "그렇게 어려운 것을 나는 알 수 없다."고 하니, 어찌 그리도 답답하단 말인가? 나도 이런 병이 있던 터이기에 이제 그 전말을 상고하여 고쳐 보려고 한다.

"규(弓)를 도홍경(陶弘景, 456-536)의 『진고(眞誥)』에서는 '권(卷)'과 같은 뜻으로 썼고, 명(明)나라 장자열(張自烈)의 『정자통(正字通)』에서는 규(弓)의 음(音)을 '주(周)'라고 하였으며, 『도서(道書)』에서는 1권(卷)을 1규라고 했는데, 도구성(陶九成; 구성은 도종의(陶宗儀)의 자)의 『설부(說郛)』에도 이렇게 썼다. 『자휘보(字彙補)』 〈구본(舊本)〉의 일설(一說)에는 규는 곧 '권(卷)'자라고 하였고, 『자전(字典)』에서는 양신(楊愼)의 『전주고운(轉

43) 奎章總目序文. 奎章閣 4, 서울대학교도서관, 1981. p.102.
44) 李圭景. 五洲衍文長箋散稿. 典籍雜說.

注古韻)』을 인용하여 규는 음이 ‘규(槮)’이니 곧 『도경(道經)』에서 이를 빌려다가 권질(卷帙)의 ‘권(卷)’자로 만들어 쓴 것이다고 하였다. 『설문(說文)』에 규(糾)자가 있는데 『설문』에 의하면 규(糾)는 마땅히 규로 해야 한다. 규(糾)는 두르는[繞] 것이다 하였고, 『도경(道經)』에서는 ‘규(槮)’는 마땅히 ‘규(弖)’로 해야 한다고 하였다.

『동관시론(東觀詩論)』에 소송(小宋; 송기(宋祁)를 가리킴)의 태을궁시(太乙宮詩)에 고목은 천길이나 높고(古木千尋竦), 신선 그림은 몇 폭이나 열렸는가(仙圖幾弔開) 하였는데, 그 주(注)에 ‘진고(眞誥)에서 1권(卷)을 1조(弔)라고 했다.’ 하였으나 모르긴 하지만 ‘진고’에서 말한 ‘규(弖)’자는 곧 ‘권(卷)’자의 뜻으로서, 대개 쓰기 쉬운 글자를 좇아 쓴 것이지 ‘조(弔)’자가 아닐 것이다. 벽허자(碧虛子) 진경원(陳景元)이 ‘진고’를 근거로 하여 이 글자를 ‘편(編)’자라고 한 것은 역시 잘못이다.

왕사진(王士禛)의 『지북우담(池北偶淡)』에 의하면 “『도서(道書)』에는 1권(卷)을 ‘규(弖)’라고 했고, 『속설부(續說郛)』에서도 포형(包衡)이 말하기를 『도서』에서 1권(卷)은 1규(弖)이며, 음은 ‘주(周)’이고, ‘규(弖)’는 ‘규(槮)’ 또는 ‘축(軸)’으로도 쓴다고 했다. 이도 도구성(陶九成)의 『설부(說郛)』와 같은 뜻으로 쓴 것이다” 하였다.

양자(楊子)의 『치언(巵言)』에 ‘불시(佛時)’를 ‘게(偈)’라 하고 ‘불문(佛文)’을 ‘별(莂)’이라 한다하였고, 유희(劉熙)의 『석명(釋名)』에는 ‘별(莂)은 별(別)이니 중앙에 큰 글씨를 써서 가운데를 갈라 구별한다는 뜻이다.’하였으며, 『속설부』에는 포형(包衡)이 말하기를 ‘불서(佛書)는 1조(條)를 1칙(則)이라 한다.’했는데, 홍경로(洪景盧)의 『용재수필(容齋隨筆)』에서도 이를 인용하였다. 왕사진의 『지북우담』에는 ‘불서(佛書)를 1박(縛)이라고 한다.’하였고, 서계해(徐季海)는 불경(佛經)에 쓰기를 ‘위로 겹겹이 막혀서 마치 범협(梵夾)과 같다.’하였으며, 양신의 『병탑수환불전(病榻手肒佛典)』에 의하며 ‘다라수엽서(多羅樹葉書)가 모두 2백 40박(縛)이 있다.’하였으니, 박(縛)은 옛날 견(絹)자로서 곧 권(卷)이다.

지금까지 책을 칭하는 수많은 용어들에 대해 몇몇 자료를 참고삼아 정리하였다. 개개의 단어들은 각각 다른 배경과 근거를 통해 출현하여 그 모양과 쓰임새에 있어 조금의 차이점은 있지만, 결국 ‘문자 또는 그림의 수단으로 표현된 정신적 소산을 체계 있게 담은 물리적 형체’라는 한 가지 뜻을 분명히 내포하고 있음을 알 수 있었다. 책은 인간의 지적산물로 ‘공예작품’이고, ‘문화현상’의 하나이기도 하다.

10.5.2 서양에서의 정보자료의 명칭

서양에서는 지난 5천 년 동안에 모양과 구조면에서 이전의 것과 다른 '책'의 다섯 가지 변형이 있었다. 그리고 때때로 겹쳐지면서 계속되어진 양식은 첨필(BC. 2500-AD.100)로 새긴 '점토판 책', 붓이나 펜으로 쓰여진 '두루마리 파피루스 책'(BC. 2000-AD. 700), 펜(AD. 100)으로 새긴 '사본(寫本, Manuscript)'이 있었고, 그리고 1447년에 구텐베르크(Johannes Gutenberg)가 납활자를 사용하는 활판인쇄술을 발명하여 1455년에 『42행성서(42-lines Bible)』를 간행[45]한 바와 같은 '인쇄 책'이 있다. 여기에 현재 혁신적인 과정에 있는 '전자책'을 하나 덧붙일 수 있다.

또한 방법과 힘에 있어서 사람 근육(1455-1814), 인쇄와 주조 기계의 작동 등 인간 이외의 힘(1814-1970), 그리고 옵셋 인쇄와 결합한 컴퓨터 조작(1970-)에 의한 세 가지 주요한 변형이 있었다. 여기에 한 가지 방법을 더한다면 '디지털방식'이라고 하겠다. 매우 긴 기간의 안정은 첫 번째 세 가지 책의 모양의 특징지었다.

2천 5백 년 동안 존재했던 점토판과 파피루스 두루마리, 거의 2천 년 동안의 사본이 바로 그것이다. BC. 20세기의 이집트인은 그리스나 로마의 둥글게 말린 파피루스 책을 인식할 수 있었고 유사하게 새로 손으로 쓰여진 사본에 친숙한 AD. 2세기에 사는 그리스 혹은 로마인은 기계로 인쇄한 20세기의 책을 인식하는데 문제가 없었을 것이다. 20세기 후반에, 오랫동안 친숙한 형태인, 잉크로 쓰여져 포개지고, 잘리고, 묶인 종이로 조판된 책이 전자기계에 의해 스크린 전시를 통한 책으로 변형되었다. 원료, 모양, 구조에 있어서, 운송과 그래픽 정보를 위한 장치로의 변환은 BC. 3천년에 점토와 파피루스의 창조 이래로 매우 대단한 것이었다.

책의 역사적인 패턴에 있어서 근본적인 변화의 기간으로, 형식이 교체되는 긴 기간의 안정성은 1972년에 Niles Eldredge와 Stephen Jay Gould에 의한 조직적인 변화에서 발견되어지는 패턴과 비슷하다.[46]

---

45) 금속활자는 한국에서 일찍부터 발달되어 고려시대 124년에 동활자(銅活字)를 사용해서 『고금상정예문(古今詳定禮文)』 50권을 인쇄하였다는 기록이 있고, 1403년(태종 3년)부터 수년간에 걸쳐 동활자 수만개를 주조하여 서적인쇄에 사용하였는데 이것이 세계적으로 알려진 계미자(癸未字)이다. 또한 1377년에 간행된 현존한 세계 최고의 금속활자본인 『직지심경(直指心經)』이 있다. 구텐베르크의 활판인쇄술의 발견은 한국의 그것에 비해 1세기가 뒤진 발명품이다. 현재 혁신적인 과정에 있는 전자책이 있다.

46) Niles Eldredge and Stephen Jay Gould. Punctuated Equilibria: An Alternative to Phyletic

서양의 정보자료의 대표적인 통칭은 Clay tablet, Papyri, Biblion, Parchment (Codex), Liber, Book, Buch, Literature 등을 찾아볼 수 있다. 특히 문자와 필사재료, 그리고 필사도구는 3위 1체의 관련성을 지닌 것으로 인식하였다. 특히 서양에서 인간사상에 지대한 영향을 미친 'Clay tablet, Papyri, Biblion, Parchment'에 대해서는 〈문자 ↔ 필사재료 ↔ 필사도구 ↔ 결과로 나타난 물리적 형태〉의 관점에서 분석하였다.

1) 설형문자 ↔ 점토판 ↔ 첨필 ↔ 점토판 책

Tigris, Euphrates강 유역에 사람들이 처음 정착한 시기는 BC. 8000년 경으로 알려져 있으며, 그들이 발달시킨 문명을 'Mesopotamia 문명'이라고 한다. BC. 5500년경 Mesopotamia 문명의 주역은 Sumeria 인들이었다. 이 지역의 목동들은 자신이 기르는 양이나 염소, 그리고 자신이 갖고 있는 집기와 도구의 소유자임을 나타내기 위해 점토로 빚은 '점토인장(Clay Seals)'을 사용하기 시작하였으며, 이러한 소유의 표시는 곡식이나 가축을 사고팔 때 그 내용을 기록하는 경제적 목적에서 '점토표(Clay Tag)'로 발전하였다.

Mesopotamia 지역에서 가장 먼저 문자가 발달하게 된 배경은 상업의 발달에 따른 사유재산의 형성에 있었다. 상업과 행정은 단기간에 정확성을 가지고 수행되어야 하므로, 이를 위해서는 단시일 내에 학습할 수 있고 빠른 시간 내에 쓸 수 있으며 쉽게 읽을 수 있는 적은 수의 문자기호가 장점을 갖는다. 따라서 초기의 '그림문자(Pictographic)'는 이후 '음표문자(phonetic signs)'를 거쳐 '설형문자(Cuneiform Script)'로 변형되었다. 이러한 문자의 체계는 약 5000여 년 이전에 Sumer인들로부터 시작해서 오랜 시간에 걸쳐 발달하였다. 즉 설형문자인 'cuneiform(cuneus, 쐐기 + forma, 모양, 즉 쐐기모양 또는 쐐기문자)'은 '쐐기'를 뜻하는 라틴어 'cuneus'에서 유래된 것이다.

Mesopotamia에서는 해를 거듭하면서 다른 유형의 쐐기문자들이 발달하였다. 쐐기문자로 글을 남기는 것은 대부분 점토판 위에 이루어졌다. 문자의 사용은 곧 점토판 문서를 만들어 냈다. 점토판에 곡선을 그려 넣는 작업이 어렵자 직선으로

Gradualism, in *Models in Paleobotany,* ed. T. J. M. Schopf (San Francisco: Freeman Cooper, 1972), 82-115. Reprinted in Niles Eldredge, Time Frames (New York: Simon and Schuster, 1985), 193-223.

된 문자체계을 사용하게 되었다. 당시 필경사들은 점토판에 한쪽 끝이 뾰족한 갈대를 이용하여 묘사하고자 하는 대상이나 사물을 그려 넣었는데, 기록도구인 갈대펜의 그 끝이 삼각형, 원형, 쐐기형의 세 가지가 주로 쓰였다.

그 제조방법은 적당한 크기와 두께를 가진 점토판을 만들어 양면이 굳기 전에, 갈대나 나뭇조각을 뾰족하게 깎은 펜으로 쐐기문자(楔形文字)를 적어 넣었다. 이것을 햇볕에 말려 가마[窯]에 넣고 구우면 돌처럼 굳어진다. 불에 타지 않고 물에 젖지 않으며, 동물로부터의 해도 막을 수 있고, 땅 속에 묻어 두면 전화(戰禍)도 피할 수 있으며, 또 깨어진다 해도 파편을 모으면 복원도 가능하기 때문에, 이 지방에서는 수천 년에 걸쳐 점토판 서적문화가 성하였다. 이러한 점토판은 보존성이 좋았지만, 기록을 하는 데는 무겁고 번거로운 단점을 가진 재료였다.

일반적으로 점토판은 직사각형인데 폭이 2-3인치, 길이가 3-4인치, 두께가 1인치정도이다. 그러나 모든 점토판이 직사각형은 아니고, 원형, 삼각형, 원추형, 원주형인 것도 있어서 그 크기와 모양이 다양하다. 『Annals of semachrib』을 포함하고 있는 가장 큰 점토판 중 하나는 6면으로 되어있으며, 높이가 1피트, 두께가 5인치로 1830년 Nineveh에서 발굴되어 현재는 대영박물관에 소장되어 있다. 점토판은 공문서, 법률, 조약에서부터 계약, 약속어음 같은 것으로도 사용 되었다.

고대 근동지역의 왕실 문서보관소 기록들은 대부분 이러한 점토판 문서다. 특히 유명한 Assyria(BC. 858-BC. 612)의 수도 Nineveh의 Ashurbanipal 왕의 도서관에만도 2만 부에 달하는 점토판 책이 소장된 것으로 알려지고 있다. 그러나 점토판 책은 무겁고 운반하기 불편하며, 또 재료의 요청에 의해 생겨난 설형문자도 읽기 쉬운 아람(Aram)문자에 눌려, 결국 점토판 책은 과거의 것이 되고 말았다. 같은 동방의 일각인 Egypt에서 더 편리한 형태의 서적이 발명되었기 때문이기도 하다.

쐐기문자는 BC. 600년 말 Babylonia가 멸망된 이후에도 사용되었으며 BC. 300년 Hellenism 시대까지도 일부 사제들은 종교적 제의 때 필요한 토판을 쐐기문자로 베껴 쓰는 작업을 계속했다.

초기의 점토판은 세로쓰기로 오른쪽 위에서 시작해서 왼쪽 아래에서 끝을 맺었으나 그 후 가로쓰기로 바뀌어서 왼쪽위에서 시작해서 오른쪽 아래에서 끝을 맺었다. 점토판의 보관은 외부 덮개가 있었으며 법률문서인 경우에는 외부 덮개에 그 속에 보관된 tablet과 똑같은 내용이 기록되어 있었다. 그리고 어떤 tablet은 서가나 서고 또는 바구니에 보관되었고, 각 tablet마다 번호가 매겨지고 tablet 끝에 그 내용이나 Key word가 기록되어 있었다. 점토판이 지닌 서사재료로서의 큰 결점은 부피가 크고 무거워서 사용하기에 불편하고 많은 소장공간을 필요로 하였다는 것이다. 그러나 서사재료로서의 장점으로는 보존성이 매우 특출한 것이다.

현존하는 문헌 중 가장 오래된 자료는 기원전 4,000년경의 점토판이 발굴된 것은 점토판의 우수한 보존성에 있으며 더우기 고대 Babylonia와 Assyria의 도서관 연구에 큰 도움을 주고 있다.[47] 이처럼 '점토인장(Clay Seals)'에서 '점토표(Clay Tag)'로 그리고 '점토판 문서'로 진화하여 마침내 점토판 책인 서적문화로 발전되었다.

인간의 소통을 위해 만들어낸 도구가 쐐기문자였다. 이 문자를 기록으로 남길 재료가 강의 유역에서 만들어진 점토였으며, 여기에 기록할 필사도구는 전자의 2가지 조건을 충족시켜 줄 필사도구인 첨필(尖筆, Stylus)의 개발을 불러왔으며, 이로 인해 완성된 제품이 바로 점토판 책이다. 이처럼 '문자, 필사재료, 필사도구'는 인간의 사고나 감정을 나타내는데 필수적인 3요소라고 할 수 있다.

2) 상형문자 ↔ 파피루스 ↔ 갈대(깃털) 붓펜 ↔ 파피루스 권자본

파피루스(papyrus: بردي البردي)는 종이가 발명되기 이전의 종이와 가장 유사한 매체로, 같은 이름의 갈대과의 식물 줄기를 사용하여 제조된 필사자료이다. Papyrus는 사초과(莎草科) 'cyperaceae'과에 속하는 식물로 학명은 'Cyperus papyrus' 또는 'papyrus antiquorum'으로서 보통 2-3m의 크기로 자란 나일강변의 수초(水草)이다.

Papyrus는 Eypgt의 Nile 강 유역(델타지역)에 무성했던 동양의 왕골처럼 생긴 풀의 이름이다. BC. 3000년경 이집트 사람들은 이 풀 줄기의 속대를 얇게 쪼개서, 세로 가로로 엇갈리게 펴서, 눌러 말려서, 필사의 자료로 사용했기 때문에, 이 기록된 문헌의 명칭을 'papyrus'라고 했으며, 이것이 기록류의 통칭이 되었던 것이다.[48]

책을 의미하는 'biblion'은 그리스의 'biblos'라는 낱말에서 유래된 것인데, 이 말도 또한 papyrus에서 기원한다. 그리스인들은 파피루스를 'byblos'라고 불렀는데 이것은 파피루스의 수출 중심지인 페니키아(Phoenicia)의 항구도시 Byblos의 이름을 딴 것이기 때문이다. 여기에서 다시 그리스에서 책을 가르키는 말 biblion이 나왔

47) 김세익, 도서-인쇄-도서관사. 서울, 종로서적, 1985. pp.42-43.

48) *The Oxford English Dictionary and supplement.* London, Oxford Universty Press, 1933.

으며, 영어에서 '진정한 책(The Book)'이라는 뜻을 가진 '성경(bible)'에 이르기까지 연결된다.[49)]

여기에서 파생된 것들은 영어로는 bibliography(bibliographie; 불, bibliographie; 독), bibliology(bibliologie; 불, bibliologie; 독), 프랑스어 bibliophile(애서가)이나 bibliotheque(도서관) 같은 많은 어휘도 그 어원을 공유한다. 또한 종이를 뜻하는 영어의 paper, 독일어의 papier, 프랑스어 papier, 러시아어 papka 등은 모두 papyrus를 어원으로 한 것이다. 파피루스는 두루마리(volumen)형태의 책으로 만들어졌고, 이 두루마리는 현재 '권(卷)'을 뜻하는 'volume'의 기원이기도 하다.

오랫동안 가장 좋은 서사재료는 papyrus였다. Plinius(23-79)는 『박물지(Natural History)』 13장에서 파피루스로 종이를 제조하는 법에 대해 기술했는데, 줄기 속의 섬유층을 제거하고 세로로 길쭉한 조각으로 잘라 이들을 나란히 놓은 다음 그 위에 다른 조각들을 직각으로 교차시킨다. 이렇게 2층으로 쌓은 시트를 풀이 죽게 압축시킨다. 말리는 동안 아교 같은 수액(樹液)이 시트를 서로 접착시킨다. 마지막으로 시트를 망치로 두드린 다음 햇볕에 말린다.

이렇게 만들어진 종이는 순백색을 띠는데 잘 만들어진 것은 반점 · 얼룩 및 다른 결함 등이 없다. 시트를 풀로 붙여 두루마리로 만드는데, 대개 하나의 두루마리에 시트가 20개 이상은 들어가지 않는다. papyrus는 8, 9세기에 다른 식물섬유로 종이를 제조하게 되기 전까지 이집트의 아랍인들이 재배했고 문방구를 만드는데 썼다. 3세기경에 이르러 유럽에서는 papyrus가 이미 저렴한 vellum(犢牛皮)으로 대체되기 시작했지만 12세기경까지는 책이나 공문서를 만들기 위해 간간이 쓰였다. 한편 Alfred Lucas는 papyrus 제조방법을 다음과 같이 체계화시키고 있다.

> "신선한 초록색 파피루스 줄기들의 수많은 부분을 쉽게 다룰 수 있도록 길이로 자른다. 외부의 껍질을 벗긴다. 내부 중심을 두꺼운 조각들(모두가 정확히 같은 두께일 필요는 없다)로 분리한다. 한쪽 끝을 자르고, 조각들로 떼어 낸다. 테이블에 흡수력이 있는 천을 깔고 이것 위에 많은 조각들의 중심을 수평으로 배열하고 서로 살짝 겹쳐놓는다. 그리고 그것들을 또한 약간 겹쳐서 직각으로 교차시킨다. 흡수성이 있는 얇은 천으로 덮고, 한 손에 충분히 쥘 수 있는 크기의 둥그런 돌이나

49) Henry Petroski. *The Book on the Bookshelf*. New York, Vintage Books, 1999. p.32.

> 나무메로 한두 시간 두드린다. 마지막으로 이 물질을 몇 시간 또는 밤새도록 작은 프레스에 둔다. 이 조각들은 서로 합쳐지고 서로 굳게 밀착되어서 쓰기에 적합한 가느다란 하나의 종이 한 장을 형성한다. 그것의 표면은 아마도 연마로 향상되어 질 것이다. 비록 거의 흰색인, 만들어진 종이의 색깔은 불행히도, 분명히 특별한 주의를 기울였다면 피했을 수도 있었던 많은 엷은 갈색의 작은 얼룩들로 점이 찍혀 손상되었다. 종이는 부적당한 장소위에 신선한 중심의 작은 조각을 두고 그것이 나머지들과 합쳐질 때까지 두드려서 눌려지고 건조되기 전에 어떠한 작은 구멍이나 가느다란 흠집들은 쉽게 교정될 수 있다.[50)]

papyrus의 필사도구로는 갈대 줄기나 연필모양의 끝이 뾰족한 막대기를 붓모양으로 해서 사용하였으며 양피지는 독수리, 까마귀, 기러기 등에서 뽑아낸 깃털을 사용하였다. 잉크는 파피루스나 양피지 모두 같은 것을 사용했는데 램프에 고무용액을 섞어 만든 검은 것과 빨간 진흙으로 만든 붉은 색이 사용되었으며 4C부터 산화철로 만든 적갈색의 금속잉크가, 7C 부터 철의 탄닌과 황산염으로 된 오늘날의 잉크성분을 사용하였다. 또한 동양으로부터 도입된 india ink라는 묵과 비슷한 성분의 것이 이용되기도 하였다.

이집트의 벽화 등을 살펴보면 papyrus 두루마리에 필사하는 필경사들이 자주 등장하는 것을 알 수 있다. 반대로 필경사를 소재로 한 그림들이 전혀 발견되지 않았던 Athenae나 Roma에서는 노예들이 필사작업을 담당하고 있었다. 그곳 사람들은 그 대신 책을 낭독하는 장면을 많이 남겨놓았고 그런 그림들은 대부분 책의 상거래에 관해 기술하고 있었다.

papyrus는 두루마리 형태(scroll)였다. 페이지 구분을 할 수 없었기에, 찾고자 하는 내용을 확인하려면 두루마리를 펼쳐서 해당 부분이 나올 때까지 처음부터 확인해야 했다. 양피지와 종이가 사용된 이후 두루마리 형태가 책자 형태(Codex)로 바뀌면서 색인 기능이 추가되었다. 색인 기능이 추가되면서 매체는 단순한 저장 기능에 머물지 않고 한 번 저장한 정보를 쉽게 찾아볼 수 있게 하는 검색 기능을 갖추게 되었다.

---

50) Alfred Lucas. *Ancient Egyptian Materials and Industries.* London, Princeton University Press, 1970. p.68.

책자 형태로 바뀌면서 표지의 역할도 중요해졌다. 표지의 기능은 책 내용을 보존하고, 외관을 돋보이게 하는 것이지만 무엇보다 중요한 점은 색인을 제공하는 것이다. 영상 기록 매체도 비슷한 변천을 거쳤다. 마이크로필름은 두루마리 형태였으므로 원하는 부분을 찾을 때 시간이 오래 걸렸다. 이 단점을 보완한 것이 마이크로 피쉬다. 마이크로 피쉬는 얇은 플라스틱 판에 많은 마이크로 영상을 담은 것이다. 마케팅의 기초 작업 중 하나인 데이터 마이닝은 수집된 데이터를 분석해 상품 연관성을 추출하는 기법이다. 데이터 분류의 기원 역시 색인 기능이다.

헬레니즘 시대에는 대형 도서관이 존재했고, 특히 소아시아의 〈Pergamum 도서관〉과 이집트의 〈Alexandria 도서관〉은 50만 혹은 70만 권이 넘는 서책들을 소장하고 있었는데, 이는 이 도서관들이 필사 작업실과 긴밀한 연계 속에서 운영되었다는 사실을 추측할 수 있게 해준다.

papyrus는 수세기 동안 고대 작가들의 필요를 충족시켜 주었다. 그러나 AD 1세기에 무두질을 하지 않은 양피지의 사용이 늘어나면서 책의 역사에 전환점을 맞게 되었다. 송아지 가죽이 papyrus를 대신하게 되면서 일반적인 필사자료로 자리를 잡아가게 된 것이다.

papyrus가 희귀해지게 된 이유는 논란이 되었는데 나일강변의 papyrus 갈대가 부족해지자 Eypgt인들은 papyrus 수출을 제한했다고 역사가들은 주장한다. AD 2세기경 Eypgt에 대한 연이은 공격이 인근 지역의 갈대 공급을 급격히 줄였다는 설명 또한 설득력이 있다. 이런 공급난에 영향을 받은 지역 중 하나가 오늘날 Turkey의 Bergama라고 알려진 소아시아의 고대 그리스 도시 왕국 Pergamum이었다. papyrus가 부족해지자 Eumenes II세는 관리들에게 필사자료를 찾으라고 명령했고, 그들이 내놓은 해결책이 바로 카르타 페르가메나(Charta Pergamena, 페르가몬의 종이), 다시 말해 양피지였다. 상기와 같은 과정으로 인해 〈상형문자 ↔ 파피루스 ↔ 갈대(깃털) 붓펜 ↔ 파피루스 권자본〉으로 나타나게 된 것이다.

3) 알파벳 ↔ 펜 ↔ 양피지 ↔ 코덱스

세 번째 책의 양식은 〈알파벳 ↔ 펜 ↔ 양피지 ↔ 코덱스〉의 패러다임이다. Hellenism 시대에 문화의 중심지가 되었던 소아시아의 Pergamum 왕 Eumenes II세(BC. 197-160)는 부왕 Stoa of Attalos I세의 뜻을 받들어 학예면의 진흥에 힘을 기울였다. 역대 Pergamum의 왕들은 '책 수집광'들이었다. 특히 Pergamum 왕국 전성기 때의 왕 Eumenes II세는 책에 대해 광적인 애착을 가지고 있어 왕국 안의 모든 책을 뒤져 왕궁의 도서관 장서로 삼았다. 그 효과는 금방 나타나서 도서관의 장서 수는 20만 권에 달해 당시 세계 최대 도서관이었던 〈Alexandria 도서관〉과 맞먹는 명성을 얻기에 이르렀다.

〈Alexandria 도서관〉에 못지않은 도서관을 만들 계획으로 당시 Egypt의 파라오 Ptolemaeos 왕조 VI세 Epiphanes 왕(BC, 203-181) 밑에서 Alexandria 도서관장을 수행하고 있던 대 문헌학자 Aristophanes를 Pergamum 궁전으로 초청하려 하였다. 이에 이집트 왕은 노하여 Aristophanes를 투옥하고, 이에 위협을 느끼고는 파피루스의 수출을 전면 금지시켰다. Pergamum 왕국이 책을 더 이상 새로 만들 수 없게 하기 위함이었다. 그리고 학문의 전당인 도서관의 경쟁에서 탈락시키고자 한 결과였다.

Egypt의 papyrus 수출 금지는 Pergamum 왕국에 심각한 위기를 불러일으켰다. 기록을 하지 못하고 또 책을 만들 수 없게 되면 지식과 정보에서 경쟁국인 Egypt에 뒤질 수밖에 없기 때문이다. 또 그 시대에는 책이 지식과 정보의 귀중한 매체이자 한 권의 값이 도시의 집 한 채와 맞먹을 정도로 귀중품이었다.

그러나 Eumenes II세는 papyrus를 대신할 필사자료를 개발하는데 성공하였다. 그 필사자료가 바로 BC. 190년 경에 발명된 '양피지(parchment)'이다. 양피지가 papyrus를 대체됨에 따라 두루마리에서 접는 형태로 전환된 것은 도서의 물리적 외형과 유용성에 커다란 변화를 가져왔다.

또한 Plinius에 의하면 이집트의 Ptolemaeos 왕은 자신의 〈알렉산드리아 도서관〉에 유리하도록 papyrus의 생산 비결을 국가 기밀로 지키고 papyrus의 수출을 금지시켰다. 그러나 그것은 결과적으로 Pergamum의 통치자이자 라이벌이었던 Eumenes가 어쩔 수 없이 자신의 도서관을 위해 책을 만들 새로운 필사자료를 발견하도록 했다. Plinius의 말을 믿는다면 Ptolemaeos 왕의 칙령이 BC 2세기에 Pergamum에서 양피지를 발명하도록 자극한 셈이 된다. 도서사에서 책의 초창기 형태를 발견하도록 한 압력에 불과하였다.

그렇지만 papyrus에 비해 양피지는 부피가 크고 제조의 과정이 복잡하고 가격이 고가였다. 성경 내용을 전부 기록하려면 양 5,000마리의 가죽이 필요했다. 그러나 양면에 글을 쓸 수 있어 어느 정도 경제성도 맞출 수 있었고 또 보전성은 papyrus보다 훨씬 뛰어났다. 양들의 숫자에 대해 '중세는 양의 수난시대'가 되었다.

초기의 codex들은 보통 그 재료를 두 개의 나무판 사이에 넣어 제본하였다. 나무판의 가장자리는 빗각을 이루게 하거나 반원형으로 만들거나 모난 곳을 없애고 둥그스럼하게 만들었다. 그리고 가운데 들어간 책을 표지에 고정시키기 위해 나무판에 홈들을 파놓았다.

Plinius의 『박물지(natural History)』에 의하면 영어 'parchment'의 어원은 라틴어의 'Charta Pergamenum(페르가몬의 종이)'이다. 이것은 당시 Ptolemaeos 왕조의 Egypt가 Pergamum에 대하여 papyrus의 수출을 금지하였으므로, 이에 대항하기 위한 수단으로 개발된 것이다. 이런 이유에서 양피지는 일명 발명된 도시의 이름인 '페르가메네'(pergamene; 버가모에서 만든 것이라는 의미로 소아시아 서족 무시아 지방의 도시명)라고도 불린다. 그 이전에 양피지를 '멤브라나(membrana)'라고 불렀다. 근대로 오면서 양피지는 글자를 쓰기 위하여 "양, 염소를 비롯한 여러 동물 가죽으로 만든" 매체 전체를 가르키는 말이 되었다.[51] 무두질을 하지 않고도 부드러움을 지닌 양피지는 여러 가지 이유에서 파피루스보다 좋은 재료임이 입증되었다.

> 1) 동물이 있는 곳이라면 어디서든 만들 수 있어 수요가 딸려 비싸진 파피루스에 의존할 필요가 없어졌다. 2) 양피지와 독우피 가죽은 훨씬 더 튼튼해서 papyrus보다 내구성이 뛰어나 수백년 더 오래 보존할 수 있었다. 3) 적절한 가공을 거친 양피지나 독우피는 papyrus보다 훨씬 더 훌륭한 필사자료의 역할을 하였다. 4) 양피지는 papyrus보다 강하고 유연한 재료였을 뿐만 아니라 글자가 훨씬 명료했다. 더구나 지울 수 있는 강력한 장점을 지녀 재사용이 가능하였다. 5) 반대면에 잉크가 새나오지 않았기 때문에 양면을 사용할 수 있었다.[52]

---

51) Henry Petroski. *The Book on the Bookshelf.* New York, Vintage Books, 1999. p.33.
52) Nicole Howard. *The Book.* Westport, Greenwood Publishing, 2005(책, 문명과 지식의 진화

그 후 8세기 초엽에 이르러서는 유럽에서 양피지의 사용이 papyrus를 능가하였다. 즉, 당시 소아시아가 양 · 염소 · 소 등이 많이 생산되는 사실에 주목하고 옛날부터 해오던 방식과는 달리 이들 동물, 특히 새끼 양이나 송아지의 가죽(vellum)을 서사 재료로 하는 데 성공하였다. 그 결과 papyrus 처럼 찢어질 염려가 없을 뿐만 아니라, 더 질기고 빛깔도 흰 양질의 필사 재료를 얻을 수 있었다. 그러나 이 가죽종이가 papyrus를 완전히 몰아내는 데는 다시 수 백 년이나 걸렸다. 왜냐하면 papyrus에 비해 고가였기 때문이었다.

그래도 문제가 남아 있었다. 양피지를 아무리 얇게 만들어도 papyrus보다 몇 배 두꺼워 두루마리를 만들 경우 지나치게 부피가 컸다. 이에 대한 Pergamum 사람들의 대응 방법도 상식적인 것이었다. Pergamum 사람들은 양피지를 둘둘 마는 방법 대신 네모반듯하게 잘라 한쪽 귀퉁이를 끈으로 묶었다. 이로써 현대 책 모양의 원조격인 'codex'가 출현하게 되었다. 진정한 의미의 책모양은 codex에서부터 출발한 것이다.

동물의 직사각형 모양이 책의 모양을 규정했고, 그것이 우리에게 오늘날까지 전해져 내려온 관습이 되었다는 주장이 있는데 실재로 최초의 codex들도 직사각형 모양이었다. 그러나 이것은 식물재료인 papyrus의 판들을 접고 꿰매서 나온 모양이다. 그런데 직사각형은 두 가지 방식으로 접을 수 있다. 즉 세로가 더 길 수도 있고, 가로가 더 길 수도 있다. 이것을 컴퓨터 시대에는 '초상화(portrait)' 방식과 '풍경화(landscape)' 방식이라고 부른다.

양피지의 특징은 papyrus나 초기의 종이에 비해 견고하고 장기간 보존이 가능한 점이다. 또한 코덱스 형식의 책으로 묶을 수도 있다. 그러나 제작이 까다롭고 값이 비싸고 부피가 크며 무거운 점이 결점이다. 따라서 초지법에 의한 종이의 제조가 시작되고부터 양피지는 특수한 경우를 제외하고는 거의 그 자취를 감추었다.

기원후 초창기부터 책의 형태가 변모되었다. 두루마리(volumen)는 오늘날 우리에게 친숙한 외양인 낱장을 묶어 함께 꿰맨 codex의 형태로 변했다. 양손에 들고 읽을 수 있으며 비교적 보존이 용이한데다 장소에 크게 구애받지 않는 codex는, papyrus 두루마리보다 훨씬 취급이 간편하고 양면 기록이 가능하다는 이점도 지녔다. 2-4세기 사이 기독교의 전파와 더불어 codex 사용은 널리 일반화되었다.

사. 송대범 역. 서울, 플래닛미디어, 2007. p.35).

Codex의 등장으로 책을 대하는 관점에 변화가 생기면서 사용법에 역점을 둔 텍스트의 구조화가 이루어졌으며, 이는 오늘날 그대로 전수되었다. 즉, 쪽 매기기, 각 장의 분리, 제목, 목차, 낱말 구분 등 고대의 codex는 점차 체계화 되었다.

Codex는 현대의 책과 비슷한 형태로 낱장을 묶어서 표지로 싼 것이다. 이 말은 "나무토막(tree trunk)을 뜻하는 라틴어에서 나왔다."[53] codex는 라틴어로 책, 영어로는 성서, 고전 등의 사본, 혹은 고어로 법전이라는 뜻이 있다. Roma의 발명품으로 두루마리를 대체했으며, 유라시아 문화에서 책의 형태로 나온 최초의 것이다. codex는 평평한 파피루스나 양피지를 접어서 꿰매어 철을 한 것이다. 그것은 낱장들을 접어서 한데 모아 접힌 부분을 따라 함께 묶어 놓은 것이었다.

두루마리에서 codex 형태의 책으로 발전한 것은 단순한 것이었지만 결과는 엄청났다. codex는 두루마리에 비해 정보검색과 인용에서 절대적으로 유리했다. 우선 책은 자신이 원하는 부분까지 돌려야 하는 두루마리와 달리 자신이 원하는 쪽으로 단번에 옮길 수 있었다. 또 파피루스 두루마리에서는 인용이나 검색을 쉽게 하기 위해 장과 절로 나누는 방법을 썼지만 codex는 각 쪽에 번호를 매겨 훨씬 쉽게 이 문제를 해결했다. 더구나 책 끝에 찾아보기(색인)를 붙여 정보의 이용도를 더 한층 높일 수 있는 것은 codex에서만 가능했다.

Codex에는 두루마리에 비해 몇 가지 뚜렷한 이점이 있다. 두루마리에는 찾으려는 구절이 끝부분에 있으면 두루마리를 다 펼쳐야 했지만, codex에서는 바로 그 페이지를 넘기면 찾을 수 있었다. 또한 두루마리에서는 글을 쓸 때 보통 한쪽 면만 이용할 수 있었던 반면에 codex에는 양면을 모두 쓸 수 있었다. 그리고 여러 권의 책을 한 권으로 묶을 수 있었으며, 표지가 있어서 보호가 되었다. codex는 나무나 상아로 만든 서판에서 진화된 것이다. 초기의 codex는 오늘날의 책과는 모양이 많이 달랐지만, 대부분의 발명품이 그렇듯이 사용하는 사람들의 필요와 기호에 맞게 발전하고 변화되었다.

일부 전문가들에 의하면, 그리스도인들과 법률가와 같은 전문 직업인들이 codex를 즐겨 사용하게 된 근본적인 이유는 원하는 부분을 쉽게 찾을 수 있다는 점 때문이었다. "비공식적인 서판형 책으로부터 발전한 codex들은 기독교 시대 초기(2세기 경)에 등장한 것으로 보인다. 기독교인들은 성경을 파피루스에 필사한 다음 유

---

53) Henry Petroski. *The Book on the Bookshelf.* New York, Vintage Books, 2001. p.29.

대교나 다른 종교의 두루마리 텍스트와는 구별되는 형태의 책으로 유통시키기 위해 codex라는 형태를 채택한 것으로 추측된다. 4세기 초가 되면 기독교도이든 비기독교도 든 가리지 않고 지배적인 매체로 이용했으며 두루마리의 이용은 격감했다."[54]

Codex의 사용은 1세기 말에 시작되어서 3세기경에는 기독교 공동체들과 교회에서 표준이 되었다. 비록 회당에서 사용되고 있지 않지만 유대인들의 경우 7세기에 이르러서야 표준이 되었다. 그러나 보통은 고전시대 후기부터 중세에 나온 필사본을 지칭하는 용어로만 사용한다. 고전적인 양장 제본으로 묶은 필사본을 학문적으로 연구하는 분야를 '사본학(codicology)'이라 한다. 한편 고문서 전반을 연구하는 것을 '고문서학(paleography)'이라고 부른다.

진흙은 점토판을 제작하는데 안성맞춤이었고, papyrus는 다루기 편한 두루마리로 만들 수 있었으며 둘 다 상대적으로 옮기기가 용이했다. 하지만 책장을 두 물질 다 서판과 두루마리를 능가하는 책의 형태인 codex나 책장을 다발로 묶는 형태에는 적절하지 못했다. 진흙 서판으로 코덱스를 만든다면 무겁고 거추장스러웠을 것이고, 비록 papyrus로 만든 codex가 있더라도 papyrus는 쉽게 부서지기 때문에 접어서 소책자로 만들기가 불가능했다. 반면 양피지나 독우피는 자르거나 갖가지 형태의 크기로 접을 수 있었다.

4) 리베르(Liber)

책의 어원 중의 하나인 라틴어 '리베르(liber)'는 '나무 속껍질' 부분을 뜻하는 말로(樹皮), 고대인들은 이 'liber'를 종이처럼 매우 얇은 층으로 갈라 그 위에 글을 쓰는데서 부터 시작된다. 고대 로마에서는 전통적으로 이 liber를 말려서 필사의 자료로 사용했기 때문에, 이것이 직접 책을 의미하는 말로 통용되었던 것이다.[55]또한 Palmiro Premoli의 어휘집 『노멘클라토레(Nomenclatore)』에 따르면 책을 뜻하는 또 하나의 단어 '볼륨(volume)'은 의사들이 사용하던 도구를 일컫기도 한다.

영국 속담 중에 '책은 펴보지 않으면 나무 조각이나 다름없다'는 말이 있다. 책은 읽는 이가 있을 때야 비로소 책으로서의 의미를 지니게 된다는 것을 잘 나타내주는 격언이다.

---

54) Henry Petroski. *The Book on the Bookshelf.* New York, Vintage Books, 2001. pp.30-31.
55) 椎明六郎. 圖書館學槪論. 東京, 學藝圖書株式會社, 1960. p.1.

도서관을 가리키는 영어 'library'는 나무껍질을 뜻하는 라틴어 'liber'에서 비롯된 것이다. 불어에서 책을 의미하는 'livre'도 이 라틴어에서 왔다. 'fri-', 또는 'fre-'의 형태를 띠는 게르만어 계열과, 'liber-'의 형태를 띠는 라틴어 계열에서 두 형태 모두 어원적으로는 '아끼고 사랑하는 한 식구'라는 의미와 관련되고, 그로부터 '노예가 아닌 정상적인 가족 구성원'을 가리키는 의미가 파생되었다.

고대 그리스 로마 시대의 '자유교육(liberal arts)'은 'liber-'의 형태에서 유래한다. 'liberal'의 어원은 라틴어 'liber'로서 '자유'라는 뜻인데, 자유교육이란 소수 엘리트의 자유인을 위한 교육이라는 의미를 가진다. 당시의 교육은 이들 자유인들을 대상으로 무지나 편견에서 벗어나게 함으로써 지적 · 도덕적으로 행복한 삶을 살 수 있도록 하는 것이었다. 그 당시의 책은 소수의 엘리트 계급만의 소유였다는 사실로 유추해 보면 'liber-'의 의미는 더욱 뚜렷하다.

마지막으로 Book, Buch는 현대영어에 있어서 Book과 독일어의 Buch의 동일한 어원을 가지는 Teuton계의 낱말에서 유래한 것이다. 고대 영어에 있어서는 boc로 단음절의 여성 명사였으며, 복수는 bec로 쓰였다. Old High German에서는 buoh(복수어 buch)로서 주로 중성 명사로 쓰였으며, 남성과 여성 명사로 쓰이는 경우도 있었다. 그리고 Middle High German에서는 Buoch로 철자되었다.

어원학적으로는 고대 영어에 있어서 boc 또는 bece로 일컬어졌던 bech tree의 이름과 관련된 것으로 일반적으로 인정되고 있다. 그 연유는 최초의 각명(刻銘)은 '너도밤나무판(beechen tablets)에 이루어졌으며, 혹은 너도밤나무(beech trees)의 껍질에 새겨졌기 때문이다.[56)]

그러나 bck-s라고 하는 필사판이 가장 원시적인 것이라고 보는데 있어서 이두 낱말(boc, bok)의 최초의 형태를 융화시키기에는 곤란한 점이 있다.[57)]

너도밤나무는 여러 가지로 매력적인 나무이다. 풍부한 가을 햇살과 가장 잘 어울리는 나무인데다가 매끈하면서도 하얗게 빛나는 수피는 매우 여성적인 느낌을 풍긴다. 너도밤나무의 우아한 외양을 보면 서양인들이 오크를 '숲의 왕(the king of woods)'이라 하고, 너도밤나무를 '숲의 여왕(the queen of woods)'이라고 부르는 것이 수긍이 된다. 더구나 너도밤나무의 이름이 비치(beech)가 책(book)의 어원이 되니

56) *The Oxford English Dictionary,* op. cit.
57) ibid.

그 어울림이란 천생연분이라고 할 수 있다.

오랜 옛날 영국과 독일 등 중부 유렵에서는 너도밤나무가 많이 자라고 있었고, 필경사들은 비싼 양피지 대신 너도밤나무 판에 글씨를 새겨 책을 제조하였다. 그래서 너도밤나무(beech)라는 말은 책(book)이라는 말로 변환된 것이다. 독일에서는 너도밤나무를 'Buche'라 하고 책을 'Buch'라 하는 것, 앵글로색슨에서는 너도밤나무를 'bok'라 하고 책을 'bec'이라 하고, 스웨덴에서는 너도밤나무와 책 모두를 'bok'이라고 명칭하는 데서도 잘 보여주고 있다.

Book은 고대에는 하나의 저작(a writing), 하나의 기록문서(a written document), 토지가 양도되는 증서(a charter or deed by which land was conveyed) 등의 의미로 사용되었다. 16세기와 17세기에는 하나의 기록된 설화나 이야기, 어휘, 리스트, 등록부(a written narrative of account, record, list, register) 등의 의미로 사용되었다.

현재는 일반적으로 "필사되었거나 인쇄된 하나의 논저나 일련의 논저로서 여러 장으로 된 종이나 기타의 물체가 하나의 전체적인 자료를 구성하도록 함께 메어진 것"을 의미한다.[58]

이러한 넓은 의미에 있어서 'book은 어떠한 재료(혁피, parchment papyrus, paper, 면직물, 견직물, 종려엽, 수피, 목판, 상아, 석판, 금속 등)에 쓰여진 논저로서, 손으로 운반할 수 있는 어떤 형태로 묶은 것, 즉 예를 들면, 긴 두루마리나, 각각의 분리된 낱장으로 된 것이 돌쩌귀를 달거나, 노끈으로 매거나, 실로 꿰매거나, 풀로 함께 붙인 것을 의미한다.

Literature는 본래 late-ratour에서 litterature(or lytteratur) → literatur(uir) → literature로 변화한 말로서 14세기부터 19세기까지는 주로 학문이나 책에 대한 지식(acquaintance with letter or books), 순수학문 또는 인문적 학문(polite or human learning), 학문배양(literacy culture)이라는 의미로 사용되었다. 18세기 말엽부터 19세기 말엽까지는 전문성(the activity or profession of a man of letters), 학문영역(the realm of letters) 등의 의미로 사용되었다. 19세기 이후로는 주로 전체적인 학문적 저작(literary production), 특정한 국가나 시기에 있어서의, 혹은 일반적으로 세계에서 저술된 기록류의 총체(the body of writings produced in a particular country of period in the world in general) 등의 의미로 사용되었다.

58) ibid.

현재는 또한 더 제한된 의미로, 미의 형식이나 영감적인 의미가 있다고 고려되는 저작(writings which has claim to consideration on the ground of form of emotional effect: 문학저작)에 적용되며, 특정한 주제를 다룬 도서와 저작의 총체(the body of books and writings that treat of a particular subject)를 의미한다.[59]

10.6 현대의 정보자료 유형

정보라는 말은 간단히 한 마디로 표현되지만, 그 종류는 무한히 다양하게 구분될 수 있다. 인간을 기준으로 할 때 정보의 수 · 발신과정에서 정보가 최종적인 것이 될 수도 있고, 과정에서 일어나는 것일 수도 있다. 소통을 주관하는 기관은 인간의 '오관(five sensory organs)'이다.

'오관(五官)'은 '오각(五覺)'을 일으키는 사람의 감각기관을 가리키는 말로 '청각(음향센서) · 시각(광센서) · 미각(생물센서) · 후각(화학센서) · 촉각(온도센서)' 등 '오각'을 지칭한 것이다. 그 이외의 센서로는 '광파이버 센서(Optical Fiber Sensors)'가 있다.

센서란 '대상에 관한 정보를 인지하고, 이것을 물리적으로 떨어진 곳으로 전송하기 위해 신호로 변환하는 소자'라고 정의할 수 있다. 현재 신호로서는 전기적인 출력이 일반적으로 이용되고 있지만, 반드시 전기적 출력에 한정되는 것은 아니며, 앞으로는 빛을 신호 출력으로 하는 센서가 많이 출현하게 될 것으로 전망된다. (그림 10-1)는 인간의 오관을 중심으로 인간 커뮤니케이션의 과정을 나타낸 것이다.

(그림 10-1)를 기본으로 현대의 정보자료를 재분류해 보면 다음과 같다. 현대의 정보자료는 개개의 고유한 이름이 주어지지만 정보가 기록된 방법, 기록형식, 체재, 내용, 기록된 재료에 따라서 여러 가지 유형으로 구별할 수 있다.

---

59) 정필모. 문헌정보학원론. 제4개정판. 서울, 구미무역(주), 1996. pp.29-30.

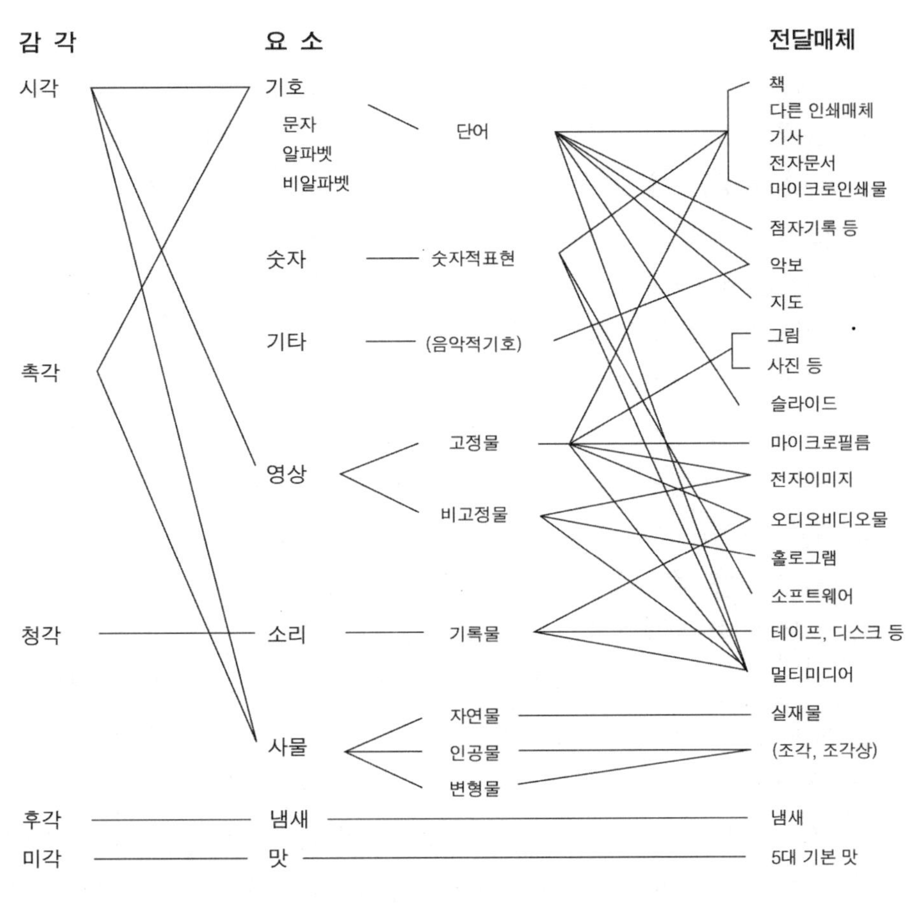

(그림 10-1) 인간 커뮤니케이션

(출처: Future Libraries: Dreams, Madness & Reality/ W. Crawford, M. Gorman. 1995. p.6)

우선, 정보가 기록된 방법이나 방식의 관점에서 보면, 정보자료는 필사자료, 목판본, 활자본 또는 활판인쇄본, 사진 식자본, 옵셋 인쇄본, 등사본, 영인본 등으로 구분할 수 있다.

둘째, 정보자료의 체재나 형식이나 또는 이용의 편의에 따라서 일반적으로 일반도서와 참고도서, 정기간행물 및 특수 자료로 구분한다. 일반도서는 모든 주제 분야에 걸친 단행본, 총서 및 전집류 등을 의미하며, 일반교양서, 문학서, 교과서, 각 주제 분야의 전문서적이 이에 속한다. 참고도서(reference books)는 모든 분야에 걸친 단편적인 정보를 신속하고 편리하게 찾아볼 수 있도록 편찬된 정보자료로서 사전류, 백과사전류, 편람류, 연감류, 연표류, 주제별사전류, 지명사전, 지도첩, 인명사전, 명감, 통계표, 도감류, 도록류, 서지류, 색인, 초록 등이 이에 속한다. 정기간행물(periodicals)은 일정한 기간을 설정하여 정기적으로 출판되는 정보자료를 말하며, 일반잡지(magazine), 전문회지(journal) 및 신문 등이 이에 속한다. 정기간행물과 유사한 것으로서 동일한 서명으로 연속적으로 발행하되 그 발행시기가 일정하지 않은 것이 있는데, 이것을 '연속간행물'이라고 한다. 또한 정부의 각 부처에서 발행하는 정기 및 비정기의 연속간행물이 있는데, 이것을 '정부간행물'이라고 한다. 이상의 간행물들은 대체로 새로운 정보를 수록하는 것으로 학술적 가치가 많은 정보자료이다.

셋째, 특수자료로서 팜플렛(pamphlet), 리플렛(leaflet), 필름(film), 마이크로필름(microfilm), 마이크로피쉬(microfiche), 슬라이드(slide), 테이프(tape) 등 도서 이외의 여러 가지 형태의 자료를 말한다. 즉 비도서자료를 말한다.

넷째, 전자책이다. 20세기 후반에 들어서서, 활자를 사용하지 않고 책을 출판(전산식자 CTS)하거나, 아예 종이 대신 다른 전자공학적 매체를 사용하여 출판하는 전자 출판 시대가 열리면서, 출판문화와 출판 사업에 큰 변화가 일어나고 있다. 최종 인쇄매체에 따라, 종이를 이용한 출판에서 제작공정을 전산화하는 것을 '종이책 전자출판(paper book computer aided publishing)', 뉴미디어 소재를 이용한 전자출판물 제작 및 출판물을 '비(非)종이책 전자출판' 또는 '전자출판(electronic publishing)'이라고 한다. 출판에 전자기술이 이용된 것은 1960년대부터이나 1980년 국제출판협회에 전자출판위원회가 설치되면서 용어가 정립되었다. 1985년 미국에서 탁상출판(DTP: desktop publishing)시스템이 발표되고, 글로리아(Gloria) 백과사전 시디롬 책(CD-ROM title)이 개발되는 등 본격적인 전자출판이 시작되었다.

한국에서는 1980년대 초 전산사식시스템(CTS: computerized typesetting system)을 도입하여 기존의 활판(活版)인쇄를 대체하며 조판(組版)을 전산화한 것을 시초로, 1987년 조판 · 레이아웃(layout) · 제판(製版) 과정 등을 컴퓨터에서 통합 처리하는 탁상출판이 시도되어 편집 및 인쇄 공정 일부를 전산화하였다. 그 후 컬러사진의 제판 통합처리, 데이터베이스 자료를 이용한 출판 등 출판인쇄 공정 전반으로 전산화 영역을 넓히고 있다.

전자책출판 부문은, 개별 전자매체에 정보를 수록하는 패키지(package) 형태와 통신을 이용한 온라인(online) 형태로 나뉜다. 패키지형으로는, 오디오책(audio book), 비디오책(video book) 외에 컴퓨터의 저장매체인 메모리나 디스크에 출판물을 수록하는 디스크책(disk book) 등이 있다. 전자수첩 · CD-ROM 책 · CD-I 책(CD-I title) 등이 대표적인 예로서, 문자 외에 음향과 화상자료를 함께 수록한 멀티미디어책(multimedia book) 등 정보를 고집적(高集積)한 다양한 형태로 발전하고 있다. 전자책이나 데이터베이스 자료를 통신을 통해 컴퓨터나 텔레비전으로 받는 온라인형은, 방송을 이용한 무선계(無線系)와 전화 · 광섬유통신망을 이용한 유선계(有線系)가 있다. 종합유선방송(CATV) · 문자방송(teletex) · 비디오텍스 등이 이용되며, 전자신문 서비스 등이 대표적인 예이다. 이상의 내용을 도식화하면 (그림 10-2)와 같다.

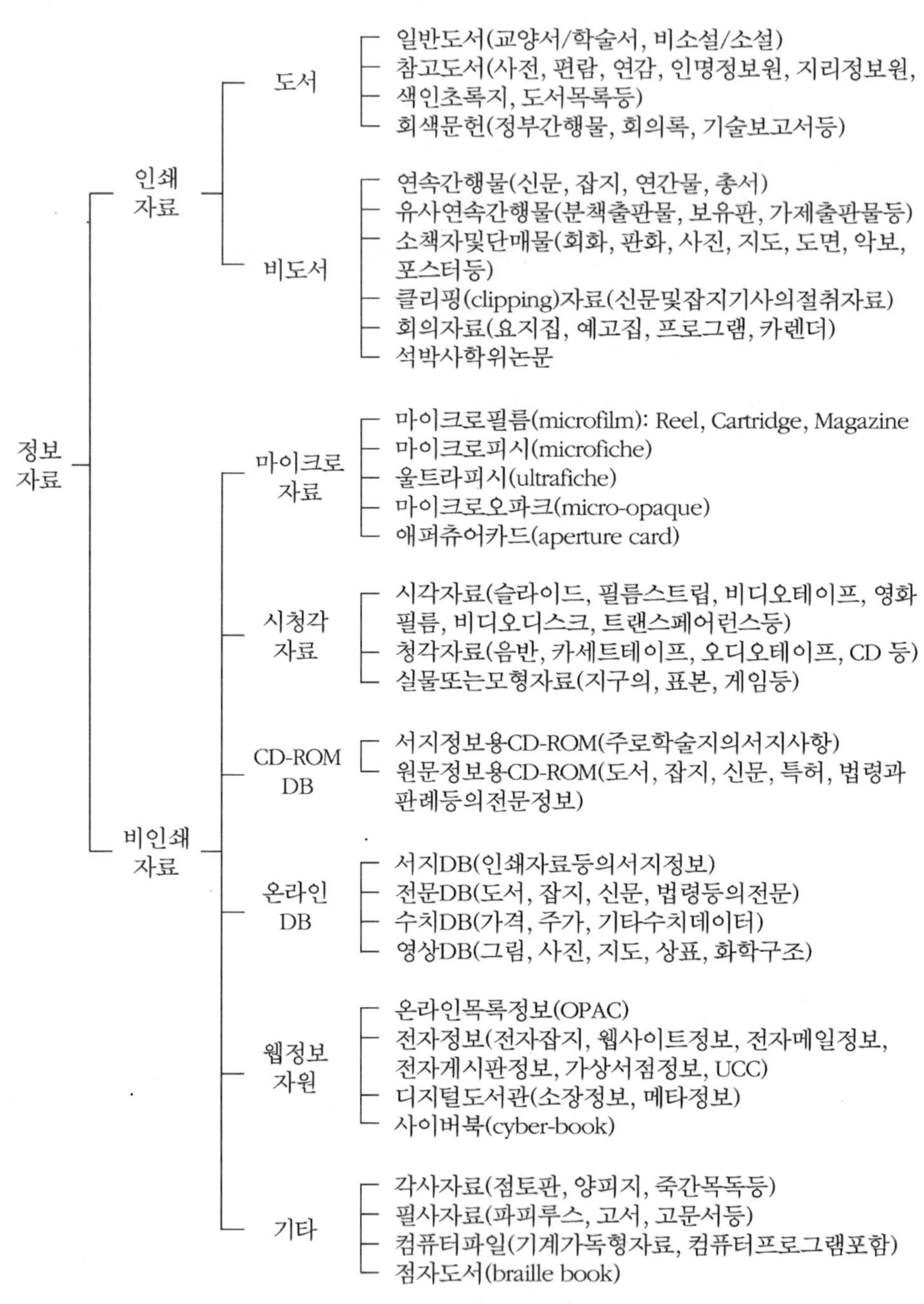

(그림 10-2) 도서관 정보자료의 유형

(출처: 윤희윤, 장서관리론, 2007. p.61)

제11장 정보자료의 생산자와 전달기관

문헌정보학에 있어서 정보의 생산자에 관한 취급은 비중이 거의 없는 상태이다. 이 장에서는 정보의 생산과 유통의 측면에서 다루고자 하였다. 도서관이란 기관은 정보의 생산자이면서 정보자료의 생산자이기도 하다. 엄밀하게 말하면 오늘날의 디지털 환경에서는 정보의 생산이면서 소비자이기도 하다. 이를 '프로슈머(prosumer)'라고 한다.

'Prosumer'는 producer(생산자) 또는 professional(전문가)와 consumer(소비자)가 결합되어 만들어진 신조어이다. 한국어 단어 '생비자(生費者)'도 마찬가지로 생산자(生産者)와 소비자(掃費者)가 결합되어 만들어진 개념이다. prosumer의 개념은 1972년 M. McLuhan과 B. Nevitt 『현대를 이해한다(Take Today: the executive as dropout)』에서 "전기 기술의 발달로 소비자가 생산자가 될 수 있다."라는 말로 처음 등장했으나, 'prosumer'라는 단어는 1980년 A. Toffler 『제3물결』에서 최초로 사용했다.

IT 분야에서는 정보 소비자인 동시에 정보 생산자인 사람을 prosumer라고 한다. 블로거(Blogger, 1997년 미국의 John Barger(www.robotwisdom.com)가 처음 사용한 것으로 알려져 있다)와 같은 사람은 대표적인 프로슈머라 할 수 있으며, 위키피디아 집필자들 역시 프로슈머에 속한다. DIY(Do It Yourself)나 다른 산업 분야에서는 물건을 소비하는 소비자인 동시에 물건을 직접 생산하는 생산자 역할을 동시에 수행하는 사람을 가리킨다.

Prosumer의 등장을 촉진한 요소는 다음과 같다. 전체적 소득 및 여가시간의 증대, 인터넷 등 통신 매체의 발달로 인한 정보 확보의 용이, 전기 · 전자 기술의 발달로 인한 각종 장비 가격의 하락, 기존에 전문가들만 사용할 수 있었던 제품들의 보급화에 기인한 것이다. 이처럼 정보의 생산과 유통 및 통정하는 대표적인 기관이 도서관이다.

11.1 정보의 생산자

현재의 모든 필사적인 기록자료까지도 정보라고 본다면, 문맹 이외의 모든 사람이 정보생산자라고 할 수 있을 것이다. 그러나 여기에서 말하는 정보는 인공정보로서 주로 지식이나 기술이나 학문(과학)의 요인으로서의 기록정보를 의미하며, 정보자료는 주로 인쇄된 자료를 의미한다. 그러므로 그 생산자의 범위는 상당히 좁아질 수 있다.

따라서 정보생산자는 창조적인 문화 활동을 하는 사람으로서 학자, 연구자, 교육자, 기술자, 소설가나 시인 등의 문인, 신문이나 잡지의 기자와 기고자, 라디오나 TV의 프로제작자, 의사, 정부의 행정관리, 연예인 등이며, 이들 중에서도 특히 학술활동과 저술활동을 하는 사람들이다. 그리고 특히 학술연구단체나 연구기관은 전문적인 정보생산기관인 것이다.

학자, 연구자, 교육자, 기술자 등은 그들이 연구하여 개발한 창조적인 아이디어로서의 정보, 즉 새로운 지식이나 기술 등을 기록화 하여 널리 공개하게 되며, 문인이나 기자나 의사나 관리 등은 그들의 새로운 발상이나 사물에 대한 견해나 감정, 정서, 판단, 경험한 사실 등을 기록정보로써 공개하게 되는 것이다. 그 공개되는 정보자료가 바로 신문, 잡지, 교양서, 교과서, 전문분야의 서적, 학술논문, 특허속보 등 거의 모든 인쇄된 기록을 포함하는 것이다.

11.2 정보자료의 생산자

현대에 있어서는 정보의 생산자와 정보자료의 생산자는 당연히 구별되어야 할 것이다. 전자에 대해서는 위에서 이미 설명한 바와 같거니와 후자는 정보의 가공자라고도 할 수 있는데, 이들은 일반적으로 인쇄기관이나 출판기관, 잡지사, 신문사, 방송국 등의 요원들이라고 볼 수 있다.

우선 인쇄소, 출판사, 잡지사 등에서는 종래에는 학자나 연구자나 기타의 저작가들이 생산한 정보 원고를 편집하고, 문선, 조판, 교정 또는 문선, 식자, 정판 등의 과정을 거쳐서 인쇄하고 제본하여 독자들에게 전달하였다. 그러나 현재는 학자나 연구자나 기타의 저작가들이 생산한 정보를 스스로 컴퓨터에 입력하여 on-line으로 편집자에게 전송하거나 저장장치에 담아서 편집자에게 보내면 인쇄소나 출판사는 이들을 편집하고 교정을 거쳐서 인쇄하고 제본하여 서점을 통해서 도서관이나 독자에게 보급된다.

신문사나 잡지사에서는 기자나 기고자들이 생산한 정보자료를 수집하여 편집하고 역시 인쇄와 제본과정을 거쳐서 독자들에게 전달한다. 그리고 방송국은 역시 기자들이나 기고자들이 생산한 정보자료를 편집 과정을 거쳐서 방송하거나 방영하고, 혹은 이들 정보자료가 아나운서에 의해 시청자들에게 전달한다.

따라서 이러한 기관에 종사하는 요원들은 정보자료의 생산자 또는 가공자인 것이다. 그러나 앞으로 정보화 사회에 있어서는 이들 정보자료생산자들은 거의 사라질 전망이고, 다만, 편집, 인쇄, 제본의 전문가만이 당분간 명맥을 유지할 것이며, 장차 전자도서 또는 전자정보자료가 일반화되면 책자형 정보자료는 점차 사라질 전망이다.

본 절에서는 도서관과 유사한 기관들이지만 그들이 행한 정보에 대한 기능은 분명하게 다른 기관으로서 편집 · 출판기관, 초록 · 색인지 작성기관, 도서관, 정보분석 센터, 데이터 센터 및 클리어링 하우스를 대상으로 하였다.[60]

1) 편집 · 출판기관

편집 · 출판기관은 정보의 생산에 관여한 대표적인 기관에 속한다. 도서는 출판사가 주체로 되어 있으나 그 밖의 미디어는 다양한 전문가기관이 직접 편집 · 출판

60) 津田良成 編. 圖書館 · 情報學概論. 東京, 勁草書房, 1983. pp.43-47.

에 종사하고 있다. 출판정책은 문화정책의 하나로 파악할 수 있다. 그것은 출판이 문화를 창조, 전달, 보존하는 데에 가장 뛰어난 역할을 하고 있다는 원론적인 이해에서뿐만 아니라, 정부의 실제적인 출판 진흥정책 과제 수행에서도 나타나고 있다. 학회의 주요 활동은 학회지의 간행과 연구발표 등의 개최이다.

학술정보에 있어서는 1차 정보로서 중요한 위치를 차지하고 있는 학술잡지를 발행하는 학회, 협회가 주체가 되어있다. 학회는 전문주제 분야로 나뉘어져 있으며, 국내의 학회와 각국의 학회를 기반으로 하는 국제 학회가 있다. 주요 분야별로 국제학회를 통합한 연합체가 있고, 자연과학 분야의 연합체인 국제조직으로서 〈국제학술 연합회의(International Council of Scientific Union, ICSU)〉가 있다.

2) 초록 · 색인지 작성기관

초록 · 색인 작성기관(Abstracting and Indexing Service, A&I)은 주요 2차 자료인 초록지나 색인지를 간행하는 기관이다. 초록 · 색인 작성기관은 그 전문분야의 자료를 수집하고 서지사항의 통일된 기술, 색인과 초록의 작성 등을 행하여 2차 자료를 정기적으로 간행하는데 이러한 작업을 수행하기 위하여 다수의 색인 작성자, 초록 작성자, 편집자, 주제전문가를 확보하여야 한다.

우리나라에서 대표적인 초록 · 색인지 작성기관은 국립중앙도서관, 국회도서관, 법원도서관 및 한국과학기술정보원, 교육학술정보원 등에서 정기적 또는 부정기적으로 색인 · 초록지를 발행하고 있다.

A&I는 국가기관, 학술단체, 비영리단체, 기업체 등으로 분류되는데 경제성이 없으므로 기업체의 수는 없다. 그 가운데 미국의 Wilson사나 'Institute for Scientific Information'에서는 활발한 활동을 전개되고 있다.

초록 · 색인 작성기관의 연합체로서 〈ICSU/AB(Abstracting Board)〉 및 미국의 〈NFAIS (National Federation of Science Abstracting and Indexing Service)〉가 잘 알려져 있다.

자연과학 분야에서는 분야별로 A&I가 있어 국제적인 색인 · 초록지를 간행하고 있다. 화학분야에서는 CAS(Chemical Abstracts Service), 생물학은 BIOSIS(Bioscience Information Service), 의학은 NLM(National Library Medicne), 공학은 Engineering Index와 INSPEC, 교육분야는 ERIC이 대표적이다. 이들은 모두 웹상에서 검색할 수 있도록 되어 있다.

3) 도서관

도서관(library)은 정보자료와 정보서비스의 집합체로서 이용을 위해 정보를 조직하고 공공, 기관 혹은 개인에 의해 유지되는 기관이다.[61] 즉 정보 미디어의 수집, 가공, 처리, 축적 및 이용을 행하는 대표적인 기관이다. 도서관은 정보자료를 축적하는 곳이기도 하지만 정보를 생산하는 곳이기도 하다. 목록을 작성하여 이용자에게 제공함으로서 자료의 소장 유무와 함께 검색 및 대출을 자유롭게 도와주는 역할을 수행한다. 또한 정보검색의 도구로 활용하기 위해서이다. 잡지의 색인 초록을 작성하기도 한다.

4) 정보분석 센터

정보분석 센터(Information Analysis Center)는 특수한 분야의 정보 및 데이터를 선정, 수집, 검색, 평가, 분석, 종합하는 기관을 말한다. 가장 권위있는 유용한 시스템으로 자료를 관리하는 곳이다.[62] 이 명칭은 비교적 새롭기는 하지만 이러한 기능을 수행하는 기관은 예부터 존재하였다. 19세기의 Beilstein이나 Gemelin 등에서 그 기원을 찾는 학자들이 있기도 하지만, 고대까지 소급할 수 있다는 주장도 제기되고 있다.[63]

그러나 정보분석 센터에 대한 논의를 행하는 계기가 된 것은 〈미연방과학기술평의회(U.S. Federal Council for Science and Technology)〉에서 1967년에 개최한 정보분석 센터에 관한 토론회이다. 이 때 정보분석 센터는 특정 분야의 정보의 입수, 선택, 축적, 검색, 평가, 분석, 통합을 목적으로 하는 기관으로서 정의되었고, 활동의 중심이 주제전문가에 의한 정보의 분석, 해석, 통합, 평가 등에 있으며, 리뷰나 데이터 수집의 형식으로 새로이 평가된 정보를 생산하는 것 등에 특징이 있다고 언급되어 있다.[64] 미 국방성이나 에너지성의 정보분석 센터는 대표적인 기관이다. 우

---

61) 문헌정보학용어사전 편찬위원회 편. 문헌정보학용어사전, 개정판. 서울, 한국도서관협회, 2010.

62) ioc.cit.

63) Herman M. Weisman. *Information Systems, Serivces, and Centers.* New York, becker and Hayes, 1972. p.265.

64) U.S. Federal Council for Science and Technology. Committee on Scienific and Technical Information. Panel on Information Analysis Centers. *Proceedings of the Forum of Federally Supported Information Analtsis Centers,* Gaithersburg, 1967-11. Springfield, NTIS, 1967. pB-177051. p.62.

리나라인 경우에는 대북 정보분석에 관한 것은 국가정보원이 수행한 기관으로 볼 수 있다. 실재로는 이러한 기관은 실재하지 않는다.

5) 데이터 센터

데이터 센터(data center)는 데이터를 수집, 평가, 제공하는 기관인데 측정, 관측기관과 데이터뱅크의 중간에 위치하며 분석, 평가의 기능을 중시한다. 물리학이나 화학분야 등에서 실험을 통하여 얻은 특정 물질이나 상태의 특성에 관한 물성(物性) 데이터나 지구과학 등의 분야에서 환경을 측정하여 얻은 관측 데이터는 이들 각 분야의 연구 진행에 불가결의 학술 정보이다. 이러한 것들을 총칭하여 과학 데이터라고 하며, 이들은 학술 논문에 포함되어 있거나 사적으로 연구자 간에 교환되고 있어서 수집이 용이하지 않다.

일반적인 정보기술에서, 데이터 센터는 특정 지식 분야에 관련되어 전자적으로 변환된 정보의 저장, 관리 및 보급을 위한 중앙 저장소를 말한다. 예를 들어, 미국 국립 기상데이터 센터, 즉 〈NCDC(National Climatic Data Center)〉는 세계에서 가장 큰 날씨 정보 데이터베이스를 유지 관리한다. 웹사이트 방문객들은 특정 지역의 일기 예보 등과 같은 날씨관련 조사에 관한 정보에 연결할 수 있다. NCDC는 전 세계로부터의 날씨 데이터 요청에 응답한다. 우리나라에는 기상청의 기상에 관한 데이터 분석, 나라우주과학연구소의 데이터 분석 등은 이 기관에 속한다고 할 수 있다.

인터넷에서 이 용어는 다른 회사들을 위해 중앙 집중식 웹호스팅과, 관련 데이터 서비스 등을 제공하는 회사를 지칭하는데 사용되며, 흔히 IDC(Internet data center)라고 불리고 있다. 일반적으로, 이러한 데이터 센터들은 기업의 서버나 관련 장비들을 위해 컴퓨터 서버 또는 콜로케이션 공간과 하나 이상의 ISP 접속 등의 서비스를 제공한다. 이러한 데이터센터들은 일반적으로, 서버 활동, 웹 트래픽, 네트워크 성능 등을 지속적으로 자동 감시하고, 사고가 발생하기 전에 필요한 조치를 취할 수 있도록 약간의 이상 징후라도 즉시 관리자에게 보고하는 시스템이 갖추어진 네트워크 운영센터, 즉 NOC를 포함한다.

만약 문제점이 발견되면 라우터들이 네트워크 트래픽을 즉시 다른 경로로 바꿈으로써, 잠깐 동안의 서비스 중단이라도 생기지 않도록 조치한다. 무정전 전원 공급장치, 즉 UPS는 전원공급 중단 등으로 발생할 수 있는 악영향이 서버에 미치지 않도록 지켜주는 장치이다.

6) 클리어링 하우스

클리어링 하우스(clearing house)는 다양한 정보원에 대한 안내서비스와 관련 정보가 소장되어 있는 기관에 직접 연결시켜 주는 기능을 담당하는 기관. 1차 정보는 물론 현재 진행 중인 연구에 관한 정보를 수집하여 제공하기도 한다.[65]

이러한 기능을 수행한 대표적인 기관은 〈Smithsonian Science Information Exchange (SSIE)〉는 1949년에 〈Medical Science Information Exchange〉로 발족하였으며, 1960년부터 과학의 전 분야를 대상으로 하는 clearing house가 되었다. SSIE는 미국의 1300개에 이르는 정부기관에서 연간 약 10만 건의 진행 중인 연구에 대하여 과제, 연구자명, 연구기관명, 조성기관명 및 초록 등을 수집하여 데이터베이스화하여 검색요구에 응하고 있다. 또한 〈National Referal Center for Science and Technology〉가 대표적 기관이다. clearing house의 수집대상은 1차 정보로서 출현하기 이전의 정보이기 때문에 원 데이터를 작성하지 않을 수 없다. 그러나 제공하는 방법은 문헌정보와 거의 같다.

오늘날의 관점은 서로 다른 시스템이나 서비스를 연결하여 통합 서비스를 지원할 때 서로 다른 인증 방식이나 과금 방식을 처리하고 정산하는 서비스 혹은 정산소를 의미한다. 다양한 이동 통신 서비스의 발전에 의해서 세계 각국에서 컴퓨터, 휴대폰, 개인 휴대 정보 단말기(PDA) 등의 다양한 기기를 이용하여 여러 가지 서비스에 접속한다. 이러한 경우 과금 방식이나 서비스하는 통신망이 다른 경우가 빈번하게 발생하는데, 이때 clearing house에서 통합이나 정산을 하게 된다. 예를 들면, 우리나라의 휴대 전화를 외국에서 사용할 때 로밍 서비스가 지원되며, 이러한 서비스를 이용할 경우 clearing house를 통해 요금 정산이나 서비스 지원을 받는다.

---

65) 문헌정보학용어사전 편찬위원회 편. 문헌정보학용어사전, 개정판. 서울, 한국도서관협회, 2010.

11.3 정보 전달기관

정보의 전달기관은 교육기관, 출판사와 서적상, 신문사와 잡지사, 통신사, 방송국, 전화국, 우체국, 정부의 각 행정기관 등이라고 볼 수 있다. 오늘날에는 가장 강력한 전달도구는 인터넷이라고 할 수 있다.

우선 교육기관은 초등교육에서부터 대학에 이르기까지 주로 이미 생산된 인공정보 가운데 내용정보(耐用情報)를 피교육자에게 전달하는 기관이라고 볼 수 있다. 물론 교육자는 정보를 생산하는 연구의 기능도 가지며 교육기관에 부설되는 연구소는 정보의 생산기관이라고도 볼 수 있으나, 교육의 주된 기능은 정보를 전달하는 것이라고 볼 수 있다. 그리하여 종래의 교육의 개념과는 달리 현대에는 "교육은 인간의 두뇌에 정보를 조직적으로 전달하는 수단"이라고 보는 것이다.[66]

출판사는 위에서 설명한 바와 같이 정보자료의 생산기관이라고 볼 수 있으나, 동시에 정보전달기관이라고 볼 수 있다. 출판사는 출판된 정보자료를 필요한 사회기관에 직접 보급하는 경우가 많으며, 또는 서적상을 직영하는 경우도 있기 때문이다. 서적상은 여러 출판사나 인쇄소 등에서 구입하거나 위임하는 서적 또는 여러 방면에서 수집되는 정보자료를 개인 또는 교육기관이나 학술기관에 보급하는 기능을 가지는 것이므로 정보전달기관이라고 볼 수 있다. 그리고 출판사와 서적상을 통해서 보급되는 정보자료는 주로 내용정보자료 또는 축적정보자료라고 볼 수 있다.

신문사나 잡지사는 기자나 기고자들에 의해서 수집된 시사적인 정보, 즉 주로 유통정보를 기록 자료로써 일반 대중에게 전달하는 전문적인 기관인 것이다. 통신사는 국내 및 해외에서의 주요한 시사적인 정보를 수집하여 신문사나 잡지사나 방송사업체 및 정부기관에 전달하는 전문적인 정보기관이다. 라디오나 TV 방송국은 신문사와 마찬가지로 기자나 기고자들에 의해서 수집되는 유통정보를 일반 대중에게 전달하는 전문적인 기관이지만 구술정보나 음성 및 영상의 녹음 · 녹화에 의해서 전파로써 전달하는 것이 그 특징이라고 볼 수 있다. 종래에는 일반적으로 이상에서 말한 신문사나 통신사나 방송국 등의 매스컴 기관만을 정보전달기관이라고 생각해 왔던 것이다. 전화국은 많은 전화 가입자의 회선을 집중시켜서 교환중

66) 關英男. 情報科學と五次元世界. 東京, 日本放送出版會, 1971. p.101.

계를 전담하는 기관이므로 정보전달기관이라고 볼 수 있다. 우체국은 주로 전보나 서신 등을 전달하는 곳으로서 이것도 정보전달기관이라고 볼 수 있다.

정부의 각 행정기관도 행정사무나 대민봉사에 있어서 공고 및 통지 등의 기능을 가지고 있으므로 어느 면에서는 정보전달기관이라고 볼 수 있다.

인터넷(Internet)은 "정보의 바다"라 불리는 국제 컴퓨터 통신망으로, 전 세계의 컴퓨터가 서로 연결되어 TCP/IP 규약을 이용해 정보를 주고받는 공개 컴퓨터 통신망이다. 대중적인 월드와이드 웹은 하이퍼 텍스트 프로토콜(Hypertext Protocol, HTTP)과 함께 사용되고, 하이퍼 텍스트 프로토콜로 되어 있는 웹 페이지를 보기 위한 웹 브라우저로는 마이크로소프트에서 개발한 인터넷 익스플로러, 모질라 재단의 모질라 파이어 폭스 등을 이용한다.

기타에도 공보관, 영화관, 극장, 교회, 각종의 회관 등도 일종의 특수한 정보전달기관이라고 볼 수 있다. 이상의 과정을 정보의 생산과 유통과정의 전체를 그림으로 표현한다면 다음의 나가사와(長澤雅男)의 정보처리과정,[67] K. Subramanyam의 정보전달 사이클과 정보미디어,[68] 그리고 P. Atherton의 정보전달경로[69] 등으로 표현할 수 있다.

〈표 11-1〉 정보순환의 한 부분인 정보 기반구조

생산자	제품	배급자	배포자	이용자
작가 예술가/음악가 데이터베이스 제작자	도서/잡지 CD-ROM 데이터베이스 웹 페이지	출판사 밴더 인터넷 제공자	학교 도서관 대학 박물관 기업 정부기관	개인 연구자 학생 고용주 피고용인

(출처: Science Application International Corporation(SAIC). Information Warfare: Legal, Regulatory, Policy and Organizational Consideration for Assurance. 1955.)

67) 長澤雅男. 圖書館・情報學の教育. *Library and Information Science,* no.10(1972). pp.1-12.
68) K. Subramanyam. *Scientific and Technical Information Resources.* New York, Marcell Dekker, 1981. p.416.
69) P. Atherton. *Handbook for Information Systems and Services.* Paris, Unesco, 1977. p.259.

11.4 지식정보 통정기관

전항에서 설명한 사회적 요구에 따라 정보 또는 정보자료를 그 생산에서부터 전달 및 이용에 이르기까지 정보유통을 통할하기 위한 정부기관과 사회제도가 수립되었다고 볼 수 있다. 이를 위한 정부기관은 우리나라의 제도로 말한다면 주로 정보통신부(정보통신부를 4개 부처로 쪼개버렸다. 과거 정보통신부가 수행하던 IT정책은 지식경제부, 행정안전부, 문화관광체육부와 방송통신위원회에서 보기 좋게 나누어 가졌다. 이로 인해 국내 IT산업은 정책적 성과 없이 기존 기업들의 성과에만 의존하게 되었다.), 문화체육관광부, 교육과학기술부 등이라고 볼 수 있고, 주로 기록정보의 효과적인 이용을 위한 사회적 통할장치로서 수립된 것이 도서관이라고 볼 수 있다.

정보통신부는 주로 통신, 전화, 우편 등의 정보 전달기관 및 그 시설과 전달매체를 통할하고, 문화체육부는 주로 언론기관이나 방송기관의 매스컴 정보유통을 통할하며, 교육부는 주로 출판기관, 교육기관, 도서관 등의 기록정보 유통을 통할하는 기관이라고 볼 수 있다.

그리고 현대의 도서관은, 그것이 국공립이든, 사립이든, 그 자체가 기록정보를 자율적으로 통할하여 기록정보의 생산자로 하여금 양질의 정보를 생산하도록 유도하는 효과도 주는 동시에, 정보수요자들로 하여금 각기 필요하고 적절한 정보를 적시에 효과적으로 이용할 수 있도록 제도화된 봉사기관이라고 볼 수 있다. 그리하여 각 도서관은 이에 대비해서 정보자료를 선택적으로 수집하여 이를 체계적으로 정리 · 보존하고, 이용자들에게는 이에 효과적으로 접근하여 편리하게 이용할 수 있도록 봉사하고 있는 것이다.

그러므로 도서관은 단순한 정보전달기관이라기 보다는 기록정보를 통할하고 정화하여 효과적으로 유통시키는 복합적인 기능을 가지고 있는 것이다. 따라서 도서관은 현대와 같이 온갖 정보자료가 홍수처럼 범람하는 정보화 사회에서 양질의 정보만을 선택적으로 수집하여, 각각의 이용자들에게 필요 적절한 자료를 효과적으로 이용할 수 있도록 최선의 조건을 조성하는 동시에 이용자에게 직접적으로 봉사하는 문화 복지기관으로서 현대사회에서는 불가결한 중요한 의의를 가지는 것이다.

제12장 학술커뮤니케이션

학술커뮤니케이션(scholarly communication; scientific communication)은 연구집단에서 일어나는 정보교환의 다양한 방법으로 연구의 공식출판, 연구동료 간의 비공식담론, 수업에서의 강의와 토론, 네트워크에서의 데이터 검색 등을 광범하게 포함한다. 학술커뮤니케이션이란 "학술분야에 관한 혹은 학술분야 내에서 일어나는 전문 커뮤니케이션, 전 학술분야에 공통적인 형태 및 특정 학술분야에서의 세부형태로 나뉜다."[70)]

본 장에서는 연구결과의 공식출판 방법인 학술정보에 국한하여 관련된 문제점과 개선방안을 중심으로 전개하였다. 특히 학술정보의 전자출판은 도서관에 여러 가지 담론과 실질적인 변화를 불러일으키고 있다. 결론적으로는 소유 대 접근, 종이도서관 대 디지털도서관이라는 대립구조를 통한 패러다임의 전환으로 나타나고 있다. 그러나 이것은 전통적인 도서관의 기능과 역할을 그대로 수용한 가시적 변화에 지나지 않는다.

디지털도서관의 문제는 정보매체나 도서관의 형태 문제라기보다 출판방식의 변화에서 비롯하는 문제이며, 디지털환경에서 학술정보를 효과적으로 생산하고 이용하기 위한 학술커뮤니케이션의 변화와 관련된 문제이다.

전자출판이 확대되면서 도서관을 포함하여 학술커뮤니케이션 시스템 전체의 개선에 관한 문제가 거론되기 시작하였다. 여기에는 두 가지 접근방법이 있다. 하나는 학술잡지의 출판방식에 정보기술을 활용하여 정보의 생산에서 이용에 이르는

70) 문헌정보학용어사전 편찬위원회 편. 문헌정보학용어사전, 개정판. 서울, 한국도서관협회, 2010.

전 과정의 기능을 향상시키고 비용을 절감시켜야 한다는 것이다. 그러나 또 하나의 접근방법은 대학과 학회에서 주장하는 것으로 네트워크 기술을 이용하여 연구자 중심의 정보교환 체제로 학술커뮤니케이션을 근본적으로 개혁해야 한다는 것이다. 개혁의 필요성은 일차적으로는 학술 잡지의 구독료 상승에 직면한 도서관의 자료수급의 불균형에서 시작되었다.

그러나 현상적으로는 도서관의 경제적 문제로 보이지만, 이 문제의 핵심이 사실은 연구자가 생산한 학술정보의 지적 소유권이 그것을 생산한 연구자나 대학에 있는 것이 아니라 상업출판사에게 있기 때문이라는 대학의 인식이 확대되면서 학술커뮤니케이션의 근본적인 개선이 촉구되고 있다. 학술잡지의 구독료문제가 대학을 주축으로 시도하는 학술커뮤니케이션 혁명의 도화선이 된 것이다.

12.1 학술정보의 개념

문헌정보학의 담론과 정보 서비스 현장에서 학술정보는 다양한 정보 가운데 가장 '정보다운 정보', '전형적인 정보'로서 생각하고 있다. 그러나 학술정보의 실정을 근본으로부터 찾고자 한다면 오히려 학술정보가 특이하다는 것, 비유컨대 망막한 정보의 대륙에 잠재하여 우뚝 솟아있는 산괴(山塊)의 고독, 돌출한 성질을 갖춘 정보라는 것을 인식하게 된다. 그래서 학술정보는 특이한 정보이다.[71)]

학술정보란 우미노(海野敏) 등은 "어떤 연구자 커뮤니티에서 그 연구 영역의 성과로서 커뮤니티가 인정한 전문 정보"[72)]라고 정의하였다. 『문헌정보학용어사전』에 의하면 학술정보(scientific information)를 "학술적 가치가 있는 정보. 학술 커뮤니케이션에 의한 정보 연구자의 연구 성과에 의하여 생산되고 연구자간의 커뮤니케이션을 위해 기록되고 전달된다."[73)]라고 정의하였다. 이상에서 학술정보를 연구의 '성과'라고 설명하였다. 그 과정에서 필요한 정보는 '연구정보'라고 할 수 있다.

---

71) 海野敏, 影浦峡, 戶田愼一 共著. 학술정보론. 오동근, 배영활, 조도희 공역. 대구, 태일사, 2001. p.15.

72) ibid. p.23.

73) 문헌정보학용사전 편찬위원회 편. 문헌정보학용사전, 개정판. 서울, 한국도서관협회, 2010.

학술정보는 전문 정보의 일종이다. 전문 정보란 한정된 내용에 대하여 집중적으로 학습하여 획득한 전문적인 지식, 즉 전문적인 지식을 전제로 하여 전달되는 정보이다. 전문 정보는 직업적인 전문가 집단, 취미적인 전문가 집단 등 다양한 전문가 커뮤니티에 존재하고 있다. 그리고 전문 정보 가운데 연구자 커뮤니티에서 인정된 것이 학술정보이다. 다시 말하면 정보는 연구자 커뮤니티에서의 생산과 소비라는 사회적 맥락에서 학술정보라고 불려진다.

학술정보란 그 분야의 전문가인 연구자가 동일 전문가로서의 연구자를 향해 생산하는 전문적인 정보이며, 그러한 정보를 이해하기 위해서는 그 분야 속에서 그때까지 축적되온 지식 기능을 몸에 익히고 있을 필요가 있다. 즉 학술정보의 흐름이란 매우 균질적인 집단 내에서 커뮤니케이션으로밖에 성립되지 않는다는 성질을 기본적으로 갖고 있다.

학술커뮤니케이션이라고 불리는 연구 영역은 과학기술분야를 중심으로 인문사회과학도 포함된 학술정보의 생산, 유통, 이용을 다루는 영역이다. 여기에 포함된 연구는 현재 매우 다양한 것으로 이루어져 있는데 지금까지의 연혁을 살펴보면 특징적인 몇 가지 계보가 있으며, 그것이 시대와 함께 변화하면서 이 연구 영역의 동향을 형성해 왔다는 사실을 알 수 있다. 그런 계보는 다음과 같은 3가지가 있다.

1) 과학자에 대한 이용자 연구
2) 계량서지학
3) 전자미디어와 학술커뮤니케이션의 변용

과학자에 관한 이용자 연구는 제2차 세계대전 후 미국을 중심으로 한 과학기술진흥정책이 추진되는 중에 과학자에 대한 효율적인 정보 서비스의 중요성이 인식되고 이를 위해 실제로 과학자가 어떤 자료나 정보원을 어떻게 이용되는가에 대한 연구가 요구하게 되었다. 이러한 단서가 되었던 것이 1948년 〈영국왕립협회(Royal Society)〉가 개최한 『The Royal Society Scientific Information Conference』이다. 이 회의는 4개 부회로 구성되었으며, 각각 다음과 같은 주제를 다룬 바 있다.

1) 제1부회: 과학 원저 논문의 출판과 배포(학술잡지를 포함한다)
2) 제2부회: 초록서비스
3) 제3부회: 색인 및 그 밖의 도서관 서비스(분류, 번역, 정보 전문직의 교육을 포함한다)
4) 제4부회: 리뷰지 등

이 회의에서는 46편의 논문이 사전에 배포되고, 최종적으로 20개의 제언이 정리되었다.[74] 그 중에서 J. D. Bernal은 과학자, 기술자 200인 이상에 대한 정보원 이용 조사를 보고하고 있다.[75] 과학자가 이용한 문헌의 잡지명과 이용 목적을 상세히 기록하여 받은 조사에서 대규모라고는 할 수 없으나 단순한 설문지 조사와 비교하면 과학자의 이용 실태를 밝히고 있다.

미국 캘리포니아대학교 버클리캠퍼스(UC Berkeley)의 〈고등교육연구센터〉는 2010년 1월에 『학술커뮤니케이션 미래 전망에 대한 평가(Assessing the Future Landscape of Scholarly Communication)』의 최종보고서를 발표했다.[76] 고고학, 천체물리학, 생물학, 경제학, 역사학, 음악, 정치과학의 7분야에서 45개 기관의 연구자 160명을 면담 조사하였다. 연구 성과 등을 발표하는 형태는 학문 분야마다 차이가 있다. 특히, 분야별 특징으로 다음과 같은 사례가 나타난다.

1) 천체물리학은 학술잡지와 함께 고유의 리포지터리가 중요한 발표 수단이 된다.
2) 경제학에서는 조사보고서 리포지터리나 개인 웹사이트도 사용되지만, 최종적인 성과를 발표할 때에는 학술잡지가 중심이다.
3) 단행본을 이용한 연구가 많은 인문과학에서도 짧은 학술성과 보고나 서평 등이 목적일 때에는 학술지를 이용한다.
4) 음악연구에서는 단행본, 평론, 백과사전 등 다양한 형태로 발표한다.
5) 생물학에서는 연구 성과에 대한 경쟁이 치열할 뿐만 아니라 상업적 이익에도 연결되기 때문에, 학술지가 주류를 이루고 발표 전 정보공유를 위한 플랫폼은 존재하지 않는다.

---

74) *The Royal Society Scientific Information Conference,* 21, June-2, July 1948: Report and Paper submitted. London, The Royal Society. 1948. p.723.

75) J. D. Bernal. 科學文獻の利用に關する質問表による豫備調査の中間分析, 武者小路信和 譯. 情報基準論文集 I. 東京, 勁草書房, 1989. pp.59-91.

76) http://cshe.berkeley.edu/research/scholarlycommunication/index.html.

이 보고서는 비록 7개 분야에 한정된 연구결과이지만, 오늘날과 같은 정보환경에서는 여타 학문 분야에서도 예외가 아닐 것으로 생각된다.

연구에서 소셜 미디어(Social Media)[77]의 활용에 대해서는 휴대 단말이나 소셜 네트워크(Social network)에 친숙한 새 천년세대가 학술세계의 양상을 바꾼다는 생각에 대해 부정적인 견해가 나오고 있다.

조사에 의하면 정보기술에 정통한 대학원생이나 박사 후 연구원, 조교 등 젊은 연구자도, 경력 형성을 위해서는 지도자들의 행동, 규범, 권유를 받아들이는 것이 일반적이다. 또한, 여전히 동료평가(peer-review)가 중요하게 통용되는 것을 보면 웹 2.0 플랫폼에 의한 연구 성과 조기공개나 데이터공유는 아직 활발하지 않다고 한다. 게다가 정보기술을 활용하는 것은 종신재직이나 승진의 냉엄한 현실과 연관되어서, 젊은 연구자가 오히려 보수적이고 지위를 확립한 연구자는 발표형태에 대해 자유롭다고 지적하고 있다.

학술커뮤니케이션의 향후 과제에 대해 분야를 가로지르는 통일된 의견이 있는 것은 아니지만, 앞으로 대처가 필요한 상황으로 다음 5가지를 들었다.

1) 새로운 승진평가 방법
2) 동료평가 제도의 재검토
3) 품질이 높고 가격이 적당한 학술잡지와 단행본 출판 플랫폼
4) 다양한 미디어를 게재할 수 있는 새로운 출판 모델
5) 새로운 연구 수단 지원

학술정보의 유통에서 최대 특성은 학술정보의 생산, 유통, 이용이라는 일련의 활동이 근본적으로 연구자 커뮤니케이션이라는 한정된 집단 안에서 이루어진다는 점에 있다.

---

77) 사람들이 자신의 생각과 의견, 경험, 관점 등을 서로 공유하고 참여하기 위해 사용하는 개방화된 온라인 툴과 미디어 플랫폼으로, 가이드와이어 그룹의 창업자인 크리스 쉬플리가 처음 이 용어를 사용하였다. 소셜 미디어는 그 자체가 일종의 유기체처럼 성장하기 때문에 소비와 생산의 일반적인 매커니즘이 동작하지 않으며, 양방향성을 활용하여 사람들이 참여하고 정보를 공유하며 사용자들이 만들어 나가는 미디어를 소셜 미디어라 부른다. 소셜 미디어는 접근이 매우 용이하고 확장가능한 출판기법을 사용하여, 사회적 상호작용을 통하여 배포될 수 있도록 설계된 미디어를 말한다. 사회적 미디어(Social Media)는 방송 미디어의 일방적 독백을 사회적 미디어의 대화로 변환시키는 웹 기반의 기술을 이용한다. 소셜 미디어는 지식과 정보의 민주화를 지원하며 사람들을 컨텐츠 소비자에서 컨텐츠 생산자로 변화시킨다(http://ko.wikipedia.org/wiki/%EC%86%8C%EC%85%9C_%EB%AF%B8%EB%94%94%EC%96%B4).

12.2 학술정보의 특성

학술정보의 특성에 대해 우미노(海野敏) 등은 1) 내용적인 특성, 2) 유통상의 특성, 그리고 3) 계량적인 특성으로 구분하고 있다.[78] 이를 중심으로 설명하면 다음과 같다.

12.2.1 내용적인 특성

기록, 전달되고 있는 내용의 측면에서 학술정보의 행태를 살펴보고자 한다. 학술정보는 학술적인 수준과 양식에 따른 구조화가 간단한 사실이나 데이터를 학술정보로 승화시킨다. 내용적인 특징으로 1) 정합성, 2) 언어의 특수성, 3) 참신성 등으로 설명할 수 있다.

1) 정합성(precision)이다. 학술정보는 내용의 정합성이 필수적이다. 정합성이란 사전적 정의로는 '이론의 내부에 모순이 없는 것'이라는 의미이다. 정보가 고유의 절차와 양식에 따라 체계적, 논리적으로 구성되어 있지 않으면 학술 정보라고 할 수 없다. 지식의 요건은 체계성과 정합성이 생명력이다. 그런데 학술 정보는 정보와 명칭이 부합되더라도 단순한 지식 이상으로 명확히 분절된 체계성과 엄밀히 논리적인 정합성이 요구된다.

이 정합성은 학술정보의 어느 레벨에서나 일관되게 요구된다. 동일 테마의 연구 전체에서도 나아가 연구 영역 전체에서도 정합성이 요구된다. 이와같이 정합성은 학술정보가 연구자 커뮤니티에서 인정되는 필요 요건이 되고 있다. 다만 정합성을 평가하는 절대적인 기준이 어디에 존재하는 것은 아니다. 정보가 어떤 절차와 양식으로 제시되면 정합성이 있다고 판단되는지의 여부는 연구자 커뮤니티에 의존하게 되는데 시대에 따라 확실히 달라지고 지역에 따라 달라지는 경우도 있다.

예컨대 근대 과학은 18세기에 귀납과 연역이라는 정합성을 보증하는 방법론의 확립으로 성립되었다고 할 수 있다. 즉 19세기까지의 연구자 커뮤니티에 있어서는 점증 가능성을 근거로 하는 관찰 귀납법과 반증 가능성을 근거로 하는 가설 연역법이 연구방법으로 절대시되고, 연구 활동은 귀납과 연역의 반복이라고까지 생각

---

78) 海野敏, 影浦峡, 戸田愼一 共著. op.cit. pp.32-50.

되고 있었다. 그런데 20세기에 이르면 현상학이나 구조주의가 등장하고 제3의 방법론으로 이해 가능성을 근거로 하는 의미 해석법이 주목받게 되면서 귀납과 연역은 과학의 필수 조건이 되지 못했다. 그리고 현재는 관찰 귀납법, 가설 귀납법, 의미 해석법의 세 가지 방법이 병행하여 사용되며 동등하게 중요시 되고 있다.

이렇듯 정합성은 연구자의 주관적인 판단에 의존할 수밖에 없는 가변적 요인이라고 할 수 있다. 학술 정보의 정합성, 논리성, 체계성은 시대나 지역에 따라 상대적인 것에 불과하다. 그러나 적어도 상대적으로는 학술정보는 정합성이 있고, 논리적이며 체계적이라는 것이 보증되고 있고, 본질은 어쨌든 기능 면에서 객관성을 갖추고 있는 것은 부정할 수는 없다. Thomas K. Kuhn의 패러다임론을 원용하면 동일 패러다임의 지배하에 있어서의 정합성, 논리성, 체계성이다.[79]

2) 언어의 특수성이다. 정합성의 요청으로부터 파생되는 특징으로서 언어의 특수성이 있다. 즉 정보의 표현 양식으로서 언어가 사용되는 경우 학술정보에서는 전문 용어로 대표되는 특별한 언어가 사용되는 경향이 있다. 특별한 언어가 사용되는 것은 정합성을 확보하기 위해서이다. 전문 용어 또는 술어란 의미와 용법을 엄밀히 규정하여 전문적인 개념을 정확히 표현하기 위한 영역 고유의 어휘로 의미 내용을 정치하게 마무리하기 위하여 불가결한 도구이다.

3) 참신성이다. 학술정보에서는 내용의 참신성이 중요하다. 즉 1차 정보가 중시된다. 참신성은 학술정보의 필수적인 조건이지만, 연구 성과로서의 평가는 2차 정보보다도 1차 정보 쪽이 높다. 연구자 커뮤니티에서는 과거의 연구 성과와의 정합성을 계속 유지하려면 어떤 정보를 새롭게 부가하는 것이 성과로서 평가되는 것이다. 참신성 있는 정보로서 독창적인 정보가 있다. 독창이란 다른 사람이 고안해 낼 수 없을 것 같은 발상 또는 방법으로 내용물을 생산하는 것이다. 독창적인 학술정보라면 참신성이 높게 인정될 것이다. 그러나 참신성이 높은 정보가 독창적이라고는 단정할 수 없기 때문에 독창성과 참신성은 동의어가 아니다.

연구자 커뮤니티에서 연구 성과의 선취권이 문제가 되는 것은 이 참신성의 중시와 밀접한 연관이 있다. 선취권의 보호는 자유로운 경쟁에 의한 연구 활동의 활성화를 저해하지 않기 위한 조치이다. 그러나 참신성의 편중이 과잉적인 선취권

79) Thomas K. Kuhn. *The Structure of Scientific Revolutions*. Chicago, University of Chicago Press, 1962.

다툼을 야기하고, 타인의 연구성과의 절도라는 범죄의 원인이 되는 경우가 있다는 것도 지적하지 않을 수 없다.

12.2.2 유통상의 특성

정보유통 시스템이라는 측면에서 학술정보의 특징을 살펴보고자 한다. 학술정보의 생산, 유통, 소비에 관한 다음과 같은 특징을 기술할 수 있다.

첫째, 학술정보의 생산은 연구자에 의해 독점된다. 즉 학술정보를 발표하는 것은 연구자로 제한되어 있다. 예컨대 생물학의 논문은 생물학자 외에는 작성할 수 없다.

둘째, 학술 정보의 1차적인 소비는 거의 연구자에게 한정된다. 즉 학술적인 1차 정보를 이해하고 이용하는 것은 그 분야의 연구자의 경우가 대부분이다. 이러한 두 가지 특징은 학술 정보의 생산과 1차적인 소비가 동일 집단에 의해 이루어지고 있다는 사실을 보여주고 있다. 학술 정보는 연구자가 발신하고 연구자가 수신하는 정보, 연구자가 중간의 연구자를 향하여 보내는 정보이다. 학술정보의 유통 상에서 빈번하게 언급되는 특징은 생산, 전달, 소비라는 과정이 기본적으로 연구자 커뮤니티 내부에서 자기 충족적으로 이루어지고 있다는 점이다.

셋째, 학술 정보의 1차적인 소비의 목적이 학술정보의 생산에 있다. 즉 학술 정보는 학술 정보를 작성하기 위하여 이용되고 있다. 학술정보를 이용하는 첫 번째 목적은 그것을 투입(input)하여 연구 활동을 행하고, 산출(output)로 새로운 학술 정보를 생산하는 것이다. 이 점에서 학술정보는 자기 증식적인 성격을 갖추고 있다.

넷째, 학술정보는 1차적인 소비에 있어서 망라적으로 이용되는 경향이 있다. 즉 학술 정보가 연구 활동에서 이용되는 경우는 단편적인 아니라 관련되는 정보를 모두 수집한 후에 이용되는 경향이 있다는 것이다. 나가사와(長澤雅男)는 의식적으로 정보가 요구되는 경우의 정보요구의 유형을 (1) 연상 인식을 위한 정보요구, (2) 문제해결을 위한 정보요구, (3) 망라적, 절차적인 정보요구의 세 종류로 대별하고 있다. 이 중, 학술정보에 대하여 발생하는 정보요구는 기본적으로 망라적이며 철저한 정보요구이다. 망라적이며 철저한 정보요구란 "특정의 과제 또는 테마에 관한 정보(원)을 망라적이며 동시에 철저하게 탐색하고, 그것에 바탕을 두고 더 정확한 판단을 내리고자 하거나, 새로운 안목을 얻고자 하는 경우"의 정보요구라고 설명하고 있다.[80)]

망라적인 소비 경향은 정보의 조직화를 촉진한다. 학술 정보는 망라적 · 체계적인 이용이 요망되기 때문에 그 밖의 정보와 비교하여 조직화가 진전되고, 대량의 다양한 2차 정보가 존재하고 있다. 예를 들면 역사적으로 보더라도, 국제적인 서지 통정은 학술정보로부터 시작되고 있다.

마찬가지로 소비의 목적이 학술 정보의 생산이라는 특징으로부터 파생하는 특징으로서 다섯째, 학술 정보는 1차적인 소비에 있어서 즉시적으로 이용되는 경향이 있다. 바꾸어 말하면 학술정보가 연구 활동에서 이용되는 경우 정보의 신선함이 요구되며, 그것이 공표 · 전달되어 곧바로 이용되는 경향이 있다.

학술 정보에는 수명이 있다. 교양이나 상식이라는 정보에도 장기안적으로 보면 수명이 있다. 그러나 이것들은 사회적으로 보편화하고 있기 때문에 장기적으로 안정되고 있다. 이와 비교하여 학술정보의 수명은 훨씬 짧다. 계량정보학의 연구에서는 학술정보의 이용(인용) 빈도가 부(負)의 지수를 가지고 지수 함수적으로 감소하는 것이 관찰되고 있으며, 일정 기간이 지나면 급속히 이용(인용)되지 않게 되는 것으로 알려지고 있다. 계량정보학에서는 이것을 정보의 '열화(劣化: obsolescence)', '진부화(陳腐化)' 또는 '라이프사이클(life cycle)'라고 부르며 연구대상으로 삼고 있다. 정보의 열화는 그 밖의 정보에서도 관찰할 수 있으나 학술정보의 경우에 특히 현저하다.

이용(인용) 빈도가 극단적으로 감소하지 않더라도 선도(鮮度)를 잃어 동시대적인 학술정보라고는 부를 수 없게 되는 경우도 있다. 예를 들면 다윈의 『종의 기원』은 19세기의 학술정보가 시대의 흐름에 따라 고전적인 저작으로 변질된 경우이다. 이 경우는 열화(劣化)가 아니라 풍화(風化)라고 부르는 것이 좋을지도 모른다.

상기한 두 가지 특징은 이미 지적한 학술 정보의 내용적인 특징과 밀접하게 관련되어 있다. 망라적인 소비 경향은 정합성의 요청과 즉시적인 소비 경향은 참신성의 중시와 관련이 깊다. 왜냐하면 이러한 소비 경향은 항상 정합성이 있고 참신한 산출이 요망된다는 연구 활동의 특성에서 유래하고 있기 때문이다. 연구 활동에서는, 과거의 연구 성과에 근거해서, 그것과 논리적으로 일관성이 있고, 동시에 새로운 정보를 추가하는 것이 요망되기 때문에, 연구자는 관련된 정보를 빠짐없이 신속하게 수집할 필요가 생긴다.

---

80) 長澤雅男. レファレンスサ-ビス. 東京, 丸善, 1995. p.10.

연구자가 새로운 연구에 몰두함에 있어서, 중복 연구를 피하기 위하여 선행 연구를 망라적으로 조사하는 것은 이러한 경향의 전형적인 현상이라고 말할 수 있을 것이다. 또한 이러한 특징은 내용적인 특징과 마찬가지로 영역에 따라 차이가 크다. 망라적인 소비 경향도 즉시적인 소비 경향도, 자연과학계 영역이 사회 과학계 영역보다도 현저하며, 사회과학계가 인문과학계 보다는 현저하다.

여섯째, 학술정보는 그 유통이 고유의 정보 미디어에 의해 맡겨지는 경향이 있다. 바꾸어 말하면, 연구자 커뮤니티에는 학술 정보만을 기록 · 전달하는 특별한 정보 미디어가 있어서, 비 학술 정보와는 다른 경로로 유통되고 있다. 신문이나 일반 주간지, 텔레비전이나 라디오에서는 학술정보를 뉴스적으로 해설한 기사나 보도는 있어도, 학술 정보를 그 전문성을 훼손하지 않고 전달하는 경우는 없다.

학술정보 고유의 정보 미디어로서는 인쇄 미디어는 학회지나 논문집 등의 학술잡지를 전형으로 하고, 레터지, 리뷰, 기술 보고서(technical report), 단행본 총서, 학술적 웹진(Webzine) 등을 들 수 있을 것이다. 구두(口頭) 미디어로는, 학회 주최의 학술발표회, 연구대회, 학술적인 국제회의 등이 있다. 학술 정보에 관하여 고유의 정보 미디어가 존재하고 있는 것은 미디어가 인정 시스템을 내포하고 있기 때문이다. 즉 연구 활동의 산출은 학술정보 고유의 미디어에 기록된 것으로써, 연구자 커뮤니티에서 학술 정보로서 인정되는 것이다.

다만 이 경향은 주로 축적계(蓄積系) 미디어에서는 인쇄 미디어에 한하여 볼 수 있고 신체계 미디어에서는 구두 미디어에 한하여 볼 수 있는 것으로, 전자 미디어를 포함하는 비인쇄 미디어나 전기 통신 미디어 등, 20세기에 등장한 새로운 미디어에서는 학술 정보에 특화된 미디어는 별로 출현하지 않았다. 그러나 이 경향은 1980년대 이후의 네트워크 환경을 바탕으로 크게 변화할 조짐을 보이고 있다.

정보순환의 관점에서 볼 때 정보 기반구조는 사회에서 정보가 생성되고, 배포되고, 사용되는 역동적인 과정에 관련된 기관 및 개인으로 구성된다. 그 같은 순환의 기초에는 정보의 생산자가 있고, 여기에서 정보는 전달될 어떤 메시지와 같이 매우 광범위하게 생각되어야 한다.

이것은 문헌정보학 교과과정을 논하는 중에 이용되고 있는 것으로 정보의 조직화, 탐색이라는 두 가지 커다란 과정이 중심이 되는 정보시스템(도서관)을 설명함과 동시에 재생산과 사이클에도 언급된다. Subramanyam은 정보미디어의 역할을 다음 (그림 12-2)로 잘 정리하였다.

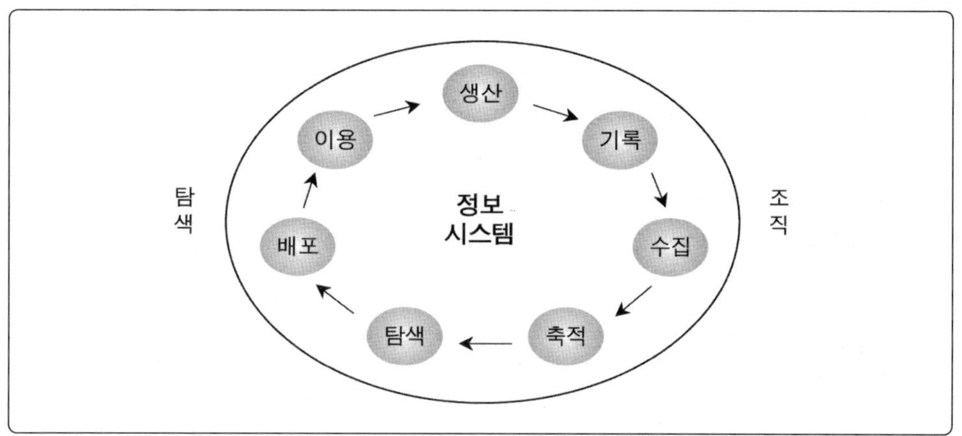

(그림 12-1) 長澤雅男의 정보처리과정

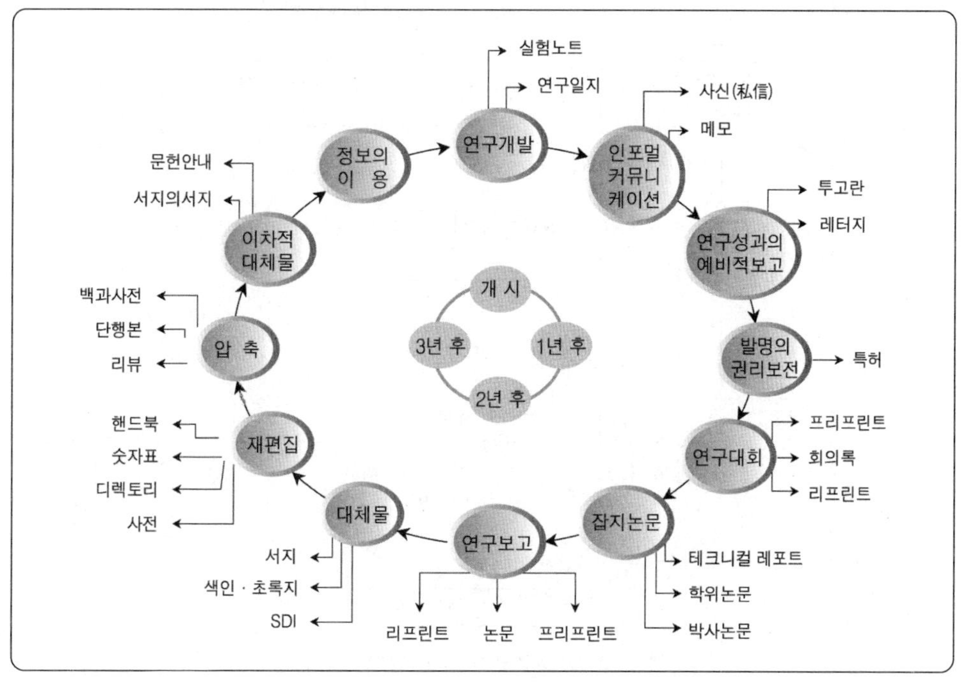

(그림 12-2) Subramanyam의 정보전달 사이클과 정보미디어

Atherton의 정보전달경로에서도 생산에서부터 이용자에 이르기까지 정보의 경로를 다음과 같이 (그림 12-3)을 도해하고 있다.

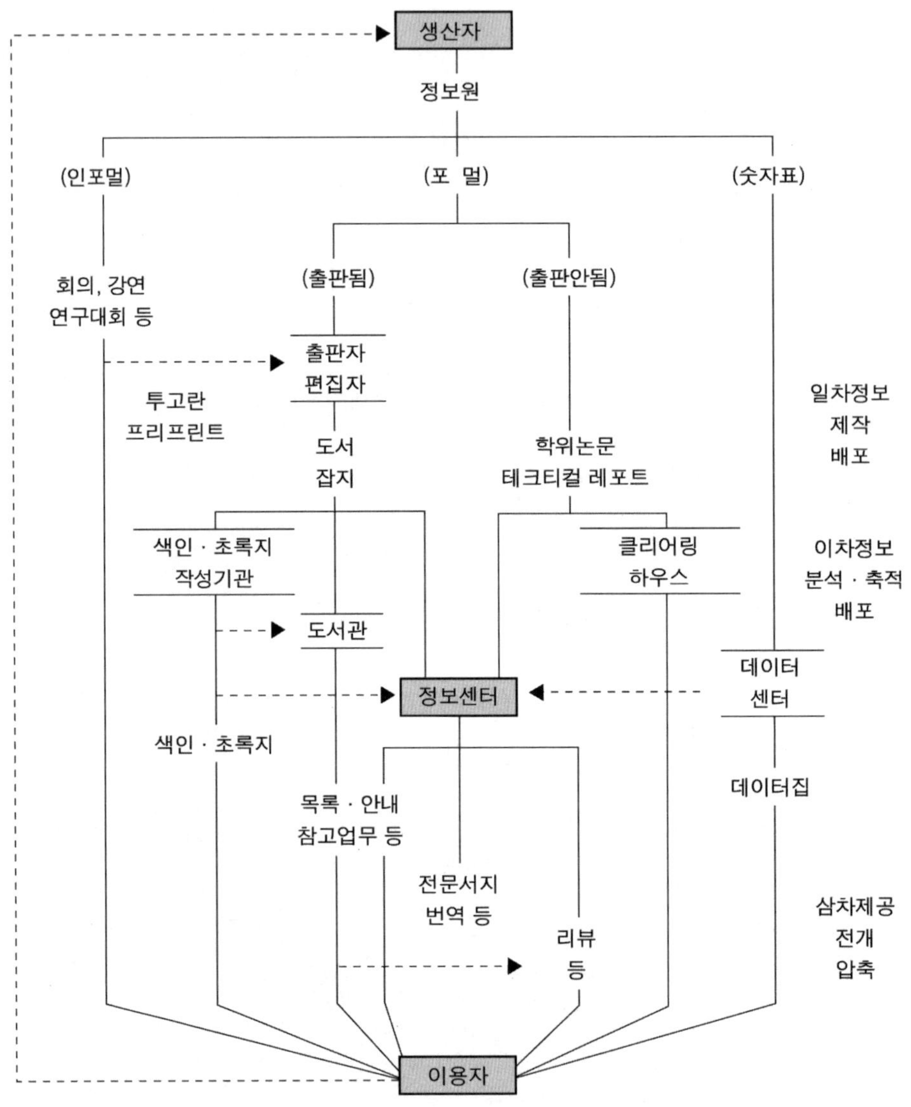

(그림 12-3) Atherton의 정보전달경로

Atherton은 학술 정보를 전하기 위한 경로를 그림과 같이 나타내고자 하였다. 크게 인포멀 커뮤니케이션과 포멀 커뮤니케이션 구분하여 후자는 출판된 것과 출판되지 않은 것으로 구분하였다. Atherton은 학술 정보를 전하기 위한 경로를 그림과 같이 나타내고자 하였다. 크게 인포멀 커뮤니케이션과 포멀 커뮤니케이션 구분하여 후자는 출판된 것과 출판되지 않은 것으로 구분하였다.

12.2.3 수량적인 특성

정보의 증감과 분포라는 수량적인 측면에서 학술정보를 특성을 살펴볼 수 있다. 학술 정보의 수량적인 특성은 이전의 '계량서지학(bibliometrics)', 현재는 '계량정보학(informetrics)'이라고 불리는 영역에서 연구되고 있다. 여기에서는 계량정보학의 연구를 바탕으로, 학술 정보의 기본적인 특징을 설명하고자 한다. 다만 계량정보학에서 이루어지고 있는 것과 같은 수식을 사용한 엄밀한 논증은 하지 않고, 직관적으로 이해할 수 있는 범위에서의 경향을 지적하는 데 그치고자 한다.

정보 유통의 사회 현상을 조사, 기술할 경우 이공계 영역에서의 디지털 데이터의 단위인 비트(bit) 내지 바이트(byte)를 사용할 수도 있다. 그러나 계량정보학에서는 서지적인 단위로 계수(計數)하는 경우가 많다. 구체적으로는 도서, 잡지의 건수나 간행 부수, 잡지 기사, 논문의 건수이다. 아래에서 드는 사례도 이러한 것들을 학술 정보의 계량 단위로 하고 있다.

1) 증식(增殖)과 포화(飽和)

학술 정보의 증감에 관해서는 '증식'과 '포화'를 기본적인 특징으로 들 수 있다. 계량정보학에서는 이러한 현상을 동적인 수학모델로 기술하고자 시도하고 있다. 학술정보의 총체의 양적 변화에 대해서는, Derek J. de Solla Price의 고전적 연구가 유명하다.[81] Price가 기술하고자 한 것은 정확하게는 학술정보의 총체의 변화가 아니라 '과학의 성장'이다. 그는 과학 잡지의 전체 종수가 과거 3세기에 걸쳐 가속도적으로 증가하고 있다고 지적하고, 이것을 지수함수에 의해 기술하고자 하였다.

81) D. De Solla Price. *Little Science, Big Science … and Beyond.* New York, Columbia University Press, 1986.

Price 이후 학술정보 총체에 대하여 기술하고자 하는 시도는 별로 이루어지지 않고 있다. 그러나 특정의 언어나 지역, 개별의 연구영역, 개개의 연구 테마와 같이 대상 범위를 한정하여 학술 정보의 양적 변화를 기술한 연구는 많은 연구자에 의해 거듭되어 왔다. 어느 것이나 증식과 포화의 패턴을 추인(追認)하고 있으나, 증식기와 포화기를 별개의 수식으로 기술하기도 하고, 단일의 수식으로 표현하기도 하여 응용되는 수학 모델은 다양하다.

이러한 변화 패턴의 경향을 만들어내는 메커니즘에 대해서는 현재의 계량정보학에서 충분히 해명하지 못하고 있다. 이 점은 다음에 설명하는 분포 패턴과는 대조적이다. 분포 패턴에 관해서는 뒤에 설명하는 것처럼 어느 정도까지 메커니즘의 해명에 성공하고 있다.

그러나 증식과 포화에 대하여 수학적인 메커니즘이 아니라, 사회적 · 역사적인 요인의 분석과 설명은 옛날부터 시도되고 있다. 예를 들면 Diana Crane은 Kuhn의 패러다임론에 준거하여, 로지스틱 곡선(Logistic curve)을 특정 패러다임의 지배하에 있어서의 과학의 성장으로 간주하여 네 단계로 구분하고, 각각의 단계에 대하여 다음과 같은 특징이 있다고 논하고 있다.82)

〈표 12-1〉 Crane에 의한 과학의 증식과 포화의 모델

구 분	제1단계	제2단계	제3단계	제4단계
지식의 특징	패러다임 출현	통상과학	중요문제의 해결	고갈
			변칙출현	위기
과학공동체의 특징	사회적 조직은 없던가, 있더라도 극히 작던가	공동연구집단과 보이지 않는 대학	전문가 증대	멤버 감소
			논쟁 격화	멤버 감소

Mare De Mey는 Diana Crane의 논의를 한층 더 발전시켜 같은 4단계에 다음과 같은 특징을 부여하고 있다.83)

---

82) Diana Crane. *Invisible colleges. Diffusion of knowledge in scientific communities.* Chicago, The University of Chicago Press, 1972.

83) Mare De Mey. *The Cognitive Paradigm.* Dordrecht, Reidel, 1982.

〈표 12-2〉 de Mey에 의한 과학의 증식과 포화의 모델

구 분	제1단계	제2단계	제3단계	제4단계
인지내용	패러다임 형성	통상과학 건설적인 응용	생산성의 감소 변칙사례의 증가	고갈
방법론상의 방향부여	독창적 철학정 프로그램적	확증 생산성 비철학적	일관성	변명적 철학적 논쟁
문헌	혁신적인 문서 프리프린트	논문	교과서 특정분야 의 학술잡지	학술잡지 문헌목록
사회구조	없음	보이지 않는 대학	공식 그룹 학회	남아있는 그룹
제도사의 형태	비공식	작은 심포지움	회의 공식의 회합	제도화 (대학의 학과)

이상을 정리하면, 학술 정보는 시간적인 변화에 관하여 증가율이 증대하면서 성장해 가는 '증식'의 패턴과 이윽고 증가율이 서서히 감소해 가는 '포화'의 패턴을 보이는 경향이 있다.

2) 집중과 분산

학술정보의 분포에 관해서는 '집중(集中)'과 '분산(分散)'을 기본적인 특징으로 들 수 있다. 계량정보학에서는 이러한 현상을 당초 정적(靜的)인 수학 모델로 기술하고자 하였지만, 현재에는 동적인 확률적 모델의 유효성이 인정되고 있다.

학술정보 연구자간의 분포에 관해서는 "Lotoka's law"[84]이 유명하다. 이것은 학술 논문의 집필이라는 연구 활동의 산출에 관한 법칙으로 일정 기간에 특정의 주제 영역에서 발표된 논문에 대하여 논문 수와 연구자 수의 관계를 정적인 수학모델로 기술한 것이다. 이 법칙에 의해 표현되고 있는 분포의 패턴은 소수의 연구자가 아주 다수의 논문을 발표하고 있는 반면, 한 편만 논문을 발표하고 있는 연구자가 아주 많다고 하는 '집중'과 '분산'의 패턴이다.

84) A. J. Lotoka. The Frequence Distribution of Scientific Productive. *Journal of the Washington Academy of Sciences,* vol.16, no.12(1925). pp.317-323.

학술 정보 미디어간의 분포에 관해서는 “Bradford's law”85)이 유명하다. 이것도 학술 논문의 학술 잡지에 대한 게재라는 연구 활동의 산출에 관한 법칙으로, 일정 기간에 특정의 주제 영역에서 발표된 논문에 대하여 논문의 게재 수와 잡지의 종수의 관계를 정적인 수학모델로 기술한 것이다. 이 법칙에 의해 표현되고 있는 분포의 패턴은 소수의 잡지가 아주 다수의 논문을 게재하고 있는 반면, 한 편만 논문을 게재하고 있는 잡지가 아주 다수라고 하는 “집중”과 “분산”의 패턴이다.

실은 Lotoka의 법칙과 Bradford의 법칙은 ‘멱형 분포(거듭 제곱형 분포)’라고 불리는 분포를 다른 방법으로 표현한 것이라는 사실을 알 수 있다. Lotoka의 법칙은 이 분포를 ‘사이즈 - 도수 분포’로서 표현하고, Bradford의 법칙은 ‘랭크 - 사이즈 분포’로서 표현하고 있다. 멱형 분포의 특징은 한 마디로 말하면 ‘소수자로의 집중, 다수자로의 분산’ 이다. ‘선수’와 ‘득점’의 비유를 사용하면 멱형 분포는 ‘소수의 선수가 아주 높은 득점을 획득하고 있으며, 한편으로 득점이 아주 낮은 선수가 많다’는 것과 같은 분포이다. 계량정보학에서는 다음 〈표 12-3〉에 나타나 있는 것과 같은 다양한 정보 현상으로 멱형 분포를 발견하고 있다.

〈표 12-3〉 정보현상으로 볼 수 있는 멱형 분포

정보의 처리상	“선수”	“득점”	연구자명
생 산	단어	단어의 사용빈도	Zipf(1929)
	연구자	특정주제의 논문수	Lotoka(1926)
유 통	학술잡지	특정주제의 게재논문수	Bardford(1934)
가 공	색인어	부여빈도	Griffiths(1975), Kim(1982)
	색인어	사용빈도(검색시)	Nelson(1988)
축 적	도서	장서수	石井(1990)
	도서	소장관수	石井(1990)
이 용	도서	대출횟수	Bulick(1978)
	잡지	대출횟수	Haspers(1976)
	논문	피인용횟수	Naranan(1971)
	잡지	피인용횟수	Naranan(1971)
	잡지	특정잡지의 인용횟수	Naranan(1971)

85) S. C. Bradford. Sources of Information on Specific Subject. *Journal of Information Science*, vol.10, no.4(1 January, 1985). pp.173-175.

결국 이러한 '집중'과 '분산'의 패턴은 학술정보의 특징이라기보다도 정보 현상의 다양한 처리상(處理相)에 편재하는 일반적인 특징인 것 같다. 이른바 '80/20의 법칙'도 이 분포 패턴을 알기 쉽게 설명한 것이다.

학술 정보에 있어서도 이러한 분포 패턴은 연구 활동의 산출의 다양한 공간적 배치에서 발견할 수 있을 것이다. 예를 들면 개인 간의 집중 · 분산을 표현한 Lotoka 법칙의 연장으로서 조직이나 기관간의 집중 · 분산도 있을 것이고, 지역이나 언어 간의 집중 · 분산도 있을 것이다. 이러한 분포의 경향을 생기게 하는 메커니즘에 대해서는 계량정보학에서 긴 논의가 벌어지고 있다. 동일한 분포가 정보를 둘러싼 다양한 수량 관계에서 성립하고 있다고 하는 사실은 많은 연구자의 흥미를 끌었다.

처음에는 정적인 수학모델로 기술되었던 이러한 법칙도 마침내 확률론적인 수속을 사용한 동적인 수학 모델로 기술되게 되었다. 이 분포의 메커니즘의 설명에 어느 정도 성공하고 있다고 생각되는 확률적 모델은 Herbert A. Simon,[86] M. G. Kendall,[87] Derek J. de Solla Price[88] 등이 각각 제시한 "성공 누적모델"이다. 이 밖에도 몇 사람의 연구자가 독자의 확률적 모델을 제시하고 있는데, 현상을 설명하는 데 어느 것이 더 타당한 것인가는, 영역에 공통의 견해가 없다.

이상을 정리하면 학술정보는 공간적인 분포에 관하여 소수자에게 대부분이 편중되어 있다고 하는 '집중'의 패턴과 다수자에게 나머지가 널리 퍼져 있다고 하는 '분산'의 패턴을 나타내는 경향이 있다.

---

86) Herbert A. Simon. On a class of skew distribution function. *Bibliometrika,* vol.42(1955). pp.425-440.

87) M. G. Kendall. The bibliography of operational research. *Operational Research Quarterly,* vol.11, no.1/2(1960). pp.31-36.

88) Derek J. de Solla Price. A general theory of bibliometric and other cumulative advantage processes. *Journal of the American Society for Information Science,* vol.27, no.5(1976). pp.292-306.

12.3 학술정보 유통상의 제문제

정보가 폭발적으로 증가함에 따라 그 유통 상에 심각한 문제를 일으킨다. 적합 정보 보다는 불필요한 정보가 탐색됨에 따라 시간이 어느 때 보다 많이 소요된다. 정보에 익사당하지만 지식에는 아사 당하는 게 현실이다. '정보의 홍수', 또는 '정보폭발'이라는 현상이 일반화되어 있다. Price는 과학의 규모와 성장을 측정 가능한 것으로서 설명하고자 하여, 결국 학술 잡지 종수의 증가를 사용하였다.[89]

P. Atherton은 학술 정보 유통 상에서 기본적인 장애요인을 분석한 바가 있다. 그는 언어의 문제, 과잉생산, 노이즈, 전문용어, 시간차, 경제성, 문화의 상이 등을 지적하고 있다.[90]

한편 F. W. Lancaster에 의하면 유통 상의 문제를 5가지를 들고 있다. 1) 문헌의 증가현상, 2) 문헌의 분산현상, 3) 문헌비용의 증가현상, 4) 출판지연 현상, 5) 도서관의 문제 등으로 인식하고 있다.[91] 우에다(上田修一)과 구라다(倉田敬子) 등도 학술 정보 유통 상의 현상에서 그 문제점을 1) 언어의 문제, 2) 과잉생산, 3) 노이즈, 4) 전문용어, 5) 시간적 지연(time lag), 6) 경제성, 7) 문화의 상이 등을 지적하고 있다.[92] 이상의 제 문제점들을 포함시켜 여기에서는 Lancaster가 분석한 5가지 요인을 중심으로 하여 학술정보 유통 상의 제 문제를 살펴보고자 한다.

12.3.1 정보량의 증대 문제

오늘날 학술 정보의 유통상 가장 심각한 문제로 대두되고 있는 것 중의 하나가 바로 정보량의 폭증 현상이며, 이는 제2차 세계대전 이후 특히 주목을 받아왔다. 이러한 현상을 출판 인플레이션, 출판 폭발, 문헌 폭발 현상으로 명명되기도 한다.

---

89) D. De Solla Price. *Little Science, Big Science … and Beyond*. Columbia, Columbia University Press, 1963. p.224.

90) P. Atherton. *Handbook for Information Systems and Services*. Paris, Unesco, 1977. p.259.

91) F. W. Lancaster. *Toward Paperless Information Systems*. New York, Academic Press, 1978. pp.64-104.

92) 上田修一, 倉田敬子. 情報の發生と傳達. 東京, 勁草書房, 1993. p.73.

De Solla Price는 1665년에 1종의 과학 잡지가 출현한 이후 1750년 10종, 1800년 100종, 1850년 1,000종, 1900년 10,000종, 1950년 100,000종, 1960년대에 약 3만종이 그리고 2000년에 1,000,000종으로 증가된다고 하였다. 그리고 그는 정보량은 연간 약 7%의 비율로 증가하고 15년간에 2배씩 증가하는 지수 함수적인 증가현상을 나타낸다고 말하였다. 지식의 지수 함수의 상수는 15년을 한 주기설로 설정하고, 50년에는 10배, 100년간에는 1,000배로 증가한다.[93]

학술정보량 증대의 직접적인 요인은 연구자 수의 증가, 학문분야의 전문화 및 세분화와 연구개발비의 증가를 들 수 있다. 연구자 수의 증가는 그 분야의 전문화를 가져오고, 전문분화에 의해서 새로운 분야가 출현하였으며, 그 분야의 정보가 새로 생산되고 있음을 알 수 있다. 그러나 학술 정보의 폭발적 증가현상은 과학기술의 발전을 뜻하는 것이지만, 필요한 정보를 효율적으로 탐색하는 것을 더욱 어렵게 하는 결과를 초래하고 있다.

정보량의 증대는 학술정보의 커뮤니케이션에 다음과 같은 영향을 미치고 있다. 1) 정보량이 증대하여도 개개 연구자가 정보 수집에 소요되는 시간은 일정하기 때문에 연구에 관련되는 모든 정보를 수집하고 이용하는 것은 곤란하다. 2) 정보가 양적으로 증가한다고 하지만, 동시에 질이 높은 문헌이 증가하는 것은 아니다. 그 결과 전체적으로 내용의 질은 오히려 낮아진다. 3) 학문 분야의 전문화 및 세분화의 결과 개개의 연구자에 관련이 있는 문헌이 여러 전문 영역으로 분산된다. 따라서 필요한 정보를 수집하는 일이 더욱 어렵게 된다. 4) 전문화 및 세분화의 결과 다수의 정보원을 제작하고 수집할 필요가 발생함으로서 그 비용이 누적된다. 학술 정보의 증대는 연구 활동이 활발해진데 따른 결과로서 이것을 억제하는 것은 불가능하다.

12.3.2 시간지체 현상

인간은 두뇌에서 어떤 행동을 결심해도 그 지령에 따라 손과 발이 작용해서 동작하기까지에는 시간을 요한다. 즉 판단에 의해 지령한 것은 지령과 동시에 동작으로 나타나는 것이 아니고 나타나기까지에는 어떤 시간적인 어긋남이 있다. 이것

93) Derek J. de Solla Price. *Little Science, Big Science … and Beyond*. New York, Columbia University Press, 1986.

을 타임래그라라고 한다. 이와 같은 타임래그는 생산과정에서의 설비기계, 장치의 움직임에 있어서도 마찬가지로 그것이 인간과 짝을 이루는 인간 기계계에 있어서는 보다 크게 타임레그가 나타나서 재해의 원인이 된다.

정보의 생산으로부터 입수까지 시간적 지연을 "시간지체현상(time lag)"이라고 한다. 연구가 종료된 후 논문으로 발표되기까지, 그리고 문헌이 간행된 후 도서관에서 이용되거나 2차 자료에 수록되기까지의 여러 형태의 타임래그가 이루어진다. 아이디어의 구축에서 논제설정으로 그리고 발행에 이르기까지 총체적인 시간차를 의미한다. 즉 원고작성 완료부터 1차 자료 간행까지의 소요시간이거나 1차 자료 간행부터 2차 자료나 2차 자료의 파일에 수록되어 검색가능하게 되기까지의 소요시간, 또는 자료입수에서부터 이용자의 이용까지의 소요시간을 의미한다.

가장 문제가 되는 것은 연구가 종료된 후 그것이 학술지에 공표되기까지의 타임래그이다. 이를 "출판지연(Publication delay)"이라고도 한다. King 등이 조사하여 1980년에 발표한 내용에 따르면 물리학은 8개월, 수학은 20.5개월, 컴퓨터 과학은 10.6개월, 공학은 9개월의 타임래그가 있는 것으로 밝혀졌다.[94]

이와 같이 연구가 완성된 결과를 학술지 등에 발표하기 위하여 많은 시간을 소비하고 있는 가장 큰 이유는 논문의 질적 유지를 위한 원고의 심사에 소요되는 시간이겠으나, 그와 같은 시간적인 소요가 커다란 문제점으로 대두되고 있는 것이다. 학술잡지가 그 특성의 하나인 속보성을 상실하고 있다는 점이 큰 문제가 되고 있다. 그래서 프리프린트의 교환, 레터지, 개요지 등이 사용되고 있다.

다음으로 문제가 되는 것은 논문의 발표로서 대표되는 1차 자료의 간행에서 2차 자료 간행까지의 타임래그인데 R. K. Poyer가 실시한 의학 분야의 주요 잡지 51종의 조사결과에 다르면, 『Current Contents』는 31일, 『Science Citation Index』는 110일, 『Index Medicus』는 129일, 온라인으로 제공되고 있는 『SDILINE』은 86일이었다.[95] 또한 도서관 등에 수집된 자료가 처리과정을 거쳐 이용자가 이용할 수 있을 때까지의 타임래그도 있다. 이 유형은 자료수집 과정에서 발생할 수 있는

94) D. W. King, D. D. McDonalds and N. K. Roderer. *Statistical Indicators of Scientific & Technical Information Communication(1960-1980).* vol.1 a summary report, Washington, D.C., GPO., 1976. PB-254060.

95) Robert K. Poyer. Time lag in four indexing srevice. *Special Libraries,* vol.73, no.2(1982). pp.142-143.

다양한 요인들에 따라 다양해 질 수 있다.

12.3.3 경제적 문제

학술정보의 주요 자료인 학술 잡지나 도서 등의 인쇄물 가격은 종이의 가격이나 우송료에 따라서 크게 영향을 받으며, 정보유통 시스템 전체의 비용은 인건비에 따라서 크게 좌우된다. King 등의 조사에서 학술잡지의 개인 구독료는 1960년에 5.27달러이었으나 1980년에는 24.07달러까지 폭등하였다.[96]

인플레이션이 진행되고 있는 가운데 현저하게 가격이 저하되고 있는 것은 컴퓨터를 중심으로 한 전자기기이다. 전자기기는 기술혁신과 대량생산의 혜택을 받아서 성능은 높아진 반면에 가격은 급속하게 하락하고 있다. 따라서 컴퓨터를 이용한 시스템의 도입을 통하여 경제적 문제의 해결을 도모할 수 있다.

경제적 문제는 정보유통 시스템에서 가장 큰 영향을 미치기 때문에 다양한 대책이 강구되고 있다. 반드시 비용 절감만이 목적이 아니지만 학회지 간행센터 등의 협동편집 센터에의 위탁 등도 하나 방법이다. 또한 공동학회 운영도 그 방안 중의 하나이다.

디지털 출판과 보급은 일부 참고정보자료와 소량 부수의 잡지와 단행본에 비용절감 기능을 제공해야 한다. 하지만 그것은 보다 일반적인 도서, 잡지, 그리고 신문에 대해 절간기능을 제공하지 못하고 있다. 물리적인 생산과 제공에 따르는 비용은 일반도서의 아주 작은 부분만을 차지할 뿐이다.

12.3.4 언어문제

학술정보의 유통 중에 발생하는 언어의 문제는 '언어의 벽(language barrier)'이라고도 한다. 전 학문분야에 걸쳐서 세계 각국에 연구자들이 있고, 각각 다른 나라에서 동일한 연구가 수행되고 있다는 것을 생각해 볼 때 국제적인 정보교환은 매우 중요한 것이다. 그런데 현재 100만 명 이상의 언어인구를 가진 언어는 약 650개가

96) D. W. King et al. *Statistical Indicators of Scientific & Technical Information Communication (1960-1980):* vol.2 a research report. Rockville Maryland, King Research, 1976. p.455.

있고, 그중 13개 언어가 학술정보의 전달에 사용되고 있다.

언어의 벽은 두 가지 측면에서 생각될 수 있다. 첫째는 학술 정보의 생산과정에서 발생한다. 연구 성과가 국제적으로 인정되기 위해서는 널리 통용되는 언어 즉 영어를 사용하는 것이 필수적이다. 그러나 영어가 모국어가 아닌 연구자는 언어구사에서 큰 부담을 가지게 된다. 이 문제를 해결하기 위해 도서관에서는 번역서비스가 제공된다.

둘째는 정보의 입수단계에서 발생한다. 즉 정보자료가 자신이 읽을 수 없는 언어로 기록되어 있는 경우에 문제가 발생한다. 이를 해결하기 위해서는 정보센터 등의 번역서비스가 충실하게 제공되어야 한다. 1985년분의『Chemical Abstracts』에 수록된 문헌의 내역은 영어 70.8%, 러시아어 13%, 일본어 4.6%, 독일어 3.2%, 중국어 2.3%, 불어 1.4% 및 기타 3.9%로 나타나 있다. 이러한 경우 영어 이외의 언어를 모국어로 한 나라의 연구원에게 있어서 정보의 이용은 큰 장애가 아닐 수 없다.

12.3.5 문헌의 복잡성

문헌의 복잡성에는 두 가지의 의미가 존재한다. 먼저 문헌의 형태적 유형의 복잡성이 있고, 문헌 자체의 내용이 복잡한 주제 혹은 복잡한 의미내용을 가지고 있는 경우가 있다. 두 번째 경우는 학문 분야의 진전, 혹은 전통적인 주제 분야를 넘은 연구를 바라는 학제적 연구(interdisciplinary approach) 등을 그 복잡성의 요인으로 들 수 있다. 예를 들면, 문헌의 제목이 복수의 주제로 된 복합주제의『인문지리학과 그 근접 제 과학』과『기술혁신과 경제 · 사회의 변모』의 예와 다수의 저자에 의해 쓰여져 그것을 편집한 출판물 등은 주제의 분석, 분류의 적용, 목록 및 색인 작업시 주의해야 한다.

전자의 형태적 유형의 복잡성은, 통신기술의 혁신, 커뮤니케이션 채널의 다양화 등에 의해 필연적으로 문헌(각종의 정보를 포함하여)은 다양하고 여러 가지의 유형이 된다. 예를 들어, 단행본, 잡지, 수치 데이터 표, 초록, 의사록, 기술 보고서, 색인, 기고집(寄稿輯), 마이크로 피쉬, 컴퓨터 인자, synopsis journal, 특허자료, 광고 팜플렛 등 셀 수 없을 정도로 수가 많다. 이들 문헌을 조직화하기 위해서는 어떠한 일정의 논리를 가지고 공통된 처리방법을 고려해야 할 것이다. 앞으로 정기간행물에 실리는 논문에 대해서 2차 자료적인 성격을 가진『개요지(synopsis journal)』과『초록지(abstract journal)』 등의 문헌유형이 나타나게 될 것이다.97)

12.3.6 지적소유권의 문제

최근 인간의 지적창작물이 재산으로서의 가치를 인정받게 됨에 따라 그에 대한 권리를 주장하는 지적소유권이 동산이나 부동산과 같은 물건과 더불어 매우 중요한 재산으로서 부상되고 있다. 지적소유권이란 "인간의 지적인 활동에 의해서 창작된 객관적 존재인 무체물을 독립적으로 지배할 수 있는 권리를 말하며, 저작권, 공업소유권 등의 권리의 포괄적인 개념"으로서 사용되는 용어이다.

저작권은 본래 소설, 희곡, 영화 등 문학적, 예술적 창작물을 보호하는 권리이다. 저작권법은 국가에 따라 그 내용상 약간의 차이가 있으나, 저작자의 창조적인 노고로부터 나온 지적산물에 대하여 공정한 보상을 해주고 공중의 이익을 위하여 쓰이도록 하며, 또한 저작자의 창조성을 진작시키는 것을 목적으로 하는 것이다.

복사기술의 발달에 따른 종이나 필름 형태로 된 정보자료의 무질서한 복사 및 상업적 판매행위는 출판사의 재정에 크게 영향을 미치는 저작권에 관한 문제를 야기시킨다. 따라서 미국과 일본을 비롯한 각국은 저작자의 창작활동을 방해하는 것을 방지하기 위하여, 저작권 보호에 많은 노력을 기울이고 있으며, 특히 대량의 정보를 수록하고 있는 서지 데이터베이스의 저작권 및 그것의 올바른 이용에 관한 연구를 활발히 추진하고 있다. 한편 데이터베이스의 저작권에 관한 문제는 이를 이용하여 정보서비스를 제공하는 도서관에 커다란 관심사가 되고 있다.

그러나 지적소유권을 부정하거나 지적재산권의 일방적 강화에 반대하는 흐름도 있다. 이러한 움직임들은 정보공유운동으로 나타났는데, 크게 소프트웨어 분야와 콘텐츠 분야로 크게 나누어 볼 수 있다. 특히 콘텐츠 분야에서는 1990년대 해외에서 나타난『Creative Commos: 창조적 고유재』나, 한국의 진보네트워크에서 시작한『No Copyright, Just Copyleft』운동이 대표적이라고 할 수 있다.98)

---

97) M. ライン, B. ウィリアムズ, 失島秀夫譯. 出版物の變天と圖書館. 藥學圖書館, vol.22, no.2, 1977. pp.60-65.

98) 이종구 등 저. 정보사회의 이해. 서울, 미래M&B, 2005. pp.325-330.

Copyleft는 지적재산권(저작권)을 의미하는 copyright와 반대되는 개념으로 지적 창작물에 대한 권리를 모든 사람이 공유할 수 있도록 하는 운동을 말한다. 자유소프트웨어(free software) 운동이라고도 불리는 이 운동은 1984년 미국의 Richard Stallman이 인류의 지적 자산인 지식과 정보는 모두가 자유롭게 사용할 수 있어야 한다는 뜻에서 프로그램 공유운동을 펼치면서 시작되었다. copyleft는 Linus Torvalds가 개발한 공개 오퍼레이팅시스템(OS) 리눅스(Linux)가 확산되면서 널리 알려졌다.

최근에는 학술정보의 유통에서 법적, 경제적, 기술적 장벽없이 전 세계 이용자 누구라도 자유롭게 정보에 접근할 수 있도록 저작물 생산자와 이용자가 정보를 공유할 수 있도록 하는 Open Access 개념이 대두되어 주목받고 있다.

12.3.7 정보격차

정보격차(information gap)란 "정보의 접근 및 이용이 여러 사회집단 간에 동등한 수준으로 진행되지 않는 현상을 지칭하는 포괄적 용어"[99]로 정의되며, 동일한 의미를 나타내는 표현으로는 '지식격차(knowledge gap)', 혹은 '정보 불평등(information inequality)'이란 용어들이 사용되고 있다. 최근에는 'digital divide'로 표기되는 것이 보편적이다. 2001년 제정되어 2005년에 개정된 제2조 1항에 『정보격차 해소에 관한 법률』에서는 정보격차를 '경제적, 지역적, 신체적 또는 사회적 여건으로 인하여 정보통신망을 통한 정보통신서비스에 접근하거나 이용할 수 있는 기회에서의 차이'로 규정하였다.[100]

정보격차는 특히 개인소득의 차이에서 비롯되기 때문에 상징적으로 소수의 '정보 부자'와 '정보 빈자'로 분류된다. D. Michael은 사회의 정보화가 진척됨에 따라 보다 적극적인 참여 집단과 자신의 의지 또는 무능력으로 인한 소극적인 비참여 집단이 존재할 것으로 상정하고 다음과 같은 4가지 유형으로 분류를 시도하였다.[101]

---

99) 이종구 등 저. 정보사회의 이해. 서울, 미래M&B, 2005. p.213.

100) 대한민국 정보격차해소에 관한 법률. 2001년 제정된 뒤 2002년 1월 법률 제6795호로 1차례 개정되었다. 시행: 2008.2.29. 법률: 제8852호. 행정안전부(정보문화과), 02-2100-2988.

101) D. Michael. Enriched or Impoverished? Master or Servant? In Information Technology : Some Critical Implication for Decision Makers. New York, The conference Board, 1972. pp.42-44.

첫 번째 집단은 정보기술을 적극적으로 수용하는 '포용자 집단(embracers)' 이다. 이들은 경제적으로 풍요하고 교육수준이 높으며 사회적으로 안정된 지위를 차지하고 있다. 포용자 집단은 미래지향적 세계관과 개방적인 태도관을 견지하면서도 보수집단의 자기 보호적 현상유지를 지지한다.

두 번째 집단은 '거부자 집단(rejectors)'이다. 이들은 포용자들과는 달리 정보기술적 확대를 부정적인 사회적 침투로 간주하고 정보화에 대해서 냉소적인 태도를 취한다. 거부자 집단은 교육수준이 높고 소득수준도 높아 포용자 집단과 사회경제적으로 크게 차이가 없다. 다만 기술혁신에 대해서 기본적으로 비판적 시각에 지배되어 있는 만큼 자의적 또는 타의적으로 타인과의 교제나 집단적 참여가 낮다.

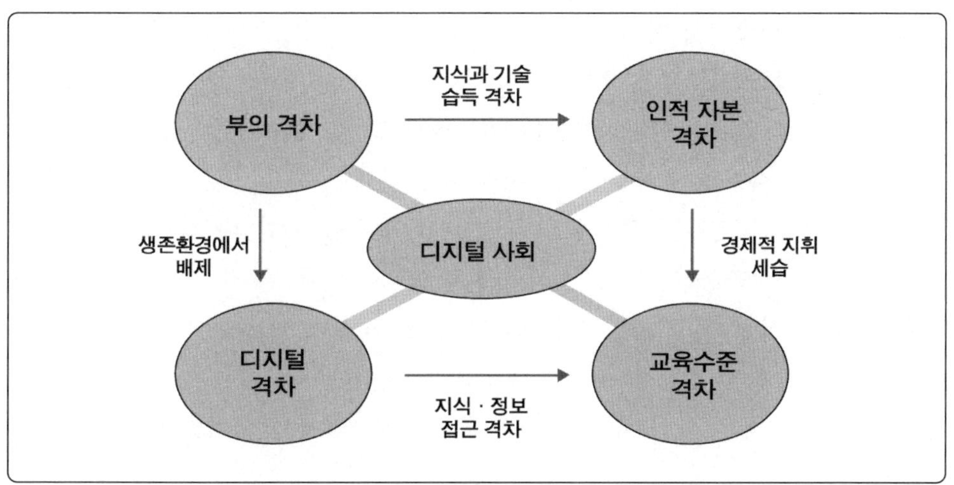

(그림 12-4) 정보격차의 악순환 구조
(출처: 디지털 격차와 극복. 이상민(2000))[102]

세 번째 집단은 '무관자 집단(indifferent)'을 들 수 있다. 이 집단은 사회경제적으로 중간계층에 속해 있으면서 정보기술의 출현에 대해 특별한 관심이나 이념적 시각을 별로 갖고 있지 않다.

102) 이상민. 디지털 격차와 극복. 서울, 삼성경제연구소, 2000.

마지막 집단은 '무기력 집단(inadequate)'이다. 이 집단은 사회경제적으로나 문화적으로 정보환경을 적응하기에 능력이 결여된 개인들을 말한다. 정보량의 증대, 시간차, 지적소유권 등과 같이 지식정보사회로 진입하면서, 새롭게 대두된 사회적 문제와 달리 정보격차는 이미 그 이전부터 사회적 불평등을 야기하는 문제였다. 고대사회부터 정보와 정보자료는 극소수의 혜택받은 계층만이 소유하고, 접근할 수 있었다. 다만, 지식정보사회 이전의 사회에서는 정보격차가 계층간 불평등의 한 단면일 뿐이었으나, 부의 창출에 기여하는 지식정보의 역할이 확대된 지식정보사회에서는 소득격차 등 새로운 사회적 불평등의 주요 동인(動因)으로 작동하기 때문이다.

디지털 지식정보사회에서 정보격차는 가진 자와 가지지 못한 자 사이의 정보기기 소유나 정보접근성의 차이로 정의되는 것이 일반적이었다. 1990년대에는 구체적으로 컴퓨터 보유여부가 중요했으나 최근 들어 인터넷 접근 및 활용을 포함하는 의미로 확대되고 있다. 예를 들어 OECD는 정보격차를 정보인프라의 격차로 규정하고, 국제 정보격차를 정보통신기술과 인터넷에 대한 접근 가능성, 인터넷 접근을 위한 비용수준, 인터넷 활용수준 및 인터넷 접근을 위한 대안의 존재여부 등 네 가지 요소로 구분하고 있다.[103] 따라서 정보격차를 해소하기 위한 방안도 정보기기의 보급이 아닌 정보 접근성의 개선과 정보교육으로 구체화할 수 있다. 최근 정보교육과 관련하여 정보를 수집, 분류, 분석, 종합하는 능력을 지칭하는 정보문해(information literacy)에 대한 학문적 관심이 문헌정보학에서 있어왔다.

103) 정애리. 디지털정보미디어정책론. 서울, 일진사, 2004. p.23.

부 록

1. 도서관 헌장
2. 도서관인 윤리선언
3. Library Bill of Rights/ 도서관 권리선언
4. 도서관과 지적자유에 관한 성명

【부록 1】 도서관 헌장

인류문화의 유산을 보호하고 새 문화 창조의 온상인 도서관의 사회성과 공익성을 재확인하면서 서기 1968년 4월 6일 대구에서 개최된 전국공공도서관회의에서 다음과 같이 그 원칙을 천명한다.

01. 도서관은 누구에게나 유익하고 공정한 봉사활동을 함으로써 인류문화발전에 이바지한다.
02. 도서관은 모든 문화유산을 보존 활용케 함으로써 전통문화를 계승하고 새로운 문화를 창조하는데 이바지한다.
03. 도서관은 생활인의 터전으로서 지역사회 개발과 국가발전에 이바지한다.
04. 도서관은 사회교육기관으로서 자주 자활할 수 있는 시민생활을 영위하는데 이바지한다.
05. 도서관은 국제문화의 교량으로서 상호간의 우의와 이해증진에 이바지한다.

【부록 2】 도서관인 윤리헌장

(1997년 10월 30일 제35회 전국도서관대회에서 선포)

도서관인은 민족과 인류의 기억을 전승하여 사회발전에 기여하는 도서관의 운영주체로서 크고 무거운 책임을 지니고 있다. 이 책임은 우리들 도서관인의 모든 직업적 행위의 바탕에, 비판적 자기성찰과 윤리적 각성이 살아있을 때 비로소 완수될 수 있다.이에 우리는 스스로의 다짐이자 국민에 대한 엄숙한 약속으로 우리가 지켜 나갈 윤리적 지표를 세워 오늘 세상에 천명한다.

1. **【사회적 책무】** 도서관인은 인간의 자유와 존엄성이 보장되는 민주적 사회발전에 공헌한다.
   가. 도서관인은 헌법이 보장하는 국민의 알 권리를 실현하는데 기여한다.
   나. 도서관인은 국민의 자아성장 의욕을 고취하고 그 노력을 지원한다.
   다. 도서관인은 도서관과 이용자의 자유를 지키고 정보접근의 평등권을 확립한다.
   라. 도서관인은 성숙된 지식사회를 열어가는 문화적 선도자가 된다.

2. **【자아성장】** 도서관인은 부단한 자기개발을 통하여 역사와 함께 성장하고 문명과 더불어 발전한다.
   가. 도서관인은 자신을 개선하는데 게으르지 아니하며 끊임없이 연구하고 정진한다.
   나. 도서관인은 자신의 직무가 역사를 보존하며 사실을 전수하는 행위임을 자각한다.
   다. 도서관인은 사회의 변화와 이용자의 요구에 능동적으로 대처하는 능력을 배양한다.
   라. 도서관인은 개척자의 정신으로 일상의 난관을 극복하며 열정과 인내, 그리고 용기와 희망 속에서 일한다.

3. **【전문성】** 도서관인은 전문적 지식에 정통하며 자율성을 견지하여 전문가로서의 책임을 완수한다.

   가. 도서관인은 자신의 업무영역에 관한 전문지식과 기술 습득에 최선을 다한다.

   나. 도서관인은 전문가로서의 자율성을 발휘하여 스스로 사회적 지위를 확보한다.

   다. 도서관인은 소속된 조직의 입장이 전문성의 원칙에 배치될 경우 전문가적 신념에 따라 이의를 제기할 책임이 있다.

   라. 도서관인은 전문직단체의 중요성을 인식하고 조직활동에 적극 참여한다.

4. **【협력】** 도서관인은 협동력을 강화하여 조직운영의 효율화를 도모한다.

   가. 도서관인은 협력의 기초가 되는 소속 도서관의 능력 신장에 먼저 노력한다.

   나. 도서관인은 도서관간의 협력체제를 지속적으로 발전시켜 나간다.

   다. 도서관인은 다른 사회기관과 협력하여 부단히 활동영역을 확장한다.

   라. 도서관인은 자신의 조직에 불이익이 있을지라도 협력의 의지를 지켜나간다.

5. **【봉사】** 도서관인은 모든 국민을 위하여 헌신하는 자세로 봉사하고 도서관의 진정한 가치에 대한 사회적 인식을 유도한다.

   가. 도서관인은 이용자의 다양한 요구에 적합한 전문적 봉사에 힘쓴다.

   나. 도서관인은 이용자의 이념, 나이, 성별, 사회적 지위 등을 이유로 차별하지 아니한다.

   다. 도서관인은 항상 친절하고 밝은 태도로 업무에 임한다.

   라. 도서관인은 도서관에 대한 사회의 정당한 인정을 획득하기 위하여 노력한다.

6. **【자료】** 도서관인은 지식자원을 선택, 조직, 보존하여 자유롭게 이용케 하는 최종책임자로서 이를 저해하는 어떠한 간섭도 거부한다.

   가. 도서관인은 민족의 문화유산과 사회적 기억을 지키는 책임을 진다.

   나. 도서관인은 지식자원을 선택함에 있어서 일체의 편견이나 간섭 또는 유혹으로부터 자유로와야 한다.

   다. 도서관인은 지식자원을 조직함에 있어서 표준화를 지향한다.

   라. 도서관인은 이용자와 관련된 개인정보를 보호하며 그 공개를 강요받지 아니한다.

7. 【품위】 도서관인은 공익기관의 종사자로서 높은 품위를 유지한다.

가. 도서관인은 언제나 전문가로서의 긍지를 가지고 업무를 수행한다.

나. 도서관인은 항상 정직하고 당당한 태도를 잃지 아니한다.

다. 도서관인은 업무와 관련하여 정당하지 아니한 일체의 이익을 도모하지 아니한다.

라. 도서관인은 직업적 윤리규범을 성실히 지킨다.

【부록 3】 Library Bill of Rights/ 도서관 권리선언

The American Library Association affirms that all libraries are forums for information and ideas, and that the following basic policies should guide their services.
ALA는 모든 도서관은 정보와 사상을 위한 광장이며, 아래의 기본방침은 모든 도서관 봉사의 지침이 되어야 함을 확인한다.

I Books and other library resources should be provided for the interest, information, and enlightenment of all people of the community the library serves. Materials should not be excluded because of the origin, background, or views of those contributing to their creation.
【제1조】 도서와 기타 도서관자료는 도서관이 봉사하고 있는 지역사회 모든 주민들의 흥미, 정보, 계몽을 위해서 제공해야 한다. 그리고 도서관 자료는 자료의 창작에 기여한 사람들의 출신, 배경, 견해를 이유로 배제되어서는 안 된다.

II Libraries should provide materials and information presenting all points of view on current and historical issues. Materials should not be proscribed or removed because of partisan or doctrinal disapproval.
【제2조】 도서관은 시사적인 문제와 역사적인 문제에 대하여 다양한 견해를 나타내는 자료와 정보를 제공해야 한다. 자료는 당파적이거나 이론적으로 수용할 수 없다는 이유로 금지되거나 제거되어서는 안 된다.

III Libraries should challenge censorship in the fulfillment of their responsibility to provide information and enlightenment.
【제3조】 도서관은 정보와 계몽을 제공하기 위한 책임을 달성하기 위하여 검열을 거부해야 한다.

Ⅳ Libraries should cooperate with all persons and groups concerned with resisting abridgment of free expression and free access to ideas.

【제4조】 도서관은 사상에 대한 자유로운 접근과 자유로운 표현의 제한에 저항하는 일에 관련된 모든 개인과 단체들과 협력해야 한다.

Ⅴ A person's right to use a library should not be denied or abridged because of origin, age, background, or views.

【제5조】 도서관 이용에 대한 개인의 권리는 그 개인의 출생, 연령, 배경, 견해 등의 이유로 거부되거나 제한되어서는 안 된다.

Ⅵ Libraries that make exhibit spaces and meeting rooms available to the public they serve should make such facilities available on an equitable basis, regardless of the beliefs or affiliations of individuals or groups requesting their use.

【제6조】 도서관이 봉사하고 있는 지역사회의 구성원에게 제공할 수 있는 전시 공간이나 집회실을 가지고 있는 도서관은 시설의 이용을 요구하는 개인이나 단체의 신념이나 소속에 관계없이 공평한 기준에 따라서 제공해야 한다.

(Adopted June 19, 1939, by the ALA Council; amended October 14, 1944; June 18, 1948; February 2, 1961; June 27, 1967; January 23, 1980; inclusion of "age" reaffirmed January 23, 1996).

ALA위원회에서 1939년 6월 19일 승인되고, 1944년 10월 14일, 1948년 6월 18일, 1961년 2월 2일, 1967년 6월 27일, 1980년 1월 23일 수정되었으며, 1996년 1월 23일 "시대(age)"를 포함시켜 재확인되었다.

【부록 4】 도서관과 지적자유에 관한 성명

IFLA(국제도서관협회연맹)은 UN의 인권선언에서 규정한 지적자유를 지원하고, 지키며, 향상시키고자 한다. IFLA는 인간은 지식의 표현에 접근하며, 사상과 지적 활동을 창조하며, 자신의 입장을 공개적으로 표명할 수 있는 기본권을 가지고 있다는 사실을 선언한다. IFLA는 알 권리와 표현의 자유는 동전의 양면과 같다고 믿는다. 알 권리는 사상과 양심의 자유를 위하여 필요한 권리이다 ; 사상과 표현의 자유는 정보에 대한 접근의 자유에 있어 필수적인 조건이다. IFLA는 지적자유는 도서관과 정보전문가에게 있어 기본적인 책임에 속한 것임을 주장한다. IFLA는 그러므로, 도서관들과 도서관 직원들은 지적자유의 원칙, 정보에 대한 제한없는 접근과 표현의 자유를 지지하고, 도서관 이용자의 사생활을 인정할 것을 요구한다. IFLA는 이러한 원칙의 승인과 현실화를 위하여 우리 구성원들의 행동을 촉구한다. 이를 위하여 IFLA는 다음과 같이 주장한다.

- 도서관들은 정보, 상상력의 아이디어와 작업들에 대한 접근을 제공한다. 도서관은 지식, 사상, 그리고 문화로 향해 열린 문으로서의 역할을 수행한다.
- 도서관들은 개인과 집단 모두의 평생교육, 독립적인 의사결정과 문화적 개발을 위한 기본적인 지원을 제공한다.
- 도서관들은 지적자유의 개발과 유지에 기여하고, 기본적인 민주적 가치와 시민의 권리를 지키는데 도움이 된다.
- 도서관들은 지식의 표현과 지적 활동에 대한 접근을 보증하고 조장하는 책임을 가지고 있다. 이 때문에 도서관들은 사회의 다양성과 복합성을 반영하고 있는 다양한 자료들을 수집하고 보존하며 이용 가능하도록 해야할 것이다.
- 도서관들은 전문적인 고려, 그러나 정치적, 도덕적, 그리고 종교적 입장에 의해 좌우되지 않는 도서관 자료들과 서비스의 선택과 유용성을 보장해야 한다.

- 도서관들은 어떠한 유형의 검열에 대하여도 반대하고, 자유롭게 수집하고 조직하고 유통시켜야 한다.
- 도서관들은 모든 이용자들이 동등하게 자료와 서비스에 접근할 수 있도록 만들어야 한다. 이는 인종, 신념, 성별, 나이 또는 그 어떠한 이유로도 차별되어서는 안된다.
- 도서과 이용자들은 개인적인 사생활과 익명성에 대한 권리를 가져야 한다. 사서들과 다른 도서관 직원은 이용자들의 신상명세 혹은 그들이 이용한 자료들에 대한 정보를 제삼자에게 노출시켜서는 안된다.
- 도서관들은 공공의 재원으로 운영되어야 하고 이를 통하여 공중이 접근하기 용이하도록 함으로써 지적 자유의 원칙을 지킬 수 있어야 한다.
- 이러한 도서관들에 있어 사서들과 다른 고용인들은 이러한 원칙을 지켜야 할 의무가 있다.
- 사서들과 다른 전문적인 도서관 직원들은 그들의 고용주와 이용자 모두에게 그들의 책임들을 다해야 한다. 이러한 책임수행에 있어 둘(고용주와 이용자) 사이에 충돌이 발생할 경우에는 이용자에 대한 의무가 우선권을 가진다.

이 성명은 IFLA/FAIFE에 의해 준비되었고 1999.3.25. 네덜란드 헤이그에 있는 IFLA 이사회에서 승인되었다.

김남석. (1991). 일제하 공공도서관의 사회교육활동. 계명대학교출판부.

김세익. (1992). 도서, 인쇄, 도서관사. 아세아문화사.

김정근. (1997). 디지털도서관 ; 꿈인가, 광기인가, 현실인가. 민음사.

김혜경, 남태우. (2004). 한국의 사서직 윤리규정 방향 제안. 한국정보관리학회지, 제21권 제4호(2004, 12). pp.329-352.

남태우. (2012). 태워도 태워지지 않고, 감춰도 감춰지지 않는 冊 이야기. 서울, 한국도서관협회.

남태우. (2012). 지식의 보고 알렉산드리아 대 도서관. 대구 태일사.

남태우. (2003). 세라(Shera)의 도서관 인식론 연구. 한국정보관리학회지, 제20권 제1호(2003. 3). pp.100-230.

남태우. (2002). 알렉산드리아 대 도서관 성립사 연구. 한국문헌정보학회지, 제36권 제1호(2002.3). pp.259-296.

남태우, 김상미 공편. (2001). 문헌정보학의 철학과 사상: 세라의 사상을 중심으로. 서울, 한국도서관협회.

남태우. (2000). 도서관문화 발전을 저해하는 5적에 대해서. 국회도서관보, vol.37, no.3(2000. 5/6). pp.67-91.

남태우. (2004). 지식기반사회에서의 사서직의 정체성. 문헌정보학보(제7집, 2004), 중앙대학교 문헌정보학과창립40주년기념논문집. pp.45-100.

남태우, 최희곤 공역. (1998). 정보의 발생과 전달론. 서울, 경인문화사.

남태우, 최희곤, 이병기 공역. (1999). 정보측정론. 서울, 경인문화사.

남태우, (1998). 디지털환경에 있어서 '소장 대 액세스'의 패러다임연구. 국회도서관보, vol.35, no.3(1998). pp.3-50.

남태우, 문경화. (1999). 네트웍환경에서 내용관리에로의 패러다임 변화에 관한 연구. 한국문헌정보학회지, 제33권 제4호(1999, 12). pp.85-112.

이두영, 조인숙, 남태우 공저. (1997). 학술정보 관리 및 유통시스템 구축 방안에 관한 연구. 한국문헌정보학회지, 제31권 제4호. 한국문헌정보학회. pp.187-214.

이수상. (2005). 우리나라 디지털도서관의 전개양상에 관한 연구. 한국도서관 · 정보학회지, 36(1). pp.131-150.

이수상. (2008). 디지털도서관 운영론. 서울, 한국도서관협회.

오삼균. 원선민. (2007). 이용자 참여형 시맨틱 디지털도서관 아키텍처 설계. 한국비블리아학회지, 18(2). pp.229-251.

오삼균. (2002). 디지털도서관에서의 메타데이터 역할. 정보과학회지, 20(8). pp.45-57.

장윤금, 노동조, 곽승진. (2008). 국립디지털도서관 정책수립에 관한 문헌 및 사례고찰. 한국도서관·정보학회지, 39(3). pp.95-117.

정미경, 김혜경, 남태우 공저. (2007). Callimachus의 Pinakes목록 연구. 정보관리연구, 제38권 제3호(2007, 9). pp.81-110.

정필모. (1996). 문헌정보학원론. 서울, 구미무역(주) 출판부.

정영미, 안현수 공저. (1998). 전자도서관 구축론. 서울, 구미구역(주) 출판부.

Michael Lesk 저. 김태수, 최석두, 유양근 정준민 공역. (1997). 디지털도서관. 사이텍미디어.

William Y. Arms 저. 남태우, 이병기 공역. (2002). 디지털도서관의 이해. 한국디지털도서관포럼.

Aabo, S. (2005). The Role and Value of Public Libraries in the Age of Digital Technologies. *Journal of Librarianship and Information Science,* 37(4). pp.205-2011.

Adams, N. R. et al. ed. (1995). *Digital Libraries; Current Issue.* Digital Libraries Workshop DL'94, Newark, NJ, USA, May 19-20, 1994, Selected Papers. Heidlelberg, Springer-Verlag.

Adams, N. R. et al. ed. (1996). *Digital libraries: Research and Technology Advances.* ADL'95 Forum, McLean, Virginia, USA, May 15-17, 1995. Selected Papers.

Akst, D. (2003). The Digital Library: Its Future Has Arrived. *Carnegie Reporter,* 2(3).

Atkinson, F. (1974). *Libraianship: an introduction to the profession.* London, Clive Bingley.

American Library Association. (1996). *Library Bill of Rights.* available at http://www.ala.org/work/freedom/lbr.html

American Library Association. (2000). Interpretations of the *'Library Bill of Rights'.* available at http://www..ala.org/work/freedom/interprt.html

Appiah, A. (1997). Realizing the vitual library. In Dowler, L. ed. *Gateways to Knowledge: the role of academic libraries in teaching, learning, and research.* MIT Press.

Arms, William Y. (1995). Key concepts in the architecture of the digital library. *D-Lib Magazine,* (July).

Arms, William Y. (2001). *Digital Libraries.* Cambridge, The MIT Press.

Baker, D. and Evans, W. (2007). From Holdings to Access- and Back. *Interlending*

& Document Supply, 35(2). pp.85-91.

Barnes, Susan J editor. (2004). *Becoming a Digital Library.* Marcel Dekker.

Barr, K. & Line, M. ed. (1975). *Essays on information and libraries.* London, Clive Bingley.

Battles, Matthew. (2003). *Library: an unquiet history.* New York, W. W. Norton & Co.

Bawden, D and Rowland, I. (1999). Digital Libraries: assumptions and concepts. *Libri,* 49(4). pp.181-91.

Beenham, R. & Harrison, C. (1990). *The Basics of Librarianship.* London, Clive Bingley.

Bertot, J. C., Jaeger, P. T., Langa, L. A. and McClure, C. R. (2006). *Public access computing and Internet access in public libraries: The role of public libraries in e-government and emergency situations.* First Monday. 11(9) Retrieved May 30, 2009, from http://firstmonday.org/issues/issues11_9/bertot/index.html

Birdsall, W. F. (1994). *The Myth of the Electronic Library; Librarianship and Social Change in American.* Westport, Greenwood Press.

Broadfield, A. (1949). *A Philosophy of Librarianship.* London, Grafton & Co.

Bronowski, J. (1978). *The Origins of Knowledge and Imagination.* New Heaven, Yale University Press.

Brophy, P. (1991). The mission of the academic library. *British Journal of Academic Librarianship,* 6(3). pp.135-147.

Brophy, P. (2001). *The library in the twenty-first century; new services for the information age.* London, LA.

Brown, James D. *Manual of Library Economy,* 6th ed by R. Northwood Lock. London, Andre Deutsch.

Buckland, M. (1999). *Library Services in Theory and Context,* 2nd ed. available at http://sunsite.berkeley.edu/Literature/Library/Services/.

Budd, John M. (1998). *The Academic Library: Its Context, Its Purpose, and Its Operation.* Englewood, Colorado: Libraries Unlimited.

Butler, P. (1933). *An Introduction to Library Science, with an introduction by lester* E. Asheim. Chicago, The University of Chicago Press.

Casson, Lion. (2001). *Libraries in the Ancient World.* New haven, Yale University Press.

Casey, Michael, E. (2007). *Library 2.0 : The Librarian's guide to participatory library service.* Information Today, Inc.

Chowdhury, G. G. & Chowdhury, Sudatta. (1999). *Digital Library research: major issues and trends. Journal of Documentation,* 55(4). pp.409-448.

Chowdhury, G. G. & Chowdhury, Sudatta. (2003). *Introduction to Digital Libraries.* London, Facet Publication.

Cline, Hugh F. & Sinnott, L. T. (1983). *The Electronic Library; The Impact of Automation on Academic Libraries.* Toronto, Lexington Books.

Cloonan, Michele V. Berger, Sidney E. (2003). The Continuing Development of Special Collections Librarianship, in: *Library Trends,* 52(1).

Cossette, Andre. (2009). *Humanism and Libraries: An Essay on the Philosophy of Librarianship.* Duluth, MN: Library Juice Press.

Deanna B. Marcum editor. (2001). *Development of Digital Libraries : an American Perspective.* Greenwood Press.

Fell-Smith, Charlotte. (1909). *John Dee: 1527 1608.* London, Constable and Company Available online.

Fox, Edward A. (1999). The Digital Libraries Initiative - Update and Discussion. *Bulletin of the America Society of Information Science,* vol.26, no.1, October/November.

Gates, J. K. (1976). *Introduction to Librarianship,* 2nd ed. New York, McGraw-Hill.

Gates, J. K. (1990). *Introduction to Librarianship,* 3rd ed. New York, Neal-Schuman.

Gorman, M. (2000). *Our Enduring Values: librarianship in the 21st century.* Chicago, ALA.

Harris, Michael H. (1995). *History of Libraries in the Western World.* 4th ed. Lanham, Maryland: Scarecrow.

Harris, Roma M. (1992). *LIBRARIANSHIP: The Erosion of a Woman's Profession.* Norwood, Ablex Publishing.

Harrison, K. C. (1973). *First steps in librarianship; A Students' Guide,* 4th ed. London, Andre Deutsch.

Hoare, Peter. (1997). *Academic Libraries in International Encyclopedia of Information and Library Science,* Ed. John Feather and Paul Sturges. New York, Routledge.

Irwin, Raymond. (1964). *The Heritage of the English Library.* London: George Allen & Unwin.

Kahn, R. E., & Cerf, V. G. (1988). T*he Digital Library Project Volume I: The World of Knowbots,* (DRAFT): An Open Architecture For a Digital Library System and a Plan For Its Development. Reston, VA: Corporation for National Research Initiatives.

Kelly, Thomas. (1966). *Early Public Libraries: a history of public libraries in Great Britain before 1850.* London, Library Association.

Kessler, J. (1996). *Internet Digital Libraies; The International Dimension.* Boston, Artech House.

Lesk, Michael. (1997). *Practical Digital Libraries; Books, Bytes, and Buck.* San Francisco, Morgan Kaufmann Publishing.

Licklider, J. C. R. (1960). *Man-Computer Symbiosis. IRE Transactions on Human factors in Electronics,* vol. HFE, 4-11.

Licklider, J. C. R. (1965). *Libraries of the Future.* MIT Press.

Limb, Peter. (2004). *Digital Dilemmas and Solutions. Oxford, Chandos Publishing.*

Line, Maurice B.; Line, J. (1979). *Concluding notes. National libraries,* Aslib, pp. 317-318.

Lock, R. Northwood ed. (1977). *Manual of library economy.* London, Clive Bingley.

Lor, P. J.; Sonnekus, E. A. S. (1997). *Guidelines for Legislation for National Library Services.* IFLA. Retrieved on 2009-01-10.

Maidment, William R. (1975). *Librarianship; The Professions.* Newton Abbot, David & Charles.

Nancy Courtney. (2007). *Library 2.0 and Beyond : Innovative Technologies and Tomorrow's User.* Libraries Unlimited.

McCabe, Gerard; Ruth J. Person. (1995). *Academic Libraries: Their Rationale and Role in American Higher Education.* Westport, Connecticut, Greenwood Press.

Mukherjee, A. K. (1908). *Librarianship; Its Philsophy and History.* Bombay, Asia Publishing House.

Neill, S. (1992). *Dilemmas in the Study of Information; Exploring the Boundaries of Information Science.* New York, Greenwood Press.

Predeek, Albert. (1947). *A History of Libraries in Great Britain and North America.* Chicago, American Library Association.

Richardson, E. C. (1963). *The Beginnings of Libraries.* London, Archon Books.

Rowley, J. (1998). *The Electronic Library, Fourth edition of Computers for libraries.* London, Library Association Publishing.

Saunders, W. L., ed. (1968). *University and Research Library Studies: some contributions from the University of Sheffield Post-graduate School of Librarianship and Information Science.* Oxford, Pergamon Press.

Scammell, Alison. (1997). *Handbook of Special Librarianship and Information Work.* London: Aslib.

Shera, Jesse H. (1949). *Foundations of the Public Library: The Origins of the Public Library Movement in New England 1629-1955,* University of Chicago Press, Chicago, Reprinted. Shoestring Press. Hamden, Conn., 1965 and 1974. Chaps. 3 and 7 reprinted in M. H. Harris. Readings in American Library History,

NCR Microcard Editions. Washington. D.C., 1971.

Shera, Jesse H. Editor. (1951). with Margaret E. Egan, *Bibliographic Organization: Papers Presented before the Fifteenth Annual Conference of the Graduate Library School, July 24-29, 1950,* University of Chicago Press, Chicago.

Shera, Jesse H. (1953). *Historians, Books, and Libraries.* Press of Western Reserve University, Cleveland.

Shera, Jesse H. (1956). With Margaret E. Egan. *The Classified Catalog: Basic Principles and Practices.* American Library Association, Chicago.

Shera, Jesse H. Editor, wish Allen Kent and James W. Perry. (1957). *Information Systems in Documentation.* Interscience, New York.

Shera, Jesse H. Editor, with Allen Kent and James W, Perry. *Information Resources: A Challenge to American Science and Industry,* Press of Western Reserve University, Cleveland, 1958.

Shera, Jesse H. (1965). *Libraries and the Organization of Knowledge,* Crosby Lockwood, London; Archon Books, Hamden, Coon., Collected essays edited by D. J. Foskett.

Shera, Jesse H. (1966). *Documentation and the Organization of Knowledge,* Crosby Lockwood, London; Archon Books Hamden, Conn.Collected essays edited by D. J. Foskett.

Shera, Jesse H. (1980). *The Sociological Foundations of Librarianship,* Asia Publishing House. Bombay, India. and New York. 1970. Sarada Ranganathan Lectures, no.3. 1967. Russian transl. by Victor A. Polushkin. Moscow, 1973; Persian transl. in Journal of the Iranian Library Association. vol.10, no.1. Spring 1977, pp. 1-21:Urdu transt., Lahore.

Shera, Jesse H. (1971). *The Compleat Librarian,* Press of Case Western Reserve University, Cleveland. Selections from the columns published in the Wilson Library Bulletin under the title "Without Reserve."

Shera, Jesse H. (1972). *The Compleat Education for Librarianship,* Wiley-Becker and Hayes, New York.

Shera, Jesse H. (1973). *Knowing Books and Men: Knowing Computers, Too,* Libraries Unlimited. Littleton. Colo.Collected essays.

Shera, Jesse H. (1976). *Introduction to Library Science: Basic Elements of Library* Service, Libraries Unlimited, Littleton. Colo.

Shera, J. H. (1978). With George 5. Bobinski and Bohdan S. Wynar, D*ictionary of American Library Biography,* Libraries Unlimited. Littleton, Colo. See also Items 151, 179. and 194.

Shera, Jesse Hauk In Current Biography. (1964). Biography Reference Bank database: http://vnweb.hwwilsonweb.com/ (accessed January 7, 2008).

Shera, Jesse Hauk. (1999). *in American National Biography,* vol.19. New York: Oxford University Press.

Shuman, Bruce A. (1992). *Foundations and Issue in Library and Information Science.* Englewood, Libraries Unlimited, Inc.

Stieg, M. (1992). *Change and Challenge in Library and Information Science Education.* Chicago, ALA.

Stern, David. ed. (1999). *Digital Libraries: Philosophies, Technical Design Considerations, and Example Scenarios.* New York, The haworth Press.

Sullivan P. (1997). *Opportunities in Library and Information Science.* Louisville, A Division of Data Courier, Inc.

Tedd, Lucy A. (1984). *An Introduction to Computer-based Library Systems,* 2nd ed. Chichester, John Wiley & Sons.

Tedd, Lucy A. & large A. (2005). *Digital Libraries:; Principles and Practice ina Global Environment.* Munchen, K. G. Saur.

UNESCO. (2007). UNESCO Public Library manifesto Public Library, available at www.unesco.org/webworld/libraries/manifesto/libraman.html.

White, Carl M. ed. (1964). *Bases of Modern Librarianship.* Oxford, Pergamon Press.

Witten, I. H., Bainbridge, David. (2003). *How to Build a Digital Library,* 2nd Edition. Morgan Kaufmann Publishers.

국문 색인

(ㄱ)

(ㄹ)

(ㅁ)

(ㅂ)

(ㅅ)

(ㅇ)

(ㅈ)

(ㅊ)

(ㅎ)

영문 색인

(A)

(B)

(C)

(D)

(E)

(F)

(G)

(H)

(I)

(M)

(R)

(S)

(T)

(U)

(V)

(W)

(X)

(Z)

<저자약력>

· 전남대학교 문헌정보학과 교수
· 중앙대학교 문헌정보학과 교수(현)
· 한국도서관협회 회장
· 중앙대학교 교무처장
· 중앙대학교 문과대학장
· 한국정보관리학회장
· 한국 오픈엑세스포럼 초대회장
· 대통령소속 도서관정보정책위원회 위원(현)

<주요저서>

· 문헌정보학의 철학과 사상. 도서관협회, 2001
· 미래 도서관의 목록법 이론. 한국디지털포럼, 2001
· 정보조직화의 지적 기반론. 한국디지털포럼, 2002
· 한국의 독서문화사. 태일사, 2004
· 목록법 이론. 태일사, 2007
· 중국목록학사상사. 태일사, 2009
· 도서관론. 태일사, 2011
· 문헌정보학사. 태일사, 2011

개정판 도서관론

2011년 9월 10일 초 판 발 행
2013년 8월 30일 개정판발행

저　자 _ 남태우
펴낸이 _ 김선태
발행처 _ 도서출판 태일사
주　소 _ (우)700-803 대구광역시 중구 2·28길 26-5(남산1동 892)
전화 (053)255-3602 / 팩스 (053)255-4374

홈페이지 _ www.taeilse.com
등록일자 _ 1991. 10. 10
등록번호 _ 제6-37호

값 32,000원

 ISBN 978-89-92866-70-5 93020